# O Estado Empresário

# O Estado Empresário

DAS SOCIEDADES ESTATAIS ÀS SOCIEDADES PRIVADAS
COM PARTICIPAÇÃO MINORITÁRIA DO ESTADO

**2017**

Carolina Barros Fidalgo

# O ESTADO EMPRESÁRIO
DAS SOCIEDADES ESTATAIS ÀS SOCIEDADES PRIVADAS
COM PARTICIPAÇÃO MINORITÁRIA DO ESTADO
© Almedina, 2017

AUTOR: Carolina Barros Fidalgo
DIAGRAMAÇÃO: Almedina
DESIGN DE CAPA: FBA
ISBN: 978-858-49-3203-0

Dados Internacionais de Catalogação na Publicação (CIP)
(Câmara Brasileira do Livro, SP, Brasil)

---

Fidalgo, Carolina Barros
O Estado empresário: das sociedades estatais
às sociedades privadas com participação minoritária
do Estado/Carolina Barros Fidalgo. -- São Paulo :
Almedina, 2017.
Bibliografia
ISBN: 978-85-8493-203-0
1. Acionistas minoritários 2. Controle societário
3. Direito privado 4. Direito público
5. Estado e economia I. Título.

17-01765                                          CDU-342-2

---

Índices para catálogo sistemático:
1. Estado : Direito público 342.2

Este livro segue as regras do novo Acordo Ortográfico da Língua Portuguesa (1990).

Todos os direitos reservados. Nenhuma parte deste livro, protegido por copyright, pode ser reproduzida, armazenada ou transmitida de alguma forma ou por algum meio, seja eletrônico ou mecânico, inclusive fotocópia, gravação ou qualquer sistema de armazenagem de informações, sem a permissão expressa e por escrito da editora.

Fevereiro, 2017

EDITORA: Almedina Brasil
Rua José Maria Lisboa, 860, Conj.131 e 132, Jardim Paulista | 01423-001 São Paulo | Brasil
editora@almedina.com.br
www.almedina.com.br

*Para BRUNO*

## AGRADECIMENTOS

O presente livro corresponde à versão atualizada da minha dissertação de mestrado. Em um projeto longo como este, inevitavelmente os agradecimentos são muitos. E agradecer é, com certeza, uma das melhores partes do percurso. Ter muito o que agradecer é justamente a prova do muito que se recebeu...

Agradeço ao Bruno, por ser a pessoa maravilhosa que é, por me incentivar, por entender todas as horas de ausência, pelos conselhos e pela objetividade quanto à compreensão das coisas. Por me fazer tão bem. Sem você, o percurso teria sido muito mais difícil. Com você, o que no início parecia impossível, foi muito melhor do que o esperado. Obrigada por ser justamente como você é.

Aos meus pais, Ricardo e Ângela, por todo amor e incentivo. E também pelo exemplo e compreensão. Aos meus irmãos, Michele e Ricardinho, e ao meu sobrinho, João Vitor.

À Professora Patrícia Baptista, pelo exemplo, dedicação e disponibilidade. Por todos os conselhos, sugestões e observações, bem como pela revisão aprofundada e minuciosa da dissertação. A sua orientação em muito acresceu ao meu trabalho, pelo o que lhe sou imensamente grata.

Ao Professor Alexandre Aragão, por todo o incentivo e preocupação com a minha carreira acadêmica. Por ser extremamente exigente e por demonstrar que nada é impossível. O convívio profissional e acadêmico nos últimos cinco anos foi essencial para a compreensão da importância do estudo jurídico e da busca pela excelência.

À Marília Rennó, por ser um exemplo de profissional e de pessoa, demonstrando ser possível agregar a seriedade e a doçura. Mas, em especial, pela amizade, pela liberdade e pela confiança.

À Patrícia Sampaio, por todo apoio e disponibilidade. Também pelo exemplo e pela amizade.

À Natália Moreno, Camila Viana, Cristiane, Ticiana, Higia e Monika, pela amizade.

Ao Programa de Pós Graduação da Faculdade de Direito da Universidade do Estado do Rio de Janeiro.

# APRESENTAÇÃO

O direito administrativo brasileiro passou, nas últimas décadas, por duas grandes transformações que impactaram de forma significativa o seu estudo e aplicação.

A primeira, claro, foi a edição da Constituição de 1988, com o projeto de restabelecimento e aprofundamento do Estado democrático de direito. Se, antes, o direito administrativo operava como instrumento de um Estado autoritário, opressor e refratário a controles, a promulgação do texto constitucional de 1988 trouxe limites, controles e o fortalecimento da posição jurídica do cidadão face ao Estado. Ao lhe devotar um capítulo inteiro, a carta vigente deu ainda um novo *status* jurídico à Administração Pública.

Passados quase trinta anos, há ainda um caminho a percorrer para a completa submissão da Administração Pública brasileira aos ditames de um verdadeiro Estado democrático de Direito. Afinal, para pôr fim a séculos de tradição imperial, é preciso bem mais do que as boas intenções do constituinte. Há que se fazer muito esforço para bulir com práticas autoritárias e patrimonialistas arraigadas. Acho que já fizemos um bom trabalho até aqui e que estamos no caminho certo, ainda que lento e difícil. Inequivocamente, de todo modo, a Carta de 1988 mudou a cara do direito administrativo no Brasil.

A segunda onda de mudanças iniciou-se pouco tempo depois, nos anos noventa. Constatada a falha e insatisfatória implantação do modelo de Estado do bem estar e prestador universal, pôs-se em curso no país uma marcha em favor do modelo de Estado regulador, com a busca de padrões de eficiência gerencial e, em especial, com pretensões de alteração substancial das relações do Estado com a economia.

Esses dois grandes marcos operaram boa chacoalhada nos conteúdos tradicionais da disciplina. O direito administrativo pré-1988 era burocrático, abusava de conceitos, classificações, e, mais que tudo, era visto como uma disciplina a favor do poder dominante e repressor. Difícil que causasse algum tipo de empolgação em estudantes e estudiosos. Deve-se, sobretudo, a esses fatores a baixa popularidade do direito administrativo naqueles tempos.

Muita coisa mudou desde então. Com os ventos trazidos pela Carta de 1988 e o projeto de Estado regulador veio junto o entusiasmo de nova e expressiva leva de estudiosos, que se lançou com avidez aos novos conteúdos e estruturas, buscando promover o desenvolvimento de um direito administrativo capaz de atender às necessidades da Administração Pública e da sociedade brasileiras.

Carolina Fidalgo faz parte dessa nova e talentosa geração de publicistas, surgida sob a influência das transformações relatadas. Manifestou um interesse de primeira hora pelo direito administrativo e seus desafios no Estado brasileiro contemporâneo. Possui já sólida experiência profissional de quase dez anos na matéria, na advocacia, tanto consultiva como contenciosa. Jamais deixou de lado, porém, um forte veio acadêmico, voltado tanto à docência como à produção teórica da disciplina.

Em relação a esta última, escreveu premiada monografia tratando do déficit democrático e das formas de legitimação do modelo das agências reguladoras no Brasil – um dos pioneiros trabalhos sobre o tema por aqui –, e diversos artigos abordando a questão regulatória. Após, Carolina passou ao estudo da intervenção direta do Estado na economia, particularmente à atuação do Estado como empresário, tema ao qual devotou sua dissertação no Mestrado em Direito Público do Programa de Pós-graduação em Direito da Universidade do Estado do Rio de Janeiro – UERJ.

Na obra que ora se apresenta ao leitor, depois de examinar os limites da intervenção direta do Estado na economia sob a ótica dos parâmetros constitucionais de 1988, a autora explora o regime jurídico do exercício da atividade empresarial pelo Poder Público. Dá à matéria um enfoque moderno, ainda pouco usual, considerando os aportes da análise econômica do direito e as contribuições da literatura e experiência estrangeiras.

APRESENTAÇÃO

Por um lado, o trabalho enfrenta os problemas que surgem quando o Estado exerce a posição de acionista controlador de empresas estatais, forma de intervenção direta mais frequente do Poder Público na economia. Examina, por exemplo, a importante questão dos limites do exercício do poder de controle para a realização de fins públicos quando estes aparentemente conflitem com os objetivos lucrativos da empresa.

Em outro momento, sistematiza, de forma pioneira, as discussões jurídicas referentes ao exercício pelo Estado do papel de acionista minoritário em empresas privadas.

De fato, as mudanças no perfil do Estado e nas suas relações com a economia a que mais acima se aludiu tiveram como consequência a diversificação das formas de intervenção direta. A Administração Pública passa a ter a seu dispor um cardápio mais variado de instrumentos para intervir no domínio econômico.

Não se trata mais apenas de decidir entre regular como árbitro neutro que paira sobre as partes ou exercer diretamente a atividade econômica por meio de estatais controladas pelo capital público. Entre esses dois modelos, surge a possibilidade de intervenção estatal, para regulação ou fomento, na forma de participação acionária em empresas controladas por particulares. A experiência brasileira recente está repleta de exemplos dessa modalidade, especialmente por meio dos bancos estatais de fomento. A assunção pelo Estado da posição de acionista minoritário, todavia, faz surgir problemas e perplexidades que precisam ser enfrentados pelo direito administrativo. E eles são abordados de forma percuciente no presente estudo.

Por todas essas razões, *"O Estado Empresário"* se revela um trabalho valioso, que preenche lacuna na literatura jurídica nacional e será capaz de proporcionar ao leitor um panorama tão completo quanto rico de uma das mais modernas frentes de desenvolvimento do direito administrativo brasileiro.

PATRICIA BAPTISTA
Professora de Direito Administrativo da Faculdade de Direito da UERJ

# PREFÁCIO

Conheci Carolina de Barros Fidalgo ainda como estagiária no escritório, função na qual já demonstrava grande interesse e profundidade em sua atuação. Não causou nenhuma dúvida a sua efetivação, que foi acompanhada de uma dedicação profissional e capacidade de trabalho impressionantes.

Mas a autora não parou por aí. Aliando a parte empírica do Direito Administrativo, tanto no contencioso administrativo e judicial, como na consultoria, com sempre crescente interesse pelo aprofundamento teórico de todos os temas em que atuava, acabou tornando-se inevitável o seu ingresso na academia, com a produção de diversos artigos doutrinários e a dissertação de mestrado que em parte gerou a presente obra.

Essa trajetória acadêmica e profissional da autora diz muito sobre a obra que ora temos a honra de prefaciar: ela não faz doutrina sem elevado senso prático, nem trabalhos práticos sem elevada profundidade acadêmica; e foi justamente na lida diária que constatamos um curioso movimento na prática, antes que jurídica, econômica.

Trabalhos que antes qualitativa e quantitativamente se focavam em aspectos do Estado Regulador – regras e poderes exercidos pelo Estado sobre empresas privadas – começaram a se deslocar para a atuação direta do Estado na economia, não mais com as vetustas características do século passado, mas em novas vestes, sobretudo através de empresas estatais atuantes em um mercado competitivo e através de parcerias – em grande parte societárias – com a iniciativa privada.

A autora então resolveu com afinco se dedicar em seu mestrado à análise do tema das empresas estatais, revisitando velhos temas ainda não resolvidos e cujo tratamento ficou em suspenso pela prioridade dada pela doutrina às questões regulatórias do Direito Administrativo Econômico, como adentrando também em temas que apenas muito recentemente começaram a ser tratados pela academia, como a participação minoritária do Estado em empresas privadas.

O Direito Administrativo, como ramo do Direito Público, é fortemente influenciado, se não em grande parte derivado, das opções políticas e econômicas tomadas pelos agentes responsáveis pela direção do Estado. É assim que os temas considerados mais relevantes na matéria variam ao longo do tempo de acordo com as opções político-ideológicas e político-administrativas adotadas em cada época, obedecidos, naturalmente, os limites – em matéria de Direito Administrativo Econômico não muito estreitos – colocados pela Constituição.

As empresas estatais, de grande importância e objeto de vasta produção doutrinária em meados do século passado, constituíram um tema bastante eclipsado pela onda política administrativa e legislativa de privatizações e desestatizações do final do século passado, de maneira que, mesmo várias delas subsistindo e sendo de grande importância, a maioria dos estudiosos do Direito Administrativo optou por pesquisar e produzir sobre outros temas, sobretudo em matéria de parcerias do Estado com particulares e suas consequências materiais e organizacionais.

A chegada ao poder na América Latina de diversos governantes com uma postura de maior atuação do Estado na economia, somada à crise financeira mundial de 2008, também conhecida como Crise do *Subprime*, com o Estado, no mundo todo, inclusive nos EUA, assumindo o controle de várias empresas privadas para elas não falirem, levou a uma parcial retomada da importância outrora havida das empresas estatais na economia e na vida administrativa do Brasil e de vários outros países, o que mais recentemente já vem sido colocada em xeque pela crise fiscal que se abateu sobre alguns países, inclusive o Brasil.

E, como sempre – e é natural que isso aconteça –, as opções político-administrativas estão sempre um ou mais passos à frente da elaboração doutrinária atualizada do Direito Administrativo, ficando por certo tempo sem um dos importantes elementos da disciplina das atividades administrativas, constituído pelos parâmetros jurídicos que a doutrina ajuda a construir para que os fenômenos administrativos se desenvolvam não só sem agredir, como também implementando os valores e princí-

PREFÁCIO

pios constitucionais maiores, como a livre iniciativa, dignidade da pessoa humana, moralidade, subsidiariedade, eficiência e economicidade.

A obra de Carolina Barros Fidalgo vem então suprir uma importante lacuna no Direito Administrativo Brasileiro por conter análise monográfica, sistemática e geral sobre as empresas estatais, desde sua inserção na ordem econômica constitucional de 1988 e da aplicação da Teoria da Captura – tão comumente abordada apenas no Direito Regulatório – também à atuação direta do Estado na economia, até análises de direito comparado.

Na parte mais específica, analisa pormenores como o seu regime de falências, tributário, de pessoal, licitação e contratos, formulando dura e procedente crítica à verdadeira autarquização que a jurisprudência do Supremo Tribunal Federal, por via hermenêutica, vem fazendo as empresas estatais prestadoras de serviços públicos.

No capítulo dedicado às participações minoritárias de empresas estatais em empresas privadas procura estabelecer parâmetros para que tais potencialmente salutares expedientes societários de conjunção de esforços entre o Estado e iniciativa privada não venham a ser utilizados para a criação de verdadeiras empresas controladas pelo Estado, que deveriam se submeter às normas do art. 37, *caput*, da CF, apenas travestidas de empresas privadas com (não) meras participações estatais.

Demonstrando como suas preocupações em conciliar o regime inerente à personalidade jurídica de direito privado que as empresas públicas e sociedades de economia mista possuem com as imposições constitucionais para toda a Administração Pública (controles pelos tribunais de contas, teto remuneratório etc.), a autora desce até as questões específicas mais relevantes para essas empresas, asseverando, por exemplo, em relação às parcerias que possa travar com empresas privadas, que, "se, por um lado, quer-se garantir a moralidade, eficiência e isonomia das contratações públicas, por outro, não se pode fadá-las, sobretudo nas hipóteses em que o Estado explora atividades em regime de concorrência com a iniciativa privada, a celebrar parcerias tendo como base tão-somente o procedimento licitatório, sem possibilidade de negociação prévia e flexível dos termos da parceria, tampouco de manutenção de sigilo sobre estas".

A obra de Carolina Barros Fidalgo torna-se assim literatura indispensável para todos que trabalham com ou nas empresas públicas e sociedades de economia mista, e para todos aqueles que desejarem ter um conhecimento atualizado da matéria, um conhecimento das empresas estatais no novo contexto que surgiu a partir do início deste século, após a crise financeira mundial de 2008.

ALEXANDRE SANTOS DE ARAGÃO
Professor-Adjunto de Direito Administrativo da UERJ.
Doutor em Direito do Estado pela USP

# SUMÁRIO

INTRODUÇÃO.................................................... 21

1. FUNDAMENTOS ECONÔMICOS E POLÍTICOS PARA
   A INTERVENÇÃO DO ESTADO NA ECONOMIA .................. 37
1.1. A Teoria do Interesse Público: objetivos econômicos e sociais
   da intervenção do Estado na economia ............................ 39
   1.1.1. Razões de ordem econômica .................................. 40
   1.1.2. Razões de ordem social ..................................... 47
1.2. A Teoria da captura, *Public Choice* e as teorias do interesse privado sobre
   a intervenção do Estado.......................................... 51
1.3. Lições da teoria do interesse privado para a atuação empresarial
   do Estado....................................................... 56

2.. FUNDAMENTOS CONSTITUCIONAIS PARA A INTERVENÇÃO
   DO ESTADO BRASILEIRO NA ECONOMIA ...................... 65
2.1. Hipóteses constitucionais de intervenção estatal na economia: regulação,
   prestação de serviços públicos e exploração de atividades econômicas
   em sentido estrito .............................................. 65
   2.1.1. A intervenção indireta na economia sob a forma de regulação
      e fomento ................................................. 66
   2.1.2. A intervenção na economia sob a forma de exploração de atividades
      econômicas em sentido estrito e a necessidade de atendimento
      a relevante interesse coletivo ou à segurança nacional............ 70
   2.1.3. A intervenção na economia sob a forma de prestação de serviços
      públicos.................................................. 78
   2.1.4. A intervenção na economia sob o regime de monopólio.......... 85

O ESTADO EMPRESÁRIO

2.2. Princípios e condicionamentos constitucionais aplicáveis à intervenção
do Estado na economia. . . . . . . . . . . . . . . . . . . . . . . . . . . . . . . . . . . . . . . . .   90
    2.2.1.  O princípio da livre iniciativa e a subsidiariedade da intervenção
do Estado na economia. . . . . . . . . . . . . . . . . . . . . . . . . . . . . . . . . .   90
    2.2.2.  Necessidade de autorização legal. . . . . . . . . . . . . . . . . . . . . . . . . . .   111
    2.2.3.  Princípio da livre concorrência. . . . . . . . . . . . . . . . . . . . . . . . . . . . .   121
    2.2.4.  Princípio da proporcionalidade . . . . . . . . . . . . . . . . . . . . . . . . . . .   126
    2.2.5.  Princípio da eficiência. . . . . . . . . . . . . . . . . . . . . . . . . . . . . . . . . . . .   129

3.  O ESTADO COMO ACIONISTA CONTROLADOR . . . . . . . . . . . . . . . . .   149
3.1. Introdução. . . . . . . . . . . . . . . . . . . . . . . . . . . . . . . . . . . . . . . . . . . . . . . . . .   149
3.2. O Estado como acionista controlador no direito comparado . . . . . . . . . . .   153
    3.2.1.  As empresas estatais na França. . . . . . . . . . . . . . . . . . . . . . . . . . . . .   153
    3.2.2.  As empresas estatais em Portugal . . . . . . . . . . . . . . . . . . . . . . . . . . .   162
    3.2.3.  As empresas estatais na Espanha . . . . . . . . . . . . . . . . . . . . . . . . . . .   168
    3.2.4.  As empresas estatais na Inglaterra. . . . . . . . . . . . . . . . . . . . . . . . . .   171
3.3. O Estado como acionista controlador no Brasil . . . . . . . . . . . . . . . . . . . . . .   177
3.4. Conceito de empresas públicas e sociedades de economia mista. . . . . . . . .   184
    3.4.1.  As peculiaridades das empresas estatais estaduais e municipais . . .   199
3.5. Quando a forma empresarial de intervenção do Estado é exigida? . . . . . . .   204
3.6. As empresas estatais e o princípio da eficiência: notas sobre como a
construção do seu regime jurídico pode afetar a sua operação eficiente . . . .   221
3.7. Regime jurídico das empresas estatais brasileiras . . . . . . . . . . . . . . . . . . . . .   234
    3.7.1.  A discussão sobre o regime jurídico aplicável às empresas estatais
prestadoras de serviços públicos . . . . . . . . . . . . . . . . . . . . . . . . . . .   237
    3.7.1.1.  Regime de pessoal . . . . . . . . . . . . . . . . . . . . . . . . . . . . . . . . . .   252
    3.7.1.2. Regime de bens das empresas estatais . . . . . . . . . . . . . . . . . . . . . .   263
    3.7.1.3. Regime tributário . . . . . . . . . . . . . . . . . . . . . . . . . . . . . . . . . . . . . .   276
    3.7.1.4. Regime de licitações. . . . . . . . . . . . . . . . . . . . . . . . . . . . . . . . . . . . .   291
    3.7.1.5. Regime contratual e possibilidade de celebração de compromisso
de arbitragem . . . . . . . . . . . . . . . . . . . . . . . . . . . . . . . . . . . . . . . . . .   306
    3.7.1.6. Regime de responsabilidade civil . . . . . . . . . . . . . . . . . . . . . . . . . . .   312
    3.7.1.7. A discussão sobre a possibilidade de submissão das estatais
ao regime de falências. . . . . . . . . . . . . . . . . . . . . . . . . . . . . . . . . . . .   313
    3.7.2.  Peculiaridades do regime jurídico aplicável à empresa estatal
dependente . . . . . . . . . . . . . . . . . . . . . . . . . . . . . . . . . . . . . . . . . . . .   320
3.8. Os controles incidentes sobre as empresas estatais. . . . . . . . . . . . . . . . . . . .   323
    3.8.1.  O controle do Poder Legislativo. . . . . . . . . . . . . . . . . . . . . . . . . . . . .   326
    3.8.2.  O controle do Tribunal de Contas da União sobre as sociedades
estatais . . . . . . . . . . . . . . . . . . . . . . . . . . . . . . . . . . . . . . . . . . . . . . . .   328

SUMÁRIO

3.8.3. O controle no âmbito do Poder Executivo...................... 340

3.8.3.1. O controle societário exercido pelo Chefe do Poder Executivo .... 349

4. O ESTADO COMO ACIONISTA MINORITÁRIO EM SOCIEDADES
PRIVADAS ...................................................... 359

4.1. O Estado como acionista minoritário ............................... 359

4.2. Possíveis motivos para a participação estatal sem controle em sociedades
privadas ........................................................ 362

4.2.1. A participação privilegiada em sociedades privatizadas:
a instituição de *golden shares*..................................... 368

4.2.2. A participação estatal como forma de contenção de crises
econômicas ..................................................... 381

4.2.3. A participação estatal como forma de incentivo a atividades
econômicas ..................................................... 385

4.2.4. A participação estatal nas Sociedades de Propósito Específico
das Parcerias Público-Privadas ............................... 390

4.2.5. A participação minoritária como forma de realização
das atividades-fim de empresas estatais ....................... 391

4.3. As sociedades público-privadas e a sua relação com a Administração
Pública ........................................................ 395

4.4. A natureza jurídica da intervenção sob a forma de participação
do Estado em sociedades privadas................................. 402

4.5. Críticas à participação do Estado em sociedades privadas.............. 409

4.5.1. Críticas relacionadas à violação do princípio da livre iniciativa .... 410

4.5.2. Críticas relacionadas à falta de transparência dessa medida
de intervenção ................................................. 419

4.5.3. Críticas relacionadas à ineficiência de tais medidas.............. 424

4.6. Condicionamentos à participação minoritária estatal sem controle
em sociedades privadas........................................... 426

4.6.1. Algumas considerações sobre a autorização legal ............... 429

4.6.2. Necessário atendimento aos princípios da proporcionalidade
e eficiência: preferência pelas sociedades de economia mista...... 430

4.6.3. Sobre a (in)viabilidade de realização de procedimento licitatório
com vista à escolha do parceiro privado ........................ 438

4.6.3.1. O caso específico das sociedades estatais e a inexigibilidade para
contratações relativas às suas atividades-fim.................... 453

4.6.4. O Controle do Tribunal de Contas da União.................... 455

CONCLUSÃO ...................................................... 469

REFERÊNCIAS...................................................... 485

# Introdução

A eficiência e a utilidade da intervenção direta do Estado na economia, especialmente sob a forma de criação de sociedades empresárias, já há muito são objeto de intensa discussão. Questiona-se, em síntese, qual deve ser o papel do Estado na economia, quais os possíveis benefícios da sua participação na forma de acionista e se o mercado não funcionaria melhor sem a sua presença, na forma de produtor ou prestador de serviços.

Nos anos 1980 e 1990, houve um grande movimento contrário à intervenção direta do Estado na economia, que culminou em processos de privatizações em diversos países do mundo.[1]-[2] Há uma série de motivos para

---

[1] TONINELLI, Píer Ângelo. Prefácio ao livro *The Rise and Fall of State-Owned Enterprise in the Western World*. Cambridge: Cambridge University Press, 2000, p. ix. De acordo com o autor, "durante os anos 1980 e início dos anos 1990, uma grande onda de desencantamento com a intervenção estatal varreu as nações industriais. Naqueles anos, a sorte das SOEs [state owned enterprises] atingiu o seu nadir, e países, como a Itália, que haviam previamente resistido à privatização começaram um massivo desmantelamento das empresas públicas. (...) O clima pró-mercado e anti-estado daqueles anos foi reforçado por um repentino colapso dos regimes socialistas da Europa oriental e pelas severas medidas fiscais e monetárias exigidas dos membros da Comunidade Européia de forma a atender as condições do Tratado de Maastricht".

[2] Mario Engler Pinto Junior enumera alguns dos motivos que levaram à defesa das privatizações pelo Banco Mundial: "As políticas defendidas pelo Banco Mundial partem da premissa de que a atividade empresarial pública tende a ser menos eficiente sob o ponto de vista econômico, porquanto incorpora padrões de desperdício, letargia e baixa qualidade dos produtos, em contraste com as expectativas de dinamismo, rigor em matéria de controle de custos, maior produtividade e capacidade de inovação tecnológica, que caracterizam a atuação da empresa privada. A empresa estatal possui objetivos mal defi-

tanto, sendo o principal deles uma descrença crescente na eficiência das sociedades controladas pelo Estado,[3] que decorria tanto da sua utilização para fins políticos quanto da ausência de finalidade lucrativa.[4]

Além dessa descrença com relação ao efetivo benefício social decorrente da criação de sociedades estatais, fato é que, no final do século XX, uma série de restrições orçamentárias também forçou os Estados a reduzirem os seus investimentos. As estatais eram vistas, nesse contexto, como grandes fontes de desperdício de recursos públicos e a privatização, por sua vez, como potencial fonte de arrecadação de recursos necessários ao equilíbrio dos cofres públicos.[5]

---

nidos e conflitantes, além de ficar exposta a influências políticas de toda ordem" (PINTO JUNIOR, Mario Engler. *Empresa Estatal: função econômica e dilemas societários*. São Paulo: Ed. Atlas, 2010, pp. 56/57)

[3] Como explica Yair Aharoni, "desde o início dos anos 1980, o Banco Mundial e o Fundo Monetário Internacional (FMI) fizeram grandes esforços para convencer os governos de países em desenvolvimento a privatizar as sociedades controladas pelo Estado (Babai 1988, 260-7). Essa política foi resultado de um crescente ceticismo com relação a sua habilidade de atingir resultados econômicos ótimos (Galal 1991; Kikeri ET. AL. 1992). A performance das empresas controladas pelo Estado é vista como abissal e como possuindo efeitos perniciosos na economia como um todo. As empresas controladas pelo Estado têm sido vistas como absorvedoras dos fundos dos governos em virtude de suas grandes perdas" (AHARONI, Yair. The Performance of State-Owned Enterprises. In: TONINELLI, Píer Ângelo (Org.). *The Rise and Fall of State-Owned Enterprise in the Western World*. Cambridge: Cambridge University Press, 2000, p. 49).

[4] (...) o consenso social-democrático sobre o papel beneficente do Estado positivo – como planejador, produtor direto de bens e serviços e, em última instância, como empregador – começou a desmoronar nos anos 1970. (...) De um país para outro, as empresas estatais foram questionadas por não conseguirem atingir nem seus objetivos sociais, nem os econômicos, por sua falta de responsabilização e pela tendência de serem capturadas por políticos e sindicatos (Majone, 1996: 11-23). Não importa se essas críticas não são sempre justas ou empiricamente embasadas; o fato é que um número crescente de eleitores foi convencido por elas e se dispôs a apoiar um novo modelo de governança que incluísse a privatização de muitas partes do setor público, mais concorrência em toda economia, maior ênfase na economia pelo lado da oferta e reformas de longo alcance no Estado do bem-estar" (MAJONE, Giandomenico. Do Estado Positivo ao Estado Regulador: causas e conseqüências da mudança no modo de governança. In: MATTOS, Paulo Todescan L. (coord.) *Regulação Econômica e Democracia: o debate europeu*. São Paulo: Singular, 2006, pp. 55/56).

[5] "(...) a necessidade de balancear o déficit orçamentário criado pelos sistemas sobrecarregados do Estado do bem estar social desempenhou o papel principal. Igualmente

INTRODUÇÃO

Mas esse movimento não culminou em uma total retirada do Estado da economia como participante direto.[6] No final dos anos 1990 se percebeu uma diminuição na intensidade nos processos de privatização, o que já indicava, à época, que o debate sobre o papel do Estado continuaria sendo foco das atenções por ainda muito tempo.[7]

Em prefácio a um livro sobre empresas estatais, publicado em 2000, Píer Angelo Toninelli, professor de História da Economia na Universidade de Milão-Bicocca, analisou o possível futuro da intervenção do Estado na economia e afirmou que "podemos estar passando tanto por um ciclo recorrente ou por uma tendência secular permanente quanto à utilização das SOEs pela sociedade. Muitos (...) acreditam que o futuro pode reservar novos ciclos de maior dependência nas SOEs".[8] Diante desse cenário,

---

importante foi a percepção das vendas dos ativos estatais como uma grande oportunidade de revitalizar e desenvolver as economias" (BELLINI, Nicola. The Decline of State-Owned Enterprise and the New Foundations of the State-Industry Relationship. In: TONINELLI, Píer Ângelo (Org.). *The Rise and Fall of State-Owned Enterprise in the Western World*. Cambridge: Cambridge University Press, 2000, p. 26).

[6] Esse fato foi constatado pelo Banco Mundial em 1995 (*Bureaucrats in business: The economics and politics of government ownership*. Nova York: World Bank Policy Research Report, 1995, p. 25) e pela OCDE (OCDE – Organização para a Cooperação e Desenvolvimento Econômico. Corporate Governance of State-owned Enterprises. a Survey of OECD Countries, p. 1. Disponível em http://www.keepeek.com/Digital-Asset-Management/oecd/governance/corporate-governance-of-state-owned-enterprises_9789264009431-en. Acesso em 15 abr. 2012).

Nicola Bellini, aliás, adverte que são muitos os exemplos de privatizações incompletas: "na verdade, é raro uma privatização afetar 100 por cento das ações. Privatização parcial pode ser apenas um estágio temporário em um processo gradual em direção a uma total participação acionária privada, mas nem sempre é o caso. A venda da minoria das ações da companhia ajuda a levantar novos fundos e adiciona disciplina de mercado ao comportamento da companhia, com o Estado ainda mantendo o controle (BELLINI, Nicola. The Decline of State-Owned Enterprise and the New Foundations of the State-Industry Relationship. In: TONINELLI, Píer Ângelo (Org.). *The Rise and Fall of State-Owned Enterprise in the Western World*. Cambridge: Cambridge University Press, 2000, p. 32).

[7] BORTOLOTTI, Bernardo; SINISCALCO, Domenico. *The Challenges of Privatization. An International Analysis*. Oxford: Oxford University Press, 2003, pp. 84/86.

[8] TONINELLI, Píer Ângelo. Prefácio ao livro *The Rise and Fall of State-Owned Enterprise in the Western World*. Cambridge: Cambridge University Press, 2000, p. x. De acordo com o autor, "antes de declarar o fim da era da presença ativa do Estado na economia, deve-se considerar a ressalva de Arnold Heertje de que a história sempre foi caracterizada pela

o autor conjectura que "talvez o desafio para as economias de mercado do século XXI seja o de inventar algumas novas misturas público-privadas, que podem tanto incluir SOEs quanto organizações privadas orientadas ao mercado".[9]

Na esteira do movimento internacional, o Estado brasileiro passou por um amplo processo de privatizações e despublicização da economia na década de 1990. Não obstante isso, por uma série de razões, que vão desde a necessidade de atuar diretamente naqueles campos em que não há interesse da iniciativa privada ou nos quais a sua atuação não é suficiente para atender as demandas da população,[10] até a necessidade de

---

alternância de fases de atividade estatal extrema e reações na direção oposta" (Idem, p. 22) Mas o autor também advertiu que muitos estudiosos entendiam que haveria fortes evidências de um longo declínio das empresas estatais. Aparentemente, eles estavam errados.

[9] Idem. *Ibidem.*

[10] Adverte Alexandre Santos de Aragão que, à luz do que dispõe a Constituição Federal de 1988, que assegura um amplo rol de direitos ao povo brasileiro, o Estado deve, com efeito, reduzir as suas despesas, mas não pode simplesmente retirar-se da exploração direta de alguns ramos da economia, como é o caso dos serviços públicos: "(...) se, por um lado, a concorrência globalizada e a necessidade de redução dos gastos com a atuação direta do Estado são necessidades que não podem ser negadas, por outro, não devem dar azo ao retorno a concepções abstencionistas do século XVIII. A adoção do sufrágio universal gera uma irreversibilidade da atuação do Estado na ou sobre a vida social e econômica, já que sempre haverá camadas substanciais de eleitores que exigirão que o Estado melhore a sua vida, que não alcança os níveis de qualidade desejados apenas em razão da livre atuação do mercado." (ARAGÃO, Alexandre Santos de. *Direito dos Serviços Públicos.* Rio de Janeiro: Ed. Forense, 2007, p. 43).

No mesmo sentido, Ignácio M. de la Riva ressalta que "seria tolo postular a reimplantação do modelo liberal que deu base aos excessos que, precisamente, levaram ao surgimento do Estado do bem estar. É importante fugir das receitas fáceis, já que uma política que atenda exclusivamente ao saneamento do desequilíbrio fiscal não tardaria em gerar, no curto ou médio prazo, um novo impulso regressivo do pêndulo para o Estado providência com o fim de evitar que a situação dos setores marginalizados se torno rapidamente insustentável. Está claro, portanto, que o simples desmantelamento do aparato assistencial no seu conjunto não é hoje possível, uma vez que junto à crise que está atravessando o modelo estatal em exame se está vivendo uma situação de agudo desemprego estrutural e envelhecimento da população (...). Daí que devem ser idealizadas fórmulas alternativas que contribuam a manter um grau adequado de cobertura sem agravar o déficit fiscal" (RIVA, Ignácio M. de La. *Ayudas públicas. Incidencia de la intervención estatal en el funcionamiento del mercado.* Buenos Aires: Hammurabi, 2004, pp. 76/77, tradução livre).

INTRODUÇÃO

promover os direitos fundamentais previstos na Constituição e de disciplinar os novos campos da economia abertos à livre iniciativa, fato é que o Estado ainda participa de forma importante na economia brasileira. Essa atuação se dá não só através da regulação[11] (aí incluídas atividades como a regulamentação e fiscalização de atividades econômicas, dentre outras), mas também através de intervenção direta na qualidade de explorador dessas atividades, considerando-se aí a prestação de serviços públicos e a exploração de atividades econômicas em sentido estrito.[12]

Nos últimos anos, embora parte da doutrina jurídica[13] e econômica[14] defenda uma atuação cada vez menos direta do Estado nos setores eco-

[11] Conforme expõe Floriano de Azevedo Marques Neto, a retirada do Estado da exploração direta de atividades econômicas não significou (e nem deveria) o abandono de tais atividades às leis do mercado:
"Se assistimos a uma acelerada diminuição do intervencionismo direto do Estado, isso não significa dizer que, automaticamente, assistimos a uma diminuição de toda intervenção estatal no domínio econômico. (...) a intervenção clássica do Estado (produção de utilidades públicas) sempre se deu de forma direta. (...) Porém, paralelamente a este *intervencionismo direto*, podemos identificar outra ordem de intervenção estatal no domínio econômico, que designaríamos de *intervencionismo indireto*. Trata-se, aqui, não mais da assunção pelo Estado da atividade econômica em si, mas de sua concreta atuação no fomento, na regulamentação, no monitoramento, na medição, na fiscalização, no planejamento, na ordenação da economia" (MARQUES NETO, Floriano de Azevedo. A Nova Regulação Estatal e as Agências Independentes. In: SUNDFELD, Carlos Ari (Org.). *Direito Administrativo Econômico*. Rio de Janeiro: Ed. Renovar, 2000, pp. 73-74).
[12] A esse respeito, Luís Roberto Barroso expõe que "a exploração da atividade econômica, por usa vez, não se confunde com a prestação de serviços públicos, quer por seu caráter de subsidiariedade, quer pela existência de regras próprias e diferenciadas. De fato, sendo o princípio maior o da livre iniciativa, somente em hipóteses restritas e constitucionalmente previstas poderá o Estado atuar diretamente, como empresário, no domínio econômico". (Agências Reguladoras: Constituição, transformações do Estado e legitimidade democrática. *Temas de Direito Constitucional*. Tomo II. Rio de Janeiro: Ed. Renovar, 2003, p. 281).
[13] Vide, nesse sentido, JUSTEN FILHO, Marçal. *Curso de Direito Administrativo*. Belo Horizonte: Ed. Fórum, 2011, p. 650; VILLELA SOUTO, Marcos Juruena. *Direito Administrativo Regulatório*. Rio de Janeiro: Ed. Lumen Juris, 2005, p. 35.
[14] Veja-se, a título de exemplo, a coluna da economista Miriam Leitão, publicada no Jornal o Globo em 29 de setembro de 2010, sob o título "O tom do recado", analisando a questão sob o foco da utilização de empresas públicas para fins não republicanos. De acordo com a economista, "o gigantismo do Estado é o caminho mais curto para aumentar a corrupção. Quando ele se torna o parceiro inevitável em qualquer negócio, tudo pode acontecer.

nômicos, com fundamento em um princípio constitucional da subsidiariedade, observou-se, ao revés, uma intervenção estatal cada vez maior na
exploração direta de atividades econômicas.[15]

Em 2010, foi publicada, no Jornal O Globo, matéria intitulada
"O Estado é o sócio",[16] chamando a atenção justamente para a intensidade
da intervenção estatal direta na economia brasileira, que não se limita à
criação de empresas públicas e sociedades de economia mista em setores
ligados à segurança nacional, serviços públicos e outras atividades relevantes, mas abrange também a simples participação em sociedades privadas, como hotéis e fábricas de lingerie, indústrias de bebidas alcoólicas,
como uma reminiscência da época pré-privatizações.[17]

Em junho de 2011, a Revista Época publicou um levantamento contendo o número de sociedades em que o Estado brasileiro possui algum
tipo de participação (controle, participação minoritária ou participação

---

(...) E o que houve nos últimos anos foi o crescimento descomunal do Estado, primeiro,
à sombra do Plano de Aceleração do Crescimento e, depois, sob o pretexto de que era
preciso evitar a crise econômica mundial. Conter esse gigantismo é fundamental hoje, não
apenas por razões econômicas, mas para melhorar a qualidade da democracia brasileira"
(LEITÃO, Miriam. O tom do recado. *Jornal O Globo*, 29 set. 2010, p. 26).

[15] OCDE – Organização para a Cooperação e Desenvolvimento Econômico. *Corporate Governance of State-owned Enterprises. a Survey of OECD Countries*, p. 23, disponível em http://www.keepeek.com/Digital-Asset-Management/oecd/governance/corporate-governance-of-state-owned-enterprises_9789264009431-en. Acesso em 15 abr. 2012.

[16] O Estado é o sócio: de hotéis a fábrica de lingerie, fatia da União em empresas cresce 50%. *Jornal O Globo*. Publicado em 30 mai. 2010, p. 29.

[17] De acordo com essa reportagem, "ao todo, incluindo as estatais, o governo está presente em cerca de 330 empresas espalhadas pelo país. É o que mostra levantamento da
ONG Contas Abertas, segunda a qual a participação societária total da União somava a
R$ 180,881 bilhões em 21 de maio passado, sendo que outros R$ 4,9 bilhões estão na fila
para serem integralizados, ou seja, serem incorporados ao patrimônio público. A ONG
constatou ainda que o valor dessas participações sofreu uma elevação de 50,9% desde
2005, quando estava em R$ 119,815 bilhões. (...) hotéis, centros de convenções, indústrias
as bebidas, bancos, cooperativas agrícolas e até fábrica de lingerie já fechada. A participação da União na economia extrapola as já conhecidas estatais e empresas de economia
mista, como a Petrobras e Eletrobrás. Herança de financiamentos de décadas passadas e
até de ações confiscadas durante a Segunda Guerra Mundial, o Estado brasileiro é sócio
de grandes e pequenas empresas, via entidades diretas e indiretas, como autarquias, fundações e fundos de investimento".

indireta), chegando à conclusão de que, no nível federal, são, ao todo, 675 as sociedades com alguma participação do governo.[18]

Esse número é expressivo, sobretudo se comparado com o resultado do levantamento feito pelo Governo Federal na década de 1980, antes do início do processo das privatizações. Naquela época, havia cerca de 560 instituições federais, incluindo sociedades empresariais (ao todo, 250), fundações, institutos de pesquisa, dentre outras.[19]

São inúmeras, de fato, as empresas controladas pela União, Estados e Municípios, sendo, a cada ano, autorizada, pelo Poder Legislativo, a criação de novas sociedades.[20] Além disso, a intervenção do Estado na

---

[18] CORONATO, Marcos; FUCS, José. Estado Ltda. *Revista Época*, nº 682, 13 jun. 2011, pp. 64/86. De acordo com os autores, "a queda do Muro de Berlim parecia ter encerrado o debate sobre o tamanho do Estado na economia. Com a vitória de um sistema baseado na livre-iniciativa – o capitalismo – sobre outro baseado no planejamento estatal – o socialismo –, a conclusão era cristalina: o governo deveria limitar ao mínimo a regulação sobre as atividades privadas e cuidar (bem) dos serviços básicos, como saúde, educação, justiça e segurança. Deveria ser apenas um bandeirinha, no máximo o juiz do jogo econômico – nunca técnico, zagueiro ou artilheiro. Em setembro de 2008, porém, com a eclosão da crise global, os governos de quase todo o mundo tiveram de injetar trilhões de dólares para reanimar suas economias. Nos Estados Unidos e em outros países, o Estado assumiu o controle de bancos, seguradoras e até mesmo de montadoras de automóveis à beira da falência. Foi a deixa para a ressurreição dos críticos do modelo liberal (...)" (Idem, pp. 64/65).

[19] A listagem completa pode ser obtida em ANUATTI-NETO, Francisco; BAROSSI-FILHO, Milton; CARVALHO, Antonio Gledson de; MACEDO, Roberto. *Costs and Benefits of Privatization: Evidence from Brazil*. Inter-American Development Bank, Research Network Working Paper #R-455, jun. 2003.

[20] Em 2010, foi autorizada, na esfera federal, a criação da Empresa Brasileira de Administração de Petróleo e Gás Natural S.A. – Pré-Sal Petróleo S.A. (PPSA) (Lei nº 12.304/2010) e cogitada a criação de pelo menos mais duas empresas estatais no âmbito federal. Uma delas foi a Empresa Brasileira de Seguros – "Segurobrás" – destinada a contratação de seguros para obras do PAC – Programa de Aceleração do Crescimento, da Copa do Mundo e dos Jogos Olímpicos, que sofreu fortes críticas na imprensa. Nesse mesmo ano, foi autorizada, por medida provisória, a criação da da Empresa Brasileira de Legado Esportivo S.A. – BRASIL 2016 (MP nº 488/2010, cuja vigência, contudo, se encerrou). Em 2011, foi criada a Empresa de Transporte Ferroviário de Alta Velocidade (ETAV), tendo por objeto o gerenciamento do projeto do trem-bala entre São Paulo e Rio de Janeiro (Lei nº 12.404, de 04 de maio de 2011), bem como a Empresa Brasileira de Serviços Hospitalares – EBSERH (Lei nº 12.550/2011). Em 2012, a Lei nº 12.706, autorizou a criação da empresa

economia do país não se limita ao controle direto ou indireto de sociedades empresárias, mas abrange também as suas subsidiárias, as participações minoritárias em sociedades privadas e os fundos de pensão do setor público[21]-[22].

De acordo com levantamento publicado naquela reportagem, eram, em 2011, 276 as empresas controladas pelo Governo federal, 397 aquelas em que ele participava de forma minoritária, havendo, ainda, casos de controle compartilhado.[23] Eram apenas 65 as sociedades que poderiam ser consideradas empresas estatais de primeiro grau, isto é, das quais participe diretamente o Tesouro Nacional. O número restante é composto por sociedades das quais estatais ou os seus fundos de pensão participam de forma direta ou indireta.

Em 2016, encontravam-se listadas no site no Ministério do Planejamento 139 empresas sob o controle direto ou indireto do Governo Federal.[24] Somadas a essas, há as sociedades privadas em cujo capital há participação minoritária do Estado, e que vem sendo objeto de constante preocupação dos órgãos de controle.[25] Em 2015, o Jornal O Globo publicou nova matéria, intitulada "Estatais são sócias em 234 empresas", trazendo informações sobre auditoria instaurada pelo Tribunal de Contas

---

pública Amazônia Azul Tecnologias de Defesa S.A. – AMAZUL. Em 2013 foi criada a Correios Participações S.A. – CORREIOSPAR. Em 2015, por fim, foram criadas as Amazonas Geração e Transmissão de Energia S.A. – AmGT e a Caixa Seguridade e Participações S.A.

[21] Um exemplo de como os fundos de pensão das estatais são utilizados como forma de exercer influência sobre empresas privadas foi o amplamente noticiado conflito entre o Governo Federal e o ex-presidente da Vale Ronaldo Agnelli. De acordo com a reportagem publicada na Revista Época, "o governo patrocinou a troca de comando da Vale, a segunda maior mineradora global, por discordar de sua política de investimento. Embora afastado da Vale desde a privatização, em 1997, o governo usou sua força nos fundos de pensão que detêm o controle da empresa, para impor uma diretoria simpática a seus planos" (CORONATO, Marcos; FUCS, José. Estado Ltda. *Revista Época*, nº 682, 13 jun. 2011, p. 68).

[22] CORONATO, Marcos; FUCS, José. *Op.cit.*, p. 66.

[23] Idem. *Ibidem*, p. 66.

[24] Informação disponível em http://www.planejamento.gov.br/secretarias/upload/Arquivos/dest/empresas_estatais/160225_empresa-por-data-de-criacao-e-constituicao.pdf. Acesso em 06 mar. 2016.

25 Disponível em http://oglobo.globo.com/brasil/ministros-do-tcu-criticam-modelo-de-spes-retiram-sigilo-de-agravo-da-petrobras-contra-investigacao-do-gasene-15112216. Acesso em 19 abr. 2015.

INTRODUÇÃO

da União para investigar se parte dessas sociedades não teria sido constituída para burlar a regra da licitação pública[26].

Em uma interessante comparação com uma partida de futebol, os jornalistas Marcos Coronato e José Fucs afirmam que "no futebol da economia brasileira, o governo não é apenas juiz, bandeirinha, técnico, zagueiro e artilheiro ao mesmo tempo. Ele também corta o gramado, costura as redes e – se quiser – pode até mexer no tamanho das traves".[27] A crítica feita é óbvia: o Estado não só participa diretamente do mercado, mas também impõe as regras do jogo, através da regulação, e, ainda, pode interferir internamente na estruturação de outros times, através das *golden shares* e outras participações societárias.[28]

Essa é, aliás, uma tendência que vem sendo observada em inúmeros países.[29] Com o advento da crise do mercado financeiro de 2008/2009, há quem se refira a uma "nova fase do capitalismo", a um "capitalismo de Estado",[30] marcado por um novo equilíbrio entre o Estado e o mer-

---

[26] Estatais são sócias em 234 empresas. *Jornal O Globo*. Publicado em 24 ago. 2015, p. 3.

[27] CORONATO, Marcos; FUCS, José. *Op.cit.*, p. 66.

[28] "O governo brasileiro regula a atividade econômica? Regula. O Estado é dono de empresas? Também. É sócio de empresas que não controla totalmente? Certamente. É ainda dono de bancos mastodônticos e de companhias gigantescas que detêm participações em uma fauna de empresas de todas as espécies. Para não falar do controle que exerce sobre os fundos de pensão das estatais, os maiores investidores do mercado. De diferentes formas, o governo interfere na gestão de algumas das maiores empresas privadas nacionais, em setores tão distantes quanto a metalurgia, criação de animais para abate ou telefonia" (CORONATO, Marcos; FUCS, José. *Op.cit.*, p. 66).

[29] BREMMER, Ian. State Capitalism comes of Age. The End of Free Market? *Foreign Affairs*, vol. 88, mai./jun. 2009, p. 40. O autor aponta a existência de um fenômeno que ele denomina de capitalismo estatal, "sistema no qual o Estado funciona como o principal agente econômico e uso o mercado principalmente para obter ganhos políticos" (Idem, p. 41).

[30] BREMMER, Ian. *Op.cit.*. Esse tema foi também objeto de reportagem intitulada "State Capitalism", publicada na edição de janeiro de 2012 da The Economist. A reportagem cita o capitalismo de Estado como uma alternativa à crise do capitalismo liberal, buscando fundir os poderes do Estado com traços do capitalismo: "Depende do governo escolher os vencedores e o promover o crescimento econômico. Mas ele também usa instrumentos do capitalismo como a inscrição de empresas estatais no mercado de ações e a globalização" (Special Report. State Capitalism. The visible hand. *The Economist*, jan. 2012, p. 3, tradução livre), Ainda de acordo com essa reportagem, as companhias estatais "contribuíram para um terço dos investimentos diretos estrangeiros nos países emergentes entre 2003 e 2010

O ESTADO EMPRESÁRIO

cado:[31] "com a crise dos últimos anos, o Estado volta a ser útil, e sua intervenção, bem-vinda, ainda que não necessariamente sobre as mesmas bases das de antes do período de despublicização".[32] A intervenção estatal passa a ser vista como uma alternativa para a solução para a crise, a qual engloba, necessariamente, a intensificação dessa intervenção, com o consequente aumento do gasto público.[33-34]

Uma medida adotada por diversos países na tentativa de frear os efeitos danosos dessa crise foi, por exemplo, a compra, pelo Estado, de ações de instituições financeiras em dificuldades. Exemplo disso foi o *"Emergency Economic Stabilization Act of 2008"*, aprovado pelo Congresso dos Estados Unidos, em outubro daquele ano, autorizando o governo daquele país a comprar títulos "podres" – como ficaram popularmente conhecidos (*"troubled assets"*), por apresentarem alto nível de inadimplência –, em troca de ações das instituições financeiras detentoras desses títulos.[35-36]

---

e para uma proporção ainda maior das suas mais espetaculares aquisições, assim como para uma crescente proporção das maiores empresas" (Idem, p. 4).

[31] PRIETO, Luis Maris Cazorla. *Crisis Económica y Transformación Del Estado*. Pamplona: Thompson Reuters, 2009, p. 17.

[32] MENDONÇA, José Vicente Santos de. *A Captura Democrática da Constituição Econômica: Uma proposta de releitura das atividades públicas de fomento, disciplina e intervenção direta na Economia à luz do pragmatismo e da razão pública*. Tese de doutorado apresentada ao Programa de Pós-Graduação da Faculdade de Direito da Universidade do Estado do Rio de Janeiro como requisito parcial para a obtenção do título de Doutor em Direito, 2010, p. 193.

[33] RUIZ, Manuel Olivencia. Prólogo ao livro de PRIETO, Luis Maris Cazorla. *Crisis Económica y Transformación Del Estado*. Pamplona: Thompson Reuters, 2009, p.18.

[34] "Ainda quando a opção política seja amplamente favorável ao livre mercado, a presença estatal no domínio econômico pode se tornar necessária por razões conjunturais, quase sempre associadas a crises financeiras agudas que ameaçam a sobrevivência de importantes empresas privadas e podem inclusive gerar risco sistêmico. Nessas ocasiões, o Estado vê-se compelido a assumir atividades consideradas estratégicas para assegurar sua continuidade e prevenir a comoção social, como de fato ocorreu no segundo semestre de 2008, diante dos problemas gerados pelo esfacelamento dos mercados financeiros globais. A situação extremamente grave tornou necessária a intervenção profunda e articulada dos governos nacionais para preservar a credibilidade do sistema de trocas e tentar evitar o colapso da economia mundial" (PINTO JUNIOR, Mario Engler. *Op.cit.*, p. 15).

[35] Confira-se, nesse sentido, o item 4.2.2.

[36] Como colocado por Mario Engler Pinto Junior, "a magnitude do problema exigiu vigorosa e articulada intervenção das autoridades dos vários países afetados. As medidas propostas trouxeram novamente à tona a atuação direta do Estado no campo econômico,

INTRODUÇÃO

No Brasil, nessa mesma linha, a Medida Provisória nº 443, de 21 de outubro de 2008, previu a possibilidade de aquisição, pelo Banco do Brasil e pela Caixa Econômica Federal, de ações de empresas financeiras, com ou sem controle do capital social.

Mas essa não é a única nem a mais frequente finalidade para a qual o Estado brasileiro ou as sociedades por ele controladas participam em sociedades privadas. São variados os motivos, passando, como se verá, pela promoção de um maior controle sobre a companhia privada, pelo fomento de determinadas atividades ou como uma forma de aquisição de *know how* ou compartilhamento de riscos na exploração da atividade-fim de sociedades estatais. Há quem se refira a uma tendência crescente de os Estados se comportarem como privados no mercado.[37]

Enfim, atualmente, no Brasil, o Estado ainda atua diretamente em diversos setores, se utilizando de diversos instrumentos, não limitados às sociedades de economia mista ou empresas públicas, mas abrangendo também participações minoritárias em sociedades privadas.[38]

---

seja para salvaguardar interesses coletivos mais amplos, seja para afastar o risco sistêmico associado ao mau funcionamento dos mercados. Em casos extremos, optou-se pela nacionalização de instituições financeiras privadas, enquanto em outros o poder público foi levado a aportar recursos sob a forma de participação acionária em tradicionais empresas do setor produtivo, tornando-se acionista relevante com aspiração para influir na gestão dos negócios sociais" (PINTO JUNIOR, Mario Engler. *Op.cit.*, p. 3).

[37] BACKER, Larry Catá. The Private Law of Public Law: Public Authorities as Shareholders, Golden Shares, Sovereign Wealth Funds, and the Public Law Element in Private Choice of Law. Disponível em http://ssrn.com/abstract=1135798. Acesso em 20 jun. 2012, p. 1. De acordo com o autor, a participação do Estado pós-socialista nas atividades econômicas possui uma dimensão diferente. A diferença é encontrada na natureza da participação pública – não como soberanos buscando o controle, mas como não soberanos participando dentro dos parâmetros regulatórios como outros agentes não-governamentais" (Idem, p. 10).

[38] De acordo com a já citada reportagem publicada na revista *The Economist*, em janeiro de 2012, o Brasil "inventou uma das mais afiadas novas ferramentas da caixa de ferramentas do capitalismo estatal. (...) O governo tem investido recursos em um punhado de campeões estatais, particularmente em recursos naturais e telecomunicações. Ele também criou um novo modelo de política industrial: substituindo a propriedade governamental direta pela indireta através do Banco Nacional de Desenvolvimento Econômico e Social (BNDES) e a sua subsidiária de investimentos (BNDESPar); e trocando a participação majoritária pela minoritária através da aquisição de ações em um amplo espectro de diferentes companhias"

O ESTADO EMPRESÁRIO

Trata-se, talvez, de um novo ciclo intervencionista do Estado, em contraposição ao anterior, em possível comprovação da teoria do "caráter cíclico da intervenção estatal", defendida por Luiz Carlos Bresser Pereira na década de 1980, consistente em um permanente processo de contração e retração da intervenção do Estado na economia.[39-40] O interessante é que, de acordo com a opinião do autor, a cada ciclo a natureza da intervenção se transforma, nunca sendo repetida integralmente a forma anterior de intervenção.[41]

---

(*Op.cit.*, p. 12). E a reportagem aponta essa inovação brasileira como um dos exemplos positivos do capitalismo estatal (Idem, p. 17).

[39] PEREIRA, Luiz Carlos Bresser. O caráter cíclico da intervenção estatal. *Revista de Economia Política*, vol. 9, nº 3, jul./set. 1989, pp. 115 e 127 ("Por um determinado período a intervenção estatal aumenta, o Estado assume um papel crescente na coordenação do sistema econômico, na microalocação de recursos, na macrodefinição do nível de poupança e investimento (ou do equilíbrio entre oferta e demanda agregada), e na micro-macrodeterminação da distribuição de renda entre as classes sociais e entre os setores da economia. Mas como a intervenção estatal aumenta, seja em termos da participação do Estado e das empresas estatais no PIB, seja em termos do grau de regulação ao qual a economia é submetida, ela começa a ficar disfuncional. O excesso de regulação, que retarda ao invés de estimular e orientar a atividade econômica, e enormes déficits públicos no lugar da obtenção de poupança forçada, são os dois sintomas básicos a indicar que a expansão do Estado excedeu. É o momento de reverter o ciclo, de contrair o Estado e expandir o controle do mercado, é tempo de desregular e privatizar... A razão pela qual a intervenção apresenta um caráter cíclico é mais ou menos óbvia... Mas o processo de desestatização e desregulação não perdurará indefinidamente. Em breve as instabilidades inerentes ao sistema de mercado conjugadas às crescentes demandas da sociedade por melhores padrões de vida, mais segurança e previsibilidade, levarão necessariamente a uma nova onda de intervenção no mercado").

[40] Aparentemente corroborando essa conclusão, a reportagem sobre "*State Capitalism*" publicada em janeiro de 2012 na revista The Economist afirma que esse fenômeno "é o mais formidável adversário que o capitalismo liberal enfrentou até agora. Os defensores do capitalismo de Estado estão errados em afirmar que ele combina o melhor dos dois mundos, mas eles aprenderam como evitar algumas das armadilhas do anterior Estado-financiador do crescimento. (...) O capitalismo de Estado se parece cada vez mais com as últimas tendências. O governo brasileiro forçou o departamento do diretor da Vale, uma mineradora gigante, por ser muito independente. O Governo francês estabeleceu um fundo soberano. O governo na África do Sul está falando abertamente em nacionalização de companhias e criação de campeões nacionais" (*Op.cit.*, p. 4, tradução livre).

[41] PEREIRA, Luiz Carlos Bresser. *Op.cit.*, p. 127. Ainda de acordo com esse autor, "O mercado por si é claramente insuficiente para garantir a acumulação capitalista e não possui

INTRODUÇÃO

É essa conjugação entre formas consolidadas e novas de intervenção direta do Estado na economia o objeto do presente livro. Além de estudar o papel do Estado como acionista de sociedades privadas e a compatibilidade dessa forma de intervenção com o ordenamento jurídico brasileiro, promover-se-á uma releitura da doutrina e jurisprudência sobre as sociedades estatais propriamente ditas, já que, embora se trate de instrumentos de intervenção já conhecidos, o fenômeno de intervenção como um todo é novo, exigindo um novo enfoque acadêmico.

À luz desse contexto, pretende-se contribuir para o estudo dessas formas de intervenção do Estado na economia, sob o ponto de vista do Direito Constitucional e Administrativo, através da análise dos seus fundamentos jurídicos e dos limites constitucionais à atuação empresarial do Estado na economia, seja sob a tradicional forma de criação de sociedades empresariais (sociedades de economia mista e empresas públicas), seja sob a forma de participação minoritária em sociedades privadas.

Não se pretende discutir qual deve ser o tamanho do Estado, se ele deve intervir mais ou menos, sob o prisma econômico. O objetivo deste livro é o de verificar, sob o espectro jurídico-normativo, à luz da Constituição Federal, quais os limites para a intervenção do Estado na economia sob a forma empresarial e os controles a ela aplicáveis, sobretudo em se considerando o histórico nacional, de instrumentalização de tais sociedades para fins político-partidários.

No primeiro capítulo, abordaremos as razões que levam o Estado a intervir na economia de uma maneira geral, seja de forma direta ou indireta. Nesse ponto, analisaremos as teorias do interesse público e do interesse privado, de forma a que possamos delinear as verdadeiras razões por detrás da intervenção estatal na economia, que deverão ser consideradas pelo Direito quando da formulação do regime jurídico aplicável às diversas formas de intervenção.

Passaremos, no segundo capítulo, a discorrer sobre os fundamentos constitucionais à intervenção do Estado na economia e os possíveis motivos para a criação de empresas estatais e participação minoritária em

um mecanismo endógeno para promover a distribuição de renda socialmente aceitável. Dados estes dois pressupostos, a intervenção estatal é uma condição necessária tanto para o processo de acumulação como para o de distribuição" (Idem, p. 127).

sociedades privadas. Para tanto, será necessário diferenciar as hipóteses constitucionais de intervenção estatal na economia: (i) regulação; (ii) atividades econômicas em sentido estrito, e (iii) prestação de serviços públicos.

A partir daí, analisaremos os condicionamentos impostos pelo princípio da livre iniciativa à intervenção do Estado na economia, em especial à luz da jurisprudência dos Tribunais Superiores. Partiremos, então, a discorrer sobre o princípio da eficiência, seus possíveis significados e as peculiaridades envolvendo a sua aplicação à Administração Pública.

No segundo capítulo ainda serão abordados os princípios da livre concorrência e o da proporcionalidade, que também constituem fundamentos e limites gerais à intervenção do Estado na economia, além da necessidade de autorização legal.

No terceiro capítulo, passaremos a tratar especificamente das empresas públicas e sociedades de economia mista. Apresentaremos um breve resumo da discussão histórica sobre a criação das empresas estatais no Brasil e os motivos para a escolha de um ou outro tipo de sociedade estatal.

A partir daí, ainda nesse capítulo, analisaremos o regime jurídico aplicável a essas entidades, à luz dos dispositivos constitucionais e da jurisprudência sobre o tema, incluindo-se o estudo do seu regime de pessoal, de bens, tributário, licitações, contratual, responsabilidade civil e falência. Estudaremos, ainda, as formas de controle incidentes sobre essas entidades.

Feito isso, passaremos a tratar, no capítulo quarto, da intervenção do Estado como acionista minoritário em sociedades privadas, abordando os motivos para essa participação societária, bem como a natureza dessa intervenção. Como se verá, existe discussão sobre se essas medidas consistem em uma forma de intervenção direta ou indireta. Não será objeto de análise a atuação do Estado ou de suas sociedades sob a forma de constituição e administração de fundos de investimentos e outras operações de cunho financeiro que não envolvam participação acionária direta em sociedades privadas.

Nesse capítulo, versaremos, ainda, sobre a relação das sociedades meramente participadas com a Administração Pública, bem como sobre os condicionamentos constitucionais à participação minoritária estatal sem controle em sociedades privadas (proporcionalidade, eficiência, necessidade de autorização legal, realização de procedimento licitatório com vista à escolha do parceiro privado, e controle do Tribunal de Contas da União).

# 1
# Fundamentos Econômicos e Políticos para a Intervenção do Estado na Economia

Antes de analisarmos os fundamentos constitucionais da intervenção direta do Estado brasileiro na economia, parece-nos necessário estudar os motivos gerais (ideológicos, econômicos e políticos) que levam o Estado a intervir na ordem econômica, tanto de forma direta quanto de forma indireta. Essa análise será essencial para que possamos identificar as fragilidades dos condicionamentos constitucionais existentes e, eventualmente, sugerir alterações ao marco legislativo existente.

Para esse fim, a questão que se buscará responder nesse tópico será: toda intervenção do Estado serve a um interesse público, ou haveria outras razões, muitas vezes ocultas e não republicanas, para essa atuação? A resposta parece intuitiva, sobretudo no Brasil, país em que frequentemente são noticiados esquemas de corrupção, tratamento favorecido a alguns grupos de interesse por sociedades estatais ou pelo agente regulador, dentre outros. Sociedades estatais, parecem ser utilizadas, amiúde, para fins políticos que nada tem a ver com os interesses da sociedade.[42-43]

---

[42] Veja-se, por exemplo, o caso envolvendo uma possível participação do Banco Nacional de Desenvolvimento – BNDES na fusão entre o Grupo Pão de Açúcar e o Grupo Carrefour. Dentre as críticas a essa operação, foi citada a falta de transparência e a utilização de recursos públicos para o benefício de interesses de grandes empresários, em detrimento da população. De acordo com Rogério L. Furquim Werneck, professor de economia da PUC-Rio, "na gestão das contas públicas federais, convivem hoje dois mundos completamente distintos. De um lado, tem-se a dura realidade do Orçamento Federal, onde tudo é escasso e se contam os centavos. De outro, tem-se a Ilha da Fantasia do BNDES, mantida com emissões da dívida pública, onde parece haver recursos para tudo. (...) Ganham força

Mas esse não é um problema apenas brasileiro. Na verdade, existem diversas teorias para explicar e justificar o comportamento do Estado na economia e para tentar evitar que a sua intervenção, quando necessária, seja negativamente influenciada por interesses privados específicos em detrimento do interesse público.

As teorias sobre a intervenção do Estado na economia podem ser divididas em teorias normativas, isto é, teorias que visam justificar essa intervenção, identificando as hipóteses em que ela deve ocorrer; e em teorias descritivas, que têm por objetivo analisar quais as verdadeiras causas da intervenção, por detrás das razões oficiais apresentadas pelo Poder Público.[44]

---

as agendas próprias, multiplicam-se as missões inadiáveis e os investimentos grandiosos e voluntaristas, com custo a ser debitado ao contribuinte. Disseminou-se a ideia de que não há projeto, por mais dispendioso e injustificável que pareça, que não possa ser financiado pelo BNDES. E os que podem, ao banco, acorrem. O que chama a atenção no caso Pão de Açúcar são a extensão e o vigor da resistência da opinião pública ao envolvimento do BNDES na operação. (...) O caso parece ter sido a última palha diante do crescente desconforto com o destino pouco defensável que recursos públicos vêm tendo no BNDES (WERNECK, Rogério L. Furquim. Chegou a hora de acionar os freios no BNDES. *Jornal O Globo*, 8 jul. 2011, p. 6). E esse não foi o único episódio contestado pela opinião pública: "seis das maiores operações realizadas nos últimos anos pela BNDESPar, braço de participações do banco, dão pistas de que podem não ter sido exatamente um bom negócio. São operações que envolvem desde a polêmica capitalização da Petrobras, passando pela internacionalização de frigoríficos brasileiros, até a compra de ações de empresa do bilionário Eike Batista" (Um poderoso anabolizante de empresas. *Jornal O Globo*, 17 jul. 2011, p. 27).
[43] O mais recente escândalo de corrupção brasileiro, deflagrado em 2014, envolve uma das mais antigas e mais emblemáticas empresas estatais brasileiras – a Petrobras e põe em xeque a viabilidade do modelo de exploração direta pelo Estado (Disponível em http://www1.folha.uol.com.br/infograficos/2014/09/114361-escandalo-na-petrobras.shtml. Acesso em 14 abr. 2015). A operação Lava Jato, que, no momento do fechamento da primeira edição deste Livro, encontra-se em sua 24ª fase, denominada Aletheia, identificou um esquema intrincado que envolve o pagamento de propinas, lavagem de dinheiro, formação de "caixa dois" no orçamento do Partido dos Trabalhadores nas eleições presidenciais de 2013, tudo instrumentalizado através de contratos administrativos celebrados por empreiteiras com a Petrobras e pela nomeação de diretores que participassem com o referido esquema.
[44] De acordo com Cass Sunstein, "as origens das normas reguladoras podem ser compreendidas a partir de explicações ou justificativas. Uma explicação pretende esclarecer a existência de uma norma, já uma justificativa expõe as razões pelas quais uma norma

A seguir, analisaremos essas vertentes doutrinárias, buscando extrair alguns parâmetros que poderão ser utilizados ao longo deste livro.

## 1.1. A Teoria do Interesse Público: objetivos econômicos e sociais da intervenção do Estado na economia

Em breve síntese, as teorias do interesse público são, como o próprio nome diz, teorias normativas que buscam elencar razões de interesse público para justificar a intervenção do Estado na economia. Trata-se, na verdade, de uma ideia que permeia a ação administrativa como um todo, não só na seara econômica.[45] É dela que derivam corolários como o princípio da finalidade, que pressupõe que toda ação estatal possui uma finalidade de interesse público, o princípio da presunção de legitimidade dos atos públicos e o princípio da supremacia do interesse público.

No campo da intervenção do Estado na economia, essas razões podem ser divididas em dois campos, o econômico e o não econômico (social).

---

pode ser considerada uma boa idéia. Felizmente, uma explicação é, às vezes, também uma justificativa. Uma norma pode proibir o monopólio e sua razão de ser atribuída às crenças do legislativo. Mas, em sentido oposto, a explicação de uma norma pode falhar ao tentar justifica-la, podendo, até mesmo, levá-la ao descrédito. Freqüentemente as normas são explicadas como sendo 'meras' transferências de interesses de um dado grupo (...). Quase toda edição do *Journal of Law and Economics* tem uma contribuição afirmando que uma dada regulação aparentemente inspirada por fins coletivos – incluindo a proteção do meio ambiente e da segurança no ambiente de trabalho – é, em verdade, um esforço para beneficiar uma indústria poderosa ou para criar um cartel; ou que apenas reflete o que se descreve por 'rent-seeking' (busca de vantagens), o que significa o desperdício de energias produtivas por meio de comportamento político inútil e egoísta" (SUNSTEIN, Cass. R. As Funções das Normas Reguladoras. *Revista de Direito Público da Economia – RDPE*, n. 3, jul./set. 2003, pp. 33/34).

[45] OGUS, Anthony I. *Regulation: Legal Form and Economic Theory*. Oxford: Hart Publishing, 2004, pp. 55. Nesse sentido, Maria Sylvia Di Pietro argumenta que "Se a lei dá à Administração os poderes de desapropriar, de requisitar, de intervir, de policiar, de punir, é porque tem em vista atender ao interesse geral, que não pode ceder diante do interesse individual" (DI PIETRO, Maria Sylvia Zanella. *Direito Administrativo*. São Paulo: Atlas, 2002, p. 188). Nos mesmos termos, José dos Santos Carvalho Filho afirma que "as atividades administrativas são desenvolvidas pelo Estado para benefício da coletividade. Mesmo quando age em vista de algum interesse estatal imediato, o fim último de sua atuação deve ser voltado para o interesse público. E se, como visto, não estiver presente esse objetivo, a atuação estará inquinada de desvio de finalidade" (CARVALHO FILHO, José dos Santos. *Manual de Direito Administrativo*. 18ª Ed. Rio de Janeiro: Lumen Juris, 2007, p. 26).

O primeiro é caracterizado pela necessidade de atuação do Estado na correção das falhas de mercado, na medida necessária a permitir que o mercado possa funcionar de forma eficiente na alocação de recursos na sociedade. O segundo, por sua vez, vai além, considerando que nem sempre a alocação de recursos de forma eficiente, sob o ponto de vista econômico, será também justa e equitativa, e engloba teorias no sentido de que o Estado deve promover uma distribuição justa dos recursos produzidos em determinada sociedade, proteger os cidadãos contra as suas decisões irracionais e preservar determinados valores da comunidade.[46]

### 1.1.1. Razões de ordem econômica

As razões de ordem econômica são relacionadas à ideia de que o mercado no qual os agentes privados são livres para empreender e competir entre si por consumidores seria a forma mais eficiente de alocação de recursos na sociedade. A "mão invisível" conduziria a uma situação ideal na qual os custos sociais marginais de determinada atividade (custos envolvidos na aquisição de uma unidade adicional do produto) seriam iguais aos benefícios sociais marginais por ela produzidos (isto é, aqueles oriundos do consumo dessa unidade extra) e, em vista disso, não seria possível melhorar a situação de um indivíduo sem piorar a situação de outro, sendo atingido o Ótimo de Pareto. [47-48]

---

[46] OGUS, Anthony I. *Op.cit.*, pp. 29 e ss. STIGLITZ, Joseph E. *Economics of the Public Sector*. 3ª ed. Nova York: W.W. Norton & Company, 1999, pp. 77 e ss. SUNSTEIN, Cass. R. *Op.cit.*, p. 33. De acordo com Cass Sunstein, não apenas as falhas de mercado seriam justificativas para a intervenção do Estado na economia, mas também a necessidade de redistribuição de recursos ou de concretização de aspirações coletivas, necessidade de redução da subordinação social e necessidade de proteção das gerações futuras, animais e natureza.

[47] JONES, Leroy P.; MASON, Edward S. Role of economic factors in determining the size and structure of the public-enterprise sector in less-developed countries with mixed economies. In: JONES, Leroy P. (Ed.) *Public Enterprise in less-developed countries*. Nova York: Cambrigde University Press, 2009, p. 26. No mesmo sentido, CALSAMIGLIA, Albert. Eficiencia y Derecho. *Doxa, Cuadernos de Filosofia del Derecho*, 1987, vol. 4, p. 271. STIGLITZ, Joseph E. *Op.cit.*, p. 57. De acordo com esse autor, é ao Ótimo de Pareto a que os autores normalmente se referem quando tratam de eficiência.

[48] Joseph Stiglitz e Carl Walsh explicam que essa correlação entre o Ótimo de Pareto e a eficiência dos mercados se dá no sentido de que "do mesmo modo que uma máquina eficiente usa seus insumos tão produtivamente quanto possível, um mercado eficiente não deixa aberta nenhuma possibilidade de aumentar o produto com o mesmo nível de

Ocorre que essa alocação eficiente de recursos pressupõe algumas condições, nem sempre existentes no mundo real, a saber:[49] (i) que as escolhas dos indivíduos no que tange à utilização dos recursos existentes na sociedade sejam sempre pautadas pela racionalidade, isto é, pelo objetivo de maximização dos seus interesses; (ii) que os indivíduos possuam informações adequadas e suficientes sobre os produtos e serviços disponíveis no mercado e saibam processar essas informações racionalmente; (iii) que os direitos de propriedade sejam garantidos pelo ordenamento jurídico e sejam estáveis; (iv) que todos os custos e benefícios de determinado serviço ou produto sejam refletidos no seu preço, isto é, que não haja externalidades ou custos de transação envolvidos; e (iv) que exista, no mercado, um número suficiente de empresas e de consumidores de forma que nenhum deles, isoladamente, possa afetar os níveis de oferta e demanda de produtos e serviços ofertados no mercado e, consequentemente, os preços desses produtos e serviços.[50] Nesse modelo, o preço cobrado pelos produtos e serviços reflete um equilíbrio entre a demanda e a oferta do mercado, isto é, assegura que o nível de demanda se iguale ao nível de oferta, não havendo sobras em nenhum dos dois lados.[51]

Nesse contexto, a intervenção estatal seria justificada tão-somente nos casos em que o mercado apresentasse falhas que impedissem a alocação eficiente dos recursos. Nesses casos, haveria "um argumento para substituir a mão invisível do mercado pela mão visível do governo".[52]

---

insumos. A única maneira de uma pessoa melhorar de situação seria tirar recursos de outra, e assim faria com que a segunda pessoa piorasse sua situação" (STIGLITZ, Joseph; WALSH, Carl. *Introdução à Microeconomia*. Trad. 3ª ed. americana. Rio de Janeiro: Campus, 2003, p. 172).

[49] OGUS, Anthony I. *Op.cit.*, p. 24. Vide também CALSAMIGLIA, Albert. Eficiencia y Derecho. *Doxa, Cuadernos de Filosofia del Derecho*, 1987, vol. 4, pp. 271/272.

[50] STIGLITZ, Joseph E. *Economics of the Public Sector*. 3ª ed. Nova York: W.W. Norton & Company, 1999, p. 77.

[51] PINHEIRO, Armando Castelar. *Direito, Economia e Mercados*. Rio de Janeiro: Elsevier, 2005, pp. 55/56.

[52] JONES, Leroy P.; MASON, Edward S. Role of economic factors in determining the size and structure of the public-enterprise sector in less-developed countries with mixed economies. In: JONES, Leroy P. (Ed.) *Public Enterprise in less-developed countries*. Nova York: Cambrigde University Press, 2009, p. 26.

A doutrina costuma apontar cinco falhas principais de mercado que justificariam a intervenção estatal,[53] a começar pelas falhas na concorrência. Como visto, um dos pressupostos para que o mercado funcione em equilíbrio de Pareto é a concorrência perfeita (pulverização de consumidores e empresas, em um mercado de produtos e serviços homogêneos). A concorrência perfeita, contudo, é também utópica. Na realidade, são diversos os fatores que impedem que ela se configure: existência de poucos atores no mercado, a heterogeneidade dos produtos e serviços oferecidos no mercado, a presença de barreiras à entrada, conluio entre participantes do mercado, dentre outros. Todas essas situações são consideradas falhas de concorrência, distanciando a realidade do objetivo da concorrência perfeita e, por isso, ensejam a intervenção do Estado.

A mais relevante dessas falhas é o monopólio natural, situação na qual sequer há a possibilidade de competição, em virtude de características específicas da atividade. O monopólio natural existirá naquelas atividades caracterizadas por economias de escala, isto é, atividades que apresentam altos custos fixos – normalmente relacionados à infraestrutura – sendo ineficiente a sua exploração por mais de uma empresa:

> (...) o monopólio tende a se desenvolver 'naturalmente' a medida em que se torna aparente que uma única empresa pode suprir a demanda total de uma indústria de forma mais barata do que mais de uma empresa. Tal situação tipicamente ocorre quando os custos fixos, isto é, aqueles necessariamente incorridos em qualquer nível de produção, são altos em relação à demanda. Assim, por exemplo, o suprimento de eletricidade exige um enorme investimento inicial em planta e nos cabos antes de que a menor das demandas possa ser suprida. Assumindo que esses custos fixos constituem uma grande proporção do custo total da produção, então quando os investimentos iniciais tiverem sido feitos, o custo médio das unidades adicionais declina conforme mais produtos forem sendo produzidos.[54]

O segundo grupo de falhas de mercado diz respeito à existência de bens cuja oferta e demanda não são determinadas pela lógica do mer-

---

[53] STIGLITZ, Joseph E. *Op.cit.*, pp. 77 e ss.
[54] OGUS, Anthony I. *Op.cit.*, pp. 30/31, tradução livre.

cado. Para os chamados bens públicos, a demanda não é medida pela predisposição do indivíduo em pagar por eles, mas sim por uma necessidade da vida em sociedade. Trata-se de bens usufruídos coletivamente pela sociedade ou por um grupo dentro dela, mas cujos benefícios são indivisíveis dentro desse grupo, de modo que (i) o consumo desse bem por determinado indivíduo não afeta ou prejudica o consumo do mesmo bem por outro indivíduo; e (ii) não é possível (faticamente ou economicamente) impedir que determinado indivíduo o consuma, mesmo que por ele não pague. A lei da oferta e da procura não funciona nesse campo, o qual, aliás, é suscetível à prática de *free riding,* isto é, de utilização por terceiros que não incorreram no custo necessário para a produção do bem ou prestação do serviço.

O exemplo clássico de bem público é a defesa nacional. Ainda que um indivíduo se recuse a pagar os tributos necessários ao custeamento desse serviço, ele não será excluído dos benefícios oriundos do seu oferecimento pelo Poder Público. "A predisposição para pagar, em outras palavras, não pode ser usada para medir a demanda e, portanto, falhará em produzir incentivos para que os fornecedores os produzam":[55]

A segurança nacional (ou local) é um exemplo de bem público puro. Tais bens são tipicamente providos por fornecedores controlados pelo Poder Público – no nosso exemplo, as forças armadas e a polícia. Na verdade, isso não é (economicamente) essencial; uma empresa privada poderia fornecer tais bens, mas uma entidade pública é necessária tanto para levantar dinheiro suficiente para assegurar o seu suprimento quanto para tomar as decisões relativas à determinação da quantidade e qualidade do bem público. A primeira dessas funções deve ser realizada por uma instituição pública porque, para superar o problema do *free rider,* ela deve possuir poder de polícia para impor tributos. A segunda exige que a autoridade política tome decisões representando a vontade da comunidade, tendo em vista que a demanda não pode ser determinada pelas preferências individuais, refletidas na predisposição em pagar.[56]

---

[55] OGUS, Anthony I. *Op.cit.,* p. 33, tradução livre.
[56] OGUS, Anthony I. *Op.cit.,* pp. 33/34, tradução livre.

O terceiro grupo de falhas de mercado é constituído pelas externalidades, assim consideradas as consequências involuntárias de determinada atividade econômica para terceiros, que não são consideradas no cálculo dos custos e benefícios da atividade. Se determinada atividade produz externalidades, isso significa que "mesmo quando os custos marginais de determinada atividade se igualam aos seus benefícios marginais na perspectiva estreita do empreendimento, isso não ocorrerá sob a perspectiva social ampla".[57]

Em suma, não se pode afirmar que determinada distribuição social de recursos é eficiente, se não forem conhecidos todos os custos e benefícios dela oriundos, inclusive aqueles não intencionais:

> (...) se a atividade do produtor impõe custos a terceiros que não são refletidos (ou 'internalizados') nos preços que ele cobra pelos seus produtos, isso cria uma má-alocação de recursos: os compradores dos produtos não pagam pelo seu real custo social e, por isso, mais unidades do produto são fabricadas do que é socialmente apropriado.[58]

Essas externalidades podem ser boas ou ruins, isto é, podem se apresentar sob a forma de custos ou benefícios. São exemplos de externalidades a poluição e o treinamento de trabalhadores.

A quarta falha de mercado apontada pela doutrina é aquela decorrente de problemas de coordenação entre interesses individuais.[59] Há casos em que se todo indivíduo agir com o objetivo de maximizar os seus próprios interesses o resultado será ineficiente.

As regras de trânsito são exemplos de matéria na qual o Estado deve intervir para evitar problemas de coordenação. O mesmo pode se dizer com relação às convenções sobre pesos e medidas. Os indivíduos agindo de forma isolada não conseguiriam atingir a solução mais eficiente nesses dois casos mencionados.

---

[57] JONES, Leroy P.; MASON, Edward S. Role of economic factors in determining the size and structure of the public-enterprise sector in less-developed countries with mixed economies. In: JONES, Leroy P. (Ed.) *Public Enterprise in less-developed countries*. Nova York: Cambrigde University Press, 2009, p. 26.

[58] OGUS, Anthony I. *Op.cit.*, p. 35, tradução livre.

[59] OGUS, Anthony I. *Op.cit.*, p. 41.

Um subgrupo desse tipo de falha de mercado é o dos mercados incompletos (que também pode ser considerada uma falha autônoma, cujo subgrupo são os mercados complementares). Há certos setores da economia cujo desenvolvimento depende de um planejamento de grande escala e coordenação com outros setores.[60] A ausência de coordenação entre setores complementares pode inviabilizar a eficiência em ambos os setores, impedindo que o mercado produza todos os bens demandados pela sociedade.

Finalmente, os déficits ou assimetrias de informação, bem como a racionalidade limitada dos indivíduos, também são considerados falhas de mercado. A teoria econômica assume, como visto, que uma alocação eficiente de recursos na sociedade também depende (i) de que os consumidores tenham, à sua disposição, informações adequadas e suficientes para que eles possam escolher entre as alternativas de produtos e serviços existentes; e (ii) de que os indivíduos "sejam capazes de processar essa informação de forma racional, comportando-se de uma forma que maximize a utilidade por eles esperada".[61] Nem sempre, contudo, essas condições encontram-se presentes, o que gera a má-alocação de recursos.

São vários os motivos econômicos a ensejar a intervenção do Estado na economia. Mas isso não significa que toda falha de mercado justifica a criação de uma sociedade estatal ou a participação minoritária do Estado em uma sociedade privada. A falha de mercado que justifica a intervenção estatal *lato sensu* nem sempre é suficiente para legitimar a sua intervenção direta.[62]

Os monopólios naturais teriam sido a falha de mercado mais utilizada para justificar a intervenção direta do Estado na economia.[63] Havia uma ideia generalizada de que as consequências deletérias do monopólio natural poderiam ser melhor e mais eficientemente controladas através da sua exploração por uma entidade da Administração Pública do que através da regulação. De acordo com Anthony Ogus,

---

[60] STIGLITZ, Joseph E. *Op.cit.*, p. 83.

[61] OGUS, Anthony I. *Op.cit.*, p. 38, tradução livre.

[62] STIGLITZ, Joseph E. *Op.cit.*, p. 189.

[63] STIGLITZ, Joseph E. *Economics of the Public Sector*. 3ª ed. Nova York: W.W. Norton & Company, 1999, p. 190. OGUS, Anthony I. *Op.cit.*, pp. 267.

(...) é, de fato, plausível que a imposição de preços e parâmetros compatíveis com o interesse público possa ser atingida mais efetivamente pelo procedimento flexível de tomada de decisões inerente às sociedades estatais – com considerável discricionariedade interna, sujeita apenas a controle político – do que por controles jurídicos externos.[64]

Outra falha de mercado que poderia, em tese, demandar a intervenção direta do Estado é aquela relativa aos bens públicos.[65] Como visto, quando esse tipo de bem está envolvido, é necessário que o Estado atue tanto de forma a financiá-lo quanto para determinar a quantidade e qualidade da sua produção, o que pode fazer, a depender da natureza do bem, através de uma sociedade estatal.

Mercados incompletos também podem ensejar a produção de bens e serviços diretamente pelo Governo. É o que aconteceu no Brasil nas décadas de 1940, 1950 e 1960, período em que foi necessária a intervenção do Estado em setores de infraestrutura para permitir o desenvolvimento da indústria brasileira e proporcionar a sua independência econômica.[66]

---

[64] Ogus, Anthony I. *Op.cit.*, pp. 28.

[65] Idem. *Ibidem*, pp. 268.

[66] "Como exemplo de capitalismo tardio, o Brasil não podia dispensar a atuação empresarial do Estado para alavancar a produção privada, que carecia de organização e disponibilidade de insumos básicos. (...) O verdadeiro marco do capitalismo brasileiro de Estado teve origem em investimentos inaugurais nos setores siderúrgico, petrolífero e elétrico. A prioridade governamental em estruturar aqueles setores era decorrência de sua importância estratégica para o desenvolvimento nacional. Tratava-se de projetos intensivos de capital, com longo prazo de maturação, retorno incerto e baixa rentabilidade, exigindo aportes de recursos várias vezes superiores àqueles que a iniciativa privada estava acostumada a mobilizar na fase de substituição de importações. A falta de um mercado de capitais organizado e de outros instrumentos alternativos de financiamento limitava sobremaneira a capacidade do empresariado brasileiro de mobilizar capitais para investir em projetos com tais características. A empresa estatal surge para ocupar espaços vazios deixados pelo setor privado, e não com o propósito de disputar o mesmo mercado" (Pinto Junior, Mario Engler. *Empresa Estatal. Função Econômica e Dilemas Societários*. São Paulo: Ed. Atlas, 2010, pp. 22/25). No mesmo sentido, Pereira, Luiz Carlos Bresser. O caráter cíclico da intervenção estatal. *Revista de Economia Política*, vol. 9, nº 3, jul./set. 1989, p. 119 ("A intervenção estatal em países atrasados é uma condição necessária para os estágios iniciais de industrialização. (...) O papel básico do Estado nesse estágio é o de obter poupança forçada e investi-la, diretamente, ou, mais habitualmente, transferi-la para as empresas

Esse é normalmente um motivo indicado pela doutrina a ensejar a criação de empresas estatais: a ausência de interesse privado para a exploração de determinada atividade necessária ao desenvolvimento dos Estados, em virtude dos altos custos nem sempre recuperáveis, em especial em áreas como geração de energia elétrica, serviços postais, infraestrutura, dentre outras.[67]

## 1.1.2. Razões de ordem social

As justificações do segundo tipo ("sociais") partem de pressupostos um pouco diferentes do que aqueles até então analisados. A premissa adotada é a de que, mesmo nas hipóteses em que a "mão invisível" seja capaz de conduzir ao equilíbrio de Pareto na alocação de recursos na sociedade, não necessariamente essa alocação será justa e atenderá a todas as necessidades básicas dos indivíduos.

Uma das críticas endereçadas à utilização do Ótimo de Pareto como critério de distribuição de recursos na sociedade reside no fato de que o "equilíbrio" por ele gerado existe em quase qualquer forma de distribuição de recursos, mesmo formas iníquas e extremamente injustas.[68] Tal fórmula, na verdade, beneficiaria o *status quo,* na medida em que impediria que alterações na distribuição fossem feitas se um dos envolvidos na relação viesse a ser prejudicado.[69]

---

através de financiamentos de longo prazo e particularmente através de diversos tipos de subsídios e incentivos (renúncias fiscais)").

[67] FRIEDMANN, W. A Theory of Public Industrial Enterprise. In: HANSON, A. H. (ed.) *Public Enterprise – A Study of its Organisation and Management in various Countries.* Brussels: International institute of administrative sciences, 1954, p. 12.

[68] DWORKIN, Ronald. Is wealthy a value? *The Journal of Legal Studies,* vol. 9, n. 2, mar. 1980, p. 193.

[69] As críticas ao Ótimo de Pareto são assim sintetizadas por Albert Calsamiglia: "*En primer lugar* porque se concede a cada uno de los individuos de la sociedad el derecho de veto a cualquier medida o decisión social. Em efecto, una definición alternativa, pero *equivalente,* del óptimo de Pareto seria la siguiente: una situación es óptimo de Pareto se dada cualquier otra alternativa siempre haya alguien que la veta. La consecuencia es que típicamente hay muchas situaciones distintas que son – todas ellas – óptimos de Pareto. *En segundo lugar* porque no se pone en cuestión el punto de partida y por tanto se conserva el statu quo. *En tercer lugar* porque es escasamente sensible a los problemas de justicia distributiva. Uma sociedad ideal que asignara todos los recursos a X y ninguno a Y es tan óptimo de Pareto como ora sociedad en la cual a cada uno se asignara 50 por ciento" (CALSAMIGLIA,

O ESTADO EMPRESÁRIO

Assim, naqueles casos nos quais não é possível aceitar a distribuição inicial de recursos em uma dada sociedade, por motivos relacionados à justiça, proteção à dignidade humana, dentre outros, o critério de eficiência de Pareto não é suficiente – e, consequentemente, a mão invisível também não o será – para promover a melhor distribuição de recursos.[70-71]

Essas razões sociais variam de país para país, englobando diversas linhas teóricas, como o socialismo e o liberalismo e outras subteorias entre um e outro extremo. O autor norte-americano John Rawls é um exemplo de teórico que busca uma fórmula para uma distribuição justa dos recursos na sociedade, tendo criado o famoso *princípio da diferença*, de acordo com o qual, em apertada síntese, distribuições desiguais de recursos na sociedade só seriam permitidas na medida em que trouxessem benefícios para as suas camadas menos favorecidas.[72]

Albert. Eficiencia y Derecho. *Doxa, Cuadernos de Filosofia del Derecho*, 1987, vol. 4, p. 273, itálicos no original).

[70] JONES, Leroy P.; MASON, Edward S. Role of economic factors in determining the size and structure of the public-enterprise sector in less-developed countries with mixed economies. In: JONES, Leroy P. (Ed.) *Public Enterprise in less-developed countries*. Nova York: Cambrigde University Press, 2009, p. 25.

[71] Em julho de 2011 foi publicado no Jornal O Globo artigo do Profº Joseph Stiglitz comentando justamente a incapacidade do livre mercado para atingir aqueles objetivos que os seus defensores tanto pregam. De acordo com o autor, "há apenas alguns anos, uma poderosa ideologia – a crença em mercados livres e irrestritos – levou o mundo à beira da ruína. Mesmo no seu auge, do início dos anos 80 até 2007, o capitalismo desregulado ao estilo americano criou maior riqueza material apenas para as pessoas mais ricas nos países mais ricos do mundo. De fato, durante os 30 anos de ascensão desta ideologia, a maioria dos americanos, viu sua renda diminuir ou estagnar, ano após ano. Além disso, o crescimento da produção nos EUA não era economicamente sustentável. Com tanto da renda nacional indo para tão poucos, o crescimento só podia continuar via consumo, financiado por uma montanha crescente de dívidas. Eu estava entre os que acreditavam que, de algum modo, a crise financeira daria aos americanos (e a outros) uma lição sobre a necessidade de maior igualdade, regulamentação mais forte e melhor equilíbrio entre mercado e governo. Mas não foi o caso" (STIGLITZ, Joseph E. A crise ideológica do capitalismo ocidental. *O Globo*, 12 jul. 2011, p. 6).

[72] Rawls, como se sabe, defende que os indivíduos, se colocados em uma situação em que não pudessem saber "seu lugar na sociedade, sua classe ou seu status social; e ninguém conhece sua sorte na distribuição dos recursos e das habilidades naturais, sua inteligência, força e coisas do gênero" (a posição original), "quando não há ninguém que esteja em vantagem ou desvantagem em razão de contingências naturais ou sociais", racionalmente

FUNDAMENTOS ECONÔMICOS E POLÍTICOS PARA A INTERVENÇÃO DO ESTADO...

Trata-se, contudo, de fundamento impregnado por discussões políticas e filosóficas, notadamente sobre qual deve ser o papel do Estado e "até onde ele deve ir na deliberada e planejada exploração de recursos ou operação de uma atividade industrial em benefício do povo".[73]

No Brasil, são diversos os autores que defendem a atuação do Estado nesse sentido, seja com fundamento no princípio constitucional da dignidade humana[74], seja com fundamento no direito à liberdade e às condições essenciais para o seu exercício,[75] ou, ainda, nas condições essenciais à deliberação democrática,[76] dentre outros.[77]

A Constituição brasileira prevê uma série de direitos fundamentais e sociais básicos que devem ser garantidos pelo Estado e que visam justa-

---

escolheriam dois princípios de justiça a reger a sociedade. O primeiro é que "cada pessoa deve ter um direito igual ao sistema mais extenso de iguais liberdades fundamentais que seja compatível com um sistema similar de liberdades para as outras pessoas". O segundo, o princípio da diferença, que foi criado por Rawls justamente para substituir o princípio da eficiência como forma distribuição de recursos na sociedade, predica que "as desigualdades sociais e econômicas devem estar dispostas de tal modo que tanto (a) se possa razoavelmente esperar que se estabeleçam em benefício de todos como (b) estejam vinculados a cargos e posições acessíveis a todos" (RAWLS, John. *Uma Teoria da Justiça*. São Paulo: Martins Fontes, 2008, pp. 15, 23 e 73).

[73] FRIEDMANN, W. A Theory of Public Industrial Enterprise. In: HANSON, A. H. (ed.) *Public Enterprise – A Study of its Organisation and Management in various Countries*. Brussels: International institute of administrative sciences, 1954, p. 13.

[74] BARCELLOS, Ana Paula de. *A eficácia jurídica dos princípios constitucionais*. Rio de Janeiro: Renovar, 2002.

[75] Ricardo Lobo Torres fundamenta, por exemplo, a garantia do mínimo existencial e, consequentemente, o dever do Estado de concretizá-la, na liberdade, "ou melhor, nas condições iniciais para o exercício da liberdade" (TORRES, Ricardo Lobo. *O Direito ao Mínimo Existencial*. Rio de Janeiro: Renovar, 2009, p. 13).

[76] SOUZA NETO, Claudio Pereira. *Teoria Constitucional e Democracia Deliberativa*. Rio de janeiro: Renovar, 2006.

[77] Confira-se também SALOMÃO FILHO, Calixto. Regulação e Desenvolvimento. São Paulo: Ed. Malheiros, 2002, p. 46 e 56. Nas suas palavras, "a regulação ganha justificativa autônoma. A razão é que deixa de haver um fundamento pré ou ultrajurídico para a regulação. Sua justificativa passa a ser apenas a de criar uma igualdade jurídica material, e não meramente formal, entre todos os agentes econômicos, e garantir a correção de seu procedimento no mercado (...). existe a necessidade efetiva de criação de fluxos redistributivos e de diluição de centros de poder econômico e introdução do princípio cooperativo nas relações sociais, a par da mudança da forma de planejamento e atuação do Estado".

O ESTADO EMPRESÁRIO

mente a uma melhor e mais justa distribuição de recursos na sociedade. A Carta de 1988 atribui ao Estado uma série de funções, dentre elas a construção de uma sociedade livre, justa e solidária (art. 3º, I); a promoção do desenvolvimento nacional (art. 3º, II); a erradicação da pobreza e da marginalização, bem como a redução das desigualdades sociais e regionais (art. 3º, III); a prestação de serviços públicos (art. 175), dentre outros, tendo por fundamento a dignidade da pessoa humana (art. 1º, III).

Esses deveres constitucionais do Estado impõem a sua intervenção na economia, por diversas formas, com vista a promover uma distribuição mais justa dos recursos e atender aos direitos considerados básicos pela Carta Maior (educação, saúde, etc.).[78]

Há, ainda, as teorias paternalistas, citadas acima, que parecem se fundamentar na ideia de que a eficiência de Pareto também não é suficiente naqueles casos em que as preferências dos consumidores são viciadas, como nos casos do uso de drogas, consumo de produtos sem valor nutritivo, etc.[79] Trata-se de hipóteses nas quais se presume que "os indivíduos podem não agir no seu melhor interesse".[80] Embora questionável, a intervenção do Estado na economia muitas vezes é justificada por esse intuito de evitar que as pessoas tomem decisões nocivas à sua saúde e aos seus interesses.[81]

---

[78] Pinto Junior, Mario Engler. *Op.cit.*, pp. 251/252.

[79] Jones, Leroy P.; MASON, Edward S. *Op.cit.*, p. 26.

[80] Stiglitz, Joseph E. *Economics of the Public Sector.* 3ª ed. Nova York: W.W. Norton & Company, 1999, p. 86.

[81] Essa vem sendo uma crítica recorrente à atuação da Agência Nacional de Vigilância Sanitária – ANVISA nos últimos tempos, tendo em vista as recentes medidas por ela editadas tendo por objeto a proibição de medicamentos emagrecedores, bem como a proibição da utilização de ingredientes que conferem sabor aos cigarros. Ana Paula de Barcellos adverte que, "nos últimos anos, normas têm sido editadas por agências reguladoras a fim de restringir a publicidade e a comercialização de produtos considerados 'maus' ou 'não saudáveis': produtos a serem adquiridos por adultos, supostamente capazes. Já não se trata de informar os riscos associados a cada opção, o que seria perfeitamente adequado: a liberdade envolve escolhas, de modo que a informação é vital para decisões conscientes. Trata-se, diversamente, de impor às pessoas determinadas escolhas. A ideia subjacente a essas políticas é simples: já que as pessoas são débeis e continuam a fazer opções ruins, mesmo diante das informações, vamos nós, os agentes públicos esclarecidos, escolher o que é 'melhor' para elas" (Barcellos, Ana Paula de. Quem suporta a liberdade? *Jornal O*

Essas, enfim, são as razões econômicas e sociais normalmente elencadas de forma a justificar a intervenção do Estado na economia.

## 1.2. A Teoria da captura, *Public Choice* e as teorias do interesse privado sobre a intervenção do Estado

As teorias do interesse público sofreram sérios baques ao longo do século passado,[82] sobretudo a partir da década de 1970, tanto pela constatação de que a intervenção é intensamente influenciada por grupos econômicos e políticos, fenômeno identificado pela "teoria da captura" – e, dessa forma, muitas vezes o seu objetivo não é o de eliminar determinada falha de mercado, mas sim o de promover interesses de certos agentes econômicos –, quanto também pela verificação de que, mesmo quando realmente voltada a satisfazer interesses públicos, a intervenção do Estado não era capaz de atingir os seus alegados objetivos ou os atingia de forma ineficiente, trazendo mais ônus do que bônus para a sociedade – o que Cass Sunstein chamou de "paradoxo da regulação".[83]

---

*Globo*, 01 de jul. 2011). Sobre o tema, sugerimos a leitura de Sunstein, Cass. *Nudge: improving decisions about health, wealth and happiness*. Londres: Penguin Books, 2009.

[82] Como sintetizado por Norbet Reich, "a regulação em uma economia de mercado não é, na tradição norte americana, considerada uma função governamental inerente, mas algo que precisa de explicação e justificação. Teorias da regulação têm sido sempre teorias do 'interesse público' que justificam a intervenção estatal em um ambiente de mercado que supostamente funciona melhor sem interferência. (...) As teorias concorrentes sobre o sentido da regulação têm origem tanto na economia do bem estar social como na teoria política. Essa abordagem econômica do bem-estar social tem sido de alguma forma desacreditada ultimamente, desde que economistas e juristas de Chicago como George Stigler e Richard Posner (...) criticaram a ação regulatória em bases econômicas. Aos olhos desses teóricos, a regulação seria principalmente uma forma de proteção governamental a cartéis. A regulação cria o instrumental do governo para a geração de efeitos anticompetitivos e, dessa forma, cria perdas de bem-estar na economia. A regulação limita a livre escolha por empresas, trabalhadores e consumidores, ao impor padrões de comportamento no mercado, em vez de garantir tais condições por meio de concorrência. Essa mesma concepção vem sendo assumida de forma entusiástica por economistas alemães (Schüller, 1983) e está ganhando influência na teoria do direito". (Reich, Norbert. A crise regulatória: ela existe e pode ser resolvida? In: Mattos, Paulo Todescan Lessa (coord.). *Regulação econômica e Democracia: O Debate Europeu*. São Paulo: Ed. Singular, 2006, pp. 20/21).

[83] Sunstein, Cass. Paradoxes of the Regulatory State. *The University of Chicago Law Review*, Vol. 57, No. 2, Administering the Administrative State (Spring, 1990), p. 407. De acordo

Passou-se a questionar, em outras palavras, a real razão para a intervenção do Estado na economia, na medida em que haveria "um número significativo de evidências de que as consequências socialmente indesejadas da regulação são, com frequência, desejadas por grupos influentes na elaboração da legislação que estabelece o sistema regulatório".[84]

Além disso, ainda quando a intervenção do Estado, de fato, visasse a atingir interesses públicos, também foram levantadas dúvidas sobre se ela seria capaz de atingir os seus alegados objetivos. Se, por um lado, as falhas de mercado foram utilizadas para justificar a intervenção do Estado na economia, os economistas perceberam que a atuação do governo também apresentava falhas, não sendo suficiente para atingir os objetivos que a justificava, chegando, em alguns casos, a gerar efeitos piores do que aqueles a que se visava combater. Problemas como a assimetria de informação e informação limitada quanto às consequências das medidas interventivas, controle limitado sobre as reações estratégicas do mercado, dificuldades inerentes ao processo político, dentre outros, foram

com o ator, os paradoxos da regulação são as "estratégias auto destrutivas – estratégias que atingem uma finalidade precisamente oposta àquela visada, ou à única justificação pública que pode ser trazida em seu respaldo". No mesmo sentido, Norbert Reich, fazendo referência à obra de Stephen Breyer, assevera que "não surpreendentemente, a ação regulatória com mais frequência demonstra ser (total ou parcialmente) incompatível com os defeitos que existem para serem curados" (REICH, Norbert. A crise regulatória: ela existe e pode ser resolvida? In: MATTOS, Paulo Todescan Lessa (coord.). *Regulação econômica e Democracia: O Debate Europeu*. São Paulo: Ed. Singular, 2006, p. 21).

[84] POSNER, Richard A.. Teorias da Regulação Econômica. In: MATTOS, Paulo Todescan Lessa (coord.). *Regulação Econômica e Democracia: O Debate Norte-Americano*. São Paulo: Editora 34, 2004, p. 52. O autor cita diversos exemplos nesse sentido: "As companhias de transporte ferroviário apoiaram o Interstate Commerce Act, que foi elaborado para prevenir a prática de discriminação de preços por essas companhias, porque essa discriminação estava arruinando os cartéis de transporte ferroviário. A empresa American Telephone and Telegraph (AT&T) fez pressão em favor de uma regulação estadual de serviços telefônicos porque queria eliminar a competição entre companhias telefônicas. Empresas de transporte rodoviário e empresas de aviação civil apoiaram a ampliação da regulação do setor de transportes para seus mercados porque elas consideravam excessiva a competição sem regulamentação" (Idem. p. 52).

apontados como sendo as maiores falhas do governo, que impediriam que as ações interventivas atingissem as finalidades visadas.[85]

Em vista disso, se é verdade que os mercados apresentam falhas, também há quem considere que "os governos frequentemente não têm sucesso em corrigir as falhas do mercado".[86] Joseph Stiglitz, em particular, questiona se a teoria das falhas de mercado seria uma justificação ou uma desculpa para a intervenção do Estado na economia.[87]

A partir daí começaram a ser desenvolvidas teorias sobre como e por que os interesses privados se organizam e em que grau influenciam a esfera pública e a intervenção do Estado na economia.[88]

O primeiro artigo importante sobre o tema é atribuído a George Stigler.[89] Nesse artigo, o autor analisou o comportamento político dos agentes responsáveis pela regulação e formulação de políticas públicas. Partindo de um dos pressupostos centrais da teoria econômica de que todos os indivíduos agem com a finalidade de maximizar os seus interesses, o autor chamou a atenção para a possibilidade de os agentes públicos serem influenciados por apoios financeiros recebidos por grupos de

---

[85] STIGLITZ, Joseph E. *Economics of the Public Sector*. 3ª ed. Nova York: W.W. Norton & Company, 1999, pp. 9/10.

[86] Idem. *Ibidem*, p. 10.

[87] Idem. *Ibidem*, p. 86. De acordo com o autor, "a popularidade da abordagem das falhas de mercado fez com que vários programas fossem justificados em termos de falhas de mercado. Mas isso pode ser apenas retórica. Há sempre uma diferença significativa entre o objetivo afirmado do programa (remediar alguma falhas de mercado) e a sua estruturação. (...) uma análise das forças políticas em jogo e dos verdadeiros objetivos dos programas pode ser obtida mais facilmente verificando-se como os programas são desenhados e implementados do que verificando os supostos objetivos da legislação" (Idem, p. 90).

[88] OGUS, Anthony I. *Regulation: Legal Form and Economic Theory*. Oxford: Hart Publishing, 2004, pp. 58/59, tradução livre.

[89] PELTZMAN, S. A Teoria Econômica da Regulação depois de uma década de desregulação. In: MATTOS, Paulo Todescan Lessa (coord.) Regulação Econômica e Democracia. O Debate Norte-Americano. São Paulo: Editora 34, 2004, p. 81. O artigo citado é o "The Theory of Economic Regulation", publicado no *Bell Journal of Economics and Management Science*, vol. 2, n. 1, primavera de 1971, p. 3-21. Disponível em http://www.jstor.org/stable/3003160. Acesso em 21 jun. 2011, tradução livre. Para Richard Posner, até então a "teoria" a captura não passava de "uma hipótese desprovida de qualquer cunho teórico" (POSNER, Richard A.. Teorias da Regulação Econômica. *Op.Cit.*, p. 58).

interesse.[90] Nesse sentido, concluiu que, na prática, o resultado do processo regulatório nem sempre seria consoante com o interesse público, mas sim, o produto de captura por parte desses grupos de interesse. De acordo com esse autor,

> O Estado – a máquina e o poder do Estado – é um potencial recurso ou ameaça para qualquer indústria em uma sociedade. Com o seu poder de proibir ou obrigar, de tirar ou oferecer dinheiro, o Estado pode e seletivamente ajuda ou prejudica um vasto número de indústrias. (...) A tarefa central da teoria econômica da regulação é explicar quem receberá os benefícios ou fardos da regulação, qual forma a regulação tomará e os efeitos da regulação sobre a alocação de recursos. (...) A tese central desse artigo é que, como regra, a regulação é adquirida pela indústria e desenhada e operada primeiramente em seu benefício.[91]

O autor, como se vê, aborda a regulação como um produto no mercado, alocado de acordo com a lei da oferta e da procura, que pode ser comprada caso a indústria esteja disposta a pagar o preço.

Há, contudo, lacunas na teoria da captura, em especial, a falta de comprovação empírica. Os casos apontados como prova da aplicação da teoria seriam, de acordo com Richard Posner, estrategicamente selecionados,

---

[90] Como explica Peltzman, "uma consequência da política regulatória será que os membros dos grupos afetados votarão a favor ou contra o político responsável pela decisão. Uma vez que o objetivo último desse político é garantir e aumentar o seu poder, ele opta por decisões que beneficiarão eleitores que são seus simpatizantes. Ademais, decisões sobre políticas regulatórias podem também gerar contribuições de campanha, propinas ocasionais, ou trabalhos bem pagos após a vida pública. Como as campanhas que dispõem de maiores recursos financeiros e melhores profissionais tendem a ser mais bem-sucedidas, e como o político que age em interesse próprio também valoriza riqueza, ele (o político) vai se preocupar tanto com os recursos (financeiros) que pode captar com a decisão regulatória, como também com as conseqüências eleitorais dessa decisão" (PELTZMAN, S. A Teoria Econômica da Regulação depois de uma década de desregulação. In: MATTOS, Paulo Todescan Lessa (coord.) Regulação Econômica e Democracia. O Debate Norte-Americano. São Paulo: Editora 34, 2004, p. 86).

[91] STIGLER, George. The Theory of Economic Regulation, *Bell Journal of Economics and Management Science*, vol. 2, n. 1, primavera de 1971, p. 4. Disponível em http://www.jstor.org/stable/3003160. Acesso em 21 jun. 2011.

além de não se preocuparem com explicações para as falhas regulatórias.[92] Além disso, o autor reconhece que, em alguns casos, a regulação pode ser explicada como um produto tanto das pressões de determinados grupos de interesses quanto pela busca efetiva do interesse público, havendo, portanto, ainda utilidade para uma teoria do interesse público, desde que revitalizada e empiricamente testada.[93]

As questões levantadas pela teoria da captura e por Stigler têm chamado a atenção dos estudiosos até hoje e culminaram na criação de uma nova área de estudos sobre a relação entre a economia e a política e sobre como os interesses privados operam na esfera pública de decisões: a Teoria da *Public Choice*. Trata-se de uma teoria específica para explicar "como as preferências individuais são refletidas através do voto e outros procedimentos adotados por instituições utilizadas para a escolha coletiva" e como essas escolhas se refletem no bem estar social.[94]

Essa teoria possui os seguintes pressupostos[95]:

(i) os indivíduos atuam racionalmente de forma a maximizar os seus interesses;

(ii) o comportamento dos indivíduos funcionaria da mesma forma na esfera política como no mercado. Isso significa que "os cidadãos e os grupos de interesses usam o seu poder de voto para extrair o máximo de benefícios do processo coletivo de tomada de decisões" e que os políticos (também indivíduos racionais maximizadores dos seus interesses) oferecem benefícios em troca de votos[96] [e, acrescemos, cargos, financiamento de campanha, favores pessoais, propina, etc.]. Assim como em um mercado convencional, "indivíduos e empresas racionalmente canalizam os seus investimentos para obter a maior taxa de retorno, então em mercados políticos os grupos de interesse investirão previsivelmente

---

[92] POSNER, Richard A.. Teorias da Regulação Econômica. In: MATTOS, Paulo Todescan Lessa (coord.). *Regulação Econômica e Democracia: O Debate Norte-Americano*. São Paulo: Editora 34, 2004, pp. 70/71.

[93] Idem. *Ibidem.*, p. 74.

[94] OGUS, Anthony I. *Regulation: Legal Form and Economic Theory. Op.Cit.*, p. 50.

[95] Idem. *Ibidem*, p. 58 e ss.

[96] Idem. *Ibidem*, p. 59.

em *lobbying* e atividades similares se elas geraram benefícios que excedam aqueles oriundos de outras formas de investimento";[97] e

(iii) as decisões sobre como solucionar falhas de mercado são, muitas vezes, tomadas na esfera da deliberação político-majoritária e, por isso, sofrem influência dos grupos de interesse. Não há como, por exemplo, delegar a uma agência reguladora a decisão sobre o funcionamento da defesa nacional ou então, pelo menos sob a ótica da Constituição brasileira, a competência para decidir se alguma atividade econômica deverá ser submetida ou não a monopólio ou se deverá ser considerada como serviço público, ou, ainda, se deverá ser criada uma sociedade estatal para atuar em determinado setor da economia.

A teoria da *Public Choice* é complexa e aqui não é o lugar para se examinar as suas minúcias.[98] O importante é constatar que tanto o mercado, quanto a intervenção do governo apresentam falhas e que, muitas vezes, o instrumento interventivo é utilizado não para endereçar as incompletudes do mercado ou cumprir objetivos redistributivos, mas sim para beneficiar os interesses dos "amigos" do governo.

### 1.3. Lições das teorias do interesse privado para a atuação empresarial do Estado

Com relação à intervenção direta do Estado na economia surgem basicamente as mesmas questões já colocadas pelas teorias do interesse privado com relação à regulação em sentido estrito: a criação de sociedades estatais ou a participação do Estado em sociedades privadas atinge as finalidades e objetivos que os fundamentam? Ou, ao revés, essas formas de intervenção na economia apenas refletem o jogo político entre grupos de interesse e satisfazem os interesses do grupo mais influente?

---

[97] Idem. *Ibidem*, p. 71.

[98] Sobre o tema, sugerimos a leitura de BUCHANAN, James M.; TULLOCK, G. The calculus of Consent: Legal Foundations of Constitutional Democracy. Ann Arbor: University of Michigan Press, 1962, OGUS, Anthony I. *Regulation: Legal Form and Economic Theory*. Oxford: Hart Publishing, 2004, e, no Brasil, MONTEIRO, Jorge Vianna. *Lições de Economia Constitucional Brasileira*. Rio de Janeiro: Editora FGV, 2004.

A discussão não se resume apenas à exploração direta de bens e serviços pelo Estado, mas também à escolha do instrumento para tanto, notadamente as entidades de direito privado. Para alguns autores, a real motivação para a escolha de tais instrumentos seria a "elisão das garantias, a vinculação positiva da Administração com a legalidade".[99] Tratar-se-ia de uma opção pela "fuga para o direito privado".[100]

Mary Shirley e Patrick Walsh analisam a decisão sobre intervir diretamente na economia sob os ditames da teoria da *public choice*[101]. Partindo do pressuposto de que "políticos e burocratas se comportam como agentes racionais que maximizam a sua própria utilidade, em um mundo no qual os eleitores possuem informação e influência limitadas nas suas decisões",[102] concluem que "os políticos podem usar as sociedades controladas pelo Estado para produzir benefícios políticos para si próprios, ao custo da ineficiência e operação distorcida dessas sociedades".[103-104]

Leroy Jones, nessa mesma linha, afirma que as sociedades controladas pelo Estado normalmente são utilizadas pelos políticos para transferir riquezas e favores de um grupo de interesse para o outro, como uma forma de recompensar aqueles grupos que os apoiam.[105] A lógica por detrás disso residiria no fato de que a prática de favores políticos através de sociedades estatais seria muito menos visível para a opinião pública do que os tradicionais subsídios oferecidos a sociedades privadas.

---

[99] GOMES-REINO Y CARNOTA, Enrique; VILELA, Fernando Adolfo de Abel. Privatización, Eficiencia y Responsabilidad Patrimonial del Estado. In: MOREIRA NETO, Diogo de Figueiredo (coord.). *Uma avaliação das tendências contemporâneas do Direito Administrativo*. Rio de Janeiro: Renovar, 2003, p. 200.

[100] ESTORNINHO, Maria João. *A Fuga para o Direito Privado. Contributo para o estudo da actividade de direito privado da Administração Pública*. Coimbra: Almedina, 2009.

[101] SHIRLEY, Mary M.; WALSH, Patrick. Public versus Private Ownership: The Current State of the Debate, Working paper, 2000, pp. 21 e seguintes. Disponível em http://elibrary.worldbank.org/content/workingpaper/10.1596/1813-9450-2420. Acesso em 25 jun. 2011.

[102] Idem. *Ibidem*, p. 21.

[103] Idem. *Ibidem*, p. 22.

[104] No mesmo sentido, ORTIZ, Gaspar Ariño. *Principios de derecho público económico*. Colômbia: Universidad Externado de Colombia, 2003, pp. 460/461.

[105] JONES, Leroy P. Public Enterprise For Whom? Perverse Distributional Consequences of Public Operational Decisions. *Economic Development and Cultural Change*, 1985, 33(2). Disponível em www.jstor.org/stable/1153231. Acesso em 26 jun. 2011.

Andrei Shleifer e Robert Vishny também citam em seus estudos uma série de evidências dessas barganhas entre os administradores das empresas estatais e políticos que, ao fim e ao cabo, resultam na sua ineficiência. Um elemento clássico de barganha seria o oferecimento de cargos e criação de empregos públicos nas estatais: as sociedades controladas pelo Estado ofereceriam, em troca do aumento dos seus orçamentos pelo Legislativo, a criação de empregos em suas estruturas:[106]

> Observadores dessas sociedades apontam duas características que são inconsistentes com a visão convencional: as sociedades públicas são altamente ineficientes, e a sua ineficiência é o resultado de pressões políticas dos políticos que as controlam. Exemplos abundam. A maioria das sociedades públicas é encorajada pelos políticos que buscam votos a empregar gente demais. Assim, 'os custos de operação das empresas [estatais] de aviação da Europa são 48% superiores do que os das empresas [privadas] americanas', principalmente em virtude do excesso de emprego [*The Economist*, Fevereiro 5, 1994]. Algumas fábricas construídas por companhias estatais, como a gigante produtora de aço ILVA, controlada pelo Estado, próxima a Nápoles, nunca produziu qualquer bem e apenas colocou pessoas na sua folha de pagamento [*The Economist*, Janeiro 22, 1994]. As agências do governo provedoras de serviços municipais nos Estados Unidos tipicamente empregam 20 a 30 por cento a mais de pessoal para determinado nível de objetivo do que as contratantes privadas.[107]

Vale esclarecer que o problema não reside na contratação de empregados ou no pagamento de salários compatíveis com os do mercado, mas sim na contratação de pessoal além do necessário para a realização do trabalho e o pagamento de salários em níveis muito superiores ao razoável, tomando-se como parâmetro os salários pagos pela iniciativa privada para cargos semelhantes. Há uma diferença entre o trabalhador necessário e o trabalhador excedente; o problema reside no fato de que a contra-

---

[106] SHLEIFER, Andrei; VISHNY, Robert. "Politicians and Firms". *Quarterly Journal of Economics*, 1994, 109(4) Disponível em http://www.economics.harvard.edu/faculty/shleifer/files/Politicians_Firms.pdf. Acesso em 26 jun. 2011.
[107] Idem. *Ibidem*, p. 1.

tação desse excedente de empregados não aumenta a produtividade da empresa. [108]

No Brasil, um aspecto dessa realidade é a distribuição de cargos de direção a diversos partidos políticos, de forma a compor os interesses entre o Poder Executivo e o Poder Legislativo. Nesse sentido, em entrevista dada ao Jornal O Globo em 30.10.2011, o economista Vladimir Maciel advertiu que "num governo democrático, mais estatais significa mais espaço para dividir com os partidos da coalizão, abrindo brechas para o aparelhamento das empresas".[109] Em 2016, essa temática continua na mídia, sendo diversas as denúncias de loteamento das diretorias de empresas estatais como forma de barganha política.[110-111]

Outro exemplo de utilização de sociedades estatais como forma de barganha política é a aquisição do controle de sociedades em estado falimentar: essas sociedades são valiosas para os políticos, já que os seus empregados podem vir a se tornar os seus eleitores no futuro.[112] Adicionalmente, é possível citar, como mais um exemplo, o investimento

---

[108] "No jogo entre políticos e administradores, o político geralmente quer que a empresa empregue pessoal extra já que ele obtém benefícios políticos do excesso de emprego. Para persuadir o administrador a fazer isso, o político pode subsidiar a empresa, por exemplo, fazendo uma transferência do Tesouro para a firma" (Idem. *Ibidem*, p. 5). Mas esse, por outro lado, não é um problema exclusivo das sociedades estatais. As sociedades privadas também podem receber subsídios para empregar mais pessoas ou para instalar uma nova planta produtiva em local desejado pelos políticos.

[109] O economista complementa que "dividir o poder é legítimo, a questão é qual será o critério de composição do governo. A ocupação de cargos do segundo escalão, por exemplo, é muito pouco transparente" (PT reforça Estado na economia e cria 40 estatais. *Jornal O Globo*, Economia, Domingo, 30 de outubro de 2011, p. 41).

[110] http://www.valor.com.br/politica/4595129/nomeacao-de-temer-para-os-correios-seria-vedada-por-lei-das-estatais. De acordo com a reportagem, "apesar de prometer barrar indicações políticas para empresas públicas e de economia mista até a aprovação da Lei de Responsabilidade das Estatais pelo Congresso Nacional, o presidente interino Michel Temer descumpriu a regra com a nomeação do ex-presidente do PSD Guilherme Campos para os Correios, publicada nesta quinta-feira no Diário Oficial da União (DOU)". Acesso em 13 jun. 2016.

[111] http://www.gazetadopovo.com.br/vida-publica/pasadena-poe-em-xeque-as-indicacoes-politicas-para-conselhos-de-estatais-25bs4pcyrq0zlykrlo7ocubta. Acesso em 13 jun. 2016.

[112] SHLEIFER, Andrei; VISHNY, Robert. Politicians and Firms. *Op.Cit.*, p. 25.

de recursos das empresas estatais em projetos que beneficiam muito mais os políticos do que a população:

> Empresas públicas em muitos casos produzem bens desejados pelos políticos e não aqueles desejados pelos consumidores. Por exemplo, a decisão de produzir o Concorde ao invés de um avião comercial a jato com um maior apelo de mercado foi tomada pelos políticos franceses apesar da evidência de que a demanda pelo Concorde seria baixa (...). Credit Lyonnais, o gigante banco estatal francês, perdeu bilhões de dólares fazendo empréstimos duvidosos para amigos do partido socialista [*The Economist*, Abril 9, 1994]. (...) As sociedades estatais também são frequentemente instadas a alocar a sua produção no politicamente desejável. Assim, as estatais italianas são orientadas a construir instalações produtivas no Sul, a base de suporte dos Democratas Cristãos no poder. (...) Renault, Airbus Industries e os aeroportos de Paris todos escolheram locais que satisfaziam os políticos no lugar de locais que minimizavam custos.[113]

As sociedades estatais também podem ser criadas com vistas ao fornecimento de combustíveis ou matérias primas necessários à exploração de atividades econômicas por grupos de interesse influentes.

É possível, ainda, que leis que autorizem a participação do Estado de forma minoritária em sociedades exploradoras de atividades de tecnologia possam ter sido influenciadas por algum grupo de interesse.

Os exemplos de utilização das sociedades estatais e da participação societária do Estado para fins privados, de fato, são inúmeros. Não obstante essa constatação, Mary Shirley e Patrick Walsh afirmam que o mais correto seria considerar que a decisão pública relativa à criação de uma empresa estatal ou relativa à sua posterior atuação no mercado é definida por um misto entre objetivos de interesse público e objetivos relativos a interesses privados do administrador público. O peso a ser atribuído a cada um desses interesses dependeria da eficiência do mercado político, que envolve aspectos como o nível de informações dos eleitores e o grau de influência que eles possuem sobre os seus representantes. Quanto

---

[113] Idem. *Ibidem*, p. 2.

FUNDAMENTOS ECONÔMICOS E POLÍTICOS PARA A INTERVENÇÃO DO ESTADO...

menos eficiente for o mercado político, maior será o peso atribuído pelo administrador público aos seus interesses pessoais.[114]

Além da eficiência do mercado político, Mary Shirley e Patrick Walsh enumeram outras quatro condições sob as quais seria maior a probabilidade de as empresas estatais serem desvirtuadas para o atendimento de interesses privados:[115]

(i)  o grau de facilidade com a qual leis orçamentárias e regulatórias podem ser manipuladas: "um contexto institucional no qual um político pode facilmente aumentar um subsídio para uma estatal ou dificultar a concorrência permitirá muito mais atividade do que um contexto no qual essas decisões são sujeitas a escrutínio e podem ser bloqueadas por outros atores políticos";

(ii) natureza da relação institucional entre o governo e a empresa estatal: "se a empresa é dirigida como um departamento do ministério, com seus administradores diretamente apontados pelo Ministro ou Chefe do Executivo, então as intervenções políticas serão fáceis e comuns. Alternativamente, se o governo age como um sócio controlador de uma sociedade independente, agindo através de um Conselho Diretor, a intervenção política será possível, mas é mais custosa e transparente";

(iii) nível de corrupção no país; e

(iv) custo de oportunidade da ineficiência da estatal.

Do exposto, parece-nos que ambas as teorias – a do interesse público e a do interesse privado, consideradas isoladamente, são incompletas, isto é, nenhuma delas é capaz de explicar sozinha a dinâmica da intervenção do Estado na economia. A compreensão do universo da intervenção estatal parece depender da consideração conjunta de ambas as teorias: uma explica o que a intervenção deve buscar (é uma teoria normativa); e a outra, quais são os motivos que normalmente subjazem à intervenção estatal ou a influenciam, na realidade (sendo, portanto, uma teoria des-

---

[114] SHIRLEY, Mary M.; WALSH, Patrick. Public versus Private Ownership: The Current State of the Debate, Working paper, 2000, p. 22. Disponível em http://elibrary.worldbank.org/content/workingpaper/10.1596/1813-9450-2420. Acesso em 25 jun. 2011.

[115] Idem. *Ibidem*, pp. 26/27.

critiva). Mas há casos em que os objetivos da teoria normativa conseguem ser atingidos, já que são devidamente considerados os riscos apontados pela teoria descritiva.[116]

Enfim, o importante do exposto no presente tópico foi identificar, em linhas gerais, duas questões essenciais à compreensão da intervenção do Estado na economia: (i) o agente público deve estar preocupado em utilizar meios de intervenção que possam, de fato, atender aos seus objetivos; e (ii) o Direito deve se preocupar com eventuais influências ilegítimas que grupos de interesse podem exercer sobre o tipo de intervenção escolhido, e, para o que nos importa no presente estudo, a utilização de sociedades estatais ou participações minoritárias em sociedades privadas como forma de favorecer os "amigos" do governo ou como forma de arrebanhar mais eleitores, ainda que em detrimento do Erário e desses mesmos eleitores.

É preciso, portanto, abandonar uma visão romântica e ingênua da intervenção do Estado na economia. A questão a ser respondida é como encontrar o ponto ótimo da intervenção estatal, isto é, aquele no qual ela é capaz de promover o empreendimento privado e atender às necessidades essenciais da população, e, ao mesmo tempo, no qual sejam reduzidos os riscos de desperdício de recursos públicos, captura e "rent seeking".

Vale esclarecer que o objetivo deste livro não é o de dizer se o Estado forte é bom ou necessário, se o assim chamado "capitalismo estatal" é ou não inevitável, mas sim buscar na economia alguns pontos que devem ser levados em consideração pelo jurista no momento de estudar esse tema. O Constituinte brasileiro já fez a sua escolha: em resumo, o Estado

---

[116] Em sentido semelhante, Joseph Stiglitz afirma que "alguns economistas acreditam que economistas deveriam focar a sua atenção na análise descritiva, em descrever as consequências dos programas de governo e a natureza dos processos políticos, em vez da análise normativa, o que o governo deveria fazer. Contudo, discussões dos economistas (e outros) sobre o papel que o governo deveria assumir constituem uma importante parte do processo político nas democracias modernas. Além disso, uma análise dos arranjos institucionais pelos quais as decisões políticas são tomadas pode levar a desenhos que aumentam a probabilidade de que as decisões públicas refletirão um maior espectro de interesses públicos, e não apenas interesses especiais" (STIGLITZ, Joseph E. *Economics of the Public Sector*. 3ª ed. Nova York: W.W. Norton & Company, 1999, p. 90). Vide também OGUS, Anthony I. *Regulation: Legal Form and Economic Theory*. Oxford: Hart Publishing, 2004, p. 75.

brasileiro possui diversos deveres e cumpre ao legislativo decidir qual a melhor forma de satisfazê-los (intervenção direta ou indireta).

O Direito possui um importante papel nesse processo de escolha: se não é possível enumerar de antemão e de forma exaustiva por que e como o Estado deve intervir na economia, cabe ao Direito impedir que os (reais) motivos da intervenção sejam inconstitucionais (e, por isso, as teorias do interesse privado são importantes), impor que a escolha da forma de intervenção seja fundamentada e considere os seus riscos e possíveis alternativas (como que em uma análise de impactos da intervenção), bem como determinar uma avaliação, pelo Estado, da eficiência dos meios por ele escolhidos para o atendimento dos fins almejados, a fim de evitar o desperdício de recursos públicos.

# 2
# Fundamentos Constitucionais para a Intervenção do Estado Brasileiro na Economia

Uma vez analisadas as possíveis razões para a intervenção na economia de uma forma geral e fundada nas teorias econômicas do interesse privado e da *public choice*, passaremos a analisar, no presente capítulo, os fundamentos normativos para a intervenção do Estado brasileiro na economia.

## 2.1. Hipóteses constitucionais de intervenção estatal na economia: regulação, prestação de serviços públicos e exploração de atividades econômicas em sentido estrito

A Constituição brasileira, como se sabe, possui um título específico sobre a Ordem Econômica e Financeira (Título VII), no qual se encontra prevista a disciplina básica geral da intervenção do Estado na economia.

Em todos os casos caberá a intervenção indireta[117], nos termos do art. 174 da Constituição Federal, de acordo com o qual "como agente nor-

---

[117] Com fundamento nos dispositivos constitucionais sobre o tema, a doutrina brasileira costuma dividir as formas de intervenção do Estado na economia em dois grandes campos: a intervenção direta e a intervenção indireta. O primeiro grupo abrange a produção de bens e a prestação de serviços diretamente pela Administração Pública, em concorrência ou não com os agentes privados. Já o segundo grupo abrange atividades que visam influenciar, controlar ou alterar o comportamento dos agentes econômicos, sem que o Estado, contudo, produza bens ou preste serviços diretamente. Nesse segundo grupo, estão incluídas as atividades de fomento e regulação. Vide, nesse sentido, DI PIETRO, Maria Sylvia Zanella. *Direito Administrativo*. 25ª ed. São Paulo: Atlas, 2011, p. 56; JUSTEN FILHO, Marçal. *Curso de Direito Administrativo*. 6ª ed. rev. e atual. Belo Horizonte: Fórum, 2010, p. 661. De forma um pouco diversa, Eros Roberto Grau classifica a intervenção do Estado na economia em

## O ESTADO EMPRESÁRIO

mativo e regulador da atividade econômica, o Estado exercerá, na forma da lei, as funções de fiscalização, incentivo e planejamento, sendo este determinante para o setor público e indicativo para o setor privado".

Além disso, o Constituinte previu que o Estado também poderia intervir na economia através da exploração direta de atividades econômicas nos casos necessários à segurança nacional ou a relevante interesse coletivo (art. 173), bem como para a prestação de serviços públicos (art. 175).

Assim, em suma, a intervenção do Estado na economia pode se dar sob a forma de regulação, prestação de serviços públicos e exploração de atividades econômicas em sentido estrito, incluindo-se aí a exploração dos monopólios constitucionais. Tendo em vista a importância dessa classificação para o objeto deste trabalho, em especial pelo fato de que a classificação de determinada atividade como serviço público ou atividade econômica em sentido estrito influenciará o regime jurídico incidente sobre a atividade e sobre a empresa estatal que a explora, bem como em virtude da existência de discussão doutrinária sobre a natureza da intervenção sob a forma de participações minoritárias, teceremos a seguir alguns breves comentários sobre esses fundamentos para a intervenção do Estado na economia.

### 2.1.1. A intervenção indireta na economia sob a forma de regulação e fomento

A intervenção do Estado na economia sob a forma de regulação, como já adiantado, encontra previsão no art. 174 da Constituição Federal,

---

três grupos, os quais, contudo, podem também ser enquadrados na divisão dicotômica citada acima: (i) "intervenção por absorção ou participação", que se enquadra no grupo de intervenção direta; (ii) "intervenção por direção"; e (iii) "intervenção por indução", que se enquadram no grupo de intervenções indiretas, respectivamente sob a forma de regulação e fomento (GRAU, Eros Roberto. A *Ordem Econômica na Constituição de 1988*. São Paulo: Ed. Malheiros, 2006, p. 148). Luís Roberto Barroso, em sentido semelhante, divide as formas de intervenção do Estado na economia em (i) atuação direta; (ii) fomento; e (iii) disciplina, sendo o primeiro correspondente à produção direta de bens e prestação de serviços pelo Estado (o Estado, nesse caso, assume "o papel de produtor ou prestador de bens ou serviços"), e o último às técnicas de regulação (BARROSO, Luís Roberto. A Ordem Econômica Constitucional e os Limites à Intervenção Estatal no Controle de Preços. *Revista Diálogo Jurídico*, n. 14, jun./ago. 2002, p. 17).

englobando as atividades de regulamentação de atividades, fiscalização do cumprimento das exigências legais e aplicação de sanções pelo seu descumprimento. Nas palavras de Floriano de Azevedo Marques Neto, trata-se "não mais da assunção pelo Estado da atividade econômica em si, mas de sua concreta atuação no fomento, na regulamentação, no monitoramento, na mediação, na fiscalização, no planejamento, na ordenação da economia".[118]

O objetivo dessa atividade não é o de produzir determinado bem ou prestar determinado serviço, de forma direta, à população, mas sim o de assegurar que a produção de determinados bens e a prestação de determinados serviços pela iniciativa privada atenderão aos objetivos constitucionais e não trarão prejuízos para os consumidores ou para as demais sociedades participantes do mercado.

Há, contudo, diversos conceitos de regulação, mais ou menos abrangentes. Trata-se de um conceito polissêmico[119], podendo abarcar mais ou menos instrumentos de intervenção na economia.

Para Alexandre Santos de Aragão, por exemplo, diferentemente de Floriano Marques de Azevedo Neto, "do conceito de regulação está excluída a atividade direta do Estado (...) como fomentador das atividades econômicas privadas".[120]

Luís Roberto Barroso também aparta as atividades de fomento do conceito de regulação, dividindo as hipóteses de intervenção do Estado na economia em (i) atuação direta; (ii) fomento; e (iii) disciplina.[121] Por outro lado, há quem se refira à "regulação por incentivos", que engloba medidas de fomento, como subsídios.[122]

---

[118] MARQUES NETO, Floriano Azevedo. *A nova regulação estatal e as agências independentes*, In: *Direito administrativo econômico*, (coord.) Carlos Ari Sundfeld, São Paulo: Ed. Malheiros, 2006, p. 74.

[119] ARAGÃO, Alexandre Santos de. *Agências Reguladoras e a evolução do direito administrativo econômico*. Rio de Janeiro: Ed. Forense, 2002, p. 22.

[120] Idem. *Ibidem*, p. 23.

[121] BARROSO, Luís Roberto. A Ordem Econômica Constitucional e os Limites à Atuação Estatal no Controle de Preços. *Revista Diálogo Jurídico*, n. 14, jun./ago. 2002, p. 17.

[122] REICH, Norbert. A crise regulatória: ela existe e pode ser resolvida? Análise comparativa sobre a situação da regulação social nos Estados Unidos e na Comunidade Econômica Européia. In: MATTOS, Paulo Todescan L (coord.). *Regulação Econômica e Democracia: o debate europeu*. São Paulo: Singular, pp. 39 e ss.

Marçal Justen Filho, por sua vez, entende que "a regulação estatal se traduz numa atuação jurídica, de natureza repressiva e promocional, visando a alterar o modo de conduta dos agentes públicos e privados",[123] incluindo, portanto, a atividade de fomento nesse conceito.

Enfim, é possível encontrar inúmeros conceitos de regulação na literatura jurídica, e enumerá-los transcenderia o escopo do presente trabalho. Para o que aqui pretendemos, basta afirmar que, de um conceito estreito, que a identifica com o exercício do poder de polícia,[124] a um conceito extremamente amplo, são vários os conceitos imagináveis, sendo possível, inclusive, a depender da corrente adotada, identificar uma função reguladora na atuação das empresas estatais no mercado[125] ou na

---

[123] JUSTEN FILHO, Marçal. *Curso de Direito Administrativo*. Belo Horizonte: Ed. Fórum, 2011, p. 649. De acordo com o autor, trata-se das "sanções *positivas* ou *premiais*. A norma jurídica contempla, no mandamento, a determinação de que o sujeito terá direito a receber um benefício. Ou seja, o esquema normativo visa não a punir, mas a premiar. Aquele que cumprir certa conduta terá *direito* a um benefício em face do Estado" (Idem, p. 654).

[124] Juan Carlos Cassagne explica que esse seria o sentido principal da regulação, que vem ganhando novo sentido, para abarcar "funções de estimular a proteger a livre concorrência em benefício dos consumidores" (CASSAGNE, Juan Carlos. *Estudios de Derecho Publico*. Bueno Aires: Depalma, 1995, p. 97).

[125] Anthony Ogus explica que "em algumas definições de 'regulação', a propriedade pública pode muito bem ser excluída. O interesse público que ostensivamente justifica a interferência nos mecanismos ordinários do mercado e na escolha individual é aqui exercido não pelo controle legal externo dos atores privados, mas, em vez disso, pela assunção de poderes de propriedade direta sobre os recursos. Em outro ponto de vista, a propriedade pública representa 'regulação' na sua forma mais completa e radical: a remoção das mãos privadas dos meios de produção e distribuição elimina a inerente contradição em se forçar (mais precisamente) ou pretender forçar os interesses privados a servirem a objetivos públicos" (*Op.cit.*, p. 265, tradução livre). No mesmo sentido, REICH, Norbert. *Op.cit.*, p. 19. No Brasil, Mario Engler Pinto Junior afirma que a empresa estatal, em sua origem, assumiu "função regulatória no sentido de organizar a cadeia produtiva na qual se insere, mediante a distribuição de papéis baseada na ideia de especialização de funções" (*Op.cit.*, pp. 25/26). Ainda, de acordo com Fábio Konder Comparato, "a sociedade de economia mista, desde que tenha poder suficiente no mercado, torna-se órgão planejador e direcionador do desenvolvimento setorial. É particularmente importante em mercados desregulamentados em que a empresa estatal ou de economia mista exerce verdadeira função de planejamento e regulação setorial ao mesmo tempo em que, sentido a pressão da concorrência das empresas privadas, tem forte estimulo para a busca de eficiência econômica" (COMPARATO,

realização de licitações para compra de bens ou contratação de serviços (também conhecida como função regulatória da licitação).[126]

Não se pretende, aqui, esgotar o assunto ou escolher o conceito que nos pareça mais correto de regulação. Nosso principal intuito é demonstrar a complexidade do tema, bem como o fato de que não há consenso sobre a sua abrangência. Essa noção será importante quando discutirmos a natureza jurídica da intervenção estatal sob a forma de participação minoritária em empresas privadas (item 4.5).

Com relação ao fomento, cumpre tecer uma observação final. Independentemente de se enquadrar no conceito de regulação ou de constituir espécie autônoma de intervenção,[127], parece não haver controvérsia sobre o fato de constituir uma forma indireta de intervenção na economia, já que o Estado, através dele, apenas incentiva determinada atividade, utilizando-se de instrumentos não coativos de forma a que o

---

Fábio Konder; SALOMÃO FILHO, Calixto. *O Poder de Controle na Sociedade Anônima*. Rio de Janeiro: Ed. Forense, 2005, p. 137).

[126] Ver, nesse sentido, FERRAZ, Luciano. Função Regulatória da Licitação. *Revista Eletrônica de Direito Administrativo Econômico – REDAE*, nº 19, ago/out. 2009. Disponível em: http://www.direitodoestado.com/revista/REDAE-19-AGOSTO-2009-LUCIANO-FERRAZ.pdf. Acesso em 05 fev. 2012; GARCIA, Flávio Amaral. *Licitações e Contratos Administrativos: casos e polêmicas*. Rio de Janeiro: Lumem Juris, 2007; LEITE, Marcelo Lauar. Função regulatória da licitação de blocos exploratórios de petróleo e gás natural. In: SEAE, *Prêmio SEAE de monografias em defesa da concorrência e regulação econômica: 2008*. Brasília: SEAE, 2009. Essa função da licitação também foi comentada no voto-vista do Ministro Luiz Fux da ADIN 1923/DF, sobre organizações sociais.

[127] Além dos autores já citados, podemos elencar, ainda, José Vicente Santos de Mendonça. De acordo com esse autor, "regulação é criar norma, fiscalizá-la, aplicá-la, compor controvérsias, induzir comportamentos. Nem por isso ela seria uma mistura simples de polícia, fomento, poder normativo, funções executivas. Ela é tudo isso, em alguns casos partindo de visões um pouco diferenciadas das noções clássicas (como no caso da polícia (...), dentro de um todo que se coordena e se imanta, gerando novas perspectivas e possibilidades práticas de atuação. O fomento existe na condição de técnica de regulação (ainda que, repita-se, não deixe, por isso, de ser fomento), mas ele e a regulação são coisas diferentes" (*A Captura Democrática da Constituição Econômica: Uma proposta de releitura das atividades públicas de fomento, disciplina e intervenção direta na Economia à luz do pragmatismo e da razão pública*. Tese de doutorado apresentada ao Programa de Pós-Graduação da Faculdade de Direito da Universidade do Estado do Rio de Janeiro como requisito parcial para a obtenção do título de Doutor em Direito, 2010, p. 372).

O ESTADO EMPRESÁRIO

particular, voluntariamente, desenvolva a sua atividade no sentido desejado pela Administração Pública.[128]

## 2.1.2. A intervenção na economia sob a forma de exploração de atividades econômicas em sentido estrito e a necessidade de atendimento a relevante interesse coletivo ou à segurança nacional

A Constituição Federal prevê a possibilidade de o Estado intervir diretamente na economia em regime de concorrência com as sociedades privadas naqueles casos em que essa intervenção seja necessária aos imperativos de segurança nacional ou a relevante interesse coletivo. É o que prevê o art. 173, *caput*, da Carta Maior.

Essa previsão se aplica tanto à criação de sociedades estatais quanto à participação minoritária do Estado em sociedades privadas, na medida em que estas últimas também podem consubstanciar uma forma de intervenção direta do Estado na economia. Mas, como se verá no item 3.7 deste livro, a maior parte da doutrina nacional entende que o regime

---

[128] Célia Cunha Mello, nesse sentido, afirma que o fomento "trata-se de um modo indireto de realizar o interesse público. (...) É indireto porque a administração fomentadora não realiza diretamente a finalidade pretendida" (MELLO, Célia Cunha. *O Fomento da Administração Pública*. Belo Horizonte: Del Rey, 2003, p. 31). Luis Jordana de Pozas afirma que o fomento "é uma via média entre a inibição e o intervencionismo estatal que pretende conciliar a liberdade com o bem comum mediante a influência indireta sobre a vontade do indivíduo para que queira o que convém para a satisfação da necessidade pública de que se trate. (...) Por conseguinte, o fomento se distingue perfeitamente da polícia e do serviço público. Distingue-se da polícia no que, enquanto esta previne e reprime, o fomento protege e promove, sem fazer uso da coação. E se diferencia do serviço público em que a Administração, com essa modalidade, realiza diretamente e com seus próprios meios o fim perseguido, enquanto que o fomento se limita a estimular os particulares para que sejam eles os que, por sua própria vontade, desenvolvendo uma atividade determinada, cumpram indiretamente o fim que a Administração persegue" (JORDANA DE POZAS, Luis. Ensayo de una teoria del fomento en lo derecho administrativo, *REP*, 1949, nº 48, p. 46, tradução livre). E Gaspar Ariño Ortiz, na mesma linha, defende que "se trata de uma atividade administrativa, uma forma de ação da Administração e um título de intervenção na economia. Com um aspecto negativo: sem utilizar a coação nem criar serviços públicos. Para tanto o Estado não manda, nem assume diretamente a titularidade da atividade. (...) o Estado fica fora da atividade, mas influi sobre ela, mediante estímulos econômicos" (ORTIZ, Gaspar Ariño. *Principios de derecho publico económico*. Bogotá: Universidad Externado de Colombia, 2003, p. 339, tradução livre).

previsto por esse dispositivo constitucional não se aplica à intervenção do Estado sob a forma de prestação de serviços públicos.

O que será, afinal, uma razão de relevante interesse coletivo ou segurança nacional? Trata-se de conceitos jurídicos indeterminados, isto é, conceitos polissêmicos, elásticos, que admitem, em abstrato, uma série de possíveis interpretações, e precisam ser preenchidos, caso a caso, com informações extraídas da realidade.[129] Os conceitos jurídicos indeterminados "por sua vaguidade e ambigüidade são muitas vezes polissêmicos, daí permitindo razoável dose de liberdade por parte do aplicador da lei no momento de sua aplicação".[130]

Através dessa técnica legislativa visa-se a conferir abertura às normas jurídicas.[131] Esses conceitos são, com efeito, "fatores de mobilidade do sistema jurídico", isto é "mecanismos de que a ordem jurídica dispõe para que o sistema, devidamente flexibilizado, possa continuamente ajustar--se às novas realidades, às novas idéias, em busca da efetivação de um direito justo".[132] É por isso que se afirma que "uma das mais relevantes funções do conceito vago é a de fazer com que a norma dure mais tempo, fixar flexivelmente os limites de abrangência da norma, fazê-la incidir em função das peculiaridades de casos específicos."[133]

Como se vê, os conceitos jurídicos indeterminados constituem instrumentos de permeabilização da norma à realidade a ela subjacente, de

---

[129] Trata-se de "'conceitos' cujos termos são ambíguos ou imprecisos – especialmente imprecisos – razão pela qual necessitam ser completados por quem os aplique. Neste sentido, são eles referidos como 'conceitos' carentes de preenchimento com dados extraídos da realidade. Os parâmetros para tal preenchimento – quando se trate de conceito aberto por imprecisão – devem ser buscados na realidade, inclusive na consideração das concepções políticas predominantes, concepções essas que variam conforme a atuação das forças sociais" (GRAU, Eros Roberto. *O Direito Posto e o Direito Pressuposto*. São Paulo: Malheiros Editores, 2005, pp. 200/201).

[130] COSTA, Judith Martins. As cláusulas gerais como fatores de mobilidade do sistema jurídico. *Revista dos Tribunais*, nº 680, jun. 1992, pp. 47 e ss.

[131] BINENBOJM, Gustavo. *Uma Teoria de Direito Administrativo*. 2ª Ed. Rio de Janeiro: Renovar, 2008, p. 218.

[132] COSTA, Judith Martins. As cláusulas gerais como fatores de mobilidade do sistema jurídico. *Revista dos Tribunais*, nº 680, jun. 1992, pp. 47 e ss.

[133] WAMBIER, Teresa Arruda Alvim. *Recurso especial, recurso extraordinário e ação rescisória*. São Paulo: Ed. RT, 2008. p, 202.

O ESTADO EMPRESÁRIO

modo a permitir a permanente atualização do Direito sem a necessidade de realização de reformas legislativas. A utilização de conceitos jurídicos indeterminados pelo art. 173 da Constituição Federal de 1988, na linha de entendimento já esposado pelo Supremo Tribunal Federal, constitui uma exigência do dinamismo que é inerente às atividades econômicas, que aconselha "periódicas mudanças nas formas de sua execução, notadamente quando revelam intervenção do Estado".[134]

No caso dos conceitos jurídicos indeterminados previstos pelo art. 173, compete, portanto, ao legislador definir os casos de intervenção econômica direta do Estado na economia, a depender do contexto social e histórico subjacente, e, para tanto, inevitavelmente, terá uma ampla margem para definição, tendo em vista o caráter fluido dessas expressões.[135-136]

---

[134] ADI 234, Rel. Min. NÉRI DA SILVEIRA, Tribunal Pleno, j. 22/06/1995, DJ 15-09-1995.
[135] No mesmo sentido, SAMPAIO, Patrícia Regina Pinheiro. A Constituição de 1988 e a disciplina da participação direta do Estado na Ordem Econômica. In: LANDAU, Elena (coord.). Regulação Jurídica do Setor Elétrico. Tomo II. Rio de Janeiro: Lumen Juris, 2011, p. 427. Em vista disso, alguns autores comentam a dificuldade do controle judicial sobre essas escolhas. Carlos Alberto da Mota Pinto, nesse sentido, afirma que "os tribunais não podem, salvo circunstâncias absolutamente excepcionais, considerar carecido de objectividade o juízo do Governo sobre, por exemplo, a 'viabilidade' de uma empresa ou o seu 'contributo para o desenvolvimento'" (*Apud* RODRIGUES, Nuno Cunha. *"Golden Shares". As empresas participadas e os privilégios do Estado enquanto acionista minoritário.* Coimbra: Coimbra Editora, 2004, p. 194). Como expõe, ainda, Sérgio Alexandre Camargo, "o comando Constitucional acerca do que é imperativo de segurança nacional ou relevante interesse público permite variada gama de definições, por tratarem-se de conceitos abertos, em regra, explicitados apenas em norma legal que o defina" (CAMARGO, Sérgio Alexandre. Tipos de Estatais. In: VILLELA SOUTO, Marcos Juruena (coord.). *Direito Administrativo Empresarial.* Rio de Janeiro: Ed. Lumen Juris, 2006, p. 45). Tércio Sampaio Ferraz Júnior, no sentido contrário, afirma que, não obstante os problemas de valoração inerentes à delimitação de conceitos como soberania nacional, indispensabilidade, etc., o controle do Poder Judiciário é fundamental no controle da atuação do Estado (FERRAZ JUNIOR, Tércio Sampaio. Fundamentos e Limites Constitucionais da Intervenção do Estado no Domínio Econômico. *Revista de Direito Público*, nº 47-48, jul./dez. 1978, p. 270) Eros Roberto Grau afirma, nesse sentido, que: "(...) atos motivados por razões de interesse público não são atos discricionários. 'Interesse público' é termo de 'conceito indeterminado' (vale dizer, de uma noção). Logo, interesse público deve, em cada caso, ser interpretado (relembre-se que interpretação = aplicação). Ninguém, ao dele tratar, jamais exercita atividade discricionária. (...) Atos motivados por razões de interesse público – bem assim todos e quaisquer atos de aplicação de 'conceitos indeterminados' (vale dizer, de noções) (= juízos de legalidade) – estão, evidentemente,

Nesse sentido, Carlos Ayres Britto, em artigo doutrinário sobre as privatizações das empresas estatais, chama a atenção para o fato de que a decisão por privatizar ou estatizar deve ser tomada caso a caso, à luz das circunstâncias históricas, sociais e econômicas:

> Em síntese, optar pela protagonização estatal da atividade econômica, tanto quanto optar pela privatização, é ato deliberativo que exige cuidadosa valoração de todo um quadro factual personalizado – digamos assim – e daí a absoluta necessidade de uma lei para cada decisão a tomar. 'O vento que venta lá é o mesmo que venta aqui', e exatamente por isso é que não se pode falar, em rigor, nem de um programa de estatização, nem de um programa de privatização. Uma e outra modalidade de decisão estatal são vocacionadas para o atacado, quando a sistemática da Constituição, em matéria de empresa estatal, é pela decisão ao nível do varejo. Incompatibilidade absoluta.[137]

Não obstante a fluidez dos termos "imperativos da segurança nacional" e "relevante interesse coletivo", aos Poderes Executivo e Legislativo não foi atribuída liberdade total para escolher desvinculadamente o setor econômico que será objeto de intervenção, tampouco a forma como procederá a essa intervenção. Todo conceito jurídico indeterminado possui um núcleo, um conteúdo mínimo, no qual a sua imprecisão é menor, permitindo uma certa intensidade de controle.

A doutrina se refere às zonas de certeza negativa e positiva dos conceitos jurídicos indeterminados, que caracterizam, respectivamente, o grupo de significados que certamente estão excluídos daquele conceito e aqueles que seguramente encontram-se por ele abrangidos. Entre essas duas zonas existe o que se costuma chamar de zona cinzenta ou zona de

---

sujeitos ao exame e controle do Poder Judiciário" (GRAU, Eros Roberto. *O Direito Posto e o Direito Pressuposto*. São Paulo: Malheiros, 2005, p. 216).

[136] É justamente em virtude da fluidez desses termos que alguns autores que discutem se o princípio da subsidiariedade foi realmente acolhido pela Constituição brasileira, como se verá no tópico 2.2.1.

[137] BRITTO, Carlos Ayres. A Privatização das Empresas Estatais à Luz da Constituição. *Revista Trimestral de Direito Público*, nº 12, 1995, p. 130.

penumbra, na qual se enquadram significados possíveis do conceito, mas sobre os quais também paira certa dúvida.[138-139]

É por isso que, não obstante a sua vagueza e incompletude, doutrina e jurisprudência[141] concordam ser cabível o controle jurisdicional sobre a interpretação desses conceitos nos casos concretos.

Como visto, o art. 173 se refere a duas hipóteses em que a exploração direta de atividade econômica pelo Estado seria possível: quando pre-

[138] Nesse sentido, vale trazer a baila os ensinamentos de Celso Antônio Bandeira de Mello: "É certo que todas as palavras têm um conteúdo mínimo, sem o que a comunicação humana seria impossível. Por isso, ainda quando recobrem noções elásticas, estão de todo modo circunscrevendo um campo de realidade suscetível de ser apreendido, exatamente porque recortável no universo das possibilidades lógicas, mesmo que em suas franjas permaneça alguma imprecisão. Em suma: haverá sempre, como disse Fernando Sainz Moreno, uma 'zona de certeza positiva', ao lado da 'zona de certeza negativa', em relação aos conceitos imprecisos, por mais fluidos que sejam, isto é: o de certeza positiva (o que é seguro que é) e o de certeza negativa (o que é seguro que não é')" (BANDEIRA DE MELLO, Celso Antônio. *Curso de direito administrativo*. São Paulo: Malheiros, 2006, p. 928).
Essa distinção doutrinária entre zonas de certeza positiva e negativa já foi albergada pelo Poder Judiciário. Confira-se, a título de exemplo, o seguinte julgado do Superior Tribunal de Justiça, no qual o Tribunal considerou irregular a remoção de um servidor público fundamentada em suposto "interesse da justiça", tendo em vista que o caso concreto em exame claramente não se enquadrava nesse conceito jurídico indeterminado: "Administrativo. Serventia extrajudicial. Remoção por permuta entre escrivã distrital e titular de ofício de Cartório de Imóveis. Respectivamente filha e pai. Lei de organização e divisão judiciária do Estado do Paraná. Ato condicionado à existência do Interesse da Justiça. Ainda que a expressão "Interesse da Justiça" tenha um sentido bastante abrangente nela não se compreende o nepotismo, a simulação e a imoralidade. 'In casu', o ato de remoção não condiz com o Interesse da Justiça, como exigido na lei de organização judiciária do Estado, nem com o princípio da legalidade, da impessoalidade e da moralidade, mas com os interesses pessoais dos envolvidos. Recurso provido" (destaques nossos)" (STJ, RMS nº 1751/PR, 2ª Turma, Rel. Min. Américo Luz, j. 27.04.1994, DJ, 13.06.1994, p. 15.093).
[139] Na mesma esteira, Marcelo Lamy afirma que "diante de qualquer conceito jurídico indeterminado, apesar de sua indeterminação, há sempre uma zona de certeza negativa (o que não é) e positiva (o que é) onde é possível o controle para afastar as interpretações e aplicações incorretas, embora sempre permaneça uma zona de penumbra, de incerteza, que é insindicável" (LAMY, Marcelo. Conceitos Indeterminados: limites jurídicos de densificação e controle. *Revista Internacional d'Humanitats*, nº 11, CEMOrOCFeusp/ Núcleo Humanidades ESDC/ Univ. Autónoma de Barcelona, Março 2007, p. 54).

sentes (i) imperativos de segurança nacional ou (ii) relevante interesse coletivo.

O requisito relativo à segurança nacional deve ser entendido como abarcando necessidades relacionadas à defesa do país,[141] à proteção da sua soberania e do seu povo. Embora inúmeras atividades possam estar abrangidas por esse conceito, variando a depender do contexto histórico subjacente – determinadas atividades podem ser necessárias à segurança nacional em determinados momentos históricos e em outros deixarem de sê-las – fato é que há atividades que, com certeza, não poderão se subsumir a esse critério. Parece-nos, por exemplo, que a exploração de atividade econômica de fabricação de roupas íntimas pelo Estado nunca poderia ser justificada à luz dos imperativos de segurança nacional. A fabricação de navios de guerra, por outro lado, parece se incluir na zona de certeza positiva desse conceito.

Poderiam surgir dúvidas, contudo, quanto ao enquadramento de atividade de mineração no conceito de imperativo de segurança nacional. É possível imaginar que, em determinada situação de conflito entre países, a atividade em questão pudesse ser sim considerada necessária à

---

[140] Vide, por exemplo, STF, RMS 24699, Relator(a): Min. EROS GRAU, 1ª T., j. 30/11/2004, DJ 01-07-2005. Nos termos do voto do Ministro relator, Eros Roberto Grau, "os atos administrativos que envolvem a aplicação de 'conceitos indeterminados' estão sujeitos ao exame e controle do Poder Judiciário. 'Indeterminado' o termo do conceito – e mesmo e especialmente porque ele é contingente, variando no tempo e no espaço, eis que em verdade não é conceito, mas noção –, a sua interpretação [interpretação = aplicação] reclama a escolha de uma, entre várias interpretações possíveis, em cada caso, de modo que essa escolha seja apresentada como adequada. Como a atividade da Administração é infralegal – administrar é aplicar a lei de ofício, dizia SEABRA Fagundes –, a autoridade administrativa está vinculada pelo dever de motivar os seus atos. Assim, a análise e ponderação da motivação do ato administrativo informam o controle, pelo Poder Judiciário, da sua correção". O Poder Judiciário verifica, então, se o ato é correto. Não, note-se bem – e desejo deixar isso bem vincado –, qual o ato correto. E isso porque, repito-o, sempre, em cada caso, na interpretação, sobretudo de textos normativos que veiculem 'conceitos indeterminados' [vale dizer, noções], inexiste uma interpretação verdadeira [púnica correta]; a única interpretação correta – que haveria, então, de ser exata – é objetivamente incognoscível (é, in concreto, incognoscível)". O caso em questão envolvia a interpretação no termo "desídia" em processo disciplinar.

[141] Cf. GRAU, Eros Roberto. *A ordem econômica na Constituição de 1988*. São Paulo: Malheiros, 2006, p. 281.

O ESTADO EMPRESÁRIO

segurança do país, mas dentro da já citada zona de penumbra. Trata-se de uma situação com relação à qual não se pode afirmar, com certeza, se se enquadra ou não na hipótese constitucional.

O que se pode dizer, por sua vez, com relação às atividades de "relevante interesse coletivo"? Esse termo é muito mais amplo do que "segurança nacional". Dele é possível extrair que será permitida a exploração direta de atividades econômicas pelo Estado nas hipóteses em que haja um interesse coletivo, isto é, um interesse compartilhado por um determinado grupo de pessoas, e que seja relevante, importante.[142] Nessa linha, José Vicente Santos de Mendonça afirma que "'relevante' é aquilo que tem importância; o que sobressai: o termo não possui a mesma valência semântica da expressão 'em último caso'".[143]

Nesse caso, parece ser possível afirmar que a zona cinzenta de aplicação de tal conceito será maior do que aquela referente ao conceito de "imperativos de segurança nacional", já que muitas atividades podem ser consideradas relevantes para determinadas pessoas e pouco importantes para outras. E essa classificação ainda variará muito em cada tempo e lugar.

Mas, ainda assim, será possível identificar as zonas de certeza positiva e negativa. Atividades relacionadas à saúde, saneamento, educação, obviamente poderão ser enquadradas como atividades de relevante interesse coletivo. E o que dizer com relação à fabricação de bebidas alcoólicas, atividade referida na matéria do Jornal O Globo mencionada na introdução desse trabalho, na qual o Estado atua diretamente através de participação minoritária? E a atividade de fabricação de cigarros? Parece-nos que essas últimas duas atividades, em regra, integrariam a zona de certeza negativa de aplicação do conceito jurídico indeterminado em questão, não devendo ser exploradas diretamente pelo Estado.

No entanto, mesmo com relação a essas atividades seria possível, em tese e a título de argumentação, cogitar de situações excepcionais nas quais a intervenção direta do Estado seria compatível com um relevante interesse coletivo: o interesse de combate ao desemprego seria um exem-

---

[142] "Relevante: 1. que tem relevo, que tem importância. 2. que se salienta, que sobressai. 3. de grande valor ou interesse. 4. o essencial, o indispensável." (HOUAISS, Antônio. *Dicionário Houaiss da língua portuguesa*. Rio de Janeiro: Objetiva, 2001, p. 2422).

[143] MENDONÇA, José Vicente. *Op.cit.*, p. 281.

plo. A falência de uma grande empresa de fabricação de bebidas alcoólicas ou de cigarros poderia justificar a tomada de controle temporária ou a aquisição de parte de suas ações pelo Estado a fim de evitar o desemprego que dela seria decorrente? Isso consistiria em uma razão de relevante interesse coletivo? Com relação a instituições financeiras em crise, foi essa justamente uma das medidas adotadas.

Parece-nos, de fato, ser plausível a intervenção do Estado, nessas hipóteses excepcionais, sob a forma de uma participação minoritária de um banco público, como condição para a concessão de empréstimos, de forma a permitir um maior controle dessas empresas no processo de recuperação.

Essas são perguntas difíceis, aqui colocadas propositalmente de forma a demonstrar o quão complexa é a interpretação do conceito jurídico indeterminado em questão.

Há de se considerar, por fim, conforme célebre frase de Paulo Otero, que o interesse público é o fundamento, o limite e o critério de configuração de toda iniciativa econômica estatal:[144]

> Não se mostra conforme com o princípio da prossecução do interesse público o exercício da função accionista do Estado mediante criação *ex novo* de empresas de capitais mistos ou a participação no capital de empresas privadas já existentes sem que o objecto social da respectiva actividade vise prosseguir finalidades públicas, seja pelos serviços que presta, pelos bens que produz ou, por último, pelas necessidades colectivas que pretende satisfazer.[145]

Assim é que não se deve perder de vista que o objetivo de criação de uma sociedade estatal ou a participação do Estado em uma sociedade privada deve ser sempre o atendimento a um interesse público, consubstanciado em imperativo de segurança nacional ou relevante interesse coletivo.[146]

---

[144] OTERO, Paulo. *Vinculação e liberdade de conformação jurídica do sector empresarial do Estado.* Coimbra: Coimbra Editora, 1998, p. 206.

[145] Idem. *Ibidem*, pp. 206/207.

[146] "Cumpre, pois, que se faça a retirada do Estado de setores que ocupa sem amparo na Constituição. A presença estatal em setores que não se refiram a imperativos de segurança nacional, relevante interesse coletivo ou prestação de serviços públicos, deve cessar, ainda

### 2.1.3. A intervenção na economia sob a forma de prestação de serviços públicos

Em breve síntese, serviços públicos são espécies de atividades econômicas, [147] que, em virtude da sua essencialidade para a sociedade, foram submetidas a um regime jurídico específico, diverso daquele aplicável às demais atividades econômicas que não apresentam tal peculiaridade.[148]

Nos termos do art. 175 da Carta Maior, os serviços públicos são titularizados pelo Estado e, em regra, só podem ser explorados por particulares mediante delegação do Poder Público, sempre através de licitação (com exceção dos serviços públicos sociais, como a educação e saúde, cuja exploração não é exclusiva do Estado). Aos serviços públicos não se

---

que o seu desempenho seja eficiente e rentável. Afinal, não é o lucro que está em jogo, mas um limite constitucional traçado para a atuação interventiva estatal. O desrespeito a estes limites é a negação do próprio Estado de Direito." (SOUTO, Marcos Juruena Villela. *Desestatização, Privatização, Concessões e Terceirizações*. 4ª ed. Rio de Janeiro: Lumen Juris, 2001, p. 26).

[147] GRAU, Eros Roberto. *A ordem econômica na Constituição de 1988*. São Paulo: Ed. Malheiros, 2006, p. 103. De acordo com o autor, "ao afirmar que serviço público é tipo de atividade econômica, a ela atribuí a significação de gênero no qual se inclui a espécie, serviço público. Ao afirmar que o serviço público está para o setor público assim como a atividade econômica está para o setor privado, a ela atribuí a significação de espécie. Daí a verificação de que o gênero – atividade econômica – compreende duas espécies: o serviço público e a atividade econômica" (Idem, p. 103).

[148] ARAGÃO, Alexandre Santos de. *Direito dos Serviços Públicos*. Rio de Janeiro: Ed. Forense, 2007, p. 176. Como explicado por Cristiane Derani, "a diferença entre um serviço público e uma outra atividade econômica exercida pelo Estado está materialmente no seu produto e na forma de distribuição. Se o produto é de valor de uso de toda a coletividade, e por isso se garante a universalidade, a equidade e a continuidade, estamos diante de uma produção econômica retirada do mercado, para que a sua dinâmica se realize em razão do suprimento, para a coletividade, de valores de uso essenciais à coesão social. Se o produto, embora não necessário à coletividade, obedece a outros imperativos de interesse coletivo ou – uma especificidade deste – de segurança nacional, por representar um agregador da sociedade no âmbito da produção econômica, deve ser produzido em um regime que não poderá ser designado como totalmente de mercado, em virtude da natureza pública do agente, do capital investido e da distinção dos seus objetivos em relação aos objetivos individuais que movem as relações de mercado" (DERANI, Cristiane. *Privatização e Serviços Públicos: as Ações do Estado na Produção Econômica*. São Paulo: Ed. Max Limonad, 2002, pp. 197-198).

aplica o regime da livre iniciativa, notadamente em seu aspecto de liberdade de acesso ao mercado.

A definição de serviço público, contudo, é extremamente complexa e já sofreu diversas crises ao longo da história.[149-150] De uma concepção extremamente abrangente que abarque todo tipo de atividade estatal (*i.e.*, jurisdição, polícia, legislação, atividades prestacionais), até definições restritas que consideram como tal apenas a prestação de serviços específicos e divisíveis que possam ser remunerados por tarifas ou taxas, e que sejam titularizados exclusivamente pelo Estado (excluindo-se, portanto, os serviços públicos sociais), são diversos os conceitos possíveis.[151-152] E a Constituição brasileira não ajuda a solucionar essa questão, utilizando-se do termo "serviços públicos" tanto ao se referir ao dever do Estado de explorar determinadas atividades econômicas (art. 175) quanto à Administração Pública propriamente dita e seus servidores (art. 37, inc. XIII).

Historicamente, a construção doutrinária de um conceito de serviço público perpassou a análise de três elementos: (i) o elemento formal, isto é, a previsão normativa (constitucional ou legal) de que determinada atividade caracteriza serviço público e a sua submissão expressa a um regime

---

[149] Idem. *Ibidem*, pp. 239 e ss.

[150] De acordo com Luís Roberto Barroso, "a noção de serviço público não é estável nem precisa, de modo que nem sempre é fácil distingui-lo, do ponto de vista material, de uma atividade econômica pura. Justo ao contrário, a moderna doutrina reconhece que seus contornos variam em função do tempo e do espaço, flutuando 'ao sabor das necessidades e contingências políticas, econômicas, sociais e culturais de cada comunidade, em cada momento histórico'. A diversidade histórica e geográfica das funções estatais conduz à impossibilidade de se utilizarem conceitos teóricos rígidos e imutáveis. Nada obstante, saber se determinada atividade constitui ou não serviço público é de fundamental importância para determinar-se a disciplina jurídica a ela aplicável" (BARROSO, Luís Roberto. Regime constitucional do serviço postal. Legitimidade da atuação da iniciativa privada. *Revista dos Tribunais*, nº 786, pp. 131 e ss).

[151] Cf. ARAGÃO, Alexandre Santos de. *Direito dos Serviços Públicos*. Rio de Janeiro: Ed. Forense, 2007, p. 144 e ss.

[152] "(...) o serviço público adquire ainda os modos de um camaleão, pois, de um ponto de vista jurídico, a noção se torna incompreensível, deixada à apreciação do juiz que tem o mérito de ter tentado pôr nela um pouco de ordem" (MORAND-DEVILLER, Jacqueline. Poder Público, Serviço Público: crise e conciliação. Trad. Patrícia Baptista. *Revista de Direito do Estado*, Ano 1, nº 4, out/dez 2006, p. 395).

jurídico próprio, de direito público[153]; (ii) o elemento subjetivo, isto é, o dever do Estado em prestar tal serviço à sociedade; e, por último, (iii) o elemento objetivo, isto é, a natureza da atividade e a sua relação com as necessidades básicas da sociedade. Trata-se, como os apelidou Diogo de Figueiredo Moreira Neto, dos "tradicionais critérios referenciais": o que, quem e como.[154]

Após as transformações por que passou a atuação do Estado na economia, com a assunção de responsabilidades sobre cada vez mais prestações à sociedade e a necessidade de o Estado buscar novos meios de prestação desses serviços,[155] através de parcerias com a iniciativa privada, chegou-se a um momento histórico em que a presença de quaisquer dos elementos acima indicados passou a não ser suficiente para a classificação de determinada atividade como serviço público.

---

[153] De acordo com Celso Antônio Bandeira de Mello, esse regime seria caracterizado pelos seguintes elementos: "A estrita submissão ao princípio da legalidade, a utilização de técnicas autoritárias, expressivas da soberania, de que são manifestações a possibilidade de constituir obrigações por ato unilateral, a presunção de legitimidade dos atos praticados, a auto-executoriedade deles, bem como sua revogabilidade e unilateral declaração de nulidade, a continuidade necessária das atividades havidas como públicas, donde – no plano do serviço público – a impossibilidade de o concessionário invocar a *exceptio non adimpleti contractus* para eximir-se da regular continuidade de seu desempenho, a rigorosa obediência ao princípio da isonomia etc." (BANDEIRA DE MELLO, Celso Antônio. *Curso de direito administrativo*. São Paulo: Ed. Malheiros, 1997, p. 426).

[154] *Mutações do direito administrativo*. Rio de Janeiro: Renovar, 2007, p. 126.

[155] Sobre esse ponto, Diogo de Figueiredo Moreira Neto esclarece que "hoje, basta que o Estado *preste*, por qualquer de seus órgãos, ou apenas *assegure sua prestação*, seja através de *delegatários legais*, sem interferência de qualquer órgão ou entidade da Administração Pública, seja, como classicamente se tem entendido, através de *delegatários administrativos*. Diversificam-se e enriquecem-se, assim, as modalidades de prestação de serviços públicos com a crescente e multifacetária colaboração do setor privado, necessitando-se, em conseqüência, de novos conceitos e atualizadas sistematizações. Com efeito, tornou-se necessário enfrentar uma bateria de recentes questionamentos que estão atingindo, em extensão e profundidade, o conceito de serviços públicos: como se configura a gestão estatal? Como se caracterizam os serviços públicos independentes do aparelho da Administração Pública? Que tipo de gestão se compatibiliza com as diferentes modalidades de serviços públicos? Quais as modalidades de transferência de gestão de serviços públicos admissíveis? Quais os limites de transferibilidade da gestão de serviços públicos? Quais os instrumentos de controle dos serviços transferidos? etc." (*Mutações do direito administrativo*. Rio de Janeiro: Renovar, 2007, p. 126).

FUNDAMENTOS CONSTITUCIONAIS PARA A INTERVENÇÃO DO ESTADO BRASILEIRO...

Não há consenso, por exemplo, sobre a necessidade ou não de submissão da atividade a um regime jurídico de direito público para que ela seja caracterizada como serviço público,[156] tampouco sobre o que se deve entender por serviços e bens essenciais para a coletividade, no atual estágio da vida humana em sociedade. De acordo com Luís Roberto Barroso, "na medida em que se passou a aplicar à categoria de serviço público os mais variados conteúdos, esse elemento substancial ou material restou desacreditado como critério capaz de conceituá-lo".[157]

Sob essa perspectiva, não sendo possível confiar apenas nos elementos material, formal ou subjetivo para a caracterização de atividades como serviços públicos, "a doutrina acaba por resignar-se em encontrar no elemento *normativo* a definição, afinal, do conceito".[158] Assim, no direito brasileiro, "não há de se falar em serviços públicos, por mais essencial que seja para a coletividade, apenas em razão da 'natureza das coisas', da sua importância para o liame social, sendo imprescindível, além desse dado, o reconhecimento pelo direito positivo da responsabilidade do Estado pela atividade".[159]

Também nesse sentido, Celso Antônio Bandeira de Mello afirma que "o único critério válido para reconhecer a existência de serviço público consiste em perquirir a vontade legislativa",[160] no que é acompanhado

[156] No sentido da essencialidade da submissão da atividade a regime jurídico de direito público, podemos citar, por exemplo, BANDEIRA DE MELLO, Curso de Direito Administrativo. 19. ed. São Paulo: Malheiros, 2005, p. 632; DALLARI, Adilson Abreu. "Empresa Estatal Prestadora de Serviços Públicos – Natureza Jurídica – Repercussões Tributárias", Revista de Direito Público – RDP, vol. 94, p. 95, 1990; MUKAI, Toshio. O Direito Administrativo e os Regimes Jurídicos das Empresas Estatais. 2. ed. Belo Horizonte: Editora Fórum, 2004. p. 283. Já admitindo a possibilidade de prestação de serviços públicos sob o regime de direito privado, podemos citar MOREIRA NETO, Diogo de Figueiredo. *Mutações do direito administrativo*. Rio de Janeiro: Renovar, 2007 pp. 126 e ss.; DI PIETRO, Maria Sylvia Zanella. *Direito Administrativo*. 14. ed. São Paulo: Atlas, 2002, p. 99.

[157] BARROSO, Luís Roberto. Regime constitucional do serviço postal. Legitimidade da atuação da iniciativa privada. *Revista dos Tribunais*, nº 786, pp. 131 e ss.

[158] Idem. *Ibidem*, pp. 131 e ss., itálicos no original.

[159] ARAGÃO, Alexandre Santos de. *Direito dos Serviços Públicos*. 2. ed. Rio de Janeiro: Forense, 2008. p. 160.

[160] MELLO, Celso Antônio Bandeira de. *Natureza e regime jurídico das autarquias*. São Paulo: Ed. Revista dos Tribunais, 1968, p. 171. Dinorá Mussetti Grotti, no mesmo sentido, afirma que "não há serviço público por natureza ou por essência. Só o serão as atividades que esti-

por Miguel Reale, no sentido de que, "no fundo, serviço público é aquele que, em cada conjuntura, a lei configura como tal, razão pela qual só subsistem, a respeito, definições genéricas".[161]

Sob essa perspectiva, o ponto de partida para se perquirir se determinada atividade consubstancia serviço público no Brasil é a Constituição Federal de 1988, a qual elenca, em seu texto, uma série de atividades submetidas a esse regime e, consequentemente, excluídas do âmbito da livre iniciativa.

Assim, por exemplo, o art. 21 da Constituição Federal atribui à União a prestação de inúmeros serviços públicos, tais como (i) o serviço postal e o correio aéreo nacional (inc. X); (ii) os serviços de telecomunicações (inc. XI); (iii) os serviços de radiofusão sonora, de sons e imagens (inc. XII, a); (iv) os serviços e instalações de energia elétrica e o aproveitamento energético dos cursos de água (inc. XII, b); (v) a navegação aérea, aeroespacial e a infraestrutura aeroportuária (inc. XII, c); (vi) os serviços de transporte ferroviário e aquaviário entre portos brasileiros e fronteiras nacionais, ou que transponham os limites de Estado ou Território (inc. XII, d); (vii) os serviços de transporte rodoviário interestadual e internacional de passageiros (inc. XII, e); (viii) a exploração dos portos marítimos, fluviais e lacustres (inc. XII, f).

O art. 25, § 2º, da Carta Maior também atribui aos Estados a exploração direta, ou mediante concessão, "[d]os serviços locais de gás canalizado". O art. 30, V, por sua vez, prevê que compete aos Municípios "organizar e prestar, diretamente ou sob regime de concessão ou permissão, os serviços públicos de interesse local, incluído o de transporte coletivo, que tem caráter essencial".

Além disso, a Constituição ainda prevê ser dever do Estado a prestação de serviços de saúde e educação e manutenção da previdência social, os chamados serviços públicos sociais, que devem ser prestados gratuitamente pelo Poder Público (arts. 196, 198, 201, 203, 205 e 208).

---

verem definidas na Constituição Federal – ou na própria lei ordinária, desde que editada em consonância com as diretrizes ali estabelecidas -, decorrendo, portanto, de uma decisão política" (GROTTI, Dinorá Adelaide Musseti. *O Serviço Público e a Constituição Brasileira de 1988*. São Paulo: Malheiros, 2003. p. 88).

[161] REALE, Miguel. *Temas de direito positivo*. São Paulo: Revista dos Tribunais, 1992, p. 136.

Parte da doutrina brasileira admite, ainda, a criação de serviços públicos pelo legislador infraconstitucional[162-163], além daquelas hipóteses já previstas pela Constituição Federal. O Supremo Tribunal Federal também já se manifestou nesse sentido no Recurso Ordinário nº 49.988-SP, tendo afirmado que "os municípios podem, por conveniência coletiva e própria, retirar a atividade dos serviços funerários do comércio comum".[164]

---

[162] Nesse sentido, podemos citar ARAGAO, Alexandre Santos de. Direito dos Serviços Públicos. *Op.cit.*, pp. 313 e 345/346 (aliás, esse autor admite a possibilidade de prestação de serviços públicos com fundamento tão-somente nos poderes implícitos da Administração decorrentes do seu dever de promover objetivos sociais previstos na Constituição Federal, desde que a prestação desses serviços "apenas gere direitos em favor dos administrados" e não importem em exclusão da atividade do âmbito do livre mercado (Idem, p. 347); JUSTEN FILHO, Marçal. Curso de Direito Administrativo. Belo Horizonte: Ed. Fórum, 2011, p. 698 (para o autor, "não se pode reputar que todos os possíveis serviços públicos teriam sido referidos exaustivamente na dimensão constitucional. Excluídos dois campos – aquilo que é obrigatoriamente serviço público e aquilo que não pode ser serviço público -, existe a possibilidade de o legislador infraconstitucional determinar outras atividades como tais, respeitados os princípios constitucionais"); MUKAI, Toshio. *O Direito Administrativo e os Regimes Jurídicos das Empresas Estatais*. 2. ed. Belo Horizonte: Editora Fórum, 2004. p. 259.
[163] No sentido contrário, Luís Roberto Barroso afirma que "se a criação de serviços públicos não inerentes, por mera opção política, diminui o campo de incidência da livre iniciativa – o que de fato ocorre -, ela só será possível com fundamento em autorização ou previsão constante da Lei Maior. Caso contrário, estar-se-ia admitindo que uma norma infraconstitucional, de inferior hierarquia, violasse uma norma constitucional – a que consagra a livre iniciativa e todas as demais que a complementam ou lhe servem de pressuposto" (BARROSO, Luís Roberto. *Op.cit.*, pp. 131 e ss). Também nesse sentido, AGUILLAR, Fernando Herren. *Controle social de serviços públicos*. São Paulo: Max Limonad, 1999. p. 133 ("O regime de privilégio típico dos serviços públicos (...) opera verdadeiro monopólio de uma dada atividade econômica. Daí que o mesmo regime imposto ao Estado para o fim de monopolizar uma determinada atividade econômica é também aplicável para as hipóteses de criação de novo serviço público. (...) Assim, se não quisermos desconsiderar o art. 173, teremos que admitir, logicamente, que somente é possível instituir Serviços Públicos não previstos constitucionalmente mediante emenda constitucional. (...) os serviços públicos no regime constitucional vigente não podem ser instituídos por lei, inovadoramente em relação à lista de serviços públicos constitucionais").
[164] RE nº 49.988, Rel. Min. Hermes Lima, 2ª T., j. 30/08/1963, DJ 03-10-1963. Seria possível argumentar, contudo, que tal serviço público possui fundamento diretamente na Constituição Federal, em seu art. 30, V, da Constituição Federal, que atribui aos Municípios competência para "organizar e prestar, diretamente ou sob regime de concessão ou permissão, os serviços públicos de interesse local".

O ESTADO EMPRESÁRIO

Apesar de não existir um conceito material absoluto e universal de serviço público e do fato de que, na prática, será serviço público a atividade assim caracterizada pelo legislador, também é certo que existe um limite ontológico para o que pode ser ou não assim definido pelo mesmo. Nesse sentido, Marçal Justen Filho afirma que "o que se afigura evidente para toda a doutrina é a impossibilidade de reconhecer-se serviço público quando a utilidade oferecida não se destinar à satisfação de necessidades essenciais e relevantes, de natureza coletiva".[165]

Assim, em princípio, seria plausível argumentar que o legislador não poderia submeter ao regime de serviços públicos, por exemplo, a indústria do tabaco ou de bebidas alcoólicas, já que, nesses casos, não se trataria de bens essenciais à população. Mas há, por outro lado, doutrina no sentido da possibilidade de submissão das atividades de bingo e loterias ao regime de serviço público.

As atividades de bingo foram classificadas, no passado, como serviço público pela Lei federal nº 9.615/1998 – os dispositivos aplicáveis foram posteriormente revogados. Já as atividades de loteria são assim classificadas pelo Decreto-lei nº 204/67, apesar de não possuírem, pelo menos à primeira vista, qualquer relação com bens essenciais para a coletividade. Para justificar tal classificação e a submissão dessas atividades ao regime de direito público, parte da doutrina aponta a peculiaridade de que tais atividades são exploradas pelo Estado com o objetivo de obtenção de recursos para o custeamento de serviços essenciais para a população.[166-167]

---

[165] JUSTEN FILHO, Marçal. O Regime Jurídico das Empresas Estatais e a Distinção entre "Serviço Público" e "Atividade Econômica". *Revista de Direito do Estado*, nº 1, jan./mar. 2006, p. 120.

[166] Caio Tácito, nesse sentido, afirma que "é certo que a loteria instituída pela União ou pelo Estado não tem a natureza ontológica ou essencial de um serviço público próprio, como prerrogativa inerente à atividade do Estado. Trata-se de uma forma de canalizar recursos para a receita pública, em sentido lato, como processo de financiamento de atividades de assistência social ou de benemerência pública" (TÁCITO, Caio. Loterias estaduais (criação e regime jurídico). *Revista dos Tribunais*, nº 838, ago. 2005, pp. 747/753). Confira-se, ainda, GRAU, Eros Roberto; FORGIONI, Paula. *O Estado, a empresa, o contrato*. São Paulo: Malheiros, 2005, p. 129-138.

[167] Esse tema também foi tratado, de forma ancilar, na Adin nº 2.847/DF, em que se discutiu a competência para a exploração do serviço público de loterias. Eros Roberto

Esse entendimento, no limite, justificaria a submissão de quase qualquer atividade ao regime de serviço público, desde que, através da sua exploração, o Estado pudesse angariar recursos para a prestação de serviços essenciais à coletividade, o que nos parece ser contrário ao princípio da livre iniciativa.

A justificativa para a exclusão dessas atividades do livre mercado é justamente a sua correlação com necessidades fundamentais da coletividade. Permitir que o Estado retire qualquer atividade do âmbito da livre iniciativa tão-somente por razões de natureza financeira, fiscal ou de arrecadação de recursos significaria inverter a lógica prevista pela Constituição Federal, ponto sobre o qual versaremos mais a frente, quando tratarmos do princípio da livre iniciativa e os limites por ele impostos à intervenção do Estado na economia.

O nosso intuito com o presente tópico não é o de, logicamente, esgotar a discussão sobre a definição de serviços públicos, mas tão-somente chamar a atenção para o regime jurídico que lhe é próprio. Como se verá no item 3.7.1 do presente livro, a doutrina e a jurisprudência nacionais costumam diferenciar o regime jurídico aplicável às empresas estatais exploradoras de atividades econômicas em sentido estrito e aquelas prestadoras de serviços públicos. Discute-se, nesse sentido, sobre se os critérios previstos pelo art. 173 também se aplicariam à exploração direta de serviços públicos e monopólios estatais.

### 2.1.4. A intervenção na economia sob o regime de monopólio

Por fim, cumpre tecer algumas breves considerações sobre a intervenção direta do Estado na economia sob o regime de monopólio.

---

Grau chama a atenção, em seu voto, para a perplexidade causada pela caracterização das loterias como serviços públicos: "o que é serviço público? Serviço público é atividade indispensável à coesão social. (...) A partir daí discute-se como a exploração de loterias caracterizaria um serviço público. Há dois belíssimos artigos, do Professor Caio Tácito e do Professor Geraldo Ataliba, ambos mencionados no voto do Ministro Marco Aurélio, nos quais eles sustentam o seguinte: a exploração de loterias é uma modalidade especial de serviço público. Por quê? Porque ela propiciará recursos que permitirão o atendimento de determinadas necessidades sociais. Então, aceita-se-a como serviço público. Isso ninguém discute".

O monopólio é a situação na qual apenas uma empresa explora determinada atividade, seja em virtude de aspectos inerentes à natureza da atividade (monopólio natural), seja em virtude da utilização de técnicas eficiências que permitiram, licitamente, a conquista do mercado ou em virtude da utilização de práticas anticompetitivas (monopólio de fato), e, ainda, em virtude de previsão legal (monopólio legal).

Já vimos, no item 2.1 deste livro, a definição de monopólio natural, isto é, a situação em que não há a possibilidade de competição na exploração de determinada atividade econômica, em virtude da natureza da atividade, em geral de características relacionadas à infraestrutura necessária à sua exploração. O monopólio natural existirá naquelas atividades caracterizadas por economias de escala, isto é, atividades que apresentam altos custos fixos sendo ineficiente a sua exploração por mais de uma empresa.

Os monopólios de fato são aqueles em que uma determinada empresa, em determinado período, passa a ser a única a explorar determinada atividade, seja em virtude da utilização de métodos de produção eficientes, seja em virtude da utilização de meios ilícitos em prejuízo da concorrência. Essa última hipótese, como se sabe, é vedada pelo ordenamento jurídico, conforme se extrai do artigo 36 da Lei 12.529/2011, que estrutura o Sistema Brasileiro de Defesa da Concorrência e dispõe sobre a prevenção e repressão às infrações contra a ordem econômica.

Por fim, há os monopólios legais, criados por opção política do Legislador, com as seguintes finalidades:

(i) fomentar o investimento privado, através da garantia de proteção às inovações produzidas;

(ii) garantir a exclusividade do Estado na exploração de determinadas atividades econômicas, tendo em vista a presença de um interesse público especial a ser atendido.

No presente tópico, estamos nos referindo aos monopólios constitucionalmente estabelecidos em favor do Estado, em virtude de razões normalmente associadas a imperativos de ordem fiscal ou à segurança nacional.

Aqui é necessário fazer uma importante distinção: monopólio não se confunde com propriedade e, em vista disso, como já decidido pelo Supremo Tribunal Federal quando do julgamento da Ação Direta de

Inconstitucionalidade nº 3.273-9[168], a criação de determinado monopólio em favor do Estado não implica, necessariamente, na propriedade do produto oriundo da exploração da atividade monopolizada. "O monopólio é de atividade, não de propriedade", como observado pelo Ministro Eros Grau, no voto condutor daquele julgado.[169] Dito de outra forma, o monopólio se limita a impor a exclusividade de exploração de determinada atividade econômica, extraindo-a do âmbito da livre iniciativa.

A Constituição Federal elencou algumas hipóteses de monopólio estatal em seu art. 177, notadamente naquelas atividades relacionadas à indústria do petróleo e gás natural e da energia nuclear.

Apesar de submeter as atividades listadas em seu *caput* ao monopólio da União, o art. 177 previu, em seus §§ 1º e 2º, a possibilidade de o Legislador delegar a exploração de parte dessas atividades aos particulares, mediante contrato.

A maior parte da doutrina é contrária à possibilidade de criação de novas hipóteses de monopólio estatal pela legislação infraconstitucional.[170] Para aqueles autores que admitem a possibilidade de criação de monopólios pelo legislador infraconstitucional, tal possibilidade encontra fundamento no art. 173 da Constituição Federal. O "filtro à criação

---

[168] ADI nº 3273, Rel. Min. Carlos Britto, Rel. p/ Acórdão: Min. Eros Grau, Tribunal Pleno, j. 16/03/2005, DJ 02/03/2007. Essa Adin teve por objeto a Lei nº 9.478/97 – a Lei do Petróleo, em especial o seu dispositivo que previa a propriedade da lavra às concessionárias dos blocos de petróleo (art. 26).

[169] Voto proferido nos autos da Ação Direta de Inconstitucionalidade nº 3.273, p. 219.

[170] Confira-se, no sentido da inconstitucionalidade de criação de novos monopólios por lei, ARAGÃO, Alexandre Santos de. *Direito dos Serviços Públicos*. Rio de Janeiro: Ed. Forense, 2007, p. 178; BARROSO, Luís Roberto. *Curso de Direito Constitucional Contemporâneo: os conceitos fundamentais e a construção do novo modelo*. São Paulo: Saraiva, 2009, p. 211; EIZIRIK, Nelson. Monopólio estatal da atividade econômica. *Revista de Direito Administrativo*, vol. 194, 1993, p. 66. O Ministro Marco Aurélio, em seu voto na ADPF 46, afirmou, nesse sentido, que "A Constituição Federal é exaustiva, também, no tocante à instituição do monopólio da atividade econômica – artigos 21, inciso XXIII, e 177 da Carta"; SCHIRATO, Vitor Rhein. Novas anotações sobre as empresas estatais. *Revista de Direito Administrativo*, vol. 239, 2005, p. 219; SILVA, José Afonso da. *Curso de Direito Constitucional Positivo*. 22ª Ed. São Paulo: Ed. Malheiros, 2003, p. 761.

O ESTADO EMPRESÁRIO

de monopólios públicos deve ser o conteúdo dos conceitos de 'relevante interesse coletivo' e 'imperativo de segurança nacional'".[171]

As atividades exploradas sob regime de monopólio também constituem atividades econômicas em sentido estrito, não se confundindo com serviços públicos, embora, em alguns casos, os regimes aplicáveis à sua exploração sejam bastante semelhantes. Trata-se de atividades cuja natureza e a sua relação com determinado interesse da Nação apesar de não serem suficientes para classificá-las como serviços públicos, impossibilitam a sua exploração pelo Estado em regime de concorrência com as empresas privadas, justificando a submissão a um regime de exploração exclusiva pelo Poder Público.

Quando do julgamento da ADPF nº 46, o Ministro Eros Grau salientou a diferença entre serviços públicos e monopólios estatais

> Tenho reiteradamente insistido na necessidade de apartarmos o regime de privilégio, de que se reveste a prestação dos serviços públicos, do regime de monopólio, sob o qual, algumas vezes, a exploração da atividade econômica em sentido estrito é empreendida pelo Estado.
>
> Monopólio é de atividade econômica em sentido estrito. Já a exclusividade da prestação dos serviços públicos é expressão de uma situação de privilégio[172]

Isso significa que, para o Ministro, os serviços públicos, por sua natureza, não integram o âmbito da livre iniciativa ("o serviço público está para o Estado assim como a atividade econômica em sentido estrito está para o setor privado"), ao passo que as atividades monopolizadas são excluídas desse âmbito por previsão normativa.

---

[171] MENDONÇA, José Vicente Santos de. A Captura Democrática da Constituição Econômica: uma Proposta de Releitura das Atividades Públicas de Fomento, Disciplina e Intervenção Direta na Economia à Luz do Pragmatismo e da Razão Pública. *Op.Cit.*, p. 305. Eros Roberto Grau entende que toda hipótese de imperativo de segurança nacional deve ser empreendida sob o regime de monopólio (*A Ordem Econômica na Constituição de 1988*. São Paulo: Ed. Malheiros, 2006, pp. 283/284).

[172] ADPF nº 46, Min. Rel. Marco Aurélio de Mello, Relator para acórdão Min. Eros Grau, j. 05.08.2009, DJ 25.02.2010. GRAU, Eros Roberto. Voto proferido nos autos da Argüição de Descumprimento de Preceito Fundamental nº 46, p. 89.

O regime jurídico aplicável aos monopólios e aos serviços públicos pode ser muito semelhante, sobretudo no caso das atividades relacionadas à indústria no petróleo, cuja exploração pode ser concedida a particulares.[173] Na prática, ambas as atividades (serviços públicos e monopólios) são excluídas do regime da livre iniciativa e, na maioria das vezes, podem ter a sua exploração delegada a particulares. Ocorre que, como visto, serviços públicos podem ser criados por lei ordinária. Os monopólios estatais, por sua vez, para a maior parte da doutrina brasileira, se limitam àqueles previstos pela Constituição Federal.

Assim, em havendo interesse na exploração de determinada atividade pelo Estado, com exclusividade, bastaria submetê-la ao regime de serviço público e não de monopólio, de modo a afastar a discussão relativa à criação de monopólios. Foi, como visto acima, o que ocorreu com relação à exploração de bingos e loterias pelo Estado, apesar de, a toda evidência, não possuírem qualquer relação com bens essenciais para a coletividade.

---

[173] "(...) monopólio incide sobre uma atividade econômica em sentido estrito. Em outras palavras, monopólio público não é igual a serviço público. Por outro lado, (...) uma vez que a 'flexibilização' do monopólio significa, pelo o que se viu da decisão do Supremo no caso da Lei do Petróleo, que a atividade pode ser executada por empresas privadas, ainda que sua titularidade continue pública, começa a haver uma enorme proximidade entre os regimes jurídicos do monopólio (do petróleo) e do serviço público (já que, como todos sabemos, o art. 175 permite a delegação da execução do serviço público à iniciativa privada, mas a titularidade continua sempre com o Poder Público). E é essa a nossa tese, não propriamente inédita: atualmente, há enorme proximidade, na prática, entre o regime do monopólio público do petróleo e o regime do serviço público. Em ambas o instrumento da delegação da execução das atividades é a concessão; em ambas a titularidade continua com o Estado. Qual é a diferença? Resta, ainda, uma diferença por assim dizer ontológica, na essência das atividades. O 'interesse público' por detrás do serviço público é um interesse de satisfação de necessidades coletivas, de oferecimento de comodidades aos cidadãos. O 'interesse público' que anima o monopólio público é um interesse estratégico, de segurança nacional, de defesa do país, de controle de substâncias perigosas (ex., material nuclear), tudo isso muitas vezes qualificado por um interesse fiscal. Na essência, é isso: o serviço público atende necessariamente a um interesse público, na melhor raiz do termo; o monopólio público atende antes a um interesse do Estado do que a um interesse público (embora com esse obviamente não possa ser incompatível)" (MENDONÇA, José Vicente Santos de. *Op.cit.*, pp. 301/302).

## 2.2. Princípios e condicionamentos constitucionais aplicáveis à intervenção do Estado na economia

Uma vez delimitadas as hipóteses constitucionais de intervenção do Estado na economia, passaremos a analisar, ainda nesse tópico geral, os princípios constitucionais aplicáveis a todo e qualquer tipo de intervenção direta, seja a criação de sociedades estatais ou a participação minoritária em sociedades privadas.

São eles o princípio da livre iniciativa, o princípio da legalidade, o princípio da livre concorrência, o princípio da eficiência e o princípio da proporcionalidade. Essa análise prévia será essencial para o estudo do regime jurídico das sociedades estatais e das participações minoritárias do Estado em sociedades privadas.

Como as hipóteses práticas de intervenção direta são inúmeras, optamos por fazer, em um primeiro momento, uma exposição geral dos princípios e regras constitucionais aplicáveis à intervenção estatal. Observações específicas sobre empresas estatais e participações sem controle serão realizadas quando da análise dos instrumentos específicos de intervenção, na terceira e quarta partes deste livro.

### 2.2.1. O princípio da livre iniciativa e a subsidiariedade da intervenção do Estado na economia

A livre iniciativa constitui um dos fundamentos da República (artigo 1º, inc. IV, da Constituição Federal) e da Ordem Econômica Constitucional (artigo 170, *caput*). Todavia, delimitar a amplitude desse princípio, os seus limites e apontar se e de que forma ele conforma a intervenção do Estado na economia não são tarefas fáceis.

Inúmeras perguntas podem ser feitas a seu respeito: quais são as práticas comerciais protegidas pelo princípio da livre iniciativa? O Estado tem direito à livre iniciativa – isto é, existiria uma livre iniciativa pública? O princípio da livre iniciativa restringiria de alguma forma a intervenção do Estado na economia, em especial, para submetê-la à lógica da subsidiariedade? E, ainda, "as empresas privadas possuem direito a um ambiente de negócios menos concorrido baseado na ausência de concorrência eventualmente representada pelas estatais competitivas"?[174]

---

[174] Essa pergunta foi feita por José Vicente Santos de Mendonça, em sua tese de doutorado. *Op.cit.*, p. 267.

O princípio da livre iniciativa, sem dúvidas, é um dos princípios da ordem econômica constitucional de mais difícil definição.

Luís Roberto Barroso afirma que esse princípio pode ser decomposto em alguns elementos essenciais, como a propriedade privada, a liberdade de empresa, a livre concorrência e a liberdade de contratar, essa última sendo "decorrência lógica do princípio da legalidade, fundamento das demais liberdades, pelo qual ninguém será obrigado a fazer ou deixar de fazer alguma coisa senão em virtude de lei (CF, art. 5º, II)".[175]

Para Marcos Juruena, o princípio da livre iniciativa abrange "o direito de escolha do ofício, do momento de entrar e sair do mercado, a forma de organização e atuação, desde que não defesas em lei".[176]

Gaspar Ariño Ortiz, por sua vez, entende que o conteúdo essencial da livre iniciativa abrange três liberdades: (i) a liberdade de acesso ao mercado e de criação de empresas; (ii) a liberdade de organização da empresa; e (iii) a liberdade de direção, que abrange a liberdade para produzir (e determinar o que e o quanto produzir), investir, de fixar preços, de contratar, de fazer propaganda, dentre outros.[177] Dito de outra forma, o princípio da livre iniciativa assegura que, com exceção de determinados setores, submetidos à titularidade exclusiva do Estado (serviços públicos e monopólios, como já vimos), "qualquer pessoa física ou jurídica que reúna os requisitos legais necessários pode criar empresas e tem o direito de estabelecimento em qualquer setor econômico, sem que caibam proibições ou autorizações puramente discricionárias da Administração".[178]

Para fins de delimitação do escopo desse princípio, é importante considerar que, de acordo com a Constituição Federal brasileira, a livre iniciativa também possui uma função social, tendo por fim "assegurar a todos existência digna, conforme os ditames da justiça social", devendo ser ponderada com princípios como o da defesa do consumidor e do

---

[175] BARROSO, Luís Roberto. A ordem econômica constitucional e os limites à atuação estatal no controle de preços. Disponível em: www.direitopublico.com.br/pdf_14/DIALOGO-JURIDICO-14-JUNHO-AGOSTO-002-LUIS-ROBERTO-BARROSO.pdf. Acesso em 11 dez. 2011.

[176] SOUTO, Marcos Juruena Villela. *Direito Administrativo Regulatório*. Rio de Janeiro: Ed. Lumen Júris, 2005, p. 183.

[177] ORTIZ, Gaspar Ariño. *Op.cit.*, p. 264.

[178] ORTIZ, Gaspar Ariño. *Op.cit.*, p. 264.

O ESTADO EMPRESÁRIO

meio ambiente, redução das desigualdades regionais e sociais, da busca do pleno emprego (art. 170), e, acima de tudo, a dignidade da pessoa humana.

Assim, concordamos com Claudio Pereira de Souza Neto e José Vicente Santos de Mendonça no sentido de que "o que a Constituição garante é a livre iniciativa como fórmula genérica, mas seus espaços de construção e abrangência são necessariamente polêmicos, e, portanto, políticos".[179]

Algumas luzes podem ser extraídas da jurisprudência de nossos Tribunais Superiores a respeito da delimitação desse princípio. Do julgamento do Recurso Especial nº 614.048,[180] em que se discutia a regulação do comércio exterior através de medidas de paridade cambial, é possível inferir, por exemplo, que, por força do princípio da livre iniciativa, o Estado não pode, via de regra, interferir sobre a escolha da atividade a ser desenvolvida pelo particular, submeter todas as atividades econômicas à sua titularidade ou fixar os montantes de produção ou comercialização de produtos pela iniciativa privada.[181]

---

[179] SOUZA NETO, Claudio Pereira de; MENDONÇA, José Vicente Santos de. Fundamentalização e Fundamentalismo na Interpretação do Princípio Constitucional da Livre Iniciativa. In: SOUZA NETO, Claudio Pereira de; SARMENTO, Daniel (coord.). A Constitucionalização do Direito: Fundamentos Teóricos e Aplicações Específicas. Rio de Janeiro: Editora Lumen Juris, 2007, p. 724.

[180] REsp nº 614048/RS, Rel. Ministro Luiz Fux, 1ª T., j. 15/03/2005, DJ 02/05/2005.

[181] "A intervenção estatal no domínio econômico é determinante para o setor público e indicativa para o setor privado, por força da livre iniciativa e dos cânones constitucionais inseridos nos arts. 170 e 174, da CF. Deveras, sólida a lição de que um "dos fundamentos da Ordem Econômica é justamente a 'liberdade de iniciativa', conforme dispõe o art. 170, o qual, em seu inciso IV, aponta, ainda a 'livre concorrência' como um de seus princípios obrigatórios: 'A ordem econômica, fundada na valorização do trabalho humano e na livre iniciativa, tem por fim assegurar a todos existência digna, conforme os ditames da justiça social, observados os seguintes princípios: (...) IV – livre concorrência'. Isto significa que a Administração Pública não tem título jurídico para aspirar reter em suas mãos o poder de outorgar aos particulares o direito ao desempenho da atividade econômica tal ou qual; evidentemente, também lhe faleceria o poder de fixar o montante da produção ou comercialização que os empresários porventura intentem efetuar. De acordo com os termos constitucionais, a eleição da atividade que será empreendida assim como o quantum a ser produzido ou comercializado resultam de uma decisão livre dos agentes econômicos. O direito de fazê-lo lhes advém diretamente do Texto Constitucional e descende mesmo da própria acolhida do regime capitalista, para não se falar dos dispositivos constitucionais

Mas a principal diretriz que se pode extrair dos julgados dos Tribunais Superiores sobre o assunto é a de que a livre iniciativa não é um direito absoluto, podendo ser restringida sempre que outro princípio, de estatura constitucional, com ela entrar em conflito, sendo exigida, nessa situação, a aplicação dos princípios da proporcionalidade e da razoabilidade. Nesse sentido, através da regulação, podem ser estabelecidas condições e requisitos para a exploração de determinada atividade econômica (ex: farmácias, fabricantes de alimentos, postos de gasolina, etc.), bem como limitações com vista à promoção da concorrência leal.

Seguindo essa linha, o Supremo Tribunal Federal já decidiu, por exemplo, que, sob determinadas circunstâncias e desde que observado o princípio da proporcionalidade, medidas estatais que envolvam controle de preços não violam a livre iniciativa,[182] tendo declarado a constitucionalidade de lei que estabelecia medidas de controle dos critérios de reajuste de mensalidades escolares.[183]

---

supramencionados. (...)" (REsp 614048/RS, Rel. Ministro LUIZ FUX, 1ª T., j. 15/03/2005, DJ 02/05/2005).

[182] Esse também é o entendimento de Luís Roberto Barroso, autor que defende a excepcionalidade de medidas dessa natureza, mas admite a sua utilização pelo Poder Público desde que passe pelo teste do princípio da proporcionalidade (A ordem econômica constitucional e os limites à atuação estatal no controle de preços. Disponível em: www.direitopublico. com.br/pdf_14/DIALOGO-JURIDICO-14-JUNHO-AGOSTO-2002-LUIS-ROBERTO-BARROSO.pdf. Acesso em 11 dez. 2011).

[183] Ação direta de Inconstitucionalidade. Lei 8.039, de 30 de maio de 1990, que dispõe sobre critérios de reajuste das mensalidades escolares e dá outras providências. Em face da atual Constituição, para conciliar o fundamento da livre iniciativa e do princípio da livre concorrência com os da defesa do consumidor e da redução das desigualdades sociais, em conformidade com os ditames da justiça social, pode o Estado, por via legislativa, regular a política de preços de bens e de serviços, abusivo que é o poder econômico que visa ao aumento arbitrário dos lucros. Não é, pois, inconstitucional a Lei 8.039, de 30 de maio de 1990, pelo só fato de ela dispor sobre critérios de reajuste das mensalidades das escolas particulares. Exame das inconstitucionalidades alegadas com relação a cada um dos artigos da mencionada Lei. Ofensa ao princípio da irretroatividade com relação à expressão «março» contida no parágrafo 5º do artigo 2º da referida Lei. Interpretação conforme a Constituição aplicada ao caput do artigo 2º, ao parágrafo 5º desse mesmo artigo e ao artigo 4º, todos da Lei em causa" (ADI 319 QO, Rel. Min. MOREIRA ALVES, Tribunal Pleno, j. 03/03/1993, DJ 30-04-1993).

Sob os mesmos fundamentos, em 2006, o Supremo considerou inconstitucional lei que fixava preços para o setor sucro-alcooleiro "em valores abaixo da realidade e em desconformidade com a legislação aplicável ao setor", o que considerou ser um "empecilho ao livre exercício da atividade econômica, com desrespeito ao princípio da livre iniciativa".[184] Em seu voto-vista, o Ministro Joaquim Barbosa colocou de forma clara os parâmetros a serem adotados no julgamento de casos que envolvam controle de preços, à luz do princípio constitucional na livre iniciativa:

Não pode o governo suprimir integralmente a liberdade de concorrência e de iniciativa dos particulares sem que haja razoabilidade nessa medida, vale dizer, sem que ela decorra de uma situação de anormalidade econômica tal que seja imprescindível impor restrição tão radical e, por fim, desde que os preços fixados não sejam inferiores aos custos de produção. Luís Roberto Barroso, com precisão, evidencia que 'impor ao empresário a venda com prejuízo configura confisco, constitui privação de propriedade sem devido processo legal (art. 5º, LIV). E mais: é da essência do sistema capitalista a obtenção do lucro. O preço de um bem deve cobrir o seu custo de produção, as necessidades de reinvestimento e a margem de lucro'. Verifica-se, portanto, que, quando o governo federal interveio na economia sucroalcooleira para regular concorrência e fixar os preços finais de venda dos produtos, o fez

[184] CONSTITUCIONAL. ECONÔMICO. INTERVENÇÃO ESTATAL NA ECONOMIA: REGULAMENTAÇÃO E REGULAÇÃO DE SETORES ECONÔMICOS: NORMAS DE INTERVENÇÃO. LIBERDADE DE INICIATIVA. CF, art. 1º, IV; art. 170. CF, art. 37, § 6º I. – A intervenção estatal na economia, mediante regulamentação e regulação de setores econômicos, faz-se com respeito aos princípios e fundamentos da Ordem Econômica. CF, art. 170. O princípio da livre iniciativa é fundamento da República e da Ordem econômica: CF, art. 1º, IV; art. 170. II. – Fixação de preços em valores abaixo da realidade e em desconformidade com a legislação aplicável ao setor: empecilho ao livre exercício da atividade econômica, com desrespeito ao princípio da livre iniciativa. III. – Contrato celebrado com instituição privada para o estabelecimento de levantamentos que serviriam de embasamento para a fixação dos preços, nos termos da lei. Todavia, a fixação dos preços acabou realizada em valores inferiores. Essa conduta gerou danos patrimoniais ao agente econômico, vale dizer, à recorrente: obrigação de indenizar por parte do poder público. CF, art. 37, § 6º IV. – Prejuízos apurados na instância ordinária, inclusive mediante perícia técnica. V. – RE conhecido e provido. (RE 422941, Rel. Min. CARLOS VELLOSO, 2ª T., j. 06/12/2005, DJ 24-03-2006).

de maneira desarrazoada, porque impôs aos produtos preços menores que aqueles necessários ao custeio da produção.

O Supremo Tribunal Federal possui, ainda, jurisprudência consolidada no sentido de que viola o princípio da livre iniciativa a criação de empecilhos à exploração da atividade econômica como forma indireta de cobrança de tributos. Esse tema, em virtude da sua importância, é objeto de três enunciados da Súmula daquele Tribunal, a saber:

Súmula 70: "é inadmissível a interdição de estabelecimento como meio coercitivo para cobrança de tributos".

Súmula 323: "É inadmissível a apreensão de mercadorias como meio coercitivo de pagamento de tributos".

Súmula 547: "não é lícito à autoridade proibir que o contribuinte em débito adquira estampilhas, despache mercadorias nas alfândegas e exerça suas atividades profissionais".

No entanto, em 2007, o Supremo reconheceu uma exceção a essa jurisprudência, em um caso que envolvia a reiterada inadimplência tributária de uma empresa fabricante de produtos derivados do tabaco.[185] Essa exceção encontrava-se fundada na necessidade de proteção do princípio da livre concorrência. No caso concreto, o STF entendeu que o contribuinte estava se utilizando da prática de inadimplência reiterada como forma de reduzir os preços dos cigarros por ele fabricados. A inadimplência da empresa não decorria de uma dificuldade financeira pela qual estava passando, mas consistia em estratégia ilícita de concorrência no mercado. Nesse julgado restou consignada, portanto, mais uma possível justificativa para a imposição, pelo Estado, de restrições à livre iniciativa: a proteção da livre concorrência.

Todas as diretrizes apontadas acima se aplicam à intervenção do Estado de forma indireta sobre atividades submetidas à livre iniciativa, através da imposição de normas a serem observadas pelos particulares na

---

[185] AC 1657 MC, Rel. Min. JOAQUIM BARBOSA, Rel. p/ Acórdão: Min. CEZAR PELUSO, Tribunal Pleno, j. 27/06/2007, DJe-092 DIVULG 30-08-2007 PUBLIC 31-08-2007.

exploração de suas atividades econômicas. Mas há também, como visto, setores que, por disposição constitucional, foram expressamente excluídos desse âmbito, sendo submetidos à titularidade exclusiva do Estado, que tem a faculdade de contratar ou não particulares para neles atuar. É o caso dos monopólios e dos serviços públicos.

Discute-se, por exemplo, se o legislador poderia criar novas hipóteses de monopólio estatal, além daquelas já previstas pela Constituição, de modo a excluir um novo setor da economia do âmbito da livre iniciativa.[186]

No que toca aos serviços públicos, por sua vez, admite-se amplamente a possibilidade de criação mediante lei, ainda que os efeitos de criação de serviços públicos sejam muito semelhantes aos da criação de monopólios: a exclusão da atividade do regime da livre iniciativa, impossibilitando-se a sua exploração pelos particulares na ausência de outorga estatal para tanto.

O Supremo Tribunal Federal já decidiu que, em regra, os serviços públicos são atividades excluídas do âmbito da livre iniciativa, e, nos termos do art. 175 da Constituição Federal, apenas podem ser explorados pela iniciativa privada mediante outorga estatal (concessão e permissão).

Nesse sentido, quando do julgamento da Ação de Descumprimento de Preceito Fundamental nº 46, em que se discutia a constitucionalidade de dispositivos da Lei nº 6.538/78 que instituiu o "monopólio" das atividades postais para a ECT, o Supremo Tribunal consignou que tais atividades consistiam, na verdade, em uma espécie de serviço público e que, em vista disso, não integrariam a esfera da livre iniciativa. Resumindo essa assertiva, o Ministro Eros Grau afirmara, naquela ocasião, que "o serviço público está para o Estado assim como a atividade econômica em sentido estrito está para o setor privado".

---

[186] O Ministro Marco Aurélio, em seu voto na ADPF 46, afirmou, nesse sentido, que "A Constituição Federal é exaustiva, também, no tocante à instituição do monopólio da atividade econômica – artigos 21, inciso XXIII, e 177 da Carta". No sentido contrário, Eros Roberto Grau entende que toda hipótese de imperativo de segurança nacional deve ser empreendida sob o regime de monopólio (*A Ordem Econômica na Constituição de 1988*. São Paulo: Ed. Malheiros, 2006, pp. 283/284).

Assim, em se tratando de serviços públicos, não se aplica o direito de livre acesso ao mercado, muito menos a liberdade de produção, investimento e de fixação de preços. Trata-se de atividades excluídas da esfera do princípio da livre iniciativa.

No que tange ao objeto deste trabalho, importa, ainda, saber de que forma o princípio da livre iniciativa conforma a atuação direta do Estado na economia, limitando ou não a criação de sociedades estatais e a participação societária do Estado em sociedades privadas. E, nesse particular, não há como fugir à discussão sobre a consagração ou não do princípio da subsidiariedade pelo ordenamento jurídico brasileiro.

De acordo com os seus defensores, trata-se de um princípio constitucional implícito, decorrente tanto do princípio da dignidade da pessoa humana,[187] quanto do princípio da livre iniciativa.[188] A sua principal manifestação normativa, no Brasil, seria o art. 173 da Constituição Federal, de acordo com o qual "a exploração direta de atividade econômica pelo Estado só será permitida quando necessária aos imperativos da segurança nacional ou a relevante interesse coletivo, conforme definidos em lei".

Com base nesse dispositivo, muitos autores defendem que a regra é a abstenção do Estado, devendo tanto a regulação estatal (intervenção indireta) e, sobretudo, a intervenção direta na economia ser considera-

---

[187] TORRES, Silvia Faber. *O Princípio da Subsidiariedade no Direito Público Contemporâneo*. Rio de Janeiro: Renovar, 2001, p. 83. Em sentido semelhante, podemos citar as lições de Paolo Carozza: "sua primeira justificação [do princípio da subsidiariedade] é a convicção de que cada ser humano possui um valor inerente e inalienável – sua dignidade -, e, assim, o valor da pessoa humana é ontológica e moralmente superior ao Estado ou a outros grupamentos sociais" (CAROZZA, Paolo G. Subsidiarity as a structural principal of international human rights law. *The American Journal of International Law*, vol. 97, 2003, p. 42, tradução livre). Disponível em: http://www.ssrn.com. Acesso em 19 out. 2010).

[188] Franck Moderne, nesse sentido, afirma que "é principalmente por meio do reconhecimento da liberdade de empresa e da liberdade de comércio e de indústria que os autores abordam a questão de uma constitucionalização implícita da subsidiariedade" (MODERNE, Franck. *Principios Generales del Derecho Público*. Santiago: Editorial Juridica de Chile, 2005, p. 191, tradução livre).

O ESTADO EMPRESÁRIO

das exceções, na medida em que implicariam necessariamente restrições à liberdade de iniciativa.[189-190]

Há, contudo, quem discorde do entendimento de que a Constituição Federal de 1988 teria optado por um modelo subsidiário de intervenção do Estado na economia.

Eros Roberto Grau, nesse sentido, adverte que

> a leitura isolada do art. 173 e dos incisos XIX e XX do art. 37 induz, à primeira vista, à conclusão de que a Constituição restringe, rigorosamente, o surgimento de empresas estatais, em especial aquelas voltadas à exploração direta da atividade econômica em sentido estrito. Não deve, porém, essa conclusão ser afirmada em termos absolutos. (...) Nela se encontram parâmetros a informar a necessária desprivatização do Estado, bem como elementos que podem nutrir o movimento da desregulamentação da economia. Não, porém, a velas pandas. A ordem econômica, que deve ser projetada pelo texto constitucional, reclama o amplo fornecimento de serviços públicos à sociedade, exigindo também, por outro lado, que sejam providas a garantia do desenvolvimento nacional, a soberania nacional, a defesa do meio

---

[189] Vide, por exemplo, MARQUES NETO, Floriano de Azevedo. Limites à abrangência e intensidade da regulação estatal. *Revista de Direito Público da Economia* – RDPE, 2003, v. 1, pp. 78/79. De acordo com Alexandre Santos de Aragão, o princípio da subsidiariedade "impõe ao Estado que se abstenha de intervir e de regular as atividades que possam ser satisfatoriamente exercidas ou auto-reguladas pelos particulares em regime de liberdade. Ou seja, na medida em que os valores sociais constitucionalmente assegurados não sejam prejudicados, o Estado não deve restringir a liberdade dos agentes econômicos e, caso seja necessário, deve fazê-lo da maneira menos restritiva possível" (ARAGÃO, Alexandre Santos de. *Agências Reguladoras e a Evolução do Direito Administrativo Econômico*. Rio de Janeiro: Ed. Forense, 2002, p. 132).

[190] Como expõe José Vicente Santos de Mendonça, "a maioria da doutrina nacional vê tais atividades como absolutamente excepcionais ao regime constitucional da livre iniciativa, e, se não podem proscrevê-las por inteiro – já que estão na Constituição -, então vindicam, por diversas razões, critérios bastante restritivos para sua criação e para interpretação do seu conteúdo. É dizer: como não podem negar os institutos, partem para a criação de standards interpretativos que reduzem suas potencialidades práticas, ou para lições que condicionam a criação de monopólios públicos/intervenção concorrencial à ocorrência de situações excepcionalíssimas ou à taxatividade da listagem constitucional". (MENDONÇA, José Vicente Santos de. *Op.cit.*, p. 188).

ambiente, a redução das desigualdades regionais e sociais, o pleno emprego, entre outros afins.[191]-[192]

De fato, como já mencionado acima, a Carta de 1988 atribui ao Estado uma série de funções, dentre elas a construção de uma sociedade livre, justa e solidária (art. 3º, I); a promoção do desenvolvimento nacional (art. 3º, II); a erradicação da pobreza e da marginalização, bem como a redução das desigualdades sociais e regionais (art. 3º, III); a prestação de serviços públicos (art. 175), dentre outros.

Mas será que isso é suficiente para provar que o princípio da subsidiariedade não teria sido adotado pelo ordenamento jurídico brasileiro? Isto é, os deveres impostos ao Estado pela Constituição Federal e o referido princípio são incompatíveis? Parece-nos que não, já que o princípio da subsidiariedade impõe apenas que o Estado se limite a intervir na economia naqueles casos em que as necessidades da coletividade não possam ser atendidas pelos próprios particulares. Se elas o forem, não haveria necessidade de criação de empresas estatais, tampouco de regulação ou qualquer outra forma de intervenção estatal na economia.

O que torna questionável a consagração do princípio da subsidiariedade no ordenamento jurídico brasileiro é a existência de diversos dispositivos constitucionais prevendo que a intervenção direta do Estado da economia poderá ocorrer em inúmeras hipóteses, as quais, por sua vez, são definidas de forma abrangente e genérica.

O art. 173 é um exemplo disso, na medida em que elenca, como visto no item 2.1.3 acima, dois conceitos jurídicos indeterminados (segurança

---

[191] GRAU, Eros Roberto. *A Ordem Econômica na Constituição de 1988*. São Paulo: Malheiros, 2002, p. 316.

[192] Podemos citar, nesse sentido, André Luiz Freire que, ao tratar do princípio da subsidiariedade, questiona: "a ordem jurídica brasileira consagrou essa orientação? É possível obter – a partir da interpretação da Constituição – normas jurídicas que indiquem ser esse o papel do Estado?", concluindo que "o direito positivo brasileiro não consagrou essa concepção". O autor pondera que são inúmeros os deveres impostos pela Constituição federal ao Estado brasileiro, de forma que a única coisa que não se pode afirmar é que ele deve ser mínimo ou subsidiário (FREIRE, André Luiz. A crise financeira e o papel do Estado: uma análise jurídica do princípio da supremacia do interesse público sobre o privado e do serviço público. In: *A&C Revista de Direito Administrativo & Constitucional*, Belo Horizonte, ano 10, n. 39, jan./mar. 2010, p. 149).

nacional e relevante interesse coletivo) como hipóteses em que é permitida a exploração de atividades econômicas diretamente pelo Estado. Além disso, prevê o art. 175 que o Estado também poderá explorar diretamente serviços públicos, atividades econômicas essas que não são definidas pela Constituição e cujo conceito, como vimos, não é pacífico na doutrina, podendo abranger, inclusive, a exploração de jogos como loteria e bingos.

Ora, se o Constituinte originário optou por deixar estas questões para a definição do legislador ordinário, parece-nos pelo menos um pouco delicado afirmar que a Constituição teria consagrado o princípio da subsidiariedade. Como advertido por Vital Moreira,[193] "uma coisa são as tendências dominantes na esfera política e outra coisa é a análise da constituição econômica". Apesar de a Constituição econômica de 1998 permitir uma despublicização da economia, isso não quer dizer que "tal modelo é o modelo constitucional, como se fosse constitucionalmente imperativo".[194]

Nessa ordem de ideias, para José Vicente Santos de Mendonça, a subsidiariedade não é princípio constitucional, mas uma "diretriz político-administrativa (infraconstitucional) de organização do Estado".[195] O

---

[193] MOREIRA, Vital. A metamorfose da "Constituição Econômica". *Revista de Direito do Estado- RDE*, nº 2, 2006, p. 393.

[194] Idem. *Ibidem*, p. 393.

[195] Nas palavras do autor, "Como não existe nem nunca existiu instância exegética a-histórica ou supra-constitucional que permita deduzir o que é 'relevante interesse coletivo' ou 'imperativo de segurança nacional', conceitos que legitimam a intervenção direta concorrencial (art. 173, caput, da Constituição da República), muito menos que tipos de atividade reclamam aquele dado de relevância que justificam sua transformação em serviço público, resta buscá-los no consenso político-social de cada tempo e lugar. Em outras palavras: a intervenção monopolística e concorrencial, e as estatais que as operam, estão configuradas menos na estrutura da Constituição da República ou nas lições da doutrina jurídica do que no sentimento da comunidade a respeito do que devam ser" (MENDONÇA, José Vicente Santos de. *Op.cit.*, p. 190).

Esse autor, juntamente com Cláudio Pereira de Souza Neto, defende que há, no Brasil, uma supervalorização do princípio da livre iniciativa que leva, por sua vez, a uma interpretação excessivamente restritiva da possibilidade de intervenção do Estado na economia, e à limitação anti-democrática e anti-republicana das deliberações das maiorias. De acordo com esses autores, a Constituição Federal também consagra outros valores, como a soberania nacional, o valor social do trabalho e a redução das desigualdades regionais que podem

mesmo entendimento pode ser extraído das lições de Calixto Salomão Filho:

> A competência normativa e reguladora atribuída pelo Constituinte ao Estado é ampla o suficiente para incluir intervenções bastante brandas ou bem extremadas na ordem econômica. Essa incerteza não desaparece uma vez analisados os princípios gerais estabelecidos no art. 170. De sua dicção não é possível definir com exatidão a extensão nem os limites do intervencionismo. A exata medida em que princípios como 'livre iniciativa' e 'justiça social' bem como 'propriedade privada' e 'função social da propriedade' devem conviver é deixada ao trabalho interpretativo do aplicador do Direito. Assim é que a vinculação do princípio da livre iniciativa ao da justiça social tem sido, por exemplo, usada em muitos casos para permitir o controle de preços em áreas sensíveis, como ocorrido com as mensalidades escolares (...). [196]

No mesmo sentido e muito embora defenda a existência do princípio da subsidiariedade, Alexandre Santos de Aragão reconhece não ser "possível a adoção de um modelo político-econômico único em uma sociedade na qual existem diversas concepções reciprocamente excludentes, todas elas legítimas e protegidas pelo Direito". Nesse sentido, o autor afirma que "a decisão a respeito de como se dará a atuação do Estado no seio da sociedade (por exemplo, se mediante uma atuação empresarial direta, ou através da regulação das empresas privadas), é questão que está sujeita ao processo político democrático".[197]

---

exigir uma interpretação menos restritiva do art. 173 da Constituição Federal pelas maiorias parlamentares, já que o princípio da livre iniciativa não lhes é superior. Nas suas palavras, compreender a Constituição "em termos republicanos, democráticos e plurais significa abri-la a todas as proposições políticas que não contrariem a estrutura básica da democracia constitucional." (SOUZA NETO, Cláudio Pereira de; MENDONÇA, José Vicente Santos de. Fundamentalização e fundamentalismo na interpretação do princípio constitucional da livre iniciativa. In: SARMENTO, Daniel; SOUZA NETO, Cláudio Pereira de. (Org.). *A Constitucionalização do Direito: fundamentos teóricos e aplicações específicas.* Rio de Janeiro: Lumen Juris, 2006, p. 624/639).

[196] SALOMÃO FILHO, Calixto. *Direito concorrencial – as condutas.* São Paulo: Malheiros, 2003, p. 106.

[197] ARAGAO, Alexandre Santos de. *Agências Reguladoras e a evolução do direito administrativo econômico.* Rio de Janeiro: Ed. Forense, 2002, p. 56. E acresce o autor: "o imperativo dos

O Supremo Tribunal Federal, por sua vez, rechaçou a consagração constitucional do princípio da subsidiariedade em inúmeras oportunidades, de forma expressa ou implícita. Quando do julgamento da Ação de Descumprimento de Preceito Fundamental nº 46, por exemplo, prevaleceu o entendimento do Ministro Eros Grau, contrário à atuação meramente subsidiária do Estado na economia, ante a realidade socioeconômica brasileira, restando vencido o Ministro Marco Aurélio:

Voto do Ministro Eros Roberto Grau:

A realidade nacional evidencia que nossos conflitos são trágicos. A sociedade civil não é capaz de solucionar esses conflitos. Não basta, portanto, a atuação meramente subsidiária do Estado. No Brasil, hoje, aqui e agora --- vigente uma Constituição que diz quais são os fundamentos do Brasil e, no artigo 3º, define os objetivos do Brasil (porque quando o artigo 3º fala da República Federativa do Brasil, está dizendo que ao Brasil incumbe construir uma sociedade livre, justa e solidária) --- vigentes os artigos 1º e 3º da Constituição, exige-se, muito ao contrário do que propõe o voto do Ministro relator, um Estado forte, vigoroso, capaz de assegurar a todos a existência digna. A proposta de substituição do Estado pela sociedade civil, vale dizer, pelo mercado, é incompatível com a Constituição do Brasil e certamente não nos conduzirá a um bom destino.

Voto do Ministro Marco Aurélio:

O Estado deve atuar sim, mas de maneira subsidiária, de forma a assegurar boas condições para o crescimento da economia e o melhor desenvolvimento das capacidades de cada indivíduo, garantindo a igualdade de oportunidades e viabilizando os deveres de continuidade, de universalidade e de eficiência na obtenção de serviços públicos. (...) atender ao princípio da sub-

---

Estados Democráticos de Direito e das suas constituições é, portanto, deixar abertos os canais de comunicação entre as diversas concepções políticas, jurídicas, religiosas, econômicas, morais, éticas e econômicas. Pretende-se com isto não congelar nenhuma concepção transitoriamente vencedora, mantendo a adaptabilidade do Estado à cada vez mais complexa e dinâmica realidade e ao jogo político da sociedade. (...) a ordem econômica constitucional deve ser particularmente maleável às necessidades econômicas e posições políticas majoritárias em cada momento" (Idem, p. 57).

sidiariedade significa dizer que o que possa ser realizado de maneira satisfatória pelas empresas privadas não deve ser assumido pelo Estado. (...) a atuação do Estado na atividade econômica deverá ocorrer apenas quando esta se demonstrar falha, ou insuficiente, de modo que o Poder Público aja de maneira a corrigir as imperfeições que o mercado sozinho não for capaz de digerir.

No mesmo sentido, mas dessa vez tratando sobre a constitucionalidade de lei estadual que criara o benefício da meia entrada para doadores de sangue, o Tribunal Pleno do STF, sob a relatoria mais uma vez do Ministro Eros Grau, declarou que

> É certo que a ordem econômica na Constituição de 1.988 define opção por um sistema no qual joga um papel primordial a livre iniciativa. Essa circunstância não legitima, no entanto, a assertiva de que o Estado só intervirá na economia em situações excepcionais. Muito ao contrário. 2. Mais do que simples instrumento de governo, a nossa Constituição enuncia diretrizes, programas e fins a serem realizados pelo Estado e pela sociedade. Postula um plano de ação global normativo para o Estado e para a sociedade, informado pelos preceitos veiculados pelos seus artigos 1º, 3º e 170. 3. A livre iniciativa é expressão de liberdade titulada não apenas pela empresa, mas também pelo trabalho. Por isso a Constituição, ao contemplá-la, cogita também da «iniciativa do Estado»; não a privilegia, portanto, como bem pertinente apenas à empresa. (...) 6. Na composição entre o princípio da livre iniciativa e o direito à vida há de ser preservado o interesse da coletividade, interesse público primário[198]

Em outra oportunidade, dessa vez especificamente sobre a interpretação do art. 173 da Constituição Federal, em julgado que versava sobre dispositivos da Constituição do Estado do Rio de Janeiro que vedavam a alienação de ações de sociedades de economia mista estaduais, o Supremo Tribunal Federal, considerando a natureza dinâmica das atividades eco-

---

[198] ADI 3512, Min. EROS GRAU, Tribunal Pleno, julgado em 15/02/2006, DJ 23-06-2006. O mesmo entendimento foi mantido quando do julgamento da ADI 1.950, que tinha por objeto lei do Estado de São Paulo que assegurava a meia entrada aos estudantes regularmente matriculados em estabelecimentos de ensino.

nômicas, decidiu que "o juízo de conveniência, quanto a permanecer o Estado na exploração de certa atividade econômica, com a utilização da forma da empresa pública ou da sociedade de economia mista, há de concretizar-se em cada tempo e a vista do relevante interesse coletivo ou de imperativos da segurança nacional."[199]

E esse entendimento parece vir sendo mantido pela atual composição do Supremo Tribunal Federal, após a aposentadoria do Ministro Eros Grau, conforme se pode extrair do voto do Ministro Luiz Fux na Ação Direta de Inconstitucionalidade nº 1923, também conhecida como Adin das organizações sociais:

> (...) ao mesmo tempo em que a Constituição exerce o papel de tutelar consensos mínimos, as suas normas têm de ser interpretadas de modo a viabilizar que, no campo permitido por suas balizas, sejam postos em prática projetos políticos divergentes, como fruto do pluralismo político que marca a sociedade brasileira (CF, art. 1º, V). (...) Como regra, cabe aos agentes eleitos a definição de qual modelo de intervenção, direta ou indireta, será mais eficaz no atingimento das metas coletivas conclamadas pela sociedade brasileira, definindo o modelo de atuação que se mostre mais consentâneo com o projeto político vencedor do pleito eleitoral. Foi com base nisso que, principalmente no curso do século passado, preponderou a intervenção direta do Estado em diversos setores sociais, como conseqüência dos ideais que circundavam a noção de Estado Social. (...) o que resultou foi a vontade preponderante manifestada nos canais democráticos, sem que a Constituição fosse lida como a cristalização de um modelo único e engessado a respeito da intervenção do Estado no domínio econômico e social. (...) Disso se extrai que cabe aos agentes democraticamente eleitos a definição da proporção entre a atuação direta e a indireta, desde que, por qualquer modo, o resultado constitucionalmente fixado – a prestação dos serviços sociais – seja alcançado.[200]

---

[199] STF, ADI 234, Rel. Min. Néri da Silveira, DJ 15.09.95.

[200] Voto disponível em http://www.stf.jus.br/arquivo/cms/noticiaNoticiaStf/anexo/Voto__ADI1923LF.pdf. Acesso em 07 jan. 2012. Essa ação foi julgada pelo STF, em sessão de julgamento ocorrida em 16.04.2015, tendo sido julgado parcialmente procedente o pedido, para conferir interpretação conforme à Constituição à Lei nº 9.637/98 e ao art. 24, XXIV da Lei nº 8.666/93, incluído pela Lei nº 9.648/98, para que: (*i*) o procedimento

Assim é que, de acordo com a jurisprudência do Supremo Tribunal Federal, com a qual concordamos, as balizas constitucionais aplicáveis à intervenção direta do Estado na economia são bastante fluidas, cabendo ao Legislador, em cada contexto histórico, econômico e social, escolher a forma de intervenção adequada a cumprir os objetivos constitucionais. Dito de outra forma, o STF, até o momento, não reconhece a normatividade do princípio da subsidiariedade, e, nesse sentido, tem reiteradamente afastado o entendimento de que a atuação direta do Estado na economia deve ser sempre excepcional.

Da leitura conjunta dos artigos 173, 174 e 175, fica claro que o Constituinte deixou para o legislador a escolha da medida dessa intervenção, não se podendo extrair tão-somente do princípio da livre iniciativa, da forma como consignado na Constituição Federal, conclusão diversa.

Interessante é a perspectiva trazida por Franck Moderne, professor emérito da Universidade de Paris I (Panthéon-Sorbonne), sobre a consagração desse princípio em países integrantes da comunidade europeia. Para o autor, o princípio da livre iniciativa apenas permite que as pessoas privadas sejam livres para exercer uma atividade econômica, do que, de nenhum modo, seria possível extrair "uma condição de subsidiariedade que obrigue aos poderes públicos a operar no campo econômico apenas

---

de qualificação seja conduzido de forma pública, objetiva e impessoal, com observância dos princípios do *caput* do art. 37 da Constituição Federal, e de acordo com parâmetros fixados em abstrato segundo o que prega o art. 20 da Lei nº 9.637/98; (*ii*) a celebração do contrato de gestão seja conduzida de forma pública, objetiva e impessoal, com observância dos princípios do *caput* do art. 37 da Constituição Federal; (*iii*) as hipóteses de dispensa de licitação para contratações (Lei nº 8.666/93, art. 24, XXIV) e outorga de permissão de uso de bem público (Lei nº 9.637/98, art. 12, § 3º) sejam conduzidas de forma pública, objetiva e impessoal, com observância dos princípios do *caput* do art. 37 da Constituição Federal; (*iv*) os contratos a serem celebrados pela Organização Social com terceiros, com recursos públicos, sejam conduzidos de forma pública, objetiva e impessoal, com observância dos princípios do *caput* do art. 37 da Constituição Federal, e nos termos do regulamento próprio a ser editado por cada entidade; (*v*) a seleção de pessoal pelas Organizações Sociais seja conduzida de forma pública, objetiva e impessoal, com observância dos princípios do *caput* do art. 37 da CF, e nos termos do regulamento próprio a ser editado por cada entidade; e (*vi*) para afastar qualquer interpretação que restrinja o controle, pelo Ministério Público e pelo Tribunal de Contas da União, da aplicação de verbas públicas.

O ESTADO EMPRESÁRIO

em caso de carência ou de insuficiência da iniciativa privada, é dizer, na espera de que o setor privado tenha esgotado as suas potencialidades".[201]

A mera previsão constitucional do princípio da livre iniciativa não significaria, portanto, a adoção, pelo Constituinte, do modelo de Estado subsidiário, sendo "necessário tomar uma decisão suplementar que consiste em restringir toda a operação econômica pública até onde os operadores privados estariam em condições de responder às necessidades da sociedade civil".[202]

E, de acordo com esse autor, não há previsão constitucional expressa do princípio da subsidiariedade nos países europeus,[203] e "a jurisprudência constitucional não quis se pronunciar em vão contra essa orientação geral. Naqueles Estados em que teve a oportunidade de se expressar formalmente, ela tem se abstido de afirmar a existência de um princípio de subsidiariedade funcional".[204]

Aliás, esse autor faz uma ressalva importantíssima: em se tratando de um princípio jurídico, quais seriam as suas consequências concretas, os seus efeitos jurídicos e, em especial, as modalidades de controle a ele aplicáveis?[205] Como concretizá-lo juridicamente, sobretudo em um ordenamento jurídico no qual a Constituição autoriza a intervenção do Estado na economia em diversas hipóteses? Como deveria o juiz constitucional proceder diante de um pleito de violação do "princípio" da subsidiariedade ante um cenário onde ele não foi expressamente constitucionalizado?

Esse princípio é deveras genérico o que, na prática, ainda que consagrado expressamente pelo ordenamento jurídico, conduziria a uma imensa subjetividade na sua aplicação. Como, por exemplo, se verificaria a insuficiência da iniciativa privada?

---

[201] MODERNE, Franck. *Principios Generales del Derecho Público*. Trad. Alejandro Vergara Blanco. Santiago, Editorial Jurídica de Chile, 2005, p. 200.

[202] Idem. *Ibidem*, p. 200.

[203] Idem. *Ibidem*, p. 182.

[204] Idem. *Ibidem*, p. 182. Ainda de acordo com o autor, "a maioria [dos sistemas jurídicos europeus] maneja ou tolera a possibilidade de os poderes públicos intervirem no campo econômico em igual categoria que as empresas privadas. Não há 'subsidiariedade', mas sim paralelismo, coexistência ou conjunção de intervenções públicas ou privadas; o problema reside no acondicionamento das regras de concorrência entre os operadores" (Idem, p. 200).

[205] Idem. *Ibidem*, p. 222.

Mas, se não é possível extrair o princípio da subsidiariedade do princípio da livre iniciativa, fato é que esse último também não se resume a isso, sendo possível extrair algumas balizas no que tange à intervenção do Estado na economia. A liberdade de iniciativa, como toda liberdade, é a regra em nosso ordenamento jurídico (*in dubio pro libertate*), de forma que qualquer medida restritiva dessa liberdade deve ser necessariamente autorizada por lei (art. 5º, II, da Constituição federal) e fundamentada na necessidade de proteção de outro direito de estatura constitucional. E, como se sabe, qualquer restrição à liberdade só pode ser imposta pelo Estado se atender aos três elementos do princípio da proporcionalidade (adequação, necessidade e proporcionalidade em sentido estrito).[206]

Além disso, é importante salientar que o princípio da liberdade de iniciativa não se aplica ao Estado, ainda que no âmbito das atividades submetidas ao regime de serviços públicos ou de monopólios. A sua intervenção na economia deve atender sempre ao princípio da legalidade e aos requisitos previstos no art. 173, 174 e 175 da Carta Maior, conforme o caso, bem como aos princípios da eficiência e da proporcionalidade e voltar-se sempre ao atendimento do interesse público. Aliás, é importante fazer essa diferenciação: enquanto o particular, em regra, é livre para empreender ou não no setor que tiver interesse, associando-se a quem desejar e cobrando o preço que entender suficiente, com vista ao lucro, o Estado possui o poder-dever de atender ao interesse público na forma que lhe for consignada pela Constituição e pelo legislador.[207]

---

[206] De forma semelhante, a Corte de Justiça da União Européia entende que as restrições ao exercício de direitos fundamentais associados à livre iniciativa não podem ser discriminatórias; devem ser fundamentadas no interesse público; devem ser adequadas para atender o seu objetivo e não podem ir além do necessário para obtê-lo, em clara referência ao elemento necessidade do princípio da proporcionalidade. Vide, nesse sentido, julgado exarado no caso Gebhard, que discutia restrições previstas pela lei italiana para o exercício da advocacia por estrangeiros (Case C-55/94, Gebhard, 1995 E.C.R I-4165, ¶2, [1996], 1 C.M.L.R. 603). De acordo com Christine Putek, a Corte aplicou esses parâmetros em diversos outros casos (Limited but not lost: a comment on the ECJ's golden share decisions. *Fordham Law Review*, vol. 72, p. 2238).

[207] Paulo Otero, nesse sentido, afirma que "a Constituição não consagra hoje uma intervenção económica pública incondicionada, sem que tenha o interesse público como critério causal de legitimação, nem se mostra legítimo reconhecer às entidades públicas no exercício da actividade de intervenção económica a possibilidade de beneficiarem de uma

O ESTADO EMPRESÁRIO

Concordamos, a esse respeito, com o entendimento de Paulo Otero sobre a adoção do princípio da subsidiariedade pela Constituição portuguesa, a qual é muito semelhante à brasileira no que tange à consagração de direitos fundamentais. De acordo com esse autor, a Constituição portuguesa consagraria implicitamente o princípio da subsidiariedade, não como um princípio autônomo, mas como uma decorrência do princípio da dignidade humana, da necessidade de respeito aos direitos e garantias fundamentais e da cláusula geral de liberdade, ao mesmo tempo em que contém cláusulas expressas que permitem o intervencionismo estatal.[208]

O princípio da subsidiariedade nada mais é do que uma decorrência do princípio de que o Estado só pode atuar onde e na forma em que lhe for permitido por lei (princípio da legalidade da intervenção econômica) e da cláusula geral de liberdade dos particulares. Além disso, ele também

regra de liberdade própria da actuação das entidades privadas. (...) Atendendo ao facto de a iniciativa económica pública ser uma competência das entidades públicas, e não um direito fundamental destas, não vigora aqui o princípio da liberdade mas sim o princípio da legalidade da competência, daí decorrendo os três seguintes principais efeitos: (i) sem prejuízo de ser passível de corresponder a uma competência implícita em normas que expressamente conferem tarefas ou incumbências ao Estado ou de se extrair da cláusula constitucional do bem-estar, a iniciativa económica pública não se deve presumir; (ii) os meios e as formas de exercício da iniciativa económica pública devem obedecer a uma tipicidade legal (...); (iii) assumindo a natureza de uma competência, a iniciativa económica pública é um poder irrenunciável e inalienável por parte do seu titular, isto independentemente de o seu exercício em concreto ser configurado pela Constituição ou pela lei em termos mais discricionários ou mais vinculados " (OTERO, Paulo. *Op.cit.*, p. 122/126).

[208] "Dominada a sociedade civil por um princípio geral de liberdade, enquanto expressão da própria dignidade da pessoa humana, objecto, por sua vez, de múltiplas consagrações constitucionais, além de sujeito ao especial regime material garantístico dos direitos e liberdades fundamentais consagrado pela Constituição nos termos do seu artigo 17.º, a intervenção pública deverá sempre reger-se por uma regra de excepção, enquanto afirmação, também ela implícita, do princípio da subsidiariedade.

(...) se é certo que o respeito pela dignidade humana fundamenta a consagração constitucional implícita de um princípio de subsidiariedade da intervenção do Estado sobre a esfera da sociedade civil, também é verdade que a dignidade da pessoa humana passa igualmente pela promoção da justiça social. Neste âmbito, a subsidiariedade não pode deixar de conviver, senão mesmo envolver, um determinado grau de intervenção económica e social do Estado. (...) Há, aqui, como já antes se disse, uma cláusula de bem-estar ou de Estado social na Constituição que justifica a intervenção económica do Estado" (OTERO, Paulo. *Op.cit.*, pp. 34/39).

seria uma decorrência implícita do princípio da proporcionalidade, na forma da proibição do excesso.[209]

Em conclusão, no que tange à aplicação do princípio da livre iniciativa à intervenção direta do Estado na economia, é possível extrair as seguintes diretrizes principais: (i) restrições à livre iniciativa devem ser previstas por lei e ser fundamentadas na necessidade de proteção de outros direitos constitucionais; (ii) as restrições à livre iniciativa devem atender ao princípio da proporcionalidade (tema que será tratado no item 2.2.5); (iii) o Estado não tem direito à livre iniciativa – as medidas de intervenção do Estado na economia devem atender ao princípio da legalidade e, sempre que importarem restrições à liberdade privada, ao princípio da proporcionalidade.

Nesse particular, é importante chamar a atenção para o fato de que há quem entenda que a simples criação de uma sociedade estatal em determinado setor já seria suficiente para tornar menos atrativo e seguro o investimento, o que violaria a livre iniciativa. De acordo com Franck Moderne, "o motivo que habitualmente se esgrime está vinculado à ideia de que as prerrogativas e os meios exorbitantes à disposição do Poder Público lhe permitiriam eliminar sem dificuldade a concorrência do setor privado".[210]

Floriano de Azevedo Marques Neto, nesse sentido, faz a advertência de que "nenhuma intervenção estatal no domínio econômico é neutra. Não é neutra do ponto de vista do impacto que causa no setor objeto da intervenção, podendo afetar a livre concorrência ou, no limite, inibir a ação dos particulares (...). Também não é neutra, pois sempre que o Estado intervém, defere uma oportunidade ou um benefício que colhe desigualmente os particulares".[211]

Essa é uma questão que, de fato, deve ser considerada, sobretudo porque, como se verá no item 3.7 deste livro, muito ainda se discute sobre qual o regime jurídico aplicável às empresas estatais e sobre a sua submissão ou não ao regime jurídico próprio das empresas privadas, como

---

[209] Idem. *Ibidem*, p. 47/48.

[210] MODERNE, Franck. *Op.cit.*, p. 193.

[211] MARQUES NETO, Floriano de Azevedo. O fomento como instrumento de intervenção estatal na ordem econômica. *Revista de Direito Público da Economia – RDPE*, ano 8, n. 32, out./dez. 2010, p. 62.

exige o art. 173, § 1º, II, da Constituição Federal. Assim, na verdade, eventual restrição à livre iniciativa diz respeito não à criação em si da empresa estatal, mas sim ao regime jurídico ao qual ela será submetida:

> na realidade, a proibição de exercer atividades econômicas públicas que concorram ilegalmente com as iniciativas privadas tem se transformado ao passar do tempo na obrigação de respeitar as normas de igual e honesta concorrência entre operadores públicos e operados privados que atuam no mesmo campo.[212]

Assim, desde que observado o regime jurídico próprio das sociedades privadas, não nos parece que a criação de sociedades estatais nos casos previstos pelo art. 173 da Constituição Federal seja, em toda e qualquer hipótese, necessariamente instrumento de limitação à iniciativa privada, já que, nesses casos, a atuação do Estado se dará necessariamente sob o regime da livre concorrência.[213]

A criação de uma empresa estatal pode suprir um gargalo de infraestrutura que impedia a exploração de determinada atividade pelo empresariado nacional ou fomentar a concorrência em determinado setor monopolizado.[214] É claro que há vários elementos que podem impedir

---

[212] MODERNE, Franck. *Op.cit.*, p. 194.

[213] Nesse sentido, Cláudio Pereira de Souza Neto e José Vicente Santos de Mendonça afirmam que "o princípio da proporcionalidade não pode ser utilizado para se restringir a possibilidade de o Estado intervir concorrencialmente, ao contrário do que ocorre, por exemplo, no caso da instituição de monopólio ou no da simples proibição da atividade. Na hipótese do art. 173, a atuação do Estado, através de empresas públicas e sociedades de economia mista, submeter-se-á à livre concorrência. (...) Isso significa que a atuação estatal não importará limite à livre iniciativa, que também poderá atuar no setor, em igualdade de condições. (...) De fato, nenhum princípio constitucional é limitado quando o Estado intervém concorrencialmente" (SOUZA NETO, Claudio Pereira de; MENDONÇA, José Vicente Santos de. *Op.cit.*, p. 739/740).

[214] Essa é também a opinião de José Vicente Santos de Mendonça. *Op. Cit.*, p. 282. De acordo com o autor, não existe um " 'direito constitucional à não concorrência de estatais', desde que tal intervenção concorrencial seja constitucionalmente legítima. É de se observar, inclusive, que, em certos casos, o interesse público relevante é, justamente, opor uma concorrência (via empresas estatais) a um setor privado não dinâmico, estagnado".

que esses objetivos sejam atingidos, como corrupção, ineficiência, dentre outros, mas é possível minimizá-los.

O mesmo se diga com relação à participação minoritária. Ela muitas vezes é utilizada como forma de fomento de determinada atividade econômica, o que também não afetará, em princípio, a livre iniciativa, mas a promoverá. Caso o Estado não detenha qualquer privilégio em comparação com os demais acionistas, não nos parece haver interferência no direito à livre iniciativa. O mesmo não se aplica às *golden shares,* instrumento cuja compatibilidade com o princípio da liberdade de empresa e da liberdade de movimentação de capitais gera até hoje enorme controvérsia.[215] Trataremos mais aprofundadamente desse ponto no Capítulo 4 deste livro.

## 2.2.2. Necessidade de autorização legal

Como uma decorrência do princípio da legalidade aplicável à Administração Pública, a Constituição Federal prevê a necessidade de autorização legal tanto para a criação de empresas estatais quanto para a participação estatal ou de suas empresas em sociedades privadas.

Nos termos do seu art. 37, XIX, "somente por *lei específica* poderá ser criada autarquia e *autorizada a instituição de empresa pública, de sociedade de economia mista* e de fundação, cabendo à lei complementar, neste último caso, definir as áreas de sua atuação". O inc. XX desse mesmo artigo prevê, por sua vez, que "depende de *autorização legislativa, em cada caso,* a criação de subsidiárias das entidades mencionadas no inciso anterior, assim como *a participação de qualquer delas em empresa privada*". Essa lei é de iniciativa privativa do Chefe do Poder Executivo nos termos do art. 61, § 1º, II, *e,* da Constituição Federal.

O Constituinte exige, portanto, a participação do Poder Legislativo no processo de criação de empresas públicas, sociedades de economia mista, suas subsidiárias e participações em sociedades privadas, como instrumento de controle político da intervenção do Estado na economia, bem como de garantia para a iniciativa privada face a possíveis arbítrios do

---

[215] Ver, nesse sentido, PUTEK, Christine O'Grady. Limited but not lost: a comment on the ECJ's golden share decisions. *Fordham Law Review*, vol. 72, pp. 2219 e ss.

Estado.[216] Trata-se, ainda, de uma decorrência do princípio da legalidade, previsto no art. 5º, II, da Constituição Federal; a Carta Maior institui, portanto, uma reserva legal para a intervenção direta do Estado na economia, partilhando a competência para a criação de uma sociedade estatal entre Executivo, a quem conferiu a iniciativa, e Legislativo.

Esses dispositivos, de acordo com Sérgio Alexandre Camargo, refletem "o temor do constituinte no tocante ao desmedido crescimento empresarial do Estado, comandando cautela ao criar-se empresas estatais que interfiram na livre-iniciativa".[217-218]

Outro aspecto importante relacionado à exigência de autorização legal para a criação de sociedades estatais reside no fato de que é nesse momento que se define o interesse público que deverá ser por ela atendido, seja um serviço público, seja um relevante interesse coletivo ou um interesse relacionado à segurança nacional. Nesse sentido, Mario Engler Pinto Junior afirma que "a lei autorizativa funciona como limite negativo para preservar a integridade do interesse público que justificou a criação da companhia (...). Não se trata de requisito meramente formal para o Estado agir empresarialmente, mas da atribuição de um conteúdo finalístico a esta atuação".[219]

---

[216] Tércio Sampaio Ferraz Júnior não se refere à atuação do Legislativo na criação das empresas estatais como um controle, mas como um instrumento de cooperação entre o Poder Executivo e o Poder Legislativo, e divisão de responsabilidades a esse respeito (FERRAZ JUNIOR, Tércio Sampaio. Fundamentos e Limites Constitucionais da Intervenção do Estado no Domínio Econômico. *Revista de Direito Público*, nº 47-48, jul./dez. 1978, p. 269).

[217] CAMARGO, Sérgio Alexandre. Tipos de Estatais..., p. 49. No mesmo sentido, José dos Santos Carvalho Filho afirma que "a exigência constitucional relativa ao princípio da autorização legislativa (art. 37, XIX) foi inspirada na necessidade de participação do Poder Legislativo no processo de nascimento dessas pessoas, evitando-se, dessa maneira, que apenas o Executivo pudesse valorar os critérios de conveniência para a instituição de pessoas administrativas" (CARVALHO FILHO, José dos Santos. *Manual de Direito Administrativo*. Rio de Janeiro: Ed. Lumen Juris, 2007, p. 440).

[218] Conforme consignado no Parecer L-154 da Presidência da República, "ao sujeitar a disposições legislativas à participação acionária das companhias mistas em outra sociedade, quis o legislador conter, mesmo em atenção aos princípios constitucionais, o espraiamento incoercível de participações estatais no campo econômico ou financeiro, reservado, em princípio, em nosso regime político-social, à iniciativa privada".

[219] PINTO JUNIOR, Mario Engler. *Op.cit.*, p. 269.

O art. 37, XIX, aliás, prevê que essa lei deve ser específica, não podendo, portanto, o Poder Legislativo autorizar de forma genérica a criação de empresas estatais pelo Poder Executivo. A lei que autoriza a criação de uma empresa pública ou de uma sociedade de economia mista deverá dispor sobre os objetivos a serem buscados e sobre a atividade a ser desenvolvida.[220]-[221] Deverá ser qualificado o relevante interesse coletivo ou o imperativo de segurança nacional que tornou necessária a intervenção do Estado de forma direta na economia, incluindo-se, aí, a prestação de serviços públicos. É o que a doutrina chama de "princípio da especialidade".[222]

Existe discussão com relação à necessidade ou não de autorização legislativa prévia à alienação do controle de sociedades de economia mista, já que tal operação importa, na prática, a desnaturação dessas sociedades, transformando-as em sociedades privadas.

Em favor dessa necessidade, defende-se, em síntese, que se a Constituição Federal exige lei autorizativa específica para autorizar a criação

---

[220] Marçal Justen Filho, em sentido semelhante, afirma que "teria pequena relevância a determinação constitucional se fosse facultado instituir entidades com campo de atuação indeterminado ou ilimitado. Ofende a Constituição, por exemplo, uma lei autorizar a criação de sociedade de economia mista para desenvolver 'qualquer atividade comercial ou industrial'" (JUSTEN FILHO, Marçal. *Curso de Direito Administrativo*. 7ª ed. rev. e atual. Belo Horizonte: Fórum, 2011, p. 261).

[221] Essa também é a opinião da doutrina portuguesa, a exemplo do que preceitua Sofia D'alte: "pensamos então que, pelo exposto, se deverá exigir ao legislador o efectivo exercício de sua competência para efeitos de fixação ou enunciação de princípios orientadores aplicáveis à concreta opção organizativa a tomar pelo executivo, assim se partilhando efectivamente as responsabilidades daí decorrentes" (D'ALTE, Sofia Tomé. A Nova Configuração do Sector Empresarial do Estado e a Empresarialização dos Serviços Públicos. Coimbra: Almedina, 2007, p. 222).

[222] ARAÚJO, Edmir Netto de. *Curso de Direito Administrativo*. São Paulo: Editora Saraiva, 2010, p. 238. De acordo com Maria Sylvia Di Pietro, "a vinculação aos fins definidos na lei instituidora é traço comum a todas as entidades da Administração Indireta e que diz respeito ao princípio da especialização e ao próprio princípio da legalidade; se a lei as criou, fixou-lhes determinado objetivo, destinou-lhes um patrimônio afetado a esse objetivo, não pode a entidade, por sua própria vontade, usar esse patrimônio para atender a finalidade diversa" (DI PIETRO, Maria Sylvia Zanella. *Direito Administrativo*. 20ª ed. São Paulo: Ed. Atlas, 2007, p. 417). Ver também BARROSO, Luís Roberto. Regime Jurídico das Empresas Estatais. *Revista de Direito Administrativo*, nº 242, out./dez. 2005, p. 87.

O ESTADO EMPRESÁRIO

de empresas públicas e sociedades de economia mista (art. 37, XIX), daí decorreria, por lógica, a necessidade de lei autorizando também a sua extinção.[223] No sentido contrário, defende-se que a necessidade

[223] Maria Sylvia Di Pietro afirma que, dentre os traços comuns das empresas públicas e sociedades de economia mista, estão a "criação e extinção por lei" (DI PIETRO, Maria Sylvia Zanella. *Direito Administrativo*. 11ª ed. São Paulo: Editora Atlas, 1999, p. 370 e seguintes). Também José dos Santos Carvalho Filho afirma que "a extinção das empresas públicas e das sociedades de economia mista reclama lei autorizadora. Significa dizer que o Poder Executivo, a que são normalmente vinculadas, não tem competência exclusiva para dar fim às entidades. O fato se justifica pela teoria da simetria, isto é, se a própria Constituição exige que a autorização criadora se faça através de lei, é evidente que somente ato desta natureza será legítimo para extingui-las" (CARVALHO FILHO, José dos Santos. *Manual de Direito Administrativo*. Rio de Janeiro: Ed. Lumen Juris, 2006, p. 440). No mesmo sentido, GASPARINI, Diógenes. *Direito Administrativo*. 11ª Ed. São Paulo: Ed. Saraiva, 2006, p. 434; ARAÚJO, Edmir Netto de. *Curso de Direito Administrativo*. São Paulo: Editora Saraiva, 2010, p. 233.
Confira-se, nesse sentido, os votos dos Ministros Néri da Silveira e Sepúlveda Pertence no julgamento da ADI 234/RJ, rel. Min. Néri da Silveira, ocorrido em 22.06.1995: "indispensável aos interesses superiores da Nação que a privatização se faça sob controle legislativo, isto é, que haja ao menos uma lei de regência das privatizações. A privatização de qualquer entidade não pode ficar ao sabor de definição simplesmente administrativa. No âmbito federal, as privatizações fazem-se, segundo a lei de regência das privatizações que é a Lei 8.031. Então, há uma lei geral que define quais são as formas, como são feitas e quais são os caminhos a serem seguidos. A Administração não procede discricionariamente. (...) Creio que cada Governo nos Estados da Federação pode cuidar desses assuntos, mas, tal como aconteceu no âmbito federal, há de ser ao menos votada uma lei geral de privatização, que, no plano federal, se chamou de 'Programa Nacional de Desestatização', aprovado pelo Congresso Nacional. Não posso entender que o Poder Executivo fique autorizado, sem a participação de outro Poder, que é o Poder Legislativo, a resolver toda a matéria de privatização. (...) Nosso sistema é dual, com a participação do Executivo e do Legislativo, especialmente quando se trata de dispor sobre os interesses superiores da Administração Pública nos âmbitos federal e estadual. O Legislativo não pode ficar excluído de juízos de conveniência e de oportunidade" (Voto condutor do Ministro Néri da Silveira).
"Na interpretação de qualquer texto normativo, mormente do texto constitucional, é impossível admitir a hermenêutica que, de um lado afirma uma exigência e de outro permite que essa exigência seja fraudada: reservar à lei a criação de sociedade de economia mista ou da empresa pública e consequentemente exigir a participação do Legislativo no juízo de existência do interesse público, na intervenção ativa do Estado em determinado setor da economia e, não obstante, permitir que no dia seguinte, o Governador – imagine-se a hipótese de veto do governador à lei de criação de sociedade de economia mista,

de autorização legal prévia à extinção não encontra previsão expressa na Constituição Federal e a sua imposição constituiria violação à competência do Chefe do Poder Executivo para organizar a Administração Pública.[224]

De acordo com Marcos Juruena Villela Souto, prevalece o entendimento de que a autorização legislativa prévia à alienação do controle de sociedades de economia mista e empresas públicas é necessária, ainda que possa ser genérica.[225]

---

rejeitado pela Assembléia – possa o Governador, livremente, alienar o controle dessa sociedade de economia mista é absurdo que não ouso atribuir à Constituição. Alienar controle de sociedade de economia mista – se, como entendo eu, esse controle é essencial ao próprio conceito constitucional de sociedade de economia mista -, é uma forma de extingui-la enquanto sociedade de economia mista. Enquanto sociedade anônima, pode ela sobreviver sob controle privado, mas já não será mais sociedade de economia mista que, repita-se, segundo a Constituição constitui instrumento da política econômica do Estado, e pressupõe por isso, controle estatal permanente" (Voto-vista do Ministro Sepúlveda Pertence).

[224] "(...) onde leio que compete à lei criar a sociedade de economia mista, não posso acrescentar que também o afastamento do cenário jurídico da sociedade de economia mista dependa de lei. Por que? Porque tenho o inciso XIX do artigo 37 como a consubstanciar uma exceção. E distingo, perdoem-me aqueles que entendem de forma diversa, criação de extinção. A partir do momento em que criada a sociedade de economia mista, o que temos é a regência dessa sociedade pelo disposto no § 1º do artigo 173 da Constituição Federal, preceito que revela que 'a empresa pública, a sociedade de economia mista e outras entidades que explorem atividade econômica sujeitam-se ao regime jurídico próprio das empresas privadas, inclusive quanto às obrigações trabalhistas e tributárias. Ora, Senhor Presidente, estamos no campo da alienação de ações, por um sócio, que é o Estado, e essa alienação faz-se no âmbito do grande conjunto que é a administração do Estado, sem subordinação ao Legislativo (...)". (Voto-vista do Ministro Marco Aurélio na ADI nº 234/RJ). Também nesse sentido, DALLARI, Adilson Abreu. O Controle Político das Empresas Públicas. In: *A Empresa Pública no Brasil: uma abordagem multidisciplinar*. Brasília: IPEA, 1980, p. 183.

[225] VILLELA SOUTO, Marcos Juruena. *Direito administrativo da economia*. Rio de Janeiro: Lumen Juris, 2003, pp. 176 e ss. Esse entendimento se manteve quando do julgamento da ADI-MC nº 3.578-9/DF, ocorrido em 14.09.2005. Confira-se a ementa do julgado: "I. Medida cautelar em ação direta de inconstitucionalidade: caso de excepcional urgência, que autoriza a decisão liminar sem audiência dos partícipes da edição das normas questionadas (LADIn, art. 10, § 3º), dada a iminência do leilão de privatização do controle de instituição financeira, cujo resultado poderia vir a ser comprometido com a concessão posterior da medida cautelar. II. Desestatização de empresas públicas e sociedades de

O ESTADO EMPRESÁRIO

Essa foi a razão pela qual o Tribunal de Justiça de Minas Gerais, em sede de julgamento do recurso de apelação nº 1.0000.00.199781-6/000, anulou acordo de acionistas celebrado pelo Estado de Minas Gerais com o vencedor do leilão de emissão de debêntures representativas das ações da Companhia Energética de Minas Gerais – CEMIG, realizado em 1997, com o objetivo de atrair um sócio estratégico para permitir a modernização da CEMIG.[226] Para conferir vantajosidade ao negócio, o Estado de Minas Gerais havia se comprometido a celebrar o referido acordo de acionistas, permitindo, portanto, à futura vencedora que participasse das decisões fundamentais da sociedade. O Tribunal de Justiça de Minas Gerais, contudo, entendeu que o referido acordo teria importado na perda do controle estatal sobre a CEMIG, o que, por sua vez, dependeria de autorização legal prévia.

O Supremo Tribunal Federal, na mesma linha, vem entendendo que a alienação de empresas estatais depende de autorização legislativa prévia,[227] embora admita que ela seja genérica, não havendo necessidade de ser concedida uma autorização específica em cada caso.[230]

economia mista: alegação de exigência constitucional de autorização legislativa específica, que – contra o voto do relator – o Supremo Tribunal tem rejeitado; caso concreto, ademais, no qual a transferência do controle da instituição financeira, do Estado-membro para a União, foi autorizada por lei estadual (conforme exigência do art. 4º, I, a, da MPr 2.192-70/01 – PROES) e a subseqüente privatização pela União constitui a finalidade legal específica de toda a operação; indeferimento da medida cautelar com relação ao art. 3º, I, da MPr 2.192-70/01, e ao art. 2º, I, II e IV, da L. 9.491/97 (...). (STF, ADI 3578 MC, Rel.: Min. SEPÚLVEDA PERTENCE, Tribunal Pleno, j. 14/09/2005, DJ 24-02-2006).

[226] DALLARI, Adilson Abreu. Acordo de Acionistas. Empresa Estadual Concessionária de Serviço Público Federal. Manutenção da Qualidade de Acionista Controlador. *Interesse Público*, nº 7, 2000, p. 92.

[227] "Ação direta de inconstitucionalidade. Constituição do Estado do Rio de Janeiro, art. 69 e parágrafo único, e art. 99, inciso XXXIII. Alienação, pelo Estado, de ações de sociedade de economia mista. (...) 2. Segundo os dispositivos impugnados, as ações de sociedades de economia mista do Estado do Rio de Janeiro não poderão ser alienadas a qualquer título, sem autorização legislativa. Mesmo com autorização legislativa, as ações com direito a voto das sociedades aludidas só poderão ser alienadas, sem prejuízo de manter o Estado, o controle acionário de 51% (cinquenta e um por cento), competindo, em qualquer hipótese, privativamente, a Assembléia Legislativa, sem participação, portanto, do Governador, autorizar a criação, fusão ou extinção de empresas públicas ou de economia mista bem como o controle acionário de empresas particulares pelo Estado. 3. O art.

Com relação à criação de subsidiárias e participação em sociedades privadas, o tratamento constitucional é diverso, não exigindo a edição de lei específica. A doutrina argumenta, nesse sentido, que a expressão "a

69, "caput", da Constituição fluminense, ao exigir autorização legislativa para a alienação de ações das sociedades de economia mista, é constitucional, desde que se lhe confira interpretação conforme a qual não poderão ser alienadas, sem autorização legislativa, as ações de sociedades de economia mista que importem, para o Estado, a perda do controle do poder acionário. Isso significa que a autorização, por via de lei, há de ocorrer quando a alienação das ações implique transferência pelo Estado de direitos que lhe assegurem preponderância nas deliberações sociais. A referida alienação de ações deve ser, no caso, compreendida na perspectiva do controle acionário da sociedade de economia mista, pois é tal posição que garante a pessoa administrativa a preponderância nas de liberações sociais e marca a natureza da entidade. (...) 5. Quando se pretende sujeitar a autorização legislativa a alienação de ações em sociedade de economia mista. Importa ter presente que isto só se faz indispensável, se efetivamente, da operação, resultar para o Estado a perda do controle acionário da entidade (...)" (ADI 234, Relator(a): Min. NÉRI DA SILVEIRA, Tribunal Pleno, julgado em 22/06/1995, DJ 15-09-1995).

"No julgamento da ADI 234/RJ, ao apreciar dispositivos da Constituição do Rio de Janeiro que vedavam a alienação de ações de sociedades de economia mista estaduais, o Supremo Tribunal Federal conferiu interpretação conforme à Constituição da República, no sentido de serem admitidas essas alienações, condicionando-as à autorização legislativa, por lei em sentido formal, tão somente quando importarem em perda do controle acionário por parte do Estado. Naquela assentada, se decidiu também que o chefe do Poder Executivo estadual não poderia ser privado da competência para dispor sobre a organização e o funcionamento da administração estadual. Conteúdo análogo das normas impugnadas nesta Ação; distinção apenas na vedação dirigida a uma sociedade de economia mista estadual específica, o Banco do Estado do Rio de Janeiro S/A – Banerj. Aperfeiçoado o processo de privatização do Banco do Estado do Rio de Janeiro S/A, na forma da Lei fluminense 2.470/1995 e dos Decretos 21.993/1996, 22.731/1997 e 23.191/1997. Condução do processo segundo o que decidido pelo Plenário do STF. Medida cautelar mantida." (ADI 1.348, Rel. Min. Cármen Lúcia, julgamento em 21-2-2008, Plenário, DJE de 7-3-2008).

[228] "Desestatização de empresas públicas e sociedades de economia mista: alegação de exigência constitucional de autorização legislativa específica, que – contra o voto do Relator – o Supremo Tribunal tem rejeitado; caso concreto, ademais, no qual a transferência do controle da instituição financeira, do Estado-membro para a União, foi autorizada por lei estadual (conforme exigência do art. 4º, I, a, da MP 2.192-70/2001 – PROES) e a subsequente privatização pela União constitui a finalidade legal específica de toda a operação; indeferimento da medida cautelar com relação ao art. 3º, I, da MP 2.192-70/01, e ao art. 2º, I, II e IV, da Lei 9.491/1997." (ADI 3.578-MC, Rel. Min. Sepúlveda Pertence, julgamento em 14-9-2005, Plenário, DJ de 24-2-2006).

O ESTADO EMPRESÁRIO

cada caso" diz respeito ao caso de cada sociedade estatal de primeiro grau e não a cada caso de criação de subsidiárias,[229] sendo bastante a previsão genérica constante na própria lei de criação da empresa estatal.[230]

Esse posicionamento doutrinário foi acolhido pelo Supremo Tribunal Federal por ocasião do julgamento da Ação Direta de Inconstitucionalidade nº 1649, ajuizada em face da Lei nº 9.478/97 que, em seu art. 64, autoriza a Petrobras a constituir subsidiárias, as quais poderão associar-se, majoritária ou minoritariamente, a outras empresas:

AÇÃO DIRETA DE INCONSTITUCIONALIDADE. LEI 9478/97. AUTO-RIZAÇÃO À PETROBRÁS PARA CONSTITUIR SUBSIDIÁRIAS. OFENSA AOS ARTIGOS 2º E 37, XIX E XX, DA CONSTITUIÇÃO FEDERAL. INEXISTÊNCIA. ALEGAÇÃO IMPROCEDENTE. 1. A Lei 9478/97 não autorizou a instituição de empresa de economia mista, mas sim a criação de subsidiárias distintas da sociedade-matriz, em consonância com o inciso XX, e não com o XIX do artigo 37 da Constituição Federal. 2. É dispensável a autorização legislativa para a criação de empresas subsidiárias, desde que haja previsão para esse fim na própria lei que instituiu a empresa de econo-

---

[229] "As próprias subsidiárias das sociedades de economia mista ou empresas públicas dependem hoje, para serem criadas, de autorização legislativa, a qual é igualmente exigida para a mera participação de qualquer empresa privada (art. 37, inciso XX, da Constituição Federal). Observe-se, no entanto, que, não obstante a Constituição Federal se refira à 'autorização legislativa', em cada caso', a expressão cada caso deve ser entendida como no caso de cada entidade que se proponha a criar subsidiárias ou a participar em sociedades. Atente-se para a circunstância de o legislador não ter se referido à lei específica, como na hipótese de criação de sociedades de economia mista ou empresas públicas, mas sim a cada caso de cada empresa. Nessas condições, somente as entidades cujas leis de criação ou leis posteriores lhes tiverem atribuído a faculdade de participar do capital social de outras empresas poderão incluir, no seu objeto social, essa atividade". (BORBA, José Edwaldo Tavares. *Direito Societário*. 6ª ed. Rio de Janeiro: Renovar, 2001, p. 450/451).

[230] De acordo com Caio Tácito, "a Constituição de 1988 trouxe significativa inovação, não somente acolhendo as subsidiárias como parte do sistema, mas, especialmente, subordinando sua criação à autorização legislativa em cada caso (art. 37, nº XX). (...) A especificidade de autorização legislativa para a participação de capital público em empresa privada não importa, necessariamente, a indicação expressa de empresa na qual deva ser feito o investimento. A expressão constitucional 'em cada caso' poderá ser entendida como indicativa apenas de área ou atividade específica a ser contemplada" (TÁCITO, Caio. *Temas de Direito Público: Estudos e Pareceres*, 2º V., Renovar, Rio de Janeiro, 1997, p. 1298).

mia mista matriz, tendo em vista que a lei criadora é a própria medida autorizadora. Ação direta de inconstitucionalidade julgada improcedente.[231]

Em seu voto, o Ministro Maurício Corrêa afirmou que

(...) evidentemente que a Constituição ao referir-se à expressão em cada caso o faz a um conjunto de temas, dentro de um mesmo setor, no que toca ao segmento particular da política energética nacional regulamentada pelo diploma questionado. Seria inconcebível a compreensão de que o constituinte, ao fazer constar do Texto Constitucional a expressão em cada caso, tenha tido a intenção de exigir que o Congresso votasse lei específica para a instituição do Conselho Nacional de Política Energética, outra para a Agência Nacional do Petróleo, uma seguinte para a política energética nacional, outra mais para as atividades relativas ao monopólio do petróleo, e assim por diante. Outra situação (...) é que para 'satisfazer às necessidades, por exemplo, de uma grande empresa nacional que tenha de fracionar-se em dez, ou haja de multiplicar-se por dez, necessite de dez diferentes projetos de lei. A unidade da empresa é bastante para configurar um caso, ainda que esse caso seja criação de dez subsidiárias.[232]

Também não nos parece que a Constituição Federal exigiria uma autorização específica para a criação de cada subsidiária ou para cada participação societária em sociedades privadas. Além de tornar mais moroso o processo, podendo, inclusive, inviabilizá-lo, a depender do caso concreto, tal interpretação também afetaria o sigilo necessário a essas operações, além de aumentar a influência político-partidária sobre elas.[233]

---

[231] ADI 1649 / DF, Rel. Min. Maurício Corrêa, J. 24/03/2004, Tribunal Pleno.

[232] O Ministro Carlos Ayres Britto, a princípio, discordaria do voto do relator por entender ser necessária a autorização específica caso a caso de participação em outras empresas. Mas optou por acompanhar o relator com fundamento no entendimento de que o art. 177 retirou as atividades de produção petrolífera da livre iniciativa e, em se tratando de uma atividade monopolizada pela União, cairia o fundamento para a necessidade de autorização legal, que é, como visto acima, a excepcionalidade da exploração de atividades econômicas stricto sensu pelo Estado.

[233] Impõe-se, contudo, trazer a opinião de Celso Antônio Bandeira de Mello no sentido contrário: "Posto que a criação de empresas públicas e sociedades de economia mista depende de lei, estas não podem criar subsidiárias nem participar do capital de empresas

O ESTADO EMPRESÁRIO

A participação em outras sociedades e a criação de subsidiárias são operações intrínsecas à exploração de atividade econômica sob a forma de empresa. Muito embora se trate de intervenção na iniciativa privada, a nosso ver, o interesse público que autoriza a criação de uma sociedade estatal, autoriza também a criação de subsidiárias e participação em outras sociedades, na medida em que essas operações sejam condizentes com o seu objeto social. A opção pela intervenção naquele setor específico é realizada pelo Legislador quando da autorização para a criação da sociedade estatal.

A criação de subsidiárias ou a participação em sociedades privadas por empresas estatais, desde que para a exploração da atividade definida na lei de autorização,[234] constitui uma decorrência da lógica empresarial, sendo, portanto, operações inerentes à adoção do formato societário de direito privado. Esses instrumentos societários deverão apresentar alguma relação com a atividade realizada pela sua matriz e com o interesse público que fundamenta a atuação direta do Estado em um setor submetido à livre iniciativa.

Por fim, cumpre indagar se haveria necessidade de autorização legislativa para a alienação da participação acionária em sociedades privadas, como há para a extinção de empresas públicas e sociedades de economia mista.

Parece-nos possível sustentar que a *ratio* da exigência de prévia autorização legislativa para a alienação do controle de sociedades de economia

privadas sem autorização legislativa, expedida caso a caso, conforme, aliás, expressamente prescreve o art. 37, XX. Sem embargo, o STF, em aberta discrepância com tal preceito, deu-lhe, em exame preliminar, interpretação abusiva na ADIn 1.649-1-DF, sessão de 29.10.97, ao indeferir cautelar que postulava a suspensão dos arts. 64 e 65 da lei 9.478/97, os quais conferiam genérica permissão à Petrobras para constituir subsidiárias para operar no setor energético resultante da política nacional do petróleo" (*Curso de Direito Constitucional*. São Paulo: Malheiros, 2004, p. 190).

[234] De acordo com Caio Tácito, "Obviamente, a empresa subsidiária não pode mais do que a empresa matriz. Muito ao contrário, pode menos porque não a substitui ou sucede na totalidade do seu objeto social, mas unicamente compartilha ou se incumbe da execução de serviços, na parcela que lhe é afeta, exercendo atividade supletiva ou de 2º grau, sob supervisão, comando e tutela da entidade-mãe" (TÁCITO, Caio. Competição entre empresa pública e privada. *Revista de Direito Público*, vol. 62, 1981, p. 223).

mista e empresas públicas não se verifica nos casos de alienação de participações minoritárias em sociedades privadas.

Explica-se: a Constituição, como visto, exige lei específica para a criação de sociedades de economia mista e empresas públicas (art. 37, XIX). Dessa forma, o legislador participa especificamente de cada criação de empresa pública ou sociedade de economia mista e, mais importante, da escolha do setor em que ela atuará e no qual se dará a intervenção do Estado na economia, o que, de acordo com o posicionamento atual do STF, impõe a sua participação também quando da sua extinção, ainda que, nesse momento, a autorização do Legislativo possa ser genérica.

Diversamente, a jurisprudência considera bastar apenas uma previsão genérica para a constituição de subsidiária e participação em sociedades privadas, o que, uma vez previsto na lei que autoriza a criação da estatal de forma abstrata, pode até mesmo nunca vir a ser concretizado. Em outras palavras, quem define se o Estado participará ou não de uma sociedade privada é, em última análise, o Poder Executivo ou a sociedade estatal que pretende participar daquela sociedade. O Legislador participa apenas remotamente dessa decisão, não sendo chamado a se manifestar sobre a necessidade ou legitimidade de cada participação estatal em sociedades privadas. Por esse motivo, parece-nos não ser necessária a participação do Legislador na alienação de subsidiárias ou eventuais participações em sociedades privadas.

É importante, contudo, fazer uma ressalva. Embora, em tese, apenas seja necessária uma autorização genérica para a participação em sociedades privadas, se, no caso concreto, a referida autorização houver sido outorgada de forma específica, pelo princípio da similaridade,[235] a autorização para alienação também deverá ser objeto de lei, ainda que genérica.

### 2.2.3. Princípio da livre concorrência

Um dos princípios regentes da ordem econômica constitucional é o princípio da livre concorrência (art. 170, inc. IV), sendo, inclusive, de acordo com a jurisprudência do Supremo Tribunal Federal, um dos critérios para a limitação da livre iniciativa.

---

[235] Nesse sentido, SOUZA JUNIOR, Lauro da Gama; VELLOSO, João Manoel de Almeida. Parecer conjunto nº 01/2001. Revista de Direito da Procuradoria Geral – PGE/RJ, nº 54, 2001, p. 361.

O ESTADO EMPRESÁRIO

Isso significa que, apesar de o agente econômico ser livre para empreender, ele não pode se utilizar de instrumentos e expedientes que prejudiquem a liberdade de outros agentes econômicos para também fazê-lo.[236]

A intenção do Constituinte, contudo, não se limita apenas à proteção dos demais possíveis concorrentes. A proteção da livre concorrência possui importância também para os cidadãos, na medida em que sejam consumidores dos bens e serviços prestados pela iniciativa privada. A utilização de práticas de concorrência desleal ou a existência de poucos agentes exploradores de determinado mercado poderá impactar tanto na qualidade quanto no preço dos bens e serviços colocados no mercado.[237]

Em síntese, a defesa da concorrência no Brasil possui um caráter instrumental: a Constituição Federal não defende a concorrência como um valor em si mesmo, mas sim como um instrumento de proteção dos participantes do mercado. De acordo com Paula Forgioni, "a tutela da concorrência não é, portanto, um fim em si mesma e poderá ser afastada quando o escopo maior perseguido pelo sistema assim o exigir".[238]

Sob esse prisma, parece evidente a relação entre a intervenção direta do Estado na economia com o princípio da livre concorrência. Fora nos casos constitucionalmente excluídos do regime de livre iniciativa (*i.e.* serviços públicos e monopólios) e, consequentemente, por razões óbvias, do regime de livre concorrência, as demais formas de intervenção direta do Estado na economia não poderão criar situação deletérias para a concorrência, seja por beneficiar, de forma anti-isonômica, a exploração de

---

[236] Cf. SAMPAIO, Patrícia Regina Pinheiro. *Direito da concorrência: obrigação de contratar*. Rio de Janeiro: Elsevier, 2009, p. 21.

[237] Fazendo referência a Natalino Irti, Patrícia Sampaio afirma que " 'a disciplina da concorrência (...) tem por finalidade tutelar a liberdade de iniciativa econômica e a liberdade de escolha individual', uma vez que 'a pluralidade competitiva das empresas, multiplicando a oferta de mercadorias, é condição necessária da escolha: concorrência entre empresas e preferências dos consumidores são lados do mesmo fenômeno' (...). A tutela jurídica da livre concorrência reflete, então, o conhecimento acumulado pela teoria econômica no sentido de ser o embate dos agentes no mercado, em regra, a forma de se obter a melhor alocação possível, dos recursos escassos, propiciando o maior nível de bem-estar social (SAMPAIO, Patrícia Regina Pinheiro. *Direito da concorrência: obrigação de contratar*. Rio de Janeiro: Elsevier, 2009, pp. 23/24).

[238] FORGIONI, Paula A. *Op.cit.*, p. 170.

atividades por determinados agentes econômicos, ou, ainda, pela criação de sociedades estatais dotadas de privilégios não extensíveis à iniciativa privada para a exploração de atividades econômicas.

Preocupando-se com essa questão, o Constituinte previu, no art. 173, § 1º, II, da Constituição Federal, que as empresas estatais serão sujeitas "ao regime jurídico próprio das empresas privadas, inclusive quanto aos direitos e obrigações civis, comerciais, trabalhistas e tributários", e, o seu parágrafo 2º, que "as empresas públicas e as sociedades de economia mista não poderão gozar de privilégios fiscais não extensivos às do setor privado".

Essa condição, além de ser essencial para evitar que a intervenção direta do Estado sob a forma de constituição de sociedades estatais cause impactos negativos para a concorrência no setor, também é apontada pela doutrina como uma das formas de se pressionar a empresa estatal a operar de forma eficiente.[239] Discute-se, contudo, como se verá no item 3.7 deste livro, sobre se esse regime seria aplicável às estatais prestadoras de serviços públicos.

Além disso, esse mesmo artigo estabelece, em seu § 4º, que "a lei reprimirá o abuso do poder econômico que vise à dominação dos mercados, à eliminação da concorrência e ao aumento arbitrário dos lucros", o que também se aplica às empresas estatais, as quais se sujeitam às prescrições da Lei nº. 8.137/90, que define os crimes contra a Ordem Tributária, Econômica e contra as Relações de Consumo, e à legislação antitruste. É o que se depreende, ainda, dos arts. 31 e 88 da Lei nº 12.529/2011,[240] que dispõe sobre a prevenção e repressão às infrações contra a ordem econômica.[241] Esse controle busca penalizar condutas consideradas pre-

---

[239] Ver, nesse sentido, discussão travada no item 3.6.

[240] Art. 31. Esta Lei aplica-se às pessoas físicas ou jurídicas de direito público ou privado, bem como a quaisquer associações de entidades ou pessoas, constituídas de fato ou de direito, ainda que temporariamente, com ou sem personalidade jurídica, mesmo que exerçam atividade sob regime de monopólio legal.

[241] Manifestando-se, nesse sentido, sob a vigência da legislação anterior, confira-se DUTRA, Pedro. Atividade Econômica, Empresa sob Controle Estatal e Livre Concorrência. *Revista do IBRAC – Direito da Concorrência, Consumo e Comércio Internacional*, vol. 10, jan. 2003, pp. 105 e ss. Nas suas palavras, "Designadamente, pôs o legislador todos os agentes econômicos em posição de absoluta igualdade, irrespectivamente da natureza deles: pessoa física ou jurídica; da forma de organização, – empresa ou não; no caso de empresa, independente-

## O ESTADO EMPRESÁRIO

judiciais à ordem econômica, bem como evitar a efetivação de operações que possam conduzir ou facilitar o abuso do poder econômico e a dominação dos mercados.[242]

Deve-se, contudo, considerar que as empresas estatais são criadas para a realização de determinada finalidade de interesse público, o que pode incluir a realização de determinadas práticas que possam ser consideradas, *a priori*, prejudiciais à livre concorrência, como, por exemplo, a comercialização de produtos a preços subsidiados. [243]

A legislação da concorrência, como visto, é um instrumento para obtenção de determinada realidade econômica e social. Não é um valor de *per se* a ser perseguido a todo custo; não é um fim em si mesmo.[244] O seu valor reside no seu potencial de permitir a concretização de outros valores, como a eficiência, a proteção do consumidor e a livre iniciativa.

---

mente da titularidade do seu controle – estatal ou privado; de eventual privilégio – tal o monopólio legal; da disciplina especial a cercar a prestação de determinado serviço – tais os serviços públicos; ou, ainda, da regulação de determinado mercado – tal o de petróleo e gás, e o de medicamentos. A todos os agentes econômicos atuantes em mercados econômicos de bens e serviços, destinam-se as regras de defesa da concorrência, desdobradas na Lei 8.884/94, para, em cumprimento da regra constitucional reprimir o abuso do poder econômico que vise à dominação dos mercados, à eliminação da concorrência e ao aumento arbitrário de lucros (artigo 173, § 4º)".

[242] O CADE, ao apreciar essa matéria, já decidiu que "as sociedades de economia mista estão sujeitas à repressão do abuso de poder econômico" (v. RDA, 85/305). Ou, ainda, "as empresas de direito privado, nas quais o Estado tem participação acionária, estão sujeitas à fiscalização do CADE" (v. RDA 85/301).

[243] Assim, como defendido por Mário Engler Pinto Junior, (...) a finalidade que motivou a constituição da empresa estatal atuante no domínio econômico (i.e., segurança nacional ou relevante interesse coletivo) pode perfeitamente justificar atitudes que, isoladamente consideradas, seriam contrárias à legislação de defesa da concorrência. Não seria razoável exigir da empresa estatal presente em mercados contestáveis que simplesmente se abstenha de perseguir qualquer objetivo de interesse público capaz de distorcer a concorrência, sob pena de anular o potencial regulatório associado à intervenção direta na economia. É certo que algumas práticas empresariais do Estado podem impactar negativamente o setor privado, sem embargo de serem justificáveis sob a ótica de políticas públicas equilibradoras das relações econômicas (PINTO JUNIOR, Mario Engler. *Op.cit.*, p. 164).

[244] POSSAS, Mario Luiz; PONDE, João Luiz; FAGUNDES, Jorge. *Regulação da Concorrência nos Setores de Infraestrutura no Brasil*: elementos para um quadro conceitual. Disponível em http://ww2.ie.ufrj.br/grc/pdfs/regulacao_da_concorrencia_nos_setores_de_infraestrutura_no_brasil.pdf. Acesso em 12 mai. 2011.

Assim, a legislação antitruste também se aplica às empresas estatais prestadoras de serviço público, naquilo que for compatível com o contrato de concessão e com a legislação aplicável ao serviço.[245] O controle das condutas deve ser realizado em conformidade com a legislação setorial e com os atos de outorga desses serviços, em especial considerando se tais atos atribuem a essas sociedades o exercício da atividade a título de exclusividade ou não. A competência do Conselho Administrativo de Defesa Econômica – CADE para realizar o controle de estruturas de sociedades prestadoras de serviços públicos também já foi afirmada em algumas oportunidades.[246]

A aplicação da legislação antitruste às sociedades estatais exploradoras de monopólios públicos também é controvertida, mas vem cada vez mais sendo afirmada, em especial no que diz respeito ao setor do petróleo, o qual, embora submetido a monopólio da União, após a Emenda Constitucional nº 9/2005 passou a admitir a concorrência sob a forma dos leilões do petróleo.

A própria Lei nº 9.478/1997, editada com fundamento nos parágrafos 1º e 2º do artigo 177 da Constituição Federal para dispor sobre a política energética nacional e as atividades relativas ao monopólio do petróleo, é expressa, em seu artigo 61, parágrafo 1º, em submeter a Petrobras ao regime de concorrencial:

> Art. 61. A Petróleo Brasileiro S.A. – PETROBRÁS é uma sociedade de economia mista vinculada ao Ministério de Minas e Energia, que tem como objeto a pesquisa, a lavra, a refinação, o processamento, o comércio e o transporte de petróleo proveniente de poço, de xisto ou de outras rochas, de seus derivados, de gás natural e de outros hidrocarbonetos fluidos, bem como quaisquer outras atividades correlatas ou afins, conforme definidas em lei.
>
> § 1º As atividades econômicas referidas neste artigo serão desenvolvidas pela PETROBRÁS em caráter de livre competição com outras empresas, em fun-

---

[245] Pinto Junior, Mario Engler. *Op.cit.*, p. 169.

[246] Esse foi o caso do Ato de concentração nº 08012.012467/2010-55, tendo por objeto a constituição da sociedade anônima Águas de Castilho S.A. pela Companhia de Águas do Brasil – CAB Ambiental e pela Companhia de Saneamento Básico do Estado de São Paulo – SABESP, com a finalidade de prestar os serviços públicos de abastecimento de água e esgotamento sanitário no município de Castilho – SP.

ção das condições de mercado, observados o período de transição previsto no Capítulo X e os demais princípios e diretrizes desta Lei.

Portanto, apesar de o seu objeto ser uma atividade monopolizada pelo poder público, é a Petrobras submetida à vedação de privilégios e prerrogativas de que trata o parágrafo 2º do artigo 173 da Carta Constitucional e ao controle do abuso da concorrência previsto em seu parágrafo 4º, o que é também expressamente afirmado no artigo 10 da Lei nº. 9.478/97.[247] Como se verá no item 3.7 deste livro, é a submissão, na prática, da atividade econômica ao regime da livre concorrência que constitui o principal fundamento para a vedação de submissão das empresas estatais a tratamento diferenciado.

## 2.2.4. Princípio da proporcionalidade

A intervenção do Estado na economia, como visto, envolve, quase sempre, um conflito entre normas constitucionais: de um lado, encontra-se o dever do Estado de promover a dignidade humana, através da prestação de serviços públicos e adoção das medidas necessárias ao desenvolvimento do país; de outro, encontra-se o direito de liberdade, o direito à liberdade de iniciativa, o qual constitui fundamento da Ordem Econômica Constitucional.

Para hipóteses como a ora estudada, a doutrina aponta para a utilização do princípio da proporcionalidade,[248] justamente porque ele se aplica

---

[247] "Art. 10. Quando, no exercício de suas atribuições, a ANP tomar conhecimento de fato que possa configurar indício de infração da ordem econômica, deverá comunicá-lo imediatamente ao Conselho Administrativo de Defesa Econômica – Cade e à Secretaria de Direito Econômico do Ministério da Justiça, para que estes adotem as providências cabíveis, no âmbito da legislação pertinente. Parágrafo único. Independentemente da comunicação prevista no caput deste artigo, o Conselho Administrativo de Defesa Econômica – Cade notificará a ANP do teor da decisão que aplicar sanção por infração da ordem econômica cometida por empresas ou pessoas físicas no exercício de atividades relacionadas com o abastecimento nacional de combustíveis, no prazo máximo de vinte e quatro horas após a publicação do respectivo acórdão, para que esta adote as providências legais de sua alçada" (Ibidem).

[248] Ver, por exemplo, AMORIM, João Pacheco de. As Empresas Públicas no Direito Português. Em especial, as empresas municipais. Coimbra: Almedina, 2000, p. 102; OTERO, Paulo. Vinculação e Liberdade na Conformação Jurídica do Sector Empresarial do Estado.

à solução entre conflitos entre princípios constitucionais, nas quais seja necessário analisar uma relação entre meio e fim.[249] A escolha do método de intervenção do Estado na economia trata justamente de saber qual o meio que deverá ser utilizado para se atingir a finalidade imposta pela Constituição e pelo legislador com a menor restrição possível às liberdades dos cidadãos.

Esse princípio é composto por três testes, a serem realizados em etapas sucessivas.[250] O primeiro deles é o teste da adequação, que impõe a análise da aptidão da medida escolhida para o atendimento do fim buscado. O segundo teste, o da necessidade, exige que o meio escolhido seja aquele que menos interfira nas liberdades constitucionais em jogo. Em havendo, por eventualidade, dois meios de intervenção na economia hábeis ao atendimento do fim buscado pelo Poder Público, deverá ser escolhido aquele que importe em menor restrição para a liberdade de iniciativa ou livre concorrência.[251] Por fim, caso ultrapassados os dois primeiros testes, deverá ser analisada a proporcionalidade em sentido estrito da medida, fase em que será necessário perquirir, através de um

---

Coimbra: Coimbra Editora, 1998, p. 203. Para esse último autor, "a intervenção empresarial do Estado deve obedecer ao princípio da proporcionalidade, envolvendo uma ponderação concreta entre as reais ou previsíveis vantagens para o interesse público decorrentes de uma tal forma directa de intervenção (...) segundo critérios de aptidão ou adequação" (Idem, pp. 205/206).

[249] ÁVILA, Humberto. *Teoria dos Princípios: da definição à aplicação dos princípios jurídicos*. São Paulo: Ed. Malheiros, 2006, p. 149.

[250] Idem. *Ibidem*, p. 152 e ss.

[251] Como expõe Alexandre Santos de Aragão, "o Estado deve impor a menor restrição possível, de forma que, dentre as várias medidas aptas a realizar a finalidade pública, opte pela menos restritiva à liberdade de mercado – elemento necessidade. Ex.: se o Estado pode assegurar o bem-estar da coletividade simplesmente ordenando determinada atividade privada, não deve titularizá-la como serviço público, excluindo-a do âmbito da iniciativa privada" (ARAGÃO, Alexandre Santos de. *Direito dos Serviços Públicos*. Rio de Janeiro: Forense, 2007). Maria João Estorninho remete à existência "por um lado, [d]a necessidade de assegurar a proteção do particular (...) e, por outro, [d]a necessidade de permitir à Administração o cumprimento eficiente das suas tarefas" (ESTORNINHO, Maria João. *Op.cit.*, p. 193).

O ESTADO EMPRESÁRIO

exame de custo-benefício da medida, se ela se justifica diante dos ônus por ela causados à sociedade.[252]-[253]

Essa análise dependerá, logicamente, da finalidade específica buscada pelo Estado com a intervenção. Para se definir se um meio é adequado para o atendimento de determinada finalidade é imprescindível definir qual o interesse público buscado.[254] Assim, por exemplo, não seria adequado utilizar a forma jurídica de sociedade de economia mista para a exploração de uma atividade que não tenha natureza empresarial.[255]

---

[252] Sobre esse último teste, Alexandre Santos de Aragão afirma que "a restrição imposta ao mercado deve ser equilibradamente compatível com o benefício social visado, isto é, mesmo que aquela seja o meio menos gravoso, deve (...) valer a pena" (*Agências reguladoras e a evolução do direito administrativo econômico.* Rio de Janeiro: Ed. Forense, 2002, p. 131).

[253] Nesse sentido, Sofia D'Alte afirma que "tornar-se-ão então requisitos de legitimidade e validade da opção organizativa, a verificação de que a forma escolhida é, de facto e em concreto, a mais adequada e a mais idónea para a prossecução do serviço a prestar. (...) Ou seja, será necessário estabelecer um juízo de comparação entre as várias formas jurídicas possíveis, tanto de direito público, como de direito privado – quando tal possibilidade esteja legalmente prevista -, para chegar à conclusão de qual delas será em concreto a mais adequada à prestação da actividade em causa. (...) não bastará a invocação da presunção segundo a qual as formas e técnicas de direito privado são sempre mais eficazes do que as de direito público. Será necessário sobretudo verificar que a lógica de actuação que preside a umas e outras é de facto compatível com a finalidade que se pretende alcançar, o que implica rejeitar chavões e apriorismos, mas obriga a observar seriamente o modo de actuação, a orgânica interna, os princípios que presidem, dão vida, e distinguem as várias formas jurídicas entre si, tudo isto de modo objectivo e pragmático, para então, e só então, optar por uma ou outra de entre as várias – públicas e/ou privadas – potencialmente aplicáveis" (D'ALTE, Sofia Tomé. *Op.cit.*, pp. 230/231).

[254] Como lembra RIVOIR, Ignacio Aragone. Participación Accionaria del Estado en Sociedades Concesionarias: tendencias, problemas y desafíos. Palestra proferida no III Congresso Iberoamericano de Regulação Econômica, no dia 27 Jun. 2008. Apresentação disponível em: <http://www.direitodoestado.com/palestras/PROTEGIDO%20-%20NO%20ALTERA%20-%20SOCIEDADES%20CONCESIONARIAS.pdf>. Acesso em 29 Jul. 2008.

[255] OTERO, Paulo. *Op.cit.*, p. 338. De acordo com o art. 966 do Código Civil, "considera-se empresário quem exerce profissionalmente atividade econômica organizada para a produção ou a circulação de bens ou de serviços." Daí é possível extrair que a atividade empresarial é aquela que é exercida profissionalmente e de maneira organizada com vistas à produção ou circulação de bens e serviços. Nesse sentido, José Edwaldo Tavares Borba conceitua empresa como sendo "a estrutura fundada na organização dos fatores da produção (natureza, capital e trabalho) para a circulação de bens e serviços". (*Direito Societário.* Rio de Janeiro: Renovar, 1999, p. 7).

Também não seria adequado participar minoritariamente de uma sociedade privada quando o que se pretende é garantir que ela atuará em conformidade com os interesses do Estado.[256] Por outro lado, não se pode obrigar o particular a produzir determinadas quantidades de bens, considerados essenciais para a sociedade, mediante regulação. Os meios possivelmente adequados seriam a contratação desse serviço ou a constituição de uma empresa estatal para fazê-lo.

O princípio da proporcionalidade também impõe a consideração do aspecto temporal. Via de regra, a intervenção estatal na economia, independentemente da forma utilizada, só se legitima pelo tempo necessário ao atendimento do interesse público.

Enfim, para nortear a escolha por uma ou outra forma de intervenção, parece-nos ser necessário recorrer ao princípio da proporcionalidade. A intervenção atenderá ao interesse público se for adequada, necessária e proporcional em sentido estrito.[257]

### 2.2.5. Princípio da eficiência

Para cada possível medida de intervenção estatal direta na economia (através, por exemplo, da criação de empresas estatais) é possível apontar formas alternativas de intervenção indireta, hábeis a perseguir a mesma finalidade.[258] Mas cada uma delas apresenta um custo, seja financeiro ou não. Assim, por exemplo, como alternativa à criação de uma empresa

---

[256] Os possíveis motivos para a participação minoritária do Estado em empresas privadas serão analisados no item 4.3.

[257] Nesse sentido, Romero Hernandez, citado por João Pacheco de Amorim: "o fim (o interesse público) só justifica os meios (a criação de empresas dessa natureza) quando a estes presida o princípio da proporcionalidade. O interesse público determina-se aqui como conceito, quando existe uma congruência tal (...) que a afectação de recursos e a programação conducente à criação de uma empresa desta natureza seja claramente pedida por uma situação que a faça proporcionada e congruente. Mais do que nunca, aqui a decisão administrativa deve ser precedida da adequada motivação" (HERNANDEZ, Romero. Las empresas municipales de promocion de iniciativas privadas, in Administracion Instrumental, p. 1351. *Apud* AMORIM, João Pacheco de. *As empresas públicas no Direito Português, em especial, as empresas municipais.* Coimbra: Almedina, 2000, p. 102).

[258] VERGÉS, Joaquim. *Empresas públicas: como funcionam, comparativamente a las privadas. Eficiência, Eficácia y control.* Madri: Ministerio de Economía y Hacienda. Instituto de Estúdios Fiscales, 2008, 31.

O ESTADO EMPRESÁRIO

estatal com a finalidade de desenvolvimento econômico regional, pode--se apontar a criação de política de subvenção a empresas que se instalem na região ou uma política de desoneração tributária.[259]

Existe, assim, uma permanente tensão entre as funções, fins, formas e regime jurídico de intervenção direta do Estado na economia, sendo necessário, em cada caso, buscar-se a melhor "equação entre forma e fim da organização".[260] É esse o objetivo do princípio da eficiência.

Não há dúvidas de que a intervenção do Estado na economia e a forma escolhida para esse fim devem atender ao princípio da eficiência. Tal obrigação decorre expressamente do art. 37, *caput*, conforme redação atribuída pela Emenda Constitucional nº 19/98[261], bem como do art. 74, II, ambos da Carta Maior[262]. Não obstante isso, também é certo que uma das principais críticas à intervenção do Estado na economia em geral e, especialmente, à intervenção direta, diz respeito justamente a essa exigência de eficiência.

Há muitos exemplos práticos em que a intervenção direta do Estado em determinados setores da economia se demonstrou ineficiente. E essa, aliás, é a visão dominante sobre o desempenho das sociedades estatais: esse tenderia a ser muito pior do que o das sociedades privadas, seja por-

---

[259] Idem. *Ibidem*, p. 33.

[260] MARTÍN, Encarnación Montoya; MORENO, Alfonso Pérez. Formas Organizativas del Sector Empresarial del Estado. *Stvdia Ivridica*, nº 60, Colloquia 7. Coimbra: Coimbra Editora, 2001, p. 63.

[261] Isso não significa, contudo, que a Administração Pública já não era obrigada a observar esse princípio antes da sua inclusão expressa no texto constitucional. Confira-se, a título exemplificativo, o seguinte julgado do Superior Tribunal de Justiça: "RMS – ADMINISTRATIVO – ADMINISTRAÇÃO PÚBLICA – SERVIDOR PÚBLICO – VENCIMENTOS – PROVENTOS – ACUMULAÇÃO – A Administração Pública é regida por vários princípios: legalidade, impessoalidade, moralidade e publicidade (Const., art. 37). Outros também se evidenciam na carta política. Dentre eles, o princípio da eficiência. A atividade administrativa deve orientar-se para alcançar resultado de interesse publico" (RMS 5590/DF, Rel. Ministro LUIZ VICENTE CERNICCHIARO, SEXTA TURMA, julgado em 16/04/1996, DJ 10/06/1996, p. 20395).

[262] "Art. 74. Os Poderes Legislativo, Executivo e Judiciário manterão, de forma integrada, sistema de controle interno com a finalidade de: (...) II – comprovar a legalidade e avaliar os resultados, quanto à eficácia e eficiência, da gestão orçamentária, financeira e patrimonial nos órgãos e entidades da administração federal, bem como da aplicação de recursos públicos por entidades de direito privado;"

que normalmente as primeiras atuam em mercados caracterizados por monopólios naturais (nos quais os constrangimentos do mercado em prol da eficiência são menores ou não existem); seja porque não possuem objetivo de lucro, o que reduziria a motivação de seus administradores; ou, ainda, porque os objetivos a elas impostos pela legislação podem, muitas vezes, exigir ações que conflitam com a eficiência econômica.[263]

Mas isso não é tudo. Como visto no primeiro capítulo deste livro, muitas vezes a criação ou a operação dessas sociedades ou das participações societárias do Estado é influenciada por questões políticas ou pela busca de interesses pessoais, o que também impacta a sua eficiência.

A privatização, assim, é vista por muitos como uma solução para a ineficiência da sociedade estatal, apta a aumentar a sua produtividade, eficiência, lucratividade, através de diminuição do corpo de empregados, aumento dos investimentos, compatibilização dos salários com os praticados no mercado, limitação da influência política por ela sofrida, etc.

Estudos focados no faturamento e na produtividade de sociedades estatais privatizadas demonstram que, via de regra, o processo de privatização provocou enormes benefícios financeiros para essas sociedades e para os seus consumidores.[264] Um dos principais exemplos disso, no Brasil, ocorreu no setor de telecomunicações.[265-266]

---

[263] Ogus, Anthony I. *Op.cit.*, p. 281.

[264] De acordo com a reportagem publicada na Revista Época, esse seria o caso, pelo menos, da CSN, Embraer, Vale e Telebrás (O Estado é o sócio: de hotéis a fábrica de lingerie, fatia da União em empresas cresce 50%. *Jornal O Globo*. Publicado em 30 mai 2010, pp. 68/69).

[265] Aliás, esse foi um cenário comum em muitos países em desenvolvimento. A esse respeito, vide ROS, Agustín J. Does Ownership or Competition Matter? The Effects of Telecommunications Reform on Network Expansion and Efficiency. *Journal of Regulatory Economics*, vol. 15, 1992, p. 65.

[266] Armando Castelar Pinheiro noticia que os efeitos do processo de reforma do setor foram surpreendentes: "Em 2000, os investimentos no setor totalizaram US$ 12 bilhões, o quádruplo dos US$ 3 bilhões de 1994 – a expansão real foi ainda maior do que a sugerida por esses números, devido à desvalorização do real nesse meio tempo [dados de Carneiro e Borges (2002)]. Em 2000, dois anos após a privatização, o número de linhas fixas já tinha atingido 35,0 milhões e o número de telefones celulares, 21,5 milhões, quase duplicado o total de linhas. Em junho de 2002, havia 45,1 milhões de linhas fixas instaladas, com 38,2 milhões em uso. O número de telefones móveis atingiu 35,3 milhões em janeiro de 2003, dos quais 36,6% eram operados por empresas estabelecidas nos anos 1990, ficando o restante com as operadoras resultantes da cisão da Telebrás" (PINHEIRO, Armando

Não há, contudo, consenso sobre esse ponto, conforme demonstram os seguintes excertos extraídos de edições do *New York Times* de maio e junho de 1998:

O argumento pela privatização das corporações, é claro, é o de que os proprietários privados, conduzidos pelo incentivo do lucro, operarão a companhia mais eficientemente. (Louis Uchitelle, The New York Times, May 31, 1998).

Poucas companhias privatizadas se tornaram mais eficientes ou lucrativas (Venyamin Sokolov on Russia, The New York Times, June 1, 1998).[267]

Uma primeira preocupação que se deve ter ao se tratar do princípio da eficiência é a de esclarecer a que tipo ou critério de eficiência se está referindo. Há, com efeito, diversos conceitos de eficiência, e, em vista disso, não basta simplesmente invocá-lo, sob pena de causar confusão sobre o tema.[268]

Parece-nos importante fazer, nesse ponto, a seguinte distinção: uma coisa é a análise da eficiência da escolha por uma determinada medida de intervenção do Estado na economia, considerando os recursos existentes e as finalidades redistributivas que se pretende atingir; outra é analisar se, uma vez escolhida a forma de intervenção, a quantidade de recursos e pessoal, bem como os procedimentos utilizados para a produção

---

Castelar. Reforma regulatória na infra-estrutura Brasileira: em que pé estamos? In: SALGADO, Lucia Helena; MOTTA, Ronaldo Seroa da (Ed.). *Marcos regulatórios no Brasil: o que foi feito e o que falta fazer.* Rio de Janeiro: IPEA, 2005, pp. 49/50).

[267] Trechos extraídos de BARTEL, Ann P.; HARRISON, Ann E. Ownership versus Environment. Disentangling the Sources of Public Sector Inefficiency. Policy Research Working Paper nº 2272. The World Bank Development Research Group Poverty and Human Resources. Janeiro, 2000, tradução livre.

[268] Essa advertência é feita por Jesús González Amuchástegui, em artigo contendo a sua visão crítica à análise econômica do Direito (AMUCHÁSTEGUI, Jesús González. El análisis económico del derecho: algunas cuestiones sobre su justificación. In: *Doxa, Cuadernos de Filosofía del Derecho*, vol. 15-16, 1994, pp. 923/943), bem como por Stephen Margolis (Two Definitions of Efficiency in law and Economics. *The Journal of Legal Studies*, vol. 16, nº 2, jun. 1987, pp. 471-482).

de determinado produto ou para a prestação de determinado serviço à sociedade são eficientes.

Dito de outra forma, há dois momentos de avaliação da eficiência da medida de intervenção do Estado na economia (i) o momento da escolha sobre intervir ou não na economia e, em caso positivo, sobre a forma de intervenção a ser utilizada, no qual se analisará a eficiência alocativa da medida; e (ii) o momento da avaliação dos resultados práticos da medida, isto é, se a medida escolhida se demonstra eficiente, considerando os recursos que foram despendidos para a concretização do resultado visado – a eficiência produtiva. [269]

Quando a doutrina econômica fala em eficiência alocativa normalmente está se referindo à eficiência de Pareto.[270] De acordo com esse critério, determinada distribuição de recursos na sociedade será eficiente quando não for possível melhorar a situação de um indivíduo sem piorar a situação de um outro indivíduo.[271] Aplicando-se esse entendimento

---

[269] "A eficiência econômica pode ser dividida em dois componentes: eficiência produtiva e eficiência alocativa. Como os nomes sugerem, a eficiência produtiva envolve a organização da produção para obter a máxima produção possível com todos os recursos disponíveis. A eficiência alocativa, por outro lado, lida com quais bens e serviços a economia deve produzir. (...) A eficiência produtiva tem a ver com quão bem utilizamos os recursos para produzir bens e serviços. Uma economia é produtivamente eficiente quando é impossível produzir mais de um bem sem produzir menos de algum outro bem. (...) A eficiência econômica requer não apenas eficiência produtiva, mas também outro tipo de eficiência – eficiência alocativa (...). Além de produzir bens eficientemente, a eficiência econômica requer que as famílias tenham os bens certos nas quantidades certas". (LIEBERMAN, Marc; HALL. Robert Ernest. *Microeconomia – Princípios e aplicações*. Pioneira Thompson Learning Ltda., 2003, pp. 486/494).

[270] Cf. STIGLITZ, Joseph E.; WALSH, Carl E. *Introdução à Microeconomia*. Trad. 3ª ed. americana. Rio de Janeiro: Ed. Campus, 2003, p. 174; DWORKIN, Ronald. Is wealth a value? *The Journal of Legal Studies*, vol. 9, nº 2, mar. 1980, p. 194.

[271] O ótimo de Pareto pode ser utilizado, ainda, como critério de aferição da medida necessária em sede de exame da proporcionalidade de determinada medida restritiva de direito. Explica-se: "uma distribuição qualquer é considerada um ótimo paretiano quando não se pode redistribuir os recursos sem que um dos elementos iniciais tenha sua situação piorada. Vamos supor que a medida M1, se adotada, é capaz de gerar alguma restrição em um princípio P1 e não promove, em nenhum grau, um princípio P2. Pelo critério de Pareto, a medida, porquanto plenamente inadequada, produz um resultado pior comparado ao estágio inicial, não devendo ser adotada. É possível abandonar M1 sem qualquer custo para o princípio P2. Já o dever de necessidade prescreve que o meio M1 não deve ser adotado se

O ESTADO EMPRESÁRIO

à hipótese da intervenção do Estado na economia, teríamos que determinada medida interventiva apenas seria eficiente se aumentasse o bem estar de pelo menos um indivíduo, sem piorar a situação de nenhum indivíduo afetado pela operação. Por se basear nas concepções individuais de bem estar, a eficiência de Pareto requer unanimidade, na medida em que "uma decisão social é ótima se não existe outra situação diferente que se prefira unanimemente".[272]

Como já mencionado no primeiro capítulo deste livro, esse critério sofreu uma série de críticas. A principal delas reside no fato de que o "equilíbrio" por ele gerado existe em quase qualquer forma de distribuição de recursos, mesmo formas iníquas e extremamente injustas.[273] Tal fórmula, na verdade, beneficiaria o *status quo,* impedindo que alterações na distribuição sejam feitas se um dos envolvidos na relação for prejudicado.[274]

Assim, naqueles casos nos quais não é possível aceitar a distribuição inicial de recursos em uma dada sociedade, por motivos relacionados à justiça, dignidade humana, dentre outros, o critério de eficiência de Pareto não seria suficiente.

Há também outros possíveis critérios para se aferir a eficiência de determinada alocação de recursos na sociedade, como o critério de Kaldor-Hicks[275] e o critério da maximização de riquezas de Pos-

houver um meio M2 capaz de (i) aumentar o grau de promoção de P2 sem impor maiores restrições a P1 e/ou (ii) reduzir o nível de intervenção em P1, mantendo-se o grau de promoção de P2. Nos dois casos, em relação à posição original, temos duas distribuições superiores de Pareto. Dentro das possibilidades fáticas, portanto, a melhor composição entre os princípios impõe a escolha do meio M2, já que M1 se revela, neste segundo caso, desnecessário" (LEAL, Fernando. Propostas para uma abordagem teórico-metodológica do dever constitucional de eficiência. Revista Eletrônica de Direito Administrativo Econômico, nº 15, ago./out. 2008, p. 18). Fernando Leal ressalta que a utilização desse critério em procedimentos de ponderação sofre as mesmas críticas direcionadas ao uso do ótimo de Pareto para fins de distribuição de recursos na sociedade.

[272] CALSAMIGLIA, Albert. Eficiencia y Derecho. *Doxa, Cuadernos de Filosofia del Derecho,* 1987, vol. 4, p. 273.

[273] DWORKIN, Ronald. Is wealthy a value? *The Journal of Legal Studies,* vol. 9, n. 2, mar. 1980, p. 193.

[274] CALSAMIGLIA, Albert. *Op.cit.,* p. 273. A esse respeito, vide nota de rodapé nº 65.

[275] O critério de Kaldor-Hicks é uma evolução do critério de Pareto, considerando eficiente uma determinada distribuição de recursos na sociedade desde que os ganhos usufruídos

ner,[276] bem como aqueles voltados a indicar a melhor utilização de recursos para a produção de determinado bem ou prestação de determinado serviço, como a eficiência produtiva, a análise de custo-benefício, etc.

por parte da sociedade compensem (ainda que de forma meramente potencial) a perda sofrida por alguns indivíduos. Esse critério não exige que os indivíduos beneficiados efetivamente compensem os prejuízos sofridos por parte da sociedade, mas tão-somente que a utilidade gerada por uma determinada medida que afete a distribuição de recursos seja superior aos ônus por ela criados (HIERRO, Liborio L. *Justicia, igualdad y eficiencia*. Madri: Centro de Estúdios Políticos y Constitucionales, 2002, pp. 22 e seguintes). Sobre esse prisma, o critério de Kaldor-Hicks parece se assemelhar ao terceiro teste do princípio da proporcionalidade, consistindo em uma análise do custo-benefício de determinada medida: se os benefícios de determinada medida compensarem os seus ônus, então a medida será eficiente. A diferença reside no fato de que a eficiência diz respeito aos custos financeiros de determinada medida, ao passo que a proporcionalidade leva em consideração os ônus trazidos para outros direitos envolvidos no conflito.

[276] De acordo com esse critério, a eficiência das operações realizadas na sociedade é medida através da análise do grau de riqueza que elas são capazes de gerar: "eficiência significa a exploração dos recursos econômicos de uma tal forma que o valor – a satisfação humana medida pela predisposição agregada a pagar por bens e serviços – é maximizado" (POSNER, Richard. *Economic Analysis of Law*. Boston: Little, Brown, 1977, p. 10). Explicando esse conceito, Ronald Dworkin afirma que "a maximização de riquezas, da forma como definida, é atingida quando os bens e outros recursos estão nas mãos daqueles que os valorizam mais, e alguém valoriza mais um bem apenas se ele está disposto e tem condições de pagar mais em dinheiro (ou em equivalente em dinheiro) para tê-lo. (...) A sociedade maximiza a sua riqueza quando todos os seus recursos são distribuídos de uma forma que a soma das avaliações individuais é a mais alta possível" (DWORKIN, Ronald. *Op.cit.*, pp. 191/192). Esse modelo foi muito criticado, contudo, tanto por confundir eficiência com justiça e por defender a fundamentação de todo e qualquer direito conforme a sua importância para a maximização de riquezas em uma sociedade, quanto por se demonstrar, na prática, instável e, portanto, difícil de ser aplicado. Como advertido por Ronald Dworkin, "de acordo com a análise econômica do Direito, os direitos deveriam ser atribuídos instrumentalmente, de uma forma que tal atribuição de direitos favoreça a maximação das riquezas" (*Op. Cit.*, p. 207). Seria essa, em última análise, a justificativa de todos os direitos, inclusive do direito à vida. Todo e qualquer direito deverá ser justificado pelo seu papel na maximização de riquezas na sociedade e não pela sua importância ética ou moral. E continua Dworkin, "Posner não limita o escopo do argumento – que a atribuição de direitos deve ser feita de forma instrumental – ao que poderia ser chamado de direitos menos importantes, como o direito a injunção contra um incômodo ou a reparação de danos por negligência. Pelo contrário, ele é explícito no sentido de que o mesmo teste deve ser usado para determinar os mais fundamentais direitos humanos dos cidadãos, incluindo o seu direito à vida

O ESTADO EMPRESÁRIO

De acordo com a doutrina econômica, o atendimento da eficiência depende de algumas condições, como a ausência de externalidades e existência de competição, dentre outras. Em resumo, a sua obtenção depende de um cenário ideal de mercado que não existe na prática. A intervenção do Estado na economia estaria, assim, justificada, sob o prisma econômico, para corrigir as falhas presentes no mercado com vista a aproximá-lo o quanto possível do cenário ideal mencionado acima.

Mas, também como visto, a intervenção do Estado não busca apenas corrigir as falhas de mercado apontadas pela doutrina econômica, mas, além disso, objetiva promover uma distribuição justa de recursos na sociedade. Em vista disso, a doutrina jurídica não se atém ao critério de Pareto ou a outros critérios de natureza estritamente econômica para analisar a eficiência da intervenção do Estado na economia, utilizando, em substituição, critérios, mais ou menos complexos, que considerem a necessidade de o Estado promover a justiça social. [277]-[278]

---

e ao controle do seu próprio trabalho em vez de serem escravos de outros". (Idem, p. 207). Em suma, a sua aplicação depende de avaliações subjetivas, que variarão conforme a posição do indivíduo na relação de trocas na sociedade e conforme o valor que atribui a determinados bens. Esse critério depende, em suma, das valorizações que cada indivíduo atribuem a determinados bens ou serviços, o que pode variar em virtude de uma série de circunstâncias.

Além disso, questiona-se se a "maximização de riquezas" é realmente um valor em si mesmo, a ser buscado pela sociedade, e a que custo.

[277] Um exemplo disso, já mencionado acima, pode ser encontrado na Teoria da Justiça de John Rawls. Esse autor propõe a substituição do princípio da eficiência pelo o que ele chama de princípio da diferença, de acordo com o qual só serão admitidas distribuições desiguais de recursos na sociedade se trouxerem benefícios para as camadas menos favorecidas da população. "O princípio de diferença é, então, uma concepção fortemente igualitária no sentido de que, se não houver uma distribuição que melhore a situação de ambas as pessoas (limitando-nos ao caso de duas pessoas, para simplificar), deve-se preferir a distribuição igualitária" (RAWLS, John. Uma Teoria da Justiça. São Paulo: Ed. Martins Fontes, 2008, p. 91).

[278] De acordo com Pedro de Oliveira Coutinho, "a definição das políticas públicas de desenvolvimento, a proteção ambiental, a regulação de mercados e o controle da concorrência, a proteção de determinadas partes em contratos de massa, todos esses são temas em que a análise econômica poderá contribuir para a boa construção do Direito, ocasião em que a intervenção do Estado pode obter plena justificação no papel de correção das falhas do mercado, e a sua eficiência será um elemento fundamental para a realização da eficiência econômica. Nessas hipóteses haverá uma similaridade entre os dois sentidos de

Admite-se uma certa perda de "eficiência" – em seu sentido estritamente econômico – na medida em que ela seja necessária para o atendimento de determinada finalidade de interesse público, assim considerada pela Constituição ou pelo processo democrático, e desde que o instrumento escolhido pelo Estado para tanto (regulação, criação de empresa estatal, etc.) resista a uma análise de custo-benefício e economicidade. "Eficiência administrativa não é sinônimo de eficiência econômica":[279]

O que se enuncia por eficiência abraça (i) o conhecimento preciso da finalidade almejada por lei, ato ou contrato de direito público, (ii) a conduta do administrador e (iii) a avaliação, ainda, da (iii.i) idoneidade da atuação do agente (sem prejuízo de se questionar se não seria esta uma exigência

eficiência, o jurídico e o econômico, na medida em que a ação estatal estiver voltada para a maximização da riqueza social. (...) Há de se reconhecer, porém, os limites desta aproximação. Desde logo, a indefinição sobre qual o critério mais adequado para estabelecer a eficiência econômica parece ser uma barreira intransponível. (...) O que se deve evitar é a centralidade da eficiência como único critério a ser desenvolvido na construção do Direito, seja na formulação de normas, seja na sua aplicação. A busca por eficiência econômica não pode ser desligada do problema da distribuição dos recursos (...). Cada sociedade em determinado período histórico realiza escolhas que são conformadas especialmente por juízos morais, e a definição de escalas de bens sociais não pode ser atribuída somente ao mercado. (...) a eficiência jurídica responsável pela modelagem do aparelho estatal e pelo norte de sua atividade não se limita à intervenção do Estado na economia, indicando que devemos desenvolver um conceito de eficiência que sirva para qualificar a função estatal" (COUTINHO, Pedro de Oliveira. *As dimensões da eficiência no Estado contemporâneo: organização, atividade, controle e legitimidade da Administração Pública*. Dissertação de mestrado apresentada ao Programa de Pós-Graduação em Direito da Universidade do Estado do Rio de Janeiro como requisito parcial para a obtenção do título de Mestre em Direito. Rio de Janeiro, 2009, p. 35).

[279] JUSTEN FILHO, Marçal. *Curso de Direito Administrativo*. Belo Horizonte: Ed. Fórum, 2010, p. 184. O autor explica que, em vista disso, "parte da doutrina tem preferido, por isso, a expressão princípio da eficácia administrativa, para redução do risco de transposição indevida dos conceitos econômicos para a dimensão estatal. O princípio da eficácia impõe como primeiro dever à Administração evitar o desperdício e a falha. (...) Portanto, a eficácia administrativa envolve a ponderação de interesses e valores de distinta natureza, sem eleger o lucro e a rentabilidade econômica como princípio único ou fundamental. (...) A eficácia administrativa significa que os fins buscados pela Administração devem ser realizados segundo o menor custo econômico possível, o que não é sinônimo de obtenção do maior lucro" (Idem, pp. 184/185).

O ESTADO EMPRESÁRIO

do princípio da moralidade também enunciado na cabeça do art. 37 da Constituição), (iii.ii) da economicidade do seu ato e, finalmente, da (iii.iii) satisfatoriedade do atendimento do desiderato legal.[280]

Paulo Modesto, em sentido semelhante, considera que o atendimento ao princípio da eficiência pela Administração Pública depende da escolha do meio adequado, da utilização da menor quantidade de recursos possível e do atendimento satisfatório da finalidade pública[281].

Na mesma linha, Diogo de Figueiredo Moreira Neto afirma que não se pode limitar a noção de eficiência aplicável à Administração à ideia de eficiência econômica. Nas suas palavras, a eficiência administrativa é aquela "produz um complexo de resultados em benefício da sociedade – portanto, uma eficiência socioeconômica – um conceito híbrido, que consiste em produzir bens e serviços de melhor qualidade o mais rápido, na maior quantidade possível e com os menores custos para a sociedade, para efetivamente atender a suas necessidades".[282]

---

[280] LEAL, Fernando. Propostas para uma abordagem teórico-metodológica do dever constitucional de eficiência. *Revista Eletrônica de Direito Administrativo Econômico*, nº 15, ago./ out. 2008, p. 6.

[281] "A imposição de atuação eficiente, do ponto de vista jurídico, refere a duas dimensões da atividade administrativa indissociáveis: a) a dimensão da racionalidade e otimização no uso dos meios; b) a dimensão da satisfatoriedade dos resultados da atividade administrativa pública. Não é apenas uma ou outra exigência, mas as duas idéias conjugadas. Eficiência, para fins jurídicos, não é apenas o razoável ou correto aproveitamento dos recursos e meios disponíveis em função dos fins prezados, como é corrente entre os economistas e os administradores. A eficiência, para os administradores, é um simples problema de otimização de meios; para o jurista, diz respeito tanto a otimização dos meios quanto a qualidade do agir final. Recorde-se que o administrador público é obrigado a agir tendo como parâmetro o melhor resultado, consultando-se o princípio da proporcionalidade. (...) Na primeira dimensão do princípio da eficiência insere-se a exigência de economicidade, igualmente positivada entre nós, sendo o desperdício a idéia oposta imediata. Trata-se aqui da eficiência como qualidade da ação administrativa que obtém resultados satisfatórios ou excelentes, constituindo a obtenção de resultados inúteis ou insatisfatórios uma das formas de contravenção mais comuns ao princípio. (...) A obrigação de atuação eficiente, portanto, em termos simplificados impõe: a) ação idônea (eficaz); b) ação econômica (otimizada) e c) ação satisfatória (dotada de qualidade)" (MODESTO, Paulo. *Op.cit.*, pp. 9/10).

[282] MOREIRA NETO, Diogo de Figueiredo. *Quatro Paradigmas do Direito Administrativo Pós--Moderno*. Belo Horizonte: Ed. Fórum, 2008, p. 103.

Também podemos citar Alexandre Santos de Aragão, que entende que o princípio da eficiência impõe tanto a atuação econômica do Estado, mas, principalmente, o atendimento ótimo das finalidades impostas pela Constituição ao Poder Público.[283]

Assim, de acordo com a doutrina jurídica brasileira, o princípio da eficiência, previsto pelo art. 37, *caput*, da Constituição Federal, não pode ser confundido com a eficiência objeto da análise econômica. Embora esse último critério deva também ser levado em conta – sobretudo no âmbito do Estado empresário –, o princípio da eficiência a que se encontra adstrita a Administração Pública é mais amplo e consiste na análise dos custos e benefícios associados à adoção de medidas administrativas para a consecução de determinadas finalidades públicas, previstas na lei e na Constituição Federal. É possível afirmar, portanto, que o princípio da eficiência impõe uma análise dos impactos da intervenção,[284] obrigando o administrador a, previamente à opção por determinado modelo interventivo, justificá-lo ante aos objetivos visados e outros possíveis instrumentos de consecução.

O conceito jurídico da eficiência, à luz do artigo 37, *caput*, da Constituição Federal, engloba também a noção de eficácia, isto é, o grau de consecução dos objetivos visados pela medida administrativa.[285] Muito

---

[283] "A eficiência não pode ser entendida apenas como maximização do lucro, mas sim como um melhor exercício das missões de interesse coletivo que incumbe ao Estado, que deve obter a maior realização prática possível das finalidades do ordenamento jurídico, com os menores ônus possíveis, tanto para o próprio Estado, especialmente de índole financeira, como para as liberdades dos cidadãos" (ARAGAO, Alexandre Santos de. Princípio da Eficiência. *Revista dos Tribunais*, vol. 830, dez. 2004, p. 709).

[284] "(...) pressupondo sempre a decisão de intervenção empresarial do Estado um estudo técnico e de viabilidade econômica, pode afirmar-se que resulta da Constituição, enquanto expressão conjugada entre um princípio implícito de subsidiariedade (...) e um princípio expresso de eficiência da intervenção do Estado na concretização dos imperativos do bem-estar, a possibilidade de o legislador ordinário consagrar um modelo de intervenção empresarial do Estado fundado no respeito pelo princípio da proporcionalidade, especialmente na sua vertente de contabilização ou balanço custos-vantangens" (OTERO, Paulo. *Vinculação e Liberdade de Conformação Jurídica do Sector Empresarial do Estado. Op.cit.*, p. 203).

[285] Além dos autores já mencionados, também é possível citar, nesse sentido, NOBRE JUNIOR, Edilson Pereira. Administração Pública e o Princípio da eficiência. Revista de Direito Administrativo, nº 241, jul./set. 2005, p. 220 ("dever administrativo de melhor atender à consecução dos fins, de interesse público, a que está vinculada a Administração,

## O ESTADO EMPRESÁRIO

embora seja possível definir separadamente eficiência e eficácia, como o faz a ciência da administração[286] e o Tribunal de Contas da União[287], a doutrina jurídica defende que, além de se tratar de conceitos complementares, não faria qualquer sentido que a Constituição exigisse a otimização dos gastos públicos, mas não cobrasse também a produção de resultados, quando aplicável. A nosso ver, o fato de a Constituição Federal ter se referido em seu art. 74, II, à eficiência e à eficácia em termos separados não altera essa conclusão, pois uma determinada medida só será eficiente se

---

laborando, para tanto, com o menor custo"); GALDINO, Flávio. *Introdução à Teoria dos Custos do Direito – Direitos não nascem em árvores*. Rio de Janeiro: Ed. Lumen Juris, 2005, p. 259 ("a eficiência implica a verificação de que os resultados alcançados por uma medida são representativos de uma relação custo-benefício favorável em relação aos meios empregados e aos sacrifícios impostos"); CEREIJIDO, Juliano Henrique da Cruz. O princípio constitucional da eficiência na Administração Pública. Revista de Direito Administrativo, nº 226, out./dez. 2001, pp. 231/232 ("Trata-se de norma principiológica destinada a conferir aos agentes públicos o dever de selecionar e utilizar criteriosamente os melhores meios a serem empregados no cumprimento das atividades necessárias à boa administração, voltada ao atingimento de sua finalidade legal e, em última análise, do interesse público que lhe dá embasamento e legitimidade"); MORAES, Alexandre de. *Direito Constitucional Administrativo*. São Paulo: Ed. Atlas, 2002, p. 108 (*"princípio da eficiência* é aquele que impõe à Administração Pública direta e indireta e a seus agentes a persecução do bem comum, por meio do exercício de suas competências de forma imparcial, neutra, transparente, participativa, eficaz, sem burocracia, e sempre em busca da qualidade, primando pela adoção dos critérios legais e morais necessários para a melhor utilização possível dos recursos públicos, de maneira a evitar desperdícios e garantir maior rentabilidade social. Note-se que não se trata da consagração da tecnocracia, muito pelo contrário, o princípio da eficiência dirige-se para a razão e fim maior do Estado, a prestação dos serviços sociais essenciais à população, visando à adoção de todos os meios legais e morais possíveis para satisfação do bem comum"); ÁVILA, Humberto. Moralidade, Razoabilidade e Eficiência na Atividade Administrativa. *Revista Eletrônica de Direito do Estado*, nº 4, out./dez. 2005, p. 23 ("Eficiente é a atuação administrativa que promove de forma satisfatória os fins em termos quantitativos, qualitativos e probabilísticos").

[286] CHIAVENATO, Idalberto. *Introdução à teoria geral da administração*. Rio de Janeiro: Campus, 2000, pp. 237/238.

[287] O Tribunal de Contas da União, em seu Manual de Auditoria Operacional, aprovado pela Portaria-SEGECEX nº 4, de 26 de fevereiro de 2010, parece adotar um conceito mais estrito de eficiência, referente apenas à análise de custo-benefício de determinada atividade, diferenciando-o da análise da eficácia e efetividade.

atender aos objetivos para os quais foi criada, já que, se isso não ocorrer, os recursos públicos nela aplicados terão sido desperdiçados.[288]

Vale citar, ainda, a definição adotada pela Organização Internacional das Entidades Superiores de Fiscalização (*INTOSAI – International Organization of Supreme Audit Institutions*),[289] entidade internacional da qual faz parte o Brasil, representado pelo Tribunal de Contas da União, e outros 187 países, em seu *Implementation Guidelines for Performance Auditing*[290]:

> Eficiência – fazer o máximo dos recursos disponíveis
>
> A eficiência é relacionada à economia. Aqui, também, o ponto central são os recursos empregados. A questão principal é se os recursos foram utilizados de forma ótima ou satisfatória ou se resultados iguais ou similares em termos de qualidade e tempo poderiam ter sido atingidos com menos recursos. (...) A questão se refere à relação entre a qualidade e a quantidade de serviços oferecidos e os custos dos recursos utilizados para produzi-los, de forma a atingir os resultados. (...) Auditar a eficiência engloba aspectos como se:
>
> • os recursos humanos, financeiros, e outros são usados de forma eficiente;

---

[288] Pedro de Oliveira Coutinho afirma que o princípio da eficiência previsto pelo art. 37, caput, possui conteúdo diverso e mais amplo do que a eficiência a que se refere o art. 74, II, da Carta Maior. Este último se aplicaria apenas "à avaliação dos resultados da gestão orçamentária, financeira e patrimonial" (*As dimensões da eficiência no Estado contemporâneo: organização, atividade, controle e legitimidade da Administração Pública*. Dissertação de mestrado apresentada ao Programa de Pós-Graduação em Direito da Universidade do Estado do Rio de Janeiro como requisito parcial para a obtenção do título de Mestre em Direito. Rio de Janeiro, 2009, p. 84).

[289] Essa organização foi fundada em 1953 e é uma entidade autônoma e não-governamental, possuindo status especial de consultoria no Conselho Econômico e Social das Nações Unidas. Cf. informação divulgada na página eletrônica da INTOSAI: http://www.intosai. org. Entidades Superiores de Fiscalização são entidades de controle externo de contas do poder público. No âmbito internacional, podemos citar os exemplos da National Audit Office (Inglaterra); Government Accountability Office (EUA); Corte di Conti (Itália); Tribunal de Cuentas (Espanha) e a Auditoria Geral da Nação (Argentina).

[290] Implementation Guidelines For Performance Auditing. Standards and guidelines for performance auditing based on INTOSAI's Auditing Standards and practical experience. Disponível em: http://intosai.connexcc-hosting.net/blueline/upload/1implgperfaude. pdf. Acesso em 24.06.2008, p. 11.

O ESTADO EMPRESÁRIO

- os programas governamentais, entidades e atividades são eficientemente administrados, regulados, organizados, executados, monitorados e avaliados;
- as atividades das entidades governamentais são consistentes com os objetivos e requerimentos estipulados;
- os serviços públicos são de boa qualidade, orientados às necessidades do cliente e entregues em tempo; e
- os objetivos dos programas governamentais são alcançados de forma custo-benéfica. O conceito de custo-benefício significa a habilidade ou potencial de uma entidade, atividade, programa ou operação de atingir determinados resultados a um custo razoável. A análise de custo-benefício é um estudo sobre a relação entre os custos do projeto e os seus resultados, expressados como custo por unidade de resultado atingido. Custo-benefício é apenas um elemento no exame da eficiência, o qual pode também incluir análises, por exemplos, do tempo no qual os resultados são entregues.

O conceito de eficiência é restrito principalmente a questão de se os recursos foram utilizados de forma ótima ou satisfatória. Consequentemente, a eficiência é normalmente especificada de duas formas possíveis: se o mesmo resultado poderia ter sido atingido com menos recursos, ou, em outras palavras, se os mesmos recursos poderiam ter sido utilizados para obter melhores resultados (em termos de quantidade e qualidade de resultado).[291]

Em nossa opinião, o conceito de eficiência aplicável à escolha da medida interventiva é o de custo-benefício, já que se trata da escolha dos meios para a concretização das finalidades que o ordenamento jurídico coloca para o Estado. Cumpre ao Estado atender aos fins previstos democraticamente pela sociedade, o que pode demandar mais do que a correção das falhas do mercado.

Considere-se, por exemplo, o objetivo de distribuir determinados bens a alguns cidadãos mais necessitados. Qual a forma mais eficiente de fazê-lo, considerando aí uma relação de custos e benefícios? A produ-

---

[291] Implementation Guidelines For Performance Auditing. Standards and guidelines for performance auditing based on INTOSAI's Auditing Standards and practical experience. Disponível em http://intosai.connexcc-hosting.net/blueline/upload/1implgperfaude.pdf. Acesso em 12 set. 2011, pp. 15/17.

ção direta do produto pelo Estado? A contratação, através de licitação, de uma sociedade privada para fazê-lo? A criação de obrigação para iniciativa privada, via legislação, de concessão de descontos para determinados setores da sociedade? Ou, ainda, a concessão de auxílio financeiro direto aos indivíduos considerados necessitados?

Pensemos, agora, nos gargalos de infraestrutura necessários ao desenvolvimento nacional. Qual a melhor forma de eliminá-los? Através da criação de sociedades estatais, concessão de subsídios para sociedades privadas ou a contratação de empresas privadas para a realização das obras necessárias e posterior prestação dos serviços? Todas as alternativas apresentam prós e contras.

Há quem defenda, por exemplo, que o controle de determinada sociedade pelo Estado se justifica naqueles casos em que é muito difícil especificar todos os direitos e obrigações que deveriam constar em um contrato entre o Estado e a iniciativa privada para fins de prestação de determinado serviço ou aquisição de determinado produto.[292]

Nesse sentido, Joseph Stiglitz e David Sappington defendem que o que deve ser considerado "são os custos de transação associados à intervenção"[293]. E esses custos dependerão, por sua vez, dos riscos associados à atividade, da existência de competição entre agentes privados e o nível de informação detida pelo Governo a respeito da atividade e da facilidade com a qual eventuais contratos possam ser monitorados e as partes obrigadas a observá-los.

Todos esses elementos devem ser considerados quando da escolha pela melhor forma de intervenção a ser utilizada para endereçar a falha de mercado ou para atingir o objetivo redistributivo. Os autores chamam a atenção para o fato de que pode ser muito custoso negociar os termos

---

[292] De acordo com Sanford Grossman e Oliver Hart, haveria dois tipos de direitos contratuais: direitos específicos e direitos residuais. Diante disso, "quando é muito custoso para uma parte especificar uma longa lista de direitos específicos que ela deseja sobre os bens de uma outra parte, pode ser mais eficiente comprar todos os direitos com exceção daqueles especificamente mencionados no contrato. Propriedade é a aquisição desses direitos residuais de controle (The Costs and Benefits of Ownership: A Theory of Vertical and Lateral Integration. *The Journal of Political Economy*, Volume 94, ago. 1986, p. 692).

[293] SAPPINGTON, David; STIGLITZ, Joseph. Privatization, information and incentives. *Journal of Policy Analysis and Management*, 1987, p. 568.

de um contrato de concessão, por exemplo, e que esses custos aumentam conforme o grau de dificuldade em antecipar eventuais contingências, sobretudo em contratos que envolvam tecnologias complexas[294]-[295].

Reconhece-se, nessa linha, que em situações de monopólio natural não há evidências fortes de que as sociedades privadas seriam mais eficientes do que aquelas controladas pelo Estado.[296] John Vickers e George Yarrow afirmam que "os efeitos de bem estar da privatização de monopólios dependem significantemente de quão bem os problemas regulatórios são superados. A regulação pode até mesmo restabelecer os problemas dos oficiais públicos agindo em seus próprios interesses que a privatização objetivava eliminar".[297]

Como ressaltado por Joseph Stiglitz, "a regulação também tem os seus problemas: existem significantes custos em administrar regulações, e quase todo esquema regulatório dá margem a distorções (...), tendo em vista que as empresas privadas tentam maximizar os seus lucros, dadas as normas regulatórias".[298] Nesse contexto, o controle direto poderia diminuir os problemas relacionados às assimetrias de informação.[299]

---

[294] Idem. *Ibidem*, p. 574.

[295] SHIRLEY, Mary M.; WALSH, Patrick. *Op.cit.*, p. 18.

[296] Idem. *Ibidem*, p. 14.

[297] VICKERS, John; YARROW, George. Economics Perspective on Privatization. *The Journal of Economic Perspectives*, vol. 5, issue 2, 1991, p. 114. Ainda de acordo com esses autores, "qualquer forma de propriedade é inevitavelmente imperfeita. As falhas de mercado podem levar a divergência entre objetivos de lucro e de interesse público nas empresas privadas. As falhas de governo levam a divergências entre objetivos políticos/ burocráticos e de interesse público nas empresas controladas pelo Estado. A monitoração das falhas leva a divergências entre os objetivos dos gerentes do empreendimento e os seus principais, sejam os proprietários privados ou os superiores políticos. Os efeitos das mudanças de controle para o interesse público dependerão da magnitude relativa de tais imperfeições. Como uma primeira aproximação, a privatização pode ser vista como um meio de reduzir o impacto das falhas do governo, ainda que correndo o risco de aumentar as falhas de mercado ou de mudar os arranjos de monitoramento" (Idem, p. 130).

[298] STIGLITZ, Joseph E. *Economics of the Public Sector*. 3ª ed. Nova York: W.W. Norton & Company, 1999, p. 196, tradução livre.

[299] Nesse sentido, OCDE – Organização para a Cooperação e Desenvolvimento Econômico. *Corporate Governance of State-owned Enterprises. a Survey of OECD Countries*, p. 21. Disponível em http://www.keepeek.com/Digital-Asset-Management/oecd/governance/

Há quem defenda, por outro lado, que, em alguns casos, seria mais indicada a constituição de sociedades privadas, com participação do Estado, mas por ele não controladas, pois assim se evitaria os problemas organizacionais existentes nas estatais, como a influência política.[300]

Em síntese, é possível imaginar hipóteses em que a criação de empresas estatais, com vista ao fornecimento direto de bens e serviços pelo Estado à sociedade poderia se demonstrar mais eficiente do que a contratação de particulares para fazê-lo.[301-302]

Para Gaspar Ariño Ortiz, o controle estatal pode ser justificado nas hipóteses de prestação de serviços públicos, pela "necessidade de arti-

---

corporate-governance-of-state-owned-enterprises_9789264009431-en. Acesso em 15 abr. 2012, tradução livre.

[300] LAZZARINI, Sergio G.; MUSACCHIO, Aldo. Leviathan as a Minority Shareholder: A Study of Equity Purchases by the Brazilian National Development Bank (BNDES), 1995-2003. *Insper Working Paper*, WPE: 227/2010, p. 3.

[301] Mario Engler Pinto Junior afirma, nesse sentido, que "nem sempre é fácil implementar a redistribuição através da regulação econômica, ou mesmo pelo aumento da oferta de serviços públicos prestados por particulares em regime de concessão ou permissão. (...) Isso porque a regulação não é capaz de alterar a natureza dos estímulos que condicionam a ação dos empreendedores privados, caracterizada pela busca constante da maximização de lucros. A longevidade da relação jurídica e a natural mutabilidade da situação de fato objeto do contrato de concessão certamente exigirão ajustes ao longo do tempo, quando então a parte privada poderá agir de forma oportunista e impor à parte pública um ônus injustificado. Em muitos casos, a demanda de bens essenciais estará melhor atendida pelo fornecimento direto do Estado. (...) a propriedade estatal afigura-se mais recomendável em setores que dependem de extensas e custosas redes de infraestrutura, ou ainda que produzam fortes externalidades sociais positivas. Trata-se de reconhecer que a regulação, conquanto possa contribuir positivamente para o equilíbrio das relações econômicas e sociais, tem as suas limitações para induzir a conduta dos agentes econômicos, tanto em matéria de prestação de serviços públicos concedidos, quanto de exercício de atividade concorrencial sujeita à livre iniciativa" (PINTO JUNIOR, Mario Engler. *Op.cit.*, p. 139).

[302] "No mundo real dos contratos incompletos, qual caminho produz os melhores resultados? (...) Enquanto esses resultados sugerem que a regulação é superior ou pelo menos igual à propriedade pública em algumas situações, muitos problemas com a regulação têm sido notados. (...) VY identificou quatro problemas da regulação que podem levar a ineficiências: sobrecapitalização (efeito Averch-Johnson); assimetria de informações; complexidades da regulação sobre empresas de multiprodutos; e a captura regulatória" (SHIRLEY, Mary M.; WALSH, Patrick. *Op.cit.*, pp. 12 e seguintes, tradução livre).

O ESTADO EMPRESÁRIO

cular um controle público muito próximo à gestão empresarial".[303]
A empresa mista, nessa linha, seria justificada nos seguintes casos:

a. Quando se administram instalações ou equipamentos que são do domínio público, como pode ocorrer no âmbito estatal com os aeroportos, e no âmbito local com o serviço de abastecimento de água. Assim, para privatizar as atuais empresas públicas de abastecimento de água, mantendo o controle municipal sobre as instalações de domínio público e sobre o serviço essencial, uma opção é a constituição de uma empresa mista na qual o Município aportará o patrimônio da concessão e o particular a gestão.

b. quando se administram infraestruturas e sistemas de grande complexidade técnica, cuja gestão independente é essencial para lograr o efetivo acesso não discriminatório de todos os agentes ao mercado de serviços que se desenvolve através de ditas infraestruturas. Assim, na operação do sistema elétrico ou do sistema de gás intervém fatores de discricionariedade técnica, muito difíceis de controlar, de forma que é conveniente articular o controle público através de uma participação pública significativa (uns 10% poderiam ser suficientes) no capital das sociedades gestoras de tais sistemas. Ditas atividades devem configurar-se como 'serviço' e não como negócio, e neste contexto a presença pública pode servir como garantia de defesa do interesse geral, se bem que a maioria do capital privado servirá como garantia de eficiência da gestão.[304]

O autor admite, ainda, a atuação direta do Estado para fins de promoção da cultura e da inovação, tendo em vista, no primeiro caso, as finalidades não comerciais da sociedade empresarial, e, no segundo, os altos riscos envolvidos, que podem afastar possíveis interessados na sua exploração.[305] Com relação ao segundo caso, o autor adverte, contudo, que a participação do Estado deve ser pautada pela subsidiariedade, e ser, sempre que possível, minoritária e temporária.

Para comprovar a eficiência da escolha do tipo de intervenção, a realização de estudos econômicos e financeiros prévios que fundamentem a decisão adotada é essencial. A motivação dessa escolha pode ser subme-

[303] ORTIZ, Gaspar Ariño. *Op. cit.*, p. 471, tradução livre.
[304] Idem. *Ibidem*, p. 471.
[305] Idem. *Ibidem*, p. 472/473.

tida a controle, ainda que posteriormente, se necessário para não afetar a celeridade que pode permear a intervenção do Estado na economia. [306]

Na Espanha, por exemplo, a Lei Reguladora de Bases do Regime Local, de 1985, prevê a necessidade de procedimento administrativo prévio à opção pela participação estatal em sociedades privadas, no qual deverão constar os motivos de oportunidade e conveniência da medida, designação de uma comissão de estudo integrada por membros da empresa e por órgão técnico para elaboração de uma "memória" relativa aos aspectos sociais, jurídicos, técnicos e financeiros da atividade em questão, memória esta que deverá, ainda, ser submetida à exposição pública.[307]

Em Portugal, a Lei nº 58/98, que disciplina a criação de empresas municipais, intermunicipais e regionais, também prevê a necessidade de elaboração dos "necessários estudos técnicos e econômico-financeiros, bem como dos respectivos projetos de estatutos".

Já, no segundo momento, referente à avaliação dos resultados práticos da medida interventiva escolhida, parece-nos ser possível e necessário avaliar a eficiência produtiva da ação estatal, em seu sentido econômico, sobretudo se essa se der sob a forma de criação de empresas estatais, tema a que se voltará no terceiro capítulo deste livro.

Um fator importante para a eficiência produtiva da empresa estatal é a existência de concorrência no mercado em que ela atua.

---

[306] Conforme destaca Alberto Alonso Ureba, "sem prejuízo da discricionariedade, constitui elemento essencial e necessário daquela competência (...) também o procedimento através do qual poderá exercitar-se a potestade, é dizer, o procedimento administrativo por meio do qual se produz a opção do ente local para a prestação de um serviço ou atividade econômica mediante sua participação em uma sociedade mercantil". (UREBA, Alberto Alonso. *La Sociedad Mercantil de Capital como forma de La Empresa Pública Local*, p. 81).
[307] Idem. *Ibidem*, p. 82.

# 3
# O Estado como Acionista Controlador

## 3.1. Introdução

O início da exploração de atividades econômicas pelo Estado mediante a utilização de instrumentos societários confunde-se com a própria origem das sociedades anônimas, a partir do século XV, contemporaneamente às Grandes Navegações e ao movimento colonialista dos Estados europeus.[308] A Companhia das Índias Orientais e a Companhia das Índias Ocidentais não foram apenas as primeiras sociedades anônimas a serem organizadas no mundo, mas também as primeiras sociedades que se formaram a partir da associação entre capitais públicos e privados.[309-310]

Aliás, em suas origens, as sociedades anônimas eram muito mais associadas a instrumentos de direito público do que privado. Além de parti-

---

[308] SANTA MARIA, José Serpa de. *Sociedades de Economia Mista e Empresas Públicas*. Rio de Janeiro: Ed. Líber Júris, 1979, p. 40.

[309] Cf. FERREIRA, Waldemar Martins. *A Sociedade de Economia Mista em seu aspecto contemporâneo*. São Paulo: Ed. Max Limonad, 1956, p. 34. No mesmo sentido, Caio Tácito afirma que "a empresa constituída pelo Estado visando fins econômicos tem antecedentes históricos que remontam às companhias holandesas e portuguesas que, nos séculos XV e XVI, corporificavam investimentos na Coroa, destinados a alcançar, em complemento à conquista de mares e terras desconhecidas, novas fontes de suprimento para os mercados europeus mediante intercâmbio e importação de mercadorias" (TÁCITO, Caio. Temas de Direito Público (Estudos e Pareceres). V. 1. Rio de Janeiro: Renovar, 1997, p. 679).

[310] Há quem defenda, contudo, que a primeira sociedade de economia mista teria sido o Banco de São Jorge em Gênova (Cf. CARVALHO FILHO, José dos Santos. *Manual de Direito Administrativo*. 18ª ed. Rio de Janeiro: Ed. Lumen Juris, 2007, p. 438, nota de rodapé nº 125).

O ESTADO EMPRESÁRIO

cipar dessas sociedades, o Estado lhes concedia privilégios e monopólios para a exploração de determinadas atividades econômicas, em especial, poderes próprios do Poder Público para a administração das colônias.[311] Essa foi justamente a forma encontrada para financiar as expedições aos novo e novíssimo mundos, o que não se demonstrava viável sem a congregação de esforços entre a iniciativa pública e a privada.[312]

Tratava-se, contudo, naquela época, ainda de embriões das atuais sociedades de economia mista, as quais, como conhecidas atualmente, surgem apenas no final do século XIX, na Alemanha.[313] A partir daí, em especial após a Primeira Guerra Mundial, a fórmula se espalhou pela

[311] Cf. VALVERDE, Trajano de Miranda. Sociedades anônimas ou companhias de economia mista. *Revista de Direito Administrativo* (Seleção Histórica), v. 1, 1991, p. 30. De acordo com o autor, "na Inglaterra e, principalmente, na Holanda, nasceram as grandes companhias coloniais, às quais o Estado absolutista, dando-lhes vida, conferia favores, privilégios, monopólios e extensíssimas atribuições administrativas, já então absorvidas na órbita política do Estado nacional. Delas participava, direta ou indiretamente, o Estado, que assim também corria os riscos do empreendimento. Tais companhias atuavam, nas terras conquistadas, como verdadeiros órgãos da administração do Estado, que se reservava o direito de nomear os altos funcionários ou de aprovar a escolha feita pelos co-participantes" (Idem, p. 30).

[312] De acordo com Trajano de Miranda Valverde, "a limitação dos riscos dos participantes; a possibilidade de se constituir a sociedade com grande número de sócios, não raramente muitos deles sem se conhecerem; a facilidade da substituição dos sócios pela simples transferência das partes ou ações, em que se divide o capital, e a elasticidade do regime administrativo da companhia ou sociedade anônima, punham ao serviço do Estado nacional àquela época, uma instituição que se prestava, admiravelmente, aos fins de sua política expansionista" (VALVERDE, Trajano de Miranda. *Op.cit.*, pp. 30/31). "No âmbito do direito público foi que ela encontrou sua origem e o cenário adequado para seu desenvolvimento e propagação. Se as demais sociedades mercantis resultaram da elaboração lenta e contínua dos usos dos comerciantes e dos navegantes, a sociedade anônima surgiu pela interferência do Estado" (FERREIRA, Waldemar Martins. *A Sociedade de Economia Mista em seu aspecto contemporâneo*. São Paulo: Ed. Max Limonad, 1956, p. 37).

[313] VENANCIO FILHO, Alberto. *A intervenção do Estado no Domínio Econômico – O Direito Público Econômico no Brasil*. Rio de Janeiro: Renovar, 1998, p. 9. No mesmo sentido, BILAC PINTO, Olavo. O declínio das Sociedades de Economia Mista e o Advento das Modernas Empresas Públicas. *Revista de Direito Administrativo, Seleção Histórica*, 1991, p. 264; e VALVERDE, Trajano de Miranda. *Op.cit.*, p. 32.

O ESTADO COMO ACIONISTA CONTROLADOR

Europa e pelo mundo. Atualmente, a empresa estatal é um fenômeno universal.[314]

As empresas públicas apenas surgiriam mais tarde, nos Estados Unidos, por ocasião da encampação da *Panama Railroad Company* em 1904.[315] A partir daí, o modelo se proliferou sob os auspícios do *New Deal* e passou a ser adotado em diversos países da Europa e América Latina.[316]

Há, sob esse formato, as empresas públicas no Brasil e em Portugal, a *entreprise publique*, na França, que têm em comum o fato de serem constituídas apenas por capital público. Países como a França e a Inglaterra adotam, ainda, formas de direito público para a exploração de atividades econômicas, sendo exemplos os Établissement public à caractère industriel ou commercial – EPIC e as *public corporations*. No Brasil, também é possível encontrar a exploração de serviços públicos através de autarquias e fundações públicas.

A opção pela utilização de instrumentos jurídicos com personalidade própria e sujeitos ao Direito privado para a intervenção estatal direta na economia visa a conferir ao Estado maior agilidade e flexibilidade para a exploração de atividades econômicas, tornando a sua atuação mais eficiente. Nas palavras de Floriano de Azevedo Marques Neto, trata-se "do reconhecimento de que o regime de direito público traz restrições que, por vezes, empeceriam o cumprimento das finalidades públicas".[317]

Maria João Estorninho cita, entre as potenciais vantagens da utilização de instrumentos privados para a exploração de atividades econômicas pelo Estado: (i) uma maior autonomia e descentralização; (ii) menor permeabilidade à influência político-partidária; (iii) maior flexibilidade no processo decisório; (iv) redução de custos administrativos; (v) diversi-

---

[314] FRIEDMANN, W. A Theory of Public Industrial Enterprise. In: HANSON, A. H. (ed.) *Public Enterprise – A Study of its Organisation and Management in various Countries*. Brussels: International institute of administrative sciences, 1954, p. 11.

[315] SANTA MARIA, José Serpa de. *Op.cit.*, pp. 145/154.

[316] MENDONÇA, José Vicente Santos de. *Op.cit.*, p. 194.

[317] MARQUES NETO, Floriano de Azevedo. As contratações estratégicas das estatais que competem no Mercado, In *Direito Administrativo: estudos em homenagem a Diogo de Figueiredo Moreira Neto*, Lumen Juris, Rio de Janeiro, 2006, p. 578.

ficação dos meios de financiamento, notadamente através da cooperação com investidores privados.[318]

Bilac Pinto, por sua vez, destacava dentre as vantagens das empresas estatais, (i) a sua autonomia técnica e administrativa; (ii) a capitalização inicial; (iii) a possibilidade de contrair empréstimos bancários; (iv) a possibilidade de utilizar os lucros obtidos para ampliar o capital de giro e constituir reservas; (v) a liberdade em matéria de despesas; e (vi) o regime de pessoal idêntico ao das sociedades privadas.[319]

Foi, enfim, a "busca de uma solução que propiciasse ao Estado as mesmas vantagens operativas de que gozam as pessoas de direito privado, liberando-o de uma rígida submissão a orçamentos, controle administrativo e estruturação hierárquica" que levou à adoção de instrumentos empresariais para a exploração de atividades econômicas pelo Estado.[320]

São diversas as discussões relacionadas a esses instrumentos de intervenção na economia. As principais delas, o regime jurídico que lhes é aplicável e as críticas relacionadas à sua eficiência, serão tratadas nesse capítulo, juntamente com as suas consequências para a atuação dessas entidades no Brasil, o que envolve o reflexo do seu regime jurídico sobre os seus bens, pessoal, sistema de contratações, possibilidade de serem submetidas a processos falimentares, bem como a existência de controles de origem governamental sobre a sua operação.

Como, contudo, essas entidades tiveram a sua origem no Velho continente, parece-nos importante iniciar essa análise com o estudo dos tipos societários utilizados em alguns países europeus e os regimes jurídicos a eles aplicáveis, para que possamos verificar se as mesmas discussões se aplicam, identificar formas diversas de empresas estatais não existentes no Brasil e compará-las à experiência nacional. A ideia, obviamente, não é esgotar a análise do regime jurídico aplicável a essas entidades nos países estudados, mas sim tentar pinçar algumas questões que possam ser interessantes e úteis à análise desse tema à luz do Direito brasileiro.

---

[318] ESTORNINHO, Maria João. *A Fuga para o Direito Privado*. Coimbra: Almedina, 1999, p. 59 e ss.

[319] BILAC PINTO, Olavo. O declínio das Sociedades de Economia Mista e o Advento das Modernas Empresas Públicas. *Revista de Direito Administrativo, Seleção Histórica*, 1991, p. 270.

[320] MOREIRA NETO, Diogo de Figueiredo. *Curso de Direito Administrativo*, 12ª ed., Forense, Rio de Janeiro, 2001, p. 252.

## 3.2. O Estado como acionista controlador no direito comparado

No presente tópico, optamos por tratar das experiências de quatro países europeus: França, Portugal, Espanha e Inglaterra. As razões para a escolha desses países foram de duas ordens. A primeira é pragmática: esses são os países com relação aos quais foi possível ter acesso ao maior número de fontes diretas. Além disso, esses países foram escolhidos por sua importância no cenário europeu e por suas peculiaridades: seja no que diz respeito à utilização de formas diferentes de empresas estatais às existentes no Brasil, ou pelo fato de haver legislação específica e detalhada sobre o tema.

### 3.2.1. As empresas estatais na França

A atuação empresarial do Estado francês começou a ser desenvolvida no período imediatamente posterior à Primeira Guerra Mundial, limitando-se, contudo, em um primeiro momento, a participações minoritárias no capital de sociedades anônimas.[321] Podemos citar, nesse sentido, as sociedades de capital misto objeto da lei de utilização de energia hidráulica, de 16 de outubro de 1919, e da lei sobre transporte de energia, de 11 de agosto de 1920, nas quais o Estado participava de forma minoritária, com o intuito de promover essas atividades, já que as baixas expectativas de lucratividade com a sua exploração afastavam o interesse da iniciativa privada.[322]

A partir da década de 1930, e diante das extremas dificuldades financeiras pelas quais diversas sociedades exploradoras de serviços públicos estavam passando, o Estado francês deu início a um processo de nacionalização[323] de diversas sociedades deficitárias, adquirindo o seu controle para evitar os prejuízos que eventuais quebras poderiam importar para a economia e para a população francesa. Desenvolve-se, assim, o que a doutrina chama de sociedades de "economia mista de apoio" ("économie

---

[321] CARTIER-BRESSON, Anémone. *L'État actionnaire*. Paris: L.G.D.J, 2010, p. 6.

[322] Idem. *Ibidem*, p. 7.

[323] "(...) por nacionalização, na França, deve-se compreender a transferência da propriedade privada, em vista do desenvolvimento econômico e social do país, a empresas nacionalizadas, organizadas como personalidade jurídica, financeiramente autônomas, e administradas por representantes da coletividade." (GAJL, Natalia. As empresas estatais na França, Itália e Polônia. *Revista de Direito Administrativo*, n. 70, pp. 41 e 42)

O ESTADO EMPRESÁRIO

mixte de soutien").[324] O objetivo do Estado, nesse momento, não era o de substituir a iniciativa privada, mas de oferecer o apoio necessário ao saneamento de suas finanças e à continuidade das suas atividades. Assim, as primeiras experiências de participação acionária estatal na França foram marcadas por um ideal de colaboração com o capital privado.[325]

Esse movimento de nacionalizações mudou de foco no pós Segunda Guerra Mundial (1945-1946), influenciado pela ideia de que determinadas atividades essenciais para a nação não deveriam ficar nas mãos da iniciativa privada, tampouco suscetíveis às pressões dos sindicatos.[326] A partir daí, foram promovidas diversas nacionalizações, concentradas nos setores de extração de carvão, transporte e distribuição de gás e eletricidade, transporte aéreo, bancário e de seguros, com o objetivo de excluir a iniciativa privada desses nichos da economia.[327-328] A nacionalização de sociedades exploradoras de monopólios naturais e de serviços públicos era, inclusive, um objetivo consignado no preâmbulo da Constituição francesa de 1946.[329]

[324] CARTIER-BRESSON, Anémone. *Op.cit.*, p. 7.

[325] Idem. *Ibidem*, p. 8.

[326] FRIEDMANN, W. A Theory of Public Industrial Enterprise. In: HANSON, A. H. (ed.) *Public Enterprise – A Study of its Organisation and Management in various Countries*. Brussels: International institute of administrative sciences, 1954, p. 14.

[327] CARTIER-BRESSON, Anémone. *Op.cit.*, p. 8.

[328] De acordo com Natalia Gajl, "no período entre as duas guerras mundiais encontramos na França numerosas empresas estatais, criadas por motivos financeiros (os monopólios, o Banco de França), militares (fábricas de armamentos, o monopólio da pólvora) ou administrativos (PTT, etc). Na época, essas empresas existiam ao lado das empresas privadas, ou em setores em que a iniciativa privada, por motivos de ordem econômica e financeira, não desejava atuar. Em princípio, os direitos de propriedade (exceto em casos de defesa nacional) não eram afetados. Somente após a Libertação é que o Estado francês passou a agir, nesse domínio, por motivos inteiramente diversos, chamando a si certos ramos da atividade econômica. As nacionalizações ocorridas após 1945 diferenciam-se da atividade de antes da guerra, tanto por novos motivos e pelas finalidades da nacionalização como pela forma jurídica e pelos métodos de administração." (GAJL, Natalia. As empresas estatais na França, Itália e Polônia. *Revista de Direito Administrativo*, n. 70, pp. 38/39).

[329] *"Tout bien, toute entreprise, dont l'exploitation ou acquiert les caractères d'un service public national ou d'un monopole de fait, doit devenir la propriété de la collectivité"* (VEDEL, Georges; DELVOLVÉ, Pierre. *Droit Administratif*. Paris: Presses Universitaires de France, 1992, p. 626).

## O ESTADO COMO ACIONISTA CONTROLADOR

Interessante notar que o Estado francês também utilizou a nacionalização como instrumento de sanção. Foi o que ocorreu com as usinas Renault, nacionalizadas a título de sanção em virtude do auxílio prestado por Louis Renault ao regime nazista ao longo da Segunda Guerra Mundial.[330]

Com a eleição da maioria de esquerda no início da década de 1980, houve uma nova onda de nacionalizações. A Lei de 11 de fevereiro de 1982 determinou, nesse sentido, a apropriação total do capital de empresas do setor industrial e bancário.[331]

Ocorre que, em um contexto de concorrência internacional crescente e de deterioração das finanças públicas, o Estado empresário francês se tornou progressivamente incapaz de responder às necessidades de um setor público hipertrofiado. A ascensão ao poder da direita em 1986 marca o início do movimento de refluxo do setor público.[332]

De toda forma, de acordo com o *Institut National de la Statistique et des Études Économiques* – INSEE, no final de 2014, o Estado francês ainda controlava diretamente 89 sociedades, mas, se consideradas as suas subsidiárias e outras participações, o Estado francês controlava um total de 1.632 sociedades, que empregam cerca de 795.000 empregados. A participação do Estado francês na economia através das empresas estatais, portanto, ainda é relevante.[333-334]

A doutrina francesa enfatiza a fluidez da noção de empresa estatal, bem como a ausência de uma regulamentação normativa uniforme desse instituto. Há, na verdade, inúmeros textos legais sobre o assunto, dos

---

[330] VEDEL, Georges; DELVOLVÉ, Pierre. *Droit Administratif*. Paris: Presses Universitaires de France, 1992, p. 626. No mesmo sentido, CARTIER-BRESSON, Anémone. *Op.cit.*, p. 8.

[331] CARTIER-BRESSON, Anémone. *Op.cit.*, p. 9.

[332] Idem. *Ibidem*, p. 9.

[333] Relatório disponível em: http://www.insee.fr/ Acesso em 06 mar. 2016.

[334] De acordo com Nguyen Vihn, a expansão do setor público é explicada, em grande medida, pelas operações realizadas pelas próprias empresas públicas: criação de novas empresas ou aquisição de participação em empresas já existentes (VINH, Nguyen Quoc. *Les entreprises publiques face au droit des sociétés commerciales*. Paris: L.G.D.J., 1970, p. 30).

O ESTADO EMPRESÁRIO

quais a doutrina e a jurisprudência extraem os elementos constitutivos dessas entidades.[335-336]

Em síntese bastante apertada, a doutrina francesa divide os tipos existentes de empresas públicas em dois grandes grupos, a depender da natureza jurídica dessas entidades, se de direito público ou de direito privado. Sob a forma de direito público, o Estado pode optar:[337]

(i) pela exploração de serviços despersonalizados, através de órgãos da Administração Pública, como é o caso da *Direction de la Documentation Française*;[338]

(ii) pela criação de *Groupements d'Intérêt Public* – GIP, os quais, de acordo com a *Loi* nº 2011-525, de 17 maio de 2011, são pessoas jurídicas de direito público dotadas de autonomia administrativa e financeira. São constituídos por uma convenção aprovada pelo Estado, celebrada entre várias pessoas jurídicas de direito público, ou entre uma ou várias pessoas jurídicas de direito público e uma ou várias pessoas jurídicas de direito privado.[339]

---

[335] VEDEL, Georges; DELVOLVÉ, Pierre. *Droit Administratif.* Paris: Presses Universitaires de France, 1992, pp. 630/632; VINH, Nguyen Quoc. *Les entreprises publiques face au droit des sociétés commerciales.* Paris: L.G.D.J., 1970, pp. 11/12.

[336] Por esse motivo, Sophie Nicinski propõe a utilização do conceito de operador público, no lugar de empresa pública: "o setor público é tradicionalmente composto de operadores públicos, termo mais moderno e preferível àquele de empresa pública. Um operador público se define como uma estrutura dotada de autonomia, que exerce uma atividade econômica e se submete à influência preponderante de uma pessoa pública" (NICINSKI, Sophie. *Droit public des affaires.* Paris: Montchrestien, 2009, p. 271). A autora adverte, aliás, que algumas estruturas são autônomas sem possuírem personalidade jurídica (*"personnalité morale"*). O critério da personalidade jurídica é utilizado na França para identificar uma empresa pública, ao passo que o direito comunitário não exige a personalidade jurídica para qualificar determinada estrutura como empresa (Idem, pp. 271/272).

[337] NICINSKI, Sophie. *Op.Cit.*, p. 322.

[338] Há autores que discordam da classificação desses órgãos como empresas estatais, tendo em vista a ausência de personalidade jurídica (VEDEL, Georges; DELVOLVÉ, Pierre. *Droit Administratif.* Paris: Presses Universitaires de France, 1992, p. 633).

[339] Article 98 "Le groupement d'intérêt public est une personne morale de droit public dotée de l'autonomie administrative et financière. Il est constitué par convention approuvée par l'Etat soit entre plusieurs personnes morales de droit public, soit entre l'une ou plusieurs d'entre elles et une ou plusieurs personnes morales de droit privé. Ces per-

O ESTADO COMO ACIONISTA CONTROLADOR

Essas pessoas exercem através da GIP um conjunto de atividades de interesse geral sem finalidade lucrativa,[340] mediante a disponibilização comum dos meios necessários ao seu exercício. Trata-se de figura semelhante a um consórcio público. São exemplos de GIP a *Service National D'accueil Telephonique Pour L'enfance Maltraitee* e a *Universite Numerique Juridique Francophone* (UNJF);

(iii) pela criação de Établissement public à caractère industriel ou commercial – EPIC. Trata-se de entidades com personalidade jurídica própria, criadas para a finalidade específica de prestação de serviços públicos.[341] Esse é o caso da *Société Nationale des Chemins de fer Français – SNCF*, empresa estatal prestadora do serviço de transporte ferroviário, e da *Régie Autonome des Transports Parisiens – RATP*, empresa prestadora de transporte metropolitano. A *Gaz de France – GDF* e a Électricité de France – EDF eram EPIC's até 2004, tendo sido, naquele ano, transformadas em sociedades anônimas.

---

sonnes y exercent ensemble des activités d'intérêt général à but non lucratif, en mettant en commun les moyens nécessaires à leur exercice. Les collectivités territoriales et leurs groupements ne peuvent pas constituer entre eux des groupements d'intérêt public pour exercer ensemble des activités qui peuvent être confiées à l'un des organismes publics de coopération prévus à la cinquième partie du code général des collectivités territoriales".

[340] Article 107 "En savoir plus sur cet article... Le groupement d'intérêt public ne donne pas lieu au partage de bénéfices. Les excédents annuels de la gestion ne peuvent qu'être utilisés à des fins correspondant à l'objet du groupement ou mis en réserve".

[341] RIVERO, Jean. *Direito Administrativo*. Trad. Rogério Ehrhardt Soares. Coimbra: Almedina, 1981, p. 528. Ainda de acordo com esse autor, "(...) cada estabelecimento público, ou cada categoria de estabelecimentos públicos (as universidades, os serviços de auxílio social) têm o seu regime jurídico definido num texto especial. No entanto, as diferenças que os separam não são tais que tenham impedido a elaboração de um corpo de regras comuns a todos os estabelecimentos públicos, qualquer que fosse o seu objecto. Essas regras foram deduzidas pela jurisprudência, a doutrina e a prática administrativa dos dois elementos da definição que indicamos a seguir: a qualidade da pessoa pública, a gestão de um serviço público. Daqui resulta que o regime aplicável é fundamentalmente um regime de direito público: em princípio, o estabelecimento público rege-se, quanto à sua organização e funcionamento, pelo direito administrativo, e o seu contencioso depende do juiz administrativo. Do ponto de vista jurídico, a categoria dos estabelecimentos públicos possui, pois, uma certa homogeneidade." (Idem, p. 529)

De acordo com Sophie Nicinski, os EPIC não dispõem de um capital dividido em ações, mas de fundos próprios constituídos por um aporte feito pela pessoa de direito público que os criou.[342]

Sofia Tomé D'Alte afirma que o EPIC "pode também ser perspectivado como uma forma de gestão específica aplicada aos serviços públicos, caracterizando-se no fundo, por ser um serviço público especial personificado".[343] Trata-se de uma forma que a "empresa" pública pode assumir, mas cuja estrutura é individualmente prevista por cada lei de criação[344].

A transformação dos EPICs em entidades de direito privado vem demonstrando ser uma tendência, em virtude das exigências incidentes sobre a prestação de serviços públicos em regime de concorrência, bem como das pressões realizadas pela União Europeia nesse sentido.[345]

Jean Rivero explica que a "noção de estabelecimento público não resistiu ao desenvolvimento e à diversificação das actividades das pessoas públicas, nomeadamente na ordem econômica".[346] De acordo com o autor,

> à medida que aumenta a importância dos estabelecimentos públicos industriais, as necessidades da sua inserção numa economia nacional regida pelo direito privado conduzem o legislador a aproximar ainda mais o seu regime do das empresas privadas similares. (...) para manter nas empresas nacionalizadas o dinamismo indispensável ao seu objecto, quis-se subtraí-las o mais

---

[342] Idem. *Ibidem*, p. 322.

[343] D'ALTE, Sofia Tomé. *A Nova Configuração do Sector Empresarial do Estado e a Empresarialização dos Serviços Públicos*. Coimbra: Almedina, 2007, p. 55.

[344] OCDE – Organização para a Cooperação e Desenvolvimento Econômico. Corporate Governance of State-owned Enterprises. a Survey of OECD Countries, p. 36. Disponível em http://www.keepeek.com/Digital-Asset-Management/oecd/governance/corporate-governance-of-state-owned-enterprises_9789264009431-en. Acesso em 15 abr. 2012

[345] Além disso, costuma-se apontar também a necessidade de adaptação à realidade dos negócios. O peso da tutela governamental é frequentemente invocado, ainda que os EPIC contem com uma gestão comercial e a ausência de contabilidade pública. O princípio da especialidade é visto como obstáculo, ainda que o objeto social dos EPIC seja definido de forma cada vez mais ampla (NICINSKI, Sophie. *Op.Cit.*, pp. 329/330).

[346] RIVERO, Jean. *Direito Administrativo*. Trad. Rogério Ehrhardt Soares. Coimbra: Almedina, 1981, p. 530.

possível à rigidez dos métodos administrativos e fazê-las viver num clima de direito privado.[347]

Interessante notar que, apesar da natureza jurídica de direito público, as empresas constituídas sob a forma de EPIC submetem-se ao direito privado no que concerne ao regime de pessoal, fornecedores, usuários e clientes. No entanto, tendo em vista a sua natureza de estabelecimento público, permanecem vinculadas ao Direito Administrativo em inúmeros pontos como o estatuto de direito público dos membros da direção geral e contábil, caráter administrativo de alguns de seus contratos, exclusão das vias de execução privada e da falência.[348] Além disso, os bens afetados ao uso direto do público ou a um serviço público estão sujeitos ao domínio público.[349]

Já sob a forma de direito privado, o Estado pode optar pela:

(i)  criação de sociedades de direitos privado (*i.e.* as sociedades anônimas), com participação exclusiva do Estado;

(ii)  criação dos *Groupements d'Intérêt économique – GIE*, entidades que, de acordo com o Código Comercial Francês, têm por objetivo facilitar ou desenvolver a atividade econômica de seus membros, melhorar ou incrementar os resultados dessa atividade. Trata-se de uma figura semelhante a de um consórcio: não se enquadra nem na definição de associação nem de sociedade, posicionando-se entre uma e outra figura.[350] Sua atividade deve se vincular à

---

[347] Idem. *Ibidem*, pp. 530/531.

[348] VEDEL, Georges; DELVOLVÉ, Pierre, *Op.Cit.*, p. 634.

[349] NICINSKI, Sophie. *Op.Cit.*, p. 353.

[350] É o que se extrai da exposição de motivos da Ordonnance nº 67-821, de 23 setembro de 1967, sobre os groupements d'intérêt économique: "L'adaptation de l'économie française aux dimensions nouvelles d'un marché élargi et unifié implique, de la part de nombreuses entreprises, une transformation de leurs structures et une diversification de leurs méthodes.Mais les réformes de structure se révèlent souvent d'une réalisation difficile. En outre, les chances des entreprises de moyenne importance doivent être préservées [*petites et moyennes entreprises*]. D'où l'intérêt, pour des entreprises désireuses de conserver leur individualité et leur autonomie, de mettre en commun certaines de leurs activités, telles que : comptoirs de vente, bureaux d'exportation ou d'importation, organismes de recherche.

# O ESTADO EMPRESÁRIO

atividade econômica de seus membros e tem um caráter auxiliar em relação a ela;[351]

(iii) participação minoritária em sociedades privadas ou nomeação de representantes do Estado no Conselho de Administração ou Fiscal dessas entidades;

(iv) criação de sociedades de economia mista (*"entreprises à participation publique"*), quando o capital é dividido entre pessoas de direito público e pessoas de direito privado.

Diante desse leque de opções possíveis é fácil imaginar que a identificação do regime aplicável aos bens, contratos, pessoal, etc, não é tarefa das mais fáceis.

Em regra, as empresas estatais regidas pelo direito privado são submetidas ao direito comercial e comum no que tange a todos os aspectos de suas atividades.[352] O pessoal dessas empresas é regido pelas normas comuns de direito do trabalho.[353] As suas relações com terceiros (for-

---

Cette mise en commun ne trouve, à l'heure actuelle, un cadre juridique approprié ni dans la forme de la société ni dans celle de l'association. Les formalités de constitution et les règles de fonctionnement de la première sont assez rigides et son but ne peut être, en principe, que la recherche et le partage de bénéfices; la seconde ne leur procure pas l'avantage de la pleine capacité juridique.

Aussi apparaît-il aujourd'hui nécessaire d'offrir aux activités économiques, entre la société et l'association, un cadre juridique intermédiaire, mieux adapté aux caractéristiques propres d'un grand nombre d'entre elles comme aux intentions de leurs promoteurs".

[351] Código de Comércio: "Chapitre Ier : Du groupement d›intérêt économique de droit français. Article L251-1 En savoir plus sur cet article... Deux ou plusieurs personnes physiques ou morales peuvent constituer entre elles un groupement d›intérêt économique pour une durée déterminée. Le but du groupement est de faciliter ou de développer l›activité économique de ses membres, d›améliorer ou d›accroître les résultats de cette activité. Il n›est pas de réaliser des bénéfices pour lui-même. Son activité doit se rattacher à l›activité économique de ses membres et ne peut avoir qu›un caractère auxiliaire par rapport à celle-ci".

[352] "O traço comum a todas as empresas públicas é a sua submissão de princípio ao direito privado e, sobretudo, ao direito comercial. A regra aplica-se a todos os aspectos de sua atividade" (RIVERO, Jean. *Direito Administrativo*. Trad. Rogério Ehrhardt Soares. Coimbra: Almedina, 1981, p. 547).

[353] RIVERO, Jean. *Direito Administrativo*. Trad. Rogério Ehrhardt Soares. Coimbra: Almedina, 1981, p. 547.

necedores, clientes, etc.) também são regidas pelo direito comercial e civil.[354]

Ao seu regime financeiro não se aplicam as regras da contabilidade pública: "a empresa não tem orçamento, mas sim previsões, os resultados da gestão são registrados no balanço anual; os processos de financiamento fazem apelo às técnicas do crédito comercial".[355] O regime aplicável a seus bens é o de direito privado, com exceção aos bens dos antigos EPIC prestadores de serviço público, transformados em sociedades de direito privado. Não há uniformidade nesse regime e o grau de proteção varia a cada caso.[356]

Contudo, o regime comum sofre algumas derrogações em virtude do caráter estatal dessas entidades: (i) seus dirigentes são nomeados e destituídos por decisão administrativa; (ii) os pontos essenciais da vida da empresa, como a fixação dos preços de venda de seus produtos, podem ser determinados diretamente pelo Estado; (iii) é discutível a possibilidade de execução judicial de seus bens por seus credores, não sendo, ainda, submetidas a regime de falência; (iv) estão sujeitas a uma série de controles administrativos e financeiros, incluindo-se aí o poder de tutela, o controle pelo Tribunal de Contas, do Ministério de Finanças e o parlamentar (Comissões de inquérito, por exemplo).[357]

Vedel e Delvolvé advertem que o regime privado sofre ainda maiores derrogações quando se trata de estabelecimentos públicos e de empresas públicas cujo objeto seja a prestação de serviço público: conforme aumenta o seu caráter público, maior a incidência do direito público.[358-359]

---

[354] Idem. *Ibidem*, p. 547.

[355] Idem. *Ibidem*, p. 548.

[356] NICINSKI, Sophie. *Op.Cit.*, p. 353.

[357] RIVERO, Jean. *Op.Cit.*, p. 548 e ss. VEDEL, Georges; DELVOLVÉ, Pierre. *Droit Administratif*. Paris: Presses Universitaires de France, 1992, p. 643.

[358] VEDEL, Georges; DELVOLVÉ, Pierre. *Droit Administratif*. Paris: Presses Universitaires de France, 1992, p. 642.

[359] De acordo com Nguyen Vihn, a história do setor público foi marcada por um retorno parcial ao direito público. O controle sobre as empresas públicas permanece presente. Além disso, a jurisprudência, levando em conta o objeto de serviço público confiado às principais empresas públicas francesas, ou apenas a presença entre seus proprietários do Estado ou de uma coletividade pública, fez incidir as regras de direito administrativo.

O ESTADO EMPRESÁRIO

### 3.2.2. As empresas estatais em Portugal

Logo após a promulgação da Constituição Portuguesa de 1976, a qual, vale lembrar, originalmente consagrava o objetivo de transição do modelo econômico do país para o socialismo (arts. 2º, 9º, 50, 80 e 89), foi editado o Decreto-lei nº 260, instituindo as bases normativas das empresas públicas portuguesas.[360]

Naquele contexto histórico e social, o objeto do Decreto era o de estruturar as empresas estatais portuguesas para a transição para o socialismo, para a qual elas teriam um papel essencial.[361] Para esse fim, só eram consideradas empresas estatais aquelas entidades nas quais apenas o Estado português ou outras entidades públicas participassem, sendo criado um rígido sistema de controle do Estado sobre essas entidades, bem como inúmeras hipóteses de participação do trabalhador em sua gestão.

Tendo em vista, contudo, as alterações políticas ocorridas em Portugal, com o progressivo abandono do objetivo socialista, e, ainda, o seu ingresso na União Europeia e consequente submissão às orientações e decisões relacionadas ao direito da concorrência, em 1999, o referido Decreto-lei foi revogado pelo Decreto-Lei nº 558. Através deste, foi promovida uma reformulação do conceito de empresa pública e do regime jurídico a ela aplicável, com a finalidade de "criar um regime muito flexível, suscetível de poder abranger as diversas entidades que integram o setor empresa-

---

Exemplos: distinção entre o terceiro e o usuário em matéria de responsabilidade civil; suas decisões podem se revestir dos aspectos dos atos administrativos (*Op.Cit.*, p. 28).

[360] Disponível em http://www.igf.min-financas.pt. Acesso em 25 fev. 2012.

[361] De acordo com a exposição de motivos do Decreto-lei, "na fase de transição para o socialismo em que se encontra actualmente a sociedade portuguesa, é da máxima importância o papel que cabe às empresas públicas, não só porque estas detêm posições de exclusivo ou dominantes nos sectores básicos da economia, mas também porque, estando imperativamente sujeitas ao planeamento, permitem que, por seu intermédio, o Governo disponha de um efectivo contrôle sobre a execução das políticas de investimento formuladas nos planos económicos nacionais. Compete-lhes, pois, uma função de natureza qualitativamente diferente e com implicações muito mais profundas do que as inerentes às actividades de exploração de serviços públicos ou da criação de infra-estruturas económicas e sociais que tais empresas, tradicionalmente, têm desempenhado. Importa, por isso, dotar as empresas públicas de um regime jurídico que lhes permita cumprir plenamente aquela função".

rial do Estado (...) passando a atuar em harmonia com as regras normais do direito societário."[362]

Destacou-se, contudo, na exposição de motivos desse Decreto, que, a despeito da submissão ao regime de direito privado, "os estatutos das diferentes empresas consagram já, por vezes, exceções ao regime do direito das sociedades, prática que expressamente se legitima e admite dever continuar a ser utilizada":

> A experiência parece mostrar, de fato, que a simples remissão para o regime de direito privado não tem sido suficiente para assegurar uma correta articulação entre as várias unidades do sector empresarial e o Estado accionista. No presente diploma procura-se responder a este problema basicamente através do reforço das obrigações de informação e prevendo-se a aprovação de orientações estratégicas de gestão que serão transmitidas a essas empresas. Prevê-se, por outro lado, a manutenção dos atuais mecanismos de acompanhamento e controle que poderão, todavia, ser exercidos em condições mais efetivas.[363]

De acordo com esse Diploma, o setor empresarial público é integrado pelas empresas públicas, definidas a partir do conceito comunitário de "influência dominante", e pelas empresas participadas, sendo essas últimas "as organizações empresariais que tenham uma participação permanente do Estado ou de quaisquer outras entidades públicas estaduais, de caráter administrativo ou empresarial, por forma direta ou indireta".[364] As empresas públicas são conceituadas no art. 3º desse Diploma, *in verbis*:

---

[362] Conforme exposição de motivos do Decreto-lei. Disponível em: http://www.igf.min-financas.pt/inflegal/bd_igf/bd_legis_geral/Leg_geral_docs/DL_558_99.htm#ARTIGO_40. Acesso em 25 fev. 2012.

[363] Conforme exposição de motivos do Decreto-lei. Disponível em: http://www.igf.min-financas.pt/inflegal/bd_igf/bd_legis_geral/Leg_geral_docs/DL_558_99.htm#ARTIGO_40. Acesso em 25 fev. 2012.

[364] São consideradas permanentes aquelas participações que "não tenham objectivos exclusivamente financeiros, sem qualquer intenção de influenciar a orientação ou a gestão da empresa por parte das entidades participantes, desde que a respectiva titularidade não atinja uma duração, contínua ou interpolada, superior a um ano", presumindo-se que as participações sociais representativas de mais de 10 % do capital social da entidade

O ESTADO EMPRESÁRIO

ARTIGO 3.º

Empresas públicas

1 – Consideram-se empresas públicas as sociedades constituídas nos termos da lei comercial, nas quais o Estado ou outras entidades públicas estaduais possam exercer, isolada ou conjuntamente, de forma direta ou indireta, uma influência dominante em virtude de alguma das seguintes circunstâncias:

a) Detenção da maioria do capital ou dos direitos de voto;

b) Direito de designar ou de destituir a maioria dos membros dos órgãos de administração ou de fiscalização.

2 – São também empresas públicas as entidades com natureza empresarial reguladas no capítulo III.

Daí se extrai que a legislação portuguesa admite tanto entidades empresariais regidas pelo direito societário, privado, salvo no que estiver excepcionado pela legislação (item 1 do art. 3º) – algo semelhante às nossas sociedades de economia mista, bem como entidades empresariais de direito público,[365] tratadas no Capítulo III desse Decreto e denominadas "Entidades Públicas Empresariais", sendo reminiscências do regime anterior.[366-367] João Pacheco de Amorim afirma, contudo, que, na prática,

---

participada são permanentes, "com excepção daquelas que sejam detidas por empresas do sector financeiro" (art. 2.º, 3 e 4).

[365] D'ALTE, Sofia Tomé. *Op.cit.*, 2007, p. 271. Também defendendo a submissão de tais entidades ao regime jurídico de direito público, Nuno Cunha Rodrigues afirma que essa classificação decorre "do regime especial de criação, transformação, cisão, fusão e extinção constante no RGSEE, da sua sujeição à tutela e superintendência do Governo (artigo 29.º do RGSEE), do regime de autonomia administrativa, financeira e patrimonial a que estão sujeitas e, por último, da expressa definição, consagrada na lei, das E.P.E. como *pessoas colectivas de direito público, com natureza empresarial* (artigo 23.º, n.º 1, do RGSEE)" (RODRIGUES, Nuno Cunha. *Op.cit.*, p. 78).

[366] Artigo 23.º Âmbito de aplicação. 1 – Regem-se pelas disposições do presente capítulo e, subsidiariamente, pelas restantes normas deste diploma as pessoas colectivas de direito público, com natureza empresarial, criadas pelo Estado e doravante designadas «entidades públicas empresariais». 2 – O disposto no número anterior é aplicável às empresas públicas a que se refere o artigo 1.º do Decreto-Lei n.º 260/76, de 8 de abril, existentes à data da entrada em vigor do presente diploma, as quais passam a adoptar a designação prevista no final do número anterior.

[367] De acordo com a exposição de motivos desse Decreto, "entendeu-se (...) que se poderia

os regimes aplicáveis a essas duas espécies se aproximam, já que ambas se encontram, em um certo grau, submetidas ao direito público e, em certo grau, regidas pelo direito privado.[368]

Prevê o art. 7º do Decreto que "as empresas públicas regem-se pelo direito privado, salvo no que estiver disposto no presente diploma e nos diplomas que tenham aprovado os respectivos estatutos", incluindo-se aí "a tributação direta e indireta, nos termos gerais" e a sujeição às regras de concorrência, nacionais e comunitárias (art. 8º), bem como o regime geral do contrato individual de trabalho (art. 16), sendo, ainda, dotadas de autonomia administrativa, financeira e patrimonial (at. 25).

Mas o art. 9º do Decreto-lei prevê que o disposto no art. 8º "não prejudica regimes derrogatórios especiais, devidamente justificados, sempre que a aplicação das normas gerais de concorrência seja susceptível de frustrar, de direito ou de fato, as missões confiadas às empresas públicas incumbidas da gestão de serviços de interesse económico geral ou que apoiem a gestão do patrimônio do Estado".

O art. 18 do Decreto-lei prevê que, em regra, os litígios envolvendo empresas estatais devem ser submetidos ao foro comum, com exceção para aqueles que envolvam atos e contratos celebrados no exercício de poderes de autoridade (expropriação, por exemplo), hipóteses em que essas empresas deverão ser equiparadas a entidades administrativas.

continuar a justificar a existência de entidades empresariais de natureza pública, que se integrarão no regime geral agora estabelecido, nos termos do capítulo III. Estas empresas continuarão a reger-se também elas em múltiplos aspectos pelo direito privado, mas ficarão sujeitas a um regime de tutela, ainda que mais aliviado do que o previsto no anterior diploma. Naturalmente que em relação às entidades do sector empresarial que se revestem já da forma de sociedades comerciais se não prevê a subsistência da tutela governamental nos mesmos termos, procurando, no entanto, encontrar-se soluções que possam contribuir para uma maior eficácia do sector empresarial do Estado. A experiência parece mostrar, de facto, que a simples remissão para o regime de direito privado não tem sido suficiente para assegurar uma correcta articulação entre as várias unidades do sector empresarial e o Estado accionista. No presente diploma procura-se responder a este problema basicamente através do reforço das obrigações de informação e prevendo-se a aprovação de orientações estratégicas de gestão que serão transmitidas a essas empresas".

[368] AMORIM, João Pacheco de. *As Empresas Públicas no Direito Português, em especial, as Empresas Municipais*. Coimbra: Almedina, 2000, p. 16. Vide, em especial, nota de rodapé nº 11, na qual o autor afirma que "que se mantêm as naturezas jurídico-organizatórias privada e pública de umas e outras empresas, é um dado inquestionável".

O ESTADO EMPRESÁRIO

É interessante notar, ainda, que, de acordo com o art. 11 do Decreto-lei, o Conselho de Ministros, o Ministro das Finanças e o Ministro responsável pelo setor deverão expedir orientações estratégicas a serem seguidas nas assembleias gerais, e, no caso das entidades públicas empresariais, também na preparação e aprovação dos respectivos planos de atividades e de investimento. Essas orientações podem envolver metas a serem atingidas bem como contemplar a celebração de contratos entre o Estado e as empresas públicas, e, ainda, fixar parâmetros para a remuneração dos gestores públicos.

As empresas públicas estão sujeitas a controle financeiro, o qual abrange "a análise da sustentabilidade e a avaliação da legalidade, economia, eficiência e eficácia da sua gestão" (art. 12).

A peculiaridade das Entidades Públicas Empresariais reside na sua natureza institucional, e não societária.[369] Isso significa que essas entidades são submetidas a um regime misto: "não se regem única e exclusivamente pelo direito público, mas sim sobretudo no que concerne à sua actividade externa, pelo direito privado".[370]

Diferentemente das empresas públicas de caráter societário, essas entidades são submetidas, por exemplo, à prestação anual de contas (art. 32), bem como à tutela econômica e financeira (art. 29),[371] embora de forma atenuada com relação ao Diploma anterior.[372]

Além disso, prevê o art. 30 do Decreto-lei que "em circunstâncias excepcionais devidamente justificadas, podem as entidades públicas empresariais ser sujeitas a um regime especial de gestão, por prazo determinado que não exceda dois anos", período no qual serão suspensas as funções dos titulares dos órgãos de administração em exercício.

---

[369] D'ALTE, Sofia Tomé. *Op.cit.*, p. 294.

[370] Idem. *Ibidem*, p. 294.

[371] Esta última abrange, de acordo com o art. 29 do Decreto-lei: "a) A aprovação dos planos de actividades e de investimento, orçamentos e contas, assim como de dotações para capital, subsídios e indemnizações compensatórias; b) A homologação de preços ou tarifas a praticar por empresas que explorem serviços de interesse económico geral ou exerçam a respectiva actividade em regime de exclusivo, salvo quando a sua definição competir a outras entidades independentes; c) Os demais poderes expressamente referidos nos estatutos".

[372] AMORIM, João Pacheco de. *Op.cit.*, p. 17.

As principais diferenças entre uma e outra estrutura podem ser assim identificadas: (i) forma diversa de criação: as entidades públicas empresariais devem ser constituídas por decreto-lei, ao passo que as demais são criadas da forma prevista pela legislação societária; (ii) as entidades públicas empresariais podem receber outorga legal para a exploração de serviços públicos, ao passo que as sociedades empresariais controladas pelo Estado português devem firmar contratos de concessão; e (iii) é vedada a atribuição de poderes de autoridades às sociedades empresariais sob controle estatal.[373]

Diante disso, Sofia Tomé afirma que "a atuação empresarial por intermédio de uma EPE permite um maior e mais eficaz controlo da mesma quando comparada com a utilização da figura societária."[374] Mas a autora reconhece que são poucas as Entidades Públicas Empresariais existentes atualmente naquele país, prevalecendo a intervenção direta sob a forma de sociedades comerciais por quotas e sociedades comerciais anônimas.[375]

Essa autora entende que o fundamento da duplicidade de regimes legalmente previstos para a intervenção do Estado Português na economia reside na necessidade de consagração de "uma forma jurídica que lhe permitisse exercer um controle mais intenso sobre a atividade e até sobre a gestão das mesmas", em especial nos casos de prestação de serviços públicos:[376]

> (...) o legislador terá pretendido manter do antigo regime aquilo de bom que ele apresentava, reabilitando, atualizando, e expurgando a clássica EP, para permitir hoje a sua aplicação, sempre e quando o Estado-Empresário entendesse que essa seria a melhor forma organizativa para desenvolver uma determinada actividade no âmbito econômico-empresarial.[377]

As formas jurídico-privadas, por sua vez, deverão ser preferencialmente reservadas para o exercício de atividades econômicas em sen-

---

[373] Idem. *Ibidem*, p. 24.
[374] D'ALTE, Sofia Tomé. *Op.cit.*, p. 295.
[375] Idem. *Ibidem*, pp. 270/271.
[376] Idem. *Ibidem*, p. 297.
[377] Idem. *Ibidem*, p. 297.

tido estrito.[378] Em sentido semelhante, Nuno Cunha Rodrigues afirma que "existe uma implícita preferência do RGSEE quanto à forma que as empresas públicas encarregadas da gestão de serviços de interesse económico geral (...) deverão assumir – E.P.E. Esta preferência fundamenta--se nas exigências específicas e nas correlativas prerrogativas especiais associadas às actividades prosseguidas por estas empresas, que justificam um regime de intervenção pública mais intenso (possibilitado pelas formas de tutela a que as E.P.E. se encontram sujeitas, nos termos do artigo 29.º do RGSEE)".[379]

Assim como na França, o que se percebe é que também em Portugal as antigas formas públicas de prestação de serviços públicos pelo Estado vêm sendo paulatinamente substituídas por instrumentos societários, de regime jurídico privado.

### 3.2.3. As empresas estatais na Espanha

A Espanha experimentou uma grande onda de criação de empresas estatais durante o governo de Franco, após a Segunda Guerra Mundial, em especial nos setores de petróleo, eletricidade, aço e metais, engenharia, construção naval e química, na esteira do padrão fascista de intervenção estatal adotado por Mussolini, na Itália.

Em 1941, foi criado o INI – Instituto Nacional de Indústria, sob a forma de sociedade de responsabilidade limitada sujeita ao regime de direito privado, para o objetivo de promoção e financiamento do desenvolvimento industrial da Espanha, bem como centralização e planejamento das atividades industriais do Estado espanhol.[380] Muitas das empresas estatais criadas na Espanha a partir daí foram submetidas ao controle do INI, configurando-se, este último, como uma verdadeira *holding* estatal.[381]

---

[378] Idem. *Ibidem*, p. 299.

[379] RODRIGUES, Nuno Cunha. *Op.cit.*, p. 90.

[380] OLEA, Manuel Alonso. The Organisation and Administration of Public Enterprises in Spain. HANSON, A. H. *Public Enterprise – A Study of its Organisation and Management in various Countries*. Brussels: International institute of administrative sciences, 1954, p. 269.

[381] MORENO, Alfonso. Perez. *La forma jurídica de las empresas publicas*. Sevilla: Instituto García Oviedo, 1969, pp. 211/212.

De acordo com a Lei de 25 de setembro de 1941, a sua criação foi justificada pela "necessidade de dar vigor à economia, fortemente afetada por uma balança de pagamentos tradicionalmente adversa". Tendo sido constatada a falta de interesse das instituições financeiras em financiar determinadas atividades consideradas importantes para o país, "surge, pois, a necessidade de um organismo que, dotado de capacidade econômica e personalidade jurídica, possa dar forma e realização aos grandes programas de ressurgimento industrial de nossa Nação".

Além disso, diversas empresas públicas criadas na época foram resultado da nacionalização de empresas privadas, em especial daquelas constituídas por capitais estrangeiros e/ou que tivessem alguma relação com imperativos da segurança nacional.[382]

Essa tendência começou a mudar no fim da década de 1970, em decorrência do início do processo de redemocratização do país, das crises do petróleo e, finalmente, do ingresso da Espanha na União Europeia e consequente submissão às suas diretrizes sobre livre concorrência.[383] Nessa esteira, a partir de 1984, o INI foi transformado em um instrumento da política de privatizações naquele país, tendo sido a ele atribuída a tarefa de sanear as finanças das companhias por ele controladas para a finalidade de viabilização da sua posterior alienação ao mercado. A ideia era a de reduzir ao máximo o "tamanho" do INI até a sua total dissolução, o que ocorreu em 1995.[384]

Atualmente, a legislação espanhola prevê dois possíveis tipos de empresas estatais, a saber: (i) as entidades públicas empresariais (art. 53.1 da Lei nº 6/1997 também conhecida como a Lei de Organização e Funcionamento da Administração Geral do Estado – LOFAGE); e as (ii) sociedades mercantis com participação do Estado (art. 6.1.a da Lei Geral Orçamentária), regidas pelo Direito Societário.[385]

---

[382] CARRERAS, Albert; TAFUNELL, Xavier; TORRES, Eugenio. The Rise and Decline of Spanish State-Owned Firms. In: TONINELLI, Pier Angelo (ed.). *The Rise and Fall of State-Owned Enterprise in the Western World*. Cambridge: Cambridge University Press, 2000, p. 210.

[383] Idem. *Ibidem*, p. 215.

[384] Idem. *Ibidem*, p. 215.

[385] ORTIZ, Gaspar Ariño. *Principios de Derecho Público Económico*. 3ª ed. Granada: Comares, 2004, p. 458.

As entidades públicas empresariais são organismos públicos, criados sempre por lei (art. 61 da LOFAGE), para a "realização de atividades prestacionais, gestão de serviços públicos ou a produção de bens de interesse público suscetíveis de contraprestação" (art. 53.1 da LOFAGE), regendo-se pelo regime de Direito Privado, exceto no que diz respeito à formação da vontade de seus órgãos, ao exercício de poderes administrativos propriamente ditos e a outros eventuais aspectos previstos em lei.

O vínculo dessas empresas com seus trabalhadores é regido pelo Direito do Trabalho (art. 55). No entanto, como no Brasil, a contratação de pessoal deve ser necessariamente precedida por concurso público, com exceção apenas para a contratação dos seus diretores.

O regime de patrimônio dessas entidades é estabelecido pela Lei nº 33/2003, a qual prevê, em seu art. 3º, que "não se entenderão incluídos no patrimônio das Administrações públicas o dinheiro, os valores, os créditos e os demais recursos financeiros de sua fazenda nem, no caso das entidades públicas empresariais e entidades análogas dependentes das comunidades autônomas ou corporações locais, os recursos que constituem sua tesouraria".

O regime de contratações, por sua vez, é idêntico ao aplicável às demais entidades da Administração Pública (art. 57 da LOFAGE).

As entidades públicas empresariais são também sujeitas ao regime orçamentário, econômico-financeiro, contábil e de controle previsto pela Lei Geral Orçamentária (art. 58 da LOFAGE).

São, ainda, submetidas a controle do Ministério competente, o qual terá por finalidade a comprovação do cumprimento dos seus objetivos e do uso adequado dos recursos assinalados (art. 59).

A Lei Geral Orçamentária, aprovada pelo Real Decreto Legislativo nº 1091/1988 prevê o segundo tipo de empresa estatal mencionado acima: "as sociedades mercantis em cujo capital seja majoritária a participação, direta ou indireta, da Administração do Estado ou de seus Organismos Autônomos e demais entidades estatais de Direito Público" (art. 6º, 1, a). Ainda de acordo com esse Diploma, as sociedades estatais serão regidas pelas normas de direito mercantil, civil e do trabalho.

A diferença entre os dois tipos de entidades diz respeito à natureza jurídica de cada uma delas: as sociedades mercantis possuem natureza jurídica de Direito Privado, ao passo que as entidades públicas empresariais são dotadas de personalidade jurídica de Direito Público.[386] Apenas as últimas, em decorrência de sua natureza jurídica, poderão exercer funções típicas de autoridade.[387] Independentemente disso, as relações externas de ambos os tipos de entidades são regidas pelo Direito Privado.[388]

De acordo com Gaspar Ariño Ortiz, atualmente, há um certo consenso doutrinário de que as empresas públicas não devem gozar de privilégios, mas tampouco de ônus em comparação com a iniciativa privada: "o lema é: privatizar a gestão e os sistemas de atuação, liberá-la das ataduras do direito administrativo e submetê-la em sua integralidade às regras de direito privado (autonomia da vontade, liberdade para contratar, disponibilidade sobre seu patrimônio (...)".[389]

### 3.2.4. As empresas estatais na Inglaterra

Na Inglaterra, foram adotadas historicamente três formas principais de intervenção direta do Estado na economia. A primeira delas foi a exploração de atividades econômicas diretamente por um órgão ou departamento submetido a controle direto de um ministro da Coroa. O principal

---

[386] ENTERRÍA, Eduardo García; FERNÁNDEZ, Tomás-Ramón. *Curso de Derecho Administrativo*. Vol. I. Madri: Thomson Civitas, 2006, pp. 419/425. De acordo com os autores, "ainda que o normal em nosso Direito seja que quando uma empresa em mão pública pretende recorrer a um regime de atuação de Direito privado o faça por intermédio de uma personificação mercantil, esta intermediação não é juridicamente necessária, isto é, pode produzir-se esse regime de atuação privada ainda quando se mantenha uma forma pública de personificação. Esse último é, inclusive, o normal nas empresas públicas de outros Direitos, devendo citar-se especialmente os casos da Inglaterra e da França, cuja política de nacionalizações (...) se canalizou integralmente por essa via (técnica inglesa das *public corporations* e francesa do **établissement public industriel** *et comercial*, ambas personificações públicas; também são predominantes estas formas – ainda que não exclusivas – no Direito alemão)" (Idem, p. 425).

[387] Idem. *Ibidem*, p. 426.

[388] De acordo com Eduardo García de Enterría e Tomás-Ramón Fernandez, as sociedades estatais mercantis são regidas pelo direito privado ("há que se entender ad extra; ad intra, incluindo a criação e os controles se regem pelo Direito Administrativo"), o mesmo ocorrendo com as "entidades públicas empresariais" se regem pelo Direito Privado, "exceto na formação da vontade de seus órgãos, no exercício dos poderes administrativos que lhes tenham sido atribuídos e nos aspectos específicos regulados pela Lei" (Op.cit., p. 405).

[389] *Op.Cit.*, p. 467.

O ESTADO EMPRESÁRIO

exemplo dessa forma de intervenção direta foi o Serviço Postal, o qual, em 1969, foi transformado em *public corporation*.

A segunda forma consiste na criação (ou posterior aquisição) de sociedades comerciais nas quais o Estado possua participação integral ou majoritária. Apesar de popular em outros países da Europa e, inclusive, no Brasil, essa forma foi muito pouco utilizada na Inglaterra. São exemplos a *British Petroleum* (BP), que passou a ser controlada pelo Governo inglês ainda antes da Primeira Guerra Mundial; a *British Sugar Corporation*, criada em 1936 para desenvolver a produção doméstica de açúcar de beterraba; a *Cable and Wireless*, cujo controle foi adquirido em duas etapas (em 1938 e 1946), com o objetivo de estender a participação governamental no setor de telecomunicações; a *Short Brothers and Haland*, companhia que tinha por objeto a construção de aeronaves e seus componentes, adquirida pelo Governo durante a Segunda Guerra Mundial para evitar a sua falência; mesmos motivos que levaram à aquisição da *Rolls-Royce* e da *British Leyland* (atual Rover) nos anos de 1970.[390]

Prevaleceram, no entanto, tanto numericamente quanto em termos de recursos, empregados e produção, as *public corporations*.[391] De acordo com John Vickers e George Yarrow, trata-se de uma inovação institucional tendo por objetivo "combinar a liberdade gerencial sobre as operações do dia-a-dia com o controle público das macropolíticas dessas empresas".[392]

---

[390] VICKERS, John; YARROW, George. *Privatization: An Economic Analysis*. Massachusetts: MIT Press, 1988, p. 125.

[391] Idem. *Ibidem*, p. 123.

[392] Idem. *Ibidem*, p. 126, tradução livre. No mesmo sentido, William Robson afirma que "a *public corporation* é baseada na teoria de que uma medida integral de controlabilidade pode ser imposta a uma autoridade pública sem importar em que ela seja sujeita a controle ministerial no que diz respeito a todas as suas decisões gerenciais e inumeráveis atividades rotineiras, ou a escrutínio amplo do parlamento no que tange à sua operação diária. A teoria assume que a política [*policy*], pelo menos em seu sentido macro, pode ser distinguida da gerência e administração; e que uma combinação bem sucedida de controle político e liberdade gerencial pode ser atingida reservando-se certos poderes de decisão em questões de maior importância aos Ministros responsáveis perante o Parlamento e deixando todo o resto à discricionariedade da public corporation agindo dentro da sua competência legal" (ROBSON, William A. *Nationalized Industry and Public Ownership*. London: George Allen and Unwin, 1960. *Apud* VICKERS, John; YARROW, George. *Privatization: An Economic Analysis*. Massachusetts: MIT Press, 1988, p. 126, tradução livre).

Apesar de não haver uniformidade no que diz respeito ao regime jurídico dessas entidades, sendo cada uma delas regida por um ato normativo próprio,[393] é possível destacar algumas características em comum.[394]

Em primeiro lugar, trata-se de corporações dotadas de personalidade jurídica própria, mas não societária, sendo regidas por estatuto e administradas por uma diretoria indicada pelo Governo.[395] Elas não possuem acionistas: "o capital é normalmente providenciado na forma de ativos da iniciativa pública ou municipal, capitalizados sob a forma de ações com taxas fixas de juros. Em alguns casos, a ação é uma ação do governo (...). Em outros é uma ação da própria Corporação com uma garantia do Tesouro. O Professor Friedmann corretamente aduz, 'a corporação pública não possui ações ou acionistas, sejam privados ou públicos. O capital é titularizado pela nação'".[396]

As *public corporations* são consideradas entidades sem fins lucrativos. Eventuais lucros obtidos deverão ser investidos na própria atividade.[397] Seus empregados não são considerados servidores públicos.[398]

Além disso, todas elas apresentam autonomia perante o Poder Executivo central, inclusive financeira, na medida prevista por cada lei de criação:[399]

---

[393] MORENO, Alfonso. Perez. *La forma jurídica de las empresas publicas*. Sevilla: Instituto García Oviedo, 1969, p. 133.

[394] VICKERS, John; YARROW, George. *Op.cit.*, p. 126.

[395] Idem. *Ibidem*, p. 127.

[396] ROBSON, William. The Public Corporation in Britain today. *Harvard Law Review*, vol. 63, 1950, p. 1330.

[397] O Eletricity Act, por exemplo, prevê que um excedente nas receitas da British Eletricity Authority sobre as suas despesas em qualquer ano deverá ser aplicado para os propósitos da empresa pública ou em qualquer outra empresa da área de eletricidade (ROBSON, William. The Public Corporation in Britain today. *Harvard Law Review*, vol. 63, 1950, pp. 1330/1331).

[398] FRIEDMANN, W. A Theory of Public Industrial Enterprise. In: HANSON, A. H. (ed.) *Public Enterprise – A Study of its Organisation and Management in various Countries*. Brussels: International institute of administrative sciences, 1954, p. 20.

[399] ROBSON, William. The Public Corporation in Britain today. *Harvard Law Review*, vol. 63, 1950, p. 1321; e MORENO, Alfonso. Perez. *La forma jurídica de las empresas publicas*. Sevilla: Instituto García Oviedo, 1969, p. 133/134.

O ESTADO EMPRESÁRIO

Quando o Parlamento visa conferir certa autonomia, faz uso da *public corporation*. Esta possui a sua própria existência legal e pode ter por lei deveres e poderes que estão fora da organização regular do *Crown service*. Isso possibilita ao Governo fazer múltiplos experimentos, em que o controle central, o controle local e a independência possam ser combinados em qualquer proporção desejada.[400]

A essas entidades não se aplicam os privilégios e imunidades destinados à Coroa, como já foi reconhecido pelo Judiciário inglês em ação que versava sobre a aplicação ou não, à *British Transport Commission*, da legislação comum sobre inquilinato. No caso concreto, essa entidade havia promovido o despejo de um de seus inquilinos sem seguir o procedimento previsto pela legislação comum, sob o argumento de que ela não era aplicável à Coroa. No entanto, o Tribunal de Apelação não acolheu o argumento de imunidade da Coroa invocado pela *British Transport Commission*, sujeitando a entidade à legislação comum, nos seguintes termos:

aos olhos da lei, a corporação tem personalidade jurídica própria e é tão responsável como qualquer outra pessoa ou corporação. Não é a Coroa e não tem nenhum dos privilégios nem das imunidades da Coroa. Seus funcionários não são funcionários do Estado e seus bens não são bens da Coroa. Está tão obrigada pelas leis do Parlamento como qualquer outro súdito do rei. É, desde logo, uma autoridade pública e seus fins são indubitavelmente públicos. Mas não é um Departamento Governamental, nem suas atribuições são da competência do Governo.[401]

O mesmo entendimento foi mantido em decisão exarada pelo Tribunal de Apelação, no caso *British Broadcasting Corporation vs.* Johns, no que foi decidido que a BBC não é um órgão subordinado à Coroa e, por isso, não faz jus à isenção de tributos aplicável a esta última.[402]

Apesar de dotadas de autonomia, sobre elas incide certo grau de controle ministerial e parlamentar, em conformidade com cada lei de

[400] WADE, H.W.R. *Diritto amministrativo inglese*. Milano: Giuffrè Editore, 1969, p. 55.
[401] MORENO, Alfonso. Perez. *La forma jurídica de las empresas publicas*. Sevilla: Instituto García Oviedo, 1969, pp. 134/135.
[402] WADE, H.W.R. *Diritto amministrativo inglese*. Milano: Giuffrè Editore, 1969, p. 62.

O ESTADO COMO ACIONISTA CONTROLADOR

criação.[403] Jonh Vickers e George Yarrow enumeram os controles normalmente encontrados nas leis de criação das *public corporations*:

(i) deveres estatutários impostos nos Atos do Parlamento;
(ii) o direito do Ministro de fixar diretrizes de caráter geral para o presidente da corporação pública;
(iii) a possibilidade de os ministros exercerem pressão "não oficial" nas corporações públicas;
(iv) investigações conduzidas por comitês da Casa dos Comuns;
(v) investigações por outros órgãos oficiais como a Comissão de Monopólios e Fusões;
(vi) diretrizes fixadas em uma série de relatórios[404] sobre as indústrias nacionalizadas;
(vii) a possibilidade de os ministros imporem certos condicionamentos financeiros às empresas públicas.[405]

Esses autores ainda citam o poder dos Ministros de apontar todos ou a maioria dos administradores da entidade, normalmente para um período limitado de tempo.[406]

---

[403] Narra Wade que diversas leis de criação de *public corporation* nos anos de 1945 a 1949 continham disposições semelhantes no sentido da existência de "poder de nomear e de exonerar os membros das *corporations*, titularizado pela Coroa ou pelos Ministros, e o poder do Ministro de fornecer as 'diretrizes de caráter geral'. Ainda que vaga tal expressão, ela indica a distinção entre o poder geral de controle que o Governo exercita em nome do interesse público, respondendo ao Parlamento, e a ordinária conduta comercial da empresa, em que a *corporation* é liberada da interferência ministerial e parlamentar" (*Op.Cit.*, p. 57).

[404] Esses relatórios, também conhecidos por "White Papers", tinham por objetivo tornar mais específicos os objetivos e diretrizes gerais previstos nos estatutos dessas corporações. Exemplos desses *White Papers* foram os relatórios intitulados "Financial and Economic Obligations of the Nationalised Industries" (HM Treasury, 1961); "Nationalised Industries: A Review of Economic and Financial Objectives" (HM Treasury, 1967); e "The Nationalised Industries (HM Treasury, 1978).

[405] VICKERS, John; YARROW, George. *Op.cit.*, p. 124.

[406] VICKERS, John; YARROW, George. *Privatization: An Economic Analysis.* Massachusetts: MIT Press, 1988, p. 126.

Em resumo, "as *public corporations*, portanto, constituem uma categoria de instituição que reside em algum lugar entre a exploração direta da atividade pelo Governo e as empresas comerciais privadas".[407]

Não é, assim, possível conceituá-las nem como pessoas jurídicas de direito privado, nem como pessoas jurídicas de direito público, da forma como essa classificação é realizada no Brasil:

> no seu geral, as *public corporations* possuem uma natureza dual. Nos seus aspectos comerciais e gerenciais elas se assemelham a companhias comerciais e possuem um status essencialmente de direito privado. Mas, na medida em que exerçam tarefas públicas em nome do Governo e do Parlamento, elas são autoridades públicas, e como tais são sujeitas ao controle do Governo, dentro dos limites definidos por seu estatuto e desenvolvidos pela convenção.[408]

Essa característica "bipolar" das *public corporations* parece ser justamente uma forma de escapar às discussões sobre a aplicação de um regime ou outro às empresas estatais, como o temos no Brasil, e a extensão de um ou outro regime nas suas atividades do dia-a-dia.

Apesar do grande processo de privatizações por que passou a Inglaterra, o *National Audit Office – NAO*, órgão de controle da Administração Pública inglesa, afirma que a participação dos governos central e locais em companhias e outras organizações comerciais ainda é expressiva, em especial nos setores relacionados à prestação de serviços públicos (transporte aéreo, serviços postais, tratamento de resíduos nucleares, defesa nacional, etc.).[409] Aliás, esse órgão reconhece que as atividades exploradas pelo Governo contribuem de forma relevante para a economia inglesa, tendo, em 2005, gerado volume de negócios na ordem de 25 bilhões de libras, ou equivalente a mais de 2% do Produto Interno Bruto – PIB.

---

[407] Idem. *Ibidem*, p. 126.

[408] FRIEDMANN, W. A Theory of Public Industrial Enterprise. In: HANSON, A. H. (ed.) *Public Enterprise – A Study of its Organisation and Management in various Countries*. Brussels: International institute of administrative sciences, 1954, p. 21.

[409] National Audit Office. *The Shareholder Executive and Public Sector Businesses*, p. 4. Disponível em: www.nao.org.uk. Acesso em 12 fev. 2012.

## 3.3. O Estado como acionista controlador no Brasil

No Brasil, a primeira experiência empresarial do Estado se deu com a constituição do Banco do Brasil, em outubro de 1808, sob a forma de sociedade de economia mista controlada pela Coroa Portuguesa. Tratou-se, contudo, de um episódio isolado, não tendo se transformado em uma tendência nos anos que se seguiram à sua criação. Até a década de 1930, o Estado brasileiro raramente intervinha na economia de forma direta, limitando-se a exercer o seu poder fiscal.[410]

Foi apenas a partir do final da década de 1930 e início da década de 1940 que a atividade empresarial do Estado se acentuou. A Constituição da República dos Estados Unidos do Brasil de 1934 foi a primeira a dispor sobre a nacionalização de empresas, tendo estabelecido, em seu art. 117, que "a lei promoverá o fomento da economia popular, o desenvolvimento do crédito e a nacionalização progressiva dos bancos de depósito. Igualmente providenciará sobre a nacionalização das empresas de seguros em todas as suas modalidades, devendo constituir-se em sociedades brasileiras as estrangeiras que atualmente operam no País".

A partir daí foram criados o Instituto de Resseguros do Brasil (Decreto-lei nº 1.186/1939), a Companhia Siderúrgica Nacional – CSN (Decreto-lei nº 3.002/1941); a Companhia Vale do Rio Doce – CVRD (Decreto-lei nº 4.352/1942), a Companhia Nacional de Álcalis (Decreto-lei nº 5.684/1943), a Companhia Hidroelétrica do São Francisco – CHESF (Decreto-lei nº 8.031/1945), todas sob a forma de sociedades de economia mista.

---

[410] DUTRA, Pedro Paulo de Almeida. *Controle de Empresas Estatais: uma proposta de mudança.* São Paulo: Saraiva, 1991, p. 31. Mario Engler Pinto Junior adverte para o fato de que no final do século XIX, o Estado brasileiro promoveu uma série de nacionalizações de empresas ferroviárias, as quais, de acordo com o autor, não foram suficientes para significar uma tendência estatizante na economia, já que se deram tão-somente em virtude da atuação deficitária da iniciativa privada. A estatização do setor ferroviário de forma relevante só veio a ocorrer na década de 1950, no segundo governo de Getúlio Vargas, quando foi criada a Rede Ferroviária Federal S.A. – RFFSA (PINTO JUNIOR, Mario Engler. *Op.cit.*, p. 17).

O ESTADO EMPRESÁRIO

A literatura nacional[411] e estrangeira[412] convergem no sentido de que a atuação empresarial do Estado brasileiro nesse período tinha por principal objetivo afastar os efeitos da depressão econômica sofrida pelo mundo e, nesse sentido, impulsionar o desenvolvimento da indústria nacional, através da realização de investimentos nos setores de base, cujos altos custos e riscos afastavam o interesse da iniciativa privada.[413]

Naquele período, o Estado se incumbiu das grandes obras de infraestrutura (como portos, ferrovias e rodovias) e da produção de bens essenciais ao desenvolvimento da incipiente indústria nacional.[414] Havia, ainda, diante do cenário geopolítico subjacente, interesse do Estado em manter sob o seu controle as indústrias consideradas estratégicas para a segurança do país.[415]

Mario Engler Pinto Junior explica que "como exemplo de capitalismo tardio, o Brasil não podia dispensar a atuação empresarial do Estado para alavancar a produção privada, que carecia de organização adequada e disponibilidade de insumos básicos. A empresa estatal transforma-se no principal motor da industrialização nacional", o que se deu preponderantemente através da criação de empresas pelo Estado e não através da nacionalização de empresas privadas já existentes, como ocorreu em

---

[411] Ver, nesse sentido, PINTO JUNIOR, Mario Engler. *Op.Cit.*, p. 40. De acordo com o autor, "a empresa estatal surge para ocupar espaços vazios deixados pelo setor privado, e não com o propósito de disputar o mesmo mercado". Ver também ARAÚJO, Edmir Netto de. *Curso de Direito Administrativo*. São Paulo: Editora Saraiva, 2010, pp. 222/223.

[412] Cf. TREBAT, Thomas J. *Brazil's state owned enterprises*. Cambridge: Cambridge University Press, 2006, p. 65 e ss.

[413] "Tratava-se de projetos intensivos de capital, com longo prazo de maturação, retorno incerto e baixa rentabilidade, exigindo aportes de recursos várias vezes superiores àqueles que a iniciativa privada estava acostumada a mobilizar na fase de substituição de importações" (PINTO JUNIOR, Mario Engler.*Op.cit.*, p. 25).

[414] Como narra Thomas Trebat, "foi apenas após o fracasso de repetidas tentativas da iniciativa privada que as empresas estatais foram originalmente criadas na siderurgia. (...) Nos anos de 1960 e 1970, as novas empresas estatais foram criadas em espaços "vazios" da estrutura produtiva intensiva em tecnologia, como a aviação, petroquímica e energia nuclear" (TREBAT, Thomas J. *Brazil's state owned enterprises*. Cambridge: Cambridge University Press, 2006, p. 65).

[415] DUTRA, Pedro Paulo de Almeida. *Controle de Empresas Estatais: uma proposta de mudança*. São Paulo: Saraiva, 1991, p. 29.

O ESTADO COMO ACIONISTA CONTROLADOR

países Itália, França e Inglaterra.[416] Assim, ainda de acordo com esse autor, "o capitalismo de Estado não excluía a economia de mercado. O Estado empresário interagia com agentes privados, realizando trocas em ambiente de mercado".[417]

As empresas estatais brasileiras foram utilizadas, nesse período, tanto para diminuir os efeitos das crises econômicas pelas quais o mundo estava passando, quanto para suprir o vácuo da iniciativa privada em alguns setores essenciais ao desenvolvimento da indústria nacional.

A forma societária preponderantemente adotada foi a sociedade de economia mista, tanto para permitir a transferência de *know how* de alguns parceiros estratégicos (esse foi o caso, por exemplo, da Companhia Siderúrgica Nacional – CSN), como para a alavancagem de recursos privados, sobretudo de origem estrangeira (como, por exemplo, aconteceu com a CVRD) e, ainda, a obtenção do apoio popular para os investimentos estatais.[418]

A adoção desse formato societário começou a ser criticada pela doutrina a partir da década de 1950, sob o argumento de que interesses públicos e privados seriam inconciliáveis e de que a sua contraposição constante culminaria, na maioria das vezes, em prejuízo para a empresa.[419] Esse prognóstico, contudo, não se concretizou nos anos que

---

[416] *Empresa Estatal: função econômica e dilemas societários.* São Paulo: Ed. Atlas, 2010, pp. 22/23.

[417] *Op.cit.*, p. 38.

[418] De acordo com Mario Engler Pinto Junior, "a preferência pela sociedade de economia mista nesses casos, em lugar da empresa exclusivamente estatal, parece ser fruto da genialidade de Getúlio Vargas e de sua natural ambiguidade. No fundo, o estadista vislumbrou na companhia mista o instrumento ideal para compor aspirações aparentemente antagônicas e, ao mesmo tempo, mobilizar o sentimento nacionalista do povo brasileiro, induzindo-o a participar diretamente do empreendimento de interesse público. A sociedade de economia mista passou, então, a ser enaltecida pela doutrina como solução mágica para viabilizar grandes projetos em países onde o mercado de capitais era insuficiente, mostrando-se capaz de atrair investimentos acionários privados em razão da credibilidade do empreendimento público" (PINTO JUNIOR, Mario Engler. *Op.cit.*, p. 204).

[419] BILAC PINTO, Olavo. O declínio das Sociedades de Economia Mista e o Advento das Modernas Empresas Públicas. *Revista de Direito Administrativo, Seleção Histórica*, 1991, pp. 257 e ss. Nas palavras do autor, "esta associação entre o Estado e os particulares não pode, senão excepcionalmente, conduzir a bons resultados. Uma associação não beneficia, com efeito, a todos os associados senão quando êles visem a um fim comum, ou, pelo menos, a fins análogos, excluída a oposição entre uns e outros. Ora, em uma empresa de economia

se seguiram. É justamente a partir daí que, historicamente, foi criado o maior número de sociedades de economia mista no Brasil, como a Petróleo Brasileiro S.A. – Petrobras (Lei nº 2004/53), a Centrais Elétricas Brasileiras S.A. – Eletrobrás (Lei nº 3890-A/61) e a Empresa Brasileira de Telecomunicações S.A. – Embratel (criada como empresa pública pela Lei nº 4.771/1962, mas transformada em sociedade de economia mista pelo Decreto nº 70.913/1972), dentre outras.

Enquanto nas décadas de 1940 e 1950 o foco principal da atuação estatal na economia eram as indústrias de base, tendo em vista a necessidade de se impulsionar a rápida industrialização nacional, a partir da década de 1970 esse foco se alterou, passando a voltar-se para a ampliação da indústria tecnológica brasileira. Nesse período, foram criadas empresas como a Empresa Brasileira de Aeronáutica S.A. – Embraer (Decreto-lei nº 770/1969), a Companhia Brasileira de Tecnologia Nuclear – CBTN (Lei nº 5.740/1971, posteriormente transformada na Empresas Nucleares Brasileiras S.A., pela Lei nº 6.189/1974) e a Computadores e Sistemas Brasileiros S.A. – COBRA (criada em 1974). O intuito aqui, mais uma vez, era o de impulsionar um ramo da economia considerado estratégico pelo Poder Público, mas para o qual não havia interesse maciço da iniciativa privada, em virtude dos grandes riscos e custos financeiros envolvidos.

Mas foi também a partir da década de 1970 que essa tendência interventiva começou a retroceder, por razões como ineficiência e escassez de recursos para sustentar toda a estrutura estatal. "A partir de 1976, as companhias estatais são apontadas como responsáveis pelos principais desequilíbrios macroeconômicos do país, notadamente o déficit na balança de pagamentos e o aumento da taxa de inflação".[420] Foi nesse período que começou o processo de privatizações na Inglaterra.

---

mista, os fins visados pelo Estado e pelos particulares são diametralmente opostos; êles se excluem reciprocamente. O capitalista particular não tem em vista senão seu interesse pessoal; êle quer lucros elevados que lhe assegurarão bons dividendos e procura fixar o preço de venda mais alto que a concorrência permita, se ela existir. O Estado, ao contrário, intervém com a intenção de salvaguardar o interêsse geral, seja o dos consumidores ou o dos utentes; êle se esforça, então, para manter o preço de venda em níveis baixos. Nasce, assim, entre os dois grupos de associados, um conflito irredutível, no qual um dêles será inevitavelmente a vítima" (Idem, p. 261).

[420] PINTO JUNIOR, Mario Engler.*Op.cit.*, p. 37. No mesmo sentido, PINHEIRO, Armando Castelar. A experiência brasileira de privatização: o que vem a seguir?. Textos para dis-

O ESTADO COMO ACIONISTA CONTROLADOR

Em 1979, foi criada a Secretaria de Controle de Empresas Estatais – SEST, pelo Decreto nº 84.128, de 29 de outubro daquele ano, com o objetivo de, como o seu próprio nome diz, controlar a atuação das empresas estatais e outras entidades a elas equiparadas. Essa Secretaria possuía competências, dentre outras, para coordenar as atividades das empresas estatais que envolvessem recursos e dispêndios globais passíveis de ajustamento à programação governamental; elaborar propostas de fixação de limites máximos de dispêndios globais dessas empresas; acompanhar a gestão das empresas estatais, no que tange à sua eficiência, desempenho, operacionalidade, econômica e situação econômico-financeira; emitir parecer prévio sobre a contratação de operações de crédito externo por empresas estatais; opinar em matéria de fixação ou reajustamento de preços e tarifas de bens ou serviços de empresas estatais; propor critérios para a fixação ou reajustamento da remuneração dos dirigentes de empresas estatais; manifestar-se sobre as propostas de aumento de capital de emissão de debêntures, conversíveis ou não em ações, de empresas estatais; bem como sobre as propostas de criação de empresas estatais; ou de assunção do controle por estas de uma empresa privada.

A criação dessa Secretaria não teria, contudo, em um momento inicial, sido permeada pela ideologia privatizante, mas sim pela "necessidade de controlar os focos de pressão inflacionária".[421] Foram as pressões exteriores, sobretudo dos organismos financeiros internacionais, e o desempenho deficitário dessas entidades que acabaram culminando, também no Brasil, na privatização de algumas empresas estatais.

Para esse fim, em 1981 foi editado o Decreto nº 86.215, dispondo sobre a criação da Comissão Especial de Desestatização e sobre as "normas para

---

cussão nº 87, p. 11. Disponível em http://www.bndes.gov.br/SiteBNDES/export/sites/default/bndes_pt/Galerias/Arquivos/conhecimento/td/Td-87.pdf. Acesso em 15 fev. 2011. Nas palavras do autor, "não ocorreu uma mudança ideológica radical no papel desenvolvimentista do Estado, mas sim uma mudança na ênfase da política econômica, imposta por mudanças que, até um determinado ponto, estavam fora do controle do governo. A prioridade não era mais o crescimento e a substituição de importações, mas o controle da inflação e, principalmente, a superação da crise cambial. Como as estatais eram responsáveis por uma parte considerável do investimento e do consumo internos, seria quase impossível estabilizar a economia sem algum tipo de controle sobre seus gastos e sem eliminar ou pelo menos reduzir seus déficits".
[421] PINTO JUNIOR, Mario Engler. Op.cit., p. 49.

O ESTADO EMPRESÁRIO

transferência, transformação e alienação das empresas controladas pelo governo federal".

Esse Decreto estabelecia o rol de empresas que deveriam ser transferidas para o controle da iniciativa privada (art. 3º), a saber: (i) "as empresas privadas que, tendo sido criadas pelo setor privado, passaram ulteriormente para o controle direto ou indireto da União, em decorrência de inadimplência de obrigações, excussão de garantia ou situações jurídicas semelhantes"; (ii) "as empresas instituídas pelo Poder Público que não mais devam permanecer sob o controle e direção do Governo Federal, por já existir, sob controle nacional, setor privado suficientemente desenvolvido e em condições de exercer as atividades que lhes foram atribuídas"; (iii) "as subsidiárias das empresas instituídas ou controladas direta ou indiretamente pela União, cuja existência não seja indispensável à execução dos objetivos essenciais da empresa controladora e importe em desnecessária ou injusta competição com as empresas privadas nacionais".

O Decreto também elencou aquelas empresas que não deveriam ser objeto de privatização: (i) "as empresas incumbidas de atividades diretamente ligadas à segurança nacional, a critério do Presidente da República"; (ii) "as empresas incumbidas de atividades sujeitas ao regime legal de monopólio do Estado"; (iii) "as empresas responsáveis pela operação da infraestrutura econômica ou social básica ou produtoras de insumos de importância estratégica, cujo controle o Estado foi levado a assumir para viabilizar o desenvolvimento do setor privado, e não para com ele competir"; e (iv) "as empresas instituídas com o objetivo de manter o controle nacional do processo de desenvolvimento ou evitar a desnacionalização de setores básicos da economia".

Essa Comissão identificou, inicialmente, 140 empresas estatais que se enquadrariam nas hipóteses de privatização acima enumeradas. No entanto, no período de 1981 a 1984, apenas vinte empresas foram transferidas para investidores privados e oito foram incorporadas por outras entidades públicas.[422] No Governo Sarney (1985-1990), apenas dezoito empresas federais foram privatizadas, outras dezoito foram transferidas

---

[422] Cf. PINHEIRO, Armando Castelar. A experiência brasileira de privatização: o que vem a seguir?. Textos para discussão nº 87, p. 14. Disponível em http://www.bndes.gov.br/SiteBNDES/export/sites/default/bndes_pt/Galerias/Arquivos/conhecimento/td/Td-87.pdf. Acesso em 15 fev. 2011.

para os estados, duas foram incorporadas por entidades federais e quatro foram extintas.

Até então, nenhuma empresa de grande porte havia sido inserida no programa de privatizações, "a maior parte das vendas foi feita pelo BNDES, cuja motivação para a privatização estava mais relacionada à sua necessidade de se livrar de empresas problemáticas e deficitárias do que a uma percepção favorável sobre a privatização por parte do governo".[423] Isso foi o bastante para que o Banco Mundial concluísse, em 1989, que "o primeiro flerte do Brasil com a privatização foi um 'clássico exemplo de fiasco'".[424]

A verdade é que, nesse período, não havia um compromisso político com as privatizações. Prova disso foi a rejeição, pelo Congresso Nacional, em 1989, da Medida Provisória nº 26, que pretendia submeter todas as empresas estatais existentes à privatização, com poucas exceções.[425]

O programa de privatizações só ganhou força a partir da década de 1990, com a aprovação do Programa Nacional de Desestatização –PND, objeto da Lei federal nº 8.031. Nessa década, foram privatizadas 130 empresas no âmbito federal e estadual, o que culminou na arrecadação de mais de 100 bilhões de dólares pelos cofres públicos brasileiros.[426]

Não obstante isso, o Estado brasileiro ainda participa de forma importante na economia, e não só através da regulação, mas também através de intervenção direta na qualidade de explorador de atividades econômicas. De acordo com reportagem publicada na Revista Época, no nível federal, atualmente são, ao todo, 675 as empresas com alguma participação do governo.[427]

Além disso, a crise financeira de 2008 demonstrou que ainda há espaço para a intervenção direta do Estado na economia, tendo sido o marco do "retorno do pêndulo" da intervenção estatal na economia, agora não mais concentrada na criação de empresas controladas pelo Estado, mas

---

[423] Idem. *Ibidem*, p. 13.
[424] Idem. *Ibidem*, p. 13.
[425] Idem. *Ibidem*, p. 14.
[426] Idem. *Ibidem*, p. 20.
[427] CORONATO, Marcos; FUCS, José. Estado Ltda. *Revista Época*, nº 682, 13 jun. 2011, pp. 64/86.

também na celebração de parcerias com os particulares e na participação societária minoritária em sociedades privadas.

### 3.4. Conceito de empresas públicas e as sociedades de economia mista

De acordo com o art. 173, § 1º, da Constituição Federal, seriam dois os possíveis tipos de sociedade criados pelo Estado: as sociedades de economia mista e as empresas públicas. São exemplos das primeiras a Petrobras – Petróleo Brasileiro S.A. e a Eletrobrás – Centrais Elétricas Brasileiras, e das últimas, a Caixa Econômica Federal – CEF e a Empresa Brasileira de Correios e Telégrafos – ECT.

Até 2016, na ausência da lei a cuja criação se referia esse dispositivo constitucional, a definição dessas sociedades devia ser buscada no Decreto-Lei nº 200/1967, que assim as diferencia:

> Art. 5º Para os fins desta lei, considera-se:
> (...) II – Emprêsa Pública – a entidade dotada de personalidade jurídica de direito privado, com patrimônio próprio e capital exclusivo da União, criado por lei para a exploração de atividade econômica que o Govêrno seja levado a exercer por fôrça de contingência ou de conveniência administrativa podendo revestir-se de qualquer das formas admitidas em direito. (Redação dada pelo Decreto-Lei nº 900, de 1969)
> III – Sociedade de Economia Mista – a entidade dotada de personalidade jurídica de direito privado, criada por lei para a exploração de atividade econômica, sob a forma de sociedade anônima, cujas ações com direito a voto pertençam em sua maioria à União ou a entidade da Administração Indireta. (Redação dada pelo Decreto-Lei nº 900, de 1969).

De acordo com o art. 4º, II, "b" e "c", desse Decreto-lei, ambos os tipos de sociedades integram a Administração Indireta Brasileira, sendo vinculadas ao Ministério em cuja área de competência estiver enquadrada a sua principal atividade (artigo 4º, parágrafo único).

A Lei federal nº 13.303, de 30 de junho de 2016, que regulamentou o disposto no art. 173, § 1º da Constituição Federal, versando sobre o estatuto jurídico da empresa pública, da sociedade de economia mista e de suas subsidiárias, no âmbito da União, dos Estados, do Distrito Federal e dos Municípios, assim conceituou essas entidades, de forma muito semelhante, em sua essência, ao que já previa o Decreto-lei supracitado:

O ESTADO COMO ACIONISTA CONTROLADOR

(i) "Empresa pública é a entidade dotada de personalidade jurídica de direito privado, com criação autorizada por lei e com patrimônio próprio, cujo capital social é integralmente detido pela União, pelos Estados, pelo Distrito Federal ou pelos Municípios" (art. 3º).

(ii) "Sociedade de economia mista é a entidade dotada de personalidade jurídica de direito privado, com criação autorizada por lei, sob a forma de sociedade anônima, cujas ações com direito a voto pertençam em sua maioria à União, aos Estados, ao Distrito Federal, aos Municípios ou a entidade da administração indireta" (art. 4º).

Dos conceitos acima reproduzidos, é possível destacar pelo menos três semelhanças e três diferenças entre esses dois tipos de sociedade. As semelhanças dizem respeito (i) à necessidade de autorização legal prévia à sua constituição, nos termos do art. 37, XIX, da Constituição Federal; (ii) à titularidade de personalidade jurídica própria de direito privado, o que engloba a autonomia organizacional e dotação de patrimônio próprio[428]; e (iii) à constituição sob a forma empresarial, seja societária ou civil.

As diferenças, por sua vez, tocam à sua (i) composição acionária; (ii) forma societária; e (iii) ao foro competente para solução dos conflitos envolvendo essas entidades.

Enquanto o capital da empresa pública é 100% público, mas não necessariamente de um único ente federativo ou mesmo da Administração Pública Central[429], o da sociedade de economia mista, como o próprio

---

[428] Cf. JUSTEN FILHO, Marçal. *Curso de Direito Administrativo*. Belo Horizonte: Ed. Fórum, 2011, p. 259.

[429] Nos termos do art. 5º do Decreto-lei nº 900/69: "Art. 5º Desde que a maioria do capital votante permaneça de propriedade da União, será admitida, no capital da Emprêsa Pública (artigo 5º inciso II, do Decreto-lei número 200, de 25 de fevereiro de 1967), a participação de outras pessoas jurídicas de direito público interno bem como de entidades da Administração Indireta da União, dos Estados, Distrito Federal e Municípios", bem como do parágrafo único do art. 3º da Lei nº 13.303/2016: "Parágrafo único. Desde que a maioria do capital votante permaneça em propriedade da União, do Estado, do Distrito Federal ou do Município, será admitida, no capital da empresa pública, a participação de outras

O ESTADO EMPRESÁRIO

nome sugere, é dividido entre o acionista público e os acionistas privados, sendo que o primeiro deve possuir o controle da sociedade.[430]

Muito embora o art. 5º, III, do Decreto-Lei nº 200/67 e, mais recentemente, o art. 4º da Lei nº 13.303/2016, definam a sociedade de economia mista como a entidade "cujas ações com direito a voto pertençam em sua maioria" à pessoa jurídica federativa (União, Estados, Distrito Federal ou Municípios) ou a entidade da Administração Indireta, admite-se que a participação do Estado seja minoritária, desde que suficiente para a manutenção do controle, já que o seu traço essencial, na verdade, é a existência de poder de controle estatal, independente da forma pela qual esse poder de controle seja assegurado. [431-432]

pessoas jurídicas de direito público interno, bem como de entidades da administração indireta da União, dos Estados, do Distrito Federal e dos Municípios".

A título de exemplo, podemos citar a Companhia Imobiliária do Distrito Federal – TERRACAP, cujo capital social pertence à União (49%) e ao Distrito Federal (51%).

Divergindo em parte, Lucas Rocha Furtado afirma que o capital das empresas públicas só pode ser composto por entidades de Direito Público. Eventual sociedade que tenha por sócios um ente federativo e uma empresa estatal seria, de acordo com esse entendimento, uma sociedade de economia mista (*Curso de Direito Administrativo*. Belo Horizonte: Ed. Fórum, 2007, p. 224).

[430] Vale mencionar, aqui, que a constituição de uma sociedade de economia mista depende da participação efetiva da iniciativa privada, não sendo bastante para caracterizá-la a mera detenção de ações pelos membros do conselho de administração, os quais, como se sabe, são obrigatoriamente acionistas da S.A. por imposição do art. 146 da Lei nº 6.404/76. Assim, concordamos com Vitor Schirato no sentido de que "as sociedades anônimas constituídas exclusivamente com recursos públicos, nas quais apenas as ações detidas pelos membros do conselho de administração não são detidas pela Administração, configuram-se empresas públicas e não sociedades de economia mista. Esta afirmação é ratificada, ainda, pelo fato de que a integralização dos valores referentes às ações detidas pelos membros do Conselho de Administração são desembolsadas pela própria Administração, que transfere tais ações aos membros do Conselho de Administração condicional e exclusivamente pelo período em que desempenham a função de administradores e após o qual são obrigados a restituir ao poder Público as ações por eles detidas" (SCHIRATO, Vitor Rhein. Novas anotações sobre as empresas estatais. *Revista de Direito Administrativo*, vol. 239, 2005, p. 212).

[431] De acordo com Adilson Abreu Dallari, "é ponto pacífico que não basta a existência, na composição acionária de uma empresa qualquer, de capitais públicos e privados para que se tenha uma sociedade de economia mista. Também não é suficiente que os capitais públicos sejam majoritários. O que realmente caracteriza a sociedade de economia mista é a circunstância de que ela deve cumprir uma finalidade pública, realizar um objetivo

É possível criar, com efeito, uma estrutura societária em que o Estado, muito embora não tenha a titularidade da maioria das ações com direito

estatal, pois, em última análise, ela é uma forma de atuação estatal. Daí a necessidade de que a direção de empresa, a condução de seus negócios, fique nas mãos do Poder Público" (Dallari, Adilson Abreu. Acordo de Acionistas. Empresa Estadual Concessionária de Serviço Público Federal. Manutenção da Qualidade de Acionista Controlador. *Interesse Público*, nº 7, 2000, p. 99). No mesmo sentido, Diogo de Figueiredo Moreira Neto afirma que "não é o capital misto que configura a sociedade de economia mista, pois o termo 'economia' sugere conteúdo mais amplo que 'capital'. Na verdade, o seu traço marcante é a participação necessária do Estado na sua direção, pois este é o elemento que lhe confere o poder de atuar, de decidir, em nível de execução, sobre a atividade que lhe foi cometida por delegação legal" (Moreira Neto, Diogo de Figueiredo. *Curso de Direito Administrativo*. Rio de Janeiro: Ed. Forense, 2006, p. 263).

Podemos citar, ainda, Suriman Nogueira de Souza Júnior afirma que "o controle do capital social, e, por conseguinte, da administração da sociedade, é o traço marcante dessas empresas, pois é isso que confere ao Estado o poder de atuar, interferindo diretamente nas atividades desenvolvidas pela sociedade que lhes foram cometidas por outorga legal" (Souza Júnior, Suriman Nogueira de. *Regulação Portuária: A Regulação Jurídica dos Serviços Públicos de Infra-estrutura Portuária no Brasil*. São Paulo: Editora Saraiva, 2008, p. 63), bem como Bruno Leal Rodrigues, que adverte que "é essencial para caracterizar a sociedade de economia mista que o Estado tenha a prerrogativa de direcionar a empresa para os fins de interesse público que motivou a sua criação (sic)". (Rodrigues, Bruno Leal. Formas de Associação de Empresas Estatais. Acordo de Acionistas, Formação de Consórcios e Participação em Outras Empresas. *Direito Administrativo Empresarial*. Rio de Janeiro: Lumen Juris, 2006, p. 109).

[432] De acordo com Mario Engler Pinto Junior, "é possível o Estado deter menos da metade do capital votante e, ainda assim, ser capaz de exercer sozinho o poder de comando. O controle minoritário tem condições de ocorrer quando as ações de emissão da companhia encontram-se pulverizadas no mercado de capitais, sem que nenhum acionista, salvo o próprio Estado, reúna os votos necessários para aprovar isoladamente as matérias submetidas à assembleia geral, bem como eleger a maioria dos conselheiros de administração. (...) Não se discute aqui se a companhia controlada minoritariamente pelo Estado e vinculada ao cumprimento de uma missão pública amparada em lei específica deve, ou não, compor a administração pública para efeito de se sujeitar aos ditames constitucionais pertinente. A conclusão nesse particular depende da legislação própria de cada esfera de governo, que pode exigir o requisito da maioria absoluta do capital votante, ou se contentar com outro tipo de influência dominante, para determinar quando uma companhia com participação acionária estatal passa a integrar a chamada administração indireta. Não é demais lembrar que a Constituição Federal utiliza as expressões empresa pública e sociedade de economia mista, porém, sem defini-las" (*Op.cit.*, p. 343).

de voto, disponha de efetivo poder de orientação das atividades empresariais. É o caso, por exemplo, das sociedades em que o Estado participe com menos de 50% das ações com direito a voto e em que a participação da iniciativa privada seja dispersa,[433] ou seja, em que nenhum agente privado detenha a maioria das ações com direito a voto. Também é possível imaginar a detenção do poder de controle através da celebração de acordos de acionistas, que independem da quantidade de ações possuídas.

A Lei nº 8.031/90 corrobora o ora defendido, vinculando, em seu art. 22, § 1º, a definição de privatização à perda dos direitos que assegurem à União preponderância nas deliberações sociais e o poder de eleger a maioria dos administradores da sociedade; não limitando esse fenômeno à perda da maioria das ações com direito a voto.

A definição legal de poder de controle encontra-se no art. 116 da Lei nº 6.404/76, exigindo, para a sua configuração, (i) existência de direitos de sócio que assegurem a maioria dos votos nas deliberações e (ii) poder de eleger a maioria dos administrados e o uso efetivo desse poder para dirigir a companhia. Não existe poder de controle passivo, isto é, que não seja utilizado[434]. Além disso, esse poder deve ter a característica de permanência.[435] É a conjugação desses fatores que permitirá que o acionista ou grupo de acionistas se torne senhor da atividade econômica da empresa.

---

[433] De acordo com Fernando Cariola Travassos, "com a dispersão adequada e monitorada do capital votante, o poder público ainda será um acionista poderoso, com o poder de influir nos objetivos e linhas de ação da empresa" (TRAVASSOS, Fernando C. As vantagens de uma empresa público-privada, *Jornal Valor Econômico*, publicado em 21.08.2007).

[434] BERTOLDI, Marcelo M. O poder de controle na sociedade anônima – alguns aspectos. *Revista de Direito Mercantil, Industrial, Econômico e Financeiro*, vol. 118, abr./jun. 2000, p. 65. De acordo, ainda, com Letícia Simonetti Garcia, "o controle é configurado quando do exercício do direito de voto, de maneira que o acionista que detém a maioria dos votos, mas que deles não se utiliza, não é controlador, é apenas acionista majoritário" (GARCIA, Letícia Simonetti. O Acordo de Acionistas e seus Efeitos Concorrenciais. In: SANTOS, Theophilo de Azeredo. *Novos Estudos de Direito Comercial em Homenagem a Celso Barbi Filho*. Rio de Janeiro: Forense, 2003, p. 155).

[435] BERTOLDI, Marcelo M. O poder de controle na sociedade anônima – alguns aspectos. *Revista de Direito Mercantil, Industrial, Econômico e Financeiro*, vol. 118, abr./jun. 2000, p. 65. Por isso mesmo o controle de fato momentâneo não transformaria, de acordo com Nuno Cunha Rodrigues, uma empresa privada em uma empresa estatal (RODRIGUES, Nuno Cunha. "*Golden-Shares*"..., p. 105).

O controle pode decorrer da detenção da totalidade das ações com direito a voto, da maioria das ações com direito a voto, de menos da metade das ações com direito a voto, [436] desde que as demais ações encontrem-se dispersas, ou pode ser exercido pelos administradores da companhia (sendo esse conhecido como controle gerencial), em casos de extrema dispersão do capital social, sendo, nesse último caso, totalmente independente da titularidade das ações. [437]

Mas esse controle deve ser inequivocamente do sócio estatal. O controle compartilhado de uma sociedade pelo sócio público e pelo sócio privado (fundamentado em um acordo de acionistas, por exemplo) não atende à exigência do Decreto-lei nº 200/1967 (e, acrescemos, da Lei nº.13.303/2016). Essa foi a razão pela qual o Tribunal de Justiça de Minas Gerais, em sede de julgamento do recurso de apelação nº 1.0000.00.199781-6/000, anulou acordo de acionistas celebrado pelo Estado de Minas Gerais com o vencedor do leilão de emissão de debêntures representativas das ações da Companhia Energética de Minas Gerais – CEMIG, realizado em 1997, com o objetivo de atrair um sócio estratégico para permitir a modernização da CEMIG.[438] Para conferir vantajosidade ao negócio, o Estado de Minas Gerais havia se comprometido a celebrar o referido acordo de acionistas, permitindo, portanto, à futura vencedora que participasse das decisões fundamentais da sociedade.

---

[436] Nuno Cunha Rodrigues cita "situações que ocorreram no México e na Jamaica em que, devido à escassa capacidade de absorção, pelo mercado, das empresas a privatizar, o Estado optou por alienar apenas pequenas quantidades de ações, decidindo, em simultâneo, suspender os seus direitos de voto, permitindo que os acionistas privados, ainda que minoritários, tomassem conta da empresa, tornando assim mais apetecível a empresa a privatizar" ("Golden-Shares". As empresas participadas e os privilégios do Estado..., p. 19).

[437] De acordo com Marcelo M. Bertoldi, "o controle gerencial se faz sentir quando se verifica o controle interno totalmente desligado da titularidade das ações em que se divide o capital social, controle este oriundo da extrema dispersão do capital social, fazendo com que os administradores assumam o controle empresarial de fato, enquanto que os acionistas exercem a função de meros prestadores de capital" (BERTOLDI, Marcelo M. O poder de controle na sociedade anônima – alguns aspectos. *Revista de Direito Mercantil, Industrial, Econômico e Financeiro*, vol. 118, abr./jun. 2000, p. 63).

[438] DALLARI, Adilson Abreu. Acordo de Acionistas. Empresa Estadual Concessionária de Serviço Público Federal. Manutenção da Qualidade de Acionista Controlador. *Interesse Público*, nº 7, 2000, p. 92.

O Tribunal de Justiça de Minas Gerais, contudo, entendeu que o referido acordo teria importado na perda do controle estatal sobre a CEMIG, o que, por sua vez, dependeria de autorização legal prévia.

Pelo mesmo motivo, o Tribunal de Contas da União entendeu, no processo de tomada de contas nº TC 029.884/2012-8, que o controle compartilhado pela Caixa Econômica Federal e pela IBM em uma sociedade de propósito específico – a MGHSPE Empreendimentos e Participações S/A., constituída com a finalidade de prestação de serviços de operacionalização de crédito imobiliário, não era suficiente para caracterizar tal SPE como controlada ou subsidiária da Caixa Econômica e justificar a sua contratação com fundamento na dispensa prevista no art. 24, XXIII, da Lei nº 8.666/93. Naquele processo, a Caixa Econômica Federal sustentou haver controle compartilhado da empresa entre ela e a IBM, mas o TCU entendeu que a caracterização de subsidiária e controlada depende da configuração do controle exclusivo.

Outra diferença entre as empresas públicas e as sociedades de economia mista reside na sua forma jurídica. A empresa pública pode assumir qualquer forma admitida em direito, desde que empresarial,[439] ao passo que a sociedade de economia mista só pode ser constituída sob a forma

---

[439] Nesse sentido, Marçal Justen Filho afirma que "A empresa pública adota forma societária, o que significa, em princípio, a associação de recursos e esforços para o atingimento de um fim de interesse comum aos sócios. Mas não há impedimento à criação de empresa pública com um único sócio. Não existe definição precisa acerca da forma societária por meio da qual seria constituída a empresa pública. Alguns supõem que, à semelhança das sociedades de economia mista, deve-se tratar sempre de uma sociedade anônima. Mas não há, em rigor, impedimento [a não ser de competência legislativa] a considerar que a empresa pública é um tipo societário específico, dotado de características próprias, inconfundíveis com a sociedade por ações. Se essa for a opção, será necessário disciplinar por lei a estrutura e o funcionamento da empresa pública. Se a lei que autorizar a criação da empresa pública não contiver todo um conjunto de regras sobre a organização e o funcionamento dela, a única alternativa será constituí-la de acordo com uma das formas já conhecidas." (JUSTEN FILHO, Marçal. *Curso de Direito Administrativo*. 6ª ed. rev. e atual. Belo Horizonte: Fórum, 2010. p. 259).

José Edwaldo Tavares Borba afirma que "embora preveja o Decreto-lei nº 200/67 que a empresa pública assumirá qualquer das formas admitidas em direito, deve-se interpretar essa norma com os olhos postos nos arts. 48 e 167 da Constituição Federal, dos quais dimana o princípio de que ao poder público não é dado contratar obrigações de valor ilimitado" (*Direito societário*. 12ª ed. Rio de janeiro: Renovar, 2010, p. 513).

de sociedade anônima.[440] Vale aqui fazer a observação de que a adoção de formas societárias já consagradas no âmbito do Direito Comercial apresenta a vantagem das estruturas jurídicas já consolidadas e testadas pelo curso do tempo, evitando controvérsias e problemas que podem surgir da criação de estruturas totalmente novas.[441]

Uma terceira diferença decorre do art. 109, I,[442] da Constituição Federal e diz respeito ao foro competente para o julgamento de ações que envolvam essas entidades, sendo o das empresas públicas integrantes da Administração Pública Federal a Justiça Federal e o das sociedades de economia mista a Justiça comum.[443]

Embora não haja definição normativa sobre os fatores que devem importar na escolha de um ou outro tipo de empresa estatal, parece-nos que a utilização da sociedade de economia mista seria indicada para aqueles casos nos quais o Estado necessite dos recursos privados para o desenvolvimento do projeto – esse, aliás, foi o motivo originário da

---

[440] De acordo com o art. 1º da Lei nº 6.404/1976, "A companhia ou sociedade anônima terá o capital dividido em ações, e a responsabilidade dos sócios ou acionistas será limitada ao preço de emissão das ações subscritas ou adquiridas".

[441] Para W. Friedmann, "a forma mais conveniente de colocar o Estado no comércio e indústria foi a aquisição de participação societária. Nem a identidade nem a estrutura legal da empresa precisam ser alteradas. Dessa forma, a intervenção do Estado pode proceder da forma menos ostensiva, e sem as dificuldades políticas e complexidade inerente a uma legislação especial" (FRIEDMANN, W. A Theory of Public Industrial Enterprise. In: HANSON, A. H. (ed.) *Public Enterprise – A Study of its Organisation and Management in various Countries*. Brussels: International institute of administrative sciences, 1954, p. 18, tradução livre). O autor ainda chama a atenção para o fato de que essa estrutura tem a vantagem de permitir o desinvestimento estatal de forma mais fácil, mediante a simples alienação de sua participação ao mercado.

[442] "Art. 109. Aos juízes federais compete processar e julgar: I – as causas em que a União, entidade autárquica ou empresa pública federal forem interessadas na condição de autoras, rés, assistentes ou oponentes, exceto as de falência, as de acidentes de trabalho e as sujeitas à Justiça Eleitoral e à Justiça do Trabalho;"

[443] Há, inclusive, súmulas do Supremo Tribunal Federal sobre o assunto, a saber: "Súmula 508. Compete à Justiça Estadual, em ambas as instâncias, processar e julgar as causas em que for parte o Banco do Brasil"; "Súmula 517. As sociedades de economia mista só têm foro na Justiça Federal, quando a União intervém como assistente ou oponente"; "Súmula 556. É competente a Justiça comum para julgar as causas em que é parte sociedade de economia mista".

comunhão de capitais públicos e privados para a exploração de atividades econômicas –, e/ou do *know how* do parceiro privado para desenvolver a atividade.[444]

A empresa pública, por sua vez, seria mais adequada naqueles casos em que não fosse conveniente ou justificável a participação do capital privado nas decisões sociais,[445] seja em razão da natureza não lucrativa ou deficitária da atividade explorada, ou mesmo pelo objetivo estatal de manter controle absoluto sobre a atividade. Além disso, como se verá no item 3.5 a seguir, alguns autores defendem que as empresas públicas, por

---

[444] Carlos Ari Sundfeld afirma, nesse sentido, que "nas sociedades de economia mista a questão é bem outra: o Estado quer unir-se a particulares para, com as vantagens da comunhão de esforços (financeiros e/ou gerenciais), implantar ou manter um empreendimento; tal associação não é possível por meio da constituição de pessoas de Direito Público (autarquias), às quais é totalmente estranha a participação privada" (SUNDFELD, Carlos Ari. A Participação Privada nas Empresas Estatais. In: SUNDFELD, Carlos Ari (coord.). *Direito Administrativo Econômico*. São Paulo: Ed. Malheiros, 2006, p. 269).

[445] De acordo com Alfredo de Almeida Paiva, "a adoção da emprêsa pública, ou, ao contrário, a sociedade de economia mista, realmente deverá depender do exame dos objetivos visados e, por conseguinte, da atividade a ser exercida. Assim sendo, enquanto o campo reservado à sociedade de economia deve ser preenchido pelos empreendimentos a que o Estado comparece objetivando estimular e amparar a iniciativa privada, que sem tal estímulo e amparo não se encorajaria a enfrentar tais atividades que exijam avultadas somas de capital, a emprêsa pública, nas suas duas modalidades principais, deve constituir o instrumento preferido na hipótese de execução de um serviço público, da qual esteja excluída a finalidade lucrativa" (PAIVA, Alfredo de Almeida. As sociedades de economia mista e as emprêsas públicas como instrumentos jurídicos a serviço do Estado. *Revista de Direito Administrativo* (Seleção Histórica), v. 1, 1991, p. 319). Arnold Wald, em sentido semelhante, dava conta de que "a experiência do direito comparado nos revela que a economia mista e a emprêsa pública são processos fecundos de intervenção estatal. Necessário é, todavia, distinguir entre as funções de ambas, e a distinção há de ser feita distribuindo-se a cada uma sua verdadeira missão. O advento da emprêsa pública não implica o declínio da economia mista. Ambas podem existir simultaneamente, e, nos países subdesenvolvidos, em que faltam os capitais necessários para os grandes empreendimentos, representam técnicas cujo emprêgo é indispensável para o desenvolvimento nacional". Ainda de acordo com esse autor, "se na realização dos serviços públicos, as sociedades de economia mista devem ser substituídas pelas emprêsas públicas (...) em que as pessoas de direito público são os únicos acionistas, ao contrário, a técnica da emprêsa mista de preferência com participação minoritária é das mais fecundas para o incentivo da produção" (WALD, Arnold. As sociedades de economia mista e as emprêsas públicas no direito comparado. *Revista Forense*, vol. 152, pp. 510 e ss).

O ESTADO COMO ACIONISTA CONTROLADOR

serem constituídas por capital 100% público, também poderiam exercer funções típicas da Administração Pública (*i.e.* poder de polícia), o que seria vedado às sociedades de economia mista.

Vale mencionar, por fim, que existe discussão sobre se aquelas sociedades nas quais o Estado detém a maioria das ações com direito a voto, exercendo, na prática, o controle societário, seriam necessariamente consideradas sociedades de economia mista independentemente da autorização legal para a sua constituição. Parte da doutrina defende que tais entidades não integram a Administração Pública por faltar-lhes essa condição legal.[446]

Diante da natureza dinâmica do controle societário, que se transfere de um acionista para o outro pela simples alteração da composição acionária de uma sociedade ou celebração de acordo de acionistas, considerar como critério isolado para a configuração de uma sociedade de economia mista o exercício de controle pelo Estado poderia trazer certa confusão e insegurança quanto ao regime jurídico aplicável a essas sociedades.

---

[446] Nesse sentido, Mauro Rodrigues Penteado defende que "diversa é a natureza jurídica dos entes societários, criados por sociedades de economia mista, ou cujo controle acionário seja por estas assumido, sem prévia e específica autorização do Poder Legislativo. À falta desse requisito, reputado como essencial e insuprimível – mesmo quando inexistiam normas constitucionais ou legais sobre a matéria (...) – as subsidiárias e controladas de sociedades de economia mista têm a natureza de sociedades de direito comum, não fazendo parte, se vinculadas à União, da administração federal indireta (Decreto-lei nº 200/67, art. 4º)" (PENTEADO, Mauro Rodrigues. As sociedades de economia mista e as empresas estatais perante a Constituição de 1988. *Revista de Direito Administrativo*, v. 177, jul/set 1989). Vide, também, GRAU, Eros Roberto. Lucratividade e função social nas empresas sob controle do Estado. *Revista de Direito Mercantil, Industrial, Econômico e Financeiro*, n. 55, jul./set. 1984, pp. 35/36; MEDAUAR, Odete. *Direito Administrativo Moderno*. São Paulo: Ed. Revista dos Tribunais, 2002, p. 115; LOURENÇO, Álvaro Braga. Regime Jurídico dos Empregados das Empresas Estatais. In: SOUTO, Marcos Juruena Villela (coord.). *Direito Administrativo Empresarial*. Rio de Janeiro: Lumen Juris, 2006. pp. 157/158.

Antes da promulgação da Constituição de 1988, aliás, era possível encontrar julgados do Supremo Tribunal Federal diferenciando as sociedades de economia mista e as sociedades sob controle do Estado: "Sociedade de economia mista. com ela não se confunde a sociedade sob o controle acionário do Poder Público. É a situação especial que o Estado se assegura, através da lei criadora da pessoa jurídica, que a caracteriza como sociedade de economia mista" (RE nº 91035, Rel. Min. SOARES MUNOZ, 1ª T., j. 26/06/1979, DJ 15-10-1979).

O ESTADO EMPRESÁRIO

Deve-se considerar, nesse particular, que uma sociedade poderia transformar-se materialmente em uma sociedade estatal e voltar à sua condição inicial em um pequeno decurso de tempo e, eventualmente, sem qualquer ingerência do acionista público. Bastaria que o acionista controlador alienasse parte das suas ações a terceiros e que o Estado, até então minoritário, detivesse quantidade suficiente de ações para assumir o controle. O art. 116 da Lei nº 6.404 exige, como visto, o atributo de estabilidade e permanência para que se possa exercer o poder de controle, de forma que as maiorias eventuais decorrentes da própria dinamicidade da relação societária não caracterizam controle.[447]

Considerando essa natureza dinâmica da composição acionária de uma sociedade, aplicar os condicionamentos públicos a determinadas sociedades originariamente privadas (tais como licitação, concurso público, etc) sempre que, por movimentos societários diversos, o seu controle passasse, ainda que temporariamente, ao Estado poderia se demonstrar irrazoável na prática.[448]

---

[447] BERTOLDI, Marcelo M. O poder de controle na sociedade anônima – alguns aspectos. *Revista de Direito Mercantil, Industrial, Econômico e Financeiro*, vol. 118, abr./jun. 2000, p. 65. Por ocasião do julgamento do Processo RJ 2005/4069, a Comissão de Valores Mobiliários salientou "a necessidade de permanência do poder. (...) vencer uma eleição ou preponderar em uma decisão não é suficiente. É necessário que esse acionista possa, juridicamente, fazer prevalecer sua vontade sempre que desejar (excluídas, por óbvio, as votações especiais entre acionistas sem direito a voto ou de determinada classe ou espécie, ou mesmo a votação em conjunto de ações ordinárias e preferenciais, quando o estatuto estabelecer matérias específicas). Por esse motivo, em uma companhia com ampla dispersão ou que tenha um acionista, titular de mais de 50% das ações, que seja omisso nas votações e orientações da companhia, eventual acionista que consiga preponderar sempre, não está sujeito aos deveres e responsabilidades do acionista controlador, uma vez que prepondera por questões fáticas das assembléias não preenchendo o requisito da alínea "a" do art. 116, embora preencha o da alínea "b". Esse acionista seria considerado, para determinação de sua responsabilidade, como um acionista normal (sujeito, portanto, ao regime do art. 115)." Por isso mesmo o controle de fato momentâneo não transformaria, de acordo com Nuno Cunha Rodrigues, uma empresa privada em uma empresa estatal (RODRIGUES, Nuno Cunha. *"Golden-Shares"*..., p. 105).
[448] "O que demarca a existência de uma economia mista não é, porém, a simples participação do Estado, ainda que majoritária, em seu capital acionário. Uma participação transitória e eventual não transmudaria os fins ou a rotulação da entidade, que permaneceria a mesma sociedade anônima. A economia mista é uma sociedade anônima ajustada,

O ESTADO COMO ACIONISTA CONTROLADOR

Mas isso não significa que tal situação seja legítima e despida de qualquer consequência jurídica, sobretudo naqueles casos em que se prolongar por considerável decurso de tempo ou em que o controle da sociedade privada tenha sido assumido de forma intencional pelo Estado.

Ainda que não possam ser enquadradas na definição literal de sociedades de economia mista prevista pelo Decreto-lei nº 200/67 e mais recentemente pela Lei federal nº 13.303/2016, e ainda que não atendam ao requisito previsto no art. 37, XIX, não nos parece que a melhor solução para esse problema seria simplesmente ignorar o exercício do poder de controle pelo Estado nessas sociedades. Concordamos com Marçal Justen Filho[449] e Celso Antônio Bandeira de Mello[450] no sentido de que seria irrazoável permitir que uma sociedade controlada intencionalmente pelo Estado, sem prévia autorização legal – e, portanto, em violação à

---

de modo permanente, a objetivos de interesse público" (TAVARES BORBA, José Edwaldo. *Direito Societário*. 12ª ed. Rio de Janeiro: Renovar, 2010, p. 498). M. T. Carvalho Britto Davis afirma que "mesmo havendo penetração eventual do interesse público na vida societária, mas desde que tal investimento público na vida societária seja em caráter transitório ou acidental, retornando, num período relativamente curto ao *statu quo ante*, não estaríamos diante de uma s.e.m." (DAVIS, M. T. de Carvalho Britto. Tratado das Sociedades de Economia Mista. A Empresa Estatal Brasileira perante o cenário jurídico econômico. Rio de Janeiro: José Konfino Editor, 1969, p. 205).

[449] De acordo com o autor, o que não é cabível é "reputar que a subsidiária criada irregularmente não teria natureza administrativa e não se sujeitaria às imposições adotadas para as empresas estatais regulares. Segundo esse enfoque, uma empresa estatal de fato é uma entidade constituída irregularmente, e isso significaria a impossibilidade de sujeitar-se ao regime das empresas estatais regulares. Logo, essa entidade não integraria a Administração Pública. Seria, então, uma espécie de empresa estatal subordinada integralmente ao direito privado, que não se sujeitaria a nenhum dos controles ou limitações do direito administrativo. Essa alternativa é absolutamente inconstitucional, porque atribui à irregularidade um efeito que nem mesmo a lei poderia produzir. Nenhuma lei pode autorizar diretamente uma empresa estatal a ficar imune ao regime de direito público. Logo, a ausência de lei autorizadora não teria o condão de gerar tal efeito. Ou seja, a irregularidade não pode produzir efeitos jurídicos vedados à regularidade" (JUSTEN FILHO, Marçal. *Curso de Direito Administrativo*. São Paulo: Ed. Saraiva, 2011, pp. 263/264).

[450] O autor afirma que "seria o maior dos contra-sensos entender que a violação do Direito, ou seja, sua mácula de origem, deva funcionar como passaporte para que se libertem das sujeições a que estariam submissas se a ordem jurídica houvesse sido respeitada" (BANDEIRA DE MELLO, Celso Antônio. *Curso de Direito Administrativo*. 26ª ed. rev. e atual. São Paulo: Malheiros, 2009, p. 205).

Constituição Federal – pudesse ser eximida de todos os condicionamentos que a Constituição impõe às companhias licitamente constituídas (*i.e.* licitação, concurso público, controles). Dito de outra forma, estar-se-ia atribuindo a uma situação irregular – a constituição de empresa estatal sem prévia autorização legal – consequências que são vedadas para as sociedades estatais que são regularmente constituídas.

A depender do caso concreto, portanto, pode-se chegar à conclusão de que referidas entidades caracterizam materialmente sociedades de economia mista, não sendo possível admitir que, por uma ilegalidade, elas sejam excluídas do sistema de limites e controles aplicáveis às empresas estatais cuja criação tenha sido devidamente autorizada por lei.

Esse entendimento está em conformidade com a Diretiva 2006/111/CE da União Europeia, de acordo com a qual o elemento determinante para a caracterização de uma sociedade como estatal é o exercício de influência dominante pelo Estado, a qual é presumida quando o poder público, de forma direta ou indireta, (i) detém a maioria do seu capital social; (ii) dispõe da maioria dos direitos de voto; (iii) pode indicar mais da metade dos membros dos órgão de administração ou de fiscalização da sociedade.

Em pelo menos duas oportunidades, o Supremo Tribunal Federal decidiu que, independentemente de autorização legal, sociedades controladas pelo Estado se enquadravam no conceito de sociedades de economia mista, inclusive para efeito de acumulação de cargos e fiscalização pelo Tribunal de Contas:

> A circunstância de a sociedade de economia mista não ter sido criada por lei não afasta a competência do Tribunal de Contas. São sociedades de economia mista, inclusive para os efeitos do art. 37, XIX, da CB/1988, aquelas – anônimas ou não – sob o controle da União, dos Estados-membros, do Distrito Federal ou dos Municípios, independentemente da circunstância de terem sido criadas por lei. Precedente (...).[451]

> Para efeitos do disposto no art. 37, XVII, da Constituição são sociedades de economia mista aquelas – anônimas ou não – sob o controle da União, dos

---

[451] MS 26.117, Rel. Min. Eros Grau, julgamento em 20-5-2009, Plenário, DJE de 6-11-2009.

Estados-membros, do Distrito Federal ou dos Municípios, independentemente da circunstância de terem sido 'criadas por lei'. Configura-se a má-fé do servidor que acumula cargos públicos de forma ilegal quando, embora devidamente notificado para optar por um dos cargos, não o faz, consubstanciando, sua omissão, disposição de persistir na prática do ilícito.[452]

O primeiro caso versava sobre a possibilidade de fiscalização, pelo Tribunal de Contas da União, de ato de promoção de pessoal realizado pela Eletrosul, empresa controlada pela Eletrobrás, mas cuja criação não havia sido autorizada por lei. Já o segundo caso versava sobre a demissão de um empregado público em virtude da acumulação indevida de cargos públicos, o que, no caso concreto, só ocorreu em virtude de se ter considerado que um dos hospitais no qual ele trabalhava integrava a Administração Indireta, mesmo não tendo sido a sua criação autorizada por lei.

Assim, independentemente de tais entidades empresariais poderem ser ou não classificadas oficialmente como sociedades de economia mista, nos parece que cada caso deve ser analisado com cautela a fim de verificar quais os motivos que levaram à assunção do controle de uma sociedade privada pelo Estado, por quanto tempo esse controle foi exercido e se houve prejuízo ao Erário e ao interesse público em virtude de tal situação, devendo ser responsabilizados por tais prejuízos todos aqueles que colaboraram para essa situação.

Não nos parece, por outro lado, razoável, em regra, anular todos os atos dessas sociedades que não tenham observado os condicionamentos aplicáveis às empresas estatais: não seria razoável, por exemplo, considerar nula a contratação de um empregado que não tenha sido precedida de concurso público ou um contrato por ela celebrado que não tenha sido objeto de licitação, a não ser que se demonstre a intencionalidade, fraude, desvio de finalidade ou improbidade. Mas nos parece legítimo responsabilizar os responsáveis por essa situação (i) pela violação da exigência de autorização legal (e, para tanto, influirão as circunstâncias efetivas subjacentes à tomada do controle); e (ii) pelos danos ao erário e a eventual interesse público decorrentes da não submissão aos condicionamentos

---

[452] RMS 24.249, Rel. Min. Eros Grau, julgamento em 14-9-2004, Primeira Turma, DJ de 3-6-2005.

O ESTADO EMPRESÁRIO

constitucionais, com fundamento na legislação sobre improbidade administrativa – Lei nº 8.429/1992.

Uma vez constatada a irregularidade, deve o Poder Público tomar as devidas providências para saná-la, seja extinguindo a sociedade, caso a sua existência não atenda a qualquer interesse público, seja alienando a sua participação social ou editando lei para autorizar a sua transformação em empresa estatal e para fixar os objetivos e diretrizes gerais aplicáveis ao seu funcionamento.[453]

Essa era a solução prevista pelo Anteprojeto de Lei Orgânica da Administração Pública Federal para situações como estas, em seus artigos 15, § 2º, e 18, impondo a alienação da participação acionária estatal até o fim do regime subseqüente ou, alternativamente, a transformação dessa empresa formalmente em estatal, mediante autorização legislativa.[454]

---

[453] Para Marçal Justen Filho, "a questão se subordina ao princípio da proporcionalidade. Rigorosamente, a existência e a atuação dessas entidades configuram infração à Constituição e ao princípio da legalidade. No entanto, pronunciar o defeito poderia acarretar efeitos extremamente maléficos, com infração a um princípio fundamental do direito privado: o princípio da aparência. As relações econômicas privadas norteiam-se pela boa--fé e pela presunção de que a aparência fática corresponde a uma situação juridicamente correta. Não teria cabimento negar a validade dos atos praticados por empresas estatais constituídas irregularmente, especialmente porque isso se traduziria na responsabilização civil do Estado por todos os efeitos danosos daí decorrentes. Logo, deve-se reputar que a empresa estatal, mesmo constituída irregularmente no passado, teve sua situação consolidada em virtude do decurso do tempo. Sua atuação deverá sujeitar-se a todos os princípios e regras aplicáveis às empresas estatais regulares" (JUSTEN FILHO, Marçal. *Curso de Direito Administrativo*. Belo Horizonte: Ed. Fórum, 2011, p. 263).

[454] Art. 15 § 2º A empresa cujo controle seja assumido por entidade ou entidades estatais mediante doação, dação em pagamento, herança ou legado ou em decorrência de crédito público constituirá ativo a ser alienado, salvo expressa disposição legislativa, ficando submetida ao regime das empresas estatais ao fim do exercício subsequente ao da assunção do controle.

Art. 18. A criação de empresa estatal depende de autorização em lei específica, podendo ocorrer por constituição ou por aquisição de ações ou cotas de empresa existente.

§ 3º As empresas cujo controle seja assumido mediante aquisição de ações ou cotas devem adaptar-se gradualmente ao regime das empresas estatais até o final do exercício subsequente ao da aquisição.

### 3.4.1 As peculiaridades das empresas estatais estaduais e municipais

Atualmente, a possibilidade de constituição de empresas estatais pelos Estados, Municípios e Distrito Federal é amplamente aceita pela doutrina e pela jurisprudência,[455] tendo sido superada a discussão existente no passado.[456] Discute-se, todavia, sobre a possibilidade de esses entes da federação criarem empresas estatais com fundamento em imperativos de segurança nacional, bem como sobre se eles poderiam adotar formatos diversos daqueles previstos na legislação federal.

Para Eros Grau, a lei definidora do relevante interesse coletivo a que se refere o art. 173 da Constituição Federal não é exclusivamente federal, já que consiste em matéria de Direito Econômico, cuja competência a Constituição Federal atribuiu concorrentemente à União e aos Estados-membros (art. 24, I),[457] bem como aos Municípios, sob a forma de legislação sobre interesse local e de suplementação às leis federais e estaduais no que couber (art. 30, I e II). O mesmo não ocorreria com relação à intervenção direta fundada em imperativos de segurança nacional, já que tão-somente à União compete, privativamente (art. 22, XXVIII), legislar sobre defesa nacional.

Edmir Netto de Araújo, nesse sentido, afirma que "as demais unidades federativas não podem criar sociedades de economia mista de atividades econômicas para atender a 'imperativo da segurança nacional', uma vez que só a União poderia fazê-lo", tendo em vista o disposto no art. 21, I a XII, XXII e XXIII; art. 22, III, X, XV, XXI, XXII, XXVI, XXVIII.[458] Vitor Schirato, nessa linha, afirma que "somente a União Federal será competente para definir quais os imperativos da segurança nacional e quais

---

[455] Ver, nesse sentido, o RESP n.º 642.324-SC, publicado no DJU de 26 de outubro de 2006: "Inexiste óbice a que Estado-membro da Federação autorize, por intermédio de Lei Estadual, a criação de sociedade de economia mista estadual, uma vez que o inciso XIX, do art. 37 da Constituição Federal não faz qualquer ressalva à norma geral contida no caput do mesmo artigo, que se refere expressamente à administração pública direta e indireta de quaisquer dos Poderes da União, dos Estados, do Distrito Federal e dos Municípios".

[456] WALD, Arnoldo. Do Regime Jurídico de Empresa Criada Conjuntamente por Sociedade de Economia Mista e Entidade Privada sem Prévia Autorização Legislativa. *Boletim de Direito Administrativo – BDA*, nº 8, ago. 2000, p. 550.

[457] *A Ordem Econômica na Constituição de 1988*. São Paulo: Malheiros Editores, 2006, p. 282.

[458] ARAUJO, Edmir Netto de. *Curso de Direito Administrativo*. São Paulo: Ed. Saraiva, 2010, pp. 229/230.

as medidas necessárias para o atendimento a tais imperativos (competências privativas da União previstas nos incisos I a IV do artigo 21 da Constituição Federal, por exemplo)"[459].

Existe discussão, ainda, sobre se a disciplina até então prevista pelo Decreto-lei nº 200/67 se aplicaria também aos demais entes da federação, discussão que pode ser estendida também para a nova Lei federal nº 13.303/2016.

De um lado, seria possível afirmar que, em se tratando de norma sobre a organização da Administração Pública Federal e uma vez que, de acordo com a Constituição Federal, cada ente federativo tem autonomia para a sua organização político-administrativa,[460] a disciplina prevista no referido Decreto não deveria vincular os Estados e Municípios (o mesmo se aplicando às normas sobre organização da Administração Pública Federal previstas pela Lei federal nº 13.303/2016).[461]

De outro, autores como Alexandre Santos de Aragão,[462] José dos Santos Carvalho Filho,[463] Maria Sylvia Zanella Di Pietro,[466] Marçal Justen

---

[459] SCHIRATO, Vitor. *Op.cit.*, p. 221.

[460] "Art. 18. A organização político-administrativa da República Federativa do Brasil compreende a União, os Estados, o Distrito Federal e os Municípios, todos autônomos, nos termos desta Constituição."

[461] "Como se sabe, Administração Pública não é Direito Comercial, relacionando-se mais adequadamente ao Direito Administrativo e à Ciência da Administração, e o Decreto-lei n. 200/67 tinha, como já se explicou, aplicabilidade restrita à Administração Federal, tanto que para a extensão das normas gerais relativas a licitações que ele continha (arts. 125/145) aos Estados e Municípios foi necessária nova lei, de caráter nacional (Lei n. 5.456, de 20-6-1968)" (ARAUJO, Edmir Netto de. *Curso de Direito Administrativo*. São Paulo: Ed. Saraiva, 2010, pp. 228/229).

[462] "os Estados e Municípios podem criar empresas públicas e sociedades de economia mista, mas, ao fazê-lo, deverão observar as normas de Direito Comercial, cuja edição é de competência privativa da União (art. 22, I, CF), podendo, contudo, naturalmente, editar normas administrativas (por exemplo, a respeito de como exercerá o seu controle). Já a União, como tem competência para legislar sobre Direito Societário, pode, ao autorizar a criação de uma estatal, estabelecer para ela uma modalidade societária *sui generis*" (ARAGAO, Alexandre Santos de. *Curso de Direito Administrativo*. Rio de Janeiro: Forense, 2012, pp. 127/128).

[463] "sendo a União competente para legislar sobre direito civil e comercial (art. 22, I, CF), só a lei federal poderia instituir empresa pública sob nova forma jurídica; o fato poderia ocorrer então com empresas públicas federais. Contrariamente, as entidades vinculadas

O ESTADO COMO ACIONISTA CONTROLADOR

Filho,[465] José Edwaldo Tavares Borba[466] e Vitor Rhein Schirato[467] argumentam que Estados e Municípios não poderiam inovar no que toca à forma jurídica das empresas estatais, por se tratar de matéria de Direito Societário e Civil, para as quais a União Federal possui competência legislativa privativa (art. 22, I, CRFB/88), embora possam dispor de forma diversa sobre assuntos de natureza estritamente administrativa, como o exercício da supervisão administrativa. Arnoldo Wald, nesse sentido, afirma ser necessário "reconhecer ao direito administrativo, que pode ser de natureza local, a possibilidade de fixar critérios ou normas para

aos demais entes federativos, ao serem instituídas, devem observar as formas jurídicas que a legislação federal já disponibilize" (CARVALHO FILHO, José dos Santos. *Manual de Direito Administrativo*. 18ª ed. Rio de Janeiro: Ed. Lumen Juris, 2007, pp. 449/450).

[464] A autora afirma que "a rigor, os conceitos do Decreto-lei nº 200/67 somente são aplicáveis na esfera federal, já que ele se limita a estabelecer normas sobre a organização da Administração Federal; e realmente ele dispõe dessa forma. (...) No entanto, hoje a organização da sociedade de economia mista sob a forma de sociedade anônima é imposição que consta de lei de âmbito nacional, a saber, a Lei das Sociedades por Ações (...). De modo que Estados e Municípios não têm a liberdade de adotar outra forma de organização, já que não dispõem de competência para legislar sobre Direito Civil e Comercial. Com relação à empresa pública, a expressão *qualquer das formas admitidas em direito* é interpretada no sentido de que ela se poderá dar a estrutura de sociedade civil ou de sociedade comercial já disciplinada pelo direito comercial (...). os Estados e Municípios, não sendo alcançados pela norma do artigo 5º, II, do Decreto-lei nº 200/67 e não havendo lei de âmbito nacional dispondo da mesma forma, terão que adotar uma das modalidades de sociedades já disciplinadas pela legislação comercial" (DI PIETRO, Maria Sylvia Zanella. *Direito Administrativo*. São Paulo: Ed. Atlas, 2010, pp. 450/451).

[465] JUSTEN FILHO. Marçal. *Curso de Direito Administrativo*. Belo Horizonte: Ed. Fórum, 2011, p. 259.

[466] TAVARES BORBA, José Edwaldo. *Direito Societário*. 12ª ed. Rio de Janeiro: Renovar, 2010, p. 512.

[467] De acordo com esse autor, as empresas estaduais e municipais "somente poderão revestir-se das formas empresariais atualmente existentes em direito, sendo-lhes vedada a adoção de novas formas especialmente criadas. Tal vedação é devida à competência privativa da União para legislar sobre direito comercial prevista no inciso I do artigo 22 da Constituição Federal. Exatamente por conta desta vedação, os Estados e Municípios em diversas oportunidades constituem empresas na forma de sociedades anônimas que passam a ser consideradas sociedades de economia mista, quando, na verdade, são empresas públicas e não sociedades de economia mista" (Novas anotações sobre as empresas estatais. *Revista de Direito Administrativo – RDA*, nº 239, p. 212).

as sociedades de economia mista e empresas públicas, consideradas não mais na sua forma, mas no seu conteúdo, como órgãos descentralizados do Estado"[468]

Concordamos com esse segundo entendimento. Apenas a União Federal pode dispor sobre normas de Direito Comercial e Civil, devendo, portanto, os demais entes da federação utilizar os instrumentos societários ou civis disponíveis na legislação federal. Já a relação desses entes com as suas empresas (supervisão ministerial, por exemplo) poderá ser diferente em cada nível federativo, como decorrência do princípio da autonomia de organização político-administrativa previsto na Constituição Federal.

Como é da competência da União Federal legislar sobre direito comercial, é possível que, no âmbito federal, sejam criadas empresas públicas sob formas empresariais atualmente inexistentes. Esse é o caso, como visto, da Caixa Econômica Federal – CEF, cuja forma de organização societária não se enquadra em quaisquer daquelas previstas pela legislação societária. Estados e Municípios, contudo, deverão observar as formas já existentes, já que não possuem a tal competência legislativa.

Nesse ponto, o Decreto-lei nº 200/67 e a Lei federal nº 13.303/2016 deixam de ser simples normas de organização administrativa e versam sobre direito societário. Mas isso não significa que os Estados e Municípios não possam adotar outras formas jurídicas de exploração de atividades, desde que não de direito privado (civil e societário). Estados e Municípios podem, com efeito, optar por utilizar formas de direito público, como autarquias e fundações, para a exploração de atividades econômicas (observados os limites que analisaremos no item 3.5 a seguir) ou mesmo explorá-las diretamente através de um dos órgãos da Administração direta.

A autonomia dos entes federativos para a escolha da forma de intervenção direta na economia já foi abordada em julgados do Tribunal de Justiça do Estado do Rio de Janeiro relativos à Guarda Municipal da cidade do Rio de Janeiro. Nas representações de inconstitucionalidade nº 2003.007.00146 e 2003.007.00109, ajuizadas, respectivamente, pelo

---

[468] WALD, Arnoldo. Do Regime Jurídico de Empresa Criada Conjuntamente por Sociedade de Economia Mista e Entidade Privada sem Prévia Autorização Legislativa. *Boletim de Direito Administrativo – BDA*, nº 8, ago. 2000, p. 550.

Procurador Geral de Justiça do Estado do Rio de Janeiro e pelo Partido Comunista do Brasil – PC do B, em face da Lei municipal nº 1.887/1992, que autorizou a criação da Guarda Municipal do Rio de Janeiro e da Empresa Municipal de Vigilância, decidiu-se que não há óbices ao exercício de poder de polícia por entidades de natureza jurídica privada, bem como que os Municípios possuem autonomia para escolher a melhor forma de prestação de serviços públicos de interesse local.

De acordo com o julgado, "o Município goza de autonomia administrativa, como proclama a Constituição da República e reproduz o art. 343 da Carta Magna Estadual (...), com a capacidade de organizar os seus serviços públicos, inclusive a regulação e fiscalização das normas de trânsito dentro da respectiva circunscrição", bem como que "da competência constitucional do Município de gestão dos serviços públicos que lhe são peculiares, inclusive a ordenação do trânsito nas vias públicas, decorre o seu poder de instituir empresa pública através de específica lei votada pela Câmara Municipal com a finalidade precípua de executar as normas de trânsito, inclusive a aplicação de multas aos infratores".

Nesse julgado não foi discutida a possibilidade de os Municípios adotarem formas societárias diversas daquelas instituídas pela legislação federal. O cerne da discussão ali travada residiu na possibilidade de uma pessoa jurídica de direito privado exercer poder de polícia e se essa opção constituiria uma decorrência da autonomia político-administrativa desses entes da federação.

Tema semelhante vem sendo discutido com relação à Empresa de Transportes e Trânsito de Belo Horizonte S/A – BHTRANS. Em março de 2012, o Plenário Virtual do Supremo Tribunal Federal reconheceu a existência de repercussão geral da matéria objeto do Recurso Extraordinário com Agravo nº 662.186, interposto pela BHTRANS contra decisão do Tribunal de Justiça do Estado de Minas Gerais que considerou inconstitucional a aplicação de multas por essa sociedade de economia mista[469]. Sobre esse ponto, voltaremos no item 3.5 deste livro.

---

[469] Em setembro de 2014, o agravo foi provido e convertido em recurso extraordinário. Em agosto de 2016, esse recurso foi substituído, na sua qualidade de *leading case*, pelo RE 633782, o qual passou a constar como paradigma do tema. Esse recurso, contudo, ainda não foi julgado.

## 3.5. Quando a forma empresarial de intervenção do Estado é exigida?

Como vimos, o art. 173 da Constituição Federal prevê as hipóteses de intervenção direta do Estado na economia e, em seu parágrafo primeiro, enumera os instrumentos que poderão ser utilizados para esse fim: a empresa pública e a sociedade de economia mista.

Não há na Constituição Federal, contudo, qualquer dispositivo que preveja expressamente a obrigatoriedade de utilização dessas formas empresariais para a intervenção do Estado na economia. Além disso, fato é que há atividades econômicas exploradas pelo Estado seja através de órgãos da Administração Direta, seja através de fundações públicas e autarquias.

Daí exsurge a seguinte dúvida: à luz do disposto no art. 173, § 1º, da Constituição, é legítima a intervenção direta do Estado na economia através de outros instrumentos que não as sociedades de economia mista e empresas públicas?

De acordo com parte da doutrina, a exploração de atividades econômicas em sentido estrito pelo Estado deverá ocorrer obrigatoriamente por intermédio dessas entidades de Direito Privado.

Prova disso poderia, de acordo com essa vertente, ser extraída da comparação entre o texto originário do § 1º do artigo 173 da Constituição e o seu texto atual, pós Emenda Constitucional nº 19. Inicialmente o § 1º do art. 173 fazia referência "a outras entidades", o que "dava a entender que o Estado, suas autarquias ou fundações também podiam exercer atividades econômicas reservadas a iniciativa privada".[470] A Emenda constitucional nº 19, ao suprimir o § 1º, teria exigido implicitamente a adoção da forma societária sempre que o Poder Público resolvesse ingressar no domínio econômico para competir com empreendedores privados.

Marçal Justen Filho defende, nessa linha, que a "adoção de forma de direito privado é uma imposição necessária quando o Estado exercitar atividade econômica em sentido restrito",[471] entendimento que

---

[470] PINTO JUNIOR, Mario Engler. *Op.cit.*, p. 207.

[471] JUSTEN FILHO, Marçal. O regime jurídico das empresas estatais e a distinção entre "serviço público" e "atividade econômica". *Revista de Direito do Estado*, ano 1, vol. 1, jan--mar/2006, p. 122.

é compartilhado por Diogo de Figueiredo Moreira Neto[472], José dos Santos Carvalho Filho,[473] Marcos Juruena Villela Souto,[474] Lucas Rocha Furtado[475] e Alexandre Santos de Aragão[476]. A utilização de pessoas jurídicas de Direito Público para a exploração de atividades econômicas em sentido estrito seria "uma situação anômala, que configura infringência da ordem constitucional"[477].

O Supremo Tribunal Federal já se manifestou a esse respeito, no julgamento dos Recursos Extraordinários nº 115.891[478] e nº 115.062[479], ocasião em que declarou a impossibilidade de se qualificar o Banco Regional de Desenvolvimento do Extremo Sul – BRDE como autarquia, já que a sua natureza jurídica não é compatível com a exploração de atividades econômicas de natureza privada. Não se poderia, de acordo com o voto do Ministro Célio Borja no RE 115.062, outorgar a uma entidade exploradora de atividade econômica os privilégios do fisco, de modo que "a simples mudança do nomen juris da entidade bancária, não a isentava de se submeter às regras do direito comum, como ordenado na Lei Maior". A norma constante do § 2º do art. 170 da Constituição estabeleceria uma "garantia civil, por ela concedida a todas as pessoas físicas e jurídicas

---

[472] MOREIRA NETO, Diogo de Figueiredo. *Curso de Direito Administrativo*. 14ª Ed. Rio de Janeiro: Editora Forense, 2006, p. 479.

[473] "(...) as autarquias e fundações públicas, embora também vinculadas e controladas pelo Estado, não se prestam à execução de atividades econômicas, incompatíveis com sua natureza de entidades sem fins lucrativos, sem caráter mercantil e voltadas para atividades eminentemente sociais" (CARVALHO FILHO, José dos Santos. *Manual de Direito Administrativo*. 18ª Ed. Rio de Janeiro: Ed. Lumen Juris, 2007, p. 817).

[474] VILLELA SOUTO, Marcos Juruena. *Direito Administrativo da Economia*. 3ª ed. Rio de Janeiro: Editora Lumen Juris, 2003, p. 59.

[475] FURTADO, Lucas Rocha. *Curso de Direito Administrativo*. Belo Horizonte: Ed. Fórum, 2007, p. 201 e 208.

[476] ARAGÃO, Alexandre Santos de. *Curso de Direito Administrativo*. Rio de Janeiro: Ed. Forense, 2012, p. 123.

[477] JUSTEN FILHO, Marçal. O regime jurídico das empresas estatais e a distinção entre "serviço público" e "atividade econômica". *Revista de Direito do Estado*, nº 1, jan./mar. 2006, p. 122.

[478] STF, RE 115.891/RS, Rel. Min. Célio Borja, 2ª T., j. 03/03/1989, DJ 31-03-1989.

[479] RE 115062, Rel. Min. Célio Borja, 2ª T., j. 03/03/1989, DJ 31-03-1989.

nacionais ou estrangeiras, que aos Estados não é lícito sequer modificar, muito menos, negar e desconhecer"[480]

O Ministro Aldir Passarinho, nesse mesmo julgamento, ainda complementou que "entender-se diferentemente seria admitir-se burla à norma constitucional aludida – a admitir-se que ao Banco aludido tenha sido dada tal feição jurídica – atividades próprias de sociedades de economia mista".

Mas quando se trata da prestação de serviços públicos a doutrina costuma admitir a sua exploração por entidades submetidas ao Direito Público.[481] De acordo com Marçal Justen Filho,

(...) a Constituição não contempla regras explícitas a propósito da forma jurídica pela qual se fará a prestação do serviço público pelo próprio Estado. Há simplesmente indicação de que o Estado desempenhará o serviço público diretamente (ou indiretamente, por concessão ou permissão). O autor se filiou ao entendimento de que a prestação direta pelo Estado compreende

---

[480] À época, vigia a Constituição de 1967, com a redação atribuída pela Emenda Constitucional nº 01/1969, cujo art. 170 assim dispunha: "Art. 170. Às emprêsas privadas compete, preferencialmente, com o estímulo e o apoio do Estado, organizar e explorar as atividades econômicas. § 1º Apenas em caráter suplementar da iniciativa privada o Estado organizará e explorará diretamente a atividade econômica. § 2º Na exploração, pelo Estado, da atividade econômica, as emprêsas públicas e as sociedades de economia mista reger-se-ão pelas normas aplicáveis às emprêsas privadas, inclusive quanto ao direito do trabalho e ao das obrigações".

[481] Vale mencionar que, inicialmente, o fato de o Decreto-lei nº 200/67 mencionar apenas a exploração de atividades econômicas provocou uma onda de críticas na doutrina, por entenderem que tais entidades também poderiam prestar serviços públicos. Até hoje ainda encontramos inúmeras críticas relacionadas ao conceito utilizado pelo Decreto-lei em questão (Ver, nesse sentido, BANDEIRA DE MELO, Celso Antônio. Curso de Direito Administrativo. 26 ed. São Paulo: Ed. Malheiros, 2009, p. 187 e ss). A nosso ver, pelo menos com relação a esse aspecto da discussão conceitual, o problema se resolve pela utilização da classificação de atividades econômicas *lato sensu* e *stricto sensu* proposta por Eros Roberto Grau e já mencionada neste livro. Sob essa ótica, não há dúvidas de que se pode incluir a prestação de serviços públicos no conceito de atividade econômica prevista pelo Decreto-lei, encerrando-se a discussão. Veja-se, contudo, que essa discussão se encerra com a edição da Lei federal nº 13.303/2016, na medida em que ela enxuga os conceitos de empresa pública e sociedade de economia mista, não mais fazendo referência ao tipo de atividade que elas podem explorar.

não apenas o desempenho por meio de manifestações estatais diretas como também por via de entidades descentralizadas. Assim, não haverá distinção de tratamento jurídico entre as hipóteses de prestação do serviço público por meio da Administração direta ou por via de pessoas integrantes da Administração indireta, inclusive se dotadas de personalidade jurídica de direito privado.[482]

Há, inclusive, quem defenda, de forma minoritária, que a prestação de serviços públicos não poderia sequer ser realizada por empresas estatais. De acordo com Toshio Mukai, "o serviço público, por ser uma atividade (ainda que econômica) do Estado, que é caracterizada pela natureza das coisas, como portadora de um valor superior (geral) para a comunidade, não deve ser exercido mediante o procedimento das regras comuns do direito privado",[483] razão pela qual o autor expressamente rejeita a possibilidade de exploração de serviços públicos por empresas estatais.[484]

O autor argumenta, nesse sentido, que essas entidades foram enunciadas apenas no art. 173 da Constituição, o qual se aplicaria tão-somente à exploração de atividades econômicas em sentido estrito, bem como que o Decreto-lei nº 200/67 as definia unicamente como exploradoras de atividades econômicas, não incluindo no seu conceito a prestação de serviços públicos.

Trata-se, na verdade, de posição minoritária, que não é compartilhada pela maioria da doutrina, tampouco pela jurisprudência, como se verá

---

[482] JUSTEN FILHO, Marçal. O regime jurídico das empresas estatais e a distinção entre "serviço público" e "atividade econômica". *Revista de Direito do Estado*, nº 1, jan./mar. 2006, p. 122.

[483] MUKAI, Toshio. *Op.cit.*, p. 283.

[484] "(...) a Constituição somente prevê a existência de empresas públicas ou sociedades de economia mista gerindo atividades econômicas simples, não assim explorando serviços públicos industriais ou comerciais. Dito de outra forma, o legislador constituinte não acolheu a constituição de empresas públicas ou sociedades de economia mista para a exploração de serviços públicos industriais ou comerciais como sendo algo natural ao sistema orgânico da Administração Pública. (...) Conclui-se, pois, que quando o legislador ordinário criar empresa pública (lato sensu) para gerir serviço público industrial ou comercial diante do texto constitucional brasileiro, ele comete uma impropriedade jurídica flagrante, devendo então a personalização privada que a lei correspondente operar ser tomada como simulação jurídica" (MUKAI, Toshio. *Op.cit.*, p. 259/260).

adiante. Não há na Constituição qualquer dispositivo que vede a exploração de serviços públicos por pessoas jurídicas de natureza privada. Muito pelo contrário. O artigo 175 autoriza expressamente a sua execução de forma direta ou indireta pelo Poder Público, inclusive mediante concessão a pessoas jurídicas de direito privado sem participação estatal. Ora, se o Estado pode delegar tais atividades a particulares, não faz nenhum sentido defender que ele próprio não possa explorá-las através de instrumentos societários, pelo menos naqueles casos em que a exploração empresarial seja inerente à natureza da atividade executada.

Então, em resumo, de acordo com a doutrina majoritária, o Estado deve utilizar as formas empresariais previstas no art. 173 da Constituição Federal para a exploração de atividades econômicas em sentido estrito e tem a faculdade de utilizá-las ou não para a prestação de serviços públicos.[485]

Concordamos com a primeira conclusão, mas não em virtude exclusivamente do disposto no art. 173, § 1º, da Constituição Federal, que, em verdade, não exige a adoção de uma entidade ou outra, mas apenas estabelece o regime jurídico das entidades lá enunciadas. A nosso ver, a necessidade de exploração de atividades econômicas em sentido estrito por entidades de natureza jurídica privada decorre (i) da exigência de isonomia em favor das sociedades privadas, quando houver exploração de atividades em regime de concorrência; e (ii) do princípio da eficiência, a ser examinado caso a caso, inclusive quando se tratar de atividades exploradas em regime de monopólio.

Dito de outra forma, não extraímos do art. 173 uma obrigação de adoção do formato de sociedades de economia mista e empresas públicas, tampouco consideramos que a natureza das atividades econômicas seria incompatível com o regime jurídico das entidades administrativas de Direito Público. Incompatível é a adoção de tais instrumentos para exploração de atividades em regime de concorrência, pois isso atribuiria

---

[485] De acordo com Vitor Schirato, "a constituição de empresa estatal para a prestação de um serviço público nada mais é do que uma discricionariedade da qual o Poder Público dispõe para a organização do desempenho das atividades que lhe são próprias (...). É manifestação do poder de auto-organização da Administração" (SCHIRATO, Vitor Rhein. Novas anotações sobre as empresas estatais. *Revista de Direito Administrativo*, vol. 239, 2005, pp. 213/214).

O ESTADO COMO ACIONISTA CONTROLADOR

ao Estado privilégios em desfavor dos seus concorrentes privados, o que não é albergado pela Ordem Econômica Constitucional.[486]

Além disso, mesmo quando em regime de monopólio, a adoção de forma jurídica pública deverá ser justificada à luz do princípio da eficiência. Da mesma forma, quando da escolha do instrumento adequado para a prestação do serviço público, o Estado, logicamente, deve optar por aquele que seja mais adequado e eficiente para o objetivo proposto. Dispondo o Estado de formas empresariais para fazê-lo, a utilização de instrumentos de Direito Público para a exploração de serviços públicos de natureza empresarial deverá ser justificada à luz do referido princípio.

Nesse sentido, Sofia D'Alte reconhece que, nesse campo, "alcançar o melhor nível de prestação dos bens e ou serviços em causa, é de fato o objetivo essencial. Por isso, aqui mais facilmente se afirma a prevalência de atuações e opções organizativas que permitam encontrar modos de actuação céleres, eficazes e flexíveis".[487] Chama a autora a atenção para a exigência de adequação entre a forma escolhida e a atividade em causa.[488]

Essa análise, adiantamos, não é simples. Em tese, é possível admitir a exploração empresarial de hospitais públicos, ainda que os usuários não sejam cobrados para receber tratamento.[489] Considera-se empresa qual-

---

[486] "a aplicação do Direito Privado pelas empresas públicas é uma expressão direta do princípio da igualdade, enquanto manifestação de uma paridade de tratamento ou de um estatuto unitário que determina que todos os agentes econômicos atuem no mercado submetidos ao mesmo ordenamento jurídico" (OTERO, Paulo. *Vinculação e liberdade de conformação jurídica do sector empresarial do Estado*. Coimbra: Coimbra Editora, 1998, p. 298).

[487] D'ALTE, Sofia Tomé. *Op.cit.*, p. 227.

[488] Idem. *Ibidem*, p. 229.

[489] O Legislador Federal autorizou, em 2011, a criação de uma empresa pública para "a prestação de serviços gratuitos de assistência médico-hospitalar, ambulatorial e de apoio diagnóstico e terapêutico à comunidade, assim como a prestação às instituições públicas federais de ensino ou instituições congêneres de serviços de apoio ao ensino, à pesquisa e à extensão, ao ensino-aprendizagem e à formação de pessoas no campo da saúde pública, observada, nos termos do art. 207 da Constituição Federal, a autonomia universitária". Trata-se da Empresa Brasileira de Serviços Hospitalares – EBSERH, objeto da Lei nº 12.550/2011. Prevê o art. 6º dessa lei que "a EBSERH, respeitado o princípio da autonomia universitária, poderá prestar os serviços relacionados às suas competências mediante contrato com as instituições federais de ensino ou instituições congêneres", assim consideradas as "instituições públicas que desenvolvam atividades de ensino e de pesquisa na área da saúde e que prestem serviços no âmbito do Sistema Único de Saúde – SUS".

O ESTADO EMPRESÁRIO

quer atividade econômica organizada para a circulação de serviços (art. 966 do Código Civil), conceito em que facilmente se enquadrariam os hospitais. A contraprestação seria paga pelo próprio Governo.

A presunção, a nosso ver, é de que, em se tratando também de atividade econômica em sentido amplo, a forma mais eficiente de exploração é através de empresas públicas e sociedades de economia mista,[490] tendo em vista a "inaptidão natural do Direito Administrativo para disciplinar o exercício de uma atividade empresarial".[491] O administrador, se optar por outro modelo, deverá justificar tal escolha.

Além disso, em se tratando de um serviço público prestado em regime de concorrência, a forma empresarial se fará obrigatória.

Em resumo, a Constituição Federal não exige expressamente a adoção de empresas estatais para nenhum dos dois tipos de atividades econômicas. Importará, para esse fim, a submissão da atividade ao regime de concorrência, caso em que nos parece que deverão ser exploradas exclusivamente por empresas estatais, bem como o necessário atendimento ao princípio da eficiência.

Tudo o quanto exposto até o momento diz respeito à exploração de atividades econômicas pelo Estado. Há que se ressalvar, contudo, que nem toda atividade estatal admite exploração comercial.[492] Trata-se, por

---

[490] Em sentido semelhante, Paulo Otero afirma que "a circunstância de, tendencialmente, as formas jurídico-privadas de organização se mostrarem mais propícias à eficiência do setor público empresarial conduz à possibilidade de se retirar desta norma da Constituição uma outra regra implícita de preferência por tais formas privadas de organização. Neste sentido, em vez de uma 'fuga' para formas de organização típicas do Direito Privado, pode bem afirmar-se que a utilização de formas de organização do sector empresarial do Estado reguladas pelo Direito Comercial decorre de uma lógica atrativa deste ramo de Direito como típico Direito comum regulador das empresas, isto atendendo ao fato de estar em causa o desenvolvimento de uma atividade econômica através de uma estrutura empresarial" (*Vinculação e Liberdade de Conformação Jurídica do Sector Empresarial do Estado.* Coimbra: Coimbra Editora, 1998, p. 235). O autor se refere, assim, a uma "preferência constitucional implícita por formas jurídico-privadas de organização do setor empresarial do Estado" (Idem, p. 236).

[491] Idem. *Ibidem*, p. 301.

[492] José dos Santos Carvalho Filho adverte, nesse sentido, para o fato de que "não são todos os serviços públicos que poderão ser exercidos por sociedades de economia mista e empresas públicas, mas apenas aqueles que, mesmo sendo prestados por empresa estatal, poderiam sê-lo pela iniciativa privada. Desse modo, excluem-se aqueles serviços ditos

210

exemplo, das atividades de emissão de moedas, defesa nacional, regulação, bem como de atividades que envolvam o exercício de poder de polícia.

No Direito Português, foi cunhado o "princípio da compatibilidade da actividade a desenvolver com uma gestão empresarial privada",[493] impedindo a organização de determinada atividade sob a forma de empresa se envolver o exercício de atos de autoridade. Paulo Otero, nesse sentido, afirma que a Constituição portuguesa veda "a atribuição a título normal ou não precário do exercício de poderes ou prerrogativas de autoridade soberana a entidades organizadas sob formas jurídicas típicas do Direito Privado, tal como se lhes deve considerar negado o exercício normal de atividades nucleares da função administrativa"[494].

Diante disso, faz-se necessário indagar se poderia uma empresa estatal ser criada para a exploração de uma função notadamente pública, assim consideradas "todas as atividades precípuas do Estado, na qualidade de entidade soberana",[495] exercendo, por exemplo, funções regulatórias e poder de polícia.

---

próprios do Estado, ou seja, aqueles que só o Estado pode executar, como a segurança pública, a prestação da justiça, a defesa da soberania nacional" (CARVALHO FILHO, José dos Santos. *Manual de Direito Administrativo*. 18ª ed. Rio de Janeiro: Ed. Lumen Juris, 2007, p. 443). O autor, como se vê, utiliza nesse excerto um conceito amplo de serviços públicos.

[493] AMORIM, João Pacheco de. *Op.cit.*, p. 103. Esse autor cita, nesse sentido, a crítica formulada por René Chapus com relação ao fato de que a maioria dos estabelecimentos públicos industriais e comerciais constituídos na França na última década do século XX ter sido objeto de criações e transformações "anormais", por "não serem justificadas pelo carácter realmente industrial e comercial das actividades exercidas" – devendo-se esse fenômeno a uma "tendência contemporânea de considerar que as tarefas de interesse geral são susceptíveis, mesmo que sejam de natureza administrativa, de ser mais eficazmente desempenhadas pelas formas de gestão privada do que pelas de gestão pública e, em suma, de partir do princípio que é bom transformar as administrações em empresas (isto é, na realidade, mascará-las de empresas)" (Idem, pp. 103/104).

[494] OTERO, Paulo. *Op.cit.*, p. 240.

[495] SCHIRATO, Vitor Rhein. Novas anotações sobre as empresas estatais. *Revista de Direito Administrativo*, vol. 239, 2005, p. 222. O autor complementa que as funções públicas "são todas aquelas atividades exercidas pelo Estado relacionadas à sua organização, às suas funções políticas e ao exercício de sua autoridade e, consequentemente, ao seu poder de unilateralmente constituir os particulares em obrigações, constante do denominado poder de polícia".

O ESTADO EMPRESÁRIO

Para Sofia D'Alte, fazendo referência a Paulo Otero, "não haverá qualquer liberdade de escolha no tocante à prestação de atividades que envolvam exercício de poderes de soberania e de autoridade, pois que a celeridade e a eficácia na prestação não podem obter-se à custa da diminuição das garantias dos cidadãos em face dos poderes públicos".[496] Esse seria o caso das forças de segurança, polícia, Tribunais, as quais deverão, de acordo com o autor, ser desenvolvidas invariavelmente por entidades submetidas ao direito público.[497]

Carlos Ari Sundfeld,[498] Vitor Schirato[499] e José Vicente Santos de Mendonça[500] entendem ser possível o exercício de funções típicas do Poder Público por empresas estatais. Mas enumeram algumas limitações para tanto.

Em primeiro lugar, apenas as empresas públicas poderiam exercer essas funções. Não haveria, para esses autores, diferença prática entre as empresas públicas e as autarquias, visto que ambas são constituídas por recursos exclusivamente públicos e seus dirigentes são nomeados também exclusivamente pelo Poder Público.[501] A única diferença relevante entre as autarquias e as empresas públicas seria o regime de pessoal, a qual, após a promulgação da Constituição de 1988, foi bastante mitigada, já que existiria uma estabilidade *de facto*, admitida pela doutrina e jurisprudência, em favor do empregado público.

Nesse particular, José Vicente questiona a lógica da decisão proferida pelo STF na ADIN nº 2.310-DF, que declarou a incompatibilidade

---

[496] D'ALTE, Sofia Tomé. *Op.cit.*, p. 226. Também nesse sentido, OTERO, Paulo. Coordenadas Jurídicas da Privatização da Administração Pública. *Stvdia Ivridica, nº 60, Colloquia 7.* Coimbra: Coimbra Editora, 2001, p. 56.

[497] De acordo, ainda, com essa autora, "se se tratar de uma área ou de um sector em que o exercício da actividade pressupõe poderes de soberania ou de autoridade, já se viu que não assiste aqui qualquer tipo de opção jurídico-formal a considerar, pois a forma organizacional terá de ser necessariamente de direito público" (D'ALTE, Sofia Tomé. *Op.cit.*, p. 232).

[498] SUNDFELD, Carlos Ari. Empresa estatal pode exercer poder de polícia. *Revista da Procuradoria Geral do Estado de São Paulo*, n. 38, dez. 1992.

[499] SCHIRATO, Vitor Rhein. Novas anotações sobre as empresas estatais. *Revista de Direito Administrativo*, vol. 239, 2005, pp. 210 e 211.

[500] *Op.cit.*, pp. 236 e seguintes.

[501] SCHIRATO, Vitor Rhein. Novas anotações sobre as empresas estatais. *Revista de Direito Administrativo*, vol. 239, 2005, p. 224.

O ESTADO COMO ACIONISTA CONTROLADOR

do regime trabalhista com as funções desempenhadas pelos empregados das autarquias, em virtude da ausência de garantia à estabilidade, o que poderia dar espaço a pressões políticas em determinadas operações de fiscalização.[502]

[502] Nos termos da decisão monocrática proferida pelo Ministro Marco Aurélio, "inegavelmente, as agências reguladoras atuam com poder de polícia, fiscalizando, cada qual em sua área, atividades reveladoras de serviço público, a serem desenvolvidas pela iniciativa privada. (...) Cumpre indagar a harmonia, ou não, da espécie de contratação, ante a importância da atividade e, portanto, o caráter indispensável de certas garantias que, em prol de uma atuação eqüidistante, devem se fazer presentes, considerados os prestadores de serviços. (...) o cargo público, como ressaltado pelo consagrado mestre, propicia "desempenho técnico isento, imparcial e obediente tão-só a diretrizes político-administrativas inspiradas no interesse público...", sobressaindo a estabilidade para os concursados. Sim, a teor do artigo 41 da Constituição Federal, preceito que não se encontra nas disposições gerais, mas nas alusivas aos servidores públicos estrito senso, o instituto da estabilidade, alcançável após três anos de efetivo exercício, está jungido a cargo de provimento efetivo em virtude de concurso público, cuja perda pressupõe sentença judicial transitada em julgado (I), processo administrativo em que seja assegurado ao servidor ampla defesa (II) e procedimento de avaliação periódica de desempenho, na forma de lei complementar, também assegurada ampla defesa (III). (...) Os servidores das agências reguladoras hão de estar, necessariamente, submetidos ao regime de cargo público, ou podem, como previsto na lei em exame, ser contratados para empregos públicos? Ninguém coloca em dúvida o objetivo maior das agências reguladoras, no que ligado à proteção do consumidor, sob os mais diversos aspectos negativos – ineficiência, domínio do mercado, concentração econômica, concorrência desleal e aumento arbitrário dos lucros. Hão de estar as decisões desses órgãos imunes a aspectos políticos, devendo fazer-se presente, sempre, o contorno técnico. É isso o exigível não só dos respectivos dirigentes – detentores de mandato -, mas também dos servidores – reguladores, analistas de suporte à regulação, procuradores, técnicos em regulação e técnicos em suporte à regulação – Anexo I da Lei nº 9.986/2000 – que, juntamente com os primeiros, hão de corporificar o próprio Estado nesse mister da mais alta importância, para a efetiva regulação dos serviços. Prescindir, no caso, da ocupação de cargos públicos, com os direitos e garantias a eles inerentes, é adotar flexibilidade incompatível com a natureza dos serviços a serem prestados, igualando os servidores das agências a prestadores de serviços subalternos, dos quais não se exige, até mesmo, escolaridade maior, como são serventes, artífices, mecanógrafos, entre outros. Atente-se para a espécie. Está-se diante de atividade na qual o poder de fiscalização, o poder de polícia fazem-se com envergadura ímpar, exigindo, por isso mesmo, que aquele que a desempenhe sinta-se seguro, atue sem receios outros, e isso pressupõe a ocupação de cargo público, a estabilidade prevista no artigo 41 da Constituição Federal. Aliás, o artigo 247 da Lei Maior sinaliza a conclusão sobre a necessária adoção do regime de cargo

O ESTADO EMPRESÁRIO

Para esse autor, "o empregado público está tão protegido quanto o servidor em relação a pressões indevidas – e, se não estiver, não vai ser a diversidade de regimes que irá protegê-lo", já que "o estatutário e celetista estarão igualmente sujeitos aos desvios da chefia ou de quem quer que seja".[503] Não haveria, enfim, para essa corrente, uma necessária relação entre a estabilidade e o exercício legítimo do poder de polícia ou de regulação.

Carlos Ari Sundfeld lembra, nesse ponto, que nem todos os funcionários públicos dispõem de estabilidade. Há aqueles que ocupam cargos em comissão e aqueles que se encontram em regime de estágio probatório.[504]

Além disso, o autor chama a atenção para o fato de que tanto o funcionário público quanto o empregado público têm as suas funções autorizadas em lei. Assim, desde que a lei de criação da empresa estatal ou uma lei geral sobre o serviço preveja tais funções, não haveria óbices, inclusive para a utilização do poder de coação.[505]

---

público relativamente aos servidores das agências reguladoras. Refere-se o preceito àqueles que desenvolvam atividades exclusivas de Estado, e a de fiscalização o é. Em suma, não se coaduna com os objetivos precípuos das agências reguladoras, verdadeiras autarquias, embora de caráter especial, a flexibilidade inerente aos empregos públicos, impondo-se a adoção da regra que é a revelada pelo regime de cargo público, tal como ocorre em relação a outras atividades fiscalizadoras – fiscais do trabalho, de renda, servidores do Banco Central, dos Tribunais de Conta, etc."

[503] *Op.Cit.*, p. 238.

[504] "(...) dever-se-á então negar-lhes legitimidade para a produção de atos de polícia? Isso certamente conduziria ao total absurdo. Por esse raciocínio, um agente fiscal recentemente admitido não poderia exercer sua função, devendo aguardar o término do estágio probatório para começar a trabalhar. Ao chefe de unidade encarregada da expedição de licenças, por ocupar cargo em comissão, ficaria vedada a prática exatamente dos atos que justificam a existência do órgão. Poder-se-ia contraditar que os funcionários em estágio probatório, embora não sejam estáveis, não são demissíveis *ad nutum*. Mas os empregados de empresa estatal, inclusive pelo fato de prestarem concurso público, também não são atingidos pela dispensa imotivada, como esclarece a mais balizada doutrina. Destarte, o regime de ambos é, quanto ao ponto, equivalente. De outra parte, a contradita não valeria para os ocupantes de cargo de confiança, que realmente são demissíveis *ad nutum*. Assim sendo, só posso concluir que a competência para exercer o poder de polícia nada tem a ver com a estabilidade do agente no posto" (SUNDFELD, Carlos Ari. Empresa estatal pode exercer poder de polícia. *Revista da Procuradoria Geral do Estado de São Paulo*, n. 38, dez. 1992, p. 43).

[505] Idem. *Ibidem*, p. 45.

O ESTADO COMO ACIONISTA CONTROLADOR

Ultrapassada essa questão, os autores passam a enumerar os limites que deverão ser observados para que seja legítimo o exercício de poder de polícia pelas empresas estatais[506], a saber (i) total impossibilidade de participação privada na empresa estatal que exerce função tipicamente pública, tendo em vista o conflito de interesses que daí poderia exsurgir; (ii) impossibilidade de exercício concomitante de funções públicas e a exploração de atividade econômica em regime de concorrência com a iniciativa privada, também em virtude do conflito de interesses que tal situação poderia gerar, bem como por imposição do princípio da isonomia.[507]

José Vicente acrescenta, ainda, mais um requisito (iii) o exercício desse poder deve ser ancilar e instrumental à prestação do serviço público. Ele não admite, diversamente de Marçal Justen Filho e Vitor Schirato, que a empresa estatal tenha por único objeto o exercício de polícia administrativa.[508]

Em nossa opinião, a utilização de empresas estatais exclusivamente para realização de atividades de regulação ou de polícia administrativa apenas traria confusão ao tema, sem, aparentemente, trazer quaisquer benefícios.[509]

---

[506] SCHIRATO, Vitor. *Op.cit.*, pp. 227 e ss. MENDONÇA, José Vicente dos Santos. *Op.Cit.*, p. 239 e ss.

[507] No mesmo sentido, se posiciona Paulo Otero, em seu *Vinculação e Liberdade de Conformação Jurídica do Sector Empresarial do Estado*. Coimbra: Coimbra editora, 1998, p. 241. Para o autor, essa impossibilidade decorre do fato de a "entidade poder exercer actos de autoridade ou, de qualquer modo, a sua dupla função ser passível de, utilizando meios do Direito Público – agora, enquanto titular de funções públicas de regulação do sector –, poder ser instrumentalizada a favor da sua face empresarial, contrariando as garantias de igualdade e de imparcialidade em relação aos restantes agentes econômicos que actuam no mesmo mercado concorrencial de actividade, quanto mais não seja, sublinhe-se, pela informação disponível e pelo tempo de conhecimento antecipado das decisões".

[508] No mesmo sentido, OTERO, Paulo. *Vinculação e Liberdade de Conformação Jurídica do Sector Empresarial do Estado*. Coimbra: Coimbra Editora, 1998, p. 241.

[509] Quando da criação da Empresa Brasileira de Administração de Petróleo e Gás Natural S.A. – Pré-Sal Petróleo S.A. (PPSA), prevista pela Lei federal nº 12.304/2010, surgiu a discussão sobre se o poder concedido a essa empresa pública para a "gestão dos contratos de partilha de produção celebrados pelo Ministério de Minas e Energia e a gestão dos contratos para a comercialização de petróleo, de gás natural e de outros hidrocarbonetos fluidos da União" (arts. 3º e 4º da Lei nº 12.304/2010), associado ao poder de integrar

O ESTADO EMPRESÁRIO

Concordamos que, de fato, adotadas todas as condições enumeradas pelos autores citados, não haveria diferenças práticas entre a empresa pública e a autarquia. Mas, por isso mesmo, questionamos qual seria, nesses casos, a vantagem da utilização da estrutura empresarial para a realização dessas funções, de forma exclusiva, se nessas entidades o direito privado incidiria tão-somente no que diz respeito aos requisitos para a sua constituição.[510]

Além disso, se o Decreto-lei nº 200/67 prevê a figura da autarquia justamente para o fim de exercer funções tipicamente públicas, qual seria a razão para se utilizar uma estrutura empresarial, não originariamente cunhada para esse fim? Uma maior agilidade? Muito melhor seria atribuir

---

todos os consórcios como representante dos interesses da União no contrato de partilha de produção (art. 21 da Lei nº 12.351/2010), de indicar a metade dos integrantes do seu comitê operacional, incluindo o seu presidente (art. 23, § único, da Lei nº 12.351/2010) e de, através deste último, vetar as decisões do comitê ou desempatar a votação (art. 25 da Lei nº 12.351/2010), caracterizaria, na prática, competência para regular o setor.

Para Marcos Juruena Vilella Santos, os poderes atribuídos à PPSA pela Lei seriam incompatíveis "com uma empresa que 'não será responsável pela execução, direta ou indireta, das atividades de exploração, desenvolvimento, produção e comercialização de petróleo e gás natural'", tampouco com a sua natureza jurídica de direito privado, tendo em vista poderem ser caracterizadas como "funções de regulação" (VILLELA SOUTO, Marcos Juruena. Propostas legislativas de novo marco regulatório do pré-sal. *Revista de Direito Público da Economia – RDPE*, ano 8, nº 29, jan./mar. 2010, pp. 144/145).

Não nos parece que a atuação dessa empresa pública no âmbito da gestão dos contratos de partilha de produção deva ser confundida com a atuação de uma agência reguladora. Ela, de fato, fiscalizará o cumprimento dos termos do contrato de partilha – como, aliás, qualquer outro consorciado pode fazer – e imporá, mediante o exercício do seu poder de veto ou do seu voto de qualidade, a vontade da União, mas não tem o poder de editar normas para o setor ou para aplicar sanções fora do âmbito contratual.

Pode-se questionar, sob o ponto de vista político e econômico, se esses poderes seriam interessantes ou não, mas não vemos, sob o ponto de vista jurídico, qualquer óbice ao seu desempenho pela PPSA, como delegatária da exploração do monopólio da União sobre essas atividades.

[510] SCHIRATO, Vitor. *Op.cit.*, p. 230. Nas palavras do autor, "estas empresas estatais, por exercerem funções típicas e exclusivas de Estado, têm sobre si incidente um regime essencialmente semelhante àquele incidente sobre o próprio Estado, devendo, por exemplo, realizar licitações anteriormente a todas as suas contratações, exceto nos casos expressamente previstos em lei, bem como observar a todos os demais dispositivos constantes do artigo 37 da Constituição Federal" (Idem, p. 230).

O ESTADO COMO ACIONISTA CONTROLADOR

maior agilidade ao exercício das competências das autarquias, mediante lei, do que utilizar formas privadas não pensadas para essa finalidade, o que certamente ensejará ainda mais discussão sobre o regime jurídico das empresas estatais.

Na verdade, a utilização de empresas estatais para essas finalidades dependeria da sua desnaturação, da sua transformação, na prática, em uma autarquia, o que é justamente aquilo que criticamos neste trabalho, como se verá a seguir. Se o que se quer é uma autarquia, que se crie uma, ao invés de se utilizar uma empresa estatal de forma desfigurada, para fins para os quais ela não foi concebida.

Aliás, não se pode desconsiderar os avanços teóricos já alcançados no âmbito da regulação da economia, em especial no que diz respeito à melhor estrutura para a execução de tal função pública. O resultado disso é espelhado na defesa da criação de agências reguladoras, entidades dotadas de relativa autonomia face ao Chefe do Poder Executivo, considerada necessária pela doutrina e jurisprudência para o exercício das suas funções, bem como na aceitação, pela doutrina e jurisprudência, do exercício de competência normativa por essas entidades autárquicas, com a criação de direitos e obrigações não previstos detalhadamente por lei em sentido estrito.

Utilizar empresas públicas para a realização de funções que poderiam ser delegadas a agências reguladoras, como já foi o caso da EMBRATUR[511] e do extinto Banco Nacional da Habitação – BNH[512], importaria em abrir

---

[511] A EMBRATUR foi criada pelo Decreto nº 55/1966, na forma de empresa pública denominada Emprêsa Brasileira de Turismo, para o fim de "fomentar e financiar diretamente as iniciativas, planos, programas e projetos que visem o desenvolvimento da indústria do turismo"; "celebrar contratos, estudos e convênios (...) com entidades públicas e privadas, no interêsse da indústria nacional de turismo e da coordenação de suas atividades"; "organizar, promover e divulgar as atividades ligadas ao turismo"; "fazer o registro e fiscalização das emprêsas dedicadas à indústria de turismo, satisfeitas as condições fixadas em normas próprias"; "estudar e propor ao Conselho Nacional de Turismo os atos normativos necessários ao seu funcionamento"; dentre outras. Com a edição da Lei nº 8.181/1991, essa empresa foi transformada em autarquia especial e passou a se denominar EMBRATUR – Instituto Brasileiro de Turismo.

[512] O BNH foi criado sob a forma de autarquia pela Lei nº 4.380/1964, tendo sido transformado em empresa pública pela Lei nº 5.762/1971, e extinto ainda sob a égide da Constituição anterior, por força do Decreto-lei n. 2.291, de 21 de novembro de 1986. Esse Banco

O ESTADO EMPRESÁRIO

mão de todos esses avanços e provocar uma nova discussão, a nosso ver, desnecessária.

Concordamos, nesse ponto, com José Vicente Santos de Mendonça, no sentido de que o exercício de eventual poder de autoridade pela empresa estatal deve ser instrumental à prestação do serviço público e exercido na medida estrita do necessário para a exploração de referida atividade. E aí não há qualquer novidade. A própria Lei nº 8.987/95, em seus arts. 30 e 31, atribui algum poder de autoridade às concessionárias de serviço público, autorizando, por exemplo, a fiscalização do serviço, a promoção de desapropriações e constituição de servidões (desde que previamente autorizadas pelo poder concedente), a tomada das medidas necessárias ao cumprimento, por terceiros, das normas do serviço e para a manutenção da integridade dos bens a ele vinculados.

Os poderes atribuídos pela Lei nº 8.987/95 às concessionárias são compatíveis tanto com a doutrina[513] e jurisprudência[514] que admitem a

tinha por competência, dentre outras, a de fixar critérios de classificação e promover a classificação dos candidatos a obtenção de financiamentos junto às entidades estatais (art. 10, § 2º, da Lei nº 4.380/64), bem como para fixar, para cada região ou localidade, a percentagem mínima de recursos que devem ser aplicados no financiamento de projetos destinados à eliminação de favelas, mocambos e outras aglomerações em condições sub--humanas de habitação (art. 11, § 1º, da mesma lei).

[513] Cf. MARINS, Vinicius. Contratação de serviços de segurança privada pela administração pública: uma análise à luz moderna da privatização de poderes administrativos. *Revista do Tribunal de Contas do Estado de Minas Gerais*, v. 74, jan/fev/mar 2010, p. 89; MARQUES NETO, Floriano Peixoto de Azevedo. A Contratação de Empresas para Suporte de Função Reguladora e a "Indelegabilidade do Poder de Polícia". *Revista Trimestral de Direito Público – RTDP*, n. 32, pp. 67/68; BANDEIRA DE MELLO, Celso Antônio. Serviço Público e Poder de Polícia: Concessão e Delegação. *Revista Trimestral de Direito Público – RTDP*, n. 20, pp. 25/26; FURTADO, Lucas Rocha. Curso de Direito Administrativo. Belo Horizonte: Ed. Fórum, 2007, p. 649; JUSTEN FILHO, Marçal. *Curso de Direito Administrativo*. Belo Horizonte, 2011, p. 580.

[514] Os Tribunais também vêm reconhecendo massivamente a possibilidade de execução de atos preparatórios ao exercício do poder de polícia por particulares, conforme se pode extrair, exemplificativamente, dos seguintes julgados: STJ, REsp 712312/DF, Rel. CASTRO MEIRA, 2ª T., j. 18/08/2005, DJ 21/03/2006; TJ/RJ, AC nº 0021254-46.2008.8.19.0001, Rel. NAGIB SLAIBI, 6ª C.C., j. 06/07/2011. Mas também podemos encontrar julgados vedando o exercício de alguns atributos do poder de polícia por particulares, como a imposição de sanções, ou, ainda, penalizando os excessos cometidos pelos concessionários na execução dessa competência. Confira-se:

realização de atividades instrumentais (atos preparatórios ou executórios) ao poder de polícia por particulares, tais como a cobrança de tributos, fiscalização, etc. A execução de atos de criação das normas de polícia e de imposição de sanções são de competência exclusiva de entidades de direito público.

Além disso, tais poderes são também compatíveis com os atributos decorrentes dos direitos de posse e de propriedade. Como se sabe, além da "faculdade de usar, gozar e dispor da coisa", o art. 1.228 do Código Civil também atribui ao titular do direito de posse "o direito de reavê-la do poder de quem quer que injustamente a possua ou detenha", inclusive

"ADMINISTRATIVO. PODER DE POLÍCIA. TRÂNSITO. SANÇÃO PECUNIÁRIA APLICADA POR SOCIEDADE DE ECONOMIA MISTA. IMPOSSIBILIDADE. (...) No que tange ao mérito, convém assinalar que, em sentido amplo, poder de polícia pode ser conceituado como o dever estatal de limitar-se o exercício da propriedade e da liberdade em favor do interesse público. A controvérsia em debate é a possibilidade de exercício do poder de polícia por particulares (no caso, aplicação de multas de trânsito por sociedade de economia mista). 3. As atividades que envolvem a consecução do poder de polícia podem ser sumariamente divididas em quatro grupo, a saber: (i) legislação, (ii) consentimento, (iii) fiscalização e (iv) sanção. (...) 5. Somente o atos relativos ao consentimento e à fiscalização são delegáveis, pois aqueles referentes à legislação e à sanção derivam do poder de coerção do Poder Público. 6. No que tange aos atos de sanção, o bom desenvolvimento por particulares estaria, inclusive, comprometido pela busca do lucro – aplicação de multas para aumentar a arrecadação" (STJ, REsp 817534/MG, Rel. Mauro Campbell Marques, 2ª T., j. 10/11/2009, DJe 10/12/2009).

"ADMINISTRATIVO. PODER DE POLÍCIA. TRÂNSITO. SANÇÃO PECUNIÁRIA APLICADA POR SOCIEDADE DE ECONOMIA MISTA. IMPOSSIBILIDADE. (...) As atividades que envolvem a consecução do poder de polícia podem ser sumariamente divididas em quatro grupo, a saber: (i) legislação, (ii) consentimento, (iii) fiscalização e (iv) sanção. 4. No âmbito da limitação do exercício da propriedade e da liberdade no trânsito, esses grupos ficam bem definidos: o CTB estabelece normas genéricas e abstratas para a obtenção da Carteira Nacional de Habilitação (legislação); a emissão da carteira corporifica a vontade o Poder Público (consentimento); a Administração instala equipamentos eletrônicos para verificar se há respeito à velocidade estabelecida em lei (fiscalização); e também a Administração sanciona aquele que não guarda observância ao CTB (sanção). 5. Somente o atos relativos ao consentimento e à fiscalização são delegáveis, pois aqueles referentes à legislação e à sanção derivam do poder de coerção do Poder Público. 6. No que tange aos atos de sanção, o bom desenvolvimento por particulares estaria, inclusive, comprometido pela busca do lucro – aplicação de multas para aumentar a arrecadação. (...) (STJ, RESP 200600252881, Mauro Campbell Marques, 2ª T., DJE DATA:10/12/2009).

O ESTADO EMPRESÁRIO

através de medidas que envolvam o uso da força, como o desforço imediato (arts. 1.210, § 1º), o direito de "fazer cessar as interferências prejudiciais à segurança, ao sossego e à saúde dos que o habitam, provocadas pela utilização de propriedade vizinha" (art. 1.277, CC), dentre outros. Esses direitos, portanto, decorrem da propriedade e são regidos por normas de direito privado, não podendo ser confundidos com o exercício do poder de polícia estatal.[515]

Assim, em conclusão, parece-nos possível afirmar que (i) a exploração direta de atividades econômicas em sentido estrito pelo Estado em regime de concorrência só pode se dar mediante a criação de empresas estatais; (ii) a prestação direta de serviços públicos pode ser executada por empresas estatais, outras entidades da Administração indireta ou mesmo por órgãos públicos, devendo a escolha por um ou outro formato ser pautada pelo princípio da eficiência e pelo princípio da isonomia (esse último aplicável caso a atividade seja explorada em regime de concorrência); e (iii) o exercício exclusivo de funções típicas do Estado, como, por exemplo, a regulação de determinado setor da economia, não deve ser delegado a uma empresa estatal: o exercício de poder de autoridade deve ser instrumental à prestação do serviço público, caracterizando atuação preparatória (ex: fiscalização) ou executória (ex. promoção da desapropriação) do poder de polícia exercido diretamente pelo Poder Público ou, então, uma faculdade inerente à posse direta dos bens vinculados ao serviço público.

---

[515] Conforme expõe Vinícius Marins, "parece comum a todos os ordenamentos jurídicos mais civilizados que certas situações-limite, nas quais não haja possibilidade de recurso útil à segurança pública, sejam perfeitamente admissíveis, sem que se considerem perturbados, com isso, os termos do contrato social. O direito de resistência, o estado de necessidade, a legítima defesa, o desforço imediato na defesa da posse e a prisão em flagrante por qualquer indivíduo corroboram a hipótese de que a força privada é reconhecida. O que se deve empreender, no caso, é uma percepção quanto à mudança de fundamento do monopólio da violência estatal, que constitui, na atualidade, uma garantia de segurança e liberdade dos cidadãos, e não mais um mero instrumento de engrandecimento do poder político, tal como representara no início da Idade Moderna" (Contratação de serviços de segurança privada pela administração pública: uma análise à luz moderna da privatização de poderes administrativos. *Revista do Tribunal de Contas do Estado de Minas Gerais*, v. 74, jan/fev/mar 2010, p. 92).

## 3.6. As empresas estatais e o princípio da eficiência: notas sobre como a construção do seu regime jurídico pode afetar a sua operação eficiente

Muitos são os argumentos contrários à intervenção direta do Estado na economia, sendo um dos principais a sua ineficiência. Em vista disso, optamos por tecer algumas considerações adicionais sobre esse princípio especificamente com relação às sociedades estatais, de forma a extrair da literatura quais os problemas normalmente apontados e as formas hábeis a resolvê-los.

As principais razões apontadas pela doutrina para explicar a ineficiência sistemática das sociedades controladas pelo Estado podem ser assim elencadas:[516]

(i) Ausência de incentivos organizacionais, seja em decorrência do fato de que as empresas estatais não seriam motivadas pelo lucro e, por isso, haveria poucos incentivos para a maximização da sua produtividade, seja porque em muitos países as empresas estatais não podem falir e, em sendo assim, eventuais prejuízos ou desequilíbrios em seus balanços são sempre corrigidos pelo Governo, não havendo incentivos para evitar desperdícios ou gastos desnecessários.

(ii) Existência de restrições quanto à contratação de pessoal e quanto à definição dos pisos salariais. É difícil para a sociedade estatal competir com a iniciativa privada pelos melhores "cérebros" do mercado. Além disso, normalmente há barreiras rígidas para a dispensa de empregados ineficientes.

---

[516] STIGLITZ, Joseph E. *Economics of the Public Sector*. 3ª ed. Nova York: W.W. Norton & Company, 1999, p. 200 e ss. ORTIZ, Gaspar Ariño. *Principios de Derecho Público Económico*. Colômbia: Universidad Externado de Colombia, 2003, pp. 455 e seguintes. Para o autor, "é uma ilusão essa pretensão constante de a empresa pública parecer-se com a privada. Esta última se desenvolve em um mundo que respira liberdade, tem como base a propriedade e como móvel o benefício. Aquela vive necessariamente em um sistema político, movido por interesses basicamente políticos e sujeito, porque senão seria pior, à lei e às normas jurídicas, aos procedimentos e controles do sistema estatal. Nunca se poderá ver a empresa pública livre desse entorno. Dificilmente poderá conseguir a liberdade de movimentos, a agilidade e a prontidão para a mudança e adaptação que tem as privadas e que é tão necessária para competir em uma economia de mercado" (Idem, p. 460).

O ESTADO EMPRESÁRIO

(iii) Existência de restrições relativas às contratações de bens e serviços, que, apesar de serem criadas para impedir a malversação de dinheiro público, na verdade aumentariam consideravelmente os custos das contratações do setor público comparativamente ao setor privado.[517]

(iv) Ausência de restrições orçamentárias – ou a existência apenas de restrições brandas, que não representam constrições importantes à tomada de decisões no âmbito dessas empresas: "as decisões da direção (no caso das empresas públicas) não se vêem restringidas pelo imperativo de equilibrar ingressos e gastos ante a ameaça de dificuldades financeiras e quebra", o que tem por consequência a falta de sensibilidade para a utilização de recursos públicos, a assunção de riscos elevados sem respaldo em análises e estudos consistentes, ausência de espírito de inovação, dentre outros.[518]

(v) Submissão ao processo político, o que pode implicar na imputação de uma "multiplicidade de objetivos, às vezes incompatíveis, e a sofrer uma heterogeneidade de intervenções na sua direção".[519]

---

[517] Sobre esse ponto, vale a pena transcrever os seguintes trechos da obra de Joseph Stiglitz: "para evitar abusos da compra de bilhões de dólares anuais em bens e serviços pelo governo, foram criados procedimentos para assegurar que o governo não seja enganado, mas o seu efeito é o de normalmente aumentar os custos. (...) Em muitas áreas, o governo insiste em procedimentos licitatórios. Mas para fazer isso, o governo deve especificar detalhadamente o que ele está comprando. Uma camisa pode demandar trinta páginas de letras miúdas, contendo detalhes da qualidade do fio, da forma e assim por diante. Mas como as especificações exigidas pelo governo normalmente diferem de várias formas daquilo que as companhias de camisas fazem para o mercado privado, as empresas terão que separar a produção a fim de atender as especificações do governo. Relativamente poucas empresas considerarão valer a pena atender às regulações do governo; a competição, então, será restrita, e os preços da licitação refletirão esses altos custos em atender as especificações e regulações do governo. Como resultado, o governo pode acabar pagando substancialmente mais do que teria que pagar para produtos de prateleira similares" (STIGLITZ, Joseph E. *Economics of the Public Sector*. 3ª ed. Nova York: W.W. Norton & Company, 1999, p. 201).

[518] GONZÁLEZ PÁRAMO, J. M. "¿Es necesariamente ineficiente la empresa pública? Jornadas sobre Privatización, La Coruña, Nov. 1993. *Apud* ORTIZ, Gaspar Ariño. *Op. cit.*, p. 468.

[519] De acordo com Eduardo Rodriguez Chirillo, "a contínua vinculação das empresas a objetivos políticos e sociais (...) torna difícil a sua correta gestão e favorecem a desaparição

(vi) Existência de elementos que intensificam os problemas decorrentes da relação principal-agente[520], normais em grandes corporações – em especial, a irresponsabilidade dos seus dirigentes[521].

Além dessas razões, podemos citar aquelas apontadas pela teoria da *public choice* e que se manifestam nas decisões pela contratação de mais empregados do que o necessário,[522] prática de preços politicamente manipulados[523] e instalação de plantas industriais para beneficiar determinada região, sem que tal decisão seja eficiente ou compatível com o interesse público.

---

da responsabilidade em razão desta" (CHIRILLO, Eduardo J Rodriguez. *Privatization de la empresa publica y post privatizacion*. Buenos Aires: Abeledo-Perrot, 1995, p. 77, tradução livre).

[520] O problema principal-agente pode ser assim resumido: "Existe um principal e um agente – o proprietário e o gerente de uma empresa, por exemplo – que não compartilham dos mesmos objetivos. O principal quer induzir o agente a agir em seu interesse (do principal), mas ele não tem informação total sobre as circunstâncias e comportamento do agente, e, por isso, ele tem um problema de monitoramento. Isso impede o principal de dizer ao agente o que fazer com sucesso, já que ele não pode observar totalmente o que está acontecendo. (...) A teoria do principal-agente diz respeito justamente ao problema de informações e incentivos. Ela endereça a questão central: qual é o esquema ótimo de incentivo para o principal oferecer ao agente? (...) o problema do principal é escolher (...) o esquema de incentivo para o agente. Ao fazer isso ele deve reconhecer duas limitações. Primeiro, o agente se comportará de uma maneira auto-interessada dado o esquema de incentivo. Segundo, o esquema de incentivo deve ser atrativo o bastante para o agente de forma a torná-lo disposto a participar do empreendimento com o principal" (VICKERS, John; YARROW, George. *Privatization: An Economic Analysis*. Massachusetts: MIT Press, 1988, pp. 9/10).

[521] Nas empresas estatais, os proprietários são os cidadãos, os quais, contudo, não dispõem de capacidade de decisão: "não há proprietários, todos são 'agentes', e o que legitima a atuação são uns títulos políticos de ocupação das empresas derivados do processo eleitoral" (ORTIZ, Gaspar Ariño. *Principios de derecho público económico*. Colômbia: Universidad Externado de Colombia, 2003, p. 462).

[522] Pinheiro, A. C. 1996. "Impactos Microeconômicos da Privatização no Brasil". *Pesquisa e Planejamento Econômico*, 26(3), 1996, pp. 357-398.

[523] ANUATTI-NETO, Francisco; BAROSSI-FILHO, Milton; CARVALHO, Antonio Gledson de; MACEDO, Roberto. *Costs and Benefits of Privatization: Evidence from Brazil*. Inter-American Development Bank, Research Network Working Paper #R-455, jun. 2003, p. 30).

O ESTADO EMPRESÁRIO

Em vista disso, diversos juristas,[524-525] economistas, organizações internacionais,[526] dentre outros, defendem que as sociedades estatais são

[524] Para Gaspar Ariño Ortiz, por exemplo, "tanto a teoria como a prática parecem apontar para uma mesma conclusão: que pela sua própria natureza o setor empresarial público – o Estado empresário – não é o melhor caminho, o mais eficiente, para a produção de bens e serviços". Ainda de acordo com o autor, "as empresas públicas adoecem de vícios institucionais, enraizados na sua essência, e por isto de difícil erradicação" (ORTIZ, Gaspar Ariño. *Op. cit.*, pp. 457 a 459). No mesmo sentido, Raymond e González Páramo afirmam que "a evidência acumulada da maior parte dos estudos disponíveis é concludente: em geral, a empresa pública é mais ineficiente do que outras alternativas organizativas baseadas na iniciativa privada" (GONZÁLEZ PÁRAMO, J.M.; RAYMOND, J.L.El papel de la empresa pública. *Papeles de economía*, nº 38, 1989, p. 22. *Apud* ORTIZ, Gaspar Ariño. *Princípios de derecho público económico*. Colômbia: Universidad Externado de Colombia, 2003, p. 455).

[525] Alfredo Lamy Filho é totalmente contrário à utilização de formas societárias, sobretudo a sociedade anônima, para a intervenção do Estado na economia, pelos motivos a seguir elencados: "(...) o desempenho do Estado como controlador da sociedade por ações a desnatura porque agride seus próprios fundamentos. A presença do Estado nas assembléias gerais frauda os pressupostos de igualdade do status de acionista, pois já dizia Ripert: '*on ne reçoit pas un souverain comme un égal*'; a diversidade de objetivos que motiva os sócios viola a própria razão de ser do contrato de sociedade; os administradores – como agentes do Estado – são inspirados e obedecem a pressupostos diferentes dos que governam os profissionais do mercado, dada a transitoriedade da permanência nos cargos, sempre sujeita a contingências políticas; os riscos e as sanções com que o mercado pune a incompetência ou a fraude – a falência – desaparecem, ou podem desaparecer, com a presença do Estado; a luta pela obtenção de novos sócios, ou de mais capital, normalmente subordinada ao conceito e desempenho da empresa, torna-se desprezível porque o controlador subscreverá sempre os aumentos desejados; os conselheiros de administração ou fiscais fazem, apenas, na maioria das vezes, a mímica de administrar ou de fiscalizar – sujeitos, todos, à não recondução, se contrariarem a vontade do controlador soberano. É óbvio que, com tantos óbices, o lucro e o êxito passam a ser mero acidente de percurso. O Estado empresário, ou controlador de sociedades por ações, está, por tudo isso, em geral, fadado ao insucesso" (LAMY FILHO, Alfredo. *Temas de S.A.* Rio de Janeiro: Ed. Renovar, 2001, pp. 134/135).

[526] Esse foi, por exemplo, o posicionamento do Banco Mundial, conforme relatório realizado em 1987: "Elas claramente falharam em cumprir o papel estratégico na industrialização que os governos esperavam. Índices financeiros de retorno geralmente foram inferiores para as SOEs do que para o setor privado, como indicaram recentes estudos no Brasil, Índia e Israel. A lucratividade financeira foi frequentemente comprometida por controles de preços, mas as indicações são de que as SOEs também tiveram geralmente registros pobres de lucratividade social" (*The World Bank. World Development Report 1987*. Oxford: University Press, pp. 66/67).

essencialmente ineficientes, e, por isso, deveria o Estado transferir aquelas existentes à iniciativa privada e abster-se de criar novas entidades empresariais.

Mas será que esse desempenho ineficiente das sociedades estatais é inerente à sua estrutura de controle? Uma sociedade estatal será sempre e necessariamente menos eficiente do que uma sociedade privada? E, antes de tudo, qual o critério de eficiência a ser utilizado para aferir o desempenho das estatais e outras formas de intervenção direta na economia? Seria o Ótimo de Pareto ou algum outro critério de eficiência econômica? Seria o montante de dividendos distribuídos aos seus sócios? O valor da empresa na bolsa de valores, quando aplicável? Ou o princípio da eficiência aplicado à Administração Pública poderia ser diferente daquele aplicado à iniciativa privada? Haveria alguma forma de aumentar a sua eficiência ou a privatização seria a única solução?

A verdade é que muitas das críticas à eficiência das empresas estatais são em grande parte ideológicas ou partem de pressupostos equivocados,[527] havendo evidências empíricas de que essas sociedades podem explorar seus objetivos com eficiência.[528]

Na década de 1980, foi realizado um estudo comparativo entre a eficiência e produtividade de duas ferrovias canadenses, uma controlada pelo Estado e outra pela iniciativa privada e que atuavam em concorrên-

---

[527] Yair Aharoni afirma que "a presunção de que o controle cria per se um ambiente que conduz a uma performance boa ou ruim não está comprovada, e as pesquisas empíricas sobre esse ponto têm conduzido a resultados conflitantes. (...) grande parte do debate sobre a eficiência comparativa das empresas privadas e as empresas controladas pelo Estado é travada em bases ideológicas, gerando muito calor, mas pouca luz" (AHARONI, Yair. Performance of State-Owned Enterprises, p. 50 e 53).

[528] Como ressaltado por Joseph Stiglitz, "evidências firmes da ineficiência do governo são difíceis de encontrar. Para a maioria, o governo e o setor privado não produzem as mesmas commodities, de forma que comparações diretas são difíceis de fazer. Quando eles produzem commodities similares – como a educação – é difícil medir tanto os inputs (com educação, a qualidade dos estudantes) quanto os resultados (testes capturam adequadamente apenas algumas dimensões das realizações do estudante; criatividade e valores da cidadania, valores que as escolas se esforçam para promover, tipicamente são deixados de fora)" (STIGLITZ, Joseph. *Economics of the Public Sector*. 3ª ed. Nova York: W.W. Norton & Company, pp. 198/199).

cia.[529] Em síntese, esse estudo concluiu não haver diferenças significativas entre os níveis de eficiência na operação da ferrovia pela iniciativa privada ou pela pública, e que a competição entre ambas foi fundamental para o resultado atingido.[530]

Esse estudo indica que as diferenças de eficiência entre essas sociedades não decorrem tão-somente ou necessariamente da natureza do seu controle, mas possivelmente também da estrutura do mercado em que atuam (isto é, um mercado monopolista ou concorrencial). O problema de grande parte dos estudos sobre a eficiência das sociedades estatais residiria no fato de que normalmente eles se limitam àqueles exemplos de intervenção em setores monopolizados, sendo poucos os estudos sobre a atuação dessas sociedades em setores caracterizados pela livre concorrência.[531].

---

[529] CAVES, D., CHRISTENSEN, L. (1980). The Relative Efficiency of Public and Private Firms in a Competitive Environment: The Case of Canadian Railroads. *Journal of Political Economy*, 88(5), 958-976.

[530] "A experiência canadense tem importantes implicações para o estudo dos efeitos do controle no desempenho econômico. Estudos anteriores nessa área se concentraram nos efeitos do controle público em ambientes não competitivos. Esses resultados geralmente suportam a visão de que a ausência de incentivos associada com o controle público tem resultado em desempenho pobre com relação às empresas privadas. A experiência canadense oferece uma oportunidade de avaliar os impactos da concorrência como forma de compensar os efeitos negativos do controle público. Nossos resultados indicam que o impacto da concorrência pode ser substancial. Nossa principal conclusão é que o controle público não é essencialmente menos eficiente do que o controle privado – que a ineficiência das empresas estatais decorre do seu isolamento da efetiva concorrência e não do controle público per se. É claro que as nossas conclusões não oferecem qualquer evidência em favor do controle público relativamente ao controle privado. Pode haver outros critérios além da eficiência produtiva que ofereçam o fundamento para se preferir tanto o controle público quanto o privado, mas essa é uma outra questão" (Idem. *Ibidem*, p. 974).

[531] Citando esse estudo, Joseph Stiglitz afirma que "embora o peso das evidências existentes, tanto nos Estados Unidos quanto no exterior, sugira que as empresas governamentais são menos eficientes do que as contrapartes privadas, algumas evidências demonstram que esse não precisa ser o caso. As empresas públicas francesas há muito tempo tem sido modelos de eficiência. Por exemplo, a companhia francesa de energia elétrica desenvolveu uma planta singular de energia nuclear, que foi replicada pelo país, diminuindo significativamente os custos em comparação com as plantas de energia nuclear norte americanas (...). Enquanto os custos administrativos da Administração do Seguro Social consistem em menos de 1 por cento dos benefícios pagos, as companhias privadas de seguros frequen-

No sentido contrário, há autores que defendem que as sociedades estatais serão sempre menos eficientes do que as sociedades privadas, já que o seu desempenho sempre poderá ser influenciado por objetivos políticos.[532] Dito de outra forma, esses autores questionam a possibilidade prática de as sociedades estatais atingirem os seus objetivos de forma eficiente, em virtude, em especial, da influência política a que estão submetidas.

Em amplo estudo realizado em 2000, Ann Bartel e Ann Harrison concluíram que tanto a estrutura do mercado quanto o tipo de controle influenciam o desempenho das sociedades empresariais, sendo, contudo, este último o fator mais importante, já que normalmente é associado à ausência de constrangimentos orçamentários, dependência de financiamento público, contratação de empregados em excesso, etc.[533]

Gaspar Ariño Ortiz também entende que a fonte da ineficiência das empresas estatais não reside apenas na estrutura do mercado na qual elas atuam. De acordo com o autor, a ineficiência também decorre do fato de que o seu controle não pode ser alterado, mediante atuação das forças do mercado, em caso de atuação ineficiente do controlador,[534] bem como – e mais importante – porque as empresas estatais são "imortais", isto é, não

---

temente gastam em torno de 30 a 40 por cento do montante provisionado em benefícios em custos administrativos e de vendas" (STIGLITZ, Joseph. *Economics of the Public Sector.* 3ª ed. Nova York: W.W. Norton & Company, pp. 199/200).

[532] SHIRLEY, Mary M.; WALSH, Patrick. *Op.cit.*, pp. 6/7.

[533] BARTEL, Ann P.; HARRISON, Ann E. Ownership versus Environment. Disentangling the Sources of Public Sector Inefficiency. Policy Research Working Paper nº 2272. The World Bank Development Research Group Poverty and Human Resources. Janeiro, 2000, p. 4.

[534] De acordo com o autor, "frente ao modelo privado cujo segredo é a existência, por detrás de cada organização, de um homem (ou equipe de homens), que é a força criadora, o espírito dinamizador que dá vida e move o que vê como 'sua empresa' (seja ou não o proprietário direto), pela qual ele responde claramente (ante o conselho, a junta geral ou a família proprietária dela), a empresa pública aparece quase sempre como uma organização na qual as decisões são geradas através de um complicado processo (processo administrativo, regulado por leis, o processo político, fático, que todavia é pior: os 'empresários' públicos sempre esperam o que o ministro dirá), no qual há múltiplas interferências e no qual a responsabilidade se dilui" (ORTIZ, Gaspar Ariño. *Principios de derecho público económico.* Colômbia: Universidad Externado de Colombia, 2003, p. 461).

são suscetíveis à falência e, havendo vontade política, podem nunca se extinguir, independentemente da sua produtividade.[535]

Mary Shirley e Patrick Walsh, em estudo empírico sobre o tema, observaram que, apesar de a introdução da concorrência ser um aspecto importante para a eficiência das empresas estatais, o controle ainda pesa no que diz respeito à sua comparação com as empresas privadas.[536] Para esses autores, o fator que mais interfere na eficiência das empresas estatais é a vulnerabilidade à interferência política:

> o grau em que a estrutura do mercado influencia a operação eficiente depende da relativa vulnerabilidade das empresas públicas e das privadas à interferência política (...) e o relativo sucesso das empresas públicas e privadas em criar efetivos instrumentos de governança corporativa. (...) Na presença de interferência política e governança pobre no setor público, é provável que as empresas controladas pelo Estado terão uma performance pobre mesmo em mercados altamente competitivos."[537].

Nesse ponto, a doutrina indica algumas cautelas que devem ser observadas para que o controle da sociedade pelo Estado não comprometa a sua eficiência, as quais serão levadas em conta, neste trabalho, quando da análise do regime jurídico dessas entidades.

De acordo com Yair Aharoni, os problemas verificados com relação ao desempenho das empresas estatais quase sempre estão relacionados com as políticas governamentais a elas impostas e não à sua estrutura

---

[535] ORTIZ, Gaspar Ariño. *Op.cit.*, pp. 452/453. John Vickers e George Yarrow fazem a ressalva de que as conseqüências oriundas do fato de que as empresas estatais normalmente não são sujeitas a processos de falência não devem ser exageradas: "Fortes constrangimentos orçamentários foram aplicados com sucesso a empresas controladas pelo Estado, pelo menos em algumas ocasiões. Na Inglaterra, os reguladores de empresas prestadoras de serviços públicos privatizadas são efetivamente obrigados a assegurar que elas não vão à falência. E o governo tem várias formas de liberar os constrangimentos orçamentários em favor de empresas privadas, incluindo subsídios, garantias de financiamento, proteção comercial e, em último caso, nacionalização" (VICKERS, John; YARROW, George. Economics Perspective on Privatization. The Journal of Economic Perspectives, vol. 5, issue 2, 1991, p. 115, tradução livre).

[536] SHIRLEY, Mary M.; WALSH, Patrick. *Op.cit.*, p. 10.

[537] Idem. *Ibidem*, pp. 8 e 10.

acionária de *per se*.[538] Nas suas palavras, "o sucesso de uma empresa e do seu desempenho econômico (ou social) depende mais da qualidade da sua administração e da sua liberdade para adaptar a sua estratégia a um ambiente cambiável do que do seu controle".[539] Além disso, "muito do sucesso após as privatizações parece ser resultado da liberdade contra os constrangimentos relativos a trabalhadores, investimentos e preços. (...) o desempenho melhorou porque o ambiente e as regras do jogo mudaram, e não porque o controle mudou".[540]

Assim é que, além do ambiente competitivo, a eficiência das empresas estatais também parece estar diretamente associada (i) ao grau de influência política por ela sofrida; e (ii) ao grau de liberdade com o qual essas entidades podem atuar no mercado.

Quanto ao primeiro ponto, já vimos, no item 1.3 deste livro, que o grau de influência política sofrida por essas entidades será tanto maior quanto menor for o grau de eficiência do mercado político, o que envolve aspectos como o nível de informações dos eleitores e o grau de influência que eles possuem sobre os seus representantes. Quanto menos eficiente for o mercado político, maior será o peso atribuído pelo administrador público aos seus interesses pessoais. Além disso, o nível de influência política sobre as empresas estatais também é influenciado pelo grau de facilidade com a qual leis orçamentárias e regulatórias podem ser manipuladas; pelo nível de corrupção do país; pelo custo de oportunidade da ineficiência da estatal e pela natureza do controle exercido pelo Poder Executivo sobre essas entidades.

Além desses problemas de ordem política, também é certo que a criação de entraves substanciais à liberdade de contratação e negociação das sociedades estatais pode impedir justamente que elas atinjam os objetivos para os quais foram criadas e pelos quais foi escolhida essa forma empresarial de atuação na economia.[541]

---

[538] AHARONI, Yair. Performance of State-Owned Enterprises, p. 57.

[539] Idem. *Ibidem*, p. 61.

[540] Idem. *Ibidem*, p. 62.

[541] Conforme asseverado por José Eduardo Martins Cardoso, entender de forma diferente é desatender "à *ratio* da norma constitucional que determina a igualdade de tratamento, sob regime privado, entre as duas diferentes espécies de empresa." (CARDOSO, José Eduardo Martins. O dever de licitar e os contratos das empresas estatais que exercem atividade

O ESTADO EMPRESÁRIO

Daí é possível extrair algumas constatações importantes para a análise da eficiência das empresas estatais, permitindo a construção de parâmetros para o atendimento daquele princípio: (i) introdução da concorrência; (ii) diminuição da influência política; (iii) introdução de instrumentos de governança corporativa; (iv) criação de incentivos para os seus dirigentes; (v) submissão a algum tipo de procedimento de falência. Competitividade, governança e estabelecimento de metas, além da eliminação ou redução de alguns entraves ao desenvolvimento das suas tarefas (licitação, por exemplo) são medidas que podem promover uma maior eficiência.

A introdução da concorrência e seus impactos para o regime jurídico dessas empresas serão analisados no item 3.7, no qual avaliaremos a jurisprudência dos Tribunais Superiores com relação à aplicação do art. 173 às sociedades estatais prestadoras de serviços públicos. A submissão a procedimentos de falência, no item 3.7.1.7, no qual discutiremos a evolução legislativa sobre o tema e sobre se é possível ou aconselhável, à luz do interesse público subjacente à criação da empresa estatal, submetê-la a um procedimento de falência.

A diminuição da influência política será discutida no item 3.8 do presente trabalho, quando versaremos sobre o controle incidente sobre essas entidades. Não ingressaremos, contudo, no estudo dos aspectos relacionados à representação político-partidária ou à eficiência do sistema representativo brasileiro. Nossa análise se limitará às relações entre o ente controlador e a empresa estatal.

---

econômica. *Curso de Direito Administrativo Econômico.* São Paulo: Ed. Malheiros, p. 786). Nguyen Quoc Vinh, no mesmo sentido, lembra a importância de se conferir autonomia à sociedade estatal, em especial, através da criação de controles menos rígidos em comparação com o restante da Administração Pública. Nas suas palavras "os controles exercidos sobre a empresa pública devem salvaguardar a necessária autonomia destas últimas. Com efeito, muito embora dependam do Poder Público, a empresa pública não merece ser denominada de empresa a não ser que possua uma vida própria e persiga livremente o seu objeto". E acresce o autor: "o movimento em favor da autonomia reforçada das empresas públicas se explica notadamente por considerações conjunturais, pelo desejo de assimilar a empresa pública a uma empresa privada (...) O reforço da autonomia da empresa pública deverá ser acompanhado de um abandono progressivo das regras derrogatórias do direito privado" (Vihn, Nguyen Quoc. *Les Entreprises Publiques face au Droit des Societes Commerciales.* Paris: Libraire Générale de Droit et de Jurisprudence, 1979, p. 20).

A adoção de instrumento de governança corporativa será analisada o item 3.8.3.1.

Não se pode desconsiderar, quando da análise da eficiência das empresas estatais, que estas possuem, com frequência, objetivos diversos das empresas privadas e, por isso, a escolha dos critérios de avaliação de desempenho da empresa estatal e a sua comparação com o desempenho das empresas privadas é muito importante. "As empresas controladas pelo Estado tem sido criadas para maximizar o bem estar social em vez de lucros. (...) O nível de lucratividade financeira não pode ser o único critério para julgar o desempenho, já que as empresas estatais foram criadas para atingir objetivos sociais ou estratégicos":[542-543]

> Para empresas privadas as razões para o lucro ou prejuízo não são irrelevantes, uma vez que o lucro e os indicadores de sucesso a ele relacionados são o seu principal objetivo. Mas as empresas públicas, afinal, possuem objetivos múltiplos tais como a redistribuição de renda, criação de empregos, desenvolvimento regional, segurança nacional, estabilização de preços, (...) prevenção de fracassos de empreendimentos, desenvolvimento da força de trabalho, criação de externalidades de produção, aumento do prestígio nacional, e daí por diante (...).[544]

---

[542] AHARONI, Yair. Performance of State-Owned Enterprises, p. 51 e 52.

[543] No mesmo sentido, Mario Engler Pinto Junior ressalta que "existe uma contradição implícita na visão econômica neoliberal, quando pretende avaliar o desempenho da empresa estatal segundo os padrões aplicáveis à empresa privada que persegue objetivos exclusivamente financeiros, ao mesmo tempo em que atribui à primeira a função corretiva das distorções do sistema de mercado. A incongruência desse posicionamento fica ainda mais evidente em se tratando de empresa estatal sujeita a preços administrados, que asseguram o fornecimento de insumos básicos em condições favoráveis à reprodução do capital privado. (...) Daí a necessidade de definir indicadores para medir a *performance* da administração, que não se resumam ao aspecto puramente financeiro, mas priorizem medidas operacionais como redução de capacidade ociosa, quantidade produzida e valor total de vendas, e ganhos sociais não internalizáveis" (PINTO JUNIOR, Mario Engler. *Op.cit.*, pp. 58/59).

[544] JONES, Leroy P.; PAPANEK, Gustav F. The efficiency of public enterprise in less developed countries. In: RAM REDDY, G. (Org.) *Government and public enterprise: essays in honor of Professor V.V. Ramanadham*. Londres: Frank Cass, 1983, pp. 104/106. *Apud* PINTO JUNIOR, Mario Engler. *Op.cit.*, p. 59. O autor explica que "os autores propõem o levantamento a posteriori de um balanço socioeconômico (e não meramente contábil), que incorpore todos

O ESTADO EMPRESÁRIO

Um critério que, portanto, deverá ser necessariamente considerado é a eficiência dessa sociedade empresarial controlada pelo Estado em proporcionar benefícios para a sociedade, em realizar as finalidades impostas pelo ordenamento jurídico ao Poder Público. A eficiência, nesse caso, deverá ser aferida através de uma análise de custo-benefício, na qual sejam considerados a aptidão da medida para atingir os fins visados, os benefícios oriundos da intervenção direta do Estado na economia e os custos originados por essa intervenção para a sociedade.[545]

Nesse sentido, a ausência de lucros ou a baixa lucratividade de uma empresa estatal não necessariamente pode ser computada como ineficiência. A eficiência, em seu sentido estritamente econômico, não é nem deve ser o único objetivo da sociedade estatal.[546] A intervenção direta sob a forma de sociedade empresarial pode ser uma forma de perseguir objetivos redistributivos, sobretudo através da concretização dos direitos sociais. Deverão ser considerados, nesse particular, os benefícios coletivos proporcionados por essa sociedade, bem como os custos implícitos e explícitos (subsídios, etc).

A aparente inferioridade da empresa estatal, quando comparada com a empresa privada, pode ser atribuída ao fato de priorizar a execução de políticas públicas em detrimento da maximização dos lucros, e não necessariamente à menor capacidade técnica e operacional. Evidências empíricas mostram que a exposição à concorrência de mercado tende a ser mais efetiva para mudar o comportamento empresarial, do que simplesmente a substituição do controlador público pelo privado. Foi constatado também que a empresa estatal tem condições de responder adequadamente às restrições orçamentárias, realizando ajustes internos para redução de custos e melhoria de produtividade.[547]

---

os benefícios coletivos proporcionados pela atividade empresarial, assim como os custos implícitos e explícitos sob a forma de subsídios públicos, considerando ainda a escassez de recursos públicos para suprir todas as carências sociais (PINTO JUNIOR, Mario Engler. *Empresa Estatal: função econômica e dilemas societários*. São Paulo: Ed. Atlas, 2010, p. 59).

[545] AHARONI, Yair. Performance of State-Owned Enterprises, p. 51.

[546] OGUS, Anthony I. *Op.cit.*, p. 281. Para esse autor, "a eficiência alocativa, de toda forma, permanece sendo um importante objetivo onde outros objetivos não intervirem; e onde eles o fizerem, é necessário considerar métodos de minimização das perdas por ineficiência (Idem, p. 282).

[547] PINTO JUNIOR, Mario Engler. *Op.cit.*, p. 57.

De acordo com Mario Engler Junior, "se o desempenho da empresa estatal não pode ser mensurado pelos mesmos critérios aplicáveis à empresa privada, é forçoso reconhecer também que não existe um modelo único aplicável indistintamente ao setor público empresarial. Tudo depende dos objetivos imputados à empresa estatal e a ponderação de prioridades que se quer estabelecer entre eles":[548]

> a eficiência, dessa forma, depende da determinação dos objetivos, de forma que todos os interessados possam saber o quanto cada objetivo é considerado como desejável, seja com relação à lucratividade, estabilidade de empregos, aumento da produção, aumento na qualidade dos produtos, ou independência das fontes estrangeiras de equipamentos ou matérias-primas, os objetivos têm de ser quantificados.[549]

Por outro lado, uma vez decidido, em um primeiro momento, que a criação de uma empresa estatal é a melhor forma de atingir determinado objetivo público (à luz do princípio jurídico da eficiência conceituado no item 2.2.4 acima), parece-nos que, uma vez criada, a sociedade estatal deverá se demonstrar eficiente de forma produtiva, isto é, deverá utilizar o mínimo possível de recursos para a fabricação dos produtos ou prestação dos serviços para a qual foi criada. [550]

---

[548] PINTO JUNIOR, Mario Engler. *Op.cit.*, p. 59.

[549] GARNER, Maurice R. The relationship between government and public enterprise. In: RAM REDDY, G. (Org.) *Government and public enterprise: essays in honor of Professor V.V. Ramanadham.* Londres: Frank Cass, 1983. *Apud* PINTO JUNIOR, Mario Engler. *Empresa Estatal: função econômica e dilemas societários.* São Paulo: Ed. Atlas, 2010, p. 59.

[550] Como exposto por Isabel Argimón, Concha Artola e Jose Manuel González-Páramo, nesse segundo momento, é necessário "eleger um conceito de eficiência cuja validez não dependa dos objetivos da empresa nem das condições de concorrência nas quais se desenvolve", já que os objetivos das sociedades estatais nunca poderão ser idênticos aos das empresas privadas e, consequentemente, a lucratividade não pode ser utilizada como um critério de comparação. "Nesse sentido, existe um certo consenso (Perelman y Pestieu (1994)) em torno da ideia de que o único objetivo que não deve entrar em conflito com nenhum dos outros da empresa é o da consecução da eficiência produtiva: produzir demasiado pouco ou com muitos inputs, comparado com o que é tecnicamente alcançável, não pode se justificar pela coexistência de fins distintos. (ARGIMÓN, Isabel; ARTOLA, Concha; GONZÁLEZ-PÁRAMO, Jose Manuel. Empresa Pública y Empresa Privada:

## 3.7. Regime jurídico das empresas estatais brasileiras

As empresas públicas e as sociedades de economia mista, como visto, são constituídas sob a forma de pessoas jurídicas de direito privado. Isso significa que essas entidades são, ainda que com algumas derrogações e particularidades, submetidas ao regime comum de contratações, de pessoal, tributação, de bens, etc.

Prevê o art. 173, § 2º, da Constituição Federal que tais entidades "não poderão gozar de privilégios fiscais não extensivos às do setor privado". Além disso, o seu parágrafo primeiro previu que deverá ser editada uma lei para estabelecer o estatuto jurídico dessas entidades, dispondo sobre a sua "a sujeição ao regime jurídico próprio das empresas privadas, inclusive quanto aos direitos e obrigações civis, comerciais, trabalhistas e tributários".[551]

Tudo isso indica que o objetivo do Constituinte foi, de fato, aproximar os regimes jurídicos aplicáveis às sociedades estatais e às sociedades privadas.

Por outro lado, na medida em que integram a Administração Pública e são criadas para finalidades específicas previstas em lei, há também consenso doutrinário sobre o fato de que esses regimes jurídicos não podem ser idênticos. As empresas estatais sofrem uma série de limitações no exercício de suas atividades.[552]

O primeiro desses limites, já abordado acima, é a necessidade de autorização legal para a criação de sociedades de economia mista e empresas públicas (art. 37, XIX), suas subsidiárias e para a participação em empresas privadas (art. 37, XX). Exigência dessa mesma natureza, como se sabe, não é requerida da iniciativa privada.

---

Titularidad y Eficiencia Relativa, p. 2. Disponível em http://dialnet.unirioja.es/servlet/fichero_articulo?codigo=3087128&orden=0. Acesso em 01 set. 2011).

[551] Essa lei apenas foi editada em 2016 (Lei nº 13.303, de 30 de junho de 2016).

[552] De acordo com Carlos Ari Sundfeld, "a submissão das empresas estatais de intervenção no domínio econômico ao direito privado, que tem valor constitucional, apenas as impede de usufruírem de prerrogativas públicas, mas não as dispensa das sujeições típicas da Administração (ex.: dever de promover concurso público)" (SUNDFELD, Carlos Ari. A Submissão das empresas estatais ao direito privado: uma definição histórica do STF, *BDA – Boletim de Direito Administrativo*, mai. 1995, p. 289).

O ESTADO COMO ACIONISTA CONTROLADOR

Além disso, essas sociedades são submetidas a todos os princípios previstos no *caput* do art. 37 (legalidade, impessoalidade, moralidade, publicidade e eficiência), ainda que eventualmente mitigados,[553] bem como

---

[553] Floriano Marques Neto sintetiza a questão da seguinte forma: "a) é indesviável a submissão das empresas estatais (como entes da administração indireta que são) aos princípios da administração pública; b) porém, a aplicação destes princípios a estas empresas não há de ser idêntica ao que ocorre com o restante da administração; c) o equilíbrio entre os princípios e os contornos destes deve ser tal que permita a adequação às finalidades da estatal, mormente aquela que atua sob regime de competição; d) negar este sopesamento importaria ferir a um só tempo princípios sobremodo relevantes como a legalidade e o interesse público" (MARQUES NETO, Floriano de Azevedo. A Nova Regulação Estatal e as Agências Independentes. In: SUNDFELD, Carlos Ari (Org.). *Direito Administrativo Econômico*. Rio de Janeiro: Ed. Renovar, 2006, p. 598).

Veja-se o exemplo do princípio da publicidade. Ele não pode, logicamente, incidir de forma a determinar que todos os atos e decisões negociais da empresa estatal sejam divulgados ao público. Como advertido por Pedro Dutra, "obrigasse a lei a divulgação da estratégia competitiva, em especial os custos de produção da empresa em função da titularidade estatal de seu controle, a igualdade com que todos os agentes econômicos devem ser tratados estaria vulnerada e, concretamente, ocorreria direta e indevida vantagem à empresa sob controle privado (...). Os efeitos da divulgação da estratégia competitiva de empresa sob controle estatal iriam além da perda da sua força competitiva: significariam prejuízo de seu acionista majoritário, o que, na espécie, contrariaria o interesse público" (DUTRA, Pedro Paulo de Almeida. Atividade econômica, empresa sob controle estatal e livre concorrência. Revista Ibero-americana de Direito Público, p. 196. *Apud* MENDONÇA, José Vicente Santos de. *Op.Cit.*, p. 263).

Contudo, após a publicação da Lei de Acesso à Informação (Lei federal nº 12.527/2011), vem crescendo a discussão sobre o direito de acesso a informações sobre investimentos realizados por empresas estatais e, em especial, sobre financiamentos concedidos por bancos públicos. O Tribunal Regional Federal da 2ª Região, ao analisar caso que envolvia o acesso de jornalistas a relatórios do BNDES, entendeu ser "legítima a pretensão da imprensa de ter acesso a relatórios de análise, elaborados pelo BNDES, contendo a justificativa técnica para as operações de empréstimo e financiamentos milionários, concedidos com o emprego de verbas públicas (em última análise). Matéria de interesse público indiscutível. Inexistem em tais relatórios dados bancários sigilosos ou que comprometam a segurança da sociedade e do Estado (art. 5º, incisos XIV e XXXIII, da Lei Maior). Observância dos princípios da publicidade (art. 37, caput, da CF) e da transparência, nos termos da Lei n.º 12.527/2011. A própria essência da ideia republicana e a lógica da liberdade de imprensa são respaldo suficiente a autorizar o acesso, aos canais noticiosos, de dados importantes à ciência, pela população, do uso de vultosas quantias de empresa pública de financiamento. Evita-se que se diga que favores foram concedidos a amigos do rei" (TRF2,

ao princípio do concurso público para a contratação de seus empregados (art. 37, II), à regra da licitação (art. 22, XXVII), à vedação de acumulação de cargos públicos (art. 37, XVII); aos limites e condições fixados pelo Senado Federal para a realização de operações de créditos internas ou externas (art. 52, VII); à vedação de celebração de contratos com deputados ou senadores (art. 54); às diretrizes, objetivos e metas fixados pela lei orçamentária anual (art. 165, § 5º); bem como, no que diz respeito às estatais dependentes, à exigência de prévia e suficiente dotação orçamentária para a concessão de qualquer vantagem, aumento de remuneração, criação de cargos, alteração da estrutura de carreiras ou admissão de pessoal a qualquer título (art. 169, § 1º).

Ainda de acordo com a Carta Maior, incidem sobre essas entidades os controles do Legislativo (art. 49, X) e dos Tribunais de Contas (art. 70 e 71), bem como do Poder Executivo (art. 84, II).

Além disso, prevê o art. 5º, LXXIII, a possibilidade de impugnação de atos lesivos ao patrimônio dessas sociedades via ação popular, havendo

AMS 2011.51.01.020225-7, Rel. p/acórdão Des. Fed. Guilherme Couto, j. 21.10.2013). No final de 2015, foi reconhecida a admissibilidade de recurso especial interposto em face desse acórdão, de modo que a matéria deverá ser decidida pelo STJ nos próximos anos. Ainda sobre o tema, é importante fazer referência à existência de diversas decisões da Controladoria Geral da União – CGU sobre o assunto, considerando que, de acordo com o art. 16 da Lei de Acesso à Informação, ela é a última instância administrativa para julgar recursos administrativos contra o indeferimento de pedidos de acesso a informações na Administração Pública Federal, Direta e Indireta. Apenas a título de exemplo, vale citar que a CGU entendeu, no processo nº 99909.000070/2013-24, que o acesso a informações referentes à remuneração de cargos de nível superior e de gerência da Petrobras Petróleo Brasileiro S.A. não era garantido pela referida Lei e a sua divulgação violaria o regime jurídico de direito privado dessa sociedade. Em sentido semelhante, no processo nº 00190.015381/2013-64, cujo objeto era a avaliação da obrigação da Transpetro – Petrobras Transportes S.A., à luz da Lei de Acesso à Informação, divulgar o conteúdo de memorial descritivo referente a contrato de prestação de serviços de apoio às atividades operacionais do terminal aquaviário de Suape/PE, a CGU entendeu que "a alegação da TRANSPETRO de que a divulgação do Memorial Descritivo poderia prejudicar a sua competitividade e governança corporativa é verossímil; a publicação da descrição dos serviços necessários ao desenvolvimento das atividades da TRANSPETRO e o correlato modus operandi são frutos do investimento da empresa e não poderiam ser gratuitamente apropriados pelos demais agentes de mercado".

também consenso sobre a possibilidade de impetração de mandado de segurança em face de atos praticados no curso de licitações.[554]

Essas são, em breve síntese, as derrogações constitucionais ao regime jurídico das empresas estatais que, na sua essência, é o de Direito privado. Veremos no próximo tópico, contudo, que existe ampla discussão doutrinária e jurisprudencial sobre a real extensão dessas derrogações e, em especial, sobre a possibilidade de diferenciar o regime jurídico aplicável a essas entidades em função da natureza das atividades por elas exploradas (*i.e.* serviços públicos ou atividades econômicas em sentido estrito).

### 3.7.1. A discussão sobre o regime jurídico aplicável às empresas estatais prestadoras de serviços públicos

No Brasil, pouco se discute atualmente[555] sobre a possibilidade de utilização de instrumentos de Direito Privado para a exploração de atividades econômicas pelo Estado. Com exceção de algumas poucas vozes da doutrina,[556] admite-se amplamente que as empresas públicas e as

---

[554] STJ, Súmula nº 333: "Cabe mandado de segurança contra ato praticado em licitação promovida por sociedade de economia mista ou empresa pública."

[555] Sobre a discussão existente no passado com relação à natureza jurídica das empresas estatais, vide PAIVA, Alfredo de Almeida. As sociedades de economia mista e as emprêsas públicas como instrumentos jurídicos a serviço do Estado. *Revista de Direito Administrativo* (Seleção Histórica), v. 1, 1991.

[556] Geraldo Ataliba argumenta, nesse sentido, que "todos os princípios e pressupostos aplicáveis às autarquias são rigorosa e perfeitamente extensíveis às estatais delegadas de serviços públicos", por consubstanciarem funções típicas do Estado, que atraem a incidência do regime público (ATALIBA, Geraldo. Patrimônio Administrativo – Empresas Estatais Delegadas de Serviço Público – Regime de seus Bens – Execução de suas Dívidas. *Revista Trimestral de Direito Público – RTDP*, vol. 7, 1994, p. 22).

Toshio Mukai, por sua vez, argumenta que "tais empresas, por gerirem serviços públicos, embora industriais e comerciais, sofrem uma extensão do direito administrativo em virtude da incidência dos princípios gerais e específicos que informam esse direito sobre suas atividades. São, portanto, entidades de direito público. Assim, pelo caráter público que elas apresentam, a personalização privada que lhes é operada pelo legislador não pode prevalecer, (...) uma vez que aquela forma de direito privado não condiz com a realidade jurídica da missão que é afeta à entidade. A incidência de princípios próprios do direito público sobre as atividades exercidas no âmbito das empresas desnatura tais formas de direito privado. Verba non mutant substantiam rei" (MUKAI, Toshio. *Op.cit.*, p. 225).

O ESTADO EMPRESÁRIO

sociedades de economia mista são pessoas jurídicas de direito privado e podem usufruir das consequências de tal caracterização.

A controvérsia, como adiantado, concentra-se na extensão das derrogações possíveis a esse regime de Direito Privado e, em especial, na possibilidade ou não de submissão das estatais prestadoras de serviços públicos a regimes jurídicos diferenciados, em função da natureza das atividades por elas exploradas.

A jurisprudência brasileira e grande parte da doutrina pátria afirmam haver uma diferenciação constitucional entre os regimes jurídicos aplicáveis às empresas estatais exploradoras de atividades econômicas em sentido estrito e às empresas estatais prestadoras de serviços públicos.[557]

A ideia que respalda esse entendimento é a de que o art. 173 e, consequentemente, a exigência de sujeição ao regime jurídico próprio das sociedades privadas nele prevista aplicar-se-ia tão-somente àquelas atividades submetidas à livre iniciativa, âmbito no qual a atuação do Estado deveria ser subsidiária e pautada pelo regime de concorrência. As expressões "atividade econômica", constante no *caput* desse dispositivo constitucional, e "atividade econômica de produção ou comercialização de

---

[557] Conforme Marcelo Andrade Feres, "o que se pode inferir do texto da Carta Magna é o desdobramento de dois regimes jurídicos distintos de atuação do Estado por meio delas. De um lado, quando o Estado procede à intervenção no domínio econômico, vindo a explorar atividades econômicas, as empresas públicas e as sociedades de economia mista sujeitam-se ao regime próprio das empresas privadas; de outro, quando o Estado atua prestando serviço público, as empresas estatais têm as prerrogativas inerentes à Administração Pública" (FERES, Marcelo Andrade. O Estado empresário: reflexões sobre a eficiência do regime jurídico das sociedades de economia mista na atualidade. *Revista de Direito do Estado*. Ano 2, nº 6, abr./jun. 2007, p. 274). JUSTEN FILHO, Marçal. O Regime Jurídico das Empresas Estatais e a Distinção entre "Serviço Público" e "Atividade Econômica". Revista de Direito do Estado, nº 1, jan./mar. 2006, p. 123; MEIRELLES, Hely Lopes. *Direito Administrativo Brasileiro*. 32ª ed. São Paulo: Malheiros Editores, 2006, p. 360. BANDEIRA DE MELLO, Celso Antonio. *Curso de Direito Administrativo*. 26ª Ed. São Paulo: Malheiros, 2009, p. 198; BARROSO, Luís Roberto. Modalidades de Intervenção do Estado na Ordem Econômica. Regime Jurídico das Sociedades de Economia Mista. Inocorrência de Abuso do Poder Econômico. *Revista Trimestral de Direito Público* – RTDP, vol. 18, 1998, p. 96; GRAU, Eros Roberto. A Ordem Econômica na Constituição de 1988. São Paulo: Ed. Malheiros, 2006, p. 105; DI DI PIETRO, Maria Sylvia Zanella. Direito Administrativo. 22ª ed. São Paulo: Ed. Atlas, 2009, p. 443; ARAÚJO, Edmir Netto de. *Curso de Direito Administrativo*. São Paulo: Editora Saraiva, 2010, p. 224.

bens ou de prestação de serviços", prevista em seu parágrafo primeiro, referir-se-iam apenas às atividades econômicas em sentido estrito, não abrangendo a prestação de serviços públicos.[558]

Estes, por sua vez, seriam disciplinados sob uma lógica diversa, não sendo a eles aplicáveis as imposições do princípio da livre iniciativa. Nos termos do art. 175, a sua exploração compete ao Estado de forma exclusiva,[559] sendo possível a esse respeito afirmar que a atividade econômica está para o particular, assim como o serviço público está para o Estado.

O art. 175, aliás, ainda de acordo com esse entendimento doutrinário, estabeleceria um regime especial para prestação desses serviços, adequado à natureza e importância dessas atividades, bem como às exigências de continuidade, modicidade e qualidade, supostamente incompatíveis com a sujeição ao regime jurídico próprio das sociedades privadas.[560]

---

[558] Eros Roberto Grau, nesse sentido, afirma inclusive serem distintas as concepções de atividade econômica previstas no art. 173 da Constituição e no Decreto-lei nº 200/67. Para o autor, a atividade econômica mencionada nos conceitos de empresa pública e sociedade de economia mista previstos no art. 5º do Decreto-lei deve ser interpretada em seu sentido amplo, abrangendo também a prestação de serviços públicos. Já a expressão prevista na Constituição Federal deveria ser interpretada em seu sentido estrito, de forma a excluir a noção de serviços públicos: "(...) no que respeita ao regime de atuação das empresas sob controle do Estado, é fundamental a distinção. As que desenvolvem iniciativa econômica estão sujeitas ao que dispõe o § 2.º do art. 170 do vigente texto constitucional – atuam em regime de competição com as empresas privadas. Mas apenas elas, pois às que prestam serviço público não se deve aplicar referido preceito constitucional" (GRAU, Eros Roberto. Lucratividade e função social nas empresas sob controle do estado. *Revista de Direito Mercantil, Industrial, Econômico e Financeiro*, São Paulo, n. 55, jul./set. 1984, p. 46/47).

[559] Ver, nesse sentido, BANDEIRA DE MELLO, Celso Antônio. *Curso de Direito Administrativo*. 26ª ed. rev. e atual. São Paulo: Malheiros, 2009, p. 209; e JUSTEN FILHO, Marçal. *Curso de Direito Administrativo*. 7ª ed. rev. e atual. Belo Horizonte: Fórum, 2011, p. 265.

[560] Maria Sylvia Di Pietro, nessa linha, afirma que quando o Estado "fizer a gestão privada do serviço público, ainda que de natureza comercial ou industrial, aplicam-se, no silêncio da lei, os princípios de direito público, inerentes ao regime jurídico administrativo. Nem poderia ser diferente, já que alguns desses princípios são inseparáveis da noção de serviço público, tais como o da predominância do interesse público sobre o particular, o da igualdade de tratamento dos usuários, o da mutabilidade do regime jurídico, o da continuidade do serviço público e, como conseqüência, o das limitações ao direito de greve, o da obrigatoriedade de sua execução pelo Estado, ainda que por meio de concessionários e permissionários, daí resultando o direito do usuário à prestação do serviço" (DI PIETRO, Maria Sylvia Zanella. *Direito Administrativo*. 22ª ed. São Paulo: Atlas, 2009, p. 445).

Argumenta-se, ainda, que o art. 175 consubstanciaria um dos casos genericamente ressalvados pelo *caput* do art. 173,[561] sendo evidente, portanto, a sua inaplicabilidade às estatais que prestam serviços públicos.[562]

Em síntese, de acordo com essa parte da doutrina, tanto as sociedades estatais prestadoras de serviços públicos quanto as exploradoras de atividades econômicas em sentido estrito são pessoas jurídicas de direito privado, com as facilidades daí decorrentes, como a possibilidade de constituição de subsidiárias, contratação de empréstimos, maior flexibilidade no que tange à tomada de decisões, mas as primeiras podem receber tratamento diferenciado com relação às suas concorrentes privadas, em virtude da natureza das atividades que desenvolvem. Não seriam, em suma, a elas aplicáveis (i) a exigência de sujeição ao regime jurídico próprio das sociedades privadas quanto aos direitos comerciais e tributários; tampouco (ii) a vedação quanto ao gozo de privilégios fiscais não extensivos ao setor privado.

Como se verá nos próximos tópicos, a Corte Suprema adotou posicionamento semelhante,[563] já tendo decidido que (i) o regime jurídico aplicável às estatais prestadoras de serviços públicos é distinto daquele

---

[561] "Art. 173. *Ressalvados os casos previstos nesta Constituição*, a exploração direta de atividade econômica pelo Estado só será permitida quando necessária aos imperativos da segurança nacional ou a relevante interesse coletivo, conforme definidos em lei" (sem itálicos no original).

[562] É possível, contudo, interpretar essa "ressalva" tão-somente no que diz respeito aos objetivos possíveis da intervenção estatal direta na economia. Assim, além do relevante interesse coletivo e da segurança nacional, haveria outras finalidades possíveis para a exploração direta de atividades econômicas pelo Estado. Também discordando do entendimento majoritário, Lucas Rocha Furtado afirma que tal ressalva diria respeito, na verdade, às "situações em que o próprio texto constitucional afasta o Direito Privado e impõe a aplicação de regra de Direito Público – o que ocorre quando a Constituição determina a realização de concurso público (art. 37, II), a observância de princípios da Administração Pública (art. 37, *caput*), a vedação da acumulação de cargos, empregos ou funções públicos (art. 37, XVI e XVII) etc" (*Op.cit.*, p. 213).

[563] Ver, exemplificativamente, ADI 1642, Rel. Min. Eros Grau, Tribunal Pleno, j. em 03/04/2008, DJe 18-09-2008 PUBLIC 19-09-2008: "As sociedades de economia mista e as empresas públicas que explorem atividade econômica em sentido estrito estão sujeitas, nos termos do disposto no § 1º do artigo 173 da Constituição do Brasil, ao regime jurídico próprio das empresas privadas. 3. Distinção entre empresas estatais que prestam serviço público e empresas estatais que empreendem atividade econômica em sentido estrito 4. O

O ESTADO COMO ACIONISTA CONTROLADOR

incidente sobre as estatais exploradoras de atividade econômica em sentido estrito; (ii) o art. 173 aplica-se tão-somente a essas últimas; (iii) não são penhoráveis os bens das empresas estatais prestadoras de serviços públicos, não sendo possível utilizar o critério da afetação direta para distinguir entre os bens penhoráveis ou não; e que (iv) aplica-se às estatais prestadoras de serviços públicos a imunidade tributária instituída pelo art. 150, VI, a, da Constituição Federal (imunidade tributária recíproca).

Esse entendimento doutrinário e jurisprudencial vem, no entanto, e cada vez mais, sofrendo uma série de críticas, fundadas nas transformações verificadas na exploração de serviços públicos pelo Estado.

Em primeiro lugar, os doutrinadores vêm reconhecendo que a antiga dicotomia entre a prestação de serviços públicos e a exploração de atividades econômicas está cada vez se tornando menos nítida, tendo em vista as evoluções sofridas pela economia e pelos próprios instrumentos de intervenção do Estado na economia.

A Empresa Brasileira de Infraestrutura Aeroportuária – INFRAERO é um dos exemplos dessa nova realidade, havendo notícias de que os recursos arrecadados com a exploração dos *aeroshoppings,* via contratos de concessão de uso de espaço, ultrapassariam a renda obtida com a prestação do serviço público de gestão de aeroportos.[564] Aliás, a verdade é que tanto a legislação[565] quanto a doutrina[566] incentivam a exploração

§ 1º do artigo 173 da Constituição do Brasil não se aplica às empresas públicas, sociedades de economia mista e entidades (estatais) que prestam serviço público".

[564] Nesse sentido, JUSTEN FILHO, Marçal. *Curso de Direito Administrativo.* 7ª ed. rev. e atual. Belo Horizonte: Fórum, 2011, p. 269.

[565] Lei nº 8.987/97: "Art. 11. No atendimento às peculiaridades de cada serviço público, poderá o poder concedente prever, em favor da concessionária, no edital de licitação, a possibilidade de outras fontes provenientes de receitas alternativas, complementares, acessórias ou de projetos associados, com ou sem exclusividade, com vistas a favorecer a modicidade das tarifas, observado o disposto no art. 17 desta Lei.

Parágrafo único. As fontes de receita previstas neste artigo serão obrigatoriamente consideradas para a aferição do inicial equilíbrio econômico-financeiro do contrato".

[566] Marçal Justen Filho argumenta que é mesmo dever do Estado "explorar as atividades econômicas conexas aos serviços públicos, se tal se apresentar como instrumento para assegurar tarifas módicas. (...) O concessionário é legitimado a desempenhar as atividades econômicas relacionadas com o serviço público não como uma manifestação própria da liberdade de iniciativa, mas como um meio de ampliar os benefícios no tocante ao serviço público" (JUSTEN FILHO, Marçal. O Regime Jurídico das Empresas Estatais e a Distinção

O ESTADO EMPRESÁRIO

de atividades econômicas acessórias pelas concessionárias de serviços públicos, com vistas à utilização de parte dos recursos daí oriundos para a garantia da modicidade tarifária e qualidade do serviço prestado.

Além disso, inúmeros serviços públicos passaram a ser prestados pelo Estado em regime de concorrência com a iniciativa privada, o que também impõe uma releitura desse tema.[567] Embora tenham sido, como regra, constitucionalmente excluídos do âmbito da livre iniciativa, é certo que o Poder Público vem cada vez mais submetendo os serviços públicos, na medida do possível, ao regime de concorrência, com vistas a tornar a sua prestação mais eficiente.[568]

No Brasil, um dos exemplos desse fenômeno encontra-se no setor elétrico. De acordo com o art. 21, XII, 'b', da Constituição Federal, a prestação de serviços públicos relacionados à energia elétrica compete

entre "Serviço Público" e "Atividade Econômica". Revista de Direito do Estado, nº 1, jan./mar. 2006, p. 131).

[567] De acordo com Dinorá Musetti Grotti, "especialmente após a EC 19, é necessário repensar a concepção tradicional fundada no objeto da atividade desenvolvida pela entidade da Administração indireta", sendo, no seu entender, "perfeitamente possível uma alteração hermenêutica, que redundaria em submeter ao regime próprio da iniciativa privada inúmeras entidades prestadoras de serviço público" (GROTTI, Dinorá Adelaide Musetti. Licitações nas Estatais em face da Emenda Constitucional 19, de 1998, *Revista de Direito Constitucional e Internacional*, vol. 30, jan. 2000, p. 106 e ss). No mesmo sentido, Floriano de Azevedo Marques Neto afirma que "até a década de 90 do século passado, fazia sentido dividir a atuação do Estado no domínio econômico entre aquela atinente aos chamados serviços públicos e aquel'outra atinente às atividades econômicas em sentido estrito. É que até esse momento, dizer que uma atividade era serviço público significava atribuir-lhe, quase por definição, o condão de ser explorada em regime de exclusividade ou privilégio. Porém, com os processos de reforma do Estado nos anos 80 e 90 e a conseqüente introdução da noção de competição, mesmo na seara dos serviços públicos, a distinção perdeu um pouco da utilidade (embora ainda seja utilizada aqui e ali na doutrina e jurisprudência)" (As contratações estratégicas das estatais que competem no mercado. In: OSÓRIO, Fabio Medina; SOUTO, Marcos Juruena Villela. *Direito Administrativo: estudos em homenagem a Diogo de Figueiredo Moreira Neto*. Rio de Janeiro: Lumen Juris, 2006, p. 581).

[568] "Os serviços públicos também, e sempre que possível, são prestados em regime de competição, devendo a empresa estatal que executa essa atividade se sujeitar ao regime jurídico de direito privado, sob pena de estar sendo promovida a concorrência desleal entre tais entidades e os agentes privados" (CARRASQUEIRA, Simone de Almeida. *Investimentos das Empresas Estatais e Endividamento Público*. Rio de Janeiro: Lumen Juris, 2006, p. 59, nota nº 7).

O ESTADO COMO ACIONISTA CONTROLADOR

à União Federal. Não obstante isso, são inúmeras as sociedades de economia mista e empresas públicas que exploram tais atividades no âmbito estadual, como concessionárias da União.[569] A CEMIG, por exemplo, é concessionária em diversos empreendimentos de geração, transmissão e distribuição, tendo as suas ações negociadas nas Bolsas de Valores de São Paulo, Nova York e Madri.[570]

O mesmo ocorre com relação à exploração do serviço público portuário, cuja prestação também é de competência da União Federal (art. 21, XII, 'f'), mas usualmente é realizada por empresas estatais criadas no âmbito dos Estados-membros.

Antevendo uma possível mudança nesse entendimento doutrinário, Marcos Juruena Villela Souto, em 2003, afirmava que

> a distinção entre estatais exploradoras de atividades econômicas e prestadoras de serviços públicos, em face da Lei nº 8.987-95 – que prevê que as concessões de serviços públicos não são exclusivas –, bem como da EC nº 19/98 – que trata da função social da empresa pública e da economia mista (CF, art. 173, § 1º, I a V) – começa a cair em desuso. Afinal, as estatais prestadoras de serviço público agora se prestam à implementação de um regime de competibilidade que repudia monopólios públicos ou privados.[571]

---

[569] BANDEIRA DE MELLO, Celso Antônio. *Curso de Direito Administrativo*. 26ª ed. rev. e atual. São Paulo: Malheiros, 2009, p. 200. No mesmo sentido, Marçal Justen Filho esclarece que "há inúmeros exemplos desse fenômeno. Lembre-se o caso das empresas estaduais prestadoras de serviços públicos de energia elétrica, criadas para prestação de serviços públicos numa esfera específica e determinada, que passaram a disputar contratações perante o Poder Público, numa atuação típica de operadores privados, em situação equivalente à iniciativa privada. Inúmeras sociedades de economia mista sob controle de um Estado-membro, titular da concessão federal de serviços públicos de energia elétrica no âmbito do território estadual, assumiram atuação competitiva – inclusive associando-se com o capital privado –, o que compreendeu inclusive disputar concessões outorgadas por outros entes federativos ou desempenhar atividades qualificadas como econômicas pela nova legislação (JUSTEN FILHO, Marçal. O Regime Jurídico das Empresas Estatais e a Distinção entre "Serviço Público" e "Atividade Econômica". Revista de Direito do Estado, nº 1, jan./mar. 2006, p. 125).

[570] Conforme informações disponíveis em http://www.cemig.com.br/ACemig/QuemSomos/paginas/default.aspx. Acesso em 12 fev. 2012.

[571] SOUTO, Marcos Juruena Villela. *Direito Administrativo da Economia*. Rio de Janeiro: Lumen Juris, 2003, p. 91.

Marçal Justen Filho admite, nesse sentido, que, "ao atuar em situação de competição no mercado, o relacionamento da empresa estatal com terceiros não pode estar subordinado, de modo integral, ao regime de direito público. (...) a atuação no mercado impõe ao sujeito a observância das correspondentes exigências".[572]

Podemos citar, ainda, Fabriccio Quixadá, autor que só admite a concessão de benefícios a empresas estatais em caso de exploração de serviço público em regime de monopólio: "nesse caso, não há concorrência nem mercado a ser prejudicado, podendo e devendo, de fato, a concessão de privilégios fiscais representar apenas benefícios para a população".[573]

Lucas Rocha Furtado defende que "se uma empresa estatal presta serviços públicos e o faz em regime de concorrência com a iniciativa privada (...), não é legítimo ser assegurado à empresa estatal prerrogativa que não tenha sido estendida às empresas privadas permissionárias".[574] O autor acresce que "a incidência das prerrogativas de Direito Público às empresas estatais somente se verifica nas hipóteses expressamente previstas em lei (...), pressupõe o exercício de atividade estatal, como a prestação de serviço público, e que a empresa estatal não atue em regime concorrencial".[575]

Esse autor ainda afirma, em tom de crítica, que a interpretação atribuída ao art. 173 pelo Supremo Tribunal Federal "permite o surgimento de situações em que o Estado intervenha em determinadas atividades

---

[572] JUSTEN FILHO, Marçal. O Regime Jurídico das Empresas Estatais e a Distinção entre "Serviço Público" e "Atividade Econômica". Revista de Direito do Estado, nº 1, jan./mar. 2006, p. 134.

[573] PROENÇA. Fabriccio Quixadá Steindorfer. *A Licitação na Sociedade de Economia Mista.* Rio de Janeiro: Ed. Lumen Juris, 2003, p. 43.

[574] FURTADO, Lucas Rocha. *Curso de Direito Administrativo.* Belo Horizonte: Ed. Fórum, 2007, p. 203. Nessa linha, o autor defende que mesmo as empresas estatais exploradoras de atividades econômicas em sentido estrito, se não operarem em regime de concorrência, poderão receber benefícios de natureza pública. Nesse sentido, cita o exemplo da Companhia Imobiliária do Distrito Federal – Terracap, cujo objeto social consiste na administração de imóveis pertencentes ao Distrito Federal e que, apesar de não prestar serviços públicos, também não atua em regime de competição com empresas privadas. No seu entender, o que importa é a submissão ou não da atividade a regime de concorrência e não a sua natureza (Idem, p. 211).

[575] Idem. *Ibidem*, p. 203.

O ESTADO COMO ACIONISTA CONTROLADOR

em regime de concorrência com empresas privadas, assegure a si próprio prerrogativas ou vantagens comparativas e acabe por tornar a competição inviável".[576]

Assim é que, para esses autores, o que é realmente relevante para a definição do regime jurídico aplicável às empresas estatais não é a natureza da atividade que elas exploram, mas sim a circunstância de atuarem ou não em regime de concorrência.[577] A divisão dicotômica proposta pela maioria da doutrina e acolhida inicialmente pelo Supremo Tribunal Federal não mais se verifica em grande parte dos casos. A verdade é que muitas empresas estatais prestadoras de serviços públicos atuam em regime de concorrência e, algumas vezes, até mesmo em esferas federativas diversas daquela em que foram criadas.

O STF vem alterando o seu entendimento nos últimos anos. Em maio de 2011, quando do julgamento do Recurso Extraordinário nº 599.628, aquele Tribunal decidiu que "os privilégios da Fazenda Pública são inextensíveis às sociedades de economia mista que executam atividades em regime de concorrência ou que tenham como objetivo distribuir lucros aos seus acionistas". Nessa linha, consignou-se que a Centrais Elétricas do Norte do Brasil S.A. – ELETRONORTE, apesar de ter por objeto social a exploração dos serviços públicos de geração e comercialização de energia elétrica, "não pode se beneficiar do sistema de pagamento por precató-

[576] *Op.cit.*, p. 213.

[577] Floriano de Azevedo Marques Neto, nesse sentido, afirma que o "relevante para verificar o regime jurídico a balizar a atividade da empresa estatal será a atividade que exerce e se a mesma se desenvolve em ambiente de competição ou não" (As contratações estratégicas das estatais que competem no mercado. In: Osório, Fabio Medina; Souto, Marcos Juruena Villela. *Direito Administrativo: estudos em homenagem a Diogo de Figueiredo Moreira Neto*. Rio de Janeiro: Lumen Juris, 2006, p. 581). Citamos, ainda, Simone de Almeida Carrasqueira, autora que defende que "o fator fundamental para a aplicação do referido dispositivo constitucional é a existência de um regime concorrencial e não, simplesmente, o objeto da empresa da administração indireta que, por definição, estará vinculado a um interesse público. Se a sociedade de economia mista ou empresa pública exercer atividade econômica em regime de monopólio, não há que se falar em incidência do art. 173, § 1º, da CF" (Carrasqueira, Simone de Almeida. Revisitando o Regime Jurídico das Empresas Estatais Prestadoras de Serviço Público, in *Direito Administrativo Empresarial*. Rio de Janeiro: Lumen Juris, 2006, p. 263).

rio de dívidas decorrentes de decisões judiciais", visto que tal benefício "poderia desequilibrar artificialmente as condições de concorrência".[578]

Vê-se, portanto, que o tema encontra-se em processo de revisão. É bastante provável que, a partir daí, seja pelo menos sedimentado o entendimento de que o art. 173 da Constituição Federal se aplica a todas as empresas estatais exploradoras de atividades econômicas (em sentido lato) em regime de concorrência.

Em 2016, ademais, foi editada a Lei 13.303/2016 que, ao regulamentar o art. 173, § 1º, da Constituição Federal, aplica o mesmo regime jurídico às sociedades estatais exploradoras de atividade econômica em sentido estrito e de serviços públicos.

Mas as críticas não se reduzem a apenas esse aspecto. É verdade que a introdução da concorrência em atividades dantes prestadas em regime de exclusividade importou em necessária revisão do tema. Mas fato é que, independentemente disso, não se pode ignorar que a opção pela forma jurídica de Direito Privado é vinculada ao regime que a Constituição atribui a essas entidades, além de decorrer, muitas vezes, do princípio da eficiência.

Embora plausível, a interpretação de que a prestação de serviços públicos constitui hipótese ressalvada na primeira parte do artigo 173 não é inequívoca nem a única possível. É também razoável a interpretação de que o art. 173 disciplina o regime jurídico aplicável a todas as empresas estatais exploradoras de atividades econômicas em sentido lato, e, o art. 175, o regime básico aplicável à prestação de serviços públicos. Dito de outra forma, o primeiro versaria sobre as atividades em geral e sobre as entidades destinadas à sua exploração e o segundo sobre uma atividade em especial, especificando as suas características especiais.[579-580]

---

[578] RE 599628, Relator(a): Min. Ayres Britto, Relator(a) p/ Acórdão: Min. Joaquim Barbosa, Tribunal Pleno, julgado em 25/05/2011, REPERCUSSÃO GERAL – MÉRITO DJe-199 DIVULG 14-10-2011 PUBLIC 17-10-2011. Os dois primeiros trechos foram extraídos da ementa; o último do voto do Ministro Joaquim Barbosa.

[579] Nesse sentido, Aline de Almeida afirma que "em nenhum momento a Constituição Federal impôs a estas entidades o regime aplicável aos entes e entidades com personalidade jurídica de direito público, o que seria um contra-senso. Em primeiro lugar, porque as estatais – inclusive as prestadoras de serviços públicos – possuem personalidade jurídica de direito privado, não podendo, por isso, serem equiparadas à Administração Pública Direta, autárquica ou fundacional. Em segundo, porque jamais a Constituição Federal travou distinção entre as sociedades de economia mista e as empresas públicas prestadoras

O ESTADO COMO ACIONISTA CONTROLADOR

Essa interpretação seria reforçada pelo disposto no art. 22, XXVII, da Constituição Federal, que distingue expressamente os fundamentos constitucionais para a edição de normas gerais de licitação, pela União, para a Administração Pública Direta, autárquica e fundacional e aquelas destinadas às empresas públicas e sociedades de economia mista. As primeiras deverão ser editadas com fundamento no art. 37, XXI, da Constituição, ao passo que as últimas, no seu art. 173, § 1º.

Esse dispositivo, como se vê, estabelece um regime jurídico próprio para empresas públicas e sociedades de economia mista no que tange às normas de licitação e contratos, não fazendo qualquer distinção entre sociedades prestadoras de serviços públicos ou exploradoras de ativida-

de serviços públicos e exploradoras de atividade econômica. Os arts. 173 e 175 – com todas as vênias necessárias – não fazem qualquer espécie de classificação destas entidades – o que é realizado pela doutrina. Tais dispositivos, de um lado, cuidam da exploração da atividade econômica (e, neste caso mencionam expressamente as sociedades de economia mista e empresas públicas), e, de outro, da prestação de serviços públicos. A distinção constitucional tem natureza objetiva – refere-se à atividade exercida – e não subjetiva, posto que sua finalidade não é tratar dos seus agentes" (ALMEIDA, Aline Paola C. B. Camara de. O Regime Licitatório das Empresas Estatais. In: SOUTO, Marcos Juruena Villela (coord.). *Direito Administrativo Empresarial*. Rio de Janeiro: Lumen Juris, 2006, p. 192).

[580] Nesse sentido, Pedro Dutra afirma que "As regras do citado artigo 175 organizam e preceituam a prestação do serviço público; não o discretam ou especializam do quadro da atividade econômica definido no artigo 173. Além do irrealismo intrínseco e da desigualdade que tal discreção criaria em relação às demais empresas prestadoras de serviços (públicos inclusive), aquelas sob controle privado, seria ela inócua se tivesse por finalidade acentuar a distinção existente entre empresas sob controle estatal e privado, com vista a assegurar incidência das normas especiais de controle destinadas às primeiras. Ora, tais normas, próprias da administração pública e que por essa razão alcançam as empresas sob controle estatal, prestadoras ou não de serviços públicos, não alteram o teor da regra do citado artigo 173, § 1º, I e II, que determina às empresas sob controle estatal, no exercício de atividade econômica de produção e comercialização de bens ou de prestação de serviços, submeterem-se ao regime jurídico próprio das empresas sob controle privado, e nem são por este alteradas. Ou seja, quando atuam nos mercados de bens e serviços, a empresa sob controle estatal, qualquer o serviço que preste ou o bem que produza ou comercialize, a prestação de serviço público inclusive, sujeita-se ao regime jurídico próprio das empresas sob controle privado, porque estão inequivocamente explorando atividade econômica e esta, indisputavelmente, é de natureza privada, nos termos da Constituição Federal" (DUTRA, Pedro. Atividade Econômica, Empresa sob Controle Estatal e Livre Concorrência. *Revista do IBRAC – Direito da Concorrência, Consumo e Comércio Internacional*, vol. 10, jan. 2003, pp. 105 e ss).

O ESTADO EMPRESÁRIO

des econômicas em sentido estrito, aplicando a todas elas, independentemente da natureza da atividade por elas exploradas, o disposto no art. 173, § 1º, III, da Constituição Federal. Voltaremos a esse ponto no item 3.7.1.4 deste livro.

Poder-se-ia considerar, ainda, que a ressalva feita no *caput* do art. 173, significa apenas a possibilidade de a Constituição prever outros fundamentos para a intervenção do Estado na economia de forma direta (além da necessidade de atendimento a relevante interesse coletivo ou a imperativos de segurança nacional), bem como eventuais exceções às regras gerais estabelecidas naquele dispositivo constitucional. O art. 175, contudo, não contém nenhum dispositivo específico sobre o regime jurídico aplicável às empresas estatais prestadoras de serviços públicos excepcionando a regra geral prevista no art. 173. Há que se diferenciar, repise-se, o regime jurídico da atividade explorada e o regime jurídico aplicável à entidade que a explora.

Não nos parece, enfim, ser legítimo simplesmente desconsiderar que, nos termos do art. 173, §§ 1º e 2º, da Constituição, as empresas estatais possuem um regime jurídico específico. Como visto no item 3.5, o Poder Público possui uma certa margem de liberdade no que tange à escolha do instrumento para a exploração de serviços públicos, podendo optar pelas empresas estatais ou por entidades de natureza jurídica de Direito Público. Ao optar por explorar tais serviços através de uma pessoa jurídica de Direito Privado, muito embora pudesse, de acordo com o entendimento doutrinário prevalecente, explorá-los através de órgãos da Administração Direta, fundações públicas ou autarquias, o Estado assume tanto os bônus dessa estrutura (celeridade, desburocratização), quanto os seus ônus – submissão ao regime jurídico de direito privado.

Defender que tão-somente o fato de explorar um serviço público impõe derrogações tão extremas sobre o regime aplicável a essas entidades é desconsiderar o regime que lhe é intrínseco. É transformar uma empresa em uma autarquia (aliás, é isso exatamente o que alguns autores advogam). É afrontar a Constituição, para obter o melhor dos dois mundos: a flexibilidade do regime jurídico de Direito Privado e os benefícios do regime jurídico de Direito Público.

Como observado por José Vicente dos Santos Mendonça, "o problema com essa linha de entendimento é que, levada ao extremo, acaba por des-

O ESTADO COMO ACIONISTA CONTROLADOR

naturar a essência das empresas estatais. Acabam virando autarquias com S.A. ao final da denominação".[581]

Ora, se a natureza privada é inerente às sociedades empresariais, se a sua utilização para fins de intervenção direta do Estado na economia é autorizada pela Constituição de forma genérica e a cada caso pelo Legislador, e se a adoção dessas formas tem por objetivo justamente afastar as amarras atreladas ao regime jurídico de direito público, qual o sentido em se submeter figuras societárias integralmente a este último?[582]

Isso não seria um contrassenso? A verdade é que posicionamentos desse tipo não "levam a sério" a natureza empresarial dessas entidades[583] e buscam nas muitas omissões e incongruências incorridas pelo Constituinte fundamentos para a sua posição ideológica. É importante lembrar, nesse sentido, que "as estatais não são um 'pecado tolerado', mas um modelo de organização da Administração Pública constitucionalmente previsto".[584]

Em síntese, tendo o Poder Público certa liberdade para a escolha do instrumento para a exploração de serviços públicos, a escolha do instrumento societário deve ser levada a sério, aceitando-se os bônus e os ônus dessa modelagem.

Alfredo de Almeida Paiva, ainda nos anos de 1960, já fazia uma advertência importante sobre as derrogações de direito público aplicáveis às

---

[581] MENDONÇA, José Vicente Santos de. *Op.cit.*, p. 228.

[582] De acordo com Alexandre Santos de Aragão, "ainda que exploradora de atividade econômica lato sensu consistente em serviço público, eventualmente sem concorrentes privados, se aplica o art. 173 da CF, já que, se não fosse para se valer dos meios mais ágeis da iniciativa privada, não haveria porque o Legislador transferir aquela atividade para uma empresa do Estado. Poderia tê-la deixado na Administração Direta ou entregue a uma simples autarquia. Essa é a mesma lógica que faz com que, por exemplo, o pessoal das estatais seja regido pela CLT, sejam elas prestadoras de serviços públicos econômicos ou de atividades econômicas stricto sensu" (Empresas estatais e o controle pelos Tribunais de Contas. *Revista de Direito Público da Economia – RDPE*, v. 23, 2008).

[583] Partindo da experiência portuguesa, Nuno Cunha Rodrigues afirma, na mesma esteira, que "os entes públicos, ao optarem por formas jurídico-privadas de organização empresarial, de mais a mais sabendo que o direito privado é o direito típico ou comum regulador da actuação empresarial, deveriam reger-se por um princípio de respeito pela forma jurídica escolhida" (*Op.cit.*, p. 252).

[584] SOUZA, Rodrigo Pagani; SUNDFELD, Carlos Ari. Licitações nas estatais: levando a natureza empresarial a sério. *Revista de Direito Administrativo*, vol. 245, 2007, p. 20.

empresas estatais, comparando a tendência de diminuição da liberdade e flexibilidade daquelas entidades com o processo de burocratização das autarquias ocorrido alguns anos antes:

> (...) à medida que tais sociedades se afastem das normas e da técnica das emprêsas privadas, despindo-se de suas características de independência de ação e conseqüente liberdade administrativa, deixarão de ser os instrumentos simples, flexíveis e eficientes e correrão, por conseguinte, o risco de falharem às suas finalidades.
>
> Torna-se, por isso mesmo, indispensável não se repita com tais tipos de sociedades o que ocorreu com as entidades autárquicas, que, segundo Oscar Saraiva, envelheceram precocemente: 'surgidas', diz êle, 'em maior número no qüinqüênio de 1937 a 1942, trazendo em si condições de independência de ação e liberdade administrativa que as tornavam instrumentos flexíveis e eficientes de ação, logo a seguir, as influências centralizadoras de padronização, uniformização e contrôle as alcançaram, tornando em muitos casos sua administração quase tão rígida quanto a do próprio Estado, e fazendo desaparecer as razões de conveniência que originaram sua instituição.
>
> As sociedades de economia mista e as chamadas emprêsas públicas evidentemente haverão que subsistir como instrumentos jurídicos a serviço do Estado moderno, no seu mister e empenho de atender aos interêsses gerais da coletividade, mas isto realmente só será possível na medida em que se mantiverem fiéis às suas características de emprêsa privada, de forma a não permitir sua transformação em simples órgãos da administração pública descentralizada.[585]

Independentemente da natureza do serviço prestado pela estatal ou do fato de ser prestado ou não em regime de concorrência, não se pode, enfim, simplesmente igualar o regime jurídico aplicável às empresas estatais prestadoras de serviços públicos ao regime da Administração Pública Direta,[586] a não ser na medida em que se demonstre em que ponto e grau

---

[585] Paiva, Alfredo de Almeida. As sociedades de economia mista e as emprêsas públicas como instrumentos jurídicos a serviço do Estado. *Revista de Direito Administrativo* (Seleção Histórica), v. 1, 1991, pp. 319/320.

[586] "Ainda que o diagnóstico do problema fosse correto (sem dúvida não é indiferente a atividade exercida pela empresa estatal e o regime jurídico que a disciplina), o remédio

a submissão ao regime de direito privado prejudicaria a prestação do serviço público.

Dito de outra forma, eventuais derrogações devem se demonstrar essenciais para a exploração do serviço público, não podendo ser pautadas em argumentações genéricas sobre o tema. Isso porque uma coisa é o regime jurídico aplicável à empresa estatal e outra é o regime jurídico aplicável à atividade. "No primeiro caso estamos diante das regras atinentes ao regime de contratação, concurso público, regime de controle de atos, etc. No segundo caso, cuida-se da aplicação ou não de regras de continuidade, universalidade, modicidade remuneratória, próprias de atividades definidas como serviços públicos".[587]

Por isso, em nossa opinião, um bom ponto de partida seria comparar as prerrogativas normalmente enumeradas pela doutrina e jurisprudência em favor das empresas estatais prestadoras de serviços públicos com o regime jurídico especial aplicável às concessionárias privadas de serviços públicos. Assim, seria possível identificar o que é ou não essencial à exploração desse tipo de atividade. A seguir, analisaremos esses pontos um a um, para facilitar a compreensão do tema.

Convém, por fim, lembrar que, em países como França e Portugal, as formas empresariais de Direito Público criadas originalmente para a prestação de serviços públicos vêm sendo paulatinamente abandonadas e substituídas por formas jurídicas de direito privado, em virtude das pressões promovidas pela União Europeia em prol da livre concorrência. A jurisprudência brasileira mais recente sobre o regime jurídico aplicável

---

foi exagerado: as empresas estatais prestadoras de serviço público, de acordo com esse pensamento, têm um regime por demais semelhante ao regime comum da Administração Pública, como se não fossem empresas nem precisassem agir empresarialmente. O efeito produzido por esta classificação das empresas estatais, que as aparta em 'prestadoras de serviço público' e 'exploradoras de atividade econômica', então, é grande: neutraliza-se a despublicização pretendida com a opção legislativa pelo figurino empresarial. Cai por terra a ideia original de despublicização (maior agilidade, flexibilidade e comprometimento com resultados) que presidiu a criação de entidades públicas sob o formato empresarial" (SOUZA, Rodrigo Pagani; SUNDFELD, Carlos Ari. *Op.cit.*, pp. 21/22).

[587] MARQUES NETO, Floriano de Azevedo. As contratações estratégicas das estatais que competem no mercado. In: OSÓRIO, Fabio Medina; SOUTO, Marcos Juruena Villela. *Direito Administrativo: estudos em homenagem a Diogo de Figueiredo Moreira Neto*. Rio de Janeiro: Lumen Juris, 2006, p. 578.

às estatais exploradoras de serviços públicos, parece estar, portanto, em consonância com o movimento observado nos países europeus.

Apesar de a Lei nº 13.303/2016 estabelecer, em seu art. 1º e em seu título II, que as suas disposições se aplicam a todas as empresas estatais, "ainda que a atividade econômica esteja sujeita ao regime de monopólio da União ou seja de prestação de serviços públicos", ela não é suficiente para dissipar a controvérsia que ora se coloca (salvo com relação ao regime de licitações e contratos), já que não adentra em matéria relacionada a regime tributário, de bens, falimentar e de pessoal. Além disso, essa Lei está sendo questionada em sede de ação direta de inconstitucionalidade justamente por infringir "o art. 173, parágrafo 1º, da Constituição, submetendo ao seu regime jurídico a totalidade das empresas públicas e sociedades de economia mista que explorem atividade econômica de produção ou comercialização de bens ou prestação de serviços 'ainda que a atividade econômica esteja sujeita ao regime de monopólio da União ou seja de prestação de serviços públicos'".[588]

### 3.7.1.1. Regime de pessoal

Esse é um dos poucos tópicos do regime jurídico das empresas estatais brasileiras cuja análise doutrinária não é influenciada pela natureza das atividades por elas prestadas. Independentemente se prestadoras de serviços públicos ou exploradoras de atividades econômicas em sentido estrito, os trabalhadores das empresas estatais são sujeitos a regime celetista, isto é, são empregados públicos e, por isso, a eles não se aplicam as prerrogativas de estabilidade e efetividade.[589] O seu vínculo com a

---

[588] Trecho extraído da petição inicial da Adin nº 5.624, ajuizada pela Confederação Nacional dos Trabalhadores do Ramo Financeiro (Contraf/CUT). Um dos pedidos da ADIN é no sentido de que seja atribuída interpretação conforme à Lei nº. 13.303/2016 para que as suas normas "sejam direcionadas, exclusivamente, às empresas públicas e sociedades de economia mista que explorem atividade econômica em sentido estrito, em regime de competição com o mercado".

[589] Toshio Mukai, apesar de reconhecer a existência desse regime, traça fortes críticas contra o mesmo, afirmando que "tanto na Administração direta como na indireta não deveria haver recurso a essa forma de estipulação, posto que o regime jurídico normal do agente público é o administrativo. (...) Portanto, quando, nas empresas públicas, encontramos, na prática, seus servidores regidos pela CLT, essa circunstância não está afeiçoada ao texto da Constituição; e, portanto, podemos aqui também dizer que se tratam de for-

Administração Pública é de cunho contratual e não estatutário, regendo--se, portanto, pela legislação trabalhista, em especial, a Consolidação das Leis Trabalhistas – CLT.

Mas aqui também se encontram presentes alguns condicionamentos de Direito Público, já mencionados acima, a saber, (i) a obrigatoriedade de contratação mediante prévio concurso público, nos termos do art. 37, II, da Constituição,[590] com exceção dos seus dirigentes (presidentes,

---

mas jurídicas privadas utilizadas, mas regidas superiormente pelo direito administrativo" (*Op. Cit.*, p. 270 e 276).

[590] A obrigatoriedade de realização de concurso público previamente à contratação de empregados para as sociedades de economia mista e empresas públicas já foi objeto de discussão. Nos primeiros anos de vigência da Constituição Federal de 1988, a jurisprudência era vacilante sobre esse tema, o que fez com que muitas empresas estatais continuassem a promover contratações sem o prévio concurso público, como já faziam antes de 1988. O posicionamento atual do Supremo só veio a ser fixado em 1992, quando do julgamento do Mandado de segurança nº 21322 – DF, que versava sobre a contratação de empregados pela INFRAERO sem a prévia realização de concurso público: CARGOS e EMPREGOS PUBLICOS. ADMINISTRAÇÃO PÚBLICA DIRETA, INDIRETA e FUNDACIONAL. ACESSIBILIDADE. CONCURSO PÚBLICO. A acessibilidade aos cargos públicos a todos os brasileiros, nos termos da Lei e mediante concurso público e princípio constitucional explícito, desde 1934, art. 168. Embora cronicamente sofismado, mercê de expedientes destinados a iludir a regra, não só foi reafirmado pela Constituição, como ampliado, para alcançar os empregos públicos, art. 37, I e II. Pela vigente ordem constitucional, em regra, o acesso aos empregos públicos opera-se mediante concurso público, que pode não ser de igual conteúdo, mas há de ser público. As autarquias, empresas publicas ou sociedades de economia mista estão sujeitas a regra, que envolve a administração direta, indireta ou fundacional, de qualquer dos poderes da União, dos Estados, do Distrito Federal e dos Municípios. Sociedade de economia mista destinada a explorar atividade econômica esta igualmente sujeita a esse princípio, que não colide com o expresso no art. 173, PAR. 1.. Exceções ao princípio, se existem, estão na própria Constituição. (MS 21322, Rel. Min. PAULO BROSSARD, Tribunal Pleno, julgado em 03/12/1992, DJ 23-04-1993). No mesmo sentido, "Administração pública indireta. Sociedade de economia mista. Concurso público. Inobservância. Nulidade do contrato de trabalho. Efeitos. Saldo de salário. Após a Constituição do Brasil de 1988, é nula a contratação para a investidura em cargo ou emprego público sem prévia aprovação em concurso público. Tal contratação não gera efeitos trabalhistas, salvo o pagamento do saldo de salários dos dias efetivamente trabalhados, sob pena de enriquecimento sem causa do Poder Público. Precedentes. A regra constitucional que submete as empresas públicas e sociedades de economia mista ao regime jurídico próprio das empresas privadas (...) não elide a aplicação, a esses entes, do preceituado no art. 37, II, da CF/1988, que se refere à investidura em cargo ou emprego

diretores e membros do conselho de administração e fiscal), os quais não possuem vínculo de emprego com essas entidades, pautando-se a sua relação com a sociedade pelas regras do Direito Privado, em especial pela Lei nº 6.404/76;[591] (ii) a vedação da acumulação de cargos, empregos ou funções públicas, nos termos do art. 37, XVII, CRFB/88; (iii) a necessidade de prévia dotação orçamentária para "a concessão de vantagem ou aumento de remuneração, a criação de empregos e funções ou a alteração da estrutura de carreiras, bem como a contratação e admissão de pessoal, no que diz respeito às empresas estatais dependentes, em conformidade com o art. 169, § 1º, da Constituição Federal"; (iv) a possibilidade de ajuizamento de ação popular em face de seus dirigentes (art. 5º, LXXIII, CRFB/88); (v) equiparação aos funcionários públicos para fins da imputação penal prescrita no parágrafo 1º do artigo 327 do Código Penal e para efeito da Lei nº 8.429/92, que sanciona atos de improbidade administrativa.

Além disso, a doutrina costuma apontar a aplicação dos princípios da Administração Pública sobre esse vínculo, em especial os princípios da isonomia, da impessoalidade e da proporcionalidade, os quais exigiriam, por exemplo, motivação para a dispensa, que deverá sempre ser acompanhada de prévio processo administrativo.[592-593]

---

público." (AI 680.939-AgR, Rel. Min. Eros Grau, julgamento em 27-11-2007, Segunda Turma, DJE de 1º-2-2008.)

[591] FURTADO, Lucas Rocha. *Curso de Direito Administrativo*. Belo Horizonte: Ed. Fórum, 2007, p. 215.

[592] Idem. *Ibidem*, p. 214; e BANDEIRA DE MELLO, Celso Antônio. *Curso de Direito Administrativo*. 26ª ed. rev. e atual. São Paulo: Malheiros, 2009, p. 220; SUNDFELD, Carlos Ari. Empresa estatal pode exercer poder de polícia. Revista da Procuradoria Geral do Estado de São Paulo, n. 38, dez. 1992, p. 43; SCHIRATO, Vitor Rhein. Novas anotações sobre as empresas estatais. *Revista de Direito Administrativo*, vol. 239, 2005, p. 225. Não fosse assim, permitir-se-ia que "os administradores das empresas estatais (gestores de coisas públicas, em todos os casos) livremente escolhessem quais serão os empregados que permanecerão em tais entidades e quais serão demitidos, despindo de qualquer utilidade pública a realização prévia do concurso público" (SCHIRATO, Vitor. *Op.cit.*, p. 225). Vide também LOURENÇO, Álvaro Braga. Regime Jurídico dos Empregados das Empresas Estatais. In: SOUTO, Marcos Juruena Villela (coord.). *Direito Administrativo Empresarial*. Rio de Janeiro: Lumen Juris, 2006, p. 172; e ARAGÃO, Alexandre Santos de. *Curso de Direito Administrativo*. Rio de Janeiro: Ed. Forense, 2012, p. 124.

# O administrador da sociedade de economia mista é equiparado, para fins de impetração de mandado de segurança, à autoridade pública,

Esse ponto também foi abordado na ADI 2310, em que se discutia a constitucionalidade da aplicação do regime celetista sobre os funcionários de agências reguladoras, em virtude da sua suposta incompatibilidade com o exercício de poder de polícia. Nos termos da decisão do Ministro Marco Aurélio, "é certo estar o detentor de emprego público em patamar superior àquele dos empregados em geral. Todavia, isso decorre do princípio da legalidade, que submete a Administração como um todo. Vale dizer, não fica o servidor ocupante de emprego público sujeito ao rompimento do vínculo por livre iniciativa da Administração Pública, devendo o ato, como todo e qualquer ato administrativo, ser motivado".

É interessante esclarecer que, no âmbito federal, a lei nº 9.962/00 veda a demissão imotivada de empregados públicos na esfera federal, prevendo as hipóteses em que a rescisão de contrato de trabalho por prazo indeterminado poderá ocorrer (art. 3º): "I – prática de falta grave, dentre as enumeradas no art. 482 da Consolidação das Leis do Trabalho – CLT; II – acumulação ilegal de cargos, empregos ou funções públicas; III – necessidade de redução de quadro de pessoal, por excesso de despesa, nos termos da lei complementar a que se refere o art. 169 da Constituição Federal; IV – insuficiência de desempenho, apurada em procedimento no qual se assegurem pelo menos um recurso hierárquico dotado de efeito suspensivo, que será apreciado em trinta dias, e o prévio conhecimento dos padrões mínimos exigidos para continuidade da relação de emprego, obrigatoriamente estabelecidos de acordo com as peculiaridades das atividades exercidas".

[593] Há, contudo, precedentes do Supremo Tribunal Federal no sentido da possibilidade de demissão imotivada de empregado de empresa estatal: "CONSTITUCIONAL. EMPREGADO DE SOCIEDADE DE ECONOMIA MISTA. REGIME CELETISTA. DISPENSA. READMISSÃO COM FUNDAMENTO NO ART. 37 DA CONSTITUIÇÃO DA REPÚBLICA. IMPOSSIBILIDADE. PRECEDENTES. AGRAVO REGIMENTAL DESPROVIDO" (RE 461452 AgR, Relator(a): Min. CÁRMEN LÚCIA, Primeira Turma, julgado em 10/10/2006, DJ 16-02-2007).

Esse tema voltou a ser discutido pelo Supremo, no bojo do RE 589998 RG. Trata-se de recurso interposto pela Empresa Brasileira de Correios e Telégrafos – ECT contra acórdão do Tribunal Superior do Trabalho – TST que considerou inválida a demissão desmotivada de empregado daquela empresa. Uma vez reconhecida a repercussão geral do tema, em 2008, o julgamento do RE foi iniciado em 24.02.2010. O Ministro Ricardo Lewandowski, relator, negou provimento ao recurso, tendo sido acompanhado pelo Ministro Eros Grau, por entender que "o dever de motivar o ato de despedida de empregados estatais, admitidos por concurso, aplicar-se-ia não apenas à ECT, mas a todas as empresas públicas e sociedades de economia mista que prestam serviços públicos, em razão de não estarem alcançadas pelas disposições do art. 173, § 1º, da CF, na linha de precedentes do Tribunal. Observou que, embora a rigor, as denominadas empresas estatais ostentarem a natureza jurídica de direito privado, elas se submeteriam a regime híbrido, ou seja, sujeitar-se-iam

O ESTADO EMPRESÁRIO

podendo ser apontado como autoridade coatora quando, no exercício de atribuições do Poder Público, por ação ou omissão, violar direito líquido e certo de terceiros. [594]

a um conjunto de limitações que teriam por escopo a realização do interesse público. Assim, no caso dessas entidades, dar-se-ia uma derrogação parcial das normas de direito privado em favor de certas regras de direito público". Esse ministro afirmou, ainda, que "o objetivo maior da admissão de empregados das estatais por meio de certame público seria garantir a primazia dos princípios da isonomia e da impessoalidade, o que impediria escolhas de índole pessoal ou de caráter puramente subjetivo no processo de contratação. Ponderou que a motivação do ato de dispensa, na mesma linha de argumentação, teria por objetivo resguardar o empregado de uma eventual quebra do postulado da impessoalidade por parte do agente estatal investido do poder de demitir, razão pela qual se imporia, no caso, que a despedida fosse não só motivada, mas também precedida de um procedimento formal, assegurado ao empregado o direito ao contraditório e à ampla defesa" (Cf. Informativo nº 576).

Finalmente, em 20.03.2013, foi concluído o julgamento no sentido da necessidade de a ECT promover a motivação da dispensa de seus empregados:

EMPRESA BRASILEIRA DE CORREIOS E TELÉGRAFOS – ECT. DEMISSÃO IMO-TIVADA DE SEUS EMPREGADOS. IMPOSSIBILIDADE. NECESSIDADE DE MOTI-VAÇÃO DA DISPENSA. RE PARCIALEMENTE PROVIDO. I – Os empregados públicos não fazem jus à estabilidade prevista no art. 41 da CF, salvo aqueles admitidos em período anterior ao advento da EC nº 19/1998. Precedentes. II – Em atenção, no entanto, aos princípios da impessoalidade e isonomia, que regem a admissão por concurso público, a dispensa do empregado de empresas públicas e sociedades de economia mista que prestam serviços públicos deve ser motivada, assegurando-se, assim, que tais princípios, observados no momento daquela admissão, sejam também respeitados por ocasião da dispensa. III – A motivação do ato de dispensa, assim, visa a resguardar o empregado de uma possível quebra do postulado da impessoalidade por parte do agente estatal investido do poder de demitir. IV – Recurso extraordinário parcialmente provido para afastar a aplicação, ao caso, do art. 41 da CF, exigindo-se, entretanto, a motivação para legitimar a rescisão unilateral do contrato de trabalho (STF, RE 589998, Relator(a): Min. RICARDO LEWANDOWSKI, Tribunal Pleno, julgado em 20/03/2013, ACÓRDÃO ELETRÔNICO REPERCUSSÃO GERAL – MÉRITO DJe-179 DIVULG 11-09-2013 PUBLIC 12-09-2013).

[594] Lei Federal nº 12.016/2009: "Art. 1º Conceder-se-á mandado de segurança para prote-ger direito líquido e certo, não amparado por habeas corpus ou habeas data, sempre que, ilegalmente ou com abuso de poder, qualquer pessoa física ou jurídica sofrer violação ou houver justo receio de sofrê-la por parte de autoridade, seja de que categoria for e sejam quais forem as funções que exerça.

O ESTADO COMO ACIONISTA CONTROLADOR

Uma situação interessante na qual essa interface entre o Direito Público e a legislação trabalhista é testada ocorre em hipóteses de incorporação de sociedades privadas por empresas estatais, o que vem acontecendo com cada vez mais frequência.[595]

O que fazer com os seus antigos empregados? Aplicar-se-ia o instituto da sucessão trabalhista ou ele violaria a regra do art. 37, II? A regra do concurso público implicaria na necessidade de demitir sem justa causa todos os antigos empregados da empresa incorporada?

O instituto da sucessão trabalhista encontra-se previsto nos arts. 10 e 448 da Consolidação das Leis Trabalhistas, os quais, respectivamente, preveem que "qualquer alteração na estrutura jurídica da empresa não afetará os direitos adquiridos por seus empregados" e "a mudança na propriedade ou na estrutura jurídica da empresa não afetará os contratos de trabalho dos respectivos empregados."

De acordo com a doutrina justrabalhista, esses dispositivos envolvem matéria de ordem pública, [596] não podendo, portanto, as determinações neles contidas ser afastadas por disposição contratual.

Esse instituto é uma decorrência tanto do princípio da despersonalização do empregador, de acordo com o qual o contrato de trabalho não é vinculado a determinada pessoa física ou jurídica, mas à empresa, assim

§ 1º Equiparam-se às autoridades, para os efeitos desta Lei, os representantes ou órgãos de partidos políticos e os administradores de entidades autárquicas, bem como os dirigentes de pessoas jurídicas ou as pessoas naturais no exercício de atribuições do poder público, somente no que disser respeito a essas atribuições.

§ 2º Não cabe mandado de segurança contra os atos de gestão comercial praticados pelos administradores de empresas públicas, de sociedade de economia mista e de concessionárias de serviço público."

[595] SOUTO, Marcos Juruena Villela. Sucessão Trabalhista na Formação de Grupos Econômicos Estatais. In: *Direito Administrativo em Debate*. 2ª série. Rio de Janeiro: Lumen Juris, 2007, p. 375.

[596] MARANHÃO, Délio; SUSSEKIND, Arnaldo; VIANNA, Segadas. *Instituições de Direito do Trabalho*. Vol. 1, 12ª ed. São Paulo: LTr, p. 291; MORAES FILHO, Evaristo de. *Sucessões nas obrigações e teoria da empresa*. Vol. II. Rio de Janeiro: Forense, 1960, p. 255.

O ESTADO EMPRESÁRIO

considerada a atividade econômica organizada,[597]quanto do princípio da continuidade do vínculo empregatício.[598]

De acordo com Francisco Ferreira Jorge Neto e Jouberto de Quadros Pessoa Cavalcante, "a expressão 'qualquer alteração' como inserida no art. 10 da CLT, visualiza que a natureza jurídica das pessoas envolvidas ou a forma adotada para a sua realização não interfere no direito dos trabalhadores". [599] O que importa, de acordo com o Tribunal Superior do Trabalho,[600] é que a atividade econômica continue sendo explorada, com a utilização dos empregados pelo sucessor.

---

[597] JORGE NETO, Francisco Ferreira; CAVALCANTE, Jouberto de Quadros Pessoa. *Manual de Direito do Trabalho*. Rio de Janeiro: Lumen Juris, 2004, p. 322. Também nesse sentido: MÜLLER, Sérgio José Dulac; MÜLLER, Thomas. Empresa e Estabelecimento – A avaliação do Goodwill, *Revista Jurídica*, nº 318, abr. 2004, p. 26.

[598] "O princípio da continuidade é aquele em virtude do qual o contrato de trabalho perdura até que sobrevenham circunstâncias previstas pelas partes ou em lei como idôneas para fazê-lo cessar" (SILVA, Luiz de Pinho Pedreira da. *Principiologia do Direito do Trabalho*. São Paulo: LTr, 1997, p. 109). Como expõem Francisco Ferreira Jorge Neto e Jouberto de Quadros Pessoa Cavalcante, "a novação subjetiva quanto ao empregador não é motivo legal para a cessação do contrato de trabalho. O contrato de trabalho, como relação jurídica, nasce da prestação de serviços. Como é de trato sucessivo, passa por transformações e se extingue, todavia, no seu curso, a novação subjetiva no pólo-empregador não é fator legal a impedir o seu prosseguimento" (*Manual de Direito do Trabalho* Rio de Janeiro: Lumen Juris, 2004, p. 308).

[599] NETO, Francisco Ferreira Jorge; CAVALCANTE, Jouberto de Quadros Pessoa. *Manual de Direito do Trabalho*. Rio de Janeiro: Lumen Juris, 2004, p. 356.

[600] "I – RECURSO DA FERROVIA CENTRO ATLÂNTICA S/A. SUCESSÃO TRABALHISTA. CONTRATO DE ARRENDAMENTO. RESPONSABILIDADE. É irrelevante o vínculo existente entre as empresas sucessora e sucedida, bem como a natureza do título que possibilitava ao titular do estabelecimento a utilização dos meios de produção nele organizados para a análise da responsabilidade quanto aos débitos trabalhistas, em face da sucessão de empresas. Dessa forma, mesmo no caso de sucessão ocorrida em face de concessão de exploração de serviço público combinada com posterior contrato de arrendamento de bens da sucedida, é da empresa sucessora a responsabilidade plena pelos direitos trabalhistas dos empregados, cujos contratos de trabalho não foram rescindidos antes da sucessão." (TST, RR 525549, j. 28.06.2000, 5ª T.)

O ESTADO COMO ACIONISTA CONTROLADOR

Sob essa ótica, seria possível afirmar que também nos casos em que uma sociedade estatal adquire a totalidade do capital social de uma sociedade privada ocorre a sucessão trabalhista.[601]

A jurisprudência do Tribunal Superior do Trabalho reconhece, de forma pacífica, a aplicabilidade da sucessão trabalhista às hipóteses de desapropriação de sociedades privadas pelo Poder Público,[602] bem como às hipóteses de incorporação de sociedades privadas por sociedades estatais,[603] o que, no seu entender, afasta a exigência prevista no art. 37, II, da Constituição Federal.

[601] "Tudo irá depender se o Estado dá continuidade ou não ao empreendimento. Se o Estado tão-somente desapropria o prédio para destiná-lo a outros fins, é evidente que não estarão presentes os elementos que caracterizam a sucessão trabalhista (...). Todavia, nos casos em que o Estado assume o empreendimento e dá continuidade, a aplicação das regras acerca da sucessão trabalhista não sofre modificação alguma. Conforme já afirmado acima, é irrelevante o título jurídico pelo qual o empreendimento passa de uma pessoa para outra" (ORTIZ, Patrícia Manica. *Sucessão trabalhista: conseqüências nas relações de emprego.* São Paulo: IOB Thompson, 2005, p. 65).

[602] "Constatado no acórdão regional que o Município recorrente assumiu o ônus de todos os contratos de trabalho da ex-empregadora, ocorrendo, inclusive, desapropriação do ativo patrimonial do executado, por meio de lei municipal, com a imissão de posse pela Municipalidade, com transferência de prédio, terreno, bens móveis, equipamentos e demais utensílios, impõe-se o reconhecimento da sucessão trabalhista, nos moldes dos arts. 10 e 448 da CLT" (TST, AIRR – 583/2005-402-02-40.0, Relator Ministro: Luiz Philippe Vieira de Mello Filho, j. 01/10/2008, 1ª Turma, DJ: 10/10/2008).
Também nesse sentido: TST-RR-1.294/2004-521-04-00, 5ª Turma, Rel. Min. Brito Pereira, DJ de 16/2/2007; TST, RR – 533104/1999.0 , Relator Juiz Convocado: Luiz Antonio Lazarim, Data de Julgamento: 03/03/2004, 4ª Turma, Data de Publicação: 19/03/2004;TST, RR – N.º 459164/1998 Min. NELSON ANTONIO DAIHA, DJ 16.10.1998, Decisão Unânime; TST, RR – N.º 85368/1993, Min. AFONSO CELSO, DJ 13.05.1994, Decisão Unânime.

[603] SOCIEDADE DE ECONOMIA MISTA – SUCESSÃO – EXIGÊNCIA DE PRÉVIO CONCURSO PÚBLICO – PRINCÍPIO DA PROPORCIONALIDADE – FUNDO DE COMÉRCIO 1. No caso dos autos, o Banco do Estado de Goiás S.A. – sociedade de economia mista – assumiu o fundo de comércio da empresa sucedida. Acompanham o fundo de comércio os empregados, que dele fazem parte, já que contribuem para a consecução das finalidades empresariais. 2. Ofende o princípio da proporcionalidade exigir que os empregados da sucedida somente possam ingressar no quadro de empregados da sucessora por intermédio de concurso público, tendo em vista que apenas acompanharam os desideratos da sucessão, sem terem em nada contribuído para o resultado. 3. A incorporação do fundo de comércio de uma empresa por outra, mesmo que a sucessora seja sociedade de economia mista, não pode afetar os direitos do empregado. Inteligência dos arts. 10

O ESTADO EMPRESÁRIO

É importante esclarecer, nesse particular, que a aplicação do instituto da sucessão trabalhista nesses casos não significa a transformação dos antigos cargos ocupados pelos trabalhadores na sociedade incorporada em cargos ou empregos públicos. Não há qualquer modificação dos contratos de trabalho, não sendo extintos ou criados novos vínculos empregatícios. "Permanecem os empregados nos mesmos postos, prestando os mesmos serviços para um novo empregador".[604]

De acordo com Evaristo de Morais Filho, "a relação permanece a mesma, com os mesmos direitos e deveres (...). A relação jurídica é idêntica, quando a sua substância é idêntica, não obstante a mudança do sujeito, como se não houvesse ocorrido a mudança (...)".[605] O sucessor, aliás, "não pode transferir mais direitos do que possui, o objeto permanece inalterado, sendo que o sucessor terá plena identidade de vantagens e ônus."[606]

Ao se manifestar em parecer sobre a validade de procedimento de admissão de pessoal de sociedade incorporada pela Companhia Vale do Rio Doce, quando ainda se tratava de uma sociedade de economia mista, Caio Tácito afirmou que "na hipótese de incorporação de empresa inexiste admissão de pessoal. Antes se impõe a permanência dos contratos de trabalho existentes", com os direitos e obrigações neles previstos, "cumprindo ao novo empregador reconhecer a existência das relações trabalhistas e estabelecer a modalidade de absorção do pessoal que acompanha o acervo transferido, inclusive garantindo-lhe dinâmica operacional"[607].

---

e 448 da CLT. Recurso de Revista conhecido e parcialmente provido." (TST, 3ª T., RR 5839187219995185555, Rel. Maria Cristina Irigoyen Peduzzi, DJ. 02.09.2005).

[604] FERNANDES, Nádia Soraggi. Novos aspectos do Instituto da Sucessão Trabalhista. *LTR: Legislação do Trabalho*, vol. 72, mai. 2008, p. 612. No mesmo sentido, SOUTO, Marcos Juruena Villela. *Direito Administrativo em Debate*. 2ª série. Rio de Janeiro: Lumen Juris, 2007, p. 381 e 294. ("nada autoriza concluir que há alteração de vínculo empregatício, como se novo contrato de trabalho surgisse. Ao revés, a relação original continua intacta").

[605] MORAES FILHO, Evaristo de. *Sucessão nas obrigações e a teoria da empresa*. vol. 1. Rio de Janeiro: Forense, 1960, pp. 51/54.

[606] *Manual de Direito do Trabalho*. Rio de Janeiro: Lumen Juris, 2004, p. 299.

[607] TÁCITO, Caio. Sociedade de Economia Mista. Incorporação de outra empresa. Temas *de Direito Público*. 2º vol. Rio de Janeiro: Renovar, 1997, p. 1158.

O ESTADO COMO ACIONISTA CONTROLADOR

Nem seria razoável e eficiente interpretar a regra do concurso público como um óbice para a manutenção dos contratos de trabalho, obrigando a estatal a dispensar todos os antigos empregados da empresa, com o necessário pagamento das indenizações legais, e os substituir por novos concursados, que ainda deverão ser treinados para assumir as suas funções. Tal interpretação simplesmente inviabilizaria a continuidade das atividades da sociedade (pelo menos em um primeiro momento), com enormes prejuízos para o interesse público.[608]

Não se viola, assim, em nossa opinião, a exigência do concurso público, visto que os antigos empregados da sociedade incorporada não se transformarão automaticamente em empregados públicos, com as garantias daí decorrentes. Nesses casos, a solução seria submeter esses empregados a um quadro em extinção "até que, por concurso, se os prestassem e se neles obtivessem sucesso, ingressassem em cargos ou até que, por qualquer motivo, deixassem de pertencer ao serviço público"[609].

Ainda com relação à aplicação da regra do concurso público para as sociedades estatais, discute-se a possibilidade de contratação, sem concurso, de profissionais especializados para ocupar posições estratégicas no quadro dessas sociedades. Defendendo essa possibilidade, Paulo Ricardo Schier afirma que "a Constituição parece reconhecer: (i) que a

---

[608] De acordo com Marcos Juruena Villela Souto, "está envolvida a própria questão da *memória da empresa,* por força a qual os seus empregados já detêm todo um conjunto de conhecimentos acerca da atividade desenvolvida, já foram devidamente treinados e aprovados nas suas respectivas funções, estando, pois, em condições de continuarem a produzir resultados em favor da empresa adquirente. Em síntese, o princípio do concurso público não autoriza que se adote tal medida extremada, mormente pelo fato de que, como terceiro argumento a ser enfrentado diante de tal problemática, restaria, ainda, violado o princípio da economicidade, impondo-se à empresa adquirente o custo do pagamento das indenizações pelas demissões, bem como dos concursos para novas contratações e os posteriores treinamentos, que, ainda, imporiam um custo de retardamento no início da produção por esses novos profissionais" (Sucessão Trabalhista na Formação de Grupos Econômicos Estatais. In: *Direito Administrativo em Debate.* 2ª série. Rio de Janeiro: Lumen Juris, 2007, p. 399).

[609] MELLO, Celso Antônio Bandeira de. Inconstitucionalidade da efetivação de servidores públicos sem concurso público a título de incluí-los no Regime Jurídico Único. *Revista de Informação Legislativa,* n. 129, jan./mar. 1996, p. 168. No mesmo sentido, SOUTO, Marcos Juruena Villela. *Direito Administrativo em Debate.* 2ª série. Rio de Janeiro: Lumen Juris, 2007, p. 402.

O ESTADO EMPRESÁRIO

exigência de concurso público não é absoluta; (ii) que existem situações em que a necessidade de se proteger outros bens, princípios ou interesses constitucionais podem justificar o afastamento desta exigência; (iii) que o acesso aos cargos, empregos e funções públicas não são superiores, em dadas condições, à necessidade de satisfação do interesse público, a outros direitos fundamentais ou à segurança e confiança em alguns campos de relação política".[610]

A lógica aqui aplicável seria bem semelhante àquela que justifica a contratação direta de determinado fornecedor prestador de serviços especializados, nos termos do art. 25 da Lei nº 8.666/93. Como se sabe, a Administração Pública pode promover a contratação direta de determinados prestadores de serviços, quando o serviço contratado for especializado e singular, e o seu prestador detiver notório conhecimento e especialização sobre o tema.

A diferença entre esse caso e o da contratação de um empregado sem concurso público nos parece residir essencialmente na temporariedade do serviço prestado. Se a estatal necessita de um serviço pontual, bastará promover a contratação direta do prestador do serviço. Se ela necessita, por sua vez, de serviços de natureza contínua ou pretende estimular a inovação e a criação de novas patentes no âmbito interno, promoverá a contratação do empregado.

Paulo Ricardo Schier conclui, nesse sentido, que "não é sem razão que autorizada doutrina tem admitido o afastamento da contratação mediante concurso público (...) quando se trate de contratar profissionais de maior qualificação, que não teriam interesse em se submeter a presta-lo, por serem absorvidos avidamente pelo mercado"'.[611]

---

[610] Constitucionalização e 20 Anos da Constituição: reflexões sobre a exigência de concurso público (isonomia, eficiência e segurança jurídica). In: SOUZA NETO, Claudio Pereira de, SARMENTO, Daniel, BINENBOJM, Gustavo (coord.). *Vinte Anos da Constituição Federal de 1988*. Rio de Janeiro: Lumen Juris, 2009, p. 823.

[611] Constitucionalização e 20 Anos da Constituição: reflexões sobre a exigência de concurso público (isonomia, eficiência e segurança jurídica). In: SOUZA NETO, Claudio Pereira de, SARMENTO, Daniel, BINENBOJM, Gustavo (coord.). *Vinte Anos da Constituição Federal de 1988*. Rio de Janeiro: Lumen Juris, 2009, p. 833. No mesmo sentido, podemos citar FERREIRA, Sergio Andrea. Empresa estatal – Funções de Confiança – Constituição Federal, art. 37, n. 11. *Revista de Direito Administrativo*, nº 227, jan./mar.2002.

O ESTADO COMO ACIONISTA CONTROLADOR

## 3.7.1.2. Regime de bens das empresas estatais

O Código Civil de 2002 estabelece uma classificação dos bens existentes no ordenamento jurídico brasileiro, dividindo-os em públicos e privados. De acordo com o seu art. 98, são públicos "os bens de domínio nacional pertencentes às pessoas jurídicas de direito público interno". A natureza privada é atribuída por exclusão: todos os bens que não se enquadrem na definição de bens públicos serão privados, "seja qual for a pessoa a que pertencerem".

Nesse contexto, por não se incluírem na definição de pessoas jurídicas de direito público interno, os bens das sociedades estatais possuem natureza privada, e, dessa forma, podem ser alienados, onerados, gravados, penhorados e objeto de usucapião.[612] A única diferença com relação ao regime comum seria a necessidade, em regra, de realização de procedimento licitatório para a sua alienação, nos termos do art. 37, XXI, da Carta Maior.

A doutrina brasileira, em sua grande maioria, adota esse entendimento, com a ressalva de que tal regime não poderia incidir sobre os bens das estatais afetados à prestação de serviços públicos.[613]

---

[612] Vale esclarecer que "a origem pública de tais bens, transferidos pelo Estado para a composição do patrimônio inicial destas entidades, entretanto, não condiciona a natureza jurídica dos mesmos que, uma vez transferidos, assumem a condição de privados" (Cf. FERREIRA JUNIOR, Celso Rodrigues. Do Regime de Bens das Empresas Estatais: Alienação, Usucapião, Penhora e Falência. In: VILLELA SOUTO, Marcos Juruena (coord.). *Direito Administrativo Empresarial*. Rio de Janeiro: Ed. Lumen Juris, 2006, p. 69). Rubens Requião, nesse sentido, explica que "em virtude do princípio da plena autonomia da pessoa jurídica, quando o sócio confere ao capital ou seus cabedais, seja em dinheiro ou bens (móveis ou imóveis), procede à transferência da respectiva propriedade. Iniludivelmente a propriedade, mobiliária ou imobiliária, sai de seu patrimônio e se transfere para o da sociedade" (REQUIÃO, Rubens. *Curso de Direito Comercial*. 1º v. 25ª ed. São Paulo: Saraiva, 2003, p. 389). Veremos, contudo, que há entendimento doutrinário em sentido contrário.

[613] ROLIM, Luis Antonio. *A Administração Indireta, as Concessionárias e Permissionárias em Juízo*. Características das autarquias, empresas públicas, sociedades de economia mista, fundações públicas e dos particulares em colaboração com o Estado. São Paulo: Revista dos Tribunais, 2004; BORGES, Alice Gonzalez. "Impenhorabilidade de Bens. Sociedade de Economia Mista Concessionária de Serviços Portuários. Bens afetados à Prestação de Serviço Público", *Revista Eletrônica de Direito Administrativo* – REDAE, nº 11, pp. 2-13, 2007. Disponível em <http://www.direitodoestado.com/revista/REDAE-11-AGOSTO-2007-ALICE%20GONZALEZ.pdf>. Acesso em: 13 fev. 2012; FURTADO, Lucas Rocha. *Op.cit.*,

Argumenta-se que a submissão dos bens afetados a serviço público às regras de direito privado poderia prejudicar a prestação do serviço de forma contínua, em detrimento dos interesses da coletividade. "Trata-se de hipótese de colisão de direitos. De um lado o direito do credor de satisfazer seu crédito mediante penhora do bem; do outro, a continuidade da prestação de serviço essencial à população".[614]

Athos Gusmão Carneiro possui interessante artigo sobre o tema, no qual sustenta a penhorabilidade da renda de postos de pedágio operados pela DERSA, sociedade de economia mista controlada pelo Estado de São Paulo, que possui por objeto social a construção, administração e exploração de rodovias.[615] Esse autor destaca que, apesar das necessárias influências do Direito Público sobre a prestação desses serviços, não há justificativa para aplicar-lhes o regime de pagamento por precatórios, já que, independentemente da atividade executada, trata-se de uma pessoa jurídica de direito privado, o que não pode ser ignorado:

> Exatamente em decorrência da preeminência do direito comum – ressalvadas, se for o caso, as cautelas necessárias a garantir a continuidade na prestação do serviço público a elas cometido – é que os bens integrantes do patrimônio das empresas públicas (em que a totalidade do capital é formado por recursos de pessoas de direito público) e, com mais razão, do das sociedades de economia mista (em cujo capital se conjugam recursos públicos e, minoritariamente, recursos particulares) são bens penhoráveis e executáveis.[616]

---

pp. 206/207; GASPARINI, Diógenes. *Direito Administrativo.* 11ª Ed. São Paulo: Ed. Saraiva, 2006, p. 435; DI PIETRO, Maria Sylvia Zanella. Direito Administrativo. 22ª Ed. São Paulo: Ed. Atlas. 2008, p. 461; MENDONÇA, José Vicente Santos de. *A Captura Democrática da Constituição Econômica. Op.Cit.*, p. 233; ARAÚJO, Edmir Netto de. *Curso de Direito Administrativo.* São Paulo: Editora Saraiva, 2010, p. 241; ARAGÃO, Alexandre Santos de. *Curso de Direito Administrativo.* Rio de Janeiro: Ed. Forense, 2012, p. 124.

[614] FURTADO, Lucas Rocha. *Op.cit.*, p. 206.

[615] CARNEIRO, Athos Gusmão. Sociedade de economia mista, prestadora de serviço público. Penhorabilidade de seus bens. *Revista de Processo*, nº 92, 1998.

[616] Idem. *Ibidem*, p. 164 e ss.

O autor apenas exclui do regime comum de penhoras os bens afetados à prestação do serviço público, em virtude do princípio da continuidade desses serviços.

Parte da doutrina, nesse sentido, afirma que os bens afetados à prestação de serviços públicos são públicos de uso especial (art. 99, II, do Código Civil), e, consequentemente, imprescritíveis[617], inalienáveis[618], impenhoráveis[619] e não oneráveis.

Mas a questão não é pacífica.[620] Hely Lopes Meireles afirmava, por exemplo, que referidos bens nunca deixariam de ser titularizados pelo Poder Público; eles apenas seriam afetados a uma "destinação especial, sob administração particular da empresa a que foram incorporados, para a consecução dos seus fins estatutários",[621] e, uma vez extinta a sociedade,

---

[617] "Art. 102. Os bens públicos não estão sujeitos a usucapião".

[618] "Art. 100. Os bens públicos de uso comum do povo e os de uso especial são inalienáveis, enquanto conservarem a sua qualificação, na forma que a lei determinar". Na verdade, a alienabilidade não é totalmente vedada, mas condicionada à prévia desafetação e autorização legal (Cf. CARVALHO FILHO, José dos Santos. *Manual de Direito Administrativo*. 17. ed. Rio de Janeiro: Lumen Juris, 2007, pp. 975/976).

[619] Art. 1.911: "A cláusula de inalienabilidade, imposta aos bens por ato de liberalidade, implica impenhorabilidade e incomunicabilidade."

[620] Há autores que defendem que todos os bens das empresas estatais prestadoras de serviços públicos seriam públicos, independentemente de serem utilizados diretamente na execução desse serviço, já que todos estariam em alguma medida afetados a essa atividade. Nesse sentido, MUKAI, Toshio. *Op.cit.*, pp. 227 e 269; e ATALIBA, Geraldo. "SABESP. Serviço público – Delegação a empresa estatal – Imunidade a impostos – Regime de taxas", in Revista de Direito Público – RDP, vol. 92, 1989, p. 89.

Juarez Freitas defende que todos os bens das empresas estatais em geral, independentemente da natureza da atividade por elas explorada, seriam públicos (FREITAS, Juarez. O regime constitucional dos bens das sociedades de economia mista e das empresas públicas. *Interesse Público*, ano 12, nº 64, Nov./dez. 2010, pp. 15/28).

Marcos Juruena Villela Souto e Carlos Rodrigues Ferreira Junior, diversamente, entendem que todos os bens seriam privados, independentemente de sua afetação à prestação de serviços públicos. (VILLELA SOUTO, Marcos Juruena. *Direito Administrativo da Economia*. 3ª ed. Rio de Janeiro: Lumen Juris, 2003, p. 109; FERREIRA JUNIOR, Celso Rodrigues. Do Regime de Bens das Empresas Estatais: Alienação, Usucapião, Penhora e Falência. In: VILLELA SOUTO, Marcos Juruena (coord.). *Direito Administrativo Empresarial*. Rio de Janeiro: Ed. Lumen Juris, 2006, p. 74).

[621] MEIRELLES, Hely Lopes. *Direito Administrativo Brasileiro*. 32ª ed. São Paulo: Malheiros Editores, 2006, p. 367. Em sentido semelhante, Edmir Netto de Araújo afirma que o

seriam reincorporados à entidade pública que os integralizou. Dito de outra forma, os bens integralizados em empresas estatais por entidades públicas nunca perderiam a condição de bens públicos, mas seriam afetados à exploração da atividade econômica na forma do estatuto da empresa estatal.

No pós-1988,[622] essa discussão chegou ao Supremo Tribunal Federal através do Recurso Extraordinário nº 172.816, que versava sobre a possibilidade de desapropriação, pelo Estado do Rio de Janeiro, de bem de sociedade de economia mista federal prestadora de serviço público de administração portuária (a Companhia Docas do Rio de Janeiro), em regime de exclusividade.

Nessa ocasião, além de tecer considerações sobre a possibilidade, em tese, de desapropriação de bens federais por um Estado-membro e sobre a necessidade de prévia autorização legal para a desapropriação de bens de concessionárias de serviços públicos, o Supremo consignou que "a norma do art. 173, par. 1., da Constituição aplica-se às entidades públicas que exercem atividade econômica em regime de concorrência, não tendo aplicação às sociedades de economia mista ou empresas públicas que, embora exercendo atividade econômica, gozam de exclusividade". Nesse sentido, asseverou-se que "o dispositivo constitucional não alcança, com maior razão, sociedade de economia mista federal que explora serviço público, reservado à União".[623]-[624]

---

patrimônio das empresas estatais é "público de origem, integralizado por bens públicos que lhe são transferidos, que continuam públicos e afetados à finalidade específica da lei autorizativa da criação da entidade" (ARAÚJO, Edmir Netto de. *Curso de Direito Administrativo*. São Paulo: Editora Saraiva, 2010, p. 262).

[622] Antes da promulgação da Constituição Federal de 1988, já havia manifestações do STF sobre esse assunto, em favor da impenhorabilidade dos bens da ECT. Vide, por exemplo: "Execução fiscal. Impenhorabilidade de bens de empresa pública (E.C.T.) que explora serviço monopolizado (parágrafo 3 do art. 170 da constituição federal, reservado exclusivamente a União (art. 8, inciso XII, da Constituição Federal). Recurso extraordinário não conhecido. (RE 100433, Rel. Min. SYDNEY SANCHES, 1ª T., j. 17/12/1984, DJ 08-03-1985).

[623] Trechos extraídos da ementa do julgado:
DESAPROPRIAÇÃO, POR ESTADO, DE BEM DE SOCIEDADE DE ECONOMIA MISTA FEDERAL QUE EXPLORA SERVIÇO PÚBLICO PRIVATIVO DA UNIÃO. (...)
4. Competindo a União, e só a ela, explorar diretamente ou mediante autorização, concessão ou permissão, os portos marítimos, fluviais e lacustres, art. 21, XII, f, da CF, esta

O STF voltou a se manifestar sobre o assunto em setembro de 1998, quando do julgamento do Recurso Extraordinário nº 222.041-5/RS, que versava sobre a compatibilidade entre o disposto no art. 12 do Decreto-lei nº 509/59, que previa que os bens da Empresa Brasileira de Correios e Telégrafos – ECT não poderiam ser penhorados, com o art. 173 da Constituição Federal de 1988.

Nessa ocasião, o Supremo decidiu, contrariamente à sua linha de entendimento anterior, que os bens da ECT poderiam ser penhorados,

---

caracterizada a natureza pública do serviço de docas. 5. A Companhia Docas do Rio de Janeiro, sociedade de economia mista federal, incumbida de explorar o serviço portuario em regime de exclusividade, não pode ter bem desapropriado pelo Estado. 6. Inexistência, no caso, de autorização legislativa. 7. A norma do art. 173, par. 1., da Constituição aplica--se as entidades publicas que exercem atividade econômica em regime de concorrência, não tendo aplicação as sociedades de economia mista ou empresas publicas que, embora exercendo atividade econômica, gozam de exclusividade. 8. O dispositivo constitucional não alcança, com maior razão, sociedade de economia mista federal que explora serviço público, reservado a União. 9. O artigo 173, par. 1., nada tem a ver com a desapropriabilidade ou indesapropriabilidade de bens de empresas publicas ou sociedades de economia mista; seu endereço e outro; visa a assegurar a livre concorrência, de modo que as entidades publicas que exercem ou venham a exercer atividade econômica não se beneficiem de tratamento privilegiado em relação a entidades privadas que se dediquem a atividade econômica na mesma área ou em área semelhante. 10. O disposto no par. 2., do mesmo art. 173, completa o disposto no par. 1., ao prescrever que "as empresas publicas e as sociedades de economia mista não poderão gozar de privilégios fiscais não extensivos as do setor privado". 11. Se o serviço de docas fosse confiado, por concessão, a uma empresa privada, seus bens não poderiam ser desapropriados por Estado sem autorização do Presidente da Republica, Súmula 157 e Decreto-lei n. 856/69; não seria razoável que imóvel de sociedade de economia mista federal, incumbida de executar serviço público da União, em regime de exclusividade, não merecesse tratamento legal semelhante. 12. Não se questiona se o Estado pode desapropriar bem de sociedade de economia mista federal que não esteja afeto ao serviço. Imóvel situado no cais do Rio de Janeiro se presume integrado no serviço portuário que, de resto, não é estático, e a serviço da sociedade, cuja duração e indeterminada, como o próprio serviço de que esta investida. 13. RE não conhecido. Voto vencido. (RE 172816, Rel. Min. Paulo Brossard, Tribunal Pleno, j. 09/02/1994, DJ 13-05-1994)
624 Nos termos do voto do relator, o Ministro Paulo Brossard, o § 1º do art. 173 da Constituição não legitimaria "a desapropriação de bens pertencentes a empresas públicas e sociedade de economia mista; nem ele abrange toda empresa pública e toda sociedade de economia mista; seu alcance é outro; supõe, obviamente, sociedade de economia mista ou empresa pública que exerça atividade econômica em regime de concorrência, afim (*sic*) de não beneficiar-se de privilégio em relação a empresas privadas concorrentes".

O ESTADO EMPRESÁRIO

sendo o art. 12 do Decreto-lei nº 509/59 incompatível com a Constituição Federal de 1988 e, por isso, não teria sido recepcionado.[625] Vale esclarecer, contudo, que, nesse julgamento, a 1ª Turma do STF considerou que a atividade prestada pela ECT não se tratava de serviço público, "mas de atividade econômica, conquanto exercida em forma de monopólio estatal, o que, como visto, não pode conferir à ECT posição privilegiada em face das empresas privadas".[626] Esse entendimento foi posteriormente afastado, o que provocou, logicamente, a alteração do posicionamento do Supremo sobre a penhorabilidade dos bens dos Correios.

Em novembro de 2000, a Suprema Corte exarou outras duas decisões importantes sobre o tema, nos Recursos Extraordinários nº 220.906 e 229.696, ambas no sentido da impenhorabilidade dos bens da ECT.[627]

---

[625] ADMINISTRATIVO. EMPRESA BRASILEIRA DE CORREIOS E TELEGRÁFOS – ECT. ART.123 DO DL Nº 506/69, NA PARTE QUE INSTITUIU A IMPENHORABILIDADE DOS BENS, RENDAS E SERVIÇOS DA ENTIDADE. Norma incompatível com a regra do § 1º do art. 173 da Constituição, pela qual os entes da Administração Indireta, que exploram atividade econômica, com no caso, estão sujeitos ao regime jurídico próprio das empresas privadas. Recurso não conhecido. (RE 222041, Rel. Min. ILMAR GALVÃO, 1ª T., j. em 15/09/1998, DJ 26-03-1999).

[626] Trecho do voto do Ministro Ilmar Galvão.

[627] "RECURSO EXTRAORDINÁRIO. CONSTITUCIONAL. EMPRESA BRASILEIRA DE CORREIOS E TELÉGRAFOS. IMPENHORABILIDADE DE SEUS BENS, RENDAS E SERVIÇOS. RECEPÇÃO DO ARTIGO 12 DO DECRETO-LEI Nº 509/69. EXECUÇÃO. OBSERVÂNCIA DO REGIME DE PRECATÓRIO. APLICAÇÃO DO ARTIGO 100 DA CONSTITUIÇÃO FEDERAL. 1. À empresa Brasileira de Correios e Telégrafos, pessoa jurídica equiparada à Fazenda Pública, é aplicável o privilégio da impenhorabilidade de seus bens, rendas e serviços. Recepção do artigo 12 do Decreto-lei nº 509/69 e não-incidência da restrição contida no artigo 173, § 1º, da Constituição Federal, que submete a empresa pública, a sociedade de economia mista e outras entidades que explorem atividade econômica ao regime próprio das empresas privadas, inclusive quanto às obrigações trabalhistas e tributárias. 2. Empresa pública que não exerce atividade econômica e presta serviço público da competência da União Federal e por ela mantido. Execução. Observância ao regime de precatório, sob pena de vulneração do disposto no artigo 100 da Constituição Federal. Recurso extraordinário conhecido e provido". (RE 220906, Rel. Min. MAURÍCIO CORRÊA, Tribunal Pleno, j. 16/11/2000, DJ 14-11-2002)
RECURSO EXTRAORDINÁRIO. CONSTITUCIONAL. EMPRESA BRASILEIRA DE CORREIOS E TELÉGRAFOS. IMPENHORABILIDADE DE SEUS BENS, RENDAS E SERVIÇOS. RECEPÇÃO DO ARTIGO 12 DO DECRETO-LEI Nº 509/69. EXECUÇÃO. OBSERVÂNCIA DO REGIME DE PRECATÓRIO. APLICAÇÃO DO ARTIGO 100 DA

O ESTADO COMO ACIONISTA CONTROLADOR

Retomou-se, nessa ocasião, o entendimento consignado no Recurso Extraordinário nº 172.816, afastando-se a aplicação do art. 173, § 1º, à ECT, por tratar-se de estatal prestadora de serviço público em regime de exclusividade.[628]

De acordo com o voto do Ministro Maurício Correa no Recurso Extraordinário nº 220.906, "a exploração de atividade econômica pela ECT – Empresa Brasileira de Correios e Telégrafos não importa sujeição ao regime jurídico das empresas privadas, pois sua participação neste cenário está ressalvada pela primeira parte do artigo 173 da Constituição Federal ('Ressalvados os casos previstos nesta Constituição...'), por se tratar de serviço público mantido pela União Federal".

Vale fazer uma menção, nesse particular, aos votos exarados pelo Ministro Sepúlveda Pertence em ambos os recursos extraordinários. Embora tenha reconhecido haver uma distinção entre o regime aplicável às empresas estatais prestadoras de serviços públicos e aquelas exploradoras de atividades econômicas em sentido estrito, advertiu que daí não se poderia extrair qualquer tipo de consequência, em especial a sua submissão ao regime de pagamento por precatórios. Nas suas palavras, "não obstante se reconheça que a sua atividade-fim – a prestação de serviço público – redunde no maior influxo de normas de Direito Público, é pre-

---

CONSTITUIÇÃO FEDERAL. 1. À empresa Brasileira de Correios e Telégrafos, pessoa jurídica equiparada à Fazenda Pública, é aplicável o privilégio da impenhorabilidade de seus bens, rendas e serviços. Recepção do artigo 12 do Decreto-lei nº 509/69 e não-incidência da restrição contida no artigo 173, § 1º, da Constituição Federal, que submete a empresa pública, a sociedade de economia mista e outras entidades que explorem atividade econômica ao regime próprio das empresas privadas, inclusive quanto às obrigações trabalhistas e tributárias. 2. Empresa pública que não exerce atividade econômica e presta serviço público da competência da União Federal e por ela mantido. Execução. Observância ao regime de precatório, sob pena de vulneração do disposto no artigo 100 da Constituição Federal. Recurso extraordinário conhecido e provido. (RE 229696, Rel. Min. ILMAR GALVÃO, Rel. p/ Acórdão: Min. MAURÍCIO CORRÊA, 1ª T., j. em 16/11/2000, DJ 19-12-2002)

[628] Esse entendimento foi, ainda, mantido quando do julgamento dos seguintes recursos: RE 225.011 (j. 16.11.2000); RE 220.699 (j. 12.12.2000); RE 229.961 (j. 12.12.2000); RE 230.161 (j. 17.4.2001); RE 220.907 (j. 12.6.2001); AI 313.854 AgR (j. 25.9.2001); RE 251.249 (j. 09.8.2001); RE 336.685 (j. 12.3.2002); RE 230.051 (j. 11.6.2003); AI 243250 AgR (j. 10.2.2004); RE 344975 AgR (j. 29.11.2005); RE 454.397 (4.4.2006); RE 419.875 (j. 29.10.2008); RE 393032 AgR (27.10.2009); RE 592.004 (22.2.2010); AI 784.957 (j. 23.2.2010);RE 472.490 (j. 27.4.2010).

O ESTADO EMPRESÁRIO

ciso não perder de vista que constituem, por opção do Estado, pessoas jurídicas de direito privado".

Fazendo referência ao escólio de Athos Gusmão Carneiro, já mencionado acima, o Ministro salientou que

'ao Poder Público (...) é dado o direito de optar sob que 'estrutura' jurídica quer desincumbir-se da atividade, para a qual esteja sendo criada determinada entidade com personalidade jurídica própria' (...) 'uma vez feita a opção por uma pessoa jurídica de direito privado (...) haverá o Poder Público de submeter-se aos princípios normativos a que estão estas sociedades sujeitas, não podendo ao seu alvedrio querer transmudar os princípios legais que a elas incidem, tão-somente para acobertar o inadimplemento reiterado e continuado de suas obrigações'.

Para esse Ministro, portanto, apenas os bens afetados ao serviço público poderiam ser excluídos do regime comum de penhora: "só esses, contudo; diferentemente, os bens das empresas estatais não vinculados diretamente ao serviço público prestado – entre eles, suas rendas (...) são bens privados, sujeitos ao regime comum, que inclui a sua penhorabilidade".

Ele assevera, nesse sentido, que "o regime dos bens de empresas estatais prestadoras de serviço público, no final das contas, é o mesmo das concessionárias privadas dos mesmos serviços estatais, às quais, frisa, jamais se pretendeu estender o sistema de precatórios", concluindo pela inconstitucionalidade do art. 12 do Decreto-lei 509/69, "no que prescreve a impenhorabilidade das rendas da ECT", sendo impenhoráveis somente aqueles afetos à prestação do serviço público.

Esse entendimento, contudo, não foi acolhido pelo restante da Turma, sob o argumento de que não seria possível diferenciar os bens afetados ou não ao serviço público, muito menos a renda.[629]-[630]

---

[629] O Superior Tribunal de Justiça, diferentemente, possui julgados no sentido de que apenas são impenhoráveis aqueles bens diretamente afetados à prestação de serviços públicos: "PROCESSO CIVIL. EXECUÇÃO DE TÍTULO EXTRAJUDICIAL. PENHORA EM BENS DE SOCIEDADE DE ECONOMIA MISTA QUE PRESTA SERVIÇO PÚBLICO. A sociedade de economia mista tem personalidade jurídica de direito privado e está sujeita, quanto à cobrança de seus débitos, ao regime comum das sociedades em geral, nada

A possibilidade de penhora de rendas de prestadora de serviço público foi objeto do Recurso Especial nº 343.968/SP. A Terceira Seção do Superior Tribunal de Justiça, sob a relatoria da Ministra Nancy Andrighi, decidiu que "a receita das bilheterias que não inviabilizam o funcionamento da devedora sociedade de economia mista estadual pode ser objeto de penhora, na falta de vedação legal, e desde que não alcance os próprios bens destinados especificamente ao serviço público prestado".[631]

Essa questão chegou ao STF através da Ação Cautelar nº 669, ajuizada pela Companhia do Metropolitano de São Paulo com vista a suspender os efeitos da referida decisão do STJ. Em julgamento realizado em outubro de 2005, o Tribunal Pleno do STF determinou a suspensão dos efeitos da decisão judicial que havia determinado o bloqueio de quantia depositada em conta bancária da Companhia, com fundamento no princípio da continuidade do serviço público e na essencialidade desse serviço em especial, de transporte de passageiros.[632-633]

importando o fato de que preste serviço público; só não lhe podem ser penhorados bens que estejam diretamente comprometidos com a prestação do serviço público. Recurso especial conhecido e provido" (REsp 176078/SP, Rel. ARI PARGENDLER, 2ª T., j. 15/12/1998, DJ 08/03/1999).

[630] Para José Vicente Santos de Mendonça, "com alguma boa vontade, seria possível diferençar as atividades e os regimes jurídicos: por exemplo, seriam penhoráveis os bens da ECT vinculados diretamente ao Sedex, mas não os que estão relacionados às cartas seladas". O autor se preocupa, em especial, com a vantagem competitiva que tal regime consiste para a atividade de *courrier* dos Correios, em prejuízo dos concorrentes privados. Mas admite que "nem sempre é operacionalmente possível, numa estatal que preste serviços públicos e atue de modo concorrencial na iniciativa privada, separar, com clareza, os bens que estão vinculados a cada uma das atividades" (MENDONÇA, José Vicente Santos de. *Op.cit.*, p. 233, nota de rodapé nº 610, e p. 234).

[631] Trecho extraído da ementa.

[632] CONSTITUCIONAL E PROCESSO CIVIL. SOCIEDADE DE ECONOMIA MISTA, PRESTADORA DE SERVIÇO PÚBLICO. SISTEMA METROVIÁRIO DE TRANSPORTES. EXECUÇÃO DE TÍTULO JUDICIAL. PENHORA INCIDENTE SOBRE RECEITA DE BILHETERIAS. RECURSO EXTRAORDINÁRIO COM ALEGAÇÃO DE OFENSA AO INCISO II DO § 1º DO ART. 173 DA MAGNA CARTA. MEDIDA CAUTELAR. Até o julgamento do respectivo recurso extraordinário, fica sem efeito a decisão do Juízo da execução, que determinou o bloqueio de vultosa quantia nas contas bancárias da executada, Companhia do Metropolitano de São Paulo – METRÔ. Adota-se esse entendimento sobretudo em homenagem ao princípio da continuidade do serviço público, sobre o qual, a princípio, não pode prevalecer o interesse creditício de terceiros. Conclusão que se

## O ESTADO EMPRESÁRIO

Essa jurisprudência, como já afirmado acima, parece estar tomando novos rumos. Em junho de 2011, o STF decidiu, por sete votos a três, que o regime de execução por precatórios não se aplica às Centrais Elétricas do Norte do Brasil S/A – Eletronorte, sociedade controlada pela Centrais Elétricas Brasileiras S.A. – Eletrobras, concessionária de serviço público de geração e distribuição de energia elétrica nos estados do Acre, Amapá, Amazonas, Maranhão, Mato Grosso, Pará, Rondônia, Roraima e Tocantins.

Esse entendimento foi exarado no julgamento do Recurso Extraordinário nº 599.628,[634] interposto pela Sondotécnica Engenharia de Solos, contra decisão que determinou que o pagamento de uma dívida por ela detida junto à Eletronorte há mais de 14 anos deveria ser realizado via precatório, com fundamento no art. 100 da Constituição Federal, tendo em vista ser a Eletronorte uma empresa estatal prestadora de serviços públicos.

O relator do recurso, o Ministro Ayres Britto, negou provimento ao recurso extraordinário, com fundamento na jurisprudência consolidada do Supremo sobre esse tema. Em seu voto, teceu longas considerações sobre a essencialidade do serviço público para a população e sobre a adequação do regime de pagamento mediante precatório aos princípios constitucionais relativos à prestação desses serviços.

Abrindo a divergência, o Ministro Joaquim Barbosa chamou a atenção para duas importantes questões, suficientes a seu ver para que se apartasse o caso sob julgamento da jurisprudência até então consolidada: (i) a recorrida atua em regime de competição com outras sociedades estatais e privadas nos setores de geração, transmissão, distribuição, comercialização, importação e exportação de energia, de forma que

reforça, no caso, ante o caráter essencial do transporte coletivo, assim considerado pelo inciso V do art. 30 da Lei Maior. Nesse entretempo, restaura-se o esquema de pagamento concebido na forma do art. 678 do CPC. Medida cautelar deferida. (AC 669, Relator(a): Min. CARLOS BRITTO, Tribunal Pleno, julgado em 06/10/2005, DJ 26-05-2006).

[633] De acordo com informações disponíveis no *website* do Supremo Tribunal Federal, a Companhia do Metropolitano de São Paulo desistiu do recurso extraordinário que havia sido por ela interposto, razão pela qual, não houve manifestação daquele Tribunal quanto ao mérito do pedido.

[634] RE 599628/DF, rel. orig. Min. Ayres Britto, red. p/ o acórdão Min. Joaquim Barbosa 25.5.2011.

a fruição de benefícios não extensíveis às suas concorrentes poderia implicar em desequilíbrio artificial das condições da concorrência nesses mercados; (ii) a recorrente é uma sociedade de economia mista, tendo por um de seus objetivos a obtenção de lucro em benefício de seus acionistas privados[635]:

> A meu sentir, a circunstância de o modelo de geração e fornecimento de energia admitir a livre iniciativa e a concorrência é preponderante para resolução da controvérsia.
>
> De fato, o exercício de atividade com intuito lucrativo, sem monopólio estatal, deve submeter-se aos instrumentos de garantia do equilíbrio concorrencial, nos termos do art. 173, § 1º, II e § 2º da Constituição. Em especial, a empresa pública e a sociedade de economia mista devem despir-se das prerrogativas próprias do Estado nas hipóteses em que incursionarem na seara de exploração econômica. A importância estratégica da atividade não afasta sua conformação à legislação vigente. (...) a extensão à sociedade de economia mista, de prerrogativa constitucional inerente ao Estado tem o potencial para desequilibrar artificialmente as condições de concorrência, em prejuízo das pessoas jurídicas e dos grupos de pessoas jurídicas alheios a qualquer participação societária estatal.
>
> (...) A meu sentir, a recorrente, sociedade de economia mista, não explora o potencial energético das fontes nacionais independentemente de qualquer contraprestação, mas o faz, licitamente, para obter lucro. E, portanto, não ocupa o lugar do Estado.

---

[635] Nesse julgado, o Supremo aparentemente encampou o entendimento de Marçal Justen Filho no sentido de que aplica-se às sociedades de economia mista sempre o regime de direito privado, mesmo que sejam prestadoras de serviços públicos, tendo em vista que tal estrutura societária "traduz associação entre o Estado e um particular (...). Os particulares que aplicam os seus recursos em uma sociedade de economia mista buscam o lucro e assumem os riscos correspondentes. Não é possível assegurar benefícios inerentes ao Estado a uma empresa organizada com vocação para o lucro". Ainda de acordo com esse autor, "não cabe sequer contrapor que se trata de serviço público. Adotar a tese da submissão ao regime de precatório para as sociedades de economia mista fundado no argumento da prestação do serviço público conduziria, de modo inafastável, a que idêntica solução deveria ser adotada inclusive para as concessionárias de serviço público" (*Curso de Direito Administrativo*. 7ª ed. rev. e atual. Belo Horizonte: Fórum, 2011, p. 279).

O ESTADO EMPRESÁRIO

Vê-se, portanto, que, para o Ministro Joaquim Barbosa, o relevante para a aplicação do disposto no art. 173 da Constituição às sociedades estatais não é a natureza das atividades por elas exploradas, mas sim o fato de serem exploradas ou não em regime de concorrência.

Nesse julgado, aliás, a comparação entre os regimes aplicáveis às sociedades estatais prestadoras de serviços públicos e as concessionárias privadas foi um dos pontos mais relevantes para a alteração do entendimento. A Ministra Carmen Lúcia assim resumiu a questão:

> quando, por exemplo, a empresa Leopoldina, em Minas, presta serviço e a Cemig também, a Cemig se inclui na questão dos precatórios, na dinâmica proposta por Vossa Excelência [o Ministro Ayres Britto], e a outra entidade que presta o mesmo serviço não. Porque, aí, o que Vossa Excelência, em seu voto, afirma o tempo todo é que o serviço é como se fosse um toque de Midas que faz com que aquele regime prevaleça. Se esse serviço é prestado por um particular (...) automaticamente, então, a conclusão a que Vossa Excelência chega seria – e o Ministro Joaquim teria que chegar também – que, mesmo sendo prestado por um particular, ele se submete a um regime estatal?

Interessante mencionar, ainda, que, em seu voto, a Ministra Ellen Gracie acrescentou que "as preocupações quanto à continuidade dos serviços públicos (...) têm outro [possível] encaminhamento [que não a submissão a regime de precatório] que é o reconhecimento da impenhorabilidade dos bens que eventualmente venham a ser considerados indispensáveis", o que não se demonstrou no caso, no que foi acompanhada pelo Ministro Luiz Fux.

Restaram vencidos os Ministros Ayres Britto, Gilmar Mendes e Dias Toffoli.

A jurisprudência do STF, portanto, parece encontrar-se em fase de transição. Pelo menos no que toca ao regime incidente sobre os bens das estatais, parece estar tomando força a vertente doutrinária que defende que o relevante para a definição desse regime não é a natureza da atividade, mas sim o fato de ser explorada ou não sob o regime de concorrência.

É importante ressaltar, todavia, que a situação da ECT foi a todo momento ressalvada, já que se trata de empresa que presta serviço público em regime de exclusividade. Em vista disso, não parece que a jurisprudência mudará quanto a esse ponto.

A nosso ver, isso não basta. Não se pode desconsiderar que a natureza dos serviços públicos pode impor, em determinadas hipóteses, derrogações ao regime privado, a título excepcional e tão-somente na medida do necessário. A aplicação do regime de impenhorabilidade ou pagamento por precatórios deve ser analisada sob o prisma do princípio da proporcionalidade: (i) trata-se de medida adequada e necessária à prestação qualificada e eficiente do serviço público? (ii) a sua incidência passa pelo teste do custo-benefício para os direitos envolvidos?

Diante do exposto nesse tópico, parece-nos que duas questões ficaram claras. A primeira delas é que o regime da impenhorabilidade pode ser necessário naqueles casos em que o bem seja essencial para a prestação do serviço. Não seria, assim, possível penhorar um trem em uso de uma empresa prestadora do serviço de transporte ferroviário ou parte expressiva da renda dessa empresa, que impossibilitasse a continuidade do serviço. Mas seria possível penhorar um imóvel sem destinação ou eventuais obras de arte exibidas em suas sedes, ou, ainda, parte da renda que não comprometa a prestação do serviço.

Nessa linha, seria possível estender aos bens das empresas estatais afetados à prestação de serviços públicos o mesmo regime jurídico que atualmente a doutrina vem propondo para os bens das concessionárias privadas: "durante a concessão, são propriedade privada sujeita a uma série de ônus reais (inalienabilidade, impenhorabilidade e destinação predeterminada)".[636-637]

---

[636] ARAGAO, Alexandre Santos de. *O Direito dos Serviços Públicos.* Rio de Janeiro: Ed. Forense, 2007, p. 620. Em sentido semelhante, Marçal Justen Filho afirma que "esses bens se sujeitam a um regime jurídico especial. Não são bens públicos porque não integram o patrimônio do poder concedente. No entanto, sua afetação à prestação do serviço produz a aplicação do regime jurídico dos bens públicos. Logo, esses bens não são penhoráveis nem podem ser objeto de desapossamento compulsório por dívidas da concessionária" (JUSTEN FILHO, Marçal. *Curso de Direito Administrativo.* 7ª ed. rev. e atual. Belo Horizonte: Fórum, 2011, p. 732).

[637] Nesse sentido, ARAÚJO, Edmir Netto de. *Op.cit.,* p. 242 ("o regime, no caso, é o mesmo que se aplica aos bens das autarquias, fundações, empresas públicas e até mesmo de pessoas privadas (concessionárias, por ex.), prestadoras de serviços públicos. É claro que, quando não afetados diretamente à prestação de serviços públicos, como acontece com o patrimônio da maioria das sociedades de economia mista exploradoras de atividades econômicas, a exceção não é cabível e o regime é o mesmo das sociedades anônimas particulares").

O ESTADO EMPRESÁRIO

A segunda conclusão é que a sujeição ao regime de precatório deveria se limitar àqueles casos excepcionais nos quais os bens e rendas "disponíveis" das empresas estatais não fossem suficientes para o pagamento da dívida. Aqui a análise de custo-benefício é essencial: em se tratando de empresa submetida ao regime de concorrência, a submissão a regime de precatórios pode produzir efeitos extremamente deletérios sobre o setor.[638]

### 3.7.1.3. Regime tributário

Como visto, o artigo 173, § 2º, veda a previsão de quaisquer privilégios fiscais em favor das sociedades estatais, que não sejam também extensíveis às empresas do setor privado. Há, contudo, discussão sobre se esse dispositivo aplicar-se-ia ou não às estatais prestadoras de serviços públicos, em especial aquelas que atuam em regime de competição com a iniciativa privada.

No que diz respeito ao regime tributário das estatais, há de se tecer uma consideração prévia. Há, em tese, dois tipos possíveis de "privilégios" fiscais que podem ser concedidos pelo Estado: as imunidades e as isenções.

A primeira só pode ser prevista pela Constituição Federal e importa em exclusão total do poder de tributar do Estado, isto é, em incompetência absoluta para a aplicação de um tributo sobre determinada hipótese.[639] Dentre as imunidades previstas no texto constitucional, importa para o presente trabalho a imunidade tributária recíproca, prevista no art. 150, VI, da Carta Maior, que proíbe a instituição de impostos sobre o patrimônio, renda ou serviços de outros entes da Federação.

As isenções, por sua vez, consistem em autolimitações ao poder fiscal ("o próprio poder tributante limita o exercício de sua competência"), podendo ser previstas por lei ordinária, desde que atendidos os princí-

---

[638] Como advertido pelo Ministro Marco Aurélio, em seu voto no RE 599.628: "O que ocorre em última análise? O devedor comum, após citado, dispõe de vinte e quatro horas para satisfazer o débito constante de título judicial, ou indicar bens à penhora e vir a embargar a própria execução. O Estado conta com dezoito meses, contrapondo-se a essas vinte e quatro horas, para essa mesma satisfação".

[639] Cf. TORRES, Ricardo Lobo. *Tratado de Direito Constitucional, Financeiro e Tributário*. Vol. III. Rio de Janeiro: Renovar, 2005, p. 491.

# O ESTADO COMO ACIONISTA CONTROLADOR

pios da proporcionalidade e isonomia. O seu efeito é a derrogação da incidência de determinado tributo a uma hipótese específica.[640]

No que diz respeito às empresas estatais, discute-se tanto se a elas se aplicaria a imunidade tributária prevista no art. 150, VI, 'a', da Constituição, bem como se, independentemente disso, poderiam ser criadas por lei isenções em seu favor, não extensíveis à iniciativa privada.

A primeira resposta decorre de texto expresso da Constituição Federal: de acordo com o § 3º do mesmo artigo 150 da Carta Maior, é excluída do regime de imunidade recíproca, previsto no inc. VI, 'a', do mesmo artigo, a "exploração de atividades econômicas regidas pelas normas aplicáveis a empreendimentos privados" ou "em que haja contraprestação ou pagamento de preços ou tarifas pelo usuário".[641]

Resta claro, portanto, que a vontade do Constituinte foi a de excluir, por completo, do regime de imunidade, as pessoas jurídicas estatais submetidas a regime de direito privado e não só elas, mas também quaisquer outras que prestem serviços mediante contraprestação ou pagamento de preços ou tarifas pelo usuário.

Não deveria haver dúvidas, ante a clara redação do art. 150 da Constituição Federal, sobre a inaplicabilidade, como regra, do regime de imunidade tributária às estatais, só sendo possível, em tese, cogitar da aplicação de tais benefícios àquelas que não prestem serviços públicos mediante contraprestação.[642]

---

[640] Idem. *Ibidem*, p. 491.

[641] "Art. 150. Sem prejuízo de outras garantias asseguradas ao contribuinte, é vedado à União, aos Estados, ao Distrito Federal e aos Municípios: (...) VI – instituir impostos sobre: a) patrimônio, renda ou serviços, uns dos outros; (...) § 2º – A vedação do inciso VI, "a", é extensiva às autarquias e às fundações instituídas e mantidas pelo Poder Público, no que se refere ao patrimônio, à renda e aos serviços, vinculados a suas finalidades essenciais ou às delas decorrentes. § 3º – As vedações do inciso VI, "a", e do parágrafo anterior não se aplicam ao patrimônio, à renda e aos serviços, relacionados com exploração de atividades econômicas regidas pelas normas aplicáveis a empreendimentos privados, ou em que haja contraprestação ou pagamento de preços ou tarifas pelo usuário, nem exonera o promitente comprador da obrigação de pagar imposto relativamente ao bem imóvel".

[642] Nesse sentido, podemos citar José dos Santos Carvalho Filho (*Manual de Direito Administrativo*. 18. ed. Rio de Janeiro: Lumen Juris, 2008, pp. 446-447), Antônio Rolim (*A Administração Indireta, as Concessionárias e Permissionárias em Juízo. Características das autarquias, empresas públicas, sociedades de economia mista, fundações públicas e dos particulares

O ESTADO EMPRESÁRIO

A literalidade do dispositivo constitucional afastaria qualquer possível construção interpretativa no sentido de estender-se esse benefício às estatais prestadoras de serviços públicos, a não ser aquelas que, porventura, o façam de forma gratuita. A questão, porém, tem sido debatida na jurisprudência e na doutrina, prevalecendo atualmente o entendimento de que o regime de imunidade previsto no art. 150, VI, 'a', é também aplicável às estatais prestadoras de serviços públicos, independentemente do regime no qual esses serviços são explorados ou do fato de serem prestados mediante contraprestação.[643]

Além da distinção entre o regime aplicável às prestadoras de serviços públicos e exploradoras de atividades econômicas, e, consequentemente, a suposta inaplicabilidade do art. 173 às primeiras, essa linha doutrinária também se fundamenta no fato de que não faria supostamente sentido afastar o regime de imunidade tributária aplicável às pessoas federativas em caso de prestação de serviços de forma descentralizada:

> O raciocínio resume-se no seguinte: se o serviço público for prestado diretamente pela pessoa política estará, indubitavelmente, imune à tributação por via de impostos. Ora, a mera delegação da execução desse serviço público, pela pessoa que é titular da competência para prestá-lo à coletividade, por meio de lei, a uma empresa por ela instituída – empresa pública delegatária do serviço, não pode, portanto, alterar o regime jurídico – inclusive tributário – que incide sobre a mesma prestação.[644]

em colaboração com o Estado. São Paulo: Revista dos Tribunais, 2004, p. 172), Cotrim Neto (Teoria da Empresa Pública de Sentido Estrito. *Revista de Direito Administrativo –* RDA, vol. 122, 1975, p. 42,) e Franco Sobrinho (*Fundações e Emprêsas Públicas*. São Paulo: Revista dos Tribunais, 1972, p. 129).

[643] DALLARI, Adilson. Empresa Estatal Prestadora de Serviços Públicos – Natureza Jurídica – Repercussões Tributárias. Revista de Direito Público – RDP, vol. 94, 1990, p. 106; ATALIBA, Geraldo. SABESP. Serviço público – Delegação a empresa estatal – Imunidade a impostos – Regime de taxas. Revista de Direito Público – RDP, vol. 92, 1989, pp. 70-95; GASPARINI, Diógenes. *Direito Administrativo*. 11ª Ed. São Paulo: Ed. Saraiva, 2006, p. 438; CARRAZA, Roque Antônio. *Curso de Direito Constitucional Tributário*. 19ª Ed. São Paulo: Malheiros, 2003, p. 652; COSTA, Regina Helena. *Imunidades Tributárias: teoria e análise da jurisprudência do STF*. São Paulo: Ed. Malheiros, 2001, pp. 144/145; ARAÚJO, Edmir Netto de. *Curso de Direito Administrativo*. São Paulo: Editora Saraiva, 2010, p. 242 e 254.

[644] COSTA, Regina Helena. *Imunidades Tributárias: teoria e análise da jurisprudência do STF*.

O ESTADO COMO ACIONISTA CONTROLADOR

O Supremo Tribunal Federal, nessa mesma toada, consagrou o entendimento de que o regime de imunidade tributária recíproca previsto pelo art. 150, VI, 'a', da Constituição Federal aplica-se às empresas estatais prestadoras de serviço público, não tendo sido feita, na maioria dos seus julgados sobre o tema, qualquer ressalva sobre uma possível exceção para as empresas atuantes em regime de concorrência.

São inúmeros os julgados nesse sentido, podendo ser citados, em especial, aqueles relacionados à Companhia Docas do Estado de São Paulo – CODESP, à Empresa Brasileira de Correios e Telégrafos – ECT e à INFRAERO – Empresa Brasileira de Infraestrutura Aeroportuária.

O STF se manifestou com relação à aplicação da imunidade tributária à CODESP nos Recursos Extraordinários nº 253.394 (j. 26.11.2002), 265.749 (j. 27.05.2003), 318.185 (j. 9.03.2004), 357.447 (j. 1.03.2004) e 253.472 (j. 25.8.2010) e nos Agravos de Instrumento nº 391.873 (j. 1.02.2007) e 351.888 (j. 1.02.2007), todos no sentido da impossibilidade de cobrança de IPTU, pelo Município de Santos, sobre imóveis utilizados pela Companhia Docas do Estado de São Paulo – CODESP para a prestação do serviço público de gestão portuária.

Um ponto que pesou em todos esses julgados foi a constatação de que tais bens integrariam, na verdade, o domínio da União, sendo ocupados pela Companhia apenas em caráter precário e enquanto durasse a delegação.[645] Alguns julgados também afastaram expressamente a aplicação

---

São Paulo: Ed. Malheiros, 2001, pp. 144/145. Em sentido semelhante, Roque Antônio Carrazza afirma que "as empresas estatais, quando delegatárias de serviços públicos ou de atos de polícia – e que, portanto, não exploram atividades econômicas -, não se sujeitam à tributação por meio de impostos, justamente porque são a '*longa manus*' das pessoas políticas que, por meio de lei, as criam e lhes apontam os objetivos públicos a alcançar" (*Op.cit.*, pp. 706/709).

[645] Nos termos do voto do Ministro Ilmar Galvão, no Recurso extraordinário nº 253.394, "no presente caso, é incontroverso que os imóveis tributados são do domínio público da União, encontrando-se ocupados pela recorrente em caráter precário, na qualidade de delegatária dos serviços de exploração do porto e tão-somente enquanto durar a delegação". O Ministro Sepúlveda Pertence, no mesmo julgado, afirmara que "se o bem público da União está afetado a um serviço público federal em poder da concessionária, como instrumentalidade da concessão, não há como afastar a imunidade recíproca".

Veja-se, nesse sentido, trecho da ementa do RE 357.447: "Os imóveis integrantes do acervo patrimonial do Porto de Santos são imunes à incidência do IPTU, pois integram o domínio

O ESTADO EMPRESÁRIO

do art. 173 a essa Companhia, tendo em vista se tratar de prestadora de serviço público portuário.

O julgado mais interessante envolvendo essa Companhia teria sido, a nosso ver, o Recurso Extraordinário nº 253.472, exarado em 25.08.2010, já que, nessa ocasião, o Tribunal Pleno do STF traçou um teste, em três estágios, destinado à aferição da aplicabilidade ou não dessa imunidade às empresas estatais, a saber:

> 1.1. A imunidade tributária recíproca se aplica à propriedade, bens e serviços utilizados na satisfação dos objetivos institucionais imanentes do ente federado, cuja tributação poderia colocar em risco a respectiva autonomia política. Em conseqüência, é incorreto ler a cláusula de imunização de modo a reduzi-la a mero instrumento destinado a dar ao ente federado condições de contratar em circunstâncias mais vantajosas, independentemente do contexto.
>
> 1.2. Atividades de exploração econômica, destinadas primordialmente a aumentar o patrimônio do Estado ou de particulares, devem ser submetidas à tributação, por apresentarem-se como manifestações de riqueza e deixarem a salvo a autonomia política.
>
> 1.3. A desoneração não deve ter como efeito colateral relevante a quebra dos princípios da livre-concorrência e do exercício de atividade profissional ou econômica lícita. Em princípio, o sucesso ou a desventura empresarial devem pautar-se por virtudes e vícios próprios do mercado e da administração, sem que a intervenção do Estado seja favor preponderante.[646]

Aplicando esse teste à situação da CODESP, o Pleno do STF levou em consideração os seguintes fatos: (i) a Companhia tem como objeto social a prestação de serviço público; (ii) a União possui 99,97% do seu controle acionário, não havendo indícios de que a atividade por ela explorada teria por finalidade a acumulação patrimonial de pessoas públicas ou privadas; (iii) não haveria indicação de risco para a livre concorrência ou livre ini-

---

da União e se encontram ocupados pela agravada apenas em caráter precário". (RE 357447 AgR, Rel. Min. ELLEN GRACIE, 2ª T., j. 02/03/2004, DJ 26-03-2004).

[646] RE 253472, Rel. Min. MARCO AURÉLIO, Rel. Min. JOAQUIM BARBOSA, Tribunal Pleno, j. 25/08/2010, PUBLIC 01-02-2011.

ciativa, já que não foram encontradas possíveis sociedades concorrentes no seu campo de autuação.

Outro ponto relevante desse julgado foi a constatação de que "cabe à autoridade fiscal indicar com precisão se a destinação concreta dada ao imóvel atende ao interesse público primário ou à geração de receita de interesse particular ou privado". Admite-se, portanto, a tributação de bens imóveis de sociedades estatais prestadoras de serviços públicos que não sejam afetados diretamente ao serviço.

O interessante (ou absurdo) de todos esses julgados é que apenas nesse RE nº 253.472 o STF veio a atentar para o disposto no § 3º do art. 150, o que se fazia essencial, já que tanto a CODESP, quanto a ECT quanto a INFRAERO se enquadram, a toda evidência, na exceção prevista nesse parágrafo. Ainda que seja discutível se elas submetem ou não ao regime de direito público, fato é que o referido dispositivo também excepciona do âmbito de incidência da imunidade tributária aquelas entidades que exploram atividades mediante "contraprestação ou pagamento de preços ou tarifas pelo usuário", o que ocorre nesses três casos.

Quem chamou a atenção para esse dispositivo foi o Ministro Marco Aurélio, em seu voto vencido,[647] tendo sido esse ponto debatido entre o Ministro Sepúlveda Pertence e o Ministro Ayres Britto, conforme se extrai das transcrições do julgamento:

O SR. MINISTRO SEPÚLVEDA PERTENCE (PRESIDENTE) –A dificuldade é o dispositivo a que alude o Ministro Marco Aurélio: exclui da imunidade tributária recíproca patrimônio, rendas ou serviços em que haja contraprestação ou pagamento de preços ou tarifas. (...)

---

[647] "o § 3º do referido artigo 150 revela que as vedações do inciso VI, alínea 'a', do mesmo artigo não se aplicam ao patrimônio, à renda e aos serviços relacionados com a exploração de atividades econômicas regidas pelas normas aplicáveis a empreendimentos privados, ou em que haja contraprestação e pagamento de preços ou tarifas pelo usuário, nem exoneram o promitente comprador da obrigação de pagar imposto relativamente ao bem imóvel. Ora, no caso, a recorrente possui o domínio útil do imóvel e atua na exploração de atividade econômica, sujeitando-se, ante o disposto no § 2º do artigo 173 da Constituição Federal, à incidência tributária".

O SENHOR MINISTRO AYRES BRITTO – Apenas por curiosidade, qual foi o dispositivo que Vossa Excelência leu agora?[648]

O SR. MINISTRO SEPÚLVEDA PERTENCE (PRESIDENTE) – Artigo 150, § 3º Está no voto do Ministro-Relator. Aí se aplicaria ainda a exploração direta pela União.

(...) O SR. MINISTRO SEPÚLVEDA PERTENCE (PRESIDENTE) – Agora, 'atividades econômicas regidas pelas normas aplicáveis a empreendimentos privados' são exatamente aquelas que concorrem no mercado. Não é o caso.

O SENHOR MINISTRO AYRES BRITTO – Perfeito, não é o caso.

O SR. MINISTRO SEPÚLVEDA PERTENCE (PRESIDENTE) – 'Ou em que haja contraprestação ou pagamento de preços ou tarifas pelo usuário' quer dizer que essa regra não é atinente apenas a concessionárias ou delegatárias; ela é atinente às entidades federativas.

O SENHOR MINISTRO AYRES BRITTO – Perfeito.

Venceu, contudo, o entendimento exarado pelo Ministro Joaquim Barbosa. Em seu voto, o Ministro submeteu a CODESP ao teste supramencionado e, apesar de reconhecer que "a circunstância objetiva de o imóvel tributado pertencer à União não justifica, de *per se*, a aplicação da imunidade tributária", considerou suficientes para a incidência da referida imunidade, o fato de a empresa em questão desempenhar serviço público, não apresentar participação privada relevante em seu quadro acionário e atuar em regime de exclusividade. Esse Ministro nada dispôs sobre o art. 150, § 3º, da Carta Maior em seu voto.

O regime tributário aplicável à Empresa Brasileira de Correios e Telégrafos – ECT foi objeto dos Recursos Extraordinários nº 407.099 (j. 22.6.2004); 354.897 (j. 17.8.2004); 398.630 (j. 17.8.2004); 424.227 (j. 24.8.2004); 364.202 (j. 05.10.2004); e das Ações Cíveis Originárias nº 811 (j. 26.4.2007); 959 (j. 17.3.2008); 1095 (j. 17.3.2008) e 765 (j. 13.5.2009).

Em todos eles, o Supremo reconheceu a aplicabilidade da imunidade tributária à Empresa Brasileira de Correios e Telégrafos – ECT, com fundamento na natureza da atividade por ela explorada, o serviço público postal, e na distinção entre os regimes aplicáveis às estatais prestadoras desses serviços e aquelas exploradoras de atividades econômicas em

---

[648] Esse questionamento, aliás, é um indício de que esse dispositivo não havia sido considerado antes.

O ESTADO COMO ACIONISTA CONTROLADOR

sentido estrito. De acordo com esses julgados, o fato de prestar serviços públicos atrairia a incidência, sobre a ECT, do disposto no art. 150, § 2º, da Constituição[649] e afastaria a aplicação do art. 150, § 3º.[650]

Interessante notar que, nos debates que se seguiram à apresentação dos votos dos Ministros no julgamento da Ação Cível Originária nº 765, restou consignado, pelo Ministro Joaquim Barbosa, que o regime tributário beneficiado só se aplicaria aos bens afetados ao serviço público, sendo "importante que o ente tributante faça essa distinção no momento de exercer o seu poder tributário; saiba exatamente sobre que tipo de materialidade, que tipo de atividade estará incidindo a tributação".

Ainda de acordo com esse Ministro, a ECT "é uma empresa estatal, porém de natureza anfibológica, ora ela atua como empresa estatal, ora ela opera como uma empresa privada. E, ao atuar como empresa privada, eu acho que ela tem de ser submeter às regras de direito tributário". Foi decidido, ao final, que essa questão deveria ser objeto do julgamento da ADPF nº 46, mantendo-se, até lá, o entendimento jurisprudencial já consolidado.[651]

O mesmo entendimento foi mantido com relação à INFRAERO. Quando do julgamento do Recurso Extraordinário 363.412, realizado em 07.8.2007, afastou-se a incidência de ISS sobre os serviços prestados por essa empresa pública.[652]

---

[649] "Art. 150 (...) § 2º – A vedação do inciso VI, "a", é extensiva às autarquias e às fundações instituídas e mantidas pelo Poder Público, no que se refere ao patrimônio, à renda e aos serviços, vinculados a suas finalidades essenciais ou às delas decorrentes".

[650] Nos recursos extraordinários nº 354.897 e 407.099, o Ministro Carlos Velloso fez breve menção a esse dispositivo, mas apenas para afastá-lo sem qualquer fundamento maior.

[651] A mesma questão voltou a ser abordada quando do julgamento da Ação Cível Originária nº 1095, e da ACO nº 811. Em ambas as ocasiões, o Tribunal Pleno do STF houve por bem postergar a análise desse ponto para a ocasião do julgamento do mérito da ADPF 46. Nessa ADPF, o Supremo confirmou o seu entendimento de que os serviços postais caracterizam serviços públicos – e não monopólio, como previsto no art. 9º da Lei nº 6.538/78, sendo, portanto, constitucional a exploração dessa atividade em regime de exclusividade pela ECT, mas destacou que nem todo serviço postal está submetido a esse regime, o que deve ser interpretado de forma restritiva. Foram excluídos desse regime os impressos e encomendas, aí incluídos, dentre outros, jornais, periódicos e boletos de cobrança.

[652] Infraero – Empresa Pública Federal Vocacionada a executar, como Atividade-Fim, em função de sua específica destinação institucional, serviços de infra-estrutura aeroportuária – Matéria sob reserva constitucional de monopólio estatal (CF, art. 21, XII, "C") – Possi-

O ESTADO EMPRESÁRIO

O Supremo Tribunal Federal começou a acenar uma possível mudança de orientação quando do julgamento do Agravo Regimental no Recurso Extraordinário nº 285.716, realizado em 02 de maio de 2010,[653] cujo

bilidade de a União federal outorgar, por lei, a uma empresa governamental, o exercício desse encargo, sem que este perca o atributo de estatalidade que lhe é próprio – opção constitucionalmente legítima – Criação da INFRAERO como instrumentalidade administrativa da união federal, incumbida, nessa condição institucional, de executar típico serviço público (LEI nº 5.862/1972) – Conseqüente extensão, a essa empresa pública, em matéria de impostos, da proteção constitucional fundada na garantia da imunidade tributária recíproca (cf, art. 150, vi, "a") – o alto significado político-jurídico dessa garantia constitucional, que traduz uma das projeções concretizadoras do postulado da federação – imunidade tributária da INFRAERO, em face do ISS, quanto às atividades executadas no desempenho do encargo, que, a ela outorgado, foi deferido, constitucionalmente, à união federal – doutrina – jurisprudência – precedentes do supremo tribunal federal – agravo improvido. – a infraero, que é empresa pública, executa, como atividade-fim, em regime de monopólio, serviços de infra-estrutura aeroportuária constitucionalmente outorgados à União Federal, qualificando-se, em razão de sua específica destinação institucional, como entidade delegatária dos serviços públicos a que se refere o art. 21, inciso XII, alínea "c", da Lei Fundamental, o que exclui essa empresa governamental, em matéria de impostos, por efeito da imunidade tributária recíproca (CF, art. 150, VI, "a"), do poder de tributar dos entes políticos em geral. Conseqüente inexigibilidade, por parte do Município tributante, do ISS referente às atividades executadas pela INFRAERO na prestação dos serviços públicos de infra-estrutura aeroportuária e daquelas necessárias à realização dessa atividade-fim. O alto significado político-jurídico da imunidade tributária recíproca, que representa verdadeira garantia institucional de preservação do sistema federativo. Doutrina. precedentes do stf. inaplicabilidade, à INFRAERO, da regra inscrita no art. 150, § 3º, da Constituição. – A submissão ao regime jurídico das empresas do setor privado, inclusive quanto aos direitos e obrigações tributárias, somente se justifica, como consectário natural do postulado da livre concorrência (CF, art. 170, IV), se e quando as empresas governamentais explorarem atividade econômica em sentido estrito, não se aplicando, por isso mesmo, a disciplina prevista no art. 173, § 1º, da Constituição, às empresas públicas (caso da INFRAERO), às sociedades de economia mista e às suas subsidiárias que se qualifiquem como delegatárias de serviços públicos. (RE 363412 AgR, Rel. Min. CELSO DE MELLO, 2ª T., j. 07/08/2007, PUBLIC 19-09-2008).

[653] CONSTITUCIONAL. TRIBUTÁRIO. IMUNIDADE TRIBUTÁRIA RECÍPROCA (ART. 150, VI, A DA CONSTITUIÇÃO). IMÓVEL UTILIZADO PARA SEDIAR CONDUTOS DE TRANSPORTE DE PETRÓLEO, COMBUSTÍVEIS OU DERIVADOS. OPERAÇÃO PELA PETRÓLEO BRASILEIRO S.A. – PETROBRÁS. MONOPÓLIO DA UNIÃO. INAPLICABILIDADE DA SALVAGUARDA CONSTITUCIONAL. 1. Recurso extraordinário interposto de acórdão que considerou tributável propriedade imóvel utilizada

O ESTADO COMO ACIONISTA CONTROLADOR

objeto era a aplicabilidade do regime de imunidade recíproca à Petrobras, e, em consequência, a não incidência do imposto sobre a propriedade territorial e urbana (IPTU) a imóvel utilizado por essa Companhia para sediar condutos de transporte de petróleo, combustíveis ou derivados.

Nessa ocasião, a 2ª Turma, sob a relatoria do Ministro Joaquim Barbosa, enumerou os pontos fulcrais para a análise da aplicação ou não do regime tributário especial às empresas estatais, a saber: (i) a caracterização econômica da atividade, se lucrativa ou não, (ii) o fato de ser prestada ou não em regime de concorrência e, consequentemente, a existência de risco à concorrência e à livre-iniciativa em decorrência desse benefício; e (iii) a existência de riscos ao pacto federativo pela pressão política ou econômica. Diante desses três elementos, a Turma decidiu que

> a imunidade tributária recíproca não se aplica à Petrobras, pois: 3.1. Trata-se de sociedade de economia mista destinada à exploração econômica em benefício de seus acionistas, pessoas de direito público e privado, e a salvaguarda não se presta a proteger aumento patrimonial dissociado de interesse público primário; 3.2. A Petrobras visa a distribuição de lucros, e, portanto, tem capacidade contributiva para participar do apoio econômico aos entes federados; 3.3. A tributação de atividade econômica lucrativa não implica risco ao pacto federativo.

pela Petrobras para a instalação e operação de condutos de transporte de seus produtos. Alegada imunidade tributária recíproca, na medida em que a empresa-agravante desempenha atividade sujeita a monopólio. 2. É irrelevante para definição da aplicabilidade da imunidade tributária recíproca a circunstância de a atividade desempenhada estar ou não sujeita a monopólio estatal. O alcance da salvaguarda constitucional pressupõe o exame (i) da caracterização econômica da atividade (lucrativa ou não), (ii) do risco à concorrência e à livre-iniciativa e (iii) de riscos ao pacto federativo pela pressão política ou econômica. 3. A imunidade tributária recíproca não se aplica à Petrobras, pois: 3.1. Trata-se de sociedade de economia mista destinada à exploração econômica em benefício de seus acionistas, pessoas de direito público e privado, e a salvaguarda não se presta a proteger aumento patrimonial dissociado de interesse público primário; 3.2. A Petrobras visa a distribuição de lucros, e, portanto, tem capacidade contributiva para participar do apoio econômico aos entes federados; 3.3. A tributação de atividade econômica lucrativa não implica risco ao pacto federativo. Agravo regimental conhecido, mas ao qual se nega provimento. (RE 285716 AgR, Rel. Min. JOAQUIM BARBOSA, 2ª T., j. 02/03/2010, PUBLIC 26-03-2010)

Muito embora a Petrobras não seja prestadora de serviço público, esse julgado a toda evidência não se limitou a dizer isso, criando, na verdade, um "teste" para aferição da aplicabilidade ou não do regime previsto no art. 150, VI, 'a', extensível, a nosso ver, também às prestadoras de serviços públicos.

Trazendo algumas novas nuances para a discussão do tema, o Supremo decidiu, no julgamento do Agravo Regimental no Recurso Extraordinário nº 399.307, em 16.3.2010, que "é aplicável a imunidade tributária recíproca às autarquias e empresas públicas que prestem inequívoco serviço público, desde que, entre outros requisitos constitucionais e legais não distribuam lucros ou resultados direta ou indiretamente a particulares, ou tenham por objetivo principal conceder acréscimo patrimonial ao poder público".[654] O mesmo foi decidido quando do julgamento do Recurso Extraordinário nº 580.264, realizado em 16 de dezembro daquele mesmo ano.[655]

---

[654] CONSTITUCIONAL. TRIBUTÁRIO. IMUNIDADE RECÍPROCA. AUTARQUIA. SERVIÇO PÚBLICO DE ÁGUA E ESGOTAMENTO. ATIVIDADE REMUNERADA POR CONTRAPRESTAÇÃO. APLICABILIDADE. ART, 150, §3º DA CONSTITUIÇÃO. PROCESSUAL CIVIL. AGRAVO REGIMENTAL. 1. Definem o alcance da imunidade tributária recíproca sua vocação para servir como salvaguarda do pacto federativo, para evitar pressões políticas entre entes federados ou para desonerar atividades desprovidas de presunção de riqueza. 2. É aplicável a imunidade tributária recíproca às autarquias e empresas públicas que prestem inequívoco serviço público, desde que, entre outros requisitos constitucionais e legais não distribuam lucros ou resultados direta ou indiretamente a particulares, ou tenham por objetivo principal conceder acréscimo patrimonial ao poder público (ausência de capacidade contributiva) e não desempenhem atividade econômica, de modo a conferir vantagem não extensível às empresas privadas (livre iniciativa e concorrência). 3. O Serviço Autônomo de Água e Esgoto é imune à tributação por impostos (art. 150, VI, a e §§ 2º e 3º da Constituição). A cobrança de tarifas, isoladamente considerada, não altera a conclusão. Agravo regimental conhecido, mas ao qual se nega provimento (RE 399307 AgR, Rel. Min. JOAQUIM BARBOSA, 2ª T., j. 16/03/2010, PUBLIC 30-04-2010).
[655] CONSTITUCIONAL. TRIBUTÁRIO. RECURSO EXTRAORDINÁRIO. REPERCUSSÃO GERAL. IMUNIDADE TRIBUTÁRIA RECÍPROCA. SOCIEDADE DE ECONOMIA MISTA. SERVIÇOS DE SAÚDE. 1. A saúde é direito fundamental de todos e dever do Estado (arts. 6º e 196 da Constituição Federal). Dever que é cumprido por meio de ações e serviços que, em face de sua prestação pelo Estado mesmo, se definem como de natureza pública (art. 197 da Lei das leis). 2 . A prestação de ações e serviços de saúde por sociedades de economia mista corresponde à própria atuação do Estado, desde que a empresa estatal não tenha por finalidade a obtenção de lucro. 3. As sociedades de economia

O ESTADO COMO ACIONISTA CONTROLADOR

Em maio de 2008, o Plenário do STF foi instado a se manifestar sobre se a imunidade tributária recíproca alcançaria todas as atividades exploradas pela Empresa Brasileira de Correios e Telégrafos – ECT ou somente aquelas diretamente afetadas ao serviço público por ela prestado (Recurso Extraordinário nº 601.392). A decisão recorrida reconhecera a licitude da cobrança de ISS sobre os serviços não listados no art. 9º da Lei 6.538/78 (banco postal, protesto de títulos, vendas pela internet, Sedex e Importa Fácil), já que o benefício da imunidade apenas se aplicaria aos serviços "tipicamente postais" previstos naquele dispositivo legal, como cartas, cartões postais e emissão de selos.

O relator do recurso, o Min. Joaquim Barbosa, negou provimento ao extraordinário, considerando que a extensão da referida imunidade às atividades econômicas prestadas pelas estatais em regime de concorrência importaria em indevida vantagem competitiva e contrariaria a própria função do regime de imunidade tributária recíproca.[656]

O Ministro fez referência, ainda, ao julgamento da ADPF nº 46/DF, oportunidade em que foi atribuída interpretação conforme à Constituição ao art. 42 da Lei nº 6.538/78, que considera como crime a violação do privilégio postal da União, restringindo a sua incidência aos serviços previstos no art. 9º da mesma lei, o que também deveria ser considerado na seara tributária.

---

mista prestadoras de ações e serviços de saúde, cujo capital social seja majoritariamente estatal, gozam da imunidade tributária prevista na alínea "a" do inciso VI do art. 150 da Constituição Federal. 3. Recurso extraordinário a que se dá provimento, com repercussão geral (RE 580264, Rel. Min. Joaquim Barbosa, Rel. p/ Acórdão: Min. Ayres Britto, Tribunal Pleno, j. em 16/12/2010, PUBLIC 06-10-2011).

[656] De acordo com o Informativo STF nº 628, de maio de 2011, o Ministro Joaquim Barbosa teria consignado que, nos diversos precedentes do STF sobre o tema, poderiam ser extraídas "três funções que condicionariam o alcance da imunidade tributária recíproca: 1) operar como salvaguarda do pacto federativo, para evitar que a tributação funcione como instrumento de coerção ou indução de um ente sobre o outro; 2) proteger atividade desprovida de capacidade contributiva, isto é, atividades públicas em sentido estrito, executadas sem ânimo lucrativo; e 3) não beneficiar a expressão econômica de interesses particulares, sejam eles públicos ou privados, nem afetar intensamente a livre iniciativa e a livre concorrência, excetuadas as permissões constitucionais. Em seguida, asseverou que a exoneração integral e incondicional da empresa desviar-se-ia dos objetivos justificadores da proteção constitucional, porquanto a ECT desempenharia atividades de intenso e primário interesse privado-particular, ou seja, não-público".

O ESTADO EMPRESÁRIO

Com relação ao argumento da ECT de que as receitas por ela obtidas com as atividades não previstas no art. 9º da Lei nº 6.538/78 seriam integralmente revertidas para os seus objetivos institucionais, justificando a extensão do regime tributário a todas as suas atividades, por se tratar de um subsídio cruzado, o Ministro asseverou que "a importância da atividade protegida pela imunidade não poderia justificar a colocação dos princípios da livre-iniciativa e da concorrência em segundo plano, em toda e qualquer hipótese".

O Ministro Joaquim Barbosa foi acompanhado pelos Ministros Luiz Fux, Cármen Lúcia, Ricardo Lewandowski, Marco Aurélio e Cezar Peluso. Prevaleceu, contudo, o entendimento contrário e o acórdão restou assim ementado:

> Recurso extraordinário com repercussão geral. 2. Imunidade recíproca. Empresa Brasileira de Correios e Telégrafos. 3. Distinção, para fins de tratamento normativo, entre empresas públicas prestadoras de serviço público e empresas públicas exploradoras de atividade. Precedentes. 4. Exercício simultâneo de atividades em regime de exclusividade e em concorrência com a iniciativa privada. Irrelevância. Existência de peculiaridades no serviço postal. Incidência da imunidade prevista no art. 150, VI, "a", da Constituição Federal. 5. Recurso extraordinário conhecido e provido.[657]

Nesse julgado, portanto, restou novamente ignorado o disposto no § 3º do art. 150. Também aqui, parece-nos que a solução não está na natureza da atividade explorada, mas na real necessidade desse privilégio para a viabilização da atividade. Serviços públicos também são prestados por sociedades privadas sem que se beneficiem de imunidades ou isenções tributárias. Além disso, a Constituição federal foi clara: a imunidade não se aplica à prestadora de serviços a título de contraprestação.

Mais recentemente, em agosto de 2015, o STF deu prosseguimento ao julgamento do Recurso Extraordinário nº 600.867 iniciado em junho de 2014, que tem por objeto a incidência do regime de imunidade tributária à SABESP – Companhia de Saneamento Básico do Estado de São Paulo

---

[657] RE 601392, Relator(a): Min. JOAQUIM BARBOSA, Relator(a) p/ Acórdão: Min. GILMAR MENDES, Tribunal Pleno, julgado em 28/02/2013, ACÓRDÃO ELETRÔNICO REPERCUSSÃO GERAL – MÉRITO DJe-105 DIVULG 04-06-2013 PUBLIC 05-06-2013

O ESTADO COMO ACIONISTA CONTROLADOR

e, consequentemente, sobre a possibilidade de a Prefeitura de Ubatuba cobrar IPTU dos imóveis de propriedade daquela sociedade, prestadora de serviço público de saneamento. O Ministro Luis Roberto Barroso votou no sentido da incidência da imunidade. A maioria, contudo, votou a favor da não aplicação da imunidade (Ministros Joaquim Barbosa[658], Dias Toffoli, Luiz Fux, Teori Zavascki, Rosa Weber e Gilmar Mendes), sob o argumento de que a SABESP se trata de uma sociedade com ações negociadas em bolsa e cujos dividendos são pagos a investidores priva-

---

[658] Conforme consignado no Informativo nº 749 do STF, o Ministro Joaquim Barbosa "afirmou que o Estado-membro optara por prestar serviços de esgoto e de fornecimento de água por meio da administração indireta, sob a forma de sociedade de economia mista. Frisou que essa empresa teria o capital aberto e suas ações seriam negociadas em bolsa de valores. Registrou, ademais, que a recorrente obtivera significativo lucro nos últimos anos e que fora classificada como investimento viável de rentabilidade por agência de classificação de risco. Ressaltou que os investidores da recorrente seriam beneficiados com a distribuição de lucros, sob as formas legais admissíveis, como dividendos, juros sobre capital próprio, debêntures, partes negociáveis, entre outros. Não obstante, ponderou não existir reprovação no desiderato e na realização de lucros. Pelo contrário: a Constituição expressamente teria reservado à iniciativa privada o exercício de atividades econômicas. Mencionou que a intervenção direta do Estado na economia e no mercado seria expressamente subsidiária. Contudo, realçou que consistiria em desvio sistêmico assegurar garantias indissociáveis do Estado e do interesse público a empreendimentos dotados de capacidade contributiva e cuja função seria distribuir os resultados dessa atividade ao patrimônio dos empreendedores. O Presidente salientou que a circunstância de o sócio majoritário ser um ente federado não impressionaria, pois não seria função primária do Estado participar nos lucros de qualquer pessoa jurídica, nem de auferir quaisquer outros tipos de receita. Explicou que as receitas primárias e secundárias não seriam uma finalidade em si. Asseverou que, se o Estado-membro optara por prestar serviços essenciais por meio de uma pessoa jurídica capaz de distribuir lucros, haveria capacidade contributiva. Consequentemente, não existiria qualquer risco ao pacto federativo. Afiançou que a imunidade tributária recíproca se daria em detrimento da competência tributária de outros entes federados. Destacou que não faria sentido desprover municípios e a própria União de recursos legítimos, a pretexto de assegurar à pessoa jurídica distribuidora de lucros vantagem econômica incipiente em termos de harmonia federativa. Avaliou que, se a carga tributária realmente fosse proibitiva, bastaria ao Estado escolher outra forma de regência de personalidade jurídica, que não envolvesse a possibilidade de acumulação e de distribuição de lucros. Assim, sempre que um ente federado criasse uma instrumentalidade estatal dotada de capacidade contributiva, capaz de acumular e de distribuir lucros, de contratar pelo regime geral das leis trabalhistas, não haveria ameaça ao pacto federativo a justificar a incidência da imunidade recíproca" (grifos nossos).

O ESTADO EMPRESÁRIO

dos, além de atuar em regime de concorrência. A Ministra Carmen Lucia pediu vista do feito, não tendo sido ainda proferido o acórdão nesse caso.

A nosso ver, embora a conclusão no sentido da não aplicabilidade do regime de imunidade esteja correta, os argumentos que a fundamentam não são suficientes, tendo sido mais uma vez ignorado o disposto no art. 150, § 3º, da Constituição Federal.

Por fim, parece-nos que a instituição de isenções fiscais, por lei, em favor de empresas estatais que prestem serviços públicos mediante contraprestação apenas poderia ocorrer em hipóteses excepcionais, só podendo ser criadas caso possuam alguma relação com a prestação do serviço e se demonstrem necessárias para esse fim.

Com efeito, não faria qualquer sentido que a Constituição expressamente excluísse tais entidades do regime de imunidade recíproca e o Legislador, sem qualquer fundamentação, as submetesse a regime a ele análogo por lei.

A doutrina a que nos filiamos admite, em hipóteses excepcionais, a criação de isenções tributárias. José dos Santos Carvalho Filho, por exemplo, admite a possibilidade de criação de benefícios tributários para as empresas estatais que prestam serviços públicos em regime de exclusividade, pois nesses casos, na sua opinião, inexistiria qualquer ameaça ao mercado.[659] Diogo de Figueiredo Moreira Neto, no mesmo sentido, defende que poderá o legislador ordinário criar isenções em favor de entidades que "não competem no mercado".[660]

Aqui, mais uma vez se demonstra que a discussão do tema deve ser permeada não apenas pela natureza em si da atividade, mas sim pelo fato de ser prestada ou não em regime de competição. Não sendo esse o caso, seria possível a previsão de isenções tributárias. Caso contrário, as isenções, se comprovadamente necessárias à prestação do serviço público, deveriam ser também extensíveis às concessionárias privadas desse mesmo serviço, com vista ao atendimento não só do art. 173 da Constituição, mas também do princípio da livre concorrência.

---

[659] Idem. *Ibidem*, p. 447.
[660] MOREIRA NETO, Diogo de Figueiredo. *Curso de Direito Administrativo*. 14ª Ed. Rio de Janeiro: Ed. Forense, 2006, p. 261.

### 3.7.1.4. Regime de licitações

A licitação, como se sabe, é a regra para a contratação de bens e serviços pela Administração Pública, Direta e Indireta, bem como para a alienação de seus bens, nos termos do art. 37, XXI, da Carta Maior:

> Art. 37. A administração pública direta e indireta de qualquer dos Poderes da União, dos Estados, do Distrito Federal e dos Municípios obedecerá aos princípios de legalidade, impessoalidade, moralidade, publicidade e eficiência e, também, ao seguinte: (Redação dada pela Emenda Constitucional nº 19, de 1998)

> (...) XXI – ressalvados os casos especificados na legislação, as obras, serviços, compras e alienações serão contratados mediante processo de licitação pública que assegure igualdade de condições a todos os concorrentes, com cláusulas que estabeleçam obrigações de pagamento, mantidas as condições efetivas da proposta, nos termos da lei, o qual somente permitirá as exigências de qualificação técnica e econômica indispensáveis à garantia do cumprimento das obrigações.

A incidência da regra da licitação sobre as entidades integrantes da Administração indireta, portanto, é indubitável. Mas isso não significa que o regime licitatório aplicável às empresas estatais seja idêntico àquele aplicável à Administração Direta. Muito pelo contrário. A Constituição Federal traça uma clara diferenciação entre as regras licitatórias que devem reger as contratações promovidas pela administração direta, pelas autarquias e fundações e aquelas que devem conduzir as licitações realizadas pelas empresas públicas e sociedades de economia mista.

O art. 22, XXVII, da Constituição, nesse sentido, prevê que as primeiras deverão ser editadas com fundamento no art. 37, XXI, da Constituição, ao passo que as últimas, no seu art. 173, § 1º, estabelecendo um regime jurídico próprio para empresas públicas e sociedades de economia mista no que tange às normas de licitação e contratação. Aplica-se a todas elas, independentemente da natureza da atividade por elas exploradas, o disposto no art. 173, § 1º, III, da Constituição Federal, que prevê a necessidade de edição de uma lei específica para dispor sobre "licitação e contratação de obras, serviços, compras e alienações" por empresas estatais.

O ESTADO EMPRESÁRIO

A lei que prevê as normas gerais de licitações aplicáveis à administração direta, às autarquias e às fundações públicas, a ser lastreada no art. 37, II, da Carta Maior, é a Lei nº 8.666/93. A lei específica para as contratações promovidas pelas empresas estatais apenas foi editada em 2016, quase trinta anos após a promulgação da Constituição Federal, o que, logicamente, gerou grande controvérsia a esse respeito.

Para parte da doutrina brasileira e de acordo com a jurisprudência consolidada do Tribunal de Contas da União,[661] até que fosse expedida a lei em questão, as empresas estatais permaneceriam sujeitas às regras previstas na Lei nº 8.666/93.[662] Reconhecia-se, contudo, que a aplicação integral dessas regras poderia prejudicar a sua atuação no mercado, tornando mais onerosos e lentos os processos de contratação promovidos por essas empresas.

Assim, se, por um lado, afirmava-se que as estatais deveriam observar as regras previstas na Lei nº 8.666/93, por outro, admitia-se que tais regras fossem afastadas integralmente no que diz respeito às contratações pertinentes às atividades-fim dessas entidades. Esses casos, de acordo com esse entendimento, consubstanciariam hipóteses de inexigibilidade de licitação, a impor a incidência do art. 25 da Lei nº 8.666/93,[663] tendo em

---

[661] "Nos termos já decididos, até que seja editada a norma legal de que trata o art. 173, § 1º, da Constituição Federal, as estatais deverão observar os ditames da Lei nº 8.666/1993 e de seu próprio regulamento"(TCU, Acórdão 624/2003, Plenário).

[662] Esse é o entendimento de GROTTI, Dinorá Adelaide Musetti. Licitações nas Estatais em face da Emenda Constitucional 19, de 1998, *Revista de Direito Constitucional e Internacional*, vol. 30, jan. 2000, p. 106 e ss; FURTADO, Lucas Rocha. *Curso de Direito Administrativo*. Belo Horizonte: Ed. Fórum, 2007, p. 216; MARTINS, Ives Gandra da Silva. Empresas Públicas e sociedades de economia mista – Inconstitucionalidade do art. 67 da Lei nº 9.478/97. Ilegalidade do Decreto nº 2.745/98 em face da Lei nº 8.666/93. *Revista Forense*, v. 99, n. 369, set./out. 2003, pp. 231/246.

[663] "A escora legal para essa decisão será, então, o caput do artigo 25 da Lei de Licitações, que determina a inexigibilidade de licitação sempre que houver inviabilidade de competição. Assim sendo, quando a realização da licitação for incompatível com o atendimento da finalidade jurídica e econômica à qual se presta a companhia mista, a competição deverá ser excluída com arrimo no mencionado dispositivo da lei, caso não seja dispensável com supedâneo nos incisos do art. 24" (PROENÇA, Fabrício Quixadá Steindorfer. *A Licitação na Sociedade de Economia Mista*. Rio de Janeiro: Lumen Juris, 2003, pp. 97/98).

O ESTADO COMO ACIONISTA CONTROLADOR

vista que a realização de certame para a contratação desses objetos acarretaria "solução objetivamente incompatível com o interesse público"[664].

Celso Antônio Bandeira de Mello parece ter sido um dos precursores desse posicionamento, sustentando que, apesar de as sociedades estatais serem submetidas à regra da licitação para contratação de bens e serviços, seria imperativo o afastamento dessa exigência nas hipóteses em que inviabilizasse a consecução do fim que lhe foi cometido.[665]

Dinorá Adelaide Musetti Grotti, fazendo referência ao posicionamento do Professor Celso Antônio Bandeira de Mello sobre o assunto, defende que submeter as empresas estatais, em todas as suas atividades, à exigência de licitação, "representaria a inviabilização do desempenho das atividades específicas para as quais a entidade foi instituída", isto é, "aquelas pertinentes à atividade de produção ou comercialização de bens ou prestação de serviços que constitui a finalidade da existência da sociedade".[666]

Diógenes Gasparini, no mesmo sentido, afirmava que "como interventoras no domínio econômico, a aquisição de bens necessários à própria atividade e a alienação dos bens resultantes desse desempenho não exigem qualquer espécie de procedimento licitatório". Isso porque, se assim não fosse, "haveria conflito entre os fins desejados pela Administração Pública, só alcançáveis por meio da atuação mais expedita, mais pronta,

---

[664] JUSTEN FILHO, Marçal. *Comentários à Lei de Licitações e Contratos*. São Paulo: Ed. Dialética, 2005, p. 283.

[665] Nas palavras do autor, "a adoção do mesmo procedimento licitatório do Poder Público seria inconveniente com a normalidade de suas atuações na esfera econômica, isto é, não seria exequível em relação aos seus rotineiros procedimentos para operar o cumprimento das atividades negociais em vista das quais foram criadas. As delongas que lhe são próprias inibiriam seu desempenho expedito e muitas vezes obstariam à obtenção do negócio mais vantajoso. Dela não haveria cogitar em tais casos" (*Curso de Direito Administrativo*. 26ª ed. rev. e atual. São Paulo: Malheiros, 2009, p. 208). Essa inexequibilidade não ocorreria, ainda de acordo com o autor, naqueles casos não relacionados com as atividades-fim, como a construção de fábricas onde se instalarão ou aquisição de maquinaria. Vale mencionar que, para o autor, esse entendimento não se aplica às estatais prestadoras de serviços públicos.

[666] GROTTI, Dinorá Adelaide Musetti. Licitações nas Estatais em face da Emenda Constitucional 19, de 1998, *Revista de Direito Constitucional e Internacional*, vol. 30, jan. 2000, p. 106 e ss.

O ESTADO EMPRESÁRIO

dessas empresas, e a obrigatoriedade de licitar".[667] Mas o autor adverte que a "licitação será indispensável se o desejado não se enquadrar no seu objeto estatutário".[668]

Luís Roberto Barroso, na mesma esteira, aduz que a regra constitucional tem como objeto unicamente atividades instrumentais destas entidades, estando "fora de dúvida que não se poderia cogitar da imperatividade de realização de licitação em uma atividade-fim, de natureza empresarial, fruto da atuação constitucionalmente admitida do Estado no domínio econômico".[669]

Esse entendimento, como adiantado, também foi acolhido Tribunal de Contas da União, em diversas oportunidades, conforme se pode extrair dos excertos a seguir colacionados:

> Empresas estatais. Atividade-meio. Atividade-fim. O art. 37 XXI, da CF/1988 submete os entes da administração indireta ao regime da licitação. Contudo, o art. 173 da CF/1988 determina que as empresas estatais que explorem atividade econômica devem sujeitar-se ao regime de direito privado. Conciliando tais normas, em aparente conflito, cabe aplicar o dever de licitar às atividades-meio, enquanto que as atividades-fim que correspondem a atos negociais serão regidas pelo direito comercial.[670]

> Nos termos já decididos, até que seja editada a norma legal de que trata o art. 173, § 1º, da Constituição Federal, as estatais deverão observar os ditames da Lei nº 8.666/1993 e de seu próprio regulamento, podendo utilizar-se da situação de inexigibilidade quando da contratação de serviços que constituam sua atividade-fim.[671]

A ideia subjacente a esse entendimento residia na necessidade de se garantir às empresas estatais exploradoras de atividades econômicas em

---

[667] *Direito administrativo.* 11ª Ed. São Paulo: Ed. Saraiva, 2006, pp. 438/439.

[668] Idem. *Ibidem*, p. 439.

[669] BARROSO, Luís Roberto. Modalidades de Intervenção do Estado na Ordem Econômica. Regime Jurídico das Sociedades de Economia Mista. Inocorrência de Abuso do Poder Econômico. *Revista Trimestral de Direito Público* – RTDP, vol. 18, 1998, p. 100.

[670] Processo nº 625.068/95-5, Min. Paulo Affonso Martins de Oliveira, j. 21.11.1996.

[671] Acórdão 624/2003, Plenário, rel. Min. Guilherme Palmeira, j. 11.06.2003.

O ESTADO COMO ACIONISTA CONTROLADOR

regime de concorrência as condições necessárias à realização dos seus objetivos com eficiência, em especial, a possibilidade de concorrerem com as sociedades privadas em igualdade de condições.[672]

Tratava-se de uma solução de meio termo, adotada de forma provisória enquanto a lei a que se referem o art. 22, XXVII, e o art. 173 da Constituição Federal não fosse editada. Sempre que estivessem no exercício das suas atividades-fim, as empresas estatais seriam eximidas de observar a Lei nº 8.666/93. Isso não afastava, obviamente, a necessidade de que fossem observados os princípios constitucionais da moralidade, impessoalidade, economicidade, etc. Nesse sentido, o Tribunal de Contas da União já decidiu que o art. 173, § 1º, da Constituição deve ser interpretado no sentido de que "as empresas estatais nunca estarão submetidas a um regime puramente de direito privado. O regime delas sempre será misto, com forte influência do direito público".[673]

Vale esclarecer, contudo, que, também aqui, a doutrina se dividia quanto à aplicação de regime diferenciado de licitação às empresas estatais prestadoras de serviços públicos, apesar de o art. 22, XXVII não tecer qualquer distinção a esse respeito.[674] No sentido oposto, há também quem defendesse o entendimento de que o artigo 22, XXVIII aplica-se a quaisquer empresas estatais, não tendo sido feita qualquer distinção com relação à natureza das atividades por elas desenvolvidas. [675]

---

[672] Ver, também nesse sentido, TCU, Acórdão: 121/1998 – Plenário; Rel. Min. Iram Saraiva, DOU 04.09.1998.

[673] TCU, TC 006.542/2003-0, rel. Min. Benjamin Zymler, j. 07.04.2004.

[674] Para parte da doutrina, o inciso XXVIII do artigo 22 e o inciso III do parágrafo 1º do artigo 173 da Constituição não se aplicariam às prestadoras de serviços públicos, pelos motivos já citados ao longo deste livro: o art. 173 versaria exclusivamente sobre as exploradoras de atividades econômicas. Ver BANDEIRA DE MELLO, Celso Antônio. Licitações nas estatais em face da ED n. 19, *Revista Diálogo Jurídico*, nº 12, pp. 1-6, 2002; JUSTEN FILHO, Marçal. *Comentários à Lei de Licitações e Contratos Administrativos*. São Paulo: Ed. Dialética, 1999, p. 28; MUKAI, Toshio. *O Direito Administrativo e os Regimes Jurídicos das Empresas Estatais*. 2. ed. Belo Horizonte: Editora Fórum, 2004; CARDOZO, José Eduardo Martins. O Dever de Licitar e os Contratos das Empresas que exercem Atividade Econômica. In: CARDOZO, José Eduardo Martins; QUEIROZ, João Eduardo Lopes; SANTOS, Márcia Walquíria Batista dos (org.). *Curso de Direito Administrativo Econômico*. Vol. III. São Paulo: Ed. Malheiros, 2006, p. 797.

[675] Eros Roberto Grau, nesse sentido, apesar de entender que o inciso III do parágrafo 1º do artigo 173 não se aplica às estatais prestadoras de serviços públicos, defende a inapli-

O ESTADO EMPRESÁRIO

Assim, era possível afirmar que, de acordo com a jurisprudência do TCU e parte da doutrina, (i) todas as empresas estatais deviam observar a regra da licitação; (ii) enquanto não editada a lei a que se referem os arts. 22, XXVII, e 173, § 1º, da Constituição Federal, as licitações deveriam ser promovidas de acordo com o procedimento previsto na Lei nº 8.666/93; sendo, contudo, (iii) afastada a sua incidência quando do exercício das suas atividades-fim; desde que (iv) observados os princípios constitucionais aplicáveis à Administração Pública (impessoalidade, economicidade, etc).

Esse entendimento, contudo, não era infenso a críticas, e por diversas razões.

O próprio TCU vinha adotando um significado alargado de atividade-fim, mais amplo do que o objeto social da entidade estatal.

No Acórdão nº 121/1998, aquele Tribunal assentou que os serviços e produtos atinentes às atividades-fim da empresa estatal são aqueles que sejam "decorrentes de procedimentos usuais do mercado em que atua e indispensáveis ao desenvolvimento de sua atividade normal".

No Acórdão nº 624/2003, o TCU entendeu que apenas será exigível a licitação para as empresas estatais quando tal procedimento "não trouxer prejuízos à consecução dos objetivos da entidade, por não afetar a agilidade requerida para sua atuação eficiente no mercado concorrencial, remanesce a obrigatoriedade da licitação".

Não se tratava, assim, a toda evidência, de inexigibilidade apenas com relação às atividades específica e taxativamente listadas no objeto social da Companhia. Além delas, poderiam ser contratados diretamente o for-

---

cabilidade da Lei nº 8.666/93 a essas entidades, visto que o inciso XXVIII do artigo 22 da Constituição teria expressamente excluído estas entidades das regras licitatórias aplicáveis à Administração direta e indireta de direito público (GRAU, Eros Roberto. As licitações e as empresas estatais após a Emenda n. 19, *Boletim de Licitações e Contratos/BLC* março de 199, ED: NJD, pp. 127-131). No mesmo sentido, GROTTI, Dinorá Adelaide Musetti. Licitações nas Estatais em face da Emenda Constitucional 19, de 1998, *Revista de Direito Constitucional e Internacional*, vol. 30, jan. 2000, pp. 106 e ss; TORRES, Jessé. Repercussões da Emenda Constitucional nº 19 sobre o Regime Jurídico das Licitações. *Revista de Direito Administrativo* – RDA, vol. 213, 1998, pp. 1/9; MOREIRA NETO, Diogo de Figueiredo. *Apontamentos sobre a Reforma Administrativa*. Rio de Janeiro: Renovar, 1999, pp. 33/34; ALMEIDA, Aline Paola C. B. Camara de. O Regime Licitatório das Empresas Estatais. In: SOUTO, Marcos Juruena Villela (coord.). *Direito Administrativo Empresarial*. Rio de Janeiro: Lumen Juris, 2006 p. 194.

necimento dos produtos ou a prestação de serviços que tiverem importância direta e estratégica para a consecução de tais objetivos.

Nos termos do relatório que fundamentou o acórdão nº 121/1998, "para adquirir bens para seu uso ou para alienar imóveis de sua propriedade ou nele efetuar obras, devem ser obedecidos os procedimentos licitatórios adequados. Porém, estando quaisquer dessas atividades diretamente vinculadas à exploração da atividade econômica pela empresa, não há que se exigir a realização do certame, eis que esta, nesse aspecto, sujeita-se ao regime jurídico das empresas privadas".

Naquele caso, o TCU entendeu que a atividade de transporte de combustíveis seria relacionada às atividades-fim da empresa estatal tendo em vista que intrinsecamente relacionadas com as suas atividades comerciais e, como consequência, "sem dúvida, a adoção de procedimento licitatório seria inconveniente com a normalidade de suas atuações na atividade econômica, isto é, não seria exeqüível em relação aos seus rotineiros procedimentos para operar o cumprimento das atividades negociais em vista da qual foram criadas. As delongas da licitação inibiriam seu desempenho expedito e muitas vezes obstariam a obtenção do negócio mais vantajoso. Dela não haveria cogitar em tais casos". Note-se que, tratando-se da BR Distribuidora, uma interpretação rígida do conceito de atividade-fim poderia conduzir à conclusão de que a inexigibilidade se aplicaria apenas à compra e venda em si de combustíveis, não abarcando a logística a elas necessária, como acertadamente reconheceu o TCU.

Desses julgados, era possível extrair que a distinção proposta pelo TCU entre atividades-meio e atividades-fim não era formal nem rígida, mas dependia, em cada caso concreto, da importância dos contratos a serem celebrados à boa consecução do objeto social da Companhia. Os exemplos mais mencionados de atividades-meio eram a construção de edifícios, compra de bens de almoxarifado, os quais, de fato, não tem relação direta com o sucesso da atuação da empresa no mercado:

> "Percebe-se dessa forma a natureza comercial e estratégica dos contratos de transporte celebrados pela BR, os quais assumem características peculiares e próprias do ramo econômico a que pertence a distribuidora. Tal fato torna inviável a realização do prévio procedimento licitatório para sua contratação, uma vez que esses contratos estão ligados à essência da atividade econômica por ela exercida. 3.37.Refletindo o exposto nesta instrução, conclui-se que

O ESTADO EMPRESÁRIO

os contratos de transporte celebrados pela BR Distribuidora são próprios da exploração da atividade econômica para a qual a estatal foi criada; portanto são de natureza comercial e independem da prévia licitação".

A resposta, enfim, não estava em se discutir se o art. 173 da Constituição Federal se aplicava ou não às empresas estatais prestadoras de serviços públicos no que diz respeito ao regime licitatório a elas aplicável. Ele claramente se aplica e o art. 22, XXVII, confirma isso. Reforça essa tese, como já mencionado acima, o fato de que a opção empresarial deve ser acompanhada dos instrumentos necessários para que atinja os seus objetivos.[676]

Assim, nem a divisão entre atividades-fim e meio, nem a dicotomia entre empresas prestadoras de serviços públicos e exploradoras de atividades econômicas em sentido estrito seriam capazes de solucionar adequadamente a questão: o que se deve indagar é se (i) o regime licitatório "simplificado" é inerente à exploração de uma atividade sob a forma empresarial, sobretudo àquelas desempenhadas em regime de concorrência com a iniciativa privada; e se (ii) a aplicação do regime licitatório "simplificado" acarretaria algum prejuízo à prestação do serviço público, consideradas as exigências constitucionais impostas aos seus prestadores, prejuízo esse que não conseguimos vislumbrar.

---

[676] Nesse sentido, Dinorá Grotti afirma que o critério de diferenciação pautado na natureza da atividade explorada pela empresa estatal pode ser substituído por um critério relacionado à "inserção do Estado no mercado. Sempre que o Estado assumir a condição de empresário e dispor-se a competir com os particulares, terá de aplicar-se o regime de Direito Privado. Esse raciocínio poderá ser aplicado ainda quando o Estado explorar serviço público. Ou seja, há a possibilidade de o Estado assumir a prestação do serviço público em situação de competição com os particulares. Suponha-se uma lei estadual que faculte a uma entidade da Administração indireta disputar a obtenção de concessão de serviço público em outro Estado. Quem poderia defender que essa entidade 'estatal', ainda que 'prestadora de serviço público', estaria sujeita a regime jurídico diverso do reservado a particulares?" (GROTTI, Dinorá Adelaide Musetti. Licitações nas Estatais em face da Emenda Constitucional 19, de 1998, *Revista de Direito Constitucional e Internacional*, vol. 30, jan. 2000, p. 106 e ss).

O ESTADO COMO ACIONISTA CONTROLADOR

Distinguir atividades-meio de atividades-fim, na prática, pode não constituir uma tarefa fácil.[677] Além disso, em alguns casos, a realização de licitação para a contratação de bens e serviços relacionados às atividades--meio da empresa estatal pode, da mesma forma, trazer prejuízos para a sua atuação em ambiente concorrencial.[678] Floriano de Azevedo Marques Neto, nesse sentido, afirma que "pode haver caso de contratação de gestão (atividade-meio) que de per si revele uma estratégia da empresa estatal e comprometa a sua capacidade de competir no mercado".[679]

Ainda de acordo com esse autor, e na linha do que defendemos neste livro, o ponto fulcral para a submissão ou não de determinada entidade ao regime de licitação "deve ser a verificação (e suficiente demonstração) no caso concreto da incompatibilidade entre o procedimento (ou formalidades a ele inerentes) e a finalidade da contratação alvitrada no âmbito da atividade competitiva por ela exercida",[680] no que é acompanhado por

---

[677] SOUZA, Rodrigo Pagani; SUNDFELD, Carlos Ari. Licitações nas estatais: levando a natureza empresarial a sério. *Revista de Direito Administrativo*, vol. 245, 2007, p. 23. MENDONÇA, José Vicente Santos de. *Op.cit.*, p. 245.

[678] MENDONÇA, José Vicente Santos de. *Op.Cit.*, p. 245. No mesmo sentido, CARDOZO, José Eduardo Martins. O Dever de Licitar e os Contratos das Empresas que exercem Atividade Econômica. *Op.cit.*, p. 786 e 788. Esse autor defende que, "nos negócios que são a razão de ser da sua própria existência como pessoa jurídica privada que exerce atividade característica do universo privado, submetê-la à prática de licitações seria retirar-lhe qualquer competitividade de mercado. Todavia, naturalmente, em contratos outros, de natureza meramente instrumental ou acessória, onde a atividade negocial de mercado que é a razão da sua criação não se faz presente de forma direta, a situação é completamente diferente". Mas chama a atenção para o fato de que fundamentar a inexigibilidade da licitação com fundamento na dicotomia atividade-fim / atividade-meio não é suficiente em todos os casos: "certos contratos indiscutivelmente relacionados com atividade-meio da empresa podem exigir, em alguns casos, agilidade indispensável para que a competitividade de mercado seja mantida pela empresa estatal" (Idem, p. 788).

[679] Esse seria o caso, por exemplo, "de uma contratação de consultoria para suportar a reorganização administrativa e gerencial da empresa estatal e que prenuncie uma nova estratégia de atuação no mercado" (MARQUES NETO, Floriano de Azevedo. As contratações estratégicas das estatais que competem no mercado. In: OSÓRIO, Fabio Medina; SOUTO, Marcos Juruena Villela. *Direito Administrativo: estudos em homenagem a Diogo de Figueiredo Moreira Neto*. Rio de Janeiro: Lumen Juris, 2006, p. 588).

[680] MARQUES NETO, Floriano de Azevedo. As contratações estratégicas das estatais que competem no mercado. *Op.cit.*, p. 588.

O ESTADO EMPRESÁRIO

Carlos Ari Sundfeld e Rodrigo Pagani de Souza,[681] bem como por José Vicente Santos de Mendonça.[682]

Floriano de Azevedo Marques Neto propõe, ainda, interessante enumeração de questões que, independentemente da classificação entre atividades-fim e meio ou da natureza da atividade explorada por essas entidades, deverão ser consideradas para que se possa avaliar se a licitação é ou não exigível em cada caso concreto: (i) presença de questões sigilosas ou estratégicas que não poderiam ser divulgadas através do certame; (ii) incompatibilidade dos prazos licitatórios com a necessária celeridade e dinamismo que devem permear alguns tipos de contratações; e (iii) impossibilidade de definição adequada do objeto a ser licitado, em virtude da sua complexidade e da realidade comercial subjacente.[683]

Assim, nas hipóteses em que as regras previstas pela Lei nº 8.666/93 prejudicassem a competição da estatal ou tornassem menos eficiente a sua atuação no mercado, seria necessário indagar qual o regime que deveria ser aplicado a essas empresas, pelo menos até que a lei mencionada pelo art. 173 fosse editada.

Adilson Abreu Dallari,[684] Aline Paola Camara,[685] José Calazans Junior,[686] Floriano de Azevedo Marques Neto,[687] Gustavo Binenbojm,[688]

---

[681] SOUZA, Rodrigo Pagani; SUNDFELD, Carlos Ari. Licitações nas estatais: levando a natureza empresarial a sério. *Revista de Direito Administrativo*, vol. 245, 2007, p. 23.

[682] *Op.Cit.*, p. 245 e ss.

[683] MARQUES NETO, Floriano de Azevedo. As contratações estratégicas das estatais que competem no mercado. In: OSÓRIO, Fabio Medina; SOUTO, Marcos Juruena Villela. *Direito Administrativo: estudos em homenagem a Diogo de Figueiredo Moreira Neto*. Rio de Janeiro: Lúmen Júris, 2006, pp. 593/594.

[684] DALLARI, Adilson Abreu. Licitações nas empresas estatais. *Revista de Direito Administrativo*, vol. 229, 2002, p. 84.

[685] ALMEIDA, Aline Paola C. B. Camara de. O Regime Licitatório das Empresas Estatais. In: SOUTO, Marcos Juruena Villela (coord.). *Direito Administrativo Empresarial*. Rio de Janeiro: Lumen Juris, 2006, p. 202.

[686] "(...) desde a promulgação da Emenda nº 19/98, a Lei nº 8.666/93 já não se aplica às empresas estatais. Até que seja editada a lei prevista no novo texto constitucional, somente os 'princípios da administração pública', previstos nesta lei, que correspondam aos estabelecidos no artigo 37 da Carta de 1988, são obrigatórios para as empresas públicas e sociedades de economia mista e suas subsidiárias. Entendo mais: essas empresas estatais podem, agora, editar seus regulamentos de licitação, com o procedimento que mais se

O ESTADO COMO ACIONISTA CONTROLADOR

Jessé Torres Pereira Junior,[689] Edmir Netto de Araújo,[690] Luis Roberto Barroso[691] e Vitor Schirato[692] defendem a possibilidade de edição de regulamentos próprios pelas empresas estatais.

ajuste aos seus objetivos e propósitos empresariais" (CALAZANS JUNIOR, José. A Licitação nas empresas estatais. *Revista de Direito Administrativo*, vol. 214, 1998, pp. 111/112).

[687] "Segue daí meu entendimento no sentido de que, mesmo que ainda não tenha sido editada a lei definindo o 'estatuto jurídico da empresa pública, da sociedade de economia mista e de suas subsidiárias', (...) as alterações perpetradas pela EC nº 19 já produzem efeitos na ordem jurídica. (...) se a Constituição dividiu a competência privativa da União em duas (para editar normas gerais aos entes estatais centralizados e outra para regrar as licitações das estatais), só vinculando a primeira delas ao regime do artigo 37, não me parece conformar-se com o texto constitucional disposição que faz as normas gerais de uma serem obrigatoriamente aplicáveis àquelas outras" (MARQUES NETO, Floriano. As contratações estratégicas das estatais que competem no mercado. In: OSÓRIO, Fabio Medina; SOUTO, Marcos Juruena Villela. *Direito Administrativo: estudos em homenagem a Diogo de Figueiredo Moreira Neto*. Rio de Janeiro: Lumen Juris, 2006, p. 590).

[688] Regulamentos simplificados de Licitações das Empresas Estatais: O Caso da Petrobras. *Temas de Direito Administrativo e Constitucional*, Renovar, Rio de Janeiro, 2008, p. 310.

[689] PEREIRA JUNIOR, Jesse Torres. *Da reforma administrativa constitucional*. Rio de Janeiro: Renovar, 1999, p. 375. De acordo com esse autor, "a solução para evitar a temporária indefinição normativa estará em valerem-se as entidades do permissivo inscrito no art. 119 da Lei nº 8.666/93, e editarem regulamentos próprios, que não reproduzindo as disposições da lei geral de licitações, já darão cumprimento ao regime delineado pela Emenda 19, estabelecendo regras procedimentais harmonizadas com os princípios licitatórios com as particularidades da estrutura organizacional da empresa e com as características do serviço que presta ou do mercado em que atua. Viável a solução porque o mencionado art. 119 não foi recepcionado na íntegra pela Emenda 19. No que, em sua parte final, sujeita os regulamentos internos às disposições da Lei nº 8.666/93, o art. 119 passou a conflitar com a redação que a Emenda trouxe para o art. 173, § 1º III, da Constituição".

[690] ARAÚJO, Edmir Netto de. *Curso de Direito Administrativo*. São Paulo: Editora Saraiva, 2010, p. 247. Mas esse entendimento, de acordo com o autor, só se aplica às estatais exploradoras de atividades econômicas em sentido estrito.

[691] BARROSO, Luis Roberto. Sociedade de Economia Mista Exploradora de Atividade Econômica. Instituição Financeira em Regime de Liquidação. Alienação do Controle Acionário. Contratação Direta. Admissibilidade. *Boletim de Direito Administrativo – BDA*, nº 10, out. 2004, p. 1105.

[692] SCHIRATO, Vitor Rhein. Novas anotações sobre as empresas estatais. *Revista de Direito Administrativo*, vol. 239, 2005, p. 233.

O ESTADO EMPRESÁRIO

Gustavo Binenbojm argumenta, nesse sentido, que se trataria de matéria submetida à reserva de regulamento, prevista no art. 84 da Constituição Federal:

> O fato de o art. 173, § 1º, da Carta Federal aludir à 'lei' ao se referir ao estatuto das empresas estatais não significa que *todas* as matérias que constituem seu objeto estejam sujeitas a uma reserva legal absoluta. Naturalmente, a lei formal será exigível apenas naquilo que diga com a imposição de restrições a direitos fundamentais, não sendo este o caso da definição de procedimentos administrativos de certames licitatórios.[693]

Em resumo, o autor fundamenta a possibilidade de edição de regulamentos licitatórios simplificados no seguinte: "(i) o at. 84, VI, 'a' permite a expedição de regulamentos autônomos em matéria de organização e funcionamento da Administração Pública; (ii) matéria de licitações não está sujeita à reserva legal e se insere, confortavelmente, no rol de assuntos inerentes à organização e ao funcionamento da Administração".[694]

O Tribunal de Contas da União, contudo, se manifestou reiteradamente de forma contrária a esse entendimento, em julgados envolvendo o Regulamento Licitatório simplificado aplicável às contratações realizadas pela Petrobras, aprovado pelo Decreto nº 2.475/98 e editado com fundamento no art. 67 da Lei do Petróleo,[695] considerando que o referido Decreto viola o princípio da legalidade.[696] O Supremo Tribunal Federal,

---

[693] Regulamentos simplificados de Licitações das Empresas Estatais: O Caso da Petrobras. *Temas de Direito Administrativo e Constitucional*, Renovar, Rio de Janeiro, 2008, p. 313.

[694] Idem. *Ibidem*, p. 315.

[695] "Art. 67. Os contratos celebrados pela PETROBRAS, para aquisição de bens e serviços, serão precedidos de procedimento licitatório simplificado, a ser definido em decreto do Presidente da República." Note-se que esse dispositivo foi revogado pela Lei nº 13.303/2016.

[696] De acordo com esse Tribunal, como visto, até que fosse editada a lei a que se refere o art. 173, § 1º, da Constituição Federal, as empresas estatais deveriam observar as regras previstas pela Lei nº 8.666/93. Além disso, esse Tribunal entendia que a lei a que se refere o mencionado dispositivo constitucional, deverá dispor de forma minuciosa sobre as regras licitatórias aplicáveis a essas entidades, não sendo legítimo, à luz do princípio da legalidade, que simplesmente delegue a competência para dispor sobre o assunto ao Chefe do Executivo. Nessa linha, na decisão nº 663/2002, aquele Tribunal entendeu ser

por sua vez, vinha reiteradamente se manifestando, em sede de cognição sumária, no sentido da constitucionalidade do referido Decreto, sob o argumento de que o regime simplificado por ele previsto é essencial para a atuação da estatal em igualdade de oportunidades com a iniciativa privada.[697]

inconstitucional o art. 67 da Lei nº 9.478/97, por importar em delegação a ato infralegal da disciplina completa do regime simplificado de licitação: "é dizer, a Lei nº 9.478/97 não trouxe qualquer dispositivo que dissesse como seriam as licitações processadas pela Petrobras. Nem ao menos os princípios básicos que deveriam reger os processos licitatórios da estatal constaram da lei. Assim, o Decreto nº 2.745/98 inovou no mundo jurídico, ao trazer comandos e princípios que deveriam constar de lei. Pode-se dizer, então, que o Decreto não regulamentou dispositivos: os criou."

Sob o argumento da ilegalidade desse Regulamento, esse Tribunal já determinou "à Petrobras que se abstenha de aplicar às suas licitações e contratos o Decreto 2.745/98 e o artigo 67 da Lei 9.478/97, em razão de sua inconstitucionalidade, e observe os ditames da Lei 8.666/93 e o seu anterior regulamento próprio, até a edição da lei de que trata o § 1º do artigo 173 da Constituição Federal, na redação dada pela Emenda Constitucional 19/98", dando-lhe ciência de que "os atos doravante praticados com base nos referidos dispositivos serão considerados como irregulares por esta Corte e implicarão na responsabilização pessoal dos agentes que lhes derem causa, devendo a entidade valer-se, na realização de suas licitações e celebração de seus contratos, das prescrições contidas na Lei nº 8.666/93" (Decisão nº 663/2002).

[697] Nesse sentido, podemos citar os seguintes julgados: MS 25888 MC, Rel. Min. GILMAR MENDES, j.22/03/2006, DJ 29/03/2006; MS 26410 MC, Rel. Min. RICARDO LEWANDOWSKI, j. 15/02/2007, DJ 02/03/2007; MS 27232, Rel. Min. EROS GRAU, j. 13/05/2008, PUBLIC 20/05/2008; MS 27337, Rel. Min. EROS GRAU, j. 21/05/2008, PUBLIC 28/05/2008; MS 27743 MC, Rel. Min. CÁRMEN LÚCIA, j. 01/12/2008, PUBLIC 15/12/2008; MS 28504, Rel. Min. ELLEN GRACIE, j. 02/03/2010, PUBLIC 09/03/2010; MS 28745 MC, Rel. Min. ELLEN GRACIE, j. 06/05/2010, PUBLIC 13/05/2010; MS 29123 MC, Rel. Min. GILMAR MENDES, j. 02/09/2010, PUBLIC 09/09/2010; MS 29326 MC, Rel. Min. CÁRMEN LÚCIA, j. 13/10/2010, PUBLIC 22/10/2010; MS 28744 MC, Rel. Min. ELLEN GRACIE, j. 11/11/2010, PUBLIC 17/11/2010; MS29468 MC, Rel. Min. DIAS TOFFOLI, j. 19/12/2010, PUBLIC 09/02/2011; MS 26783 MC-ED, Rel. Min. MARCO AURÉLIO, j. 05/12/2011, PUBLIC 19/12/2011; MS 31235 MC, Rel. Min. DIAS TOFFOLI, j. 26/03/2012, PUBLIC 29/03/2012. Essa matéria também é objeto do Recurso Extraordinário nº 441.280, em que se discute a aplicação, ou não, à Petrobras, do disposto no art. 1º, parágrafo único, da Lei 8.666/93. O referido recurso extraordinário fora interposto contra acórdão que afastara a incidência daquele dispositivo legal à Petrobras, "ao fundamento de que, por se tratar de sociedade de economia mista, seu regime jurídico seria de natureza privada". O Min. Menezes Direito negou provimento ao recurso, no que foi acompanhado pelo Min. Ricardo Lewandowski.

O ESTADO EMPRESÁRIO

Como adiantado, em junho de 2016, foi editada a Lei federal nº 13.303, para finalmente regulamentar o disposto no art. 173, § 1º da Constituição Federal.

O seu Título II é totalmente dedicado às licitações promovidas por empresas estatais, o que, a toda evidência, encerra a discussão sobre o regime jurídico aplicável a esses procedimentos. Em resumo, é possível afirmar que esse título é inspirado na Lei federal nº 8.666/93, bem como em alguns diplomas mais recentes, como o que estabelece o Regime Diferenciado de Contratações (Lei nº 12.462/2011), parcialmente adaptados à realidade das empresas estatais, tendo sido encampada, por exemplo, a discussão doutrinária e jurisprudencial narrada acima no que diz respeito às hipóteses de inexigibilidade de licitação, sobretudo aquelas relacionadas à execução de "atividades-fim".

De acordo com o Informativo 522 do Supremo Tribunal Federal, o Ministro Menezes Direito teria fundamentado o seu voto no fato de que "a submissão legal da Petrobras a um regime diferenciado de licitação estaria justificado pelo fato de que, com a relativização do monopólio do petróleo trazida pela EC 9/95, a empresa passou a exercer a atividade econômica de exploração do petróleo em regime de livre competição com as empresas privadas concessionárias da atividade, as quais, frise-se, não estão submetidas às regras rígidas de licitação e contratação da Lei 8.666/93. Em conseqüência, reputou não ser possível conciliar o regime previsto nessa lei com a agilidade própria do mercado de afretamento. Daí observar que a interpretação que afasta a aplicação do art. 1º, parágrafo único, do aludido diploma ser uma conseqüência direta da própria natureza constitucional da sociedade de economia mista, tal como declarado pelo constituinte originário e reiterado pelo constituinte derivado".

A Ministra Carmen Lúcia votou no sentido do provimento do recurso extraordinário, "por considerar que os princípios constantes do art. 3º da Lei 8.666/93 e as regras, genéricas, que estruturam o instituto da licitação, aplicam-se indistintamente a todos os entes integrantes da Administração Pública, seja direta ou indireta".

O Ministro Carlos Britto considerou, por sua vez, que a Lei nº 9.478/97, ao remeter ao Decreto nº 2.745/98 o tema relativo aos contratos celebrados pela Petrobras, deixou de observar a imposição de reserva legal para tratamento do tema e, em vista disso, se existir conflito entre o Decreto e a Lei 8.666/93, esta última deve prevalecer.

Tendo em vista, contudo, a afetação do feito ao Plenário do Supremo Tribunal Federal, o seu julgamento foi reiniciado em 03.08.2011, ocasião em que foram proferidos os votos do Ministro Dias Toffoli e Marco Aurélio, e apresentado pedido de vista pelo Ministro Luiz Fux.

O art. 28 da Lei, nesse sentido, dispensa as empresas públicas e sociedades de economia mista de realizar procedimentos licitatórios, quando (i) o objeto da contratação for a "comercialização, prestação ou execução, de forma direta, pelas empresas mencionadas no caput, de produtos, serviços ou obras especificamente relacionados com seus respectivos objetos sociais" (a atividade-fim); e (ii) "a escolha do parceiro esteja associada a suas características particulares, vinculada a oportunidades de negócio definidas e específicas, justificada a inviabilidade de procedimento competitivo" (justificativa também relacionada às necessidades típicas da atuação de uma sociedade em um mercado). São incluídas nessa última hipótese, nos termos do § 4º desse dispositivo, "a formação e a extinção de parcerias e outras formas associativas, societárias ou contratuais, a aquisição e a alienação de participação em sociedades e outras formas associativas, societárias ou contratuais e as operações realizadas no âmbito do mercado de capitais".

O art. 29 da lei enumera outro rol de contratos para os quais será dispensável a licitação, tomando por inspiração, a toda evidência, o art. 24 da Lei nº 8.666/93, com algumas adaptações. O art. 30, por sua vez, dispõe de forma exemplificativa sobre as hipóteses de inexigibilidade de licitação, tomando por clara influência o disposto no art. 25 da Lei nº 8.666/93.

O Min. Dias Toffoli, relator, negou provimento ao recurso, preconizando que "a sociedade de economia mista, a empresa pública e outras entidades que viessem a explorar atividade econômica deveriam sujeitar-se a regime jurídico próprio de empresas privadas, inclusive quanto a obrigações trabalhistas e tributárias". Consignou, ainda, que "não se poder exigir que a recorrida se subordinasse aos rígidos limites da licitação destinada aos serviços públicos – prevista na Lei 8.666/93 –, sob pena de se criar grave obstáculo ao normal desempenho de suas atividades comerciais" (cf. Informativo nº 634 do STF). O Ministro Marco Aurélio votou pelo provimento ao recurso.

Em 22.09.2016 o julgamento foi mais uma vez retomado, tendo sido proferido voto-vista do Ministro Luiz Fux, que conheceu em parte do recurso, e, na parte conhecida, negou-lhe provimento, no que foi acompanhado pelo Ministro Dias Toffoli (Relator), que reajustou seu voto, e pelos Ministros Teori Zavascki, Ricardo Lewandowski e Celso de Mello. Também foi proferido o voto do Ministro Edson Fachin, que deu provimento ao recurso. O julgamento, contudo, foi suspenso para colher o voto do Ministro Gilmar Mendes, ausente nesta assentada. Consta, ainda, que na sessão de julgamento de 19.10.2016, o Tribunal acolheu o pedido de adiamento formulado pelo Tribunal de Contas da União.

De mais importante, pode-se destacar, ainda, que: (i) adotou-se o pregão como modalidade padrão de licitação, para aquisição de bens e serviços comuns (art. 32, IV), e a inversão das fases para todos os tipos de licitação (art. 51); (ii) previu-se ser facultativa a publicização do valor estimado do contrato a ser celebrado pela empresa pública ou pela sociedade de economia mista, o qual poderá, portanto, ser colocado sob sigilo (art. 34), a exemplo do previsto no Regime Diferenciado de Contratações (Lei nº 12.462/2011); (iii) determinou-se que as estatais deverão publicar e manter atualizado regulamento interno de licitações e contratos (art. 40); (iv) previu-se que se aplicam às licitações e contratos realizados pelas empresas estatais as normas de direito penal contidas nos arts. 89 a 99 da Lei nº 8.666/1993 (art. 41); (v) encampou-se os conceitos de contratação integrada (art. 42, VI e § 1º) e de remuneração variável (art. 45), ambos previstos na Lei do Regime Diferenciado de Contratações; e (vi) institui-se, como critérios de julgamento, não só o menor preço, a melhor técnica e a combinação de ambos, mas também o maior desconto, o maior retorno econômico e a melhor destinação dos bens alienados (art. 54), fundindo-se critérios previstos tradicionalmente na Lei nº 8.666/93, com aqueles previstos pela Lei nº 12.462/2011.

### 3.7.1.5. Regime contratual e possibilidade de celebração de compromisso de arbitragem

Questiona-se, ainda, se os contratos celebrados pelas empresas estatais teriam natureza de direito privado ou público, sendo possível, nesse último caso, a inclusão de cláusulas exorbitantes, como a alteração unilateral. Afirma-se que, se o art. 173, § 1º, da Constituição submete as empresas estatais ao regime jurídico próprio das empresas privadas, não haveria dúvidas quanto à impossibilidade do uso das prerrogativas contratuais previstas na Lei nº 8.666/93, o que seria reforçado pela previsão constante do art. 22, XXVII, da Carta Maior. É o que se extrai, também, do art. 68 da Lei federal nº 13.303/2016, que prevê que "os contratos de que trata esta Lei regulam-se pelas suas cláusulas, pelo disposto nesta Lei e pelos preceitos de direito privado".

Isso não é suficiente, contudo, para afastar a discussão doutrinária e jurisprudencial existente sobre o tema: parcela da doutrina afasta a aplicação do art. 173 às empresas estatais prestadoras de serviço público,

O ESTADO COMO ACIONISTA CONTROLADOR

inclusive no que tange ao regime contratual,[698] não obstante ter o art. 22, XXVII da Constituição expressamente distinguido o regime jurídico aplicável à Administração Pública Direta, Fundacional e Autárquica daquele incidente sobre as empresas estatais, sem distinção.

Filiamo-nos à outra parcela doutrinária que entende que os contratos celebrados pelas empresas estatais com terceiros, independentemente da natureza das atividades por elas exploradas, são contratos submetidos ao direito comum, não sendo possível a inclusão de cláusulas exorbitantes.[699]

Até 2015, interessante debate atinente ao tema dos contratos celebrados pelas empresas estatais dizia respeito à possibilidade de celebração de compromisso de arbitragem. Muito embora, como visto, se reconhecesse a submissão dessas entidades ao regime contratual comum, discutia-se se seria possível a opção por procedimentos de arbitragem para a solução de conflitos oriundos da execução desses contratos. A discussão abrangia questões sobre a submissão da Administração ao princípio da legalidade, que exigiria a autorização legal para a adoção de tais procedimentos, bem como sobre a possibilidade de as empresas estatais renunciarem ao direito de recorrer ao Judiciário.

Parcela doutrinária entendia ser necessária a previsão específica em lei da possibilidade de submissão de conflitos envolvendo empresas estatais à arbitragem.[700]

Outra parte da doutrina afirmava que o princípio da legalidade seria atendido pela própria Lei de Arbitragem (Lei nº 9.307/96), cujo art. 1º prevê que "as pessoas capazes de contratar poderão valer-se da arbitragem para dirimir litígios relativos a direitos patrimoniais disponíveis", não excluindo desse rol as empresas estatais,[701] ou, ainda, pelo art. 23,

---

[698] CARDOZO, José Eduardo Martins. O Dever de Licitar e os Contratos das Empresas que exercem Atividade Econômica. *Op.cit.*, p. 806; ARAÚJO, Edmir Netto de. *Curso de Direito Administrativo*. São Paulo: Editora Saraiva, 2010, p. 248.

[699] ALMEIDA, Aline Paola C. B. Camara de. O Regime Licitatório das Empresas Estatais. In: SOUTO, Marcos Juruena Villela (coord.). *Direito Administrativo Empresarial*. Rio de Janeiro: Lumen Juris, 2006, p. 199.

[700] BARROSO, Luís Roberto. Sociedade de Economia Mista Prestadora de Serviço Público. Cláusula Arbitral inserida em Contrato Administrativo sem prévia autorização legal. Invalidade. *Revista de Direito Bancário, do Mercado de Capitais e da Arbitragem*, nº 19, p. 434.

[701] LEMES, Selma M. Ferreira. Arbitragem na Concessão de Serviços Públicos – Arbitrabilidade Objetiva. Confidencialidade ou Publicidade Processual? *Revista de Direito Bancário,*

XV, da Lei nº 8.987/95, que prevê que as cláusulas relativas "ao foro e ao modo amigável de solução das divergências contratuais" são essenciais ao contrato de concessão.[702]

Ora, em se considerando que as empresas estatais são submetidas a regime jurídico de direito privado, apenas se admitindo as derrogações previstas na própria Constituição Federal, não haveria porque afastar a possibilidade de aplicação do procedimento arbitral a essas entidades, a não ser que comprovado que tal expediente implicaria algum prejuízo para a consecução do interesse público.

Há, ainda, quem afirmasse que o fundamento legal para a inclusão de cláusulas de compromisso nos contratos celebrados pela Administração Pública residiria no art. 54 da Lei nº 8.666/93,[703] de acordo com o qual "os contratos administrativos de que trata esta Lei regulam-se pelas suas cláusulas e pelos preceitos de direito público, aplicando-se-lhes, supletivamente, os princípios da teoria geral dos contratos e as disposições de direito privado".

Vale mencionar, ainda, que, muito embora até 2015 não houvesse uma autorização genérica para a adoção de tal mecanismo pelas entidades estatais, diversas leis setoriais já o admitiam, sendo exemplos disso a Lei nº 9.478/97 (arts. 20 e 43, X) e Lei nº 10.848/04 (art. 4º, §§ 5º e 6º), bem como a Lei de Parcerias Público-Privadas (Lei nº 11.079/2004, art. 11, § 3º).

Por outro lado, há também quem afirmasse que as entidades da Administração Pública não poderiam se submeter a procedimentos de arbitragem sob pena de violação ao princípio da indisponibilidade do interesse público, mesmo quando os eventuais conflitos tenham por objeto direitos patrimoniais disponíveis.[704]

Prevaleceu, contudo, o entendimento de que é possível a celebração de cláusula compromissória desde que estejam em jogo interesses patri-

---

*de Mercado de Capital e de Arbitragem*, nº 21, jul./set. 2003, p. 395.

[702] TÁCITO, Caio. Arbitragem nos Litígios Administrativos. *Revista de Direito Administrativo*, nº 210, 1997, p. 114.

[703] DALLARI, Adilson de Abreu. Arbitragem na concessão de serviços públicos. *Revista Trimestral de Direito Público – RTDP*, nº 13, 1996, p. 7.

[704] Nesse sentido, FIGUEIREDO, Lucia Valle. *Curso de Direito Administrativo*. 5ª ed. São Paulo: Malheiros, 2001, p. 101.

moniais disponíveis.[705]-[706] A doutrina majoritária converge no sentido de que a celebração desse compromisso não implica em renúncia ou viola-

---

[705] ADMINISTRATIVO. MANDADO DE SEGURANÇA. PERMISSÃO DE ÁREA POR-TUÁRIA. CELEBRAÇÃO DE CLÁUSULA COMPROMISSÓRIA. JUÍZO ARBITRAL. SOCIEDADE DE ECONOMIA MISTA. POSSIBILIDADE. ATENTADO. 1. A sociedade de economia mista, quando engendra vínculo de natureza disponível, encartado no mesmo cláusula compromissória de submissão do litígio ao Juízo Arbitral, não pode pretender exercer poderes de supremacia contratual previsto na Lei 8.666/93. (...) 5. Questão gravitante sobre ser possível o juízo arbitral em contrato administrativo, posto relacionar-se a direitos indisponíveis. 6. A doutrina do tema sustenta a legalidade da submissão do Poder Público ao juízo arbitral, calcado em precedente do E. STF, in litteris: "Esse fenômeno, até certo ponto paradoxal, pode encontrar inúmeras explicações, e uma delas pode ser o erro, muito comum de relacionar a indisponibilidade de direitos a tudo quanto se puder associar, ainda que ligeiramente, à Administração." (...) Não só o uso da arbitragem não é defeso aos agentes da administração, como, antes é recomendável, posto que privilegia o interesse público." (...). 7. Deveras, não é qualquer direito público sindicável na via arbitral, mas somente aqueles cognominados como "disponíveis", porquanto de natureza contratual ou privada. (...) saliente-se que dentre os diversos atos praticados pela Administração, para a realização do interesse público primário, destacam-se aqueles em que se dispõe de determinados direitos patrimoniais, pragmáticos, cuja disponibilidade, em nome do bem coletivo, justifica a convenção da cláusula de arbitragem em sede de contrato administrativo. 12. As sociedades de economia mista, encontram-se em situação paritária em relação às empresas privadas nas suas atividades comerciais, consoante leitura do artigo 173, § 1º, inciso II, da Constituição Federal, evidenciando-se a inocorrência de quaisquer restrições quanto à possibilidade de celebrarem convenções de arbitragem para solução de conflitos de interesses, uma vez legitimadas para tal as suas congêneres. 13. Outrossim, a ausência de óbice na estipulação da arbitragem pelo Poder Público encontra supedâneo na doutrina clássica do tema, verbis: (...) Ao optar pela arbitragem o contratante público não está transigindo com o interesse público, nem abrindo mão de instrumentos de defesa de interesses públicos, Está, sim, escolhendo uma forma mais expedita, ou um meio mais hábil, para a defesa do interesse público. Assim como o juiz, no procedimento judicial deve ser imparcial, também o árbitro deve decidir com imparcialidade, O interesse público não se confunde com o mero interesse da Administração ou da Fazenda Pública; o interesse público está na correta aplicação da lei e se confunde com a realização correta da Justiça." (...). 14. A aplicabilidade do juízo arbitral em litígios administrativos, quando presentes direitos patrimoniais disponíveis do Estado é fomentada pela lei específica, porquanto mais célere, consoante se colhe do artigo 23 da Lei 8987/95, que dispõe acerca de concessões e permissões de serviços e obras públicas, e prevê em seu inciso XV, dentre as cláusulas essenciais do contrato de concessão de serviço público, as relativas ao "foro e ao modo amigável de solução de divergências contratuais". (Precedentes do Supremo Tribunal

O ESTADO EMPRESÁRIO

ção do interesse público. Trata-se de uma forma de solução de conflitos que preza pela celeridade e tratamento especializado da matéria, o que também atende ao interesse público.

Federal: SE 5206 AgR / EP, de relatoria do Min. SEPÚLVEDA PERTENCE, publicado no DJ de 30-04-2004 e AI. 52.191, Pleno, Rel. Min. Bilac Pinto. in RTJ 68/382 – "Caso Lage". Cite-se ainda MS 199800200366-9, Conselho Especial, TJDF, J. 18.05.1999, Relatora Desembargadora Nancy Andrighi, DJ 18.08.1999.) (...) conclui com acerto Ministério Público, verbis: "In casu, por se tratar tão somente de contrato administrativo versando cláusulas pelas quais a Administração está submetida a uma contraprestação financeira, indubitável o cabimento da arbitragem. Não faria sentido ampliar o conceito de indisponibilidade à obrigação de pagar vinculada à obra ou serviço executado a benefício auferido pela Administração em virtude da prestação regular do outro contratante. A arbitragem se revela, portanto, como o mecanismo adequado para a solução da presente controvérsia, haja vista, tratar-se de relação contratual de natureza disponível, conforme dispõe o artigo 1º, da Lei 9.307/96: "as pessoas capazes de contratar poderão valer-se da arbitragem para dirimir litígios relativos a direitos patrimoniais disponíveis." (fls. 472/473)" (STJ, MS 200502127630, Rel. LUIZ FUX, 1ª S., DJE 19/05/2008.)
PROCESSO CIVIL. JUÍZO ARBITRAL. CLÁUSULA COMPROMISSÓRIA. EXTINÇÃO DO PROCESSO. ART. 267, VII, DO CPC. SOCIEDADE DE ECONOMIA MISTA. DIREITOS DISPONÍVEIS. 1. Cláusula compromissória é o ato por meio do qual as partes contratantes formalizam seu desejo de submeter à arbitragem eventuais divergências ou litígios passíveis de ocorrer ao longo da execução da avença. Efetuado o ajuste, que só pode ocorrer em hipóteses envolvendo direitos disponíveis, ficam os contratantes vinculados à solução extrajudicial da pendência. 2. A eleição da cláusula compromissória é causa de extinção do processo sem julgamento do mérito, nos termos do art. 267, inciso VII, do Código de Processo Civil. 3. São válidos e eficazes os contratos firmados pelas sociedades de economia mista exploradoras de atividade econômica de produção ou comercialização de bens ou de prestação de serviços (CF, art. 173, § 1º) que estipulem cláusula compromissória submetendo à arbitragem eventuais litígios decorrentes do ajuste. 4. Recurso especial provido. (STJ, RESP 200302052905, Rel. JOÃO OTÁVIO DE NORONHA, 2ª T., DJ 08/06/2007)
706 De acordo com Themístocles Brandão Cavalcanti, "a Administração realiza muito melhor os seus fins e a sua tarefa convocando as partes, que com ela contratarem, a resolver as controvérsias de direito e de fato, perante o juízo arbitral do que denegando o direito das partes, remetendo-as ao juízo ordinário, ou prolongando o processo administrativo com diligências intermináveis sem um órgão diretamente responsável pela instrução do processo. A Administração não preenche os seus fins somente com o ato formal de uma decisão administrativa, ela se realiza procurando as soluções de equilíbrio e com a proteção de todos os interesses legítimos. Ora, sendo o juízo arbitral uma solução aceita pelas partes, criada ou admitida pela lei, nenhum conflito pode haver quanto à sua aceitação

O recurso a mecanismos de arbitragem pode diminuir os custos envolvidos na execução do contrato, bem como evitar o risco de que matérias extremamente complexas, sob o ponto de vista técnico ou econômico, sejam resolvidas pelo magistrado comum, que não possui *expertise* para decidir sobre essas questões.

Em outubro de 2011, a 3ª Turma do Superior Tribunal de Justiça exarou precedente sedimentando a evolução do entendimento jurisprudencial e doutrinário sobre o tema. Trata-se do acórdão proferido no Recurso Especial nº 904.813,[707] no qual a 3ª Turma do STJ consignou que "tanto a doutrina como a jurisprudência já sinalizaram no sentido de que não existe óbice legal na estipulação da arbitragem pelo poder público, notadamente pelas sociedades de economia mista, admitindo como válidas as cláusulas compromissórias previstas em editais convocatórios de licitação e contratos". Esse julgado, aliás, inova ao declarar que "o fato de não haver previsão da arbitragem no edital de licitação ou no contrato celebrado entre as partes não invalida o compromisso arbitral firmado posteriormente".

Finalmente, em maio de 2015, a Lei nº 9.307/1996 que dispõe sobre arbitragem no Brasil foi alterada pela Lei nº 13.129, para passar a prever expressamente que "a administração pública direta e indireta poderá utilizar-se da arbitragem para dirimir conflitos relativos a direitos patrimoniais disponíveis" (art. 1º, § 1º).

---

como procedimento normal e legítimo da Administração" (CAVALCANTI, Themístocles Brandão. Concessão de Serviço Público. Encampação. Juízo Arbitral. *Revista de Direito Administrativo*, nº 45, p. 517). Ver também GRAU, Eros Roberto. Da arbitrabilidade de litígios envolvendo sociedade de economia mista e da interpretação da cláusula compromissória. *Revista de Direito Bancário, do Mercado de Capitais e da Arbitragem*, nº 18, out./dez. 2002, p. 406; MOREIRA NETO, Diogo de Figueiredo. A arbitragem nos contratos administrativos. *Revista de Direito Administrativo*, nº 223, jan./mar. 2001, p. 85; DALLARI, Adilson de Abreu. Arbitragem na concessão de serviços públicos. *Revista Trimestral de Direito Público – RTDP*, nº 13, 1996, p. 8; MATTOS, Mauro Roberto Gomes de. Contratos Administrativos e a Lei de Arbitragem. *Revista de Direito Administrativo*, nº 223, jan./mar. 2001, p. 126; CARNEIRO, Cristiane Dias. Adoção de cláusulas de arbitragem nos contratos da Administração Pública e, em especial, pelas estatais. In: SOUTO, Marcos Juruena Villela (coord.). *Direito Administrativo Empresarial*. Rio de Janeiro: Lumen Juris, 2006, p. 224.
[707] REsp 904813/PR, Rel. Min. Nancy Andrighi, 3ª T., j. 20/10/2011, DJe 28/02/2012.

O ESTADO EMPRESÁRIO

Isso não significa, contudo, que as discussões sobre o tema se encerrarão. Apesar de agora não fazer mais sentido discutir a questão à luz do princípio da legalidade – na medida em que a autorização legal foi dada – muito ainda se discutirá sobre o que são direitos disponíveis e quais são os direitos indisponíveis, além de outras questões procedimentais, como por exemplo sobre a possibilidade de atribuir sigilo à arbitragem envolvendo empresas estatais, já que a lei afirma que tais procedimentos se submeterão ao princípio da publicidade (art. 2º, § 3º).

### 3.7.1.6. Regime de responsabilidade civil

A doutrina brasileira é pacífica em defender que o regime de responsabilidade civil aplicável às empresas estatais exploradoras de atividades econômicas em sentido estrito é o mesmo que aquele aplicável às sociedades privadas, sendo, em regra, subjetiva,[708] nos termos do art. 927 do Código Civil. Diversamente, nos termos do art. 37, § 6º, da Constituição Federal, as empresas estatais "prestadoras de serviços públicos responderão pelos danos que seus agentes, nessa qualidade, causarem a terceiros, assegurado o direito de regresso contra o responsável nos casos de dolo ou culpa". Trata-se, portanto, da aplicação da responsabilidade civil objetiva, isto é, independente da comprovação de culpa.

A diferenciação do regime jurídico aplicável às empresas estatais prestadoras de serviços públicos é decorrente de previsão expressa da Constituição Federal, o que afasta as discussões a esse respeito. Vale ressaltar que o regime da responsabilidade civil objetiva não se aplica apenas às empresas estatais prestadoras de serviços públicos, mas também às pessoas jurídicas de direito privado prestadoras desses serviços.[709]

---

[708] Nesse sentido, ver FURTADO, Lucas Rocha. *Curso de Direito Administrativo*. Belo Horizonte, 2007, p. 205; ARAÚJO, Edmir Netto de. *Curso de Direito Administrativo*. São Paulo: Editora Saraiva, 2010, p. 248; ARAGÃO, Alexandre Santos de. *Curso de Direito Administrativo*. Rio de Janeiro: Ed. Forense, 2012, p. 124.

[709] Cf. ARAÚJO, Edmir Netto de. *Op.cit.*, p. 249.

### 3.7.1.7. A discussão sobre a possibilidade de submissão das estatais ao regime de falências

O tema da possibilidade de submissão das empresas estatais ao regime falimentar é objeto de grandes discussões, sobretudo em virtude das sucessivas alterações legislativas a esse respeito.

Em sua redação original, o art. 242 da Lei das S.A. previa que "a companhia de economia mista não está sujeita a falência, mas os seus bens são penhoráveis e executáveis, e a pessoa jurídica que a controla responde, subsidiariamente, pelas suas obrigações".

Esse dispositivo, contudo, foi revogado, em 2001, pela Lei nº 10.303, o que fez surgir discussão sobre os efeitos práticos dessa revogação, isto é, sobre se, a partir daí, as estatais passariam a submeter-se ao regime de falências.

Ante essa nova realidade, a doutrina dividiu-se entre aqueles que defendiam a aplicação do regime de falências às empresas estatais e aqueles que o afastavam. A primeira vertente doutrinária se fundamentava, basicamente, no art. 173, § 1º, II, que submete tais entidades ao regime próprio das empresas privadas, inclusive em seus aspectos comerciais.[710]

Já a segunda corrente defendia a não aplicação desse regime às estatais, sob o argumento de que tanto a criação quanto a extinção dessas empresas depende de autorização legal, não podendo ser operada por simples decisão judicial.[711]

Há, ainda, alguns autores que defendiam que o regime de falências apenas deveria ser aplicado às empresas estatais exploradoras de atividades econômicas em regime de concorrência,[712] excepcionando-se desse

---

[710] Tácito, Caio. As Emprêsas Públicas no Brasil. *Revista de Direito Administrativo* – RDA, vol. 84, 1966, p. 437.

[711] Vilella Souto, Marcos Juruena. Criação e Função Social da Empresa Estatal. A Proposta de um Novo Regime Jurídico para as Empresas sob Controle Acionário Estatal. In: Vilella Souto, Marcos Juruena (coord.). *Direito Administrativo Empresarial*. Rio de Janeiro: Lumen Juris, 2006, p. 9; Ataliba, Geraldo. SABESP. Serviço público – Delegação a empresa estatal – Imunidade a impostos – Regime de taxas. *Revista de Direito Público* – RDP, vol. 92, 1989, p. 80.

[712] GRAU, Eros Roberto. Execução contra estatais prestadoras de serviço público. *Revista de Direito Público* – RDP, vol. 7, 1994, p. 97-103; Carvalho Filho, José dos Santos. *Manual de Direito Administrativo*. 18ª Ed. Rio de Janeiro: Lumen Juris, 2007, p. 455.

regime as estatais prestadoras de serviços públicos, as quais não seriam submetidas ao art. 173 da Constituição Federal.

Em 2005, foi publicada a Lei federal nº 11.101, para regular a recuperação judicial, a extrajudicial e a falência do empresário e da sociedade empresária, excluindo expressamente de seu âmbito de incidência as empresas públicas e as sociedades de economia mista (art. 2º, II).

Diante disso, renovou-se a discussão sobre o tema, passando-se a questionar se esse dispositivo seria constitucional, à luz do art. 173, § 1º, II, da Constituição Federal.[713]

Hely Lopes Meirelles, por exemplo, entende que esse dispositivo apenas se aplica às empresas estatais prestadoras de serviços públicos; "as que exploram atividade econômica ficam sujeitas às mesmas regras do setor privado",[714] no que é acompanhado por Celso Antônio Bandeira de Mello.[715] Para esse último, "quando se tratar de exploradoras de atividade econômica, então, a falência terá curso absolutamente normal, como se de outra entidade mercantil qualquer se tratara".[716] Seria, portanto, inconstitucional o dispositivo em questão no que toca às empresas estatais exploradoras de atividades econômicas em sentido estrito.

A nosso ver, a solução para essa questão não é assim tão simples, não dependendo apenas da análise do art. 173 da Carta Maior e da sua aplicação direta às empresas estatais. Tanto é assim que a exclusão das sociedades estatais dos procedimentos comuns de falência não é uma peculiaridade exclusivamente brasileira, sendo observada também em

---

[713] Nesse sentido, TAVARES BORBA, José Edwaldo. Direito Societário. 12ª ed. Rio de Janeiro: Renovar, 2010, p. 512. Para Toshio Mukai, não há motivo para não se submeter as empresas estatais exploradoras de atividade econômica em sentido estrito a procedimentos de falência: "De nossa parte, entendemos que os bens patrimoniais e os de capital da sociedade de economia mista (enquanto exercentes de atividades econômicas) são bens privados, realmente da própria empresa (...). O fato de o Estado vir em socorro da empresa, para lhe evitar a quebra, não é problema de ordem jurídica". (MUKAI, Toshio. O Direito Administrativo e os Regimes Jurídicos das Empresas Estatais. Belo Horizonte. Ed. Fórum, 2004, p. 303).

[714] MEIRELLES, Hely Lopes. Direito Administrativo Brasileiro. 32ª ed. São Paulo: Malheiros Editores, 2006, p. 364.

[715] Curso de Direito Administrativo. 26ª ed. rev. e atual. São Paulo: Malheiros, 2009, p. 205.

[716] Curso de Direito Administrativo. 26ª ed. rev. e atual. São Paulo: Malheiros, 2009, p. 206.

## O ESTADO COMO ACIONISTA CONTROLADOR

outros países, como a Bélgica, Turquia e França (apenas com relação às EPICs), conforme aponta a OCDE.[717]

Deve-se aferir, antes de tudo, se há compatibilidade entre o processo de falência e as peculiaridades das empresas estatais, em especial com a regra de prévia autorização legal para a sua criação e extinção, e com as atividades por elas desempenhadas, tanto em tese, quanto à luz do atual processo de recuperação de empresas previsto pela Lei federal nº 11.101/2005.

Lucas Rocha Furtado indaga, nesse sentido, se "se a criação de uma empresa estatal precisa ser justificada em função de circunstâncias de tão elevada magnitude [imperativos de segurança nacional e relevante interesse coletivo], poderia um juiz, a fim de satisfazer direito de credor, declarar a falência e, portanto, a extinção dessa entidade?".[718] No seu entender, face às peculiaridades que caracterizam a criação de tais entidades, a melhor solução seria suscitar a responsabilidade subsidiária da entidade política a qual a empresa esteja vinculada,[719] não sendo possível submetê-las ao regime de falências.

Celso Antônio Bandeira de Mello, contudo, entende que seria possível ultrapassar a barreira da necessidade de previsão legal para a extinção da empresa estatal, entendendo-se que as empresas estatais só podem ser extintas por lei ou na "forma da lei",[720] sendo possível, portanto, que uma lei genérica pudesse dispor sobre o regime de falências das empresas estatais.

O autor entende que o art. 2º da Lei nº 11.101/2005 não se aplica às empresas estatais exploradoras de atividades econômicas em sentido estrito, sob pena de violação ao art. 173, § 1º, II, da Constituição Federal: "logo, a exclusão não pode alcançar estas últimas, mas pode, sem incidir em inconstitucionalidade, atingir as 'prestadoras de serviços públi-

---

[717] OCDE – Organização para a Cooperação e Desenvolvimento Econômico. *Corporate Governance of State-owned Enterprises. a Survey of OECD Countries*, p. 84, Disponível em http://www.keepeek.com/Digital-Asset-Management/oecd/governance/corporate-governance-of-state-owned-enterprises_9789264009431-en. Acesso em 15 abr. 2012.

[718] FURTADO, Lucas Rocha. Op.cit., p. 220. No mesmo sentido, MEIRELLES, Hely Lopes. *Direito Administrativo Brasileiro*. 32ª ed. São Paulo: Malheiros Editores, 2006, p. 363.

[719] FURTADO, Lucas Rocha. Op.cit., p. 220.

[720] Cf. *Curso de Direito Administrativo*. 26ª ed. rev. e atual. São Paulo: Malheiros, 2009, p. 205.

cos', obra pública ou atividades públicas em geral".[721] Isso porque "não faria sentido que interesses creditícios de terceiros preferissem aos interesses de toda a coletividade no regular prosseguimento de um serviço público",[722] devendo o Estado, nesses casos, responder subsidiariamente pelos débitos da estatal.

José Vicente Mendonça[723] e Marçal Justen Filho[724] trazem mais um possível óbice à incidência do regime de falências às estatais: o procedimento em si não é compatível com as peculiaridades dessas entidades. Não seria concebível, na opinião desses autores, que uma empresa pública fosse submetida à administração por um particular durante o processo de recuperação, com o afastamento do poder de controle por parte do Poder Público, ou que as suas dívidas fossem vencidas antecipadamente.

Para José Vicente Santos de Mendonça, a não submissão das empresas estatais a procedimentos de falência não importaria em "vantagem competitiva" relevante, não sendo capaz de trazer tão graves efeitos para a livre concorrência, a ponto de tornar-se imprescindível a igualação das empresas estatais e privadas nesse ponto. Na opinião do autor, "por mais que se queira, estatais e empresas privadas não são e nunca serão a mesma espécie de entidade. Não é uma imunidade à falência que vai torná-las as campeãs do mundo empresarial".[725]

Diante do exposto, é possível elencar pelo menos três possíveis óbices à aplicação do regime de falências às empresas estatais: (i) incompatibilidade com a exigência de lei autorizando a sua extinção; (ii) impossibilidade de aplicação às empresas prestadoras de serviços públicos; e (iii) incompatibilidade do regime previsto pela Lei nº 11.101/2005 com as peculiaridades dessas entidades.

O primeiro óbice poderia ser afastado em se adotando o entendimento de que a lei autorizadora da extinção da estatal seria a própria lei que as submete ao regime de falência.

---

[721] *Curso de Direito Administrativo.* 26ª ed. rev. e atual. São Paulo: Malheiros, 2009, pp. 205/206.

[722] Idem. *Ibidem*, p. 206.

[723] *Op.cit., p.* 265.

[724] *Curso de Direito Administrativo.* 7ª ed. rev. e atual. Belo Horizonte: Fórum, 2011, p. 274.

[725] *Op.cit.,* p. 266.

Quanto à impossibilidade de aplicação desse regime, em tese, às sociedades prestadoras de serviços públicos, também não vemos óbice, sendo, na realidade, uma exigência se elas atuarem em regime de concorrência com a iniciativa privada. Aqui, é importante mais uma vez destacar que a escolha do instrumento societário, ante o disposto do art. 173 da Constituição, implica determinados ônus, em especial, o de submissão ao regime de direito comum.

Além disso, não se atribui tratamento diferenciado para as prestadoras privadas de serviços públicos, não obstante a sua falência importe, da mesma forma, em prejuízos para a coletividade. De acordo com o art. 35, VI, da Lei nº 8.987/95, a falência é uma das hipóteses de extinção do contrato de concessão, circunstância em que "haverá a imediata assunção do serviço pelo poder concedente, procedendo-se aos levantamentos, avaliações e liquidações necessários" (§ 3º).

A nosso ver, a essencialidade da atividade não é um motivo suficiente para afastar a incidência desse regime. Há diversas atividades essenciais para a população, em diversos aspectos, que não se caracterizam como serviços públicos. Tanto é assim que, em determinadas conjunturas, o próprio Estado se dispõe a aplicar recursos nessas entidades em virtude dos efeitos deletérios que a sua falência poderia trazer para a sociedade.

Ele pode, aliás, fazer o mesmo com as estatais em crise, transformando-as em empresas estatais dependentes, em conformidade com o art. 2º, III, da Lei de Responsabilidade Fiscal,[726] caso entenda que as atividades por elas realizadas, ainda que eventualmente deficitárias, são importantes. Ao sujeitarem-se a esse regime, que será tema do próximo tópico, essas empresas são submetidas a outros limites que podem auxiliar na redução dos seus gastos e aumento da sua eficiência.

Parece-nos, portanto, que não há um óbice de *per se* à submissão das empresas estatais a processos destinados ao pagamento das dívidas dessas empresas e, em caso de demonstração da sua inviabilidade econômica, a sua extinção. Países como a Áustria, Finlândia, Inglaterra, Itália, Coréia,

---

[726] "Art. 2º Para os efeitos desta Lei Complementar, entende-se como:
(...) III – empresa estatal dependente: empresa controlada que receba do ente controlador recursos financeiros para pagamento de despesas com pessoal ou de custeio em geral ou de capital, excluídos, no último caso, aqueles provenientes de aumento de participação acionária;"

México, Holanda, Eslováquia, Espanha e Suécia aplicam as regras gerais de insolvência e falência às suas sociedades estatais,[727] embora não haja muitos casos práticos em que as sociedades estatais foram efetivamente submetidas a esses procedimentos.

Aliás, uma das principais críticas normalmente feitas à eficiência das empresas estatais reside no fato de que tais entidades normalmente não são submetidas a processos dessa natureza, o que reduz os estímulos de seus dirigentes a tornar a empresa produtiva, evitar riscos muito elevados, etc.[728]

Nessa linha, há, ainda, quem afirme que a decretação de falência de uma empresa estatal seria um indício de que essa não seria a melhor forma jurídica de prestação de determinado bem ou serviço pelo Estado, impondo uma reformulação da sua estratégia de intervenção na economia, incluindo-se aí a consideração da opção pela contratação da iniciativa privada.[729]

Por outro lado, o próprio processo de recuperação, se instaurado previamente à decretação da falência, poderia ser uma forma de tornar transparentes os problemas financeiros sofridos pela empresa estatal e chamar os seus credores a ajudar a resolvê-los, sob a gestão de um indi-

---

[727] OCDE – Organização para a Cooperação e Desenvolvimento Econômico. *Corporate Governance of State-owned Enterprises. a Survey of OECD Countries*, p. 84, Disponível em http://www.keepeek.com/Digital-Asset-Management/oecd/governance/corporate-governance-of-state-owned-enterprises_9789264009431-en. Acesso em 15 abr. 2012.

[728] Ortiz, Gaspar Ariño. *Principios de derecho público económico*. Colômbia: Universidad Externado de Colombia, 2003, pp. 452/453. John Vickers e George Yarrow fazem a ressalva de que as conseqüências oriundas do fato de que as empresas estatais normalmente não são sujeitas a processos de falência não devem ser exageradas: "Fortes constrangimentos orçamentários foram aplicados com sucesso a empresas controladas pelo Estado, pelo menos em algumas ocasiões. Na Inglaterra, os reguladores de empresas prestadoras de serviços públicos privatizadas são efetivamente obrigados a assegurar que elas não vão à falência. E o governo tem várias formas de liberar os constrangimentos orçamentários em favor de empresas privadas, incluindo subsídios, garantias de financiamento, proteção comercial e, em último caso, nacionalização" (Vickers, John; Yarrow, George. Economics Perspective on Privatization. *The Journal of Economic Perspectives*, vol. 5, issue 2, 1991, p. 115, tradução livre).

[729] Nesse sentido, Ferreira Junior, Celso Rodrigues. Do Regime de Bens das Empresas Estatais: Alienação, Usucapião, Penhora e Falência. In: Villela Souto, Marcos Juruena (coord.). *Direito Administrativo Empresarial*. Rio de Janeiro: Ed. Lumen Juris, 2006, p. 92.

víduo especializado. Ou seja, a submissão ao regime de falências não é apenas um ônus. Através do processo de recuperação, a empresa e seus credores podem chegar a um acordo, inclusive com a diminuição do valor devido e/ou seu parcelamento nos termos do plano de recuperação judicial que vier a ser aprovado.

Apesar de entendermos que a submissão das estatais ao regime de falências poderia trazer, inclusive, um incremento em sua eficiência e de não vislumbrarmos qualquer inconstitucionalidade em tese na aplicação de um processo dessa natureza inclusive às estatais prestadoras de serviços públicos, concordamos com José Vicente e Marçal Justen Filho no sentido de que o processo de recuperação judicial e falência previsto na Lei federal nº 11.101/2005 não é compatível com as peculiaridades dessas entidades.

Esse processo, aliás, não foi formulado levando em consideração tais peculiaridades. Os pontos principais que, a nosso ver, deveriam ser equacionados em uma lei especial sobre essas entidades seriam: (i) quem administrará a empresa durante o processo de falência: há necessidade de transferir o seu controle, em se considerando que o seu controlador é o próprio Estado? Seria possível, por exemplo, pensar no exercício temporário do controle não por um dos credores, mas por outro órgão público, independente, como o Tribunal de Contas competente, ou por esse em conjunto com os credores; (ii) como se dará o processo de negociação do plano de recuperação judicial: nosso receio é que, diante das peculiaridades dessas entidades, não haja incentivos para que os seus credores aceitem reduzir os seus créditos ou recebê-los em prestações, etc; (iii) como esse processo de recuperação poderia utilizar ferramentas como a transformação dessas entidades em empresas dependentes (listando, por exemplo, as hipóteses em que isso seria obrigatório com vista ao pagamento das dívidas), o regime de precatórios ou a responsabilidade subsidiária do Estado (em caso de submissão da empresa a políticas claramente ineficientes, por exemplo) para viabilizar o pagamento de suas dívidas.

Essas são algumas questões que, a nosso ver, mereceriam resposta caso se decidisse considerar a submissão das estatais a um processo de recuperação e, eventualmente, falência.

A nosso ver, utilizar o procedimento previsto na atual Lei de Falências para as empresas estatais traria mais prejuízos do que benefícios, face às

O ESTADO EMPRESÁRIO

infindáveis dúvidas que levantaria e a possibilidade de aplicações diferentes em cada caso. Concordamos, assim, com José Vicente Mendonça no sentido de que "é possível e desejável que se elabore procedimento falimentar específico e adequado às estatais, mas, hoje, a falência não é compatível com a lei que temos".[730]

Esse tema não foi abordado pela Lei nº 13.303/2016, que dispõe sobre o estatuto jurídico da empresa pública, da sociedade de economia mista e de suas subsidiárias, no âmbito da União, dos Estados, do Distrito Federal e dos Municípios.

### 3.7.3. Peculiaridades do regime jurídico aplicável à empresa estatal dependente

Outro ponto interessante no que diz respeito ao regime jurídico das empresas estatais e que possui relação intrínseca com a concretização do princípio da eficiência é o tratamento especial atribuído pelo ordenamento jurídico brasileiro àquelas estatais que não conseguem atingir a auto-sustentação financeira, dependendo, para a execução das atividades para as quais foram criadas, do repasse de recursos públicos do ente controlador.

Essa diferenciação entre empresas estatais dependentes e não dependentes foi introduzida, no Brasil, pela Emenda Constitucional nº 19/98 que, adicionando um novo parágrafo ao art. 37 da Constituição (o parágrafo 9º), determinou a aplicação do teto remuneratório previsto no inciso XI do art. 37 "às empresas públicas e às sociedades de economia mista, e suas subsidiárias, que receberem recursos da União, dos Estados, do Distrito Federal ou dos Municípios para pagamento de despesas de pessoal ou de custeio em geral".

Com a introdução desse dispositivo, portanto, a remuneração e subsídios dos ocupantes de cargos, funções e empregos públicos nas empresas estatais dependentes de recursos da Administração Direta para (i) o pagamento de despesas de pessoal ou (ii) custeio em geral não podem exceder "o subsídio mensal, em espécie, dos Ministros do Supremo Tribunal Federal, aplicando-se como limite (...) nos Estados

---

[730] *Op.cit.*, p. 267.

(...), o subsídio mensal do Governador no âmbito do Poder Executivo" (art. 37, XI).

Esse tema é regulamentado, em sede infraconstitucional, pela Lei de Responsabilidade Fiscal (Lei complementar nº 101/2000), a qual cria ainda mais uma hipótese de configuração de empresa estatal dependente: o recebimento de recursos para o pagamento de despesas de capital, com exceção apenas daquelas destinadas ao aumento de participação acionária (cf. art. 2º, III). Essa lei prevê que as entidades que se enquadrarem nessa definição serão submetidas aos mesmos limites e restrições aplicáveis à Administração Pública Direta previstas em seu texto, notadamente no que tange à "geração de despesas com pessoal, da seguridade social e outras, dívidas consolidada e mobiliária, operações de crédito, inclusive por antecipação de receita, concessão de garantia e inscrição em Restos a Pagar" (art. 1º, *caput* e § 1º).

Não é, contudo, qualquer repasse de recursos da Administração Central para as empresas estatais que caracterizará a situação de dependência. Apenas os recursos destinados ao pagamento de despesas com pessoal, custeio em geral ou de capital importarão a situação de dependência. Os repasses realizados a título de contraprestação por serviços prestados, a título de empréstimo e repasses eventuais não caracterizam a situação de dependência da empresa estatal e, dessa forma, não importam na submissão dessa entidade às restrições orçamentárias, remuneratórias e fiscais previstas na Lei de Responsabilidade Fiscal.[731]

Também não estão aí incluídas, de acordo com a doutrina, as subvenções previstas nas alíneas "a" e "b" do art. 18 da Lei federal nº 4.320/64, que são destinadas, respectivamente, "a cobrir a diferença entre os preços de mercado e os preços de revenda, pelo Governo, de gêneros alimentícios e outros materiais" e "ao pagamento de bonificações a produtores de determinados gêneros ou materiais".[732] Trata-se, de acordo com Carlos Ari Sundfeld e Rodrigo Pagani, de "simples reembolsos do Poder Público à empresa estatal pelo fato de ela ter servido de instrumento ao subsídios

---

[731] Souza, Rodrigo Pagani de; Sundfeld, Carlos Ari. A Superação da Condição de Empresa Estatal Dependente. *Op.cit.*, p. 801.
[732] Idem. *Ibidem*, p. 799.

## O ESTADO EMPRESÁRIO

de consumidores e fornecedores por parte do Poder Público".[733] Esses autores definem, diante disso, empresa estatal dependente como sendo a

> empresa que: i) recebe recursos financeiros de seu controlador; ii) destinados ao pagamento de suas despesas ordinárias (com pessoal, de custeio em geral ou de capital); iii) de forma reiterada a cada exercício financeiro; iv) sem necessidade de dar qualquer contrapartida específica; v) de tal maneira que se verifica uma espécie de comunicação do seu orçamento com o orçamento de seu controlador, como se houvesse uma desconsideração de sua personalidade jurídica para os fins de sua gestão financeira e orçamentária.[734]

A caracterização como empresa estatal dependente apresenta, ainda, consequências de ordem orçamentária. Nesse caso, admite-se que o Estado controle as suas fontes de financiamento e gastos do dia-a-dia, o que não ocorre com as empresas estatais não dependentes, com relação às quais o controle orçamentário costuma ser mais um objeto de publicização dos gastos e investimentos realizados por essas empresas do que de interferência na sua operação, muito embora se admita, em tese, que os controles orçamentários possam desempenhar um papel alocativo dos recursos utilizados pelas empresas estatais, condicionando as decisões de investimento.[735] De acordo com Mario Engler Pinto Junior, "é essa dependência financeira que, no fundo, determina o grau de autonomia dos gestores sociais em face dos controles governamentais".[736]

Carlos Ari Sundfeld e Rodrigo Pagani sugerem uma possível solução para a situação das empresas estatais dependentes: a contratualização "[d]o seu vínculo com o respectivo controlador, de tal modo que ela (empresa estatal) se comprometa com obrigações específicas de prestação de serviço, e ele (ente federado) comprometa-se a lhe pagar um preço justo pelos serviços prestados".[737]

---

[733] Idem. *Ibidem*, pp. 800/801.

[734] Idem. *Ibidem*, p. 809.

[735] PINTO JUNIOR, Mario Engler. *Empresa Estatal: função econômica e dilemas societários*. São Paulo: Ed. Atlas, 2010, p. 117.

[736] Idem. *Ibidem*, p. 122.

[737] SOUZA, Rodrigo Pagani de; SUNDFELD, Carlos Ari. A Superação da Condição de Empresa Estatal Dependente. In: OSÓRIO, Fabio Medina; SOUTO, Marcos Juruena Villela

O fundamento para tanto seria o art. 37, § 8º, da Constituição Federal, que prevê que "a autonomia gerencial, orçamentária e financeira dos órgãos e entidades da administração direta e indireta poderá ser ampliada mediante contrato, a ser firmado entre seus administradores e o poder público, que tenha por objeto a fixação de metas de desempenho para o órgão ou entidade".

De acordo com os autores, "a contratualização seria um bom instrumento para que o ente controlador, mais do que incumbir a empresa estatal de um serviço a ser prestado aos usuários – isto a lei já faz – , definisse claras metas de desempenho e qualidade a serem cumpridas pela empresa". Isso porque, "além de definir estas metas, o contrato serviria para a definição do justo valor de tarifa a que a empresa estatal teria direito pelos serviços prestados aos usuários, de modo que a percepção dessa tarifa ficasse contratualmente garantida".[738]

Com a contratualização da sua relação com o Poder Executivo Central, a empresa estatal deixaria de receber recursos para a compensação de seus déficits de receita, mas passaria a recebê-los a título de contraprestação pelo atendimento e concretização das metas fixadas no contrato.[739] Ao mesmo tempo em que seria obrigada contratualmente a uma série de atividades, teria, em troca, autonomia financeira para fazer uso dos recursos por ela recebidos, não se submetendo aos ditames da Lei de Responsabilidade Fiscal.

### 3.8. Os controles incidentes sobre as empresas estatais

Como visto, a utilização de instrumentos societários para a intervenção do Estado na economia tem por principal motivo tornar a sua atividade

---

(coord.). *Direito Administrativo: estudos em homenagem a Diogo de Figueiredo Moreira Neto*. Rio de Janeiro: Ed. Lumen Juris, 2006, p. 794.

[738] Idem. *Ibidem*, p. 816.

[739] Nas palavras desses autores, "situação completamente distinta é a da empresa estatal não dependente que receba recursos de seu ente controlador por serviços que lhe tenha prestado ou bens que lhe tenha fornecido. Ela não é assistida. Não é beneficiária de recursos a título de subvenção para a cobertura das suas despesas. Tampouco tem o seu orçamento ou a sua personalidade jurídica confundidos com os de seu controlador. Ela opera com autonomia financeira; é, sim, beneficiária de recursos financeiros do controlador, mas sempre a título oneroso, isto é, mediante justa contrapartida em serviços ou bens" (Idem. *Ibidem*, p. 803).

O ESTADO EMPRESÁRIO

menos burocrática e engessada, de modo a que possa enfrentar de forma mais ágil os desafios da atuação direta em determinada atividade econômica, sobretudo naqueles casos nos quais haja concorrência com a iniciativa privada. Por isso, o tema dos controles incidentes sobre as empresas estatais é um dos mais controversos,[740] uma vez que, se mal dosado, pode "se prestar a tornar ineficiente a Administração: ele pode se tornar excessivo; ele tem custos".[741-742]

Por um lado, existe consenso no sentido de que o exercício do poder de controle societário sobre essas sociedades não é suficiente para assegurar que elas atuarão necessariamente com vista ao atendimento do interesse público: "a divergência que muitas vezes se observa entre a conduta oficialmente assinalada à empresa estatal, e aquela efetivamente constatada, decorre da incapacidade do Estado para impor sua observância aos administradores sociais".[743] São necessários, portanto, instrumentos externos de controle com vista a garantir que essas entidades servirão aos fins para que foram criadas.[744]

Por outro lado, de nada adiantaria utilizar ferramentas do Direito Privado com vista a permitir uma exploração mais eficiente das atividades econômicas, se se impusesse sobre essas entidades controles tão rígidos

---

[740] Cf. MENDONÇA, José Vicente Santos de. *A Captura Democrática da Constituição Econômica: Uma proposta de releitura das atividades públicas de fomento, disciplina e intervenção direta na Economia à luz do pragmatismo e da razão pública*. Tese de doutorado apresentada ao Programa de Pós-Graduação da Faculdade de Direito da Universidade do Estado do Rio de Janeiro como requisito parcial para a obtenção do título de Doutor em Direito, 2010, p. 249.

[741] Idem. *Ibidem*, p. 250.

[742] Sobre os custos necessários a atender às diversas exigências e solicitações realizadas pelos órgãos de controle, Odete Medauar adverte para a "necessidade que alguns desses órgãos apresentam de criar novos departamentos para atender aos controles de prestação de contas a diversos organismos diferentes. O técnico da SEPLAN disse que, em alguns casos, o número de órgãos aos quais uma estatal tem de prestar contas chega a 17" (MEDAUAR, Odete. *Controle da Administração Pública*. São Paulo: Revista dos Tribunais, 1993, p. 85). Também nesse sentido DALLARI, Adilson Abreu. O Controle Político das Empresas Públicas. In: *A Empresa Pública no Brasil: uma abordagem multidisciplinar*. Brasília: IPEA, 1980, p. 195.

[743] PINTO JUNIOR, Mario Engler. *Empresa Estatal: função econômica e dilemas societários*. São Paulo: Ed. Atlas, 2010, p. 86.

[744] Nesse sentido, TÁCITO, Caio. Os Tribunais de Contas e o controle das empresas estatais. *Revista de Direito Administrativo*, nº 148, abr./jun. 1982, p. 4.

e burocráticos a ponto de inviabilizar a sua atuação dinâmica e flexível. É célebre a advertência feita por Hely Lopes Meirelles a esse respeito: "nem se compreenderia que se burocratizasse tal sociedade a ponto de emperrar-lhe os movimentos e a flexibilidade mercantil com os métodos estatais", se o objetivo da adoção dessas formas é justamente "utilizar-se da agilidade dos instrumentos de técnica jurídica elaborados pelo Direito Privado".[745]

Em vista disso, tem-se que "os controles exercidos sobre a empresa pública devem salvaguardar a necessária autonomia destas últimas. (...) muito embora dependa do Poder Público, a empresa pública não merece ser denominada de empresa a não ser que possua uma vida própria e per-siga livremente o seu objeto".[746] Mas deve ser feita a ressalva de que a autonomia a ser preservada não é absoluta, mas a possível, em se conside-rando que essas sociedades são criadas para uma determinada finalidade pública: "a autonomia da empresa está condicionada ao papel instrumen-tal que lhe é atribuído".[747]

Assim é que o estudo dos controles incidentes sobre as empresas esta-tais deve ser permeado pela lógica da proporcionalidade: eles devem ser adequados para garantir que os objetivos buscados pela criação dessas entidades sejam atingidos e para evitar e coibir desvios de finalidade, desperdício de recursos públicos, uso da coisa pública para fins privados, dentre outras práticas ímprobas e ilegítimas, mas deve ser exercido de forma a influenciar minimamente a operação cotidiana dessas empresas, apenas no grau estritamente necessário à consecução de suas finalida-des. "Um sistema adequado de controle deve assegurar que a companhia atenda à finalidade que lhe é própria com a maior eficiência possível, sem tolher a autonomia de gestão".[748]

---

[745] MEIRELLES, Hely Lopes. *Direito Administrativo Brasileiro*. 32ª ed. São Paulo: Malheiros Editores, 2006, p. 370.

[746] VIHN, Nguyen Quoc. *Les Entreprises Publiques face au Droit des Societés Commerciales*. Paris: Libraire Générale de Droit et de Jurisprudence, 1979, p. 20.

[747] DUTRA, Pedro Paulo de Almeida. *Controle de Empresas Estatais: uma proposta de mudança*. São Paulo: Saraiva, 1991, p. 145.

[748] PINTO JUNIOR, Mario Engler. *Empresa Estatal: função econômica e dilemas societários*. São Paulo: Ed. Atlas, 2010, p. 89.

A seguir, analisaremos os principais controles incidentes sobre as empresas públicas e sociedades de economia mista, a começar pelo controle do Poder Legislativo, passando pelos controles exercidos no âmbito do Poder Executivo (supervisão geral, supervisão ministerial, controle da Controladoria-Geral da União – CGU, do Departamento de Coordenação e Governança das Empresas Estatais – DEST), e finalizando com a análise do controle societário do Estado, que sofreu importantes alterações com a edição da Lei federal nº 13.303/2016, bem como dos instrumentos de governança corporativa que podem ser utilizados para promover a fiscalização dessas entidades por seus *stakeholders* e pela sociedade.

### 3.8.1. O controle do Poder Legislativo

O controle do Poder Legislativo já foi parcialmente abordado neste livro quando tratamos da necessidade de autorização legal para a criação de empresas estatais, no item 2.2.2.

Vimos que o Poder Legislativo participa do processo de criação das empresas estatais, avaliando se a atividade a ser por ela explorada se enquadra nas hipóteses previstas pelo art. 173 da Constituição, bem como se esse é o instrumento adequado para o fim visado.

Mas o controle do Poder Legislativo está longe de ser estritamente jurídico. A depender da vertente política prevalente nas Casas Legislativas (liberal, de esquerda, etc.), poderá ser autorizada a criação de mais ou menos empresas estatais ou mesmo obstada a intervenção direta do Estado em determinado setor da economia. O Poder Legislativo participa, ainda, da edição de leis que versem sobre programas de privatizações e alienação de ativos à iniciativa privada.

Outra espécie de controle político sofrido pelas empresas estatais encontra-se prevista no art. 49, X, da Constituição Federal: trata-se da competência do Congresso Nacional para "fiscalizar e controlar, diretamente, ou por qualquer de suas Casas, os atos do Poder Executivo, incluídos os da administração indireta", o que normalmente é feito com o auxílio do Tribunal de Contas, nos termos dos arts. 70 e 71 da Carta Maior.[749] Esse controle pode ser exercido, ainda, através da solicitação de informações e esclarecimentos sobre a atuação da empresa estatal.

---

[749] O controle exercido pelo Tribunal de Contas será objeto do item 3.8.3.

O Poder Legislativo ainda participa da aprovação do orçamento[750] e do controle da execução orçamentária por essas entidades e pode constituir comissões parlamentares para apurar eventuais ilícitos por elas cometidos, conforme prevê o art. 58, §3º da Constituição Federal.

---

[750] Adilson de Abreu Dallari, contudo, chama a atenção para o fato de que esse controle é bastante restrito, tendo em vista que a inclusão das receitas e despesas das empresas estatais se dá por dotação global (DALLARI, Adilson Abreu. O Controle Político das Empresas Públicas. In: *A Empresa Pública no Brasil: uma abordagem multidisciplinar*. Brasília: IPEA, 1980, p. 184). De acordo com Mario Engler Pinto Junior, "é pouco comum que a peça orçamentária também contemple as despesas de custeio e as fontes de financiamento das empresas estatais, visto que tal medida conflita com o ideal de autonomia e flexibilidade de gestão, que constitui justamente a principal determinante da opção pela forma societária para organizar a função produtiva do setor público e preservar o seu dinamismo. Em contrapartida, a integração total das receitas e despesas das companhias controladas pelo Estado, no orçamento público, pode contribuir para maior transparência de gestão, sobretudo quando a contabilidade empresarial, por si só, não assegura o mesmo nível de informação aos cidadãos porventura interessados no seu escrutínio" (*Empresa Estatal: função econômica e dilemas societários*. São Paulo: Ed. Atlas, 2010, p. 117). O autor afirma, nesse sentido, que "a movimentação financeira das empresas estatais ocorre à margem do orçamento público, o que lhes assegura maior autonomia administrativa e financeira (...) Apenas o orçamento de investimento das empresas estatais está retratado na lei orçamentária anual, conforme determina o artigo 165, § 5º, II,da Constituição Federal de 1988" (Idem, p. 120). Esse, de acordo com o autor, "relaciona tão somente os gastos com investimentos e a forma de financiamento, ficando excluídas as despesas correntes de pessoal, encargos financeiros e outros custeios, assim como a explicitação das receitas necessárias à sua cobertura. (...) a ambiguidade do descritivo das dotações permite considerável margem de discricionariedade por parte dos gestores sociais. Os investimentos são previstos de forma genérica por área de atuação, e raramente contemplam projetos determinados. Forçoso concluir, portanto, que o orçamento público tem pouquíssima aptidão para assegurar o cumprimento do mandato estatal de que se acha investida a companhia controlada pelo Estado. A limitação do poder decisório interno, por conta da questão orçamentária, somente se verifica quando a empresa estatal não dispõe de fontes próprias de financiamento e, portanto, depende do aporte de recursos do tesouro para cumprir seu programa de investimentos ou mesmo custear operações rotineiras" (*Op.cit.*, pp. 121/122).

### 3.8.2. O controle do Tribunal de Contas da União sobre as sociedades estatais

A competência do Tribunal de Contas da União[751] encontra-se delineada nos arts. 70 e 71 da Constituição Federal. Esse Tribunal auxilia o Congresso Nacional na "fiscalização contábil, financeira, orçamentária, operacional e patrimonial da União e das entidades da administração direta e indireta, quanto à legalidade, legitimidade, economicidade, aplicação das subvenções e renúncia de receitas" (art. 70, *caput*).

De acordo com o parágrafo único do art. 70, "prestará contas qualquer pessoa física ou jurídica, pública ou privada, que utilize, arrecade, guarde, gerencie ou administre dinheiros, bens e valores públicos ou pelos quais a União responda, ou que, em nome desta, assuma obrigações de natureza pecuniária".

O art. 71 da Constituição Federal prevê, de forma mais específica, que o Tribunal de contas tem competência para

(i) "julgar as contas dos administradores e demais responsáveis por dinheiros, bens e valores públicos da administração direta e indireta, incluídas as fundações e sociedades instituídas e mantidas pelo Poder Público federal, e as contas daqueles que derem causa a perda, extravio ou outra irregularidade de que resulte prejuízo ao erário público" (inc. II);

(ii) "apreciar, para fins de registro, a legalidade dos atos de admissão de pessoal, a qualquer título, na administração direta e indireta, incluídas as fundações instituídas e mantidas pelo Poder Público, excetuadas as nomeações para cargo de provimento em comissão, bem como a das concessões de aposentadorias, reformas e pensões, ressalvadas as melhorias posteriores que não alterem o fundamento legal do ato concessório" (inc. III); e, ainda,

(iii) "realizar, por iniciativa própria, da Câmara dos Deputados, do Senado Federal, de Comissão técnica ou de inquérito, inspeções e auditorias de natureza contábil, financeira, orçamentária, operacional e patrimonial, nas unidades administrativas dos Poderes

---

[751] Esse dispositivo aplica-se também aos demais entes da federação em virtude do princípio da simetria.

O ESTADO COMO ACIONISTA CONTROLADOR

Legislativo, Executivo e Judiciário, e demais entidades referidas no inciso II (inc. IV).

Não obstante a clareza do dispositivo constitucional, parte minoritária da doutrina defende a não incidência do controle do TCU sobre as empresas estatais exploradoras de atividades econômicas em sentido estrito.[752]

Também o Supremo Tribunal Federal, em um primeiro momento, sustentou que o TCU não teria competência para fiscalizar pessoas jurídicas de direito privado.

No Mandado de Segurança nº 23.627, julgado há um pouco mais de 10 anos, essa Corte decidiu, por unanimidade, que o TCU não poderia instaurar Tomada de Contas Especial para apurar operações realizadas por agência do Banco do Brasil, localizada em Viena, vencidos os Ministros Carlos Velloso (relator) e a Ministra Ellen Gracie.[753] O caso concreto ver-

---

[752] MUKAI, Toshio. *O Direito Administrativo e os Regimes Jurídicos das Empresas Estatais*. 2. ed. Belo Horizonte: Editora Fórum, 2004, p. 300. FÉRES, Marcelo Andrade. O Estado empresário: reflexões sobre a eficiência do regime jurídico das sociedades de economia mista na atualidade. *Revista de Direito do Estado*, nº 6, abr./jun. 2007, pp. 285/286 ("na prática, os Tribunais de Contas realmente têm exercido seu controle sobre sociedades de economia mista, independentemente do objeto destas. Todavia, aquelas companhias, cujo objeto se limita à exploração de atividades econômicas, não deveriam se sujeitar à fiscalização das Cortes de Contas. É que a pessoa jurídica de direito privado e em regime similar ao das demais empresas privadas titulariza bens de natureza particular, e não de natureza pública, sendo, portanto, alheias às mencionadas cortes").

[753] Constitucional. 'Writ' contra ato do TCU que determina a instauração de tomada de contas especial, para apuração de fatos e responsabilidades em operações financeiras realizadas na agência do banco do Brasil de Viena. Tentativa de fiscalização em atividade tipicamente privada, desenvolvida por entidade cujo controle acionário é da União. Alegada incompatibilidade do referido procedimento com o regime jurídico do banco impetrante (celetista); ausência de caracterização de dano ao erário e da correspondente previsão legal para instauração deste instituto. O impetrante, integrante da administração indireta do estado, submete-se ao regime jurídico das pessoas de direito privado. Da mesma forma, os administradores de bens e direitos das entidades de direito privado – como empresas públicas e sociedades de economia mista – não se submetem às regras dos administradores de bens do estado. Não se sujeitam a prestar contas ao TCU. Exceção quanto a questões a envolver dinheiro, bens e valores públicos e atos de administração que causem prejuízo ao tesouro. Não meras atividades bancárias. Mandado de segurança

sava sobre a transferência de valor de aproximadamente 10 mil dólares a essa agência de Viena, com vista a arcar com compromissos que, um de seus funcionários, pessoalmente, havia assumido perante uma instituição financeira austríaca.

Sagrou-se vencedor, nessa ocasião, o voto do Ministro Ilmar Galvão, que se baseou em três argumentos principais. Em primeiro lugar, o Ministro argumentou, com fundamento no art. 173, § 1º, II e IV, que o art. 71 da Constituição não se aplicaria às empresas estatais. Em sua opinião, não faria qualquer sentido que o art. 173 determinasse ao legislador que disciplinasse as formas de fiscalização aplicáveis às estatais, se sobre elas incidisse o controle previsto no art. 71 da Carta Maior. Nas suas palavras, "a previsão do diploma regulamentar decorre, precisamente, da circunstância de as contas de tais entes da Administração Pública não se acharem sujeitas a julgamento pelo Tribunal de Contas, na forma prevista no art. 71, II, da Carta Magna. Do contrário, a lei prevista no mencionado § 1º do art. 173 da mesma Carta seria de todo despicienda".

Daí decorreria, ainda, que "a fiscalização das empresas públicas e sociedades de economia mista, pelo Estado, bem como a definição da responsabilidade de seus administradores, encontram-se na dependência da edição de lei" mencionada no art. 173 e ainda não editada pelo Legislador.

Além disso, o Ministro argumentou que a competência do Tribunal de Contas se limitaria à fiscalização das contas dos responsáveis por valores públicos, o que não inclui o patrimônio, bens e direitos das empresas estatais, que consubstanciariam bens privados, não se confundindo com bens do Estado.

Concluiu, nessa linha, o Ministro que "se de bens privados se trata, é fora de dúvida que os seus administradores não estão sujeitos a prestar contas ao TCU". As empresas estatais apenas seriam submetidas ao controle desse Tribunal "quando responsáveis por bens públicos, o que não é o caso dos Bancos, salvo, por óbvio, quando agirem na condição de gestores de fundos governamentais, como ocorre com a Caixa Econômica Federal relativamente ao FGTS, ou na condição de depositários de recur-

---

concedido. (MS 23627, Rel. Min. Carlos Velloso, Rel. p/ acórdão. Min. Ilmar Galvão, Tribunal Pleno, j. 07/03/2002, DJ 16-06-2006).

sos financeiros relativos a programas e projetos de caráter regional, de responsabilidade da União, estritamente quanto à guarda e administração de tais recursos".

O Ministro chega a argumentar que conclusão diversa levaria à inviabilização da competência do TCU, pois seria supostamente impossível controlar todas as agências dos bancos estatais e filiais das empresas estatais.[754]

Esse entendimento foi reafirmado quando do julgamento do Mandado de Segurança nº 23.875, em 2003, que versava sobre a competência do Tribunal de Contas da União para apurar supostos prejuízos causados em virtude de operações realizadas por funcionário do Banco do Brasil no mercado futuro de índices BOVESPA.[755]

---

[754] Nas suas palavras, "se ao Tribunal de Contas incumbissem tais atividades, se lhe cumprisse fiscalizar todas as operações creditícias efetuadas pelo Banco do Brasil, para fim de determinar a instauração de tomada de contas especial relativamente a cada empresário ou financiamento concedido a mutuário inadimplente ou a cada operação realizada com o escopo de honrar imagem do estabelecimento e, consequentemente, a sua credibilidade, principalmente em praças estrangeiras, como no caso destes autos; se estivesse em suas atribuições examinar as operações de importação, exportação, prospecção, transporte e distribuição de petróleo e seus derivados, efetuadas pela PETROBRAS, para citar apenas dois exemplos, seguramente toda a máquina operacional da Corte, ainda que ampliada, revelar-se-ia de dimensões ínfimas ante o vulto da tarefa".

[755] "Constitucional. Ato do TCU que determina tomada de contas especial de empregado do banco do Brasil – distribuidora de títulos e valores mobiliários S.A., subsidiária do Banco do Brasil, para apuração de "prejuízo causado em decorrência de operações realizadas no mercado futuro de índices bovespa". Alegada incompatibilidade desse procedimento com o regime jurídico da CLT, regime ao qual estão submetidos os empregados do banco. O prejuízo ao erário seria indireto, atingindo primeiro os acionistas. O TCU não tem competência para julgar as contas dos administradores de entidades de direito privado. A participação majoritária do estado na composição do capital não transmuda seus bens em públicos. Os bens e valores questionados não são os da administração pública, mas os geridos considerando-se a atividade bancária por depósitos de terceiros e administrados pelo banco comercialmente. Atividade tipicamente privada, desenvolvida por entidade cujo controle acionário é da união. Ausência de legitimidade ao impetrado para exigir instauração de tomada de contas especial ao impetrante. Mandado de segurança deferido" (MS 23875, Rel. Min. CARLOS VELLOSO, Rel. p/ Acórdão: Min. NELSON JOBIM, Tribunal Pleno, j. 07/03/2003, DJ 30-04-2004).

Esse entendimento somente veio a ser alterado em 2005, quando do julgamento do Mandado de Segurança nº 25.092,[756] que tinha por objeto a constitucionalidade de multa aplicada pelo Tribunal de Contas da União, em sede de tomada de contas especial, a funcionário da Companhia Hidroelétrica do São Francisco – CHESF, com fundamento no prejuízo causado ao Erário em decorrência de parecer por ele exarado no sentido da não interposição de recurso de Apelação em processo em que era parte a empresa estatal.

Nesse julgado, finalmente prevaleceu, por unanimidade, o posicionamento do Ministro Carlos Velloso, vencido nos julgamentos narrados acima, no sentido de que é o TCU competente para auditar as empresas estatais. Em diversos votos que compuseram esse julgado, contudo, foi feita a ressalva de que a competência em tese para fiscalizar não legitima qualquer tipo de fiscalização, tampouco uma interferência nas práticas negociais e empresariais das estatais.

Nesse sentido, o Ministro Sepúlveda Pertence ressaltou que não cabe ao Tribunal de Contas "emitir juízo de valor sobre as políticas empresariais que as empresas estatais estejam a desenvolver". Não pode, "a título de fiscalização da economicidade, (...) arrogar-se o Tribunal de Contas a ser o tutor da administração de empresas estatais, sobretudo daquelas que atuam em regime de intensa competitividade".

O Ministro Cezar Peluso, na mesma toada, sustentou que "o que não pode é o Tribunal de Contas interferir em decisões de políticas e de estratégias empresariais, devendo restringir-se aos termos do artigo 72 para

---

[756] "CONSTITUCIONAL. ADMINISTRATIVO. TRIBUNAL DE CONTAS. SOCIEDADE DE ECONOMIA MISTA: FISCALIZAÇÃO PELO TRIBUNAL DE CONTAS. ADVOGADO EMPREGADO DA EMPRESA QUE DEIXA DE APRESENTAR APELAÇÃO EM QUESTÃO RUMOROSA. I. – Ao Tribunal de Contas da União compete julgar as contas dos administradores e demais responsáveis por dinheiros, bens e valores públicos da administração direta e indireta, incluídas as fundações e sociedades instituídas e mantidas pelo poder público federal, e as contas daqueles que derem causa a perda, extravio ou outra irregularidade de que resulte prejuízo ao erário (CF, art. 71, II; Lei 8.443, de 1992, art. 1º, I). II. – As empresas públicas e as sociedades de economia mista, integrantes da administração indireta, estão sujeitas à fiscalização do Tribunal de Contas, não obstante os seus servidores estarem sujeitos ao regime celetista". (MS 25092, Rel. Min. CARLOS VELLOSO, Tribunal Pleno, j. 10/11/2005, DJ 17-03-2006).

O ESTADO COMO ACIONISTA CONTROLADOR

resguardar o interesse público contra procedimentos capazes de acarretar danos ao erário".

O Ministro Eros Grau, por sua vez, defendeu a aplicação, às estatais, do disposto no art. 9º da Lei federal nº 6.223/1975, em vigor até os dias atuais, que prevê que "os Tribunais de Contas, no exercício da fiscalização referida no artigo 8º, não interferirão na política adotada pela entidade para a consecução dos objetivos estatutários e contratuais".

Além disso, nesse julgado, foi travada interessante discussão sobre qual poderia ser o conteúdo da lei a ser editada para regulamentação do disposto no art. 173, § 1º, II, da Constituição. O Ministro Ayres Britto defendeu que a lei a ser editada não poderá afastar o controle exercido pelo Tribunal de Contas da União, já que este possui estatura constitucional, mas apenas procederá à "calibragem" desse controle sobre as estatais:

> (...) a lei não pode ser, pura e simplesmente, substitutiva dos comandos constitucionais, porque inutilizaria a funcionalidade desses comandos. Restariam eles eficacialmente inócuos. Então, parece-me que essa lei é para otimizar a aplicação dos comandos constitucionais quanto às peculiaridades mercantis dessas entidades administrativas, para que elas sejam não só de economia mista quanto à formação de capitais, mas de economia mista quanto ao seu regime jurídico.

O Ministro Cezar Peluso, na mesma linha, afirmou que a lei a que se refere o art. 173, § 1º, II, deverá, dentre outras coisas, regulamentar o controle previsto no art. 71 considerando as particularidades das empresas estatais.

Esse posicionamento foi mantido no julgamento do Mandado de Segurança nº 25.181-DF, ocorrido no mesmo dia, e que versava sobre multa aplicada pelo TCU ao Banco do Nordeste do Brasil S.A. em decorrência de irregularidades constantes em operação de renegociação de dívida de que tal entidade era credora.[757] O Ministro Marco Aurélio, em seu voto, chamou a atenção para a necessidade de diferenciação

---

[757] "SOCIEDADE DE ECONOMIA MISTA – TRIBUNAL DE CONTAS DA UNIÃO – FISCALIZAÇÃO. Ao Tribunal de Contas da União incumbe atuar relativamente à gestão de sociedades de economia mista. Nova inteligência conferida ao inciso II do artigo 71 da Constituição Federal, ficando superada a jurisprudência que veio a ser firmada com o

entre o regime aplicável às atividades operacionais das empresas estatais, de direito privado, e o regime da relação por elas mantida com a Administração Pública Central, o que inclui os controles sobre elas incidentes, que é claramente de direito público.

O Supremo foi mais uma vez instado a se manifestar sobre o tema, em maio de 2009, no julgamento do Mandado de segurança nº 26.117, ocasião em que manteve a orientação fixada nos julgados anteriores.[758] Nesse julgado, aliás, restou consignado também o entendimento de que "a circunstância de a sociedade de economia mista não ter sido criada por lei não afasta a competência do Tribunal de Contas". Esse posicionamento vem sendo mantido até os dias atuais.[759]

Concordamos com essa orientação. Apesar de, como já defendido acima, os bens das empresas estatais consubstanciarem bens de natureza privada, não há dúvidas de que tais empresas integram a Administração

---

julgamento dos Mandados de Segurança nºs 23.627-2/DF e 23.875-5/DF. (MS 25181, Rel. Min. MARCO AURÉLIO, Tribunal Pleno, j. 10/11/2005, DJ 16-06-2006)

[758] "MANDADO DE SEGURANÇA. CONSTITUCIONAL. COMPETÊNCIA. TRIBUNAL DE CONTAS DA UNIÃO. ART. 71, III, DA CONSTITUIÇÃO DO BRASIL. FISCALIZAÇÃO DE EMPRESAS PÚBLICAS E SOCIEDADES DE ECONOMIA MISTA. POSSIBILIDADE. IRRELEVÂNCIA DO FATO DE TEREM OU NÃO SIDO CRIADAS POR LEI. ART. 37, XIX, DA CONSTITUIÇÃO DO BRASIL. ASCENSÃO FUNCIONAL ANULADA PELO TCU APÓS DEZ ANOS. ATO COMPLEXO. INEXISTÊNCIA. DECADÊNCIA ADMINISTRATIVA. ART. 54 DA LEI N. 9.784/99. OFENSA AO PRINCÍPIO DA SEGURANÇA JURÍDICA E DA BOA-FÉ. SEGURANÇA CONCEDIDA. 1. As empresas públicas e as sociedades de economia mista, entidades integrantes da administração indireta, estão sujeitas à fiscalização do Tribunal de Contas, não obstante a aplicação do regime jurídico celetista aos seus funcionários. Precedente [MS n. 25.092, Relator o Ministro CARLOS VELLOSO, DJ de 17.3.06]. 2. A circunstância de a sociedade de economia mista não ter sido criada por lei não afasta a competência do Tribunal de Contas. São sociedades de economia mista, inclusive para os efeitos do art. 37, XIX, da CB/88, aquelas – anônimas ou não – sob o controle da União, dos Estados-membros, do Distrito Federal ou dos Municípios, independentemente da circunstância de terem sido criadas por lei. Precedente [MS n. 24.249, de que fui Relator, DJ de 3.6.05]. 3. Não consubstancia ato administrativo complexo a anulação, pelo TCU, de atos relativos à administração de pessoal após dez anos da aprovação das contas da sociedade de economia mista pela mesma Corte de Contas". (MS 26117, Rel. Min. EROS GRAU, Tribunal Pleno, j. 20/05/2009, DJe-208 DIVULG 05-11-2009 PUBLIC 06-11-2009).

[759] Ver, nesse sentido, RE 356209 AgR, Rel. Min. ELLEN GRACIE, 2ª T., j. 01/03/2011, DJe-056 DIVULG 24-03-2011 PUBLIC 25-03-2011.

Pública e são constituídas integralmente ou majoritariamente com dinheiro público. O dispositivo constitucional é, de fato, claro e expresso, não dando margem à dúvida. Apesar dos esforços em atribuir-lhe uma interpretação supostamente compatível com o regime das empresas estatais, não se pode simplesmente desconsiderar a sua literalidade, sendo inafastável o dever de prestação de contas anual, bem como a competência do TCU para fiscalizar a atuação dessas entidades e para analisar se está de acordo com os princípios constitucionais aplicáveis.[760]

O que se pode discutir – e para esse ponto já atentou o STF – é se algumas exigências feitas pelo Tribunal de Contas seriam compatíveis com a natureza das empresas estatais, sobretudo no que toca ao exercício do controle "operacional" das atividades dessas empresas pelo TCU, conforme previsto no caput do art. 70 da Constituição Federal. Explica-se.

O papel dos órgãos de controle, já há algum tempo, vem sendo ampliado, deixando de se limitar à análise apenas dos aspectos contábeis e financeiros, para passar a abranger também a verificação da economicidade e eficiência dos meios utilizados pelos órgãos e entidades estatais para o atendimento de seus fins.[761]

---

[760] No sentido contrário, MUKAI, Toshio. *O Direito Administrativo e os regimes jurídicos das empresas estatais*. 2ª ed. Belo Horizonte: Ed. Fórum, 2004, pp. 300/301; e FÉRES, Marcelo Andrade. O Estado empresário: reflexões sobre a eficiência do regime jurídico das sociedades de economia mista na atualidade. *Revista de Direito do Estado*, ano 2, nº 6, 2007, p. 285.

[761] De acordo com Francesc Vives, "Os órgãos de controle externo estão deixando para trás, com o passar do tempo, seu papel de órgãos meramente centralizadores da contabilidade do Estado. (...) Com o passar dos anos, e à medida que o tamanho e as funções dos governos e das administrações públicas foram aumentando, os parlamentos foram concedendo, de forma proporcional, novas e mais complexas responsabilidades aos órgãos de controle externo. Assim, um órgão de controle externo de um país democrático, econômica e tecnologicamente desenvolvido, tem, hoje em dia, encomendada a função de fiscalização da atividade econômico-financeira do Governo, enfocando sua prioridade, em grande medida, na comprovação da gestão eficiente dos recursos públicos" (VIVES, Francesc Vallès. *El control externo del gasto público. Configuración y garantía constitucional*. Madri: Centro de Estudios Políticos y Constitucionales, 2003, pp. 42/43, tradução livre). Para o autor, o controle financeiro e contábil deve ser realizado pelos órgãos de controle interno da Administração, de modo que o órgão de controle externo possa "centrar a orientação de seus esforços e a dedicação de seus recursos à realização de um controle operativo da gestão da Administração, que atenda aos critérios de eficácia, eficiência, economia e equidade do gasto" (Idem, p. 51, tradução livre)

## O ESTADO EMPRESÁRIO

Nessa linha e à luz do novo ordenamento constitucional brasileiro, a verdade é que a atuação do TCU, em geral, não mais se restringe ao controle contábil e financeiro da receita e despesa dos órgãos e entidades públicas, mas passa a abranger a fiscalização do desempenho desses órgãos e entidades no atendimento das finalidades para os quais foram criados. Esse é o controle operacional do Tribunal de Contas, que se refere aos meios empregados pela Administração Pública no cumprimento dos programas governamentais e à observância de parâmetros como da legitimidade, economicidade e legalidade para tanto.[762]

Com base nessa ampliação do objeto (com a inclusão do desempenho em geral da Administração Pública, e não mais tão-somente a sua contabilidade) e dos parâmetros (legalidade, legitimidade e economicidade) do controle previsto na Constituição Federal, Marcos Juruena Villela Souto afirmava, por exemplo, que poderia o Tribunal de Contas "impugnar despesas que, embora qualitativa e quantitativamente previstas no orçamento e regularmente contratadas, estejam em desacordo com os melhores critérios em matéria de economia de gastos"[763].

De acordo, ainda, com documento intitulado *Implementantion Guidelines for Performance Auditing*[764], editado pela Organização Internacional das Instituições Superiores de Fiscalização (INTOSAI),[765] da qual o Tribunal

---

[762] Francesc Vives afirma que o controle operativo inclui "a análise da observância do cumprimento dos princípios da economia, eficiência e eficácia na gestão do gasto público. Implica a avaliação do cumprimento dos objetivos estabelecidos nos diversos pressupostos, o que se tem feito com os recursos que foram previstos e se foram utilizados de forma correta; tudo isso mediante uma gestão razoável. Com caráter geral cabe afirmar que a auditoria operacional tem como principais objetivos eliminar gastos desnecessários e melhorar a prestação dos serviços públicos". Como exemplos de auditorias operacionais, o autor cita a fiscalização de contratos administrativos, de subvenções, privatizações, etc (VIVES, Francesc Vallès. *Op.cit.*, p. 229).

[763] SOUTO, Marcos Juruena Villela. *Direito Administrativo Contratual*. Rio de Janeiro: Lumen Juris, p. 438.

[764] Implementation Guidelines For Performance Auditing. Standards and guidelines for performance auditing based on INTOSAI's Auditing Standards and practical experience. Disponível em: http://intosai.connexcc-hosting.net/blueline/upload/1implgperfaude. pdf. Acesso em 24.06.2008, p. 11.

[765] Essa organização foi fundada em 1953 e é uma entidade autônoma e não-governamental, possuindo status especial de consultoria no Conselho Econômico e Social das

O ESTADO COMO ACIONISTA CONTROLADOR

de Contas da União faz parte, a auditoria operacional diz respeito ao controle da economia, eficiência e efetividade da ação regulatória e abrange:

(a) o controle da economia das atividades administrativas de acordo com os princípios e práticas administrativos, e políticas de gestão;
(b) controle da eficiência da utilização de recursos humanos, financeiros e outros, incluindo o exame dos sistemas de informação, medidas de desempenho e arranjos de monitoração, e de procedimentos seguidos pelas entidades controladas para remediar as deficiências identificadas; e
(c) controle da efetividade do desempenho em relação ao atendimento dos objetivos da entidade auditada, e controle do atual impacto das suas atividades comparado com o impacto esperado.

E, realmente, parece-nos não ser outro o entendimento que se poderia extrair do ordenamento constitucional brasileiro, que atribui à Corte de Contas o controle operacional dos órgãos e entidades da Administração Pública sob os parâmetros da sua legalidade, legitimidade e economicidade, denotando a amplitude do seu poder fiscalizador.

No entanto, esse controle deverá respeitar a necessária autonomia das empresas estatais, sob pena de desvirtuação desse modelo de intervenção da economia:

> (...) se por um lado o regime jurídico de direito privado não afasta o controle exercido pelo Tribunal de Contas, não cabe ao referido órgão desconsiderar a existência deste regime. A imprescindível adaptação do Tribunal de Contas para o cumprimento de sua missão constitucional inclui a revisão de algumas premissas que não se coadunam com o regime jurídico aplicável às empresas estatais. É possível citar como exemplo o entendimento defendido pelo Tribunal de Contas de que tais entidades devem observar a Lei nº 8.666, de 21 de junho de 1993 quanto ao procedimento licitatório, afastando a aplicação do artigo 67 da Lei nº 9.478, de 06 de agosto de 1997 (...).[766]

---

Nações Unidas. Cf. informação divulgada na página eletrônica da INTOSAI: http://www. intosai.org.

[766] CARRASQUEIRA, Simone de Almeida. O Controle Financeiro do Tribunal de Contas e as Empresas Estatais. In: SOUTO, Marcos Juruena Villela (coord.). *Direito Administrativo Empresarial*. Rio de Janeiro: Lumen Juris, 2006, p. 343, nota de rodapé nº 51.

O ESTADO EMPRESÁRIO

Nesse sentido, Lucas Rocha Furtado afirma que "o instrumental de que se deve utilizar o TCU, ou mesmo o Poder Judiciário, quando examine os atos praticados pelos dirigentes de empresas estatais é o do Direito Privado. Deve-se dar maior consideração a aspectos de economicidade do que de pura e simples legalidade (...) se deve ter em conta que algumas medidas a serem adotadas pelos gestores são atos mercantis e sob essa ótica deve ser a sua avaliação, de legitimidade ou de ilegitimidade".[767]

É necessário, logicamente, que os órgãos de controle respeitem e preservem o "espaço de liberdade negocial e a liberdade para a assunção de riscos das empresas; (...) com a manutenção de graus ótimos de empreendedorismo e de ousadia responsável (que se poderia estimular negativamente com uma responsabilização irrestrita)".[768-769]

Vale ressaltar, nesse particular, que as entidades internacionais de fiscalização governamental vêm reconhecendo a legitimidade da assunção de riscos pelo Estado, em suas atividades empresariais, desde que de forma fundamentada, estudada e transparente.[770]

---

[767] FURTADO, Lucas Rocha. *Op.cit.*, p. 223. No mesmo sentido, BANDEIRA DE MELLO, Celso Antônio. *Curso de Direito Administrativo*. 26ª ed. rev. e atual. São Paulo: Malheiros, 2009, p. 207.

[768] MENDONÇA, José Vicente Santos de. *A Captura Democrática da Constituição Econômica: Uma proposta de releitura das atividades públicas de fomento, disciplina e intervenção direta na Economia à luz do pragmatismo e da razão pública*. Tese de doutorado apresentada ao Programa de Pós-Graduação da Faculdade de Direito da Universidade do Estado do Rio de Janeiro como requisito parcial para a obtenção do título de Doutor em Direito, 2010, p. 256. Na opinião desse autor, "só é ilegal o risco temerário. Então, num primeiro momento, se o administrador do banco estatal tomou a decisão de assumir risco com base em indicadores confiáveis, documentação acreditada, de modo conforme às melhores práticas do mercado, nada há de ilegal, mesmo quando a situação afinal gere prejuízo a acionistas e/ou correntistas" (Idem, p. 260).

[769] Também nesse sentido, vide PINTO JUNIOR, Mario Engler. *Empresa Estatal: função econômica e dilemas societários*. São Paulo: Ed. Atlas, 2010, p. 124 e ss.

[770] Alexandre Santos de Aragão, na mesma esteira, afirma ser "imprescindível que essas empresas tenham liberdade negocial, liberdade para assumir riscos e para realizar negócios que, a princípio, podem não parecer, sob a ótica dos Tribunais de Contas, os mais econômicos, mas que se fundamentam pela elevada especialização e *know how* dos dirigentes e demais agentes da empresa" (ARAGÃO, Alexandre Santos de. Empresas estatais e o controle pelos Tribunais de Contas. *Revista de Direito Público da Economia*, v. 23, 2008).

O ESTADO COMO ACIONISTA CONTROLADOR

Nesse sentido, a INTOSAI adota uma posição de deferência com relação aos riscos assumidos pelo Estado, desde que devidamente identificados e bem administrados. Cumpre às Entidades Superiores de Fiscalização (entidades como os Tribunais de Contas no Brasil, criadas para a fiscalização das contas governamentais) nesse ponto "focar o seu exame na identificação de boas práticas e contribuição para o desenvolvimento de um guia construtivo para tomada de decisões desse tipo".[771]

Em sentido semelhante ao documento analisado, no Reino Unido foram estabelecidas algumas pautas para a avaliação das ações regulatórias em documento chamado *"Modernising Government: how the NAO [National Audit Offices] are responding. A progress report"*. No campo da assunção de riscos pelas ações regulatórias, tal documento estabelece três pautas de análise da razoabilidade da ação: (1) há um grande potencial de realização dos benefícios buscados com essa ação? (2) há planos de contingência para as hipóteses de os riscos se materializarem? (3) os riscos foram devidamente identificados e administrados?[772]

José Vicente Santos de Mendonça[773] propõe alguns parâmetros que deveriam ser observados pelos Tribunais de Contas quando do controle das estatais. O primeiro deles se enuncia pela fórmula de que "quanto mais próxima ao desempenho das funções públicas, ou quando no desempenho da prestação de serviços públicos, o controle sobre as estatais é mais próximo ao que incidiria sobre uma autarquia ou sobre um órgão público". Nessa linha, seria possível afirmar que o controle operacional sobre essas atividades poderia ser mais incisivo do que aquele sobre as atividades econômicas em sentido estrito exploradas por essas sociedades.

Ainda de acordo com esse autor, "quanto mais demonstradamente eficientes os mecanismos internos de controle da estatal, mais suave deverá ser o controle dos tribunais de contas".

Um terceiro parâmetro é a necessidade de respeito ao sigilo de algumas das atividades realizadas pela empresa estatal. Assim é que "a fiscali-

---

[771] NAO report: Supporting Innovation: Managing Risks in Government Departments. *Apud* INTOSAI. Guidelines on Best Practice for the Audit f Risk in Public/Private Partnership (PPP).

[772] Modernising Government: how the NAO are responding. A progress report, 2000, p. 3.

[773] *Op.Cit.*, pp. 257 a 260.

zação contábil, financeira, orçamentária e patrimonial deve incidir até o limite em que o sigilo operacional ou comercial possa vir a ser afetado".

O quarto parâmetro reside na distinção entre atividades-fim e atividades-meio da empresa estatal, de forma que as "atividades administrativas de gestão ordinária [i.e. realização de concursos públicos], na medida em que exercidas por formas e procedimentos de Direito Público, são controláveis pelos Tribunais de Contas". Já as "decisões empresariais estratégicas não são controladas pelos Tribunais de Contas", tais como a criação de novos produtos e as estratégicas de colocação e divulgação no mercado, políticas de promoção e de captação de clientes, decisões sobre aquisições e criação de subsidiárias, dentre outras.[774]

### 3.8.3. O controle no âmbito do Poder Executivo

O controle no âmbito da Administração Pública é realizado através de diversos instrumentos, tais como o poder do Chefe do Executivo para nomear e destituir os seus dirigentes, a supervisão ministerial, o controle de contas interno realizado pela Controladoria Geral da União (CGU), o controle exercido pelo Departamento de Coordenação e Governança das Empresas Estatais (DEST), a possibilidade de intervenção em empresas estatais prestadoras de serviços públicos, em caso de decretação de estado de sítio (art. 139, IV, CRFB) e, finalmente, o controle de natureza societária.

Essa é, de acordo com José Vicente Mendonça, "possivelmente, a mais dramática forma de controle, principal motivo de desconfiança contra as

---

[774] Esse entendimento já foi esposado pelo Superior Tribunal de Justiça quando do julgamento do Recurso em Mandado de Segurança nº 17949/DF:
"MANDADO DE SEGURANÇA. SIGILO BANCÁRIO. SOCIEDADE DE ECONOMIA MISTA EXPLORADORA DE ATIVIDADE ECONÔMICA. FISCALIZAÇÃO PELO TRIBUNAL DE CONTAS. FORNECIMENTO DE INFORMAÇÕES. SIGILO BANCÁRIO. CONTRATO ADMINISTRATIVO. OPERAÇÕES COMERCIAIS. (...) 2. Em se tratando de sociedades de economia mista ou de empresas públicas referidas no art. 173 da Constituição Federal, a fiscalização dos Tribunais de Contas não poderá abranger as atividades econômicas das instituições, ou seja, os atos realizados com vistas ao atingimento de seus objetivos comerciais. (...)" (STJ, RMS 17949/DF, Rel. Min. João Otávio De Noronha, 2ª T., j. 09.08.2005, DJ 26.09.2005 p. 271).

O ESTADO COMO ACIONISTA CONTROLADOR

estatais",[775] sendo frequente a crítica sobre a interferência política manejada por essas vias.

O seu fundamento constitucional reside no art. 84, II, da Carta Maior, o qual prevê cumprir ao Chefe do Poder Executivo, "exercer, com o auxílio dos Ministros de Estado, a direção superior da administração federal". O Decreto-lei nº 200/67, embora anterior à Constituição de 1988, teve os seus dispositivos por ela recepcionados, e constitui hoje a norma geral sobre a organização da Administração Federal, disciplinando o disposto no mencionado dispositivo constitucional.

Esse diploma prevê, nesse sentido, que "as entidades compreendidas na Administração Indireta vinculam-se ao Ministério em cuja área de competência estiver enquadrada sua principal atividade" (art. 4º, § único).

É importante esclarecer, aqui, que "o relacionamento entre as administrações direta e indireta não se baseia na lógica da subordinação hierárquica tradicional".[776-777] Não há relação hierárquica entre as empresas estatais e os Ministérios a que estão subordinadas, mas tão-somente relação de tutela administrativa,[778] a qual, contudo, não se presume, devendo ser prevista expressamente em lei.[779].

---

[775] *Op.cit.*, p. 251.

[776] Pinto Junior, Mario Engler. *Empresa Estatal: função econômica e dilemas societários*. São Paulo: Ed. Atlas, 2010, p. 95.

[777] Meirelles, Hely Lopes. *Direito Administrativo Brasileiro*. 32ª ed. São Paulo: Malheiros Editores, 2006, p. 366.

[778] Dallari, Adilson Abreu. O Controle Político das Empresas Públicas. In: *A Empresa Pública no Brasil: uma abordagem multidisciplinar*. Brasília: IPEA, 1980, p. 181.

[779] De acordo com Maria Sylvia Di Pietro, "Há diferenças sensíveis entre tutela e hierarquia:
1. a tutela não se presume, pois só existe quando a lei a prevê; a hierarquia existe independentemente de previsão legal, porque é princípio inerente à organização administrativa do Estado;
2. a tutela supõe a existência de duas pessoas jurídicas, uma das quais exercendo controle sobre a outra, existindo onde haja descentralização administrativa; a hierarquia existe dentro de uma mesma pessoa jurídica, relacionando-se com a idéia de desconcentração;
3. a tutela é condicionada por lei, ou seja, só admite os atos de controle expressamente previstos; a hierarquia é incondicionada e implica uma série de poderes que lhe são inerentes, como o de dar ordens, o de rever os atos dos subordinados (*ex officio* ou mediante provocação), o de avocar e delegar atribuições" (Di Pietro, Maria Sylvia. *Direito Administrativo*. São Paulo: Ed. Atlas, 2004, p. 409.

O ESTADO EMPRESÁRIO

A tutela administrativa encontra-se prevista pelos arts. 19 e seguintes do Decreto-lei nº 200/67, sob a forma de supervisão ministerial.[780] De acordo com o parágrafo único do art. 20 desse Diploma, "a supervisão ministerial exercer-se-á através da orientação, coordenação e contrôle das atividades dos órgãos subordinados ou vinculados ao Ministério, nos têrmos desta lei".

---

[780] Em pesquisa sobre as leis que autorizaram a criação das principais empresas estatais integrantes da Administração Pública Federal, tais como a ELETROBRAS – Centrais Elétricas Brasileiras S.A. (Lei nº 3.890-A/1961); Empresa Brasileira de Infra-Estrutura Aeroportuária – INFRAERO (Lei nº 5.862/1972); Financiadora de Estudos e Projetos – FINEP (Decreto-lei nº 61.056/1967); Caixa Econômica Federal – CEF (Decreto-lei nº 759/1969); Empresa Brasileira de Correios e Telégrafos – ECT (Decreto-lei nº 509/1969); Banco Nacional de Desenvolvimento Econômico e Social – BNDES (Lei nº 5.662/1971); Empresa Brasileira de Administração de Petróleo e Gás Natural S.A. – Pré-Sal Petróleo S.A. – PPSA (Lei nº 12.304/2010); Empresa de Transporte Ferroviário de Alta Velocidade S.A. – ETAV (Lei nº 12.404/2011); Empresa Brasileira de Serviços Hospitalares – EBSERH (Lei nº 12.550/2011), encontramos poucas hipóteses de tutela, diversas daquelas já previstas no Decreto-lei nº 200/67.
O Decreto-Lei nº 509/1969, que autorizou a criação da ECT, prevê a obrigação de que "a constituição de subsidiárias e a aquisição do controle ou participação acionária em sociedades empresárias já estabelecidas deverão ser comunicadas à Câmara dos Deputados e ao Senado Federal no prazo máximo de 30 (trinta) dias, contado da data da concretização do ato correspondente" (art. 1º, § 6º, incluído pela Lei nº 12.490, de 2011).
A Lei nº 2.004/1953, que autorizou a criação da Petrobras – Petróleo Brasileiro S.A., previa o cabimento de recurso *ex officio* para o Presidente da República contra os vetos exercidos pelo Presidente do Conselho de Administração daquela companhia. Essa lei foi revogada pela Lei federal nº 9.478/1997, que não repetiu tal dispositivo.
O art. 30 do Estatuto do BNDES, aprovado pelo Decreto n º 4.418/2002 prevê que "o BNDES submeterá à prévia anuência do Ministério da Fazenda a realização de quaisquer dos seguintes atos de natureza societária: I – alienação, no todo ou em parte, de ações do seu capital social ou de suas controladas; aumento do seu capital social por subscrição de novas ações; renúncia a direitos de subscrição de ações ou debêntures conversíveis em ações de empresas controladas; venda de debêntures conversíveis em ações de sua titularidade de emissão de empresas controladas; ou, ainda, a emissão de quaisquer títulos ou valores mobiliários, no País ou no exterior; II – operações de cisão, fusão ou incorporação de suas subsidiárias e controladas; III – permuta de ações ou outros valores mobiliários, de emissão das empresas referidas no inciso II deste artigo; e IV – assinatura de acordos de acionistas ou renúncia de direitos neles previstos, ou, ainda, assunção e quaisquer compromissos de natureza societária referentes ao disposto no art. 118 da Lei nº 6.404, de 1976".

O art. 26 desse Decreto-lei prevê os objetivos e os instrumentos da supervisão ministerial aplicáveis ao controle das entidades da administração indireta. Quanto aos primeiros, prevê que "a supervisão ministerial visará a assegurar, essencialmente: I – A realização dos objetivos fixados nos atos de constituição da entidade. II – A harmonia com a política e a programação do Govêrno no setor de atuação da entidade. III – A eficiência administrativa. IV – A autonomia administrativa, operacional e financeira da entidade".

O seu parágrafo único, por sua vez, aduz que esse controle se efetiva especialmente pela prerrogativa de indicar os dirigentes da empresa estatal, de designar os representantes do Governo nas assembleias gerais e demais órgãos de administração, solicitação de relatórios das atividades desempenhadas pela empresa, bem como do cumprimento dos objetivos e metas previstos na lei orçamentária anual e, em casos excepcionais, mediante intervenção na empresa.[781]

Mário Engler Pinto Junior observa, contudo, que "os dirigentes de empresas estatais não devem obediência formal às ordens administrativas externas. Tais comandos possuem natureza de mera recomendação, salvo quando editados no exercício de competência regulatória legalmente reconhecida ou transformados em deliberação da assembléia geral de acionistas".[782]

---

[781] "Art. 26. (...) Parágrafo único. A supervisão exercer-se-á mediante adoção das seguintes medidas, além de outras estabelecidas em regulamento: a) indicação ou nomeação pelo Ministro ou, se fôr o caso, eleição dos dirigentes da entidade, conforme sua natureza jurídica; b) designação, pelo Ministro dos representantes do Govêrno Federal nas Assembléias Gerais e órgãos de administração ou contrôle da entidade; c) recebimento sistemático de relatórios, boletins, balancetes, balanços e informações que permitam ao Ministro acompanhar as atividades da entidade e a execução do orçamento-programa e da programação financeira aprovados pelo Govêrno; d) aprovação anual da proposta de orçamento-programa e da programação financeira da entidade, no caso de autarquia; e) aprovação de contas, relatórios e balanços, diretamente ou através dos representantes ministeriais nas Assembléias e órgãos de administração ou contrôle; f) fixação, em níveis compatíveis com os critérios de operação econômica, das despesas de pessoal e de administração; g) fixação de critérios para gastos de publicidade, divulgação e relações públicas; h) realização de auditoria e avaliação periódica de rendimento e produtividade; i) intervenção, por motivo de interêsse público".

[782] PINTO JUNIOR, Mario Engler. A estrutura da administração pública indireta e o rela-

No mesmo sentido, Edmir Netto de Araújo afirma que "existe o entendimento de que o Executivo não poderia baixar normas diretamente, por decreto, aplicáveis a tais empresas (...). Tal é explicável porque a relação da empresa pública com a pessoa política que lhe deu vida não é de *subordinação* (o que anularia seu caráter de entidade descentralizada) mas de *vinculação tutelar* ao Ministério (ou Secretaria) da área correspondente à sua principal finalidade".[783]

Encampando esse posicionamento doutrinário, a Lei nº 13.303/2016 prevê, em seus arts. 89 e 90, que "o exercício da supervisão por vinculação da empresa pública ou da sociedade de economia mista, pelo órgão a que se vincula, não pode ensejar a redução ou a supressão da autonomia conferida pela lei específica que autorizou a criação da entidade supervisionada ou da autonomia inerente a sua natureza, nem autoriza a ingerência do supervisor em sua administração e funcionamento, devendo a supervisão ser exercida nos limites da legislação aplicável", bem como que "as ações e deliberações do órgão ou ente de controle não podem implicar interferência na gestão das empresas públicas e das sociedades de economia mista a ele submetidas nem ingerência no exercício de suas competências ou na definição de políticas públicas".

Por outro lado, reconhece-se que o Ministro pode valer-se "do poder de indicação e destituição dos administradores, para se transformar em interlocutor qualificado perante eles".[784] Nas sociedades anônimas, por exemplo, o poder de nomear e destituir os diretores e administradores é da Assembleia Geral ou do Conselho de Administração, quando este existir, e pode ser exercido a qualquer momento.[785] Em sendo o acionista

---

cionamento do Estado com a companhia controlada. *Revista de Direito Público da Economia-RDPE*, nº 28, 2009, p. 57.

[783] ARAÚJO, Edmir Netto de. *Curso de Direito Administrativo*. São Paulo: Editora Saraiva, 2010, pp. 263/264.

[784] PINTO JUNIOR, Mario Engler. *Op.cit.*, pp. 95/96.

[785] "Art. 122. Compete privativamente à assembleia geral: (Redação dada pela Lei nº 12.431, de 2011). (...) II – eleger ou destituir, a qualquer tempo, os administradores e fiscais da companhia, ressalvado o disposto no inciso II do art. 142;(Redação dada pela Lei nº 10.303, de 2001)".

"Art. 142. Compete ao conselho de administração: I – fixar a orientação geral dos negócios da companhia; II – eleger e destituir os diretores da companhia e fixar-lhes as atribuições, observado o que a respeito dispuser o estatuto;"

O ESTADO COMO ACIONISTA CONTROLADOR

estatal o acionista controlador, invariavelmente o seu poder de nomeação e substituição de administradores prevalecerá. No caso de empresa pública unipessoal esse procedimento sequer é necessário, podendo o Chefe do Poder Executivo exonerá-los *ad nutum*.[786] Assim é que "a efetividade das prescrições emanadas do governo central depende essencialmente do grau de credibilidade da ameaça implícita de substituição dos gestores recalcitrantes, o que, por sua vez, está sujeito a todo tipo de injunções políticas".[787]

Essa interferência, contudo, sofreu uma série de limitações com a edição da Lei nº 13.303/2016 que, como se verá a seguir, submeteu as estatais a normas de governança corporativa.

Interessante notar que o art. 27 desse Decreto-lei prevê que "o Poder Executivo outorgará aos órgãos da Administração Federal a autoridade executiva necessária ao eficiente desempenho de sua responsabilidade legal ou regulamentar", devendo ser assegurada "às emprêsas públicas e às sociedades de economia mista condições de funcionamento idênticas às do setor privado cabendo a essas entidades, sob a supervisão ministerial, ajustar-se ao plano geral do Governo".

Esses são os fundamentos e limites da supervisão ministerial genericamente prevista para as entidades da Administração Indireta, sendo possível, de toda forma, que novas formas sejam previstas por lei, inclusive pelas leis que autorizam a criação dessas entidades.

Um exemplo de tutela não previsto pelo Decreto-lei nº 200/67 foi aquele previsto pelo Decreto nº 84.128/1979, que criou a Secretaria de Controle de Empresas Estatais – SEST, vinculada ao Ministério do Planejamento. Como já mencionado acima, esse Decreto atribuía a essa Secretaria competências para coordenar as atividades das empresas estatais que envolvessem recursos e dispêndios globais passíveis de ajustamento à programação governamental, dentre outras.

Aliás, após a criação da SEST, a doutrina passou a advertir que o controle exercido por essa Secretaria "ocupa quase totalmente o espaço que era reservado à Supervisão Ministerial" o que suscitou, à época, críticas

---

[786] ARAÚJO, Edmir Netto de. *Curso de Direito Administrativo*. São Paulo: Editora Saraiva, 2010, p. 263.

[787] PINTO JUNIOR, Mario Engler. *Empresa Estatal: função econômica e dilemas societários*. São Paulo: Ed. Atlas, 2010, p. 107.

sobre a superposição desses poderes.[788] Adilson Dallari, nesse sentido, chegou a afirmar na época que, após a criação da SEST, "cada ministro que hoje exerce a supervisão ministerial exerce esse tipo de controle mais como um adorno do seu cargo de ministro porque, na verdade, quem controla mesmo ou quem detém poderes para controlar é o Ministro do Planejamento".[789]

Há quem repute a criação da SEST, por outro lado, à inoperância da supervisão ministerial no que diz respeito a aspectos da gestão financeira das empresas estatais. De acordo com Mario Engler Pinto Junior, "a tutela ministerial possui um foco mais restrito, na medida em que prioriza o atendimento das necessidades do setor correspondente à área de atuação do respectivo ministério, ficando em segundo plano as preocupações de natureza propriamente macroeconômica".[790]

Esse tipo de controle, contudo, se fez essencial a partir da década de 1970, em virtude da grave crise econômica que começou a se instalar no Brasil e da constatação de que as empresas estatais em muito contribuíam para tal cenário, como já analisado no item 3.3 deste livro. A partir desse período, "os controles financeiros ganham especial relevância e passam a ser aplicados para o conjunto do setor empresarial, com o propósito de restringir a demanda agregada e as pressões inflacionárias daí decorrentes".[791]

Foi esse o objetivo que permeou a criação da SEST no âmbito do Ministério do Planejamento: a implantação de um controle de natureza eminentemente financeira que considerasse a situação global das empresas estatais e não apenas cada uma delas de forma isolada, como era, em tese, o objeto dos controles exercidos pelos respectivos Ministérios aos quais eram vinculadas.[792] Esse objetivo restava claro no relatório oficial que justificara, à época, a criação dessa Secretaria:

---

[788] DUTRA, Pedro Paulo de Almeida. *Controle de Empresas Estatais: uma proposta de mudança*. São Paulo: Saraiva, 1991, p. 91.

[789] DALLARI, Adilson Abreu. Controle das empresas estatais. *Revista de Direito Público*, nº 68, 1983, p. 201.

[790] *Empresa Estatal: função econômica e dilemas societários*. São Paulo: Ed. Atlas, 2010, p. 110.

[791] Idem. *Ibidem*, p. 110.

[792] De acordo com Mario Engler Pinto Junior, "A SEST passa a funcionar como modalidade de controle global, com foco especial no acompanhamento e avaliação do desempenho

O ESTADO COMO ACIONISTA CONTROLADOR

As empresas estatais no Brasil são vinculadas aos correspondentes ministérios setoriais. Em consequência, é natural que as suas propostas de programas de investimentos tendam a expressar, prioritariamente, os anseios das respectivas áreas, para, somente depois, quando da aprovação final do Governo, serem compatibilizados com as metas ou as restrições de ordem mais ampla de política econômica nacional. Ocorre que esse ajuste, na ausência de um mecanismo centralizador, devidamente institucionalizado e em condições de compatibilizar as propostas dos anseios das empresas e dos setores (...) vinha se processando essencialmente através de decisões isoladas, nas áreas de fixação de preços, alocação dos recursos da União, vinculação de receitas fiscais, autorização de contratação de créditos externos e, até mesmo, no estabelecimento de limites de investimentos, por empresa ou projeto (...) Diante de todo este quadro, não é de se estranhar que esses mecanismos, permitindo decisões isoladas ou específicas, e sem um referencial completo da situação das empresas estatais e de seus anseios, responsabilidades e limitações, resultassem num nível global de gastos superiores à efetiva disponibilidade de recursos.[793]

Dentre as inúmeras competências da SEST, já apontadas no item 3.3, estava a de opinar sobre a criação de novas empresas estatais e sobre a constituição de subsidiárias pelas empresas já existentes, bem como o

econômico-financeiro, e não mais na implementação de políticas setoriais" (Idem. *Ibidem*, p. 111). Também de acordo com Pedro Dutra, "a criação da Sest, em 29 de outubro de 1979, marca a passagem de um sistema setorial de controle, até então em vigor, a um tipo novo de controle global. O importante era decidir o montante que as empresas poderiam despender. Mas esses limites não estavam fixados a respeito de cada empresa, individualmente, mas com relação à totalidade de empresas, tendo como referência e fator limitativo o aspecto macroeconômico e a política econômica no País. A partir da criação da Sest, foi possível centralizar as decisões em um só órgão; analisar não somente os investimentos, mas todos os itens da receita e despesa de cada orçamento; eliminar a figura dos 'recursos a definir'; conhecer o universo das empresas do Estado e agregar os valores de todos os orçamentos" (DUTRA, Pedro Paulo de Almeida. *Controle de Empresas Estatais: uma proposta de mudança*. São Paulo: Saraiva, 1991, p. 55).

[793] BRASIL. Presidência da República. Secretaria do Planejamento. Secretaria de Controle de Empresas Estatais – SEST. *Empresas estatais no Brasil e o controle da SEST: antecedentes e experiência de 1980*. Brasília: SEPLAN/SEST, 1981, pp. 16/17.

O ESTADO EMPRESÁRIO

controle de preços e tarifas dos bens produzidos e dos serviços prestados pelas empresas estatais.

Em 1999, a SEST foi transformada em Departamento de Coordenação e Controle das Empresas Estatais (DEST), por força do art. 7º do Decreto nº 2.923. Em 2009, esse Departamento passou a ser denominado Departamento de Coordenação e Governança das Empresas Estatais, na forma prevista pelo Decreto nº 6.929/2009.

Há que se mencionar, ainda, o Decreto federal nº 3.735/2001, que estabelece diretrizes aplicáveis às empresas estatais federais e atribui competências ao Ministério de Estado do Planejamento, Orçamento e Gestão para esse fim. De acordo com esse Decreto, por exemplo, compete ao Ministro de Estado do Planejamento a aprovação dos seguintes pleitos de empresas estatais federais, encaminhados pelos respectivos Ministérios supervisores: (i) "quantitativo de pessoal próprio"; (ii) "programas de desligamento de empregados"; (iii) "revisão de planos de cargos e salários, inclusive alteração de valores pagos a título de remuneração de cargos comissionados ou de livre provimento"; (iv) "renovação de acordo ou convenção coletiva de trabalho"; (v) "participação de empregados nos lucros ou resultados"; e (vi) "contrato de gestão, a que se refere o caput do art. 47 da Lei Complementar nº 101, de 4 de maio de 2000".

O Decreto prevê, ainda, a necessidade de prévia aprovação de algumas matérias pelo Departamento de Coordenação e Controle das Empresas Estatais, dentre elas, o aumento de capital da estatal; a distribuição do lucro líquido do exercício; a assunção do controle acionário de empresa privada; a contratação de operação de crédito de longo prazo; a emissão de debêntures, conversíveis ou não em ações, ou quaisquer outros títulos e valores mobiliários; e a alteração de estatutos e regulamentos.

Ainda no âmbito do Poder Executivo, podemos citar o controle exercido pela Controladoria Geral da União – CGU, órgão integrante da Presidência da República, responsável pelo controle interno do Poder Executivo Federal, nos termos do art. 74 da Constituição Federal, c/c 1º, § 3º, I c/c art. 17, ambos da Lei nº 10.683, de 28 de maio de 2003.

O controle por ele exercido tem por objetivos a avaliação do cumprimento dos programas de governo e dos orçamentos, bem como a comprovação da legalidade dos atos dessas entidades, incluindo-se aí a avaliação dos seus resultados, quanto à eficácia e eficiência, da gestão orçamentária, financeira e patrimonial. Essa competência se dá em apoio ao controle externo exercido pelo Tribunal de Contas da União, sobre o qual tratamos acima. É a CGU o órgão do Poder Executivo que coordena os procedimentos da auditoria de contas anual realizada pelo órgão de controle interno de cada empresa estatal e a organização e formalização das peças que constituirão os processos de contas da Administração Pública federal a serem apresentadas ao Tribunal de Contas da União.

A Controladoria Geral da União não possui competência para ajuizar ação de improbidade ou determinar a indisponibilidade de bens dos órgãos e entidades por ela fiscalizados. De acordo com o art. 18, § 3º, dessa lei, nessas duas hipóteses, ela deverá encaminhar à Advocacia-Geral da União os casos que configurem improbidade administrativa e todos quantos recomendem a indisponibilidade de bens, o ressarcimento ao erário e outras providências a cargo daquele órgão, bem como provocará, sempre que necessário, a atuação do Tribunal de Contas da União, da Secretaria da Receita Federal, dos órgãos do Sistema de Controle Interno do Poder Executivo Federal e, quando houver indícios de responsabilidade penal, do Departamento de Polícia Federal e do Ministério Público, inclusive quanto a representações ou denúncias que se afigurarem manifestamente caluniosas.

### 3.8.3.1. O controle societário exercido pelo Chefe do Poder Executivo

Ainda com relação aos controles exercidos no âmbito do Poder Executivo, impõe-se escrever algumas linhas sobre aquele tipo exercido em virtude da sua condição de acionista controlador dessas entidades, não obstante essa seara se demonstre muito mais afeta ao Direito Societário do que ao Administrativo, destacando-se desde já que o tema é objeto de recente e ampla regulamentação, prevista pela Lei nº 13.303/2016.

O exercício do poder de controle, no caso de empresas estatais criadas sob a forma de sociedades anônimas, se dá da forma e nos limites previstos na Lei nº 6.404/76, isto é, por intermédio dos órgãos societários, cujos representantes, em sua maioria, são escolhidos pelo Estado, bem como através do exercício do voto nas deliberações da Assembleia Geral. Nesse sentido, é importante considerar o disposto no art. 238 da Lei das S.A., segundo o qual "a pessoa jurídica que controla a companhia de economia mista tem os deveres e responsabilidades do acionista controlador (artigos 116 e 117), mas poderá orientar as atividades da companhia de modo a atender ao interesse público que justificou a sua criação".

A Lei nº 13.303/2016 acresce, nesse particular, que "o interesse público da empresa pública e da sociedade de economia mista, respeitadas as razões que motivaram a autorização legislativa, manifesta-se por meio do alinhamento entre seus objetivos e aqueles de políticas públicas (art. 8º, § 1º) e que "quaisquer obrigações e responsabilidades que a empresa pública e a sociedade de economia mista que explorem atividade econômica assumam em condições distintas às de qualquer outra empresa do setor privado em que atuam deverão: I – estar claramente definidas em lei ou regulamento, bem como previstas em contrato, convênio ou ajuste celebrado com o ente público competente para estabelecê-las, observada a ampla publicidade desses instrumentos; e II – ter seu custo e suas receitas discriminados e divulgados de forma transparente, inclusive no plano contábil" (art. 8º, § 2º).

Apesar de se tratar de um instrumento, por excelência, de orientação das atividades da sociedade controlada para o cumprimento da sua finalidade pública, "o direito administrativo praticamente ignora o papel dos órgãos de administração da companhia, colocando toda ênfase no controle exógeno para fiscalizar e modular a ação empresarial pública".[794]

Em muitos casos, as diretorias e conselhos de administração das sociedades estatais não passam de instrumentos de barganha política, o que os transforma em órgãos extremamente inchados, integrados por um número excessivo de representantes do governo,[795] que não possuem qualquer experiência ou comprometimento com o objetivo da companhia ou com os interesses de seus investidores. Com isso, perde-se o foco dos negócios, diminui-se a autonomia da sociedade e abre-se um espaço excessivo para a influência política nas suas relações internas.

Além disso, a tendência brasileira de garantir assento, nos órgãos societários, de representantes dos mais diversos grupos de interesses,

---

[794] *Empresa Estatal: função econômica e dilemas societários.* São Paulo: Ed. Atlas, 2010, p. 85.
[795] A OCDE cita que, na França, por exemplo, esses órgãos chegam a ser integrados por mais de 30 membros (OCDE – Organização para a Cooperação e Desenvolvimento Econômico. *Corporate Governance of State-owned Enterprises. a Survey of OECD Countries,* p, 125. Disponível em http://www.keepeek.com/Digital-Asset-Management/oecd/governance/corporate-governance-of-state-owned-enterprises_9789264009431-en. Acesso em 15 abr. 2012).

O ESTADO COMO ACIONISTA CONTROLADOR

como trabalhadores,[796] consumidores, etc., também contribui para transformar tais órgãos em verdadeiras arenas de negociação política.[797]

Vale mencionar, com relação a esse ponto, que a Comissão de Valores Mobiliários – CVM, em recente decisão proferida no âmbito do processo administrativo nº RJ2013/6635, determinou a aplicação de multa à União Federal, na qualidade de controladora da Centrais Elétricas Brasileiras S.A. – "Eletrobras"[798], sob o argumento de que ela teria violado o art. 115, § 1º, da Lei das S.A., ao votar, em assembleia geral extraordinária da Eletrobras, a favor da renovação dos contratos de concessão de geração e transmissão de energia elétrica celebrados com sociedades do Grupo Eletrobras, o que configuraria conflito de interesses.

A CVM reconheceu que a vedação prevista no art. 115, § 1º, da Lei das S.A. deve ser flexibilizada em se tratando da sua aplicação a uma empresa estatal, sobretudo para que não se inviabilize a participação dos sócios controladores em discussões relacionadas a contratos de concessão ou processos administrativos, por exemplo[799]. Nesse caso concreto, contudo, a CVM concluiu que o voto foi proferido pela União Federal em conflito de interesses não simplesmente pelo fato de a União ser controladora e Poder Concedente de forma simultânea mas tendo em vista que o voto em questão importava em renúncia, por parte da Eletrobras,

---

[796] A participação de empregados nos conselhos de administração das empresas públicas e sociedades de economia mista, suas subsidiárias e controladas e demais empresas em que a União, direta ou indiretamente, detenha a maioria do capital social com direito a voto é objeto da Lei federal nº 12.353/2010.

[797] OCDE – Organização para a Cooperação e Desenvolvimento Econômico. *Corporate Governance of State-owned Enterprises. a Survey of OECD Countries*, p, 124. Disponível em http://www.keepeek.com/Digital-Asset-Management/oecd/governance/corporate-governance-of-state-owned-enterprises_9789264009431-en. Acesso em 15 abr. 2012.

[798] Na sessão de julgamento realizada em 26 de maio de 2015, a Diretoria da CVM decidiu, por unanimidade, por condenar a União Federal à penalidade de multa pecuniária no valor de R$500.000,00 (quinhentos mil reais), por infração ao disposto no art. 115, §1º, da Lei nº 6.404/1976.

[799] De acordo com a Diretoria relatora, "a União deve se abster de quaisquer deliberações da Eletrobras que a afetem de modo diferente dos demais acionistas, terminar[ia] por impedi-la de votar em praticamente qualquer matéria relativa a concessões de energia elétrica". Trata-se, segundo a Acusação, de "uma interpretação excessiva, pois as concessões estão no núcleo das atividades desenvolvidas pela Eletrobras e privar a União de decidir sobre tais matérias seria em grande medida anular sua condição de acionista controladora".

à cobrança de indenizações devidas pela União Federal à empresa estatal ao final dos contratos de concessão.

De acordo com o voto da relatora, ainda que não caiba à CVM a análise do mérito das políticas públicas buscadas pelo acionista controlador de uma sociedade estatal (*i.e.* promoção de políticas tarifárias), "desde que inseridas nas razões que justificaram sua criação", se "paralelamente ao interesse público declarado, a pessoa jurídica de direito público que atua como controlador está confrontada também com a possibilidade de auferir benefícios particulares, como, por exemplo, uma contrapartida financeira não extensível aos demais acionistas, a mera alegação de persecução ao interesse público não basta para legitimar a atuação do acionista controlador".[800]

A valorização do papel de acionista do agente estatal, bem como da função dos órgãos de administração e a importância da escolha correta

---

[800] "Embora eu acredite que este é um assunto que ainda mereça discussão dentro desta Autarquia e talvez orientações mais precisas, é importante lembrar que a acusação de conflito de interesses no presente caso não decorre do fato de que a União era a contraparte contratual das subsidiárias da Companhia. A SEP não questionou, portanto, a possibilidade de em outros casos o Estado votar em contratos de concessão. A Acusação tampouco decorre do fato de a União ter estipulado, na MP 579, condições menos favoráveis de remuneração pela prestação dos serviços de geração e transmissão de energia elétrica que eram objeto dos contratos de concessão apreciados na AGE ou dos valores inferiores a que o método de cálculo consagrado pela MP 579 – o valor novo de reposição – levava em consideração. A SEP não questionou, portanto, os atos do Estado como regulador. Para a Acusação, o conflito de interesses surge a partir do momento em que a renovação das concessões implicava a renúncia das concessionárias da Eletrobras a qualquer direito preexistente à MP 579, inclusive o direito de contestar a constitucionalidade dessa medida provisória naquilo que ela tinha de cogente. Isto é, o conflito surge com base naquilo que se aplicava indistintamente a qualquer concessionária, independentemente de sua opção por renovar ou não suas respectivas concessões –, sobretudo o cálculo da indenização pelo valor novo de reposição. Portanto, ao renovar as concessões, a Eletrobras teria perdido a possibilidade de questionar a MP 579 quanto à forma de apurar a indenização devida pela União e, com isso, beneficiou esse acionista, relativamente à diferença entre o montante encontrado pelo valor novo de reposição e o até então tido pela Companhia como efetivamente correto, com base nas taxas que constavam do manual de contabilidade do setor elétrico, aprovado pela ANEEL. A Acusação argumenta, em outras palavras, que a Acusada se beneficiaria de forma particular da decisão de renovação dos contratos de concessão porque tal renovação implicaria também a renúncia ao direito de pleitear uma indenização pelos ativos não amortizados objeto da concessão".

de seus integrantes como forma de direcionamento da sociedade para as finalidades de interesse público para as quais ela foi criada são os pontos centrais da discussão sobre a introdução de mecanismos de governança corporativa[801] nas sociedades estatais.

Vimos, no item 1.3 deste livro que a natureza da relação institucional entre o governo e a empresa estatal é um dos elementos que mais importam para impedir que tais entidades sejam utilizadas para a satisfação de interesses privados: a institucionalização da atuação do governo através do Conselho Diretor é uma das formas de tornar a intervenção política nas estatais mais custosa e transparente.

É essa a realidade que, a toda evidência, a Lei federal nº 13.303/2016 pretende mudar, ao determinar a observância de regras de "governança corporativa, de transparência e de estruturas, práticas de gestão de riscos e de controle interno, composição da administração e, havendo acionistas, mecanismos para sua proteção" (art. 6º e seguintes), ao estabelecer deveres ao seu acionista controlador (art. 14) e aos seus administradores (art. 15), dentre outros aspectos.

Essa Lei previu, ainda, requisitos a serem preenchidos pelos indicados a cargos do Conselho da Administração e de Diretoria (art. 17), os quais deverão ser escolhidos entre cidadãos de reputação ilibada e de notório conhecimento, ter comprovada experiência profissional e formação acadêmica compatível com o cargo para o qual foi indicado, além de não se enquadrarem nas hipóteses de inelegibilidade previstas nas alíneas do inciso I do caput do art. 1º da Lei Complementar nº 64/1990. Essa lei vedou, ainda, a indicação, para esses cargos, de representantes do órgão regulador ao qual a empresa pública ou a sociedade de economia mista está sujeita, de Ministro de Estado, de Secretário de Estado, de Secretário Municipal, de titular de cargo, sem vínculo permanente com o serviço público, de natureza especial ou de direção e assessoramento superior na administração pública, de dirigente estatutário de partido político e de titular de mandato no Poder Legislativo de qualquer ente da federação, ainda que licenciados do cargo; bem como de pessoa que atuou, nos últimos 36 (trinta e seis) meses, como participante de estrutura decisória de

---

[801] Trata-se do conjunto de disposições (leis, regulamentos, normas estatutárias, etc.) que disciplina a relação dos administradores de uma sociedade com aqueles que nela investem seus recursos.

partido político ou em trabalho vinculado a organização, estruturação e realização de campanha eleitoral; de pessoa que exerça cargo em organização sindical; de pessoa que tenha firmado contrato ou parceria, como fornecedor ou comprador, demandante ou ofertante, de bens ou serviços de qualquer natureza, com a pessoa político-administrativa controladora da empresa pública ou da sociedade de economia mista ou com a própria empresa ou sociedade em período inferior a 3 (três) anos antes da data de nomeação; ou de qualquer pessoa que tenha ou possa ter qualquer forma de conflito de interesse com a pessoa político-administrativa controladora da empresa pública ou da sociedade de economia mista ou com a própria empresa ou sociedade.

De acordo com Mario Engler Pinto Junior, em não sendo possível eliminar a participação direta do Estado na economia, a segunda melhor solução (*"the second best choice"*) que vem sendo proposta pelos organismos internacionais é a introdução de instrumentos de governança corporativa, assemelhando-se a empresa estatal ao máximo à sociedade privada,[802] em especial no que diz respeito à adoção de práticas de boa administração, fortalecimento dos órgãos societários e promoção da transparência.[803]

A introdução de práticas de governança corporativa visa, no caso das sociedades estatais, se não a diminuir a influência política exercida sobre essas companhias, pelo menos a tornar transparentes as relações políticas que interferem na sua gestão, e assegurar que tal influência deverá ser canalizada e filtrada pelos instrumentos societários para a consecução dos objetivos buscados pela companhia e para a concretização dos interesses dos seus investidores (o conjunto dos acionistas e os terceiros vinculados à atividade empresarial).[804-805]

---

[802] Idem. *Ibidem*, p. 79.

[803] OCDE – Organização para a Cooperação e Desenvolvimento Econômico. *Corporate Governance of State-owned Enterprises. a Survey of OECD Countries*, pp. 80 e 88, Disponível em http://www.keepeek.com/Digital-Asset-Management/oecd/governance/corporate-governance-of-state-owned-enterprises_9789264009431-en. Acesso em 15 abr. 2012.

[804] PINTO JUNIOR, Mario Engler. *Op.cit.*, p. 61. Ainda de acordo com o autor, "a preocupação com a governança não se restringe ao mundo corporativo das sociedades empresariais, mas também é relevante para evitar disfunções na administração de sociedades profissionais, entidades em fins lucrativos (*non profit entities*) e mesmo no setor público. Conquanto o modelo de governança nesses casos tenda a ser bastante distinto daquele aplicável às companhias, vários conceitos e técnicas podem ser aproveitados com as devidas adapta-

O ESTADO COMO ACIONISTA CONTROLADOR

Em resumo, no que tange às empresas estatais, a introdução de mecanismos de governança corporativa passa pela (i) definição objetiva da missão pública a ser buscada pela empresa estatal e das prioridades e metas a serem atendidas a cada período de tempo; (ii) identificação dos limites ao sacrifício dos interesses privados (em especial, o interesse de lucro) para a consecução de tais fins (por ex., através do custeio de políticas públicas) e obrigação de divulgação dos custos envolvidos na busca de tais finalidade; (iii) valorização e otimização do conselho de administração e da diretoria, com a escolha adequada de seus integrantes, diminuindo-se o espaço para a nomeação com objetivos estritamente políticos e abrindo-se espaço para a participação de representantes de grupos de interesse.

Normalmente são os múltiplos e contraditórios objetivos impostos a essas sociedades que levam a uma conduta passiva do acionista estatal ou, pelo contrário, à sua intervenção excessiva. Contudo, uma vez definidos clara e adequadamente os objetivos a serem buscados pela sociedade estatal, o Estado deve se abster de interferir nas questões operacionais da companhia, dando liberdade para os órgãos societários,[806] na linha do que ocorre com as *public corporations* inglesas, analisadas no item 3.2.4 do presente livro.

ções, além de o objetivo maior permanecer o mesmo: assegurar que os gestores, sócios e associados atuem no melhor interesse da organização, ainda que a consecução do objetivo institucional não envolva o exercício de atividade econômica e a obtenção de lucros para posterior distribuição entre algum grupo de beneficiários" (Idem, p. 62).

[805] O Banco do Brasil S.A., a Cia. de Saneamento de Minas Gerais – COPASA e a Cia. de Saneamento Básico do Estado de São Paulo – SABESP são listados como companhias integrantes do Novo Mercado. As Centrais Elétricas de Santa Catarina S.A. – CELESC – na listagem Nível 2 de Governança Corporativa da BM&F BOVESPA. CENTRAIS ELET BRAS S.A. – ELETROBRAS e CIA ENERGETICA DE MINAS GERAIS – CEMIG, dentre outras, encontram-se indicadas na listagem Nível 1 de Governança Corporativa da BM&F BOVESPA.

[806] "A concentração das principais decisões no conselho de administração constitui a forma mais evoluída de exercício do poder de controle sobre a empresa estatal, no duplo sentido de dominação e fiscalização. O Estado se vale da condição de acionista prevalecente para eleger a maioria dos conselheiros, fazendo-se representar naquela instância societária por pessoas comprometidas com a causa pública e identificadas com as diretrizes da gestão em vigor. Por força ainda do status de acionista majoritário, o Estado pode patrocinar a indicação de membros desvinculados da administração pública, que sejam porta-vozes de grupos de interesse relevantes" (PINTO JUNIOR, Mario Engler. *Op.cit.*, p. 174).

A OCDE sugere, nesse sentido, que o Estado, como agente controlador, deve exercer os seus direitos de maneira informada e ativa, através da (i) identificação e divulgação dos objetivos da sociedade e da forma como eles serão perseguidos; (ii) representação em todas as assembleias gerais e participação das votações nelas realizadas; (iii) promoção de processos de nomeação de diretores de forma transparente e bem estruturada, participando ativamente do processo; (iv) desenvolvimento de sistemas de controle e verificação do desempenho da sociedade, a fim de obter informações relevantes sobre a companhia e permitir o exercício consciente dos seus direitos de acionista; (v) manutenção de diálogo com auditores independentes e órgãos estatais de controle; (vi) remuneração dos diretores de forma compatível com as funções por eles desempenhadas e suficientes para garantir a atração de bons profissionais.[807]

A adoção de práticas de governança corporativa, além de aumentar o potencial de atração de investidores – por lhes transmitir uma maior segurança e diminuir os problemas de agência já mencionados ao longo deste trabalho, bem como facilitar o acesso dessas entidades estatais a financiamentos,[808] em regra também melhora o desempenho financeiro da companhia, já que "a pressão por resultados oriunda de investidores privados constitui poderoso estímulo à eficiência empresarial" e contribui para a concorrência.[809]

O Estado, na qualidade de acionista dessas entidades, portanto, deve buscar introduzir mecanismos de governança corporativa, em especial para estruturar de forma eficiente os órgãos de direção da companhia, aumentar a transparência e promover uma maior participação dos investidores nas decisões tomadas pelos órgãos societários, como forma de atender ao princípio da eficiência, não só no que diz respeito à saúde

---

[807] OCDE – Organização para a Cooperação e Desenvolvimento Econômico. *Corporate Governance of State-owned Enterprises. a Survey of OECD Countries. Op.Cit.*, p. 193.

[808] OCDE – Organização para a Cooperação e Desenvolvimento Econômico. *Corporate Governance of State-owned Enterprises. a Survey of OECD Countries. Op.Cit.*, p. 1

[809] PINTO JUNIOR, Mario Engler. *Empresa Estatal: função econômica e dilemas societários*. São Paulo: Ed. Atlas, 2010, p. 72.

financeira da companhia, mas principalmente no que tange ao cumprimento dos objetivos específicos para os quais foi criada[810].

A falta de transparência e a ausência de qualquer possibilidade de participação pelos acionistas minoritários são circunstâncias que facilitam o desvirtuamento dessas entidades para a consecução de objetivos diversos daqueles para os quais foram criadas, ou mesmo a perda do foco da sua atuação. A análise aprofundada dos instrumentos específicos de governança a serem utilizados, contudo, transborda ao objeto deste trabalho.

---

[810] No âmbito federal, existe a Comissão Interministerial de Governança Corporativa e de Administração de Participações Societárias da União – CGPAR , criada pelo Decreto nº 6.021/2007 para "tratar de matérias relacionadas com a governança corporativa nas empresas estatais federais e da administração de participações societárias da União".

# 4
# O Estado como Acionista Minoritário em Sociedades Privadas

**4.1. O Estado como acionista minoritário**

A segunda forma de intervenção do Estado na economia estudada neste livro consiste na sua participação acionária, sem controle, em sociedades privadas. Essa forma de intervenção ocorre tanto quando o Estado adquire ações em uma sociedade privada previamente constituída quanto quando se associa com a iniciativa privada para a criação de uma sociedade na qual ele não possuirá ações e/ou direitos suficientes para o exercício de controle.

As sociedades de capital público-privado sem controle estatal se assemelham às sociedades de economia mista já estudadas neste livro pela formação mista do seu capital. Ambas possuem parte do capital proveniente da iniciativa privada e parte do capital proveniente da iniciativa pública. No entanto, há pelo menos duas marcantes diferenças entre uma e outra: as sociedades de economia mista, teoricamente, só podem ser criadas mediante autorização legal específica, sendo, ainda, necessariamente, controladas pelo Estado, ao passo que a participação do Estado nas sociedades objeto do presente tópico pode ser fundamentada em uma autorização genérica (vide item 2.2.2) e não **é suficiente para permitir** o exercício de poderes de controle estatal sobre a sociedade participada (vide item 4.6.2).

Essas sociedades já foram referidas nos veículos de comunicação como "privatais", uma mistura entre sociedade privada e estatal, apelido cuja cria-

O ESTADO EMPRESÁRIO

ção é atribuída ao ex-ministro José Dirceu,[811] tendo sido objeto de sérias críticas, fundamentadas na falta de transparência de algumas operações que envolvem a participação societária do Estado em sociedades privadas, bem como no fato de o Estado não ter controle sobre essas empresas, apesar de nelas investir o dinheiro dos contribuintes.[812] As críticas permanecem até os dias atuais, tendo em vista a constatação da utilização de tais sociedades como formas de fugir aos controles públicos e a regras normalmente aplicáveis às entidades controladas pelo Estado (*i.e.* licitação).

Não obstante isso, essas participações têm se demonstrado cada vez mais frequentes. É comum, por exemplo, que as leis de criação das empresas estatais prevejam a possibilidade de participação em outras sociedades, sem controle acionário, com vista à exploração de suas atividades-fim. Outra hipótese bastante conhecida é a criação, em favor do Poder Público, de *golden shares* nas empresas estatais privatizadas, a fim de permitir um maior poder de fiscalização sobre a sua gestão, ao menos no período imediato após a privatização.

A participação estatal sem poder de controle em instituições financeiras também foi uma das medidas aventadas nos planos dos governos norte-americano e inglês para a contenção da crise financeira e das bolsas de valores ocorrida em 2008.[813] Nos Estados Unidos e no Reino Unido foram adquiridas pelo Estado ações das instituições financeiras atingidas pela crise, figurando o Estado, nas palavras de G. W. Bush, como "investidor passivo", sem poder de controle,[814] com o objetivo de evitar a falência de sociedades atingidas pela crise.

---

[811] MENDONÇA, José Marcio; PETROS, Francisco. *Migalhas: Política & Economia NA REAL*, nº 35, 13 de novembro de 2008.

[812] Idem. *Ibidem*. Essas críticas tiveram por objeto a compra de parte das ações do Banco Votorantim pelo Banco do Brasil, e da fusão entre as empresas de telecomunicações Brasil Telecom e a Oi, com participação do BNDESPar e dos fundos de pensão Previ, Petros e Funcef, todos de empresas estatais.

[813] "Governo britânico nacionaliza parcialmente os bancos para conter crise". Notícia disponível em: http://economia.uol.com.br/ultnot/2008/10/08/ult1767u130540.jhtm. Acesso em 25.11.2008. "Bush destaca caráter temporário de compra de ações de bancos". Folha on line. Disponível em http://www1.folha.uol.com.br/folha/dinheiro/ult91u456412. shtml. Acesso em 25.11.2008.

[814] "Bush destaca caráter temporário de compra de ações de bancos". Folha on line. Dis-

O ESTADO COMO ACIONISTA MINORITÁRIO EM SOCIEDADES PRIVADAS

Como se verá a seguir, são variados os motivos que podem justificar a participação do Estado em sociedades privadas sem a detenção de controle. A participação minoritária pode visar um maior controle do Estado sobre a sociedade participada, ou mesmo a tomada de controle gradual de determinada companhia, mas também pode apenas constituir uma parceria entre a iniciativa estatal e a privada, como forma mais eficiente de fomento de atividades consideradas de interesse público ou de compartilhamento de riscos e custos envolvidos em determinada atividade explorada pelo Poder Público e pela iniciativa privada.

Essa participação, tanto quanto uma forma de intervenção estatal da economia, é, em alguns casos, um instrumento de cooperação entre o Poder Público e setores privados,[815] voltado à busca mais eficiente do interesse público.

No entanto, é necessário questionar a legitimidade dessa participação estatal em empreendimentos privados, bem como as eventuais formas de controle incidentes sobre essas participações a fim de evitar a sua utilização com desvio de finalidade; isto é, torna-se necessário saber "quais as vinculações jurídico-públicas a que a Administração, mesmo nesses casos, não pode escapar".[816] É o que passaremos a fazer a seguir.

---

ponível em http://www1.folha.uol.com.br/folha/dinheiro/ult91u456412.shtml. Acesso em 25.11.2008.

[815] Trata-se de uma forma de parceria público-privada em sentido lato. Em levantamento realizado pela *INTOSAI – International Organization of Supreme Audit Institutions*, com participação de 39 Entidades Superiores de Fiscalização de contas públicas, dentre elas o Tribunal de Contas da União do Brasil, foram citadas as seguintes: (i) joint ventures; (ii) *franchises*; (iii) concessões; (iv) financiamento privado de projetos; (v) privatizações; (vi) retenção de ações em companhias privatizadas; (vii) testes de mercado; e (viii) uso de métodos privados em órgãos públicos (Guidelines on Best Practice for the Audit of Risk in Public/Private Partnership (PPP). Disponível em: <http://www.intosai.org>. Acesso em 23 nov. 2008). Também utilizando o termo "parceria público-privada" para se referir às "formas de intervenção públicas através da detenção de capital social em associação com entidades privadas", vide RODRIGUES, Nuno Cunha. *"Golden Shares". As empresas participadas e os privilégios do Estado enquanto acionista minoritário*. Coimbra: Coimbra Editora, 2004, p. 13.

[816] Tomando emprestada a expressão utilizada por Maria João Estorninho (ESTORNINHO, Maria João. *A fuga para o direito privado: contributo para o estudo da actividade de direito privado da Administração Pública*. Coimbra: Almedina, 1996, p. 18).

O ESTADO EMPRESÁRIO

## 4.2. Possíveis motivos para a participação estatal sem controle em sociedades privadas

São inúmeros os motivos e os exemplos práticos de participação estatal sem controle em sociedades privadas, podendo ser agrupados pela natureza das finalidades a ela subjacentes: (i) possibilitar uma maior fiscalização e determinado grau de controle sobre uma sociedade privada na qual o Estado possui especial interesse (seja concessionária de serviços públicos, sociedade estatal recém privatizada ou uma sociedade financiada pelo Estado); (ii) financiar uma atividade econômica explorada por determinada sociedade privada; (iii) explorar determinada atividade diretamente, em parceria com a iniciativa privada, com vista a dividir ônus e obter *know how*. [817-818]

No primeiro grupo, podemos citar a participação do Estado em sociedades que receberam concessões que envolvam a gestão de recursos

---

[817] Inspiramos a nossa classificação na obra de Giuseppe Marcon, publicada em 1984, de acordo com a qual seriam os seguintes os possíveis motivos para participação do Estado em sociedades privadas: (i) a possibilidade de obter diretamente informações sobre determinados setores produtivos; (ii) possibilidade de maior controle sobre as políticas de gestão de determinadas empresas sobre as quais o poder público tenha especial interesse, em virtude da atividade desenvolvida ou de subsídios a elas concedidos; (iii) o interesse em financiar em parte as atividades de determinada empresa privada, ainda que somente para garantir a sua sobrevivência; (iv) o interesse em promover uma gradual aquisição de posição de controle (MARCON, Giuseppe. *Le Imprese a Partecipazione Pubblica: Finalitá Pubbliche ed Economicità*, Padova: CEDAM, 1984, p. 11, tradução livre).

[818] Há outras possíveis formas de classificação. Ignacio Aragone Rivoir classifica as razões subjacentes à participação estatal como (i) razões político-estratégicas; (ii) razões operativas; (iii) razões de ordem fiscalizatória; e (iv) razões instrumentais (RIVOIR, Ignacio Aragone. Participación Accionaria del Estado en Sociedades Concesionarias: tendencias, problemas y desafíos. Palestra proferida no III Congresso Iberoamericano de Regulação Econômica, no dia 27 Jun. 2008. Apresentação disponível em: <http://www.direitodoestado.com. Acesso em 29 Jul. 2008). Apesar de não adotarmos tal classificação, os exemplos citados pelo autor serão abordados ao longo deste tópico.

Alexandre Santos de Aragão, por sua vez, as classifica da seguinte forma: "(1) para fomentar determinados setores da atividade econômica; (2) para realizar de forma mais eficiente as atividades-fim de suas sociedades de economia mista, ou até mesmo (3) para direcionar as atividades de uma empresa privada (eventualmente uma concessionária de serviços públicos), através de eventual titularidade de uma golden share ou da celebração de um acordo de acionistas" (Empresa público-privada. *Revista dos Tribunais*. v. 890, 2009, pp. 33/68).

O ESTADO COMO ACIONISTA MINORITÁRIO EM SOCIEDADES PRIVADAS

escassos e/ ou estratégicos, como água, gás, dentre outros, bem como em sociedades recém privatizadas.[819]

Nesses casos, a participação estatal na sociedade privada ou mesmo a criação de uma sociedade com capitais públicos e privados pode representar uma forma de substituição de uma relação contratual ou regulatória por uma societária para disciplinar a relação entre particular e o Poder Público,[820] considerada, em alguns casos, mais eficiente para a persecução do interesse público.

Através de sua participação minoritária, o Estado poderia exercer um controle mais próximo e eficiente da gestão da sociedade, no que diz respeito, por exemplo, ao cumprimento das obrigações assumidas no contrato de concessão, de forma complementar ou substitutiva do controle externo.[821] O Estado pode, ainda, exercer um determinado grau de controle das atividades de companhia recém privatizada, impedindo que as decisões tomadas por seus acionistas privados violem o interesse público. Podemos citar, nesse sentido, a participação estatal através da detenção de *golden shares*.

Esse também parece ser o caso da participação da Empresa Brasileira de Infra-Estrutura Aeroportuária – INFRAERO nas sociedades de propósito específico constituídas para a exploração das concessões dos Aeroportos Internacionais Governador Franco Montoro, em Guarulhos, Viracopos, em Campinas, e Presidente Juscelino Kubitschek, em Brasília.[822]

---

[819] Nesse sentido, Pedro de Albuquerque e Maria de Lurdes Pereira afirmam que "podem ser finalmente diversos os fins de política econômica prosseguidos pelos Estados com a manutenção de um certo grau de domínio sobre empresas privatizadas: desde evitar que o controlo da sociedade passe para entidades consideradas hostis ou indesejáveis, passando por garantir a segurança pública, a saúde pública e a defesa nacional, até assegurar a continuidade, universalidade, qualidade e acessibilidade no abastecimento de bens ou no fornecimento de serviços essenciais" (ALBUQUERQUE, Pedro de; PEREIRA, Maria de Lurdes. *As 'Golden Shares' do Estado Português em Empresas Privatizadas: Limites à sua admissibilidade e exercício*. Coimbra: Coimbra Editora, 2006, p. 21).

[820] SALOMÃO FILHO, Calixto. *Regulação da Atividade Econômica (Princípios e fundamentos jurídicos)*. 2ª ed. São Paulo: Malheiros, 2008, p. 189.

[821] RIVOIR, Ignacio Aragone. *Op.cit.*

[822] A Lei federal nº 5.862/1972, que autorizou a criação da INFRAERO, foi alterada em 2012 para passar a prever a possibilidade de participação dessa empresa de forma minoritária em sociedades privadas: "Art. 2º A Infraero terá por finalidade implantar, administrar,

O ESTADO EMPRESÁRIO

De acordo com a modelagem prevista no edital do Leilão ANAC nº 02/2011, publicado em 15.12.2011 na Imprensa Oficial,[823] é assegurada à empresa pública federal uma participação de 49% no capital votante da referida SPE.[824] Vale mencionar que, além da participação societária, a INFRAERO fará jus, nos termos do acordo de acionistas a ser celebrado entre ela e o licitante vencedor, ao poder de veto sobre qualquer alteração no capital social autorizado ou no estatuto da concessionária, bem como em decisões atinentes à formação de qualquer parceria, fusão, cisão, incorporação de ações, contratação de endividamento e à celebração de qualquer contrato, acordo ou arranjo.[825]

---

operar e explorar industrial e comercialmente a infraestrutura aeroportuária que lhe for atribuída pela Secretaria de Aviação Civil da Presidência da República. (Redação dada pela Lei nº 12.462, de 2011)
Parágrafo único. Para cumprimento do objeto social da Infraero, fica autorizada: (Incluído pela Lei nº 12.648, de 2012) I – a criação de subsidiárias pela Infraero; e (Incluído pela Lei nº 12.648, de 2012) II – a participação da Infraero e de suas subsidiárias, minoritária ou majoritariamente, em outras sociedades públicas ou privadas. (Incluído pela Lei nº 12.648, de 2012)"

[823] O referido edital também se encontra disponível no endereço eletrônico da Agência Nacional de Aviação Civil – ANAC na internet: http://www2.anac.gov.br/GRU-VCP-BSB/. Acesso em 06 fev. 2012.

[824] De acordo com a cláusula 6.2.6.7 do edital, prevê que "os valores do capital social inicial da Concessionária serão subscritos e integralizados na seguinte proporção: 49% pela Infraero e 51% pelo acionista privado, observadas as regras e procedimentos previstos no Anexo 23 – Minuta de Acordo de Acionistas". A ANAC informou ao TCU que "a participação inicial da Infraero na concessionária será de 49%, mas esta poderá ser diluída com o passar do tempo, em função das necessidades de aportes e das opções da empresa pública de acompanhar as integralizações de capital social" (Vide Acórdão proferido no TC 032.786/2011-5).

[825] "5.3. As Partes concordam em exercer seus direitos de voto e a atuar de forma a assegurar que nenhuma ação ou decisão seja realizada com relação às seguintes matérias sem que haja o consentimento expresso e por escrito da INFRAERO, o que se dará por meio de deliberação dos seus representantes, na Assembléia Geral ou no Conselho de Administração, conforme a matéria a ser deliberada, sendo que qualquer manifestação de veto por parte da Infraero deverá ser devidamente justificada: a. qualquer alteração no Capital Social autorizado, ou a redução do Capital Social; b. qualquer alteração do Estatuto Social da Concessionária, com exceção das alterações decorrentes de aumento de capital social; c. qualquer decisão de liquidação da Concessionária, com exceção da hipótese descrita na cláusula 2.1 (c); d. a formação de qualquer parceria, consórcio, joint

O ESTADO COMO ACIONISTA MINORITÁRIO EM SOCIEDADES PRIVADAS

Outro exemplo é a participação acionária do Banco Nacional de Desenvolvimento Econômico e Social – BNDES nas sociedades por ele financiadas. O BNDES utiliza-se das participações sem controle para inúmeras funções, em especial, o fomento de determinadas atividades e uma maior fiscalização sobre as sociedades por ele financiadas, como se verá no item 4.2.3 deste livro.

O Banco estatal também desempenhou importante papel à época das privatizações, participando de forma minoritária de consórcios com a finalidade de viabilizar a venda de algumas sociedades estatais,[826] atribuindo maior segurança aos investidores interessados.

Através da detenção de participação minoritária em sociedades privadas, o Estado pode, assim, reduzir o "risco político" envolvido em determinados processos de concessão de serviços públicos e de privatizações, sobretudo naquelas hipóteses em que a opinião pública é contrária à exploração de tais atividades pela iniciativa privada. A participação minoritária do Estado nesses casos teria o papel de sinalizar à sociedade que a atividade econômica em questão não teria sido "abandonada" pelo Estado à iniciativa privada.[827]

O segundo grupo de razões diz respeito à promoção de atividades econômicas consideradas relevantes para o Poder Público.[828] Nesses casos, a participação acionária do Estado é utilizada como forma de financia-

---

venture ou empreendimento similar; e. qualquer operação de fusão, cisão, transformação, incorporação de ações, cisão parcial, da Concessionária; f. a nomeação ou a troca da entidade responsável pela realização de auditoria externa da Concessionária; g. a venda, transferência ou alienação de ativos da Concessionária, seja por meio de uma única operação ou por uma série de operações, interrelacionadas ou não, exceto pela alienação de ativos não mais necessários ou úteis na condução dos negócios da Concessionária pelo seu justo valor de mercado; h. a contratação de qualquer Endividamento que não seja vinculado à realização dos investimentos previstos no Plano de Exploração Aeroportuária (PEA); i. celebração de qualquer contrato, acordo, arranjo ou compromisso com qualquer Parte Relacionada dos Acionistas do Acionista Privado, ou alteração ou aditamento de qualquer deles, salvo se em termos e condições de mercado."

[826] LAZZARINI, Sergio G.; MUSACCHIO, Aldo. Leviathan as a Minority Shareholder: A Study of Equity Purchases by the Brazilian National Development Bank (BNDES), 1995-2003. Insper *Working Paper*, WPE: 227/2010, p. 8.

[827] RIVOIR, Ignacio Aragone. *Op.cit.*

[828] Também nesse sentido, PINTO JUNIOR, Mario Engler. *Empresa Estatal. Função Econômica e Dilemas Societários*. São Paulo: Ed. Atlas, 2010, p. 191.

O ESTADO EMPRESÁRIO

mento de parte dessa atividade, através da aquisição de ações da sociedade privada que a explora.

Ainda com essa finalidade, podemos citar a possibilidade de o Estado
participar do capital social de uma sociedade privada com vista a permitir
a sua internacionalização, na hipótese de tal feito ser considerado importante para a economia nacional,[829] ou, ainda, para a finalidade de desenvolver o seu mercado de capitais. Nesse caso, o Estado participaria da
empresa para, em um segundo momento, alienar as suas quotas sociais.

A participação minoritária estatal também pode ter como finalidade
a facilitação da obtenção de apoio dos interessados para os projetos da
empresa concessionária, na medida em que conferiria maior segurança
ao empreendimento.[830]

As razões subjacentes ao primeiro e ao segundo grupos algumas vezes
se sobrepõem. É normal, por exemplo, depararmo-nos com situações que
envolvem financiamento sob a forma de aquisição de ações da sociedade,
mas em que, ao mesmo tempo, o Estado tem o interesse de fiscalizar de
forma mais próxima as atividades desenvolvidas por tal sociedade.

Um exemplo de participação societária estatal com essa finalidade é
aquela voltada ao desempenho de "função de absorção das crises do próprio sistema econômico de mercado",[831] como instrumento de intervenção estatal anti-cíclica,[832] como ocorreu no caso da aquisição de ações
de instituições financeiras em dificuldades pelos governos britânico e
norte-americano, sem a aquisição do controle dessas entidades, com a
finalidade de impedir a falência dessas empresas e prevenir um colapso
no mercado. De acordo com Mario Engler, "a presença privilegiada no
interior da companhia oferece ferramentas adicionais para assegurar o
correto emprego dos recursos na consecução do fim a que se destina-

---

[829] RODRIGUES, Nuno Cunha. *"Golden-Shares". As empresas participadas e os privilégios do
Estado enquanto acionista minoritário.* Coimbra: Coimbra Editora, 2004, p. 16.

[830] RIVOIR, Ignacio Aragone. Participación Accionaria del Estado em Sociedades Concesionarias: tendencias, problemas y desafíos. Palestra proferida no III Congresso Iberoamericano de Regulação Econômica, no dia 27 Jun. 2008. Apresentação disponível em:
<http://www.direitodoestado.com >. Acesso em 29 Jul. 2008.

[831] OTERO, Paulo. *Vinculação e liberdade de conformação jurídica do Sector Empresarial do Estado.*
Coimbra: Coimbra Editora, 1998, p. 214.

[832] MARCON, Giuseppe. *Le Imprese a Partecipazione Pubblica: Finalitá Pubbliche ed Economicità,*
Padova: CEDAM, 1984, p. 11.

O ESTADO COMO ACIONISTA MINORITÁRIO EM SOCIEDADES PRIVADAS

vam", sendo razoável que "o Estado queira se cercar de todas as garantias quanto à adoção das medidas estruturais necessárias à recuperação da companhia investida, sobretudo a observância de boas práticas de gestão empresarial".[833]

Por fim, a participação minoritária pode ter também como terceiro objetivo a exploração direta de atividade econômica pelo Estado, em parceria com a iniciativa privada, envolvendo-se também nos aspectos gerenciais da sociedade participada.

Sobretudo quando se trata de empreendimentos específicos que envolvam elevados riscos e demandem muitos recursos, é comum que as estatais se associem a sociedades privadas, através, por exemplo, da constituição de *joint ventures* societárias.[834]

Ignacio Aragone Rivoir menciona o interesse do Estado em garantir a transferência do *know how* da sociedade privada para que o Estado possa continuar a gestão do projeto futuramente, uma vez concluída a concessão ou o empreendimento para o qual se associou com a iniciativa

---

[833] PINTO JUNIOR, Mario Engler. *Op.cit.*, pp. 197/198.

[834] É importante esclarecer que o termo *"joint ventures"* significa em termos gerais um empreendimento comum e, por isso, abrange tanto as parcerias contratuais (como seria o caso dos consórcios), que não são objeto deste livro, como as parcerias societárias. Tratando de ambos os sentidos, vide RIBEIRO, Marilda Rosado de Sá. *Direito do Petróleo: as joint ventures na indústria do petróleo.* 2ª Ed. atual. e ampl. Rio de Janeiro: Renovar, 2003, p. 92. De acordo com a autora, as *joint ventures* abrangem os consórcios, consórcios de exportação, grupos de marketing de exportação, sociedades anônimas ou sociedades limitadas, uniões transitórias de empresas, *joint operating agreements*, dentre outros (Idem, pp. 103/104). Marilda Rosado, fazendo referência a Sérgio Le Pera, Christopher Nightingale e Luis Olavo Baptista, cita, entre as características usuais das *joint ventures*, (i) o caráter *ad hoc* das *joint ventures*, isto é, a sua destinação apenas a um determinado empreendimento específico, do que deriva a sua duração limitada (mas não necessariamente breve); (ii) existência de comunhão de interesses entre as partes participantes; (iii) divisão dos prejuízos, riscos, lucros e demais recompensas; (iv) dever de lealdade entre os sócios; e (v) direito dos participantes à gestão conjunta. (RIBEIRO, Marilda Rosado de Sá. *Direito do Petróleo: as joint ventures na indústria do petróleo.* 2ª Ed. atual. e ampl. Rio de Janeiro: Renovar, 2003, pp. 103/105). Parece, no entanto, que as *joint ventures* mais comuns são as contratuais, conforme aponta Clarissa Brandão de Carvalho Cardoso Alves (Direito da concorrência e joint ventures: limites legais. In: *Estudos e pareceres – direito do petróleo e gás.* RIBEIRO, Marilda Rosado de Sá (org.). Rio de Janeiro: Renovar, 2005, p. 593).

privada.[835] Esse motivo aplica-se também às parcerias celebradas entre empresas estatais e sociedades privadas para a exploração de determinada atividade econômica em sentido estrito.

Um exemplo previsto no Direito Brasileiro é a participação acionária estatal em Sociedades de Propósito Específico criadas para exploração de contratos de parcerias público-privadas. Prevê a Lei federal nº 11.079/2004 a possibilidade de a Administração Pública participar do capital social das sociedades criadas para esse propósito, desde que o Estado não exerça controle sobre elas (art. 9º, § 4º).

Como todas as classificações, a ora proposta também está sujeita a críticas e pode ser substituída por outras. Trata-se apenas de uma sugestão para a análise da matéria, que pode facilitar a compreensão do leitor e que voltará a ser abordada quando do estudo da natureza jurídica dessas participações. No próximo tópico, analisaremos mais aprofundadamente algumas das razões para a participação do Estado em sociedades privadas, sem controle.

### 4.2.1. A participação privilegiada em sociedades privatizadas: a instituição de *golden shares*

As *golden shares* foram concebidas originariamente na Inglaterra[836] com o objetivo de permitir a conciliação entre o programa de privatizações implementado naquele país na década de 1980 e a proteção de interesses considerados estratégicos para a nação,[837] mediante a atribuição de

---

[835] RIVOIR, Ignacio Aragone. *Op.cit*. No mesmo sentido, Mario Engler Pinto Junior afirma que "a titularidade da *golden share* pode servir para o Estado ter acesso a novas tecnologias desenvolvidas pela empresa investida, para permitir a sua posterior disseminação na economia" (PINTO JUNIOR, Mario Engler. *Op.cit*., p. 198).

[836] KRONENBERGER, Vincent. The rise of the 'golden' age of free movement of capital: a comment on the *golden shares* judgments of the Court of Justice of the European Communities. *European Business Organization Law Review*, nº 4, 2003, p. 122. CÂMARA, Paulo. The End of the "Golden" Age of Privatisations? – The Recent ECJ Decisions on *Golden Shares*. *European Business Organization Law Review*, nº 3, 2002, p. 503; PUTEK, Christine O'Grady. Limited but not lost: a comment on the ECJ's golden share decisions. *Fordham Law Review*, vol. 72, 2003/2004, p. 2222.

[837] Christine Putek afirma que "as golden shares são instrumentos que só se tornaram necessários com a relativamente recente introdução da privatização. Várias nações privatizaram importantes indústrias, mas, relutantes em ceder todo o controle, implementa-

poder de veto ao acionista estatal com relação a algumas decisões tomadas pelos novos acionistas das companhias privatizadas, em especial para evitar uma alteração não desejada no controle dessas sociedades.[838]

Nesse país, as *golden shares* foram utilizadas nas privatizações de sociedades como a *National Power plc.*, *Powergen*, *Scottish Power*, *AEA Technology plc.* e a *National Grid Group*, assegurando ao Estado inglês o direito de veto sobre a aquisição de mais de 15% dos respectivos capitais sociais e de se manifestar nas assembléias gerais dessas companhias.[839]

Também houve casos em que os poderes especiais atribuídos ao Estado eram mais amplos, estendendo-se o poder de veto a decisões que envolvessem a dissolução da companhia, alienação de alguns dos seus ativos, fechamento de subsidiárias, dentre outros assuntos, e abrangendo também o poder de indicação de administradores. Esse foi o caso da *Rolls-Royce plc.* e da *BAE Systems*, companhia que atuava no setor aeroespacial.

Fabio Guimarães Bensoussan[840] define as *golden shares* criadas nas sociedades estatais privatizadas como "mecanismo de preservação da ingerência do Estado na estrutura societária" pelo menos na fase inicial de transição da atividade econômica à iniciativa privada[841]. O objetivo principal dessa espécie de ação seria o de proteger os interesses nacio-

---

ram medidas restritivas que permitem variados graus de controle governamental sobre a empresa privatizada" (PUTEK, Christine O'Grady. Limited but not lost: a comment on the ECJ's golden share decisions. *Fordham Law Review*, vol. 72, 2003/2004, p. 2221).

[838] BORTOLOTTI, Bernardo; SINISCALCO, Domenico. *The Challenges of Privatization. An International Analysis.* Oxford: Oxford University Press, 2003, p. 89. Esses autores explicam que a criação das golden shares no Reino Unido se deu em virtude da experiência com a privatização da British Petroleum, companhia cujo capital, apenas um ano após de alienada à livre iniciativa, já era titularizado em quase 22% por um organismo do Kwait, o que foi considerado contrário ao interesse público.

[839] BORTOLOTTI, Bernardo; SINISCALCO, Domenico. *Op.Cit.*, p. 135.

[840] BENSOUSSAN, Fabio Guimarães. *A participação do estado na atividade empresarial através das "Golden Shares".* Dissertação apresentada ao Curso de Mestrado da Faculdade de Direito Milton Campos, 2006, pp. 21/22.

[841] Na França, por exemplo, o período máximo de eficácia das *golden shares* (lá conhecidas como *action spécifique*) era de cinco anos, ao final dos quais as ações se transformam em ações ordinárias. BENSOUSSAN, Fabio Guimarães. *A participação do estado na atividade empresarial através das "Golden Shares".* Dissertação apresentada ao Curso de Mestrado da Faculdade de Direito Milton Campos, 2006, p. 61.

O ESTADO EMPRESÁRIO

nais e permitir a formação de um consenso social quanto ao processo de privatizações.[842]

Neste sentido deve ser entendida a *golden share*, que se afigura um instrumento de viabilização da gestão privada de interesses públicos. Assim, ao transferir a propriedade para grupos privados, o Estado viabiliza uma gestão mais eficiente, ao mesmo tempo em que se desincumbe dos pesados ônus decorrentes do exercício da atividade econômica, resguardando, no entanto, o interesse público, para cuja defesa permanecerá o Poder Público na posição de controlador.[843]

Modesto Carvalhosa também cita, como motivo para a criação dessas ações preferenciais de classe especial, a realização de um maior controle sobre o regime de concorrência, para evitar formação de cartéis e monopólios, posteriormente às privatizações.[844]

A fórmula se espalhou pela Europa e pelo mundo, tendo sido replicada por países como Itália, França, Portugal, Bélgica e Irlanda, dentre outros.

A peculiaridade das *golden shares* reside na separação entre o exercício de direitos relacionados ao controle e a titularidade de ações em quanti-

---

[842] Idem. *Ibidem*, pp. 57 e 60.

[843] Idem. *Ibidem*, p. 67.

[844] CARVALHOSA, Modesto. *Comentários à Lei de Sociedades Anônimas*. São Paulo: Saraiva, 2007, p. 237. O autor cita como exemplo o caso da Companhia Eletromecânica CELMA, "uma indústria de motores aeronáuticos na qual a União possuía uma única ação ordinária de classe especial, cujos direitos eram exercidos por meio do Ministério da Aeronáutica. Dependiam do voto favorável dessa única ação de propriedade da União: (i) a alteração do objeto social da companhia; (ii) a alteração da cláusula estatutária que limitava a 30% do capital votante a participação das companhias aéreas e de seus controladores, controladas, coligadas e administradores, e que limitava a 10% do capital votante a participação de cada companhia aérea em conjunto com seus controladores, controladas, coligadas e administradores, disposições estas que vigorariam pelo prazo de cinco anos a partir do início da vigência do estatuto social; e (iii) a alteração na composição do conselho de administração, para o qual a União e os empregados da companhia tinham o direito de indicar dois membros e os respectivos suplentes. Percebe-se nesse exemplo, entre outras coisas, a nítida intenção da União de impedir, durante o prazo inicial de operações da empresa privatizada, que houvesse controle da companhia por uma ou várias companhias aéreas em conjunto, o que poderia trazer prejuízos para o mercado". (Idem, pp. 237/238).

dade suficiente para garantir tais poderes de forma ordinária e em conformidade com o princípio societário da deliberação por maioria (art. 129 da Lei das S.A.): "a *golden share* atribui poderes ao Estado que são desproporcionais à sua participação na sociedade"[845].

É importante considerar, ainda, que nem sempre aquilo que a doutrina e a jurisprudência da Corte Europeia de Justiça chamam de golden share são ações propriamente ditas, podendo também assumir a forma de direitos atribuídos ao Estado por lei sobre a companhia privatizada, independentemente da titularidade de ações específicas.[846] Exemplo disso é a lei portuguesa que previa parâmetros gerais para a privatização de empresas estatais naquele país (Lei nº 11/90), incluindo-se a fixação de "limite ao montante total de ações que poderiam ser adquiridas ou subscritas por entidades estrangeiras", e que acabou sendo objeto de julgamento pela Corte Europeia de Justiça em 2002, como se verá no item 4.5.1 a seguir (C-367/98 – Comissão v. Portugal).

Os poderes garantidos pelas *golden shares* variam muito de país para país. Bernardo Bortolotti e Domenico Siniscalco afirmam que "a maior frequência de *golden shares* é encontrada no setor aeroespacial e de defesa, certamente um setor chave para a segurança nacional", mas também podem ser encontradas ações desse tipo nos setores de telecomunicações, eletricidade e petróleo, dentre outros. [847]

Normalmente, a instituição desse tipo de ação envolve (i) o direito de apontar membros do Conselho de Administração da companhia privatizada; (ii) o poder de veto sobre algumas matérias, como a alienação do controle da companhia, transferência de subsidiárias, dissolução da

---

[845] BAEV, Andrei A. Is there a Niche for the State in Corporate Governance? Securitization of State-Owned Enterprises and New Forms of State Ownership. *Houston Journal of International Law*, vol. 18, outono 1995, nº 1, p. 23.

[846] A Corte europeia de Justiça considera como golden shares quaisquer tipos de limitações impostas à participação societária, independentemente da sua forma (Cf. CÂMARA, Paulo. The End of the "Golden" Age of Privatisations? – The Recent ECJ Decisions on *Golden Shares. European Business Organization Law Review*, nº 3, 2002, p. 503). De acordo com esse autor, "os direitos de *golden share* são, *latu sensu*, direitos ou poderes especiais, concernentes ao controle de empresas privatizadas, investidos ao Estado ou outras entidades públicas" (Idem, p. 503, tradução livre).

[847] BORTOLOTTI, Bernardo; SINISCALCO, Domenico. *The Challenges of Privatization. An International Analysis*. Oxford: Oxford University Press, 2003, p. 96, tradução livre.

O ESTADO EMPRESÁRIO

companhia, venda de ativos, etc; (iii) o direito de restringir a aquisição de certa quantidade de ações por nacionais ou estrangeiros; (iv) o direito de restringir o número de diretores estrangeiros da companhia.[848-849]

A jurisprudência da Corte Europeia de Justiça adota o entendimento de que os Estados detentores de *golden shares* participam dessas sociedades não como acionistas comuns, mas na qualidade de autoridades públicas, gerando discussões sobre a compatibilidade desse instrumento com o princípio da livre iniciativa e da livre circulação de capitais, assegurados pela Constituição Europeia.[850]

Até o momento, já foram realizados pelo menos onze julgamentos pela Corte de Justiça Europeia tendo por objeto *golden shares* instituídas pela Itália (Caso C-58/99 e C-174/04), por Portugal (Casos C-367/98 e C-171/08), pela França (Caso C-483/99), pela Espanha (Caso C-463/00), pela Holanda (Casos C-282/04 e C-283/04), pelo Reino Unido (Caso C-98/01), pela Alemanha (Caso C- 112/05) e pela Bélgica (Caso C- 503-

---

[848] BORTOLOTTI, Bernardo; SINISCALCO, Domenico. *Op.Cit.*, p. 89. Ver também CÂMARA, Paulo. The End of the "Golden" Age of Privatisations? – The Recent ECJ Decisions on *Golden Shares. European Business Organization Law Review*, nº 3, 2002, p. 504; PUTEK, Christine O'Grady. Limited but not lost: a comment on the ECJ's golden share decisions. *Fordham Law Review*, vol. 72, 2003/2004, p. 2223.

[849] Como enumerado por Pedro de Albuquerque e Maria de Lurdes Pereira, são numerosas as possíveis funções das golden shares, observadas pelos autores no âmbito dos países integrantes da União Europeia:
"Esta pode consistir, entre outras modalidades, na venda selectiva a certos investidores das acções da sociedade a privatizar, com estipulação de várias obrigações do comprador, na sujeição de certas decisões da sociedade a autorização prévia ou a veto, na atribuição de direito de voto plural, na estipulação de que a decisão não será tomada se existirem votos contrários do accionista Estado (ou outro ente público) e na designação de administradores ou de membros do órgão de fiscalização ou no exercício de direito de veto na respectiva eleição. Estas faculdades podem corresponder a privilégios permitidos pelo direito geral das sociedades do país em causa (a atribuição de voto plural, por exemplo, é permitida em alguns países). Caso contrário, o seu reconhecimento carece inevitavelmente de legislação especial" (ALBUQUERQUE, Pedro de; PEREIRA, Maria de Lurdes. *As 'Golden Shares' do Estado Português em Empresas Privatizadas: Limites à sua admissibilidade e exercício*. Coimbra: Coimbra Editora, 2006, pp. 20/21).

[850] LOOIJESTIJN-CLEARIE, Anne. All that Glitters is not Gold: European Court of Justice Strikes Down Golden Shares in Two Dutch Companies. *European Business Organization Law Review*, n. 8, 2007, p. 430.

99), tendo apenas nesse último caso sido reconhecida a compatibilidade da *golden share* instituída naquele país com o princípio da livre iniciativa e da livre circulação de capitais. Esse ponto será aprofundado no item 4.5.1 deste livro.

No Brasil, as *golden shares*, ou ações preferenciais de classe especial, foram originariamente previstas na Lei das S.A., em seu art. 18:

> Art. 18. O estatuto pode assegurar a uma ou mais classes de ações preferenciais o direito de eleger, em votação em separado, um ou mais membros dos órgãos de administração.
>
> Parágrafo único. O estatuto pode subordinar as alterações estatutárias que especificar à aprovação, em assembléia especial, dos titulares de uma ou mais classes de ações preferenciais.

Nesse primeiro momento, não eram destinadas especificamente ao controle de sociedades estatais privatizadas, mas a assegurar, em casos específicos, "a instituições financeiras e a sociedades de investimentos e de participação o direito de exercer poderes de administração e de decisão constitutiva na vida da companhia".[851]

As ações privilegiadas concedem ao seu detentor um conjunto de privilégios que não corresponde à proporção da sua participação societária, implicando um deslocamento de parcela do poder de controle para o seu detentor.[852]

De acordo com Calixto Salomão Filho, esse instrumento é utilizado como meio de recuperação de sociedades em dificuldades. Nesses casos, é normal que a imagem do controlador se encontre de tal maneira desgastada que a obtenção de crédito pela sociedade para a superação da

---

[851] CARVALHOSA, Modesto. *Comentários à Lei de Sociedades Anônimas*. São Paulo: Saraiva, 2007, p. 238. Na exposição de motivos da Lei das S.A., constou que "o art. 18, sancionando práticas usuais, inclusive nas participações do BNDE, autoriza a atribuição, a determinada classe de ações preferenciais, do direito de eleger representante nos órgãos da administração e do poder de veto em modificações estatutárias".

[852] BERTOLDI, Marcelo M. O poder de controle na sociedade anônima – alguns aspectos. *Revista de Direito Mercantil, Industrial, Econômico e Financeiro*, vol. 118, abr./jun. 2000, p. 75. Também nesse sentido: SALOMÃO FILHO, Calixto. *O Poder de Controle na Sociedade Anônima*. Rio de Janeiro: Ed. Forense, 2008, pp. 76/77, nota de texto 11. O controle gerencial de direito não decorre de dispersão acionária, mas de previsão estatutária.

O ESTADO EMPRESÁRIO

crise passa a depender não só da mudança do corpo de administradores, mas também da mudança "virtual" do titular do controle da sociedade. De acordo com esse autor, "a *golden share* fornece então instrumento eficaz e relativamente indolor para o controlador, já que ao mesmo tempo em que garante que esse não possa influir na administração, perdendo virtualmente todos os seus poderes, não implica perda do 'patrimônio' do controlador"[853].

Mas adverte o autor que o titular da *golden share* dificilmente será o controlador da Companhia, tendo em vista que as ações preferenciais se limitam a conferir (i) o direito de eleger um ou mais membros dos órgãos de administração; e/ou (ii) poder de veto sobre as alterações estatutárias. O poder de controle, por sua vez, pressupõe (a) existência de "direitos de sócio que lhe assegurem, de modo permanente, a maioria dos votos nas deliberações da assembléia-geral e o poder de eleger a maioria dos administradores da companhia"; e (b) utilização efetiva desse "poder para dirigir as atividades sociais e orientar o funcionamento dos órgãos da companhia".

Nesse sentido, Calixto Salomão Filho explica que a única hipótese de aquisição de controle através de uma *golden share* instituída com fundamento no art. 18 da Lei das S.A. seria aquela que conjugasse (1) poder de nomear os administradores; (2) a previsão, no estatuto, de que todas as principais decisões da companhia seriam de competência dos órgãos da Administração (por sua vez, escolhidos, em sua maioria, pelo titular da ação especial); e (3) o poder de veto quanto às alterações estatutárias.[854]

---

[853] COMPARATO, Fábio Konder; SALOMÃO FILHO, Calixto. *O Poder de Controle na Sociedade Anônima*. Rio de Janeiro: Ed. Forense, 2008, p. 77. No mesmo sentido, PELA, Juliana Krueger. *As Golden Shares no Direito Societário Brasileiro*. São Paulo: Quartier Latin, 2012, p. 78.
[854] "Basta prever virtualmente em estatuto, além da composição da Diretoria e do Conselho da Administração, todas as matérias relevantes para os negócios sociais, atribuindo poderes de direção desses negócios sociais aos órgãos de administração. Assim, com o poder de veto das alterações estatutárias e com o poder de eleger a maioria dos membros do Conselho, pode-se controlar a sociedade. (...) Sendo a posição do titular da golden share de mero bloqueio e nomeação de cargos de administração, ele só poderá ser caracterizado como controlador na medida em que ele possa ele mesmo exercer o poder sobre a companhia, i.e., na medida em que o controle seja gerencial. (...) Através da proteção da inamovibilidade da administração e do bloqueio a qualquer alteração estatutária que possa diminuir seus poderes, a administração estará efetivamente controlando a companhia – no

Assim, apenas através dessa "verdadeira engenharia societária"[855] é que seria possível a obtenção de controle através de uma *golden share* criada com fundamento no art. 18 da Lei das S.A.. Não basta, com efeito, que essas ações atribuam a seu detentor o direito de eleger os administradores; a influência dominante depende da existência de efetivo poder e liberdade de decisão sobre as áreas estratégicas da companhia.[856-857]

O direito de veto/bloqueio não se confunde com a titularidade da maioria dos votos nas deliberações da assembléia-geral (exigida pelo art. 116 da Lei das S.A. para a configuração de poder de controle), e, em sendo assim, faltaria, na maioria dos casos, pelo menos um dos requisitos para a atribuição de poder de controle. O poder de controle exige ainda o direito de indicar a maioria dos administradores, o que nem sempre ocorre no caso concreto. A análise, portanto, da transferência ou não do poder de controle de uma sociedade em decorrência da instituição de uma *golden share* é necessariamente casuística.

---

sentido de 'uso efetivo do poder para dirigir as atividades sociais' (art. 116, b). Quanto ao requisito mencionado na letra 'a' do mesmo dispositivo, está preenchido enquanto requisito negativo, i.e., enquanto poder de impedir que se tomem deliberações. Há também o poder de eleger a maioria dos administradores da companhia" (*O Poder de Controle na Sociedade Anônima*. Rio de Janeiro: Ed. Forense, 2008, pp. 77/78, Nota de Texto 11).

[855] Idem. *Ibidem*, p. 198.

[856] SALOMÃO FILHO, Calixto. *Direito Concorrencial – as estruturas*. São Paulo: Malheiros, 2002, p. 259.

[857] Nesse sentido, apesar de reconhecer a possibilidade de os critérios legais de caracterização do controlador serem atendidos pelo detentor da *golden share*, Juliana Pela afirma que "não parece provável que o titular da golden share seja considerado, nas situações concretas, o único controlador da companhia". Isso porque "a preponderância deve ser observada de modo permanente, para que seja atendido o critério do artigo 116 da Lei nº 6.404/76. Trata-se de elemento de difícil aferição em abstrato. Para verificar sua ocorrência, é preciso analisar concretamente a dinâmica e o histórico das deliberações de determinada companhia. Além disso, influenciará nessa análise a extensão das matérias sujeitas, em cada companhia, ao poder de veto conferido pela *golden share*. O segundo critério previsto no artigo 116 – uso efetivo do poder para dirigir as atividades sociais e orientar o funcionamento dos órgãos da companhia – é também de difícil constatação em abstrato. A conclusão sobre sua presença depende, igualmente, de análise das circunstâncias que regem a condução dos negócios de cada companhia" (PELA, Juliana Krueger. *As Golden Shares no Direito Societário Brasileiro*. São Paulo: Quartier Latin, 2012, pp. 170/171).

O ESTADO EMPRESÁRIO

Além disso, de acordo com Modesto Carvalhosa, "o poder de veto assegurado estatutariamente às preferenciais não pode abranger todas as alterações estatutárias, sob pena de não restar à assembleia geral nenhum poder constitutivo na companhia. Apenas alguns assuntos claramente determinados poderão ser objeto dessa audiência dos titulares de ações preferenciais"[858].

No bojo do processo de privatizações iniciado no final do século passado, a legislação brasileira passou a prever a possibilidade de o Estado titularizar ações privilegiadas nas sociedades estatais privatizadas. No Brasil, esse instrumento foi utilizado na privatização da Companhia Eletromecânica CELMA, da Empresa Brasileira de Aeronáutica S.A. – EMBRAER e da Companhia Vale do Rio Doce – VALE, com vistas a salvaguardar interesses relativos à segurança nacional.[859]

A possibilidade de criação dessas ações preferenciais de classe especial, pelo Estado, para a manutenção de certo grau de controle em sociedades privatizadas, foi prevista, no Brasil, originariamente, no art. 8º da Lei federal nº 8.031/90:

> Art. 8º Sempre que houver razões que o justifiquem, a União deterá, direta ou indiretamente, ações de classe especial do capital social de empresas privatizadas, que lhe confiram poder de veto em determinadas matérias, as quais deverão ser caracterizadas nos estatutos sociais das empresas, de acordo com o estabelecido no art. 6º, inciso XIII e §§ 1º e 2º desta Lei.

Esse dispositivo foi regulamentado pelo Decreto nº 99.463/90, que, em seu art. 40, previa o seguinte:

> Art. 70. Havendo razões que o justifique, a União deterá ações de classe especial do capital social da sociedade privatizada, que conferirão poder de veto de determinadas matérias previstas no respectivo estatuto.
> § 1º As ações de classe especial somente poderão ser subscritas ou adquiridas pela União.

---

[858] CARVALHOSA, Modesto. *Comentários à Lei de Sociedades Anônimas*. Vol. 1. São Paulo: Saraiva, 2009, p. 239.
[859] PINTO JUNIOR, Mario Engler. *Empresa estatal. Função Econômica e Dilemas Societários*. São Paulo: Ed. Atlas, 2010, p. 196.

Posteriormente, em 1997, a Lei nº 8.031 foi revogada pela Lei federal nº 9.491, que ampliou o rol de prerrogativas possivelmente decorrentes da titularidade das referidas ações de classe especial. A partir daí, tais prerrogativas não mais ficam limitadas ao poder de veto, podendo abranger outros "poderes especiais" previstos nos respectivos estatutos sociais. Confira-se, nesse sentido, o art. 8º dessa lei:

> Art. 8º Sempre que houver razões que o justifique, a União deterá, direta ou indiretamente, ações de classe especial do capital da empresa ou instituição financeira objeto da desestatização, que lhes confira poderes especiais em determinadas matérias, as quais deverão ser caracterizadas nos seus estatutos sociais.

Finalmente, em 2001, essa evolução normativa importou em modificação à Lei nº 6.404/76, mediante a criação do § 7º ao seu art. 17:

> Art. 17. (...)
> § 7º Nas companhias objeto de desestatização poderá ser criada ação preferencial de classe especial, de propriedade exclusiva do ente desestatizante, à qual o estatuto social poderá conferir os poderes que especificar, inclusive o poder de veto às deliberações da assembléia-geral nas matérias que especificar.(Incluído pela Lei nº 10.303, de 2001)

Como se vê, o rol de poderes atribuídos ao titular da ação preferencial de que trata o art. 17, § 7º, é mais amplo do que o previsto no art. 18, o que impõe nova e específica análise sobre se essa participação poderia importar ou não em controle estatal da sociedade.

Fábio Guimarães Bensoussan entende que o Poder Público exerce papel semelhante ao do controlador nas matérias que estão submetidas ao seu veto,[860] já que, com relação a essas matérias, exerceria influência dominante sobre a gestão da Companhia. Tratar-se-ia de um controle

---

[860] BENSOUSSAN, Fabio Guimarães. *A participação do estado na atividade empresarial através das "Golden Shares"*. Dissertação apresentada ao Curso de Mestrado da Faculdade de Direito Milton Campos, 2006, p. 105. Por isso, de acordo com o autor, "naquelas matérias específicas cujas deliberações passam pela sua aprovação por meio do exercício das prerrogativas do veto, e que, portanto, assume a condição de controlador, há que se averiguar acerca de

empresarial *sui generis*, "específico e restrito à execução das atividades de interesse público que foram objeto da *delegação legal*, sem mais que detendo um capital meramente simbólico, aplicado ao empreendimento econômico".[861]

Em sentido semelhante, Nuno Cunha Rodrigues[862] afirma que as ações privilegiadas poderão conferir ao Estado "o exercício de facto de poderes típicos de um accionista que detenha mais de um terço do capital social", a depender dos poderes efetivamente a ela inerentes. Assim, a confirmação da existência ou não de poder de controle, "dependerá, a final, da análise casuística dos poderes inerentes à acção privilegiada".

Esse controle *sui generis* a que se refere a doutrina não nos parece ser, via de regra, suficiente para caracterizar o controle do Estado sobre essa sociedade, aproximando-a da figura da sociedade de economia mista.[863] Essas formas de intervenção societária não necessariamente conferem a seu titular o poder de controle da Companhia, já que não atendem à exigência de preponderância na tomada de decisões sobre a atividade da empresa prevista no art. 116 da Lei das S.A..

O direito de veto, por si só, não confere, necessariamente, uma influência preponderante. Isso dependerá, logicamente, das matérias

---

eventual aplicação da norma societária estatuída na Lei 6.404/76, mais especificamente, o artigo 117" (Idem, p. 105).

[861] MOREIRA NETO, Diogo de Figueiredo. *Curso de Direito Administrativo*. Rio de Janeiro: Ed. Forense, 2006, p. 263.

[862] RODRIGUES, Nuno Cunha. *"Golden-Shares". As empresas participadas e os privilégios do Estado*, p. 70.

[863] No mesmo sentido, Mario Engler Pinto Junior afirma que "não obstante as potencialidades da *golden share* exclusiva do ente desestatizante, afigura-se limitada sua capacidade para orientar ativamente as atividades da companhia privatizada, pois carece de poder de iniciativa para definir variáveis empresariais relevantes como prioridades de investimento, planejamento estratégico, presença nos mercados, linhas de produtos e política de preços. Em outras palavras, o poder público titular da ação de classe especial não tem condições de impor ações econômicas positivas, mas apenas de criar constrangimentos ao exercício do poder de controle acionário privado e à liberdade de atuação dos órgãos de administração. A companhia continua sujeita aos incentivos próprios do setor privado e vinculada exclusivamente ao fim de lucro, dispondo, portanto, de pouco espaço para praticar políticas públicas ou intervir mais profundamente no funcionamento do mercado" (PINTO JUNIOR, Mario Engler. *Empresa Estatal. Função Econômica e Dilemas Societários*. São Paulo: Ed. Atlas, 2010, p. 198).

O ESTADO COMO ACIONISTA MINORITÁRIO EM SOCIEDADES PRIVADAS

com relação às quais esse direito de veto poderá ser exercido. O direito de nomear membros dos órgãos da administração, por sua vez, só denota preponderância se for relativo à maioria desses membros. [864]

Por outro lado, o art. 17, § 7º, da Lei das S.A. faz referência a "poderes especiais", autorizando que, na prática, o estatuto preveja outros poderes além daqueles previstos em seu art. 18.[865] Em vista disso, a verificação do exercício do poder de controle se dará no caso a caso.

A detenção do poder de controle pelo Estado em uma sociedade privada só seria legítima se realizada a título provisório, a fim de cumprir um objetivo específico e transparente previsto na lei, já que, como visto no item 3.4 deste livro, o controle permanente importa na caracterização da sociedade como uma sociedade de economia mista de fato, ensejando a responsabilização daqueles que tiverem concorrido para a manutenção dessa situação.

O Estado não pode, a nosso ver, adotar técnicas societárias com a finalidade de burlar o regime constitucional aplicável às empresas estatais. Não nos parece legítimo que o Estado controle uma companhia senão através da constituição de uma sociedade de economia mista e da aplicação do regime previsto nos arts. 37 e 173 da Constituição Federal, já analisado no item 3.7 acima. Os privilégios atribuídos pela *golden share* ao Estado não poderão, portanto, configurar o exercício do poder de controle, sob pena de desvirtuar o tratamento constitucional atribuído às sociedades de economia mista. Voltaremos a esse ponto no item 4.6.

---

[864] Entendendo que o direito de nomeação de membros da administração não importa, necessariamente, em poder de controle, DUARTE, António Pinto. Notas sobre o conceito e regime jurídico das empresas públicas estaduais. In: FERREIRA, Eduardo Paz (Org.) *Estudos sobre o novo regime do sector empresarial do Estado*. Coimbra: Almedina, 2000, p. 70.

[865] De acordo com Juliana Pela, "quanto aos direitos conferidos por essa ação, não há qualquer predefinição na lei, podendo consistir em: (i) nomeação de administradores, em qualquer número, respeitando-se, porém, o direito à representatividade assegurado pela lei aos demais acionistas; (ii) poder de veto em decisões assembleares; (iii) aprovação, prévia ou posterior, de atos da administração; (iv) eleição de membros do Conselho Fiscal da companhia; ou (v) se se tratar de companhia fechada e desde que observados os critérios acima referidos, ingerência sobre a estrutura de capital da sociedade" (PELA, Juliana Krueger. *As Golden Shares no Direito Societário Brasileiro*. São Paulo: Quartier Latin, 2012, p. 161).

O ESTADO EMPRESÁRIO

Se o controle do Estado sobre uma sociedade privada não for transitório, haverá duas possibilidades: (i) ou se transforma a sociedade em sociedade de economia mista, mediante autorização legal específica para tanto; (ii) ou o Estado deverá se desfazer das ações e/ou direitos que lhe garantem o controle da sociedade.

No Brasil, como já adiantado, há alguns exemplos de instituição de *golden shares* em sociedades privatizadas. A Companhia Eletromecânica CELMA, que tinha por objeto a fabricação de motores aeronáuticos, é um deles. Nela, a União detinha uma única ação ordinária de classe especial que lhe conferia poderes de veto sobre alterações do objeto social, das cláusulas estatutárias que limitavam a participação de companhias aéreas em seu capital social, bem como com relação a alterações no Conselho de Administração.[866]

Também foram criadas *golden shares* na Companhia Vale do Rio Doce – VALE e na Empresa Brasileira de Aeronáutica – EMBRAER. Na primeira, foi criada uma ação de classe especial que atribuía à União poder de veto sobre a alteração da denominação social, mudança do objeto social, no que diz respeito à mineração, liquidação da sociedade, alienação de ativos ou encerramento de atividades, dentre outras matérias (art. 7º do estatuto social da companhia).

Já na EMBRAER, a alienação de ações para estrangeiros ficou limitada a 40% do seu capital social, tendo sido instituída, nos termos do art. 8º da Lei nº 9.491/97, uma *golden share* atribuindo à União poder de veto sobre decisões envolvendo mudança de denominação social, transferência de controle, criação ou alteração de programas militares, que envolvam ou não o Brasil, capacitação de terceiros em tecnologia, dentre outras matérias, bem como o direito de indicar um dos membros do Conselho de Administração (art. 7º do estatuto social da empresa).

No Direito brasileiro, portanto, as *golden shares*, podem ser utilizadas para duas finalidades: (i) intervenção do Estado em decisões estratégicas de sociedades cujo controle acionário foi por ele transferido à livre iniciativa, a fim de assegurar o interesse público (art. 17, § 7º, da Lei das S.A.); e (ii) para garantir aos credores ou investidores privados ingerência sobre

---

[866] BENSOUSSAN, Fabio Guimarães. *Intervenção estatal na empresa privatizada. Análise das 'Golden Shares'*. Porto Alegre: Sérgio Antonio Fabris Editor, 2007, p. 79.

O ESTADO COMO ACIONISTA MINORITÁRIO EM SOCIEDADES PRIVADAS

decisões estratégicas de outras sociedades (art. 18).[867] A diferença entre uma e outra hipótese reside nos poderes atribuíveis ao titular das *golden shares*. No caso das sociedades privatizadas, há uma maior liberdade para a delimitação dos "poderes especiais", embora, a nosso ver, não possam atribuir ao Estado o poder de controle sobre essa sociedade.

### 4.2.2. A participação estatal como forma de contenção de crises econômicas

Com a crise internacional que assolou o mercado financeiro em 2008 e que apresenta reflexos até hoje, países conhecidos por sua tendência liberal, como os Estados Unidos, foram obrigados a intervir na economia para tentar evitar ou pelo menos minimizar os efeitos negativos dessa crise.

Como noticiado na imprensa, a crise em questão teve origem no mercado de hipotecas norte-americano: os bancos passaram a emitir títulos lastreados em hipoteca, uma espécie de nota promissória garantida por esses títulos, para captar recursos no mercado. Os investidores que compraram esses títulos, por sua vez, criaram os seus próprios títulos e os repassaram a outros investidores. O dinheiro obtido com a venda dos títulos era utilizado pelos bancos, em parte, para a concessão de novas hipotecas.

Com o aumento da inflação, das taxas de juros e, consequentemente, das parcelas de amortização das hipotecas, a inadimplência assumiu grandes proporções fazendo com que os títulos nelas lastreados perdessem seu valor. Dessa forma, além dos prejuízos decorrentes da inadimplência em si, os bancos também sofreram com a retração do crédito proveniente da venda daqueles títulos. O temor de inadimplência importou, por sua vez, em restrição da oferta de crédito e sem oferta suficiente de crédito, reduzem-se os investimentos das empresas e o consumo da população: menos as empresas lucram e menos pessoas são contratadas, originando um ciclo vicioso. [868]

---

[867] PELA, Juliana Krueger. *As Golden Shares no Direito Societário Brasileiro*. São Paulo: Quartier Latin, 2012, pp. 156/157.
[868] FOLHA ONLINE. Entenda a evolução da crise que atinge a economia dos EUA. Disponível em: http://www1.folha.uol.com.br/folha/dinheiro/ult91u453003.shtml. Acesso em 23 nov. 2008.

O ESTADO EMPRESÁRIO

Uma das medidas adotadas para tentar frear os efeitos danosos dessa crise foi justamente a compra, pelo Estado, de ações de instituições financeiras em dificuldades, sem a aquisição do controle dessas entidades. O Congresso dos Estados Unidos, em outubro de 2008, aprovou pacote econômico (denominado *"Emergency Economic Stabilization Act of 2008"*) autorizando o governo norte-americano a comprar títulos denominados "podres" (*"troubled assets"*[869]) – tendo em vista apresentarem alto nível de inadimplência –, em troca de ações das instituições financeiras detentoras desses títulos.[870] Confira-se, nesse sentido, a Seção 113 do Plano:

> SEC. 113. Minimização dos custos a longo prazo e maximização dos benefícios aos contribuintes.
> (...)
> (d) Condições de compra de títulos e instrumentos de débito por autoridades.
> (1) Em geral. – O Secretário não poderá comprar, ou celebrar qualquer compromisso de comprar, qualquer título problemático em conformidade com a competência atribuída por este Ato, a não ser que receba da instituição financeira da qual os títulos serão comprados – (A) no caso de instituição financeira, (...) uma garantia dando ao Secretário o direito de receber ações comuns ou preferenciais sem direito de voto na instituição financeira, ou ações com direito de voto com relação às quais o Secretário concorde a não exercer poder de voto, conforme o Secretário determinar apropriado; ou (B)

---

[869] De acordo com a Seção 3 da H.R nº 1424, "the term "troubled assets" means– (A) residential or commercial mortgages and any securities, obligations, or other instruments that are based on or related to such mortgages, that in each case was originated or issued on or before March 14, 2008, the purchase of which the Secretary determines promotes financial market stability; and (B) any other financial instrument that the Secretary, after consultation with the Chairman of the Board of Governors of the Federal Reserve System, determines the purchase of which is necessary to promote financial market stability, but only upon transmittal of such determination, in writing, to the appropriate committees of Congress."

[870] Esse plano econômico apresenta o seguinte texto como ementa: "To provide authority for the Federal Government to purchase and insure certain types of troubled assets for the purposes of providing stability to and preventing disruption in the economy and financial system and protecting taxpayers, to amend the Internal Revenue Code of 1986 to provide incentives for energy production and conservation, to extend certain expiring provisions, to provide individual income tax relief, and for other purposes."

O ESTADO COMO ACIONISTA MINORITÁRIO EM SOCIEDADES PRIVADAS

no caso de qualquer instituição financeira diferente das descritas no subparágrafo (A), uma garantia de ações comuns ou preferenciais, ou um instrumento de débito sênior de referida instituição financeira, como descrito no parágrafo (2) (C).

Planos econômicos como o ora descrito consistem em uma forma de intervenção conhecida como política econômica anticíclica,[871] voltada a impedir ou, pelo menos, minimizar as consequências de crises econômicas que afetam uma economia e que podem levar à recessão ou depressão econômicas.

No entanto, em vez de emprestar dinheiro às instituições financeiras em crise, o Estado norte-americano optou por comprar os tais "títulos podres" em troca de ações daquelas sociedades e da imposição de algumas condições com relação, por exemplo, à remuneração de seus principais executivos[872].

---

[871] Outro exemplo desse tipo de intervenção é o Programa de Aceleração de Crescimento – PAC lançado pelo governo Lula.

[872] ESTADÃO. EUA anunciam compra de ações dos maiores bancos do país. Disponível em http://www.estadao.com.br/economia/not_eco259558,0.htm. Acesso em 25 nov. 2008.
SEC. 111. Compensação de Executivos e Governança Corporativa.
(a) Aplicabilidade. – Qualquer instituição financeira que venda os títulos problemáticos ao Secretário em conformidade com esse Ato será sujeita a exigências de compensação de executivos das subseções (b) e (c) e às previsões do "Internal Revenue Code of 1986", como estabelecido na emenda constante da seção 302, conforme aplicável.
(b) Compras diretas.
(1) Em geral. – Onde o Secretário determinar que os objetivos deste Ato são melhor atendidos através da compra direta de títulos problemáticos de uma instituição financeira na qual nenhum processo licitatório ou preços de mercado estão disponíveis, e o Secretário receber uma participação ou posição de débito significativa na instituição financeira como resultado da transação, o Secretário deve exigir que a instituição financeira observe parâmetros apropriados para compensação de executivos e governança corporativa. Os parâmetros exigidos por essa subseção serão estabelecidos pelo período em que o Secretário possuir a participação ou posição de débito na instituição financeira.
(2) Critério – Os parâmetros exigidos por essa subseção incluirão:
(A) limites na compensação que exclui incentivos para os administradores executivos seniores de uma instituição financeira que assuma desnecessários e excessivos riscos que ameacem o valor da instituição financeira durante o período que o Secretário possuir uma participação ou posição de débito na instituição financeira;

O ESTADO EMPRESÁRIO

De forma semelhante, no Brasil, a Medida Provisória nº 443, de 21 de outubro de 2008, previu a possibilidade de aquisição, pelo Banco do Brasil e pela Caixa Econômica Federal, de ações de sociedades financeiras, com ou sem controle do capital social:

Art. 2º O Banco do Brasil S.A. e a Caixa Econômica Federal, diretamente ou por intermédio de suas subsidiárias, poderão adquirir participação em instituições financeiras, públicas ou privadas, sediadas no Brasil, incluindo empresas dos ramos securitário, previdenciário, de capitalização e demais ramos descritos nos arts. 17 e 18 da Lei no 4.595, de 31 de dezembro de 1964, além dos ramos de atividades complementares às do setor financeiro, com ou sem o controle do capital social, observado o disposto no art. 10, inciso X, daquela Lei.

§ 1º Para a aquisição prevista no caput, o Banco do Brasil S.A. e a Caixa Econômica Federal poderão contratar empresas avaliadoras especializadas, mediante procedimento de consulta simplificada de preços, na forma do regulamento, observada sempre a compatibilidade de preços com o mercado.

(...)

Art. 3º A realização dos negócios jurídicos mencionados nos arts. 1º e 2º poderá ocorrer por meio de incorporação societária, incorporação de ações,

(B) uma previsão de recuperação pela instituição financeira de qualquer bônus ou compensação de incentivo paga a um administrador executivo sênior baseada em declarações de recebimentos, ganhos, ou outros critérios que sejam posteriormente comprovados serem materialmente equivocados; e

(C) uma proibição de que a instituição financeira faça qualquer "golden parachute payment" a seus administradores executivos seniores durante o período em que o Secretário possua uma participação ou posição de débito na instituição financeira.

(3) Definição. – Para os propósitos dessa subseção, o termo "administrador executivo senior" significa um indivíduo que é um dos cinco mais bem pagos executivos de uma companhia aberta, com relação a cuja compensação exige-se que seja divulgada em conformidade com o "Securities Exchange Act of 1934", e demais normas criadas para a sua regulamentação, bem como os equivalentes nas companhias fechadas.

(c) Compras através de leilão. – Onde o Secretário determinar que os objetivos desse Ato são melhor atendidos através de leilões para a compra de títulos problemáticos, e somente quando tais aquisições por instituição financeira no total excedam $300.000.000,00 (incluindo compras diretas), o Secretário proibirá, para tal instituição financeira, qualquer contrato de emprego com administrador executivo sênior que preveja um "golden parachute" na hipótese de rescisão involuntária, falência, insolvência, ou recuperação judicial.

aquisição e alienação de controle acionário, bem como qualquer outra forma de aquisição de ações ou participações societárias previstas em lei.

Como se vê, a participação estatal minoritária em sociedades privadas também pode ter como objetivo a contenção de crises econômicas, ou seja, também pode apresentar-se como instrumento de intervenção econômica anti-cíclica.

### 4.2.3. A Participação Estatal como forma de incentivo a atividades econômicas

Outra finalidade possível da intervenção estatal sob a forma de participação acionária em sociedades privadas é o incentivo ao desenvolvimento de atividades econômicas.

Trata-se de novo formato de fomento, que não se limita à criação de incentivos fiscais, com a "perda" de arrecadação de recursos aos cofres públicos, mas que implica na assunção do risco do negócio por parte do Estado, conjuntamente com a iniciativa privada. Em contrapartida, o Estado fará jus à proporção de eventuais lucros dela decorrentes, seja sob a forma de dividendos, seja por ocasião da futura alienação de suas ações no mercado, bem como da propriedade intelectual dos resultados obtidos.[873] Paulo Todescan Lessa Mattos afirma, a esse respeito, que

---

[873] De acordo com Arnoldo Wald, "Nas sociedades em que o Estado é minoritário, a participação pública veio a substituir vantajosamente o antigo sistema de subvenções. Os poderes públicos, operando para incentivar a produção nacional, especialmente nos países subdesenvolvidos, que se caracterizam pela falta de capitais particulares vultosos, preferiram a técnica da sociedade de economia mista com participação estatal minoritária à subvenção, já que na mesma empresa mista, o Estado tem maior controle e conhecimento direto das atividades sociais, evitando assim que os fundos públicos sejam utilizados de modo diverso ou contrário à finalidade a que se destinavam" (WALD, Arnoldo. As sociedades de economia mista e as empresas públicas no direito comparado. *Revista Forense*, Rio de Janeiro, v. 152, mar./abr. 1954, p. 513).
Sobre o tema, vale ainda transcrever trecho de artigo publicado por Nelson Eizirik na década de 1980: "aplicações financeiras realizadas pela Administração na compra de ações de empresas privadas têm como objetivo, por definição, o seu fortalecimento, não para aumentar os lucros dos empresários, mas para atender a determinadas necessidades econômicas da sociedade. Busca-se fortalecer ou mesmo viabilizar determinados setores da economia, que se supõem prioritários. Logo, recursos públicos são alocados nas empresas privadas, unicamente para que elas atinjam objetivos de interesse público (EIZIRIK, Nel-

O ESTADO EMPRESÁRIO

Não se trata, assim, apenas da redução de riscos por meio de fomento, crédito subsidiado ou incentivos fiscais, mas do próprio *compartilhamento de riscos* por parte do Estado. O compartilhamento de riscos com a iniciativa privada nos investimentos e resultados das atividades de P&D&I é o principal diferencial desse modelo de Estado, o qual me parece ser uma mudança do ponto de vista institucional na concepção de políticas públicas voltadas ao desenvolvimento econômico.[874]

Um exemplo disso encontra-se previsto no Decreto nº 5.563/2005, que regulamenta a Lei federal nº 10.973/2004, dispondo sobre incentivos à inovação e à pesquisa científica e tecnológica no ambiente produtivo. Prevê o seu art. 5º que a União poderá participar de forma minoritária em sociedades privadas que tenham por objeto o desenvolvimento de projetos científicos e tecnológicos:

> Art. 5º A União e suas entidades poderão participar minoritariamente do capital de empresa privada de propósito específico que vise ao desenvolvimento de projetos científicos ou tecnológicos para obtenção de produto ou processo inovadores, desde que haja previsão orçamentária e autorização do Presidente da República. Parágrafo único. A propriedade intelectual sobre os resultados obtidos pertencerá às instituições detentoras do capital social, na proporção da respectiva participação.

Uma das entidades responsáveis pela implementação desses incentivos é a Financiadora de Estudos e Projetos – FINEP, empresa pública vinculada ao Ministério da Ciência e Tecnologia, a qual, de acordo com o art. 4º do seu estatuto social, aprovado pelo Decreto nº 1.808/1996, tem competência para "conceder a pessoas jurídicas financiamento sob a forma de mútuo, de abertura de créditos, ou, ainda, de participação no capital respectivo, observadas as disposições legais vigentes" (Redação dada pelo Decreto nº 2.471, de 1998).

---

son. As sociedades anônimas com participação estatal e o Tribunal de Contas. In: *Questões de direito societário e mercado de capitais*. Rio de Janeiro: Forense, 1987, p. 32).

[874] MATTOS, Paulo Todescan Lessa. O sistema jurídico-institucional de investimentos público-privados e inovação no Brasil. *Revista de Direito Público da Economia – RDPE*, ano 7, nº 28, out./dez. 2009, p. 104.

O ESTADO COMO ACIONISTA MINORITÁRIO EM SOCIEDADES PRIVADAS

Desde 1999, a FINEP desenvolve o projeto INOVAR, o qual tem por objetivo apoiar as empresas inovadoras através de um programa estruturado de *venture capital* (capital de risco)[875], mediante parcerias com fundos de pensão e agentes de fomento, bem como participação acionária em empresas de inovação.[876] Os projetos financiados pela FINEP são selecionados mediante processo de chamada pública, nas quais são preestabelecidas as áreas em que os recursos governamentais deverão ser prioritariamente investidos.

O BNDES também possui programas de investimento em capitais de risco, sendo o mais expressivo deles o Programa de Capitalização de Empresas de Base Tecnológica – CONTEC. No bojo desse Programa, o BNDES adquiriu participação acionária, limitada a 40% do capital, em diversas sociedades de inovação, com o objetivo de financiamento e posterior alienação:

> A posição capitalística assumida pelo BNDES nessas circunstâncias não tem caráter permanente, estando predestinada à alienação posterior, preferencialmente pela via do mercado de capitais, conforme a lógica do chamado *private equity*. Esse tipo de participação societária não se destina a influenciar a gestão social para cumprir objetivos de interesse público, mas busca apenas estimular a eficiência empresarial à semelhança de qualquer sócio estratégico minoritário.[877]

---

[875] De acordo com Luciane Gorgulho Pinto, capital de risco é "uma forma de financiamento que envolve a participação, através da aquisição de ações ou de outros instrumentos financeiros sem contrapartidas no que tange a garantias (equity ou quasi-equity), em empresas ou empreendimentos com alto potencial de crescimento, com vistas à sua revenda e à realização de expressivos ganhos de capital a médio e longo prazos. Em outras palavras, é uma modalidade de financiamento que pressupõe a aceitação de um alto risco em troca da perspectiva de um alto retorno no futuro" (PINTO, Luciane F. Gorgulho. Capital de Risco: Uma Alternativa de Financiamento às Pequenas e Médias Empresas de Base Tecnológica – O Caso do Contec. *Revista do BNDES*, nº 7, jun. 1997, p. 4).

[876] Informações disponível em http://www.venturecapital.gov.br/vcn/programaInovar. asp. Acesso em 01 mai. 2012. Ver também LEAMON, Ann; LERNER, Josh. Creating a Venture Ecosystem in Brazil: FINEP's INOVAR Project. Working Paper 12-099. Harvard Business School. Disponível em: http://www.hbs.edu/research/pdf/12-099.pdf. Acesso em 01 mai. 2012.

[877] PINTO JUNIOR, Mario Engler. *Op.cit.*, p. 193.

O ESTADO EMPRESÁRIO

Ao longo da execução desse programa, o Banco acumulou conhecimento e experiência em investimentos em capital de risco, passando a adotar diversas "boas práticas" voltadas a diminuir os seus riscos e assegurar o monitoramento das sociedades participadas, dentre elas a vinculação da participação minoritária à prévia emissão de debêntures pela companhia financiada[878] e a celebração de acordos de acionistas:

> (...) seja em acordos de acionistas ou na escritura de emissão de debêntures, fazia-se constar cláusulas que garantissem ao Banco uma influência relevante no curso da empresa investida, tais como: (i) exigência de que as empresas beneficiárias fossem transformadas em sociedades anônimas; (ii) a obrigação de demonstração dos demonstrativos contábeis; (iii) o desembolso paulatino dos recursos; (iv) a garantia de poder de veto sobre decisões dos administradores e (v) assento no conselho de administração da empresa tomadora".[879]

As condições do investimento são disciplinadas pelo próprio instrumento de constituição da companhia e, eventualmente, em acordo de acionistas: "por meio de tais instrumentos, o Banco pode, exercendo os seus direitos de acionista, garantir segurança para os investimentos e via-

---

[878] Os gestores do CONTEC, em alguns casos, "deram preferência às debêntures conversíveis ou às debêntures associadas a bônus de subscrição. Procuraram com isso mitigar as incertezas financeiras assumidas pelo Banco, que aportaria pela primeira vez recursos em empresas parcamente consolidadas e voltadas para a exploração de segmentos de resultado incerto. No limite, julgava-se que a condição de acionista, desde o primeiro investimento, poderia limitar a governabilidade do Banco, pois impediria uma avaliação futura acerca da conveniência e da oportunidade daquela sociedade: caso o Banco se visse diante de um iminente insucesso da empresa beneficiária, não haveria um lapso de tempo oportuno para eventualmente rever a adequação da sociedade" (Idem, p. 229). Assim, ainda de acordo com o autor, "a conversão em ações só ocorreria caso o Banco entendesse que o ritmo e o rumo dos investimentos compensaria a sua transformação em sócio minoritário" (*Op.cit.*, p. 230). No mesmo sentido, PINTO, Luciane F. Gorgulho. Capital de Risco: Uma Alternativa de Financiamento às Pequenas e Médias Empresas de Base Tecnológica – O Caso do Contec. *Revista do BNDES*, nº 7, jun. 1997, p. 24).

[879] SHAPIRO, Mario Gomes. *Novos Parâmetros para a Intervenção do Estado na Economia*. São Paulo: Saraiva, 2010, p. 228.

bilizar projetos de elevado risco no desenvolvimento de novas tecnologias e aplicações industriais".[880]

Podemos citar, ainda, a participação, pelo Estado do Rio de Janeiro, na sociedade Peugeot-Citroën S.A., nas décadas de 1990 e 2000, a fim de viabilizar a implantação de uma fábrica de automóveis no município fluminense de Porto Real.[881] O Estado do Rio de Janeiro subscreveu ações representativas de 32% do capital social daquela Companhia. Como narram os Procuradores do Estado do Rio de Janeiro Lauro da Gama e João Manoel Velloso, "neste caso a intervenção do ERJ no domínio econômico realizou-se no contexto abrangente de cooperação com a iniciativa privada, em autêntica *parceria*".[882]

Mario Gomes Shapiro chama a atenção, contudo, para o fato de que essa forma de financiamento gera uma menor proteção para o investidor, já que "diferentemente dos credores, os acionistas não dispõem de um crédito a ser exigido, mas apenas a expectativa de recebimento de dividendos".[883]

Isso não significa que a participação societária para investimento em capitais de risco seja de todo inadequada, ineficiente ou vedada ao Poder Público, mas sim que (i) deverá haver critérios adequados de escolha dos projetos a serem financiados, que garantam que serão escolhidos aqueles que sejam compatíveis com as prioridades do Governo; (ii) deverão ser considerados os inconvenientes da participação acionária, como, por exemplo, uma possível dificuldade de desinvestimento ou a necessidade de emissão de ações em valores muito elevados[884]; e (iii) deverão

---

[880] MATTOS, Paulo Todescan Lessa. O sistema jurídico-institucional de investimentos público-privados e inovação no Brasil. *Revista de Direito Público da Economia – RDPE*, ano 7, nº 28, out./dez. 2009, p. 123.

[881] SOUZA JUNIOR, Lauro da Gama e; VELLOSO, João Manoel de Almeida. Parecer conjunto nº 01/2001. *Revista de Direito da Procuradoria Geral – PGE/RJ*, nº 54, 2001, p. 345.

[882] SOUZA JUNIOR, Lauro da Gama e; VELLOSO, João Manoel de Almeida. Parecer conjunto nº 01/2001. *Revista de Direito da Procuradoria Geral – PGE/RJ*, nº 54, 2001, p. 345, itálicos no original.

[883] SHAPIRO, Mario Gomes. *Novos Parâmetros para a Intervenção do Estado na Economia*. São Paulo: Saraiva, 2010, pp. 195/196.

[884] Mario Shapiro explica que "para algumas empresas apoiadas pelo CONTEC, um aporte de R$ 2 milhões (dois milhões de reais) poderia conduzir o BNDES a deter uma participação social muito superior ao limite de 40%. Para contornar esta situação, as ações subscritas

O ESTADO EMPRESÁRIO

ser necessariamente considerados outros possíveis modelos de financiamento, que não envolvam as participações minoritárias, como a emissão de debêntures, criação de fundos de investimento, etc,[885] os quais, contudo, não constituem objeto deste livro.

### 4.2.4. A Participação Estatal nas Sociedades de Propósito Específico das Parcerias Público-Privadas

A Lei federal nº 11.079/2004, como se sabe, institui normas gerais para licitação e contratação de parcerias público-privadas, determinando, em seu art. 9º, que deverá ser constituída Sociedade de Propósito Específico – SPE para a gestão e implementação do respectivo contrato. Esse mesmo artigo prevê, em seu parágrafo 4º, a possibilidade de participação estatal no capital social dessas SPE's, desde que o seu controle seja exercido pela iniciativa privada.

Essa vedação, de acordo com Henrique Bastos Rocha, decorre do fato de que "é da essência dos contratos de parceria que a gestão do empreendimento fique a cargo do parceiro privado".[886] Se o controle societário fosse da Administração Pública, tratar-se-ia de uma sociedade de economia mista, cuja gestão é realizada pelo Estado, e não de uma sociedade privada contratada pelo Estado para a exploração de atividades por ele determinadas.

A participação estatal minoritária nas SPEs criadas para a execução dos contratos de PPP, além de permitida pela Lei, é também aconselhada

---

pelo BNDES contavam com um preço de emissão elevado, a fim de diluir o aporte de capital em um montante de ações que conduzisse o Banco a uma condição minoritária. Todavia, a resolução deste problema inicial na subscrição das ações levava a uma segunda dificuldade: na liquidação de empresas mal sucedidas, ou mesmo na alienação daquelas companhias que obtiveram êxito, o valor das ações de titularidade do banco era muito oneroso, o que poderia comprometer a sua capacidade de reaver os recursos investidos" (*Op.cit.*, p. 230).

[885] Ver a esse respeito SHAPIRO, Mario Gomes. *Novos Parâmetros para a Intervenção do Estado na Economia*. São Paulo: Saraiva, 2010 e MATTOS, Paulo Todescan Lessa. O sistema jurídico-institucional de investimentos público-privados e inovação no Brasil. *Revista de Direito Público da Economia – RDPE*, ano 7, nº 28, out./dez. 2009.

[886] ROCHA, Henrique Bastos. A Sociedade de Propósito Específico nas Parcerias Público-Privadas. In: AMARAL, Flávio (coord.) *Revista de Direito da Associação dos Procuradores do Novo Estado do Rio de Janeiro*, Vol. XVII Parcerias Público-Privadas. Rio de Janeiro: Lumen Juris, 2006, p. 279.

pela doutrina, sob o argumento de que a forma societária de parceria entre o Estado e a iniciativa privada afigura-se muito mais segura do que a forma contratual.[887]

Também nesse sentido, Alexandre Santos de Aragão afirma que a participação estatal na sociedade de propósito específico "constituiria um interessante e seguro (dada a consolidação do Direito Societário) mecanismo de divisão de riscos e lucros entre o Estado e o parceiro privado".[888]

### 4.2.5. A Participação Minoritária como forma de realização das atividades-fim de empresas estatais

Há atualmente uma forte tendência de celebração de parcerias entre os setores público e privado com vista ao atendimento conjunto das necessidades sociais e de investimento em infraestrutura no Brasil. Essas parcerias muitas vezes são utilizadas para a exploração das atividades pelas

---

[887] Nesse sentido, Henrique Bastos Rocha explica que "a participação do parceiro público no capital da SPE é uma excelente opção para a estruturação jurídica da PPP. Isto porque uma das características da PPP é a repartição de riscos e resultados, que coincide com a característica fundamental das sociedades. Estabelecer no contrato de parceria uma série de regras ainda não experimentadas na prática para reger as relações entre o parceiro público e o parceiro privado pode mostrar-se menos eficiente que atribuir ao parceiro público participação acionária na SPE, ficando os contratantes sujeitos às normas de direito societário já vigentes em nossa legislação para reger suas relações. Regras especiais, necessárias em razão do empreendimento, poderão ser estabelecidas no estatuto social da SPE. Mas subsiste a vantagem de a base normativa da relação contratual (o estatuto social) proporcionar a segurança decorrente do seu aperfeiçoamento legislativo e interpretação jurisprudencial, procedidos ao longo de um período de tempo bastante expressivo. Optando-se pela participação societária do Poder Público, as normas básicas para a fiscalização das atividades da SPE poderiam ser, por exemplo, as estabelecidas para as sociedades anônimas (Lei nº 6404/76)" (Rocha, Henrique Bastos. A Sociedade de Propósito Específico nas Parcerias Público-Privadas. In: Amaral, Flávio (coord.) *Revista de Direito da Associação dos Procuradores do Novo Estado do Rio de Janeiro*, Vol. XVII Parcerias Público-Privadas. Rio de Janeiro: Lumen Juris, 2006, p. 280).

[888] Aragão, Alexandre Santos de. As Parcerias Público-Privadas – PPPs no Direito Positivo Brasileiro. In: Amaral, Flávio (coord.) *Revista de Direito da Associação dos Procuradores do Novo Estado do Rio de Janeiro*, Vol. XVII Parcerias Público-Privadas. Rio de Janeiro: Lumen Juris, 2006, p. 88.

O ESTADO EMPRESÁRIO

sociedades estatais, especialmente quando aquelas envolvem grandes riscos e/ou demandam vultosos aportes de recursos.[889]-[890]

No caso tratado no presente item, a sociedade estatal, em parceria com a iniciativa privada, constitui uma terceira sociedade com vista ao desenvolvimento de suas atividades-fim,[891] seja porque não dispõe do montante de recursos necessário à realização do empreendimento, seja

[889] Nesse sentido, vale citar os ensinamentos de Diogo de Figueiredo Moreira Neto: "(...) com o primado da finalidade, rasgaram-se os caminhos para intensificar a *coordenação operativa*, não só entre os diversos órgãos estatais como entre estes e órgãos não estatais, já existentes ou criados especificamente para atuar em parcerias. Por outro lado, essa redescoberta das inúmeras possibilidades de coordenação na gestão da administração pública tem desvendado um vasto e riquíssimo campo de experiências gerenciais, em que antigos institutos vão se remodelando e novos vêm sendo criados com vistas ao aperfeiçoamento da *eficiência* e da ética na gestão dos interesses públicos. Com efeito, a coordenação na administração pública, fosse a exercida pela via da cooperação, fosse pela colaboração, era considerada com suspicácia pelos cultores da mística da competência, em face da indisponibilidade do interesse público, tanto porque entendiam que se uma entidade ou órgão dela titular negociasse um pacto cooperativo para seu emprego, estaria renunciando parcialmente a seu exercício, como porque supunham que isso importaria em transferir um poder indelegável. Com o primado da finalidade, assentado que a titularidade de competência não implica monopólio do interesse público e a delegabilidade não importa alienação, mas em partilha de responsabilidade, estava desobstruída a via da coordenação de atividades e de esforços dos setores público e privado que hoje se exercita com crescente sucesso" (MOREIRA NETO, Diogo de Figueiredo. *Mutações do Direito Administrativo*. 2ª ed. Rio de Janeiro: Renovar, 2001, p. 30, sem negrito no original).

[890] De acordo com Marcos Juruena Villela Souto, "não é, pois, razoável que se espere que o setor privado tenha que assistir 'de camarote' a consolidação da crise e do caos, sem que nada possa oferecer. Isso se reforça especialmente em tempos de déficit público, que impõem uma série de limitações a novos gastos ou à expansão de programas, sendo a Lei de Responsabilidade Fiscal (LC nº 101/2000) a positivação dessas dificuldades. Não há mais que se 'sonhar' que o Estado se baste e que o orçamento público é suficiente para garantir eficiência em todos os domínios. Isso seria a negativa dos princípios da 'razoabilidade' e da 'reserva do possível'. É absolutamente descabido pretender institucionalizar uma barreira entre o setor público e o setor privado, quando este legitima e é destinatário das ações daquele" (SOUTO, Marcos Juruena Villela. Parceria do Mercado com o Estado. In *Direito Administrativo: estudos em homenagem a Diogo de Figueiredo Moreira Neto*, Lumen Juris, Rio de Janeiro, 2006, p. 700).

[891] De acordo com Marçal Justen Filho, "A diferença entre atividade-fim e atividade meio está na vinculação do contrato com o objetivo cujo desenvolvimento constitui a razão de ser da entidade. A atividade-fim é aquela para a qual se vocaciona a sociedade de economia

porque não possui o *know how* para a realização de todas as operações envolvidas na atividade a ser explorada ou simplesmente porque deseja dividir os riscos financeiros do negócio. Dentro dessa realidade, a parceria surge como a melhor alternativa tanto para a iniciativa privada quanto para a sociedade estatal.

A possibilidade de formação de parcerias societárias, com ou sem a detenção de poder de controle, encontra previsão, por exemplo, nos arts. 63 e 64 da Lei nº 9.478/97, também conhecida como a Lei do Petróleo:

> Art. 63. A Petrobras e suas subsidiárias ficam autorizadas a formar consórcios com empresas nacionais ou estrangeiras, na condição ou não de empresa líder, objetivando expandir atividades, reunir tecnologias e ampliar investimentos aplicados a indústria do petróleo.

> Art. 64. Para o estrito cumprimento de atividades de seu objeto social que integrem a indústria do petróleo, fica a Petrobras autorizada a constituir subsidiárias, às quais poderão associar-se majoritária ou minoritariamente, a outras empresas.

A associação com outras sociedades é uma necessidade da atuação empresarial do Estado no mercado competitivo e de risco elevado como o da exploração e produção de petróleo. Quanto mais parcerias celebrar, mais chances a Petrobras terá, por exemplo, de obter concessões para exploração de blocos petrolíferos nos leilões da Agência Nacional do Petróleo, Gás Natural e Biocombustíveis – ANP, e, consequentemente, maiores as chances de realizar descobertas comerciais.

Mas não é apenas no âmbito da exploração e produção de petróleo que se verifica a possibilidade de celebração dessas parcerias. No setor petroquímico, um exemplo desse tipo de associação foi a criação da empresa Quattor. A principal acionista dessa empresa é a Unipar, com 60% das ações, enquanto a Petrobras detém os outros 40%.[892]

---

mista ou empresa publica" (JUSTEN FILHO, Marçal. *Comentários a Lei de Licitações e Contratos Administrativos*, São Paulo, Dialética, 9ª ed., p. 25).

[892] Informação disponível em http://ultimosegundo.ig.com.br/economia/2008/06/13/quattor_nasce_com_receita_de_r_9_bi_1358421.html. Acesso em 12 dez. 2008.

O ESTADO EMPRESÁRIO

Outro exemplo foi a aquisição, em 2007, do Grupo Ipiranga pela Petrobras, pelo Grupo Ultra e pela Braskem[893]. Os ativos do Grupo Ipiranga nos diversos setores em que atuava foram divididos entre as sociedades adquirentes. No setor petroquímico, por exemplo, a empresa estatal ficou com 40% das ações ordinárias da Ipiranga Química S.A., ao passo que a Braskem passou a deter 60% das ações ordinárias dessa empresa.

Já no setor de energia elétrica, a Lei nº 3.890-A/61, que autorizou a União a constituir a Centrais Elétricas Brasileiras S.A. – ELETROBRÁS, foi alterada para conferir nova redação ao § 1º do seu art. 15 e permitir a participação da ELETROBRÁS, com ou sem controle acionário, em outras sociedades:

> Art. 15. (...) 1º A Eletrobrás, diretamente ou por meio de suas subsidiárias ou controladas, poderá associar-se, com ou sem aporte de recursos, para constituição de consórcios empresariais ou participação em sociedades, com ou sem poder de controle, no Brasil ou no exterior, que se destinem direta ou indiretamente à exploração da produção ou transmissão de energia elétrica sob regime de concessão ou autorização.

Como se vê, tais associações empresariais enquadram-se também no objeto deste livro, já que se tratam de sociedades participadas pelo Estado, mas que, em virtude da ausência de controle, não fazem parte da Administração Pública Indireta.

Vale ressaltar que nem sempre, na joint venture, a participação é minoritária, podendo haver também controle compartilhado entre o sócio estatal e o privado, mediante celebração de acordo de acionistas ou mesmo da detenção de *golden shares*.

O controle compartilhado é aquele no qual os dois atributos do controle (poder de eleger a maioria dos administradores e preponderância

---

[893] Conforme informação divulgada no endereço eletrônico da PETROBRAS. Disponível em: http://www2.petrobras.com.br/negocios/portugues/novos_negocios/pop/p_realizados.htm. Acesso em 23.12.2008. Vide também informação constante no endereço eletrônico da Braskem. Disponível em: http://www.braskem.com.br/upload/portal_investidores/pt/financeiras/CVM/f3d1c331-ff3b-4db9-898b-b430bc997a34_comunicado%20ao%20mercado%20final.pdf. Acesso em: 23.12.2008.

O ESTADO COMO ACIONISTA MINORITÁRIO EM SOCIEDADES PRIVADAS

nas deliberações sociais) são exercidos por bloco de controle composto por sócios independentes, mas que isoladamente não detêm o poder de controle. De acordo com Luiz Gastão Paes de Barros, "somente há que se falar em controle conjunto ou compartilhado quando o grupo de controle exerce as prerrogativas e as responsabilidades que incumbem ao acionista controlador de forma coletiva, e quando as pessoas que constituem tal grupo agem e respondem como se fossem uma só pessoa, sem que, cada uma, por si só, possa ser caracterizada como acionista controlador".[894]

Como já mencionado neste livro, para o TCU, o controle compartilhado não transforma a sociedade em uma sociedade controlada ou subsidiária estatal. O controle compartilhado pressupõe a inexistência de um sócio que possa exercer isoladamente o poder de controle e, em sendo assim, tal hipótese também se enquadra no objeto deste estudo.

### 4.3. As sociedades público-privadas e a sua relação com a Administração Pública

A possibilidade de participação do Estado em sociedade privada sem o exercício de poder de controle encontra-se prevista no artigo 37, XX, da Carta Maior, que prevê que "depende de autorização legislativa, em cada caso, a criação de subsidiárias das entidades mencionadas no inciso anterior, *assim como a participação de qualquer delas em empresa privada*".

Essa participação se diferencia da figura da subsidiária justamente por não implicar em exercício do poder de controle por parte do Estado. As subsidiárias a que se refere a Constituição Federal são aquelas controladas por sociedade de economia mista ou empresa pública,[895]

---

[894] Acordo de Comando e Poder Compartilhado. *Pareceres*. São Paulo: Ed. Singular, 2004, p. 178.

[895] José dos Santos Carvalho Filho entende que "empresas subsidiárias são aquelas cujo controle e gestão das atividades são atribuídos à empresa pública ou à sociedade de economia mista diretamente criadas pelo Estado. Em outras palavras, o Estado cria e controla diretamente determinada sociedade de economia mista (que podemos chamar de primária) e esta, por sua vez, passa a gerir uma nova sociedade mista, tendo também o domínio do capital votante. É esta segunda empresa que constitui a sociedade subsidiária" (CARVALHO FILHO, José dos Santos. *Manual de Direito Administrativo*, Lumen Juris, Rio de Janeiro, 2007, p. 441). Para o autor, "o fato de serem subsidiárias indica apenas que não são controladas diretamente por entidade política" (Idem, nota de rodapé nº 130).

sendo a elas aplicável o mesmo regime jurídico incidente sobre as suas controladoras.[896]

No sentido do ora defendido, José dos Santos Carvalho Filho afirma que o dispositivo constitucional está a se referir àquelas sociedades em que o Estado participa de forma minoritária, sem qualquer tipo de

---

Vide também MISSIAGIA, Flávia Gonçalves; PICININ, Juliana de Almeida. A Constituição de subsidiária integral nas sociedades de economia mista. *Fórum Administrativo*, ano 1, nº 1, mar. 2001, p. 66; e ARAGAO, Alexandre Santos de. *Curso de Direito Administrativo*. Rio de Janeiro: Ed. Forense, 2012, p. 131 ("assim como a sua controladora, as subsidiárias estão, independentemente da sua caracterização nominal como empresas públicas ou sociedades de economia mista, submetidas a um regime jurídico híbrido: um regime jurídico privado, em igualdade de condições com a iniciativa privada, ressalvados, todavia, alguns influxos publicísticos, como, por exemplo, a vedação de acumulação de cargos, controle pelos tribunais de contas, licitações, vedação de publicidade de promoção pessoal etc").

[896] GROTTI, Dinorá Musetti. Licitações nas Estatais em face da Emenda Constitucional 19, de 1998, *Revista Trimestral de Direito Público*, nº 27, 1999, p. 34. Também Diogo de Figueiredo Moreira Neto observa que "com a Emenda Constitucional nº 19, de 4 de junho de 1998, as subsidiárias das empresas públicas e das sociedades de economia mista passaram a ser expressamente incluídas entre as paraestatais, ao lhes ser estendido tratamento idêntico aos de suas respectivas empresas matrizes, ou seja, sujeitando-as ao mesmo estatuto jurídico (art. 173, § 1º, CF), em que estarão reguladas sua função social e formas de fiscalização pelo Estado e pela sociedade, a modalidade especial de licitação e de contratação de obras, serviços, compras e alienações, observados os princípios da administração pública, a constituição e funcionamento dos conselhos de administração e fiscal, com a participação dos acionistas minoritários e os mandatos, a avaliação de desempenho e a responsabilidade dos administradores (art. 173, § 1º, I, III, IV e V, CF)" (MOREIRA NETO, Diogo de Figueiredo. *Curso de Direito Administrativo*. Rio de Janeiro: Forense, 2006, p. 264). No sentido contrário, José Edwaldo Tavares Borba afirma que "a sociedade de economia mista que constitui uma subsidiária ainda que integral, não terá (...) criado uma economia mista de segundo grau; para tanto, seria necessário legislação atributiva do caráter de economia mista à subsidiária. A lei das sociedades anônimas (art. 235, § 2º) já havia disposto que as subsidiárias das sociedades de economia mista (Capítulo XIX da lei), mas sim pelas normas reguladoras da sociedade anônima em geral. A Constituição atual reforçou, de forma definitiva, essa posição. A Emenda Constitucional nº 19/98 prevê todavia (art. 173, § 1º) que a lei estabelecerá o estatuto das sociedades de economia mista, empresas públicas e suas subsidiárias. A lei que regulamentar a matéria poderá, portanto, identificá-las para alguns fins, mas jamais confundi-las inteiramente" (*Direito Societário*. Rio de Janeiro: Renovar, 2001, pp. 451/452).

O ESTADO COMO ACIONISTA MINORITÁRIO EM SOCIEDADES PRIVADAS

controle.[897] J. Cretella Jr.,[898] nessa linha, denomina essas entidades de "sociedades de economia mista minoritária", defendendo que nessas "a participação financeira do Estado é secundária e, por assim dizer, supletiva à atividade econômica, pouco ou quase nada se observa da presença estatal na vida administrativa da entidade".

É possível concluir, portanto, que as sociedades participadas não se confundem com as sociedades subsidiárias. Feita essa diferenciação, impõe-se perquirir se as entidades objeto do presente capítulo integram ou não a Administração Pública.

A Administração Pública compreende todas aquelas pessoas jurídicas, órgãos e agentes públicos que exercem função administrativa,[899] abrangendo "todos os entes e sujeitos exercentes de funções administrativas, ainda que o façam de modo secundário e acessório"[900]. De acordo com o art. 4º do Decreto-lei nº 200/67,

A Administração Federal compreende:

I – A Administração Direta, que se constitui dos serviços integrados na estrutura administrativa da Presidência da República e dos Ministérios.

II – A Administração Indireta, que compreende as seguintes categorias de entidades, dotadas de personalidade jurídica própria:

a) Autarquias;

b) Emprêsas Públicas;

c) Sociedades de Economia Mista.

d) fundações públicas.

As sociedades de capital público-privado sem controle estatal não se enquadram em quaisquer das definições previstas no Decreto-lei nº 200/67 (autarquias, fundações, empresas públicas e sociedades de economia mista) ou na Lei 13.303/2016, e tampouco são pessoas jurídicas políticas da União, Estados, Municípios e Distrito Federal.

---

[897] CARVALHO FILHO, José dos Santos. *Manual de Direito Administrativo*, 17ª ed., Lumen Juris, Rio de Janeiro, 2007, p. 437.

[898] CRETELLA JÚNIOR, J. *Comentários à Constituição de 1988*. 2ª Ed. Rio de Janeiro: Forense Universitária, p. 2229.

[899] DI PIETRO, Maria Sylvia. *Direito Administrativo*, 10ª Ed. São Paulo: Atlas, 1998, p. 53.

[900] JUSTEN FILHO, Marçal. *Curso de Direito Administrativo*. São Paulo, Ed. Saraiva, 2006, p. 91.

O ESTADO EMPRESÁRIO

Também não exercem função administrativa, assim compreendida como "conjunto de poderes jurídicos destinados a promover a satisfação de interesses essenciais, relacionados com a promoção de direitos fundamentais, cujo desempenho exige uma organização estável e permanente"[901].

Não se pode confundir, com efeito, o objetivo dessas sociedades com os objetivos da participação estatal em seus quadros societários. Trata-se de sociedades, como visto, com controle privado, sendo, portanto, inerente a elas a busca de objetivos privados.[902] É o controle que confere ao seu titular o poder de dispor dos bens destinados à sociedade, o poder de direcionar a atividade econômica e dirigir-lhe a determinada finalidade.

Se quisesse dirigir a atividade econômica, caberia ao Estado transformá-la em sociedade de economia mista, mediante autorização legal, ou criar *ex novo* uma sociedade de economia mista. Ao participar minoritariamente de uma sociedade privada existente ou se associar com particulares para criar uma sociedade na qual não deterá o controle, o Estado não pode controlar a sua finalidade. De acordo com Mario Engler, nesses casos,

> subsiste o caráter privatista da companhia investida, que não pode ser equiparada à sociedade de economia mista prevista na Lei nº 6.404/76. O exercício das prerrogativas associadas à propriedade acionária pelo Estado possui escopo mais limitado, não constituindo instrumento hábil para impor à companhia a persecução do interesse público referido no artigo 238 daquele diploma legal.[903]

Na mesma linha, Nuno Cunha Rodrigues expõe que, "ao contrário do que sucede nas empresas total ou maioritariamente detidas por entida-

---

[901] Idem. *Ibidem*, p. 30.

[902] ESTORNINHO, Maria João. Fuga para o direito privado..., p. 57, nota de rodapé nº 159. De acordo com essa autora, "quando uma entidade pública participa em termos minoritários no capital de uma sociedade comercial, esta empresa não só se organiza e actua segundo formas jurídico-privadas, como também continua a pertencer maioritariamente a entidades privadas. Desta forma, havendo titularidade e gestão privadas, estas empresas integram pacificamente o sector privado, apesar de, em maior ou menor medida, poder haver alguma participação pública no seu capital" (Idem, pp. 323/324).

[903] PINTO JUNIOR, Mario Engler. *Empresas Estatais...*, p. 192.

O ESTADO COMO ACIONISTA MINORITÁRIO EM SOCIEDADES PRIVADAS

des públicas, não existe, aqui, uma identificação total entre o interesse da empresa e o interesse público."[904] Para esse autor, "as empresas participadas não prosseguem exclusivos fins do Estado, pelo que não podem ser consideradas como parte da administração pública indireta". Essas empresas seriam um "sector privado *sui generis*"[905], empresas colaboradoras com a Administração Pública, mas não integrantes dela.

Alexandre Santos de Aragão[906] esclarece que o ponto nodal de diferenciação entre entidades privadas colaboradoras com o Estado e as entidades integrantes da Administração Pública descentralizada é o vínculo estabelecido com a Administração Pública. Este deve ser estável e intenso o suficiente para permitir a ingerência da Administração na gestão da atividade. Não é suficiente, segundo o autor, o simples desenvolvimento de atividades de interesse público, ainda que financiadas com recursos públicos.[907] Nas suas palavras,

> O mero acordo entre o Estado e uma entidade privada (...) não a integra na coordenação e planejamento estatais de caráter obrigatório incidente sobre as entidades descentralizadas nos termos do que dispõe o art. 174, CF, para o setor público. Isso só vem a ocorrer se o Estado passar a exercer sobre a entidade da sociedade civil poderes além dos que caracterizam os simples parceiros, imiscuindo-se na sua administração e na condução das suas finalidades, coordenando a sua atuação no conjunto da Administração Pública. (...) para um ente de colaboração (gênero), abstraindo-se por enquanto das organizações sociais (espécie), ser considerado integrante da Administração Pública descentralizada, não basta, portanto, que esteja cooperando com o Poder Público em alguma área de interesse comum. É necessário mais: deve se integrar juridicamente na coordenação das ações estatais.[908]

---

[904] RODRIGUES, Nuno Cunha. *"Golden-Shares"*..., pp. 206/207.

[905] Idem. *Ibidem*, p. 58.

[906] ARAGÃO, Alexandre Santos. *Direito dos Serviços Públicos*. Rio de Janeiro: Ed. Forense, 2007, p. 745/746.

[907] Na mesma linha, Paulo Otero adverte que "a prossecução do interesse público já não é algo exclusivo de entidades colectivas de direito público" (OTERO, Paulo. *Vinculação e Liberdade de Conformação Jurídica do Sector Empresarial do Estado*, p. 226).

[908] ARAGÃO, Alexandre Santos. *Direito dos Serviços Públicos*. Rio de Janeiro: Ed. Forense, 2007, p. 746.

O ESTADO EMPRESÁRIO

Para que uma empresa integre a Administração Pública, portanto, é necessário que o Estado detenha o seu controle societário[909] e que a sua criação tenha sido precedida de autorização legal.[910] "As sociedades de capitais mistos em que a maioria do capital social não pertença a entidades públicas nunca se podem considerar integrantes do setor público empresarial, antes se devem entender integradas no setor privado, enquanto expressão da sua propriedade pertencer a entidades privadas".[911]

Também Sérgio de Andréa Ferreira prevê a possibilidade de o Estado constituir empresas não integrantes da Administração Pública, em cooperação com particulares:

> O poder público pode preferir, ao invés de instituir ou constituir empresas administrativas, integrantes da administração indireta e, desse modo, componentes da organização governamental, criar, em cooperação com particulares, empresas que sejam instrumentos de participação pública na economia, mas sem a natureza de pessoas administrativas paraestatais. São as empresas dessa nova espécie, de Direito Privado, mas tipicamente paraadministrativas, pois que situadas fora da administração pública, embora com essa relacionada.[912]

De acordo com Marçal Justen Filho, essas empresas não se subordinam ao regime de Direito Administrativo, do que se pode extrair que, para esse autor, essas empresas não são integrantes da Administração Pública.[913]

---

[909] Como afirma Alberto Alonso Ureba, "no es el hecho de la titularidad por un ente público de la actividad de empresa lo que da contenido de carácter <<público>> de empresa, sino la conexión de la misma con la Organización administrativa, es decir, el control de la empresa por la Administración" (UREBA, Alberto Alonso. *La Sociedad Mercantil de Capital como forma de la Empresa Pública Local*. Madri: Universidad Complutense, Faculdade de Direito, Seccion de Publicaciones, 1988, p. 55).

[910] SOUZA JUNIOR, Lauro da Gama e; VELLOSO, João Manoel de Almeida. Parecer conjunto nº 01/2001. *Revista de Direito da Procuradoria Geral – PGE/RJ*, nº 54, 2001, p. 349.

[911] OTERO, Paulo. Vinculação *e Liberdade de Conformação Jurídica do Sector Empresarial do Estado*. Coimbra: Coimbra Editora, 1998, p. 88.

[912] FERREIRA, Sérgio de Andréia. *Comentários à Constituição*. Rio de Janeiro: Freitas Bastos, 1991, vol. III. *Apud* SOUTO, Marcos Juruena Villela. *Direito Administrativo da Economia*. Rio de Janeiro: Lumen Juris, 2003, pp. 78/79.

[913] JUSTEN FILHO, Marçal. *Curso de Direito Administrativo*. São Paulo: Saraiva, 2006, p. 133.

Essa foi a razão pela qual o Tribunal de Justiça de Minas Gerais, como já visto neste livro, em sede de julgamento do recurso de apelação nº 1.0000.00.199781-6/000, anulou acordo de acionistas celebrado pelo Estado de Minas Gerais com o vencedor do leilão de emissão de debêntures representativas das ações da Companhia Energética de Minas Gerais – CEMIG, realizado em 1997, com o objetivo de atrair um sócio estratégico para permitir a modernização da CEMIG.[914] Para conferir vantajosidade ao negócio, o Estado de Minas Gerais havia se comprometido a celebrar o referido acordo de acionistas, permitindo, portanto, à futura vencedora que participasse das decisões fundamentais da sociedade. O Tribunal de Justiça de Minas Gerais, contudo, entendeu que o referido acordo teria importado na perda do controle estatal sobre a CEMIG, o que, por sua vez, dependeria de autorização legal prévia.

Pela mesma razão, o TCU considerou que sociedade constituída pela IBM e pela Caixa Econômica Federal, sob o regime de controle compartilhado, não caracteriza controlada ou subsidiária da estatal.

Carlos Ari Sundfeld, Rodrigo Pagani e Henrique Pinto, na mesma linha, afirmam que "as empresas fruto dessa associação não são empresas estatais – pois o conceito de empresa estatal está vinculado à existência de uma maioria do Estado no capital votante – de modo que elas não fazem parte da Administração Pública Indireta. Mas essas empresas são parte muito relevante da estratégia da atuação do estado na economia. São empresas semiestatais".[915]

As consequências do não enquadramento no âmbito da Administração Pública são muitas. As principais características de uma empresa estatal são, dentre outras, a finalidade de interesse coletivo e a submissão a condicionamentos de Direito Público, como o controle financeiro, a legalidade, a submissão à regra da licitação e do concurso público, a necessidade de previsão legal para a sua criação e extinção.

---

[914] DALLARI, Adilson Abreu. Acordo de Acionistas. Empresa Estadual Concessionária de Serviço Público Federal. Manutenção da Qualidade de Acionista Controlador. *Interesse Público*, nº 7, 2000, p. 92.

[915] SUNDFELD, Carlos Ari; SOUZA, Rodrigo Pagani de; PINTO, Henrique Motta. Empresas semiestatais. *Revista de Direito Público da Economia – RDPE*, ano 9, n. 36, out./dez. 2011, pp. 75/76.

O ESTADO EMPRESÁRIO

Em não sendo enquadradas no âmbito da Administração Pública, essas sociedades meramente participadas não seriam submetidas a regras impostas ao setor público pela Constituição Federal. Ainda que seja possível submeter a iniciativa privada, em casos específicos,[916] à regra da licitação, em geral, ela não se aplica à iniciativa privada, por ausência de previsão constitucional e legal nesse sentido. Vige justamente o princípio da liberdade, de acordo com o qual o particular pode fazer tudo aquilo que não lhe é vedado por lei (art. 5º, II, da Constituição Federal).

Nesse sentido, afirma Alfredo Lamy Filho que "não há, pois, como submeter uma empresa privada, não sujeita ao controle direto, ou indireto, do Estado, ou de companhias públicas ou mistas, à observância de normas editadas para reger as atividades da administração".[917]

Isso não quer dizer, contudo, que sobre essas entidades não incida qualquer tipo de controle. É sobre esse ponto que versaremos no item 4.6.

### 4.4. A natureza jurídica da intervenção sob a forma de participação do Estado em sociedades privadas

O objeto do presente tópico é tentar identificar o fundamento constitucional das participações societárias: tais medidas consistiriam em ações de cunho regulatório, fundamentadas no art. 174 da Constituição Federal, ou a exploração direta de atividades econômicas, enquadráveis nas hipóteses previstas no art. 173, art. 175 ou art. 177?

---

[916] O Decreto nº 5.504, de 05 de agosto de 2005, por exemplo, "estabelece a exigência de utilização do pregão, preferencialmente na forma eletrônica, para entes públicos ou privados, nas contratações de bens e serviços comuns, realizadas em decorrência de transferências voluntárias de recursos públicos da União, decorrentes de convênios ou instrumentos congêneres, ou consórcios públicos." Nesse sentido, prevê o seu art. 1º que "os instrumentos de formalização, renovação ou aditamento de convênios, instrumentos congêneres ou de consórcios públicos que envolvam repasse voluntário de recursos públicos da União deverão conter cláusula que determine que as obras, compras, serviços e alienações a serem realizadas por entes públicos ou privados, com os recursos ou bens repassados voluntariamente pela União, sejam contratadas mediante processo de licitação pública, de acordo com o estabelecido na legislação federal pertinente."

[917] LAMY FILHO, Alfredo; PEDREIRA, José Luiz Bulhões. *Sociedades Anônimas*. Pareceres. Vol. II. Rio de Janeiro: Renovar, 1996, p. 190.

Enquanto é possível afirmar que as empresas estatais consubstanciam, sem sombra de dúvidas, formas de intervenção *direta* na economia, essa distinção estanque entre exploração direta e exploração indireta de atividades econômicas já não funciona tão bem com relação às participações do Estado em sociedades privadas.

Para Alexandre Santos de Aragão, com exceção das *golden shares*, as demais formas de participação caracterizariam medidas de intervenção direta, como agente econômico.[918] A doutrina estrangeira, contudo, afirma haver traços de ambas as formas de intervenção nesses instrumentos, inclusive a regulatória, isto é, aquela pela qual "o Estado, de maneira restritiva da liberdade privada ou meramente indutiva, determina, controla, ou influencia o comportamento dos agentes econômicos, evitando que lesem os interesses sociais definidos no marco da Constituição e orientando-os em direção socialmente desejáveis".[919-920]

De acordo com Pedro de Albuquerque e Maria de Lurdes Pereira, a intervenção estatal via *golden share* não se confunde com a regulação exercida pelas agências reguladoras independentes.[921]

---

[918] ARAGÃO, Alexandre Santos de. Empresa público-privada. *Revista dos Tribunais*. v. 890, 2009, pp. 33/68.

[919] Essa é a definição de regulação proposta por Alexandre Santos de Aragão em seu livro *Agências Reguladoras e a evolução do direito administrativo econômico*. Rio de Janeiro: Ed. Forense, 2002, p. 37.

[920] Nesse sentido, pelo menos no que diz respeito às golden shares, Mario Engler Pinto Junior afirma que "a participação minoritária acompanhada de poderes especiais pode desempenhar importante função regulatória tanto na sua interação com outros agentes econômicos, quanto no âmbito interno na companhia. No plano externo, há quem enxergue nesse arranjo societário um poderoso instrumento para moldar o funcionamento de mercado, mediante a imposição de condutas empresariais socialmente desejáveis, como a garantia de abastecimento e a fixação de preços, que dificilmente seriam possíveis pela via da regulação. Internamente, a posição privilegiada do acionista público propicia melhor nível da informação sobre as atividades sociais, o que pode ser útil quando o Estado mantém vínculo de concessão com a empresa participada e deseja conhecer em maior profundidade a estrutura de custos para aferir a adequação da política tarifária, ou precaver-se contra o risco de espoliação no caso de renegociação contratual" (PINTO JUNIOR, Mario Engler. *Empresa Estatal: função econômica e dilemas societários*. São Paulo: Ed. Atlas, 2010, p. 197).

[921] As '*golden shares*' do Estado Português em Empresas Privatizadas: limites à sua admissibilidade e exercício. Coimbra: Coimbra editora, 2006, p. 23.

O ESTADO EMPRESÁRIO

Não obstante isso, esses autores reconhecem haver "uma certa margem de semelhança formal quanto a algumas das prerrogativas reconhecidas num e noutro domínio",[922] admitindo que "a regulação econômica serve precisamente os mesmos fins a que estão adstritas as *golden shares*: a tutela dos consumidores/utentes através da promoção e defesa da concorrência e da garantia de certos valores na prestação de serviços públicos essenciais".[923] Larry Backer questiona, nesse sentido, se "a função regulatória envolve o uso pelas autoridades públicas do Direito privado para fins públicos".[924]

A principal diferença residiria na dimensão normativa da regulação, que inexiste nas participações societárias, bem como nos limites inerentes ao poder de fiscalização no âmbito da regulação, que se restringiria ao controle de legalidade.

Parece-nos, contudo, que nada disso afasta a possibilidade de que a participação societária sem controle seja considerada um dos instrumentos disponíveis ao regulador, um instrumento possível de regulação. Nesse sentido, Nuno Cunha Rodrigues afirma que "não fica demonstrado (...) que determinadas finalidades que o Estado pretende alcançar através do recurso a mecanismos regulatórios determinem uma *preferência* por formas de regulação *externas* que inviabilizem a prossecução de idênticos objetivos de regulação, susceptíveis de serem alcançados através da detenção de participações sociais públicas".[925] Os mecanismos "tradicionais" de regulação, em alguns casos, podem surtir conseqüências desfavoráveis, conhecidas como falhas da regulação, que poderiam ser reduzidas através dessas formas "não tradicionais" de regulação.[926]

Mas, demonstrando a complexidade do tema, o autor adverte que

---

[922] ALBUQUERQUE, Pedro de; PEREIRA, Maria de Lurdes. *As 'Golden Shares' do Estado Português em empresas privatizadas: limites à sua admissibilidade e exercício.* Coimbra: Coimbra Editora, 2006, p. 23.

[923] Idem. *Ibidem*, p. 70.

[924] BACKER, Larry Catá. The Private Law of Public Law: Public Authorities as Shareholders, Golden Shares, Sovereign Wealth Funds, and the Public Law Element in Private Choice of Law. Disponível em http://ssrn.com/abstract=1135798. Acesso em 20 jun. 2012, p. 5.

[925] RODRIGUES, Nuno Cunha. *'Golden Shares' As empresas participadas e os privilégios do Estado enquanto accionista minoritário.* Coimbra: Coimbra Editora, 2004, p. 142.

[926] Idem. *Ibidem*, p. 143.

O ESTADO COMO ACIONISTA MINORITÁRIO EM SOCIEDADES PRIVADAS

é legítimo dizer que os fins visados pelo Estado através da detenção de participações sociais traduzem uma intervenção direta no mercado, refletindo uma forma de regulação atípica suscetível de distorcer a função primária de regulação. Isto porque a opção do Estado por formas jurídico-privadas de organização empresarial, em associação com entidades privadas, pressupõe um grau mínimo de perseguição de fins lucrativos dificilmente compatibilizáveis com objetivos de regulação (sobretudo em empresas participadas). Acresce que a regulação econômica deve ser objectiva e funcionar de forma transparente, o que dificilmente será alcançado através da detenção de participações sociais públicas minoritárias, ainda que privilegiadas.[927]

Tornando ainda mais difícil a definição dessa questão, fato é que, como visto no item 2.1.1, existem diversos conceitos de regulação, mais ou menos abrangentes, de forma que, a depender do conceito adotado, tanto a participação minoritária como a própria criação de uma sociedade estatal poderão ser consideradas instrumentos de regulação. Se se considerar, por exemplo, um conceito amplo de regulação, que cubra todas as atividades estatais relacionadas à economia, certamente não só as participações societárias, mas também as próprias empresas estatais poderão ser consideradas instrumentos de regulação. Por outro lado, se considerar a regulação estritamente como forma de intervenção indireta, o enquadramento das participações societárias nesse conceito mais restrito será dúbio.

Isso porque são diversas as formas e escopos da participação societária do Estado sem controle em sociedades privadas, podendo ser instituídas para possibilitar uma maior fiscalização e determinado grau de controle sobre a atividade de uma sociedade sobre a qual o Estado possua especial interesse (seja concessionária de serviço público, sociedade estatal recém privatizada ou uma sociedade financiada pelo Estado); promover uma atividade econômica explorada por uma sociedade privada; ou explorar uma atividade econômica diretamente em parceria com um sócio privado.

Sob esse prisma, será que (i) uma *golden share*, (ii) a titularidade de 49% do capital de uma concessionária de serviço público pelo Estado

---

[927] Idem. *Ibidem*, p. 144.

e (iii) uma participação estatal na proporção de 5% do capital social de uma sociedade de tecnologia teriam a mesma natureza interventiva ou seriam apenas diversos graus de um mesmo tipo de intervenção?

Enfim, as perguntas ora colocadas visam demonstrar que o tema não é fácil. Parece-nos que esse tipo de intervenção guarda um pouco de intervenção direta e um pouco de regulação, e cada um desses aspectos será mais ou menos acentuado a depender do caso concreto e do grau de efetiva influência do Estado na gestão das atividades da companhia participada.

A classificação da natureza de uma *golden share*, a depender dos poderes concretos reservados ao Estado, poderá pender para o lado das intervenções regulatórias ou das diretas. Há, inclusive, quem afirme que a criação de *golden shares* impediria que o processo de privatização se concluísse, questionando-se se a detenção e existência das *golden shares* constituiriam apenas uma das fases do processo de privatização, prévia à completa alienação da sociedade estatal para a iniciativa privada, ou uma situação permanente.[928] A participação estatal na proporção de 49% do capital social de uma concessionária de serviço público poderá ser configurada como uma intervenção direta.

Por outro lado, participações societárias menos expressivas que tenham o intuito de fomentar a atividade desenvolvida pela sociedade privada poderiam ser enquadradas em um conceito amplo de regulação. Em parecer sobre a participação do Estado do Rio de Janeiro na sociedade Pegeout-Citroën S.A., Lauro da Gama e João Manoel Velloso afirmaram, justamente, que "feriria a lógica enquadrá-la nos casos clássicos de participação direta do Estado na atividade empresarial, quando se verifica que o ERJ jamais teve a intenção de produzir automóveis".[929] Para esses autores tratar-se-ia de uma hipótese de parceria entre o Poder Público e a iniciativa privada, representando "modalidade indireta de exploração de atividade econômica".[930]

---

[928] BENSOUSSAN, Fabio Guimarães. A participação do estado na atividade empresarial através das "Golden Shares". Dissertação apresentada ao Curso de Mestrado da Faculdade de Direito Milton Campos, 2006, p. 71.

[929] SOUZA JUNIOR, Lauro da Gama e; VELLOSO, João Manoel de Almeida. Parecer conjunto nº 01/2001. *Revista de Direito da Procuradoria Geral – PGE/RJ*, nº 54, 2001, p. 245.

[930] *Op.cit.*, p. 349.

Essa discussão talvez não tenha um efeito prático no Brasil, já que os fundamentos constitucionais para a regulação e para a intervenção direta sob a forma de empresas estatais são muito semelhantes: ambos, em última análise, visam a atender a um interesse público relevante e devem atender ao princípio da proporcionalidade. Embora se defenda a existência de um princípio da subsidiariedade da intervenção direta do Estado na economia, vimos que o referido princípio é afastado, na prática, pelo Supremo Tribunal Federal (v. item 2.2.1) e não impõe limites rígidos à intervenção sob uma forma ou outra.

A nosso ver, essa discussão só teria alguma importância prática no Brasil se a Constituição Federal criasse, de forma clara e objetiva, restrições à intervenção direta do Estado na economia que não fossem aplicadas à regulação. Nesse cenário, a definição como uma ou outra forma de intervenção repercutiria em uma maior ou menor liberdade do legislador para criá-la.

Diante desse contexto, talvez mais importante do que tentar classificar a participação minoritária estatal como regulação ou intervenção direta, seja analisar como e em que medida os controles e limites incidentes sobre as formas clássicas de intervenção também se aplicam e se são suficientes para endereçar os novos problemas trazidos por essa forma de intervenção do Estado na Economia, em especial o desvio de finalidade.

Um novo ciclo interventivo se inicia, com a apuração dos métodos anteriores (empresas públicas e sociedades de economia mista) e adoção de novos instrumentos, dentre eles a participação do Estado em sociedades privadas. Trata-se, para Paulo Todescan Lessa Mattos, de verdadeira virada institucional quanto à "concepção de políticas públicas voltadas ao desenvolvimento econômico",[931] cujos instrumentos não podem ser enquadrados nem como medidas regulatórias, tampouco identificados com a clássica intervenção direta na economia. O autor denomina essa nova forma de intervenção como o "Estado tomador de riscos".[932] Mas isso não se aplica para *golden shares*.

---

[931] MATTOS, Paulo Todescan Lessa. O sistema jurídico-institucional de investimentos público-privados e inovação no Brasil. *Revista de Direito Público da Economia – RDPE*, ano 7, nº 28, out./dez. 2009, p. 104.

[932] "a atuação do Estado não se caracteriza nem como a de um Estado capitalista, que atua diretamente na organização e no desenvolvimento de atividades econômicas na

O ESTADO EMPRESÁRIO

Paulo Todescan cria um quadro comparando os modelos de intervenção estatal (capitalista, desestatização e Estado tomador de risco) utilizando critérios como objetivos, instrumentos e arranjos institucionais, o qual reproduzimos *ipsis litteris* a seguir:[933]

| Modelos | Estado capitalista | Desestatização | Estado tomador de riscos |
|---|---|---|---|
| Objetivos | Atuação direta na produção de bens e prestação de serviços. | Privatização de empresas estatais. | Compartilhamento de riscos de investimentos com a iniciativa privada; Alocação eficiente de capital em setores da indústria visando aumento de competitividade. |
| Instrumentos | Investimento estatal para o desenvolvimento de setores da economia em concorrência ou substituindo empresas privadas. | Venda de ativos das empresas estatais; contratos de concessão. | Investimentos públicos em fundos de *venture capital*, *private equity* e subscrição de ações nas empresas privadas; joint ventures cooperativas, entre instituições estatais e empresas privadas; compartilhamento de ativos e direitos de propriedade. |

indústria, bem como não se caracteriza como a atuação de um Estado mínimo que se retira completamente das atividades econômicas (...) e passa a atuar apenas exercendo funções de regulação econômica para correção de falhas típicas de mercado. Essa nova atuação do Estado, para além dos instrumentos clássicos de apoio governamental a atividades de P&D&I, pode ser caracterizada como a de um Estado tomador de riscos junto com a iniciativa privada. Não se trata, assim, apenas da redução de riscos por meio de fomento, crédito subsidiado ou incentivos fiscais, mas do próprio compartilhamento de riscos por parte do Estado. O compartilhamento de riscos com a iniciativa privada nos investimentos e resultados das atividades de P&D&I é o principal diferencial desse modelo de Estado, o qual me parece ser uma mudança do ponto de vista institucional na concepção de políticas públicas voltadas ao desenvolvimento econômico" (MATTOS, Paulo Todescan Lessa. O sistema jurídico-institucional de investimentos público-privados e inovação no Brasil. *Revista de Direito Público da Economia – RDPE*, ano 7, nº 28, out./dez. 2009, p. 104).

[933] Idem. *Ibidem*, pp. 105/106.

O ESTADO COMO ACIONISTA MINORITÁRIO EM SOCIEDADES PRIVADAS

| Modelos | Estado capitalista | Desestatização | Estado tomador de riscos |
|---|---|---|---|
| Arranjos jurídico--institucionais | Empresas públicas criadas por lei; monopólios legais estabelecidos por Lei; planejamento econômico (*top down*). | Transferência da propriedade e/ou da gestão de ativos públicos para empresas privadas; regulação econômica (*top down*). | Política industrial flexível definida por meio da mobilização de conjunto de incentivos e declaração de prioridades setoriais na alocação do capital a partir de demandas de mercado (*botton up*); regulação por contrato: contratos de direito privado, acordos de cooperação econômica, parcerias público-privadas. |

Em conclusão, a divisão entre intervenção direta e indireta parece não se afigurar importante para a definição do regime jurídico aplicável às participações estatais sem controle em sociedades privadas. Concordamos com Floriano de Azevedo Marques Neto no sentido de que essa diferenciação tem importância muito mais didática do que teórica,[934] pelo menos nesse caso concreto. O que importa, na verdade, é o objetivo visado com tal participação – se a fiscalização ou incentivo da atividade explorada pela iniciativa privada ou se a fruição dos produtos e lucros obtidos através da exploração da atividade, e se ele atende a um interesse público, bem como o necessário atendimento aos princípios da proporcionalidade e da eficiência na escolha da medida interventiva.

### 4.5. Críticas à participação do Estado em sociedades privadas

A participação societária do Estado (Administração Direta) ou de empresas estatais em sociedades privadas sofre algumas críticas importantes, em especial aquelas relacionadas à violação ao princípio da livre iniciativa (levantadas notadamente com relação às *golden shares*), à falta de transparência e possível utilização com desvio de finalidade, bem como à sua inadequação para o atendimento do interesse público.

---

[934] Marques Neto, Floriano Azevedo. *A nova regulação estatal e as agências independentes*, In: *Direito administrativo econômico*, (coord.) Carlos Ari Sundfeld, São Paulo: Ed. Malheiros, 2006, p. 74.

## 4.5.1. Críticas relacionadas à violação do princípio da livre iniciativa

Como adiantado acima, a participação acionária do Estado em sociedades privadas sob a forma de *golden shares* já foi objeto de alguns julgados da Corte Europeia de Justiça.[935]

Discute-se, em síntese, a compatibilidade dessas ações especiais com os princípios da liberdade de empresa e da liberdade de movimentação de capitais, previstos, respectivamente, nos arts. 43 e 56 do Tratado de Roma, com a redação atribuída pelo Tratado de Maastricht.[936]

A ideia de livre movimentação de capitais pode ser analisada sob dois aspectos. O primeiro diz respeito à possibilidade de efetiva participação na administração e gestão de determinada companhia. O segundo tem relação à liberdade para a realização de investimentos de ordem meramente especulativa, sem o intuito de participação na gestão da companhia.[937] O princípio da livre movimentação de capitais protege esses dois tipos de investimentos em face da ação estatal:

---

[935] Vale mencionar que as *golden shares* especificamente sofrem críticas sob diferentes pontos de vista. Discute-se, por exemplo, se a criação de tais ações violaria ou não princípios básicos do Direito Societário, tais como "(i) a proporcionalidade entre direitos e participação acionária, (ii) a impessoalidade dos títulos acionários, (iii) a igualdade entre acionistas, (iv) a deliberação por maioria, (v) a tipicidade das espécies e classes de ações, e (vi) a livre circulação dos títulos acionários" (PELA, Juliana Krueger. *As Golden Shares no Direito Societário Brasileiro*. São Paulo: Quartier Latin, 2012, p. 84). No presente item, nos limitaremos a tratar das críticas relacionadas ao ramo do Direito Público.

[936] "Art. 43. "No âmbito das disposições seguintes, são proibidas as restrições à liberdade de estabelecimento dos nacionais de um Estado-Membro no território de outro Estado--membro. Esta proibição abrangerá igualmente as restrições à constituição de agências, sucursais ou filiais pelos nacionais de um Estado-Membro estabelecidos no território de outro Estado-Membro".

"Art. 56. 1. No âmbito das disposições do presente capítulo, são proibidas todas as restrições aos movimentos de capitais entre Estados-Membros e entre Estados-membros e países terceiros".

[937] LOOIJESTIJN-CLEARIE, Anne. All that Glitters is not Gold: European Court of Justice Strikes Down Golden Shares in Two Dutch Companies. *European Business Organization Law Review*, n. 8, 2007, p. 435. No mesmo sentido, ALBUQUERQUE, Pedro de; PEREIRA, Maria de Lurdes. *As 'golden shares' do Estado Português em Empresas Privatizadas: limites à sua admissibilidade e exercício*. Coimbra: Coimbra editora, 2006, p. 27.

O ESTADO COMO ACIONISTA MINORITÁRIO EM SOCIEDADES PRIVADAS

(...) constituem movimentos de capitais, na acepção do artigo 56, n.º 1, CE, designadamente, os investimentos diretos sob a forma de participação numa empresa através da detenção de ações que conferem a possibilidade de participar efetivamente na sua gestão e no seu controle (investimentos ditos «directos») assim como a aquisição de títulos no mercado dos capitais efetuada com a única intenção de realizar uma aplicação financeira sem pretender influenciar a gestão e o controlo da empresa (investimentos ditos «de carteira») (v., neste sentido, acórdão de 16 de Março de 1999, *Trummer* e *Mayer*, C-222/97, Colect., p. I-1661, n.º 21, e acórdãos, já referidos, Comissão/França, n.ᵒˢ 36 e 37, e Comissão/Reino Unido, n.ᵒˢ 39 e 40).

20 Quanto a estas duas formas de investimento, o Tribunal de Justiça esclareceu que devem ser qualificadas de «restrições», na acepção do artigo 56.º, n.º 1, CE, as medidas nacionais suscetíveis de impedir ou de limitar a aquisição de ações nas empresas em causa ou que são suscetíveis de dissuadir os investidores dos outros Estados-Membros de investir no capital destas (v., neste sentido, designadamente, acórdãos Comissão/França, já referido, n.º 41; de 2 de Junho de 2005, Comissão/Itália, C-174/04, Colect., p. I-4933, n.ᵒˢ 30 e 31; e de 19 de Janeiro de 2006, Bouanich, C-265/04, Colect., p. I-923, n.ᵒˢ 34 e 35).[938]

A liberdade de circulação de capitais possui relação estreita com a liberdade de empresa, a ponto de "a violação a uma ser normalmente ligada com a violação à outra".[939] A diferença reside no fato de que a liberdade de empresa envolve a condução propriamente dita do negócio e não apenas a decisão por realizar um investimento.[940]

A Corte Europeia de Justiça possui uma concepção ampla quanto ao que considera poder constituir restrição à livre circulação de capitais e à liberdade de empresa.[941] Tais restrições não se limitariam àquelas

---

[938] Caso 282/04, Comissão Europeia v. Holanda. Inteiro teor disponível em: http://curia.europa.eu/juris/document/document.jsf?text=&docid=65195&pageIndex=0&doclang=PT&mode=doc&dir=&occ=first&part=1&cid=483706. Acesso em 08 mar. 2012.

[939] PUTEK, Christine O'Grady. Limited but not lost: a comment on the ECJ's golden share decisions. *Fordham Law Review*, vol. 72, 2003/2004, p. 2235.

[940] Idem. *Ibidem*, p. 2236.

[941] LOOIJESTIJN-CLEARIE, Anne. *Op.cit.*, p. 445. No mesmo sentido, Vincent Kronenberger afirma que "para o fim de uma medida nacional ser considerada uma restrição (...), é suficiente que ela seja capaz de impedir o investimento em questão e/ou dissuadir os

O ESTADO EMPRESÁRIO

concernentes a possíveis discriminações entre investidores ou a vedações diretas de investimentos em determinados setores. Tal concepção engloba também qualquer tipo de medida que possa impedir ou limitar a aquisição de ações, a participação na gestão da companhia ou reduzir a atratividade do investimento,[942] com fundamento na ideia de que "não basta afirmar uma liberdade e proibir atos que afetem o seu conteúdo essencial, mas é necessário também criar condições para o seu efetivo exercício, sem as quais a consagração da liberdade não passaria de uma mera fórmula teórica".[943]

Adotando esse conceito amplo de "restrição", a Corte Europeia considerou, em todos os casos analisados neste livro, que as *golden shares* constituíam medidas restritivas à liberdade de movimentação de capitais, já que, no mínimo, desencorajavam a realização de investimentos nas sociedades nas quais foram criadas,[944] e, em muitos casos, constituíam barreiras à aquisição de ações pelos interessados, além de limitarem os direitos dos acionistas controladores de efetivamente administrá-las (em virtude dos poderes de veto ou de prévia autorização atribuídos ao Estado).

Mas a Corte Europeia admite, em tese, a criação de restrições à liberdade de circulação de capitais e à liberdade de empresa, inclusive sob a forma de *golden shares*, desde que (i) não sejam discriminatórias; (ii) sejam justificadas em imperativos de interesse público; (iii) sejam estabelecidos critérios claros, objetivos e públicos para o uso dos poderes atribuídos pelas *golden shares*;[945] (iv) sejam adequadas para atingir o obje-

---

investidores" (KRONENBERGER, Vincent. The rise of the 'golden' age of free movement of capital: a comment on the *golden shares* judgments of the Court of Justice of the European Communities. *European Business Organization Law Review*, nº 4, 2003, p. 125).

[942] Caso 282/04, Comissão Europeia v. Holanda. Inteiro teor disponível em: http://curia. europa.eu/juris/document/document.jsf?text=&docid=65195&pageIndex=0&doclang= PT&mode=doc&dir=&occ=first&part=1&cid=483706. Acesso em 08 mar. 2012.

[943] ALBUQUERQUE, Pedro de; PEREIRA, Maria de Lurdes. *As 'golden shares' do Estado Português em Empresas Privatizadas: limites à sua admissibilidade e exercício*. Coimbra: Coimbra editora, 2006, p. 27/28.

[944] PUTEK, Christine O'Grady. Limited but not lost: a comment on the ECJ's golden share decisions. *Fordham Law Review*, vol. 72, p. 2253. No mesmo sentido, PELA, Juliana Krueger. *As Golden Shares no Direito Societário Brasileiro*. São Paulo: Quartier Latin, 2012, p. 95.

[945] De acordo com Paulo Câmara, "a Corte não estava satisfeita com o requisito de que as decisões administrativas devem ser motivadas. De acordo com a Corte, o critério deve

O ESTADO COMO ACIONISTA MINORITÁRIO EM SOCIEDADES PRIVADAS

tivo para o qual foram criadas; e (v) não sejam mais gravosas do que o estritamente necessário para esse fim.[946] A Corte Europeia impõe, dessa forma, a observância aos princípios da proporcionalidade, da isonomia e da segurança jurídica ("não discricionariedade").[947]

Diante da ausência de discussão jurisprudencial sobre a matéria no Brasil, parece-nos importante considerar os parâmetros utilizados pela Corte Europeia para a análise da constitucionalidade desses instrumentos. Além das cinco diretrizes já genericamente listadas acima, algumas outras, mais concretas, podem ser extraídas dos julgamentos daquela corte.

Até o momento, dos julgamentos da Corte de Justiça Europeia sobre *golden shares*,[948] apenas em um desses casos – C-503/99 – foi reconhecida a compatibilidade desse instrumento com os princípios da Constituição Europeia. Trata-se do caso envolvendo *goldens shares* titularizadas pelo Governo Belga na *Société de Distribution du Gaz S.A.* – Distrigaz e na *Société Nationale de Transport par Canalisations* – SNTC, conferindo-lhe (i) direito de ser notificado sobre qualquer transferência, alienação ou uso de bens estratégicos dessas companhias; (ii) o direito de apontar dois membros do conselho de administração; e (iii) o direito de anular, *a posteriori* e em observância a um procedimento específico, decisões do conselho que afetassem o interesse nacional no setor de energia.

Aplicando o teste narrado acima, a Corte, em primeiro lugar, analisou se a medida se justificava em algum interesse público relevante, o que concluiu de forma positiva: o objetivo de salvaguardar o abastecimento

---

ser estabelecido *ex ante*, de forma a permitir que potenciais investidores possam predizer o resultado da decisão administrativa" (CÂMARA, Paulo. The End of the "Golden" Age of Privatisations? – The Recent ECJ Decisions on *Golden Shares*. *European Business Organization Law Review*, nº 3, 2002, p. 508, tradução livre).

[946] Ver, nesse sentido, caso C-55/94, Gebhard.

[947] CÂMARA, Paulo. The End of the "Golden" Age of Privatisations? – The Recent ECJ Decisions on *Golden Shares. European Business Organization Law Review*, nº 3, 2002, p. 506.

[948] Na elaboração do presente trabalho, foram analisados os seguintes casos: Itália v. Comissão (Caso C-58/99 e C-174/04); Portugal v. Comissão (Casos C-367/98 e C-171/08), França v. Comissão (Caso C-483/99), Espanha v. Comissão (Caso C-463/00), Holanda v. Comissão (Casos C-282/04 e C-283/04), Reino Unido v. Comissão (Caso C-98/01), Alemanha v. Comissão (C- 112/05) e Bélgica v. Comissão (Caso C- 503-99).

O ESTADO EMPRESÁRIO

interno de energia e de proteger a política nacional de energia constituía legítimo interesse público, fundamento necessário para tal medida.

Daí se passou a analisar se as hipóteses previstas para o exercício dos direitos associados às *golden shares* atendiam ao requisito de certeza legal (imperativo de segurança jurídica) e da proporcionalidade. Nesse particular, a Corte também concluiu em sentido favorável à manutenção das ações especiais, tendo em vista (i) o fato de estabelecerem um sistema de oposição com relação a algumas decisões tomadas no âmbito da companhia, e não de prévia autorização pelo Estado ("o investidor não precisava requerer autorização; ao revés, o ônus era do governo de objetar uma ação que ele acreditava colocar uma ameaça à segurança nacional"[949]); (ii) o fato de a oposição estatal se limitar a algumas matérias objetivamente determinadas; e (iii) o fato de ser cabível a revisão judicial sobre as decisões de anulação tomadas pelo acionista estatal.

Outro caso importante, também julgado em 4 de junho de 2002, foi o C-367/98 (Comissão *v.* Portugal), o qual versara sobre limitações criadas pela legislação portuguesa à participação acionária de nacionais e estrangeiros no capital de sociedades privatizadas.[950]

Tratava-se de lei portuguesa que previa parâmetros gerais para a privatização de empresas estatais naquele país, dentre eles o de "permitir ampla participação dos cidadãos portugueses no capital social dessas empresas" (artigo 3 da Lei nº 11/90). O seu art. 13(3) previa, nesse sentido, a possibilidade de fixação de "limite ao montante total de ações que poderiam ser adquiridas ou subscritas por entidades estrangeiras". Nessa ação, foi impugnado, ainda, o Decreto nº 380/93 que limitava a 10% o número total de ações que qualquer indivíduo ou entidade poderia legalmente possuir sem autorização governamental.

---

[949] PUTEK, Christine O'Grady. Limited but not lost: a comment on the ECJ's golden share decisions. *Fordham Law Review*, vol. 72, p. 2264.

[950] A Corte europeia de Justiça considera como golden shares qualquer tipo de limitações impostas à participação societária, independentemente da sua forma (Cf. CÂMARA, Paulo. The End of the "Golden" Age of Privatisations? – The Recent ECJ Decisions on *Golden Shares*. *European Business Organization Law Review*, nº 3, 2002, p. 503). De acordo com esse autor, "os direitos de *golden share* são, *latu sensu*, direitos ou poderes especiais, concernentes ao controle de empresas privatizadas, investidos ao Estado ou outras entidades públicas" (Idem, p. 503, tradução livre).

O ESTADO COMO ACIONISTA MINORITÁRIO EM SOCIEDADES PRIVADAS

O primeiro dispositivo foi considerado discriminatório pela Corte, uma vez que estabelecia restrições em função da nacionalidade dos indivíduos. Já o segundo foi considerado violador do art. 56 do Tratado de Roma, sob o argumento de que qualquer norma que possa dissuadir investimentos é "suscetível de (...) tornar a livre movimentação de capitais ilusória". Além disso, a Corte consignou que as medidas em questão não eram fundamentadas em imperativos de interesse geral, não bastando a simples existência de interesse financeiro geral de Portugal na manutenção de tais direitos. Nesse julgado, sequer foram analisadas a proporcionalidade e necessidade das medidas de intervenção nas companhias privatizadas.

Daí se extrai que, para a Corte Europeia de Justiça, interesses de ordem meramente financeira não justificam a instituição de *golden shares*. Esse mesmo entendimento foi novamente aplicado no caso Espanha v. Comissão – C-463/2000, envolvendo *golden shares* instituídas pelo Governo espanhol em companhias tabaqueiras e bancárias.

No julgamento dos casos Holanda v. Comissão – C- 282/2004 e C-283/2004, a Corte Europeia de Justiça considerou inconstitucionais as ações especiais instituídas pelo Governo Holandês sobre as suas companhias de telefonia, serviços postais e telégrafos (*Koninklijke KPN NV* e *TNT Post Groep NV*), tendo em vista, em primeiro lugar, a sua desnecessidade – de acordo com aquele Tribunal, os direitos associados à titularidade daquelas ações ultrapassavam o necessário para garantir a continuidade dos serviços postais prestados por aquelas sociedades, já que não se limitavam às decisões estratégicas, mas abrangiam um amplo rol de decisões gerenciais, e, em segundo, a ausência de critérios claros e objetivos para a utilização de tais poderes.[951]

---

[951] Nos termos na decisão, "No que toca à ação privilegiada na TPG, o Governo neerlandês alega que esta é necessária para garantir o serviço postal universal, mais especialmente, para proteger a solvabilidade e a continuidade da TPG, única empresa atualmente em condições de, nos Países Baixos, assegurar este serviço universal ao nível exigido por lei. 38 A este propósito, há que salientar que a garantia de um serviço de interesse geral, como o serviço postal universal, pode constituir uma razão imperiosa de interesse geral que pode justificar um obstáculo à livre circulação de capitais (v., por analogia, acórdão de 20 de Junho de 2002, Radiosistemi, C-388/00 e C-429/00, Colect., p. I-5845, n.º 44). 39 Todavia, a ação privilegiada em causa ultrapassa o necessário para garantir a solvabilidade e a continuidade do prestador do serviço postal universal. 40 Com efeito, como

O ESTADO EMPRESÁRIO

Depreende-se, então, pelo menos dois subparâmetros em adição àqueles já mencionados acima: (i) o poder de veto associado à titularidade da *golden share* não pode se estender a todo e qualquer tipo de decisão da sociedade, mas tão-somente àquelas matérias relacionadas diretamente com o interesse público que se visa proteger; e (ii) o poder de discricionariedade atribuído ao Estado no exercício dos direitos associados à *golden share* deve ser limitado através da previsão de critérios claros e objetivos para esse fim.

A ausência de critérios para a utilização dos poderes associados à *golden share* também levou à declaração de inconstitucionalidade dos direitos especiais assegurados pelo Governo Francês na companhia de petróleo *Societé Nationale Elf-Aquitaine* – o poder de autorizar ou vetar a aquisição de participações societárias em proporções superiores a um décimo, um quinto e um terço do capital social –, quando do julgamento do caso C-483/99,[952] o mesmo tendo ocorrido no caso C-463/2000, que envolvia o Governo espanhol, bem como no caso C-171/2008, envolvendo *golden share* detida pelo Estado Português na Portugal Telecom[953].

observou corretamente o advogado–geral nos n.os 38 e 39 das suas conclusões, há que declarar, por um lado, que os direitos especiais do Estado neerlandês na TPG não estão limitados às atividades desta enquanto prestadora do serviço postal universal. Por outro lado, o exercício desses direitos especiais não assenta em critérios precisos e não tem de ser fundamentado, o que torna impossível qualquer fiscalização jurisdicional efectiva".
[952] De acordo com a decisão, os investidores não tinham qualquer "indicação sobre as circunstâncias específicas e objetivas sob as quais a autorização prévia seria deferida ou recusada" (C-483/99). De acordo com Vincent Kronenberger, "essa falta de precisão era, portanto, contrária ao princípio da certeza legal" (KRONENBERGER, Vincent. The rise of the 'golden' age of free movement of capital: a comment on the *golden shares* judgments of the Court of Justice of the European Communities. *European Business Organization Law Review*, nº 4, 2003, p. 121).
[953] De acordo com a decisão proferida, "as exigências de segurança pública devem, nomeadamente enquanto derrogação ao princípio fundamental da livre circulação de capitais, ser interpretadas em sentido estrito, de modo que o seu âmbito não pode ser determinado unilateralmente por cada Estado–Membro sem fiscalização das instituições da União Europeia. Assim, a segurança pública apenas pode ser invocada em caso de ameaça real e suficientemente grave, que afete um interesse fundamental da sociedade (...). 75 Por preocupação de exaustividade, no que se refere à proporcionalidade da restrição em questão, importa salientar que o exercício dos direitos especiais que a detenção de acções privilegiadas na PT confere ao Estado português não está sujeito a qualquer con-

No caso francês, foi apontada, ainda, a desnecessidade da medida de prévia autorização para aquisição de participação acionária por terceiros na companhia. Muito embora aquela Corte tenha considerado que o interesse do Estado Francês de garantir o abastecimento de petróleo naquele país era legítimo, a medida escolhida para promovê-lo poderia ser substituída, por exemplo, por um procedimento de oposição,[954] menos gravoso para os demais investidores, de forma semelhante à prevista pelo Governo Belga, no caso C-503/99.

Pela análise dos julgados da Corte Europeia de Justiça, fica claro que a instituição de *golden shares* é uma medida potencialmente restritiva ao direito de livre iniciativa, mas que é admitida desde que atenda ao princípio da proporcionalidade, da isonomia e da segurança jurídica.

O mesmo entendimento pode ser aplicado no Brasil, sobretudo em se considerando que o exercício dos direitos atribuídos pelas *golden shares* é considerado verdadeira realização de ato administrativo,[955] devendo, portanto, haver um motivo legítimo, além de serem atendidos os princípios constitucionais da proporcionalidade e eficiência, sob pena de violação do direito à livre iniciativa.

Tal crítica, contudo, não se aplicaria às hipóteses de instituição de *golden shares* em sociedades concessionárias de serviços públicos (privatizadas ou não), já que, de acordo com o Supremo Tribunal Federal

---

dição ou circunstância específica e objetiva, ao contrário do que afirmam as autoridades nacionais. Com efeito, apesar de o artigo 15.º, n.º 3, da LQP prever que a criação de acções privilegiadas na PT que confiram poderes especiais ao Estado está sujeita à condição, formulada, aliás, de forma bastante geral e imprecisa, de que seja exigível por razões de interesse nacional, impõe-se contudo reconhecer que nem esta lei nem os estatutos da PT estabelecem critérios quanto às circunstâncias em que os referidos poderes especiais podem ser exercidos. 77 Assim, tal incerteza constitui uma violação grave da liberdade de circulação de capitais, na medida em que confere às autoridades nacionais, no que diz respeito ao exercício de tais poderes, uma margem de apreciação tão discricionária que não pode ser considerada proporcionada aos objectivos prosseguidos". Disponível em http://curia.europa.eu/juris/document/document.jsf?text=&docid=83131&pageIndex=0&doclang=PT&mode=doc&dir=&occ=first&part=1&cid=1983946. Acesso em 01 mai. 2012.

[954] KRONENBERGER, Vincent. *Op.cit.*, p. 134.

[955] BENSOUSSAN, Fabio Guimarães. *Intervenção estatal na empresa privatizada. Análise das 'Golden Shares'*. Porto Alegre: Sérgio Antonio Fabris Editor, 2007, p. 87. RODRIGUES, Nuno Cunha. *Op.cit.*, p. 397.

(vide item 2.1.3), nesse campo não incide o princípio da livre iniciativa, podendo o Estado estabelecer condicionamentos para a delegação da atividade de atividade que lhe é própria.

Ainda sob o prisma do direito da livre iniciativa e da livre concorrência, há uma preocupação com relação à atuação do Estado na construção de "campeões nacionais" ou, em outras palavras, na escolha de sociedades privilegiadas para receber o apoio estatal. Floriano Marques Neto nota, a esse respeito, que "os acionistas de uma sociedade de economia mista ou os parceiros em associações empresariais com o poder público disporão de uma vantagem naquele segmento, auferindo parte das externalidades positivas da atuação empresarial do Estado".[956] A revista *The Economist*, em sentido semelhante, questionou, em reportagem publicada em janeiro de 2012, "como se pode assegurar um sistema justo de comércio se algumas companhias recebem o apoio, ostensivo ou encoberto, dos governos nacionais".[957]

Essa é uma preocupação relevante e que deve ser levada em consideração pelos órgãos de controle quando da análise de arranjos societários praticados pelo Estado. A escolha de parceiros privados para a consecução de determinadas finalidades pretendidas pelo Estado deverá, em alguns casos, ser submetida à prévia licitação, como se verá no item 4.6.1 deste livro, o que reduziria o grau de subjetivismo existente nesse procedimento.

Além disso, tem-se que toda participação estatal ou parceria societária deverá atender o interesse público de forma proporcional e eficiente. Embora tais parâmetros não sejam rígidos, podem ser utilizados para anular parcerias evidentemente despidas de qualquer fundamentação e contrárias aos princípios constitucionais. Em todo caso, caberá o controle *a posteriori.*

---

[956] Marques Neto, Floriano de Azevedo. O fomento como instrumento de intervenção estatal na ordem econômica. *Revista de Direito Público da Economia – RDPE*, ano 8, n. 32, out./dez. 2010, p. 63.

[957] Special Report. State Capitalism. The visible hand. *The Economist*, jan. 2012, p. 5, tradução livre.

## 4.5.2. Críticas relacionadas à falta de transparência dessa medida de intervenção

A segunda ordem de críticas à participação do Estado em sociedades privadas é fundamentada na falta de transparência de algumas dessas operações, bem como no fato de o Estado não ter controle sobre essas empresas, apesar de nelas investir o dinheiro dos contribuintes.[958]

Esse problema, a nosso ver, tem relação também com as críticas relacionadas à teoria da *public choice*, que foram objeto de estudo no Capítulo 1 desse trabalho. A participação do Estado no capital de sociedades privadas, sem controle, pode ser movida pelo intuito de fugir aos condicionamentos constitucionais aplicáveis às empresas estatais, tais como a necessidade de licitação, realização de concursos públicos, etc. A participação do Estado em companhias privadas pode, ainda, apresentar um fundamento escuso e natureza particular: pode ter como objetivo, por exemplo, o beneficiamento de algum parceiro político.

De acordo com Marçal Justen Filho, "a situação é anômala, porque há a aplicação de recursos públicos para o desempenho de atividade que não configura função pública, e não se subordina ao regime de direito administrativo".[959] Essas participações minoritárias, ainda de acordo com o autor, esbarrariam nos princípios da eficácia e da isonomia.

Maria João Estorninho adverte, em sentido semelhante, que "a multiplicidade, a diversidade e a indiscutível relevância das atividades levadas a cabo por este novo tipo de entidades levam necessariamente a que se coloque o problema dos riscos nelas envolvidos e dos motivos reais que podem eventualmente estar por detrás da sua criação".[960] Ainda de acordo com a autora, "é fácil imaginar que, por detrás deste tipo de fenômenos, existam por vezes objetivos velados e subreptícios, como sejam os de tentar ultrapassar as vinculações jurídico-públicas a que a Administração

---

[958] MENDONÇA, José Marcio; PETROS, Francisco. *Migalhas: Política & Economia NA REAL*, nº 35, 13 de novembro de 2008. Essas críticas tiveram por objeto a compra de parte das ações do Banco Votorantim pelo Banco do Brasil, e da fusão entre as empresas de telecomunicações Brasil Telecom e a Oi, com participação do BNDESPar e dos fundos de pensão Previ, Petros e Funcef, todos de empresas estatais.

[959] JUSTEN FILHO, Marçal. *Curso de Direito Administrativo*. São Paulo: Saraiva, 2006, p. 137.

[960] ESTORNINHO, Maria João. *A Fuga para o Direito Privado. Contributo para o estudo da actividade de direito privado da Administração Pública*. Coimbra: Almedina, 2009, p. 67.

de outro modo estaria sujeita, em relação às competências, às formas de organização e de atuação, aos controlos ou à responsabilidade".[961]

A utilização de participações societárias sem controle como forma de "fuga" das vinculações jurídico-públicas nos parece ser uma das críticas mais relevantes a esse novo modelo de intervenção do Estado na economia. Por um lado, a participação em outras sociedades é uma prática inerente à exploração de uma atividade econômica sob a forma societária e admitida pela Constituição Federal. Por outro, desde que o Estado não exerça o controle sobre a sociedade, ela não estará submetida a quaisquer dos condicionamentos constitucionais aplicáveis às sociedades de economia mista, o que poderá gerar distorções.

O TCU começou a atentar para essas questões em 2012, no âmbito do processo de tomada de contas nº TC 029.884/2012-8, que tinha por objeto a apuração da regularidade da contratação da MGHSPE Empreendimentos e Participações S/A pela Caixa Econômica Federal, sem licitação, fundamentada no art. 24, XXIII, da Lei nº 8.666/93 ("contratação realizada por empresa pública ou sociedade de economia mista com suas subsidiárias e controladas, para a aquisição ou alienação de bens, prestação ou obtenção de serviços, desde que o preço contratado seja compatível com o praticado no mercado"), com vista à "oferta de serviços complementares à atividade financeira da Caixa, a fim de permitir que esta otimize sua originação e seu processamento de crédito imobiliário. A empresa contratada deverá assumir parte das tarefas hoje desempenhadas internamente pela instituição financeira na concessão do crédito, ao custo inicial de R$ 267,00 por transação" (Acórdão nº 0121-02/13).

A Caixa Econômica Federal sustentou que exercia o controle de fato da MGHSPE, compartilhado com os demais acionistas, já que interferia na sua gestão cotidiana, em conformidade com o acordo de acionistas celebrado.

O TCU, contudo, em decisão de natureza cautelar (Acórdão nº 0121-02/13), entendeu que a MGHSPE Empreendimentos e Participações S/A, não se enquadra no conceito de "controlada", para fins do disposto no art. 24, XXIII, da Lei nº 8.666/93, já que a CEF não dispõe da maioria do seu capital. O controle compartilhado pela Caixa Econômica Federal

---

[961] Idem. Ibidem.

O ESTADO COMO ACIONISTA MINORITÁRIO EM SOCIEDADES PRIVADAS

e pela IBM em uma sociedade de propósito específico – a MGHSPE Empreendimentos e Participações S/A., constituída com a finalidade de prestação de serviços de operacionalização crédito imobiliário, não era suficiente para caracterizar tal SPE como controlada ou subsidiária da Caixa Econômica e justificar a sua contratação com fundamento na dispensa em questão.

Haveria, de acordo com o TCU, indícios nesse caso de que a SPE haveria sido criada tão-somente para viabilizar a prestação de serviços pela IBM à CEF de forma indireta:

A par da questão do conceito de controlada, já tratado nesta instrução, salta aos olhos outra questão, ainda não abordada nos presentes autos: o fato de a Caixa Econômica Federal estar na verdade contratando serviços da IBM. 64. A MGHSPE é uma companhia recém-criada, com o objetivo de atuar no segmento de tecnologia da informação, na prestação de serviços especificamente para a Caixa, com foco na modernização de processos empresariais, provendo serviços de TI e de modernização para a instituição, auxiliando na otimização do processamento de aplicações de créditos imobiliários (peça 17, p. 2). 65. Foi estabelecida com capital social inicial de R$ 500,00, na forma jurídica de uma Sociedade de Propósito Específico (SPE), à qual a Caixa terceirizará parte do processo de concessão crédito imobiliário, mercado o qual a instituição tem ampla vantagem em relação a seus concorrentes, com mais de 80% de market share, em um negócio de cerca de R$ 1,2 bilhão ao longo de cinco anos. 66. Resta evidente que na verdade a Caixa pretende adquirir os serviços e a expertise da IBM na prestação dos serviços. Existem nos autos abundantes evidências nesse sentido: 66.1 o Plano de Negócios da MGHSPE deixa claro, logo em seu início, que a Caixa está adquirindo a solução da IBM: A CAIXA executou através de sua subsidiária CAIXAPAR um processo para identificar e avaliar diversos potenciais parceiros para a transformação. A CAIXAPAR selecionou a IBM como seu parceiro preferencial nesta transformação, com base na tecnologia superior e comprovada experiência anterior da IBM em processamento de crédito imobiliário (peça 18, p. 46) 66.2 o acordo de acionistas (peça 17, p.14) estabelece em sua cláusula 2.11 que a IBM será a fornecedora exclusiva de hardware, serviços e software para o negócio; 66.3 o mesmo acordo deixa claro em sua cláusula 2.12 que a MGHSPE será reconhecida como subsidiária da IBM; 66.4 o plano de implementação do projeto estabelece que uma das etapas da implementação da fase de transição, consiste em "configurar e implantar a tecnologia IBM de processamento de concessão de crédito imobiliário" (peça 18, p. 49).

A transparência de tais parcerias voltou a ser objeto da primeira sessão do TCU em 2015[962], no bojo da fiscalização realizada nas obras do Projeto Gasene – Implantação do Gasoduto Cacimbas-Catu.

De acordo com o voto exarado pelo Ministro Andre Luis de Carvalho no Processo nº TC 006.232/2008-8, "o projeto Gasene envolveu a articulação de financiamento pela Sinopec International Petroleum Service Corporation – SIPSC, no montante de R$ 988 milhões, com indícios de mera intermediação empresarial, bem como a criação da TGS, sociedade de propósito específico (SPE) que, de fato, era controlada pela Petrobras, buscando, com isso, não apenas a execução estruturada do projeto Gasene (project finance), mas também fugir do certame licitatório e do controle externo financeiro exercido pelo TCU, destacando que esse modelo pode ter facilitado o desvio de recursos deste empreendimento ou mesmo de outros empreendimentos conduzidos junto à administração da Petrobras, ao tempo em que se deve destacar também que a imprensa vem divulgando o reconhecimento de desvio de valores públicos pelos correspondentes delatores no âmbito da construção dos gasodutos" (Acórdão nº 1344/2015).

Ainda nesse julgado, o relator chamou a atenção para o fato de que "o tema envolvendo a participação de SPE em empreendimentos públicos não é novo nesta Corte de Contas, destacando-se que, em 2002, esse assunto foi apontado no Acórdão 392/2002-TCU-Plenário, voltando a aparecer em diversas outras oportunidades, a exemplo dos Acórdãos 29/2003, 425/2003, 426/2003, 670/2003, 548/2004, 221/2005, 689/2006, 102/2007, 399/2008, 156/2009, 69/2010, 373/2011, 2.609/2011, 157/2012, 1.461/2012, todos do Plenário". Contudo, "a despeito de a questão não ser estranha ao TCU, observo que, em regra, nos processos envolvendo SPE, as decisões proferidas pelo Tribunal não dependeram de um exame mais detido acerca dessa figura jurídica e de saber em que medida a sua presença pode, ou não, alterar a relação de forças que existe entre a esfera pública e a privada".

---

[962] Ata disponível em http://www.tcu.gov.br/Consultas/Juris/Docs/CONSES/TCU_ATA_0_N_2015_1.pdf. Acesso em 16 abr. 2015.

Em conclusão, no Acórdão 1344/2015, o TCU determinou à Petrobras que

9.1.1. nos empreendimentos desenvolvidos em conjunto com sociedades de propósito específico, nos casos em que as garantias oferecidas para a consecução do negócio configurem risco para a União, bem assim nos casos em que os vínculos fáticos identifiquem a predominância do interesse e do controle pela empresa estatal, caracterizando relação em que a sociedade de propósito específico figure na condição de mera controlada, independente de formalizações jurídicas, adote as seguintes medidas:

9.1.1.1. passe a gravar o seu orçamento de investimentos com os recursos de qualquer natureza captados por essas sociedades empresárias, com fulcro nos arts. 165, § 5º, II, e 167, I, da Constituição Federal, no art. 59, § 3º, VI e VIII, da Lei nº 11.514, de 2007 (e Leis de Diretrizes Orçamentárias subsequentes) e no art. 1º, parágrafo único, I e II, da Instrução CVM nº 408, de 2004;

9.1.1.2. exija dessas sociedades empresárias **controladas, de fato**: direta ou indiretamente, o dever de:

9.1.1.2.1. motivarem as contratações efetuadas de forma direta, por dispensa ou inexigibilidade, como condição de validade dos processos licitatórios correspondentes;

9.1.1.2.2. aprimorem a metodologia de orçamentação utilizada para se chegar aos orçamentos estimativos, em especial nas licitações para serviços de construção e montagem de gasodutos, atentando para a distribuição dos custos diretos e indiretos nos itens das planilhas de custo unitário – PPU, de forma que expressem o custo dos serviços a serem executados, com unidades quantificáveis por meio do projeto básico, abstendo-se de utilizar a unidade "verba – VB", ressalvadas as hipóteses excepcionais, as quais devem estar devidamente justificadas no respectivo processo;

9.1.1.2.3. fixarem critérios de aceitabilidade de preços unitários e global, permitida a fixação de preços máximos e vedada a estipulação de preços mínimos, ou de critérios estatísticos ou faixas de variação em relação a preços de referência, exceto, nesses casos, daqueles próprios ao acompanhamento de preços de mercado;

9.1.1.2.4. observarem os ditames das leis de diretrizes orçamentárias;

9.1.2. abstenha-se de realizar investimentos em empreendimentos com recursos que não estejam gravados em dotações da Lei Orçamentária do exercício de referência

No item 4.6 tentaremos enumerar algumas medidas que poderiam, a nosso ver, reduzir os riscos apontados neste item. Esse risco, aliás, deverá ser endereçado através do controle, exigindo-se a definição dos objetivos visados com tal participação.

### 4.5.3. Críticas relacionadas à ineficiência de tais medidas

Por fim, há também as críticas relacionadas à ineficiência de tais mecanismos de intervenção. Argumenta-se, por exemplo, que a instituição de *golden shares* em empresas privatizadas pode impactar no valor da sua alienação à iniciativa privada.[963] No mesmo sentido, a participação minoritária do Estado em concessionárias de serviços públicos também é criticada pelos conflitos de gestão que pode implicar, em detrimento da eficiência da prestação de tais serviços.

O Tribunal de Contas da União já teve a oportunidade de se manifestar sobre essa questão no Acórdão 3.232/2011, relativo ao primeiro estágio da concessão dos aeroportos de Guarulhos, Campinas e Brasília. Nessa ocasião, o TCU advertiu para o potencial conflito que uma participação minoritária de uma empresa pública na ordem de 49% do capital social da concessionária poderia gerar:

> Tendo em mente que os fins perseguidos pelos agentes econômicos em tela diferem substancialmente, entende-se que a configuração proposta (...) enseja potencial risco de se amalgamar disfuncionalidades (em vez de vantagens) afetas a ambas as esferas (pública e privada) e, com isso, comprometer irremediavelmente o bom andamento da concessão.
>
> 145. Regidos por lógicas distintas, vislumbra-se que a coexistência da empresa pública e do agente privado na SPE responsável pela gestão do aeroporto ostenta significativa possibilidade de extenso prejuízo à capacidade decisória da concessionária, em detrimento da eficiência originalmente colimada pelo instituto da concessão. Sublinha-se, assim, que a obrigatoriedade de participação da Infraero potencializa os riscos quanto à governança corporativa da SPE.

---

[963] BORTOLOTTI, Bernardo; SINISCALCO, Domenico. *The Challenges of Privatization. An International Analysis.* Oxford: Oxford University Press, 2003, p. 88.

146. As atividades da futura empresa concessionária resultariam, portanto, mais bem alinhadas aos interesses públicos em decorrência da diligente atuação da agência reguladora do setor do que pela pretendida participação direta de empresa estatal na SPE, representando a injustificada permanência da Infraero no arranjo societário um desnecessário risco à concessão para a prestação do serviço público nos aeroportos.

Esse tema voltou a ser objeto de deliberação naquele Tribunal no Acórdão proferido na Tomada de Contas nº 032.786/2011-5, relativo ao acompanhamento do segundo estágio da concessão daqueles aeroportos, quando se voltou a ressaltar os problemas que a convivência entre capital público e privado poderia implicar para o regular desenvolvimento da concessão, implicando em ineficiência e ineficácia:

> Considerando-se os efeitos nefastos que o arranjo acima descrito pressagia em relação à eficácia e eficiência da concessão em exame, entende-se imperioso renovar as admonições contidas no relatório associado ao Acórdão 3.232/2011-TCU-Plenário. Note-se, preliminarmente, que a composição delineada agride o próprio conceito de concessão, estipulado na Lei nº 8.987/1995 (art. 2º, inciso II) como sendo o de serviço prestado por conta e risco de pessoa jurídica ou consórcio de empresas – é dizer, o instituto concessório é legalmente concebido como gerenciamento integralmente privado, sujeito à regulação, porém isento de co-administração estatal. (...) se o objetivo precípuo da concessão é justamente aproveitar a flexibilidade inerente à iniciativa privada, (...) não se concebe justificativa para que se sacrifique precisamente essa característica, impondo-se a participação de agentes públicos no diuturno processo de formulação decisória da sociedade empresarial. Evidente que, nessa situação, não há mais que se falar em iniciativa privada, e sim em administração híbrida ou bicéfala, teratologia suscetível de ocasionar imprevisíveis prejuízos à condução da SPE.

Mas o Tribunal de Contas reconhece que, "malgrado os prováveis desdobramentos econômico-administrativos acima reportados, a inclusão das prerrogativas acima – conhecidas comumente como *golden shares* – conta com o amparo legal do art. 17, § 7º, da Lei nº 6.404/1976".

Tais críticas também deverão ser levadas em conta e reforçam a necessidade de análise de tais medidas sob o crivo do princípio da eficiência.

O ESTADO EMPRESÁRIO

### 4.6. Condicionamentos à participação minoritária estatal sem controle em sociedades privadas

Após a colocação do tema, a delimitação do que vêm a ser as sociedades de capital público-privado sem controle estatal, os possíveis motivos que ensejam a sua criação, bem como a sua relação com a Administração Pública, cumpre passar ao estudo dos condicionamentos constitucionais impostos a esse tipo de intervenção estatal na economia.

As sociedades que ora estamos analisando não fazem parte, como visto, da Administração Pública. Por isso, a elas não se aplicam os controles e limites incidentes sobre as sociedades de economia mista ou às empresas públicas, tais como a regra da licitação ou do concurso público. Vige, para o controlador privado, o princípio da livre iniciativa.

Por outro lado, cumpre examinar em que grau a participação estatal em uma sociedade privada afeta o seu funcionamento e quais seriam as "vinculações jurídico-públicas"[964] aplicáveis a esse tipo de intervenção, sempre tendo em consideração a necessidade de respeitar a natureza privada de tal pessoa jurídica. Embora a sociedade não seja integrante da Administração Pública, a opção por nela investir é um ato que pode ser controlado.

Não nos parece correto afirmar que o Estado estaria participando da economia como simples agentes privados nesses casos. Como visto no item 2.2.1, o Estado não tem "direito" à livre iniciativa e toda e qualquer intervenção na economia deve servir a um fim de interesse público.

Não importa o tipo de atividade, nem que se trate de simples poder de gestão (e não de império), a presença do Estado sempre tinta de alguma forma as relações das quais ele participa, já que a sua atuação deve aten-

---

[964] ESTORNINHO, Maria João. *Fuga para o direito privado...*, p. 161. Da mesma forma, Paulo Otero afirma que "se, por um lado, a integração das estruturas empresariais do sector público numa economia de mercado envolve a necessidade de uma autonomia de gestão, daí também a sua actuação sob formas jurídico-privadas, a verdade é que, por outro lado, a sua vinculação em termos directos ou indirectos ao interesse público exige tanto por si quanto pela qualidade do seu titular, a existência de mecanismos de controlo da respectiva actividade" (OTERO, Paulo. *Vinculação e Liberdade de Conformação Jurídica do sector Empresarial do Estado...*, p. 303). E o autor acrescenta que "o controlo sobre as entidades integrantes do sector empresarial do Estado, incluindo a fiscalização sobre a gestão das participações sociais do Estado, constitui ainda uma manifestação da subordinação do poder económico (público) ao poder político democrático" (Idem, p. 305).

der aos objetivos e princípios impostos pelo ordenamento jurídico. As autoridades públicas invariavelmente operam como corpos regulatórios. O Estado nunca pode ser uma entidade privada precisamente porque ele nunca pode abandonar o seu dever para com os cidadãos.

> "Quando o Estado é o proprietário, a maximização dos retornos deve, por necessidade, ser entendida no contexto dos desejos dos acionistas do Estado em última análise – o povo. Sendo assim, sob a argumentação de Maduro, o Estado raramente, se é que age, age como um investidor privado porque ele deve satisfazer a maximização dos desejos do seu povo.Isso é essencialmente regulatório em vez de meramente financeiro 'sob as regras normais do mercado'".[965]

Nenhuma intervenção do Estado é neutra.

Preocupa-nos, em especial, a possibilidade de que tais participações societárias sejam usadas não como uma forma de atender o interesse público, mas sim de burlar o sistema constitucional aplicável à Administração Pública.

A criação de uma sociedade privada com participação estatal poderia ser um instrumento para, por exemplo, liberar os negócios das estatais das amarras do Direito Administrativo. Em vez de contratar novos empregados por concurso público e realizar licitações para a contratação de bens e serviços relacionados às suas atividades-meio, a empresa estatal poderia simplesmente celebrar uma parceria com uma sociedade privada para a constituição de uma terceira sociedade, a qual, tão-somente pelo fato de não ser controlada por uma entidade da Administração Pública, não seria submetida a quaisquer desses condicionamentos, muito menos seria obrigada a atender a determinado interesse público, e, além de tudo, não seria submetida ao controle dos Tribunais de Contas.

Essa sociedade "semiestatal" poderia ser utilizada para a distribuição de cargos entre aliados do Governo ou mesmo para a celebração de contratos com sociedades financiadoras de campanhas políticas em valores superiores aos praticados no mercado.

---

[965] Idem. *Ibidem*, p. 42.

O ESTADO EMPRESÁRIO

A nosso ver, a utilização desse instrumento de intervenção para fins não albergados pelo ordenamento jurídico constitui, no mínimo, ato de improbidade administrativa, a ser penalizado com fundamento na lei federal nº 8.429/1992.

Os fundamentos e os condicionamentos constitucionais à intervenção do Estado na economia já foram tratados, de forma genérica, no item 2 deste livro. Todas as considerações lá expostas se aplicam também às participações minoritárias. Assim é que essa medida de intervenção deverá atender aos princípios constitucionais lá elencados. Exige-se, ainda, a autorização legal prévia, embora essa possa ser genérica.

Assim, a escolha desse método de intervenção deve ser proporcional e eficiente, além de não violar a livre concorrência. No caso de participações minoritárias destinadas ao fomento de exploração de atividades consideradas importantes para o Poder Público, poderão ser utilizadas, ainda, algumas limitações já enumeradas pela doutrina com relação às atividades de fomento, como "(a) transparência e procedimentalização; (b) competitividade; (c) objetividade".[966]

---

[966] MENDONÇA, José Vicente Santos de. Uma teoria do fomento público: critérios em prol de um fomento público democrático, eficiente e não-paternalista. Revistas dos Tribunais, nº 890, pp. 80 e seguintes. De acordo com esse autor, "a existência de um procedimento concessivo prévio, e o acesso e conhecimento, por todos os legitimamente interessados, a respeito de todas as suas fases, é, numa síntese, o conteúdo mínimo do primeiro critério formal do fomento público. (...) Além de outorgado por intermédio de um procedimento administrativo transparente, o fomento deve promover, na medida em que as circunstâncias daquele objeto fomentado assim o permitam, a (b) competitividade. É claro que uma ação de fomento não é uma licitação pública; a competitividade é, mais do que já o é na licitação, valor-instrumental, que existe na medida em que permita a seleção de um particular apto a mais bem desempenhar a atividade. Só que, ao contrário do que usualmente ocorre numa licitação, aqui, o particular pode, justamente, precisar da ajuda pública de forma a adquirir maiores condições de ser competitivo. Assim, o desenho da seleção pública deve ser tal que, de modo competitivo, selecione aquele agente que tenha condições de melhor desempenhar a atividade a partir do fomento público, ainda que, não necessariamente, ele já seja o melhor dentro do setor. É preciso saber dosar a esperada eficiência na execução do objeto fomentado com a necessidade do fomento. Uma boa estratégia para isso pode ser dividir os processos de seleção por faixas de faturamento das possíveis empresas interessadas, de forma a que apenas entidades assemelhadas concorram entre si" (Idem, pp. 80 e ss.).

É interessante também retomar aqui as diretrizes fixadas pela Corte Europeia com relação às *golden shares*. As participações minoritárias (i) não devem ser discriminatórias, (ii) devem ser justificadas em imperativos de interesse público; (iii) fundadas em critérios claros, objetivos e públicos; (iv) adequadas para atingir o objetivo para o qual foram criadas; e (v) não ser mais gravosas do que o estritamente necessário para esse fim.

O propósito do presente item é estabelecer parâmetros mais concretos para a intervenção estatal sob a forma de participações em sociedades privadas.

### 4.6.1. Algumas considerações sobre a autorização legal
Como visto no item 2.2.2 deste livro, a participação de sociedades estatais ou de suas subsidiárias em sociedades privadas exige prévia autorização legislativa (art. 22, XXI, da Constituição Federal).

Aplicando-se por analogia a jurisprudência do STF com relação à criação de subsidiárias, é possível afirmar que essa autorização pode ser prevista de forma genérica na própria lei que autoriza a criação da sociedade estatal,[967] já que constituiria uma operação inerente à adoção do formato societário de direito privado, uma decorrência da lógica empresarial.

Embora se admita a autorização genérica para a participação de sociedades estatais em sociedades privadas, esses instrumentos societários deverão apresentar alguma relação com a atividade realizada pela sua matriz e com o interesse público que fundamenta a atuação direta do Estado em um setor submetido à livre iniciativa.[968]

---

[967] De acordo com Caio Tácito, "Obviamente, a empresa subsidiária não pode mais do que a empresa matriz. Muito ao contrário, pode menos porque não a substitui ou sucede na totalidade do seu objeto social, mas unicamente compartilha ou se incumbe da execução de serviços, na parcela que lhe é afeta, exercendo atividade supletiva ou de 2º grau, sob supervisão, comando e tutela da entidade-mãe" (TÁCITO, Caio. Competição entre empresa pública e privada. *Revista de Direito Público*, vol. 62, 1981, p. 223).

[968] Esse entendimento foi positivado no art. 2º, § 2º, da Lei nº 13.303/2016, segundo o qual "depende de autorização legislativa a criação de subsidiárias de empresa pública e de sociedade de economia mista, assim como a participação de qualquer delas em empresa privada, cujo objeto social deve estar relacionado ao da investidora, nos termos do inciso XX do art. 37 da Constituição Federal".

O ESTADO EMPRESÁRIO

Por fim, apesar de o art. 22, XXI, da Constituição Federal se referir apenas à participação de empresas estatais e suas subsidiárias em sociedades privadas, essa exigência, a nosso ver, também é aplicável às demais entidades da Administração, em virtude do princípio da legalidade. O Legislador possui um papel fundamental, devendo fixar as finalidades e os limites nos quais a participação sem controle pode se dar, a fim de permitir a posterior fiscalização do atendimento dessas finalidades e observância desses limites.

Nesse particular, interessante é o exemplo constante da Lei federal nº 12.490/2011, que exige que a constituição, pela Empresa Brasileira de Correios e Telégrafos, de subsidiárias e "a aquisição do controle ou participação acionária em sociedades empresárias já estabelecidas deverão ser comunicadas à Câmara dos Deputados e ao Senado Federal no prazo máximo de 30 (trinta) dias, contado da data da concretização do ato correspondente".

O Legislador também poderá esclarecer como incidirá o controle dos Tribunais de Contas sobre essas participações, dentre outros limites.

### 4.6.2. Necessário atendimento aos princípios da proporcionalidade e eficiência

Buscando evitar os riscos inerentes a esse tipo de intervenção, alguns autores defendem uma implícita preferência pela criação de sociedades controladas pelo Estado no lugar da participação minoritária em sociedades privadas, com fundamento no princípio da "prossecução do interesse público".[969]

Paulo Otero defende que a participação minoritária deverá ser "tendencialmente transitória", uma vez que ela "se mostra insuscetível de impedir que estas [as sociedades privadas] prossigam interesses que não são compatíveis ou harmonizáveis com o interesse público". Haveria, assim, uma "nítida regra de preferência pela participação majoritária do Estado em empresas de capitais mistos" como forma de assegurar o atendimento ao interesse público.[970]

---

[969] RODRIGUES, Nuno Cunha. *Op.cit.*, p. 148.
[970] OTERO, Paulo. *Op.cit.*, pp. 207/208.

Nuno Cunha Rodrigues, nesse sentido, afirma que o referido princípio poderá ser melhor perseguido "quando o ente público-acionista dispõe de um poder efetivo de decisão empresarial alcançado através de uma posição accionista majoritária".[971] Para o autor, "a detenção de uma participação social pública minoritária deverá ser, tendencialmente, excepcional".[972]

O controle exercido pelo Estado nas sociedades de economia mista funcionaria como uma garantia de que o interesse público seria sempre buscado, através da supremacia do acionista público na gestão da empresa.

Apesar de concordarmos, em tese, com a ideia, parece-nos necessário distinguir as situações em que a Administração Pública Direta ou Indireta participa de forma minoritária como instrumento de fiscalização da atividade da sociedade participada, ou de financiamento das suas atividades, daquelas em que a participação minoritária visa à exploração direta da atividade econômica.

Nos dois primeiros casos, não há preferência pelo controle, muito pelo contrário, uma vez que os objetivos visados pela Administração são incompatíveis com os mesmos: a fiscalização e o financiamento de atividades exploradas *por terceiros*.

A preferência mencionada se limitará, a nosso ver, aos casos em que a lei tenha atribuído à Administração Pública a competência para a exploração direta de atividade econômica, sendo possível defender a existência de uma presunção relativa de que o controle sobre a sociedade é o meio mais adequado para a consecução do interesse público.

Assim, por exemplo, na exploração de suas atividades-fim, as sociedades estatais deverão dar preferência à criação de subsidiárias no lugar das participações minoritárias, só sendo admissível a utilização desse último instrumento nos casos em que for demonstrado que a finalidade pública pode ser melhor atendida dessa forma. Se o objetivo buscado pode ser atendido de forma satisfatória com a criação de uma subsidiária ou pela criação *ex novo* de uma nova sociedade estatal, esses instrumentos deverão ser utilizados.

---

[971] Idem. *Ibidem*, p. 153.
[972] Idem. *Ibidem*.

O ESTADO EMPRESÁRIO

Além disso, parece-nos não ser legítimo o exercício, pelo Estado, do controle sobre sociedades "privadas", isto é, que não foram criadas pela lei sob a forma de sociedades de economia mista.

Concordamos, nesse ponto, com Paulo Otero, no sentido de que "a utilização das formas jurídicas de organização típicas de Direito Privado nunca pode ser um meio para se desenvolver uma actividade administrativa em fraude procedimental e material aos princípios constitucionais vinculativos de *toda* a atividade desenvolvida pela Administração Pública".[973]

> "se uma tal 'fuga' da atuação empresarial para o Direito Privado for o motivo principalmente determinante da prévia escolha da forma jurídico-privada de organização da intervenção empresarial do Estado, visando-se 'fugir' às vinculações garantísticas dos administrados, sem que a respectiva escolha da forma de sociedade comercial tenha qualquer interesse público justificativo, poderá bem configurar-se aqui uma situação de desvio de poder ou de fraude à lei no exercício pela Administração do poder discricionário de escolha da forma de organização do setor empresarial".[974]

A nosso ver, como já adiantado, a participação do Estado ou das entidades de sua Administração Indireta em sociedades privadas só pode ser aquela destituída de direitos inerentes ao poder de controle, sob pena de desvirtuação do regime constitucional aplicável às sociedades estatais. Aqui se coloca questão semelhante àquela já analisada no item 3.4 deste livro: o controle intencional e permanente do Estado em uma sociedade privada é uma situação irregular. Se o Legislador não pode, à luz da Constituição Federal, eximir as empresas estatais dos condicionamentos previstos em seus arts. 37 e 173, parece-nos que também não poderia o Legislador ou o Executivo chegar à mesma consequência fática através da participação societária.

A participação, portanto, não deverá atribuir ao Estado os direitos de acionista controlador e, em regra, quando o objetivo for a intervenção direta para a exploração de atividade econômica, haverá uma presunção

---

[973] *Vinculação e Liberdade de Conformação Jurídica do Sector Empresarial do Estado.* Coimbra: Coimbra Editora, 1998, pp. 245/246, grifos no original.
[974] Idem. *Ibidem*, p. 268.

em favor da constituição de uma sociedade de economia mista ou de uma subsidiária.

Nem sempre, contudo, o interesse público pode ser melhor assegurado pela criação de uma sociedade de economia mista no lugar da simples participação estatal em sociedades privadas. Ele só pode ser estabelecido caso a caso e, justamente, a partir da aplicação do princípio da proporcionalidade.[975] Mas, optando-se pela participação minoritária, o ente da Administração deverá fundamentar tal opção, demonstrando a adequação para a concretização do fim visado, bem como a sua eficiência comparativamente à opção com exercício de controle.

Embora as sociedades privadas não sejam obrigadas a atender as finalidades estatais, o seu objeto social pode coincidir com o interesse público, o que justifica, em determinadas hipóteses, a participação minoritária do Estado, sem controle, no seu capital social. Outras vezes, a criação de uma sociedade privada com capital público-privado sem controle estatal também pode ser a melhor opção para explorar determinada atividade de risco e que demande altos investimentos.

O sócio estatal está vinculado ao interesse público, apesar de a sociedade privada na qual ele participa não estar.

A participação acionária estatal deve, em todo caso, servir a determinado interesse público, através da utilização dos instrumentos societários cabíveis (voto, direitos de acionista minoritário, direitos decorrentes da detenção de *golden shares*, acordos de acionistas, etc.).[976] Alexandre

---

[975] BINENBOJM, Gustavo. Da Supremacia do Interesse Público ao Dever de Proporcionalidade: Um Novo Paradigma para o Direito Administrativo. In: SARMENTO, Daniel (org.) *Interesses Públicos versus Interesses Privados: Desconstruindo o Princípio de Supremacia do Interesse Público*. Rio de Janeiro: Lumen Juris, 2007.

[976] Nas palavras de Nuno Cunha Rodrigues, "a empresa participada não está directamente vinculada à prossecução do interesse público. Ao contrário do que sucede nas empresas total ou maioritariamente detidas por entidades públicas, não existe, aqui, uma identificação total entre o interesse da empresa e o interesse público. É a natureza da empresa participada que, nomeadamente pelo objecto social prosseguido (...), deverá permitir ao Estado localizar, a priori, o interesse da empresa que, interceptanto o interesse público, legitimará a detenção, por este, de uma participação social minoritária. (...) as empresas participadas não prosseguem exclusivos fins do Estado, pelo que não podem ser consideradas como parte da administração pública indirecta". (RODRIGUES, Nuno Cunha. *Op.cit.*, pp. 206/207).

O ESTADO EMPRESÁRIO

Santos de Aragão, nesse sentido, afirma que "os atos de sua controladora pública em relação a ela e os atos que eventualmente praticar como *longa manus* da sociedade de economia mista, de primeiro ou mais graus, deverão atender aos princípios da Administração Pública (art. 37, CF)", não podendo a sociedade de economia mista "se valer da sua condição de acionista, ainda que minoritária, para fazer com que a empresa público--privada faça doações a campanhas políticas, contrate apadrinhados políticos etc."[977]

Dessa forma, como explica, ainda, Nuno Cunha Rodrigues, "o Estado está obrigado a alienar a participação social detida quando o interesse público em causa esteja esgotado (por terem sido cumpridos os objectivos pretendidos) ou quando seja incompatível com o interesse da empresa".[978]

A participação estatal sem controle em sociedades privadas se justifica, assim, quando e tão-somente pelo tempo em que coincidirem o interesse público buscado pelo ente estatal e a atividade explorada pela empresa participada ("o objecto social da empresa participada deve reflectir o intrínseco interesse público que justifica e avaliza a participação social detida pelo Estado")[979]. Deve haver uma relação entre meios de intervenção utilizados (no caso, a participação minoritária) e o fim buscado (o interesse público subjacente a essa participação).

Vale lembrar, nesse particular, que "ao optar por formas jurídico-privadas de organização, o Estado vincula-se ao princípio do respeito pela forma jurídica escolhida", o que, com exceção das *golden shares*, "envolve a utilização dos instrumentos normais decorrentes da sua posição de accionista".[980]

---

[977] Empresa público-privada. *Revista dos Tribunais*, v. 890, 2009, pp. 33/68.

[978] Idem. *Ibidem*, p. 205.

[979] Idem. *Ibidem*, p. 147. Isso não significa, contudo, que, em todo caso, a participação societária deva ser transitória, embora essa deva ser a regra. O autor afirma, nesse sentido, que "no caso de empresas às quais foi atribuída a concessão de um determinado serviço público, a detenção de uma participação social pública, ainda que minoritária, poderá justificar a sua detenção a título permanente (ainda que excepcional) como forma de assegurar um controlo intra-societário relativamente ao desenvolvimento da actividade em causa" (Idem, pp. 154/155).

[980] Idem. *Ibidem*, p. 212. No mesmo sentido, OTERO, Paulo. *Vinculação e Liberdade de Conformação Jurídica do Sector Empresarial do Estado*. Coimbra: Coimbra Editora, 1998, p. 270.

Assim é que, a depender da proporção do capital social detida pelo Estado, a sua influência sobre a sociedade será maior ou menor, devendo ser consideradas, sob o prisma dos princípios da proporcionalidade e da eficiência no atendimento do interesse público visado, que a cada tipo de participação corresponderá um determinado rol de direitos, à luz do Direito societário em vigor: "a decisão de um ente público de adquirir uma participação social minoritária deve ter em conta o interesse público que subjaz à detenção, por forma a que a participação social minoritária permita assegurar a prossecução do interesse público".[981]

O atendimento dos princípios da proporcionalidade e eficiência no caso concreto poderão ainda envolver a necessidade de celebração de acordos de acionista a fim de resguardar os interesses do Estado, bem como a adoção de práticas de governança corporativa das sociedades participadas, em especial para garantir a transparência das suas operações.

É possível encontrar na literatura alguns exemplos em que as participações minoritárias seriam justificadas, diante do princípio da proporcionalidade e da eficiência. Há autores, por exemplo, que entendem que a participação estatal na sociedade privada que explorará o serviço é uma medida adequada, por exemplo, para evitar pleitos desproporcionais de desequilíbrio econômico-financeiro, bem como para reduzir a assimetria de informações.

Calixto Salomão Filho afirma, nesse sentido, que a sociedade criada em parceria entre o Estado e a iniciativa privada "será preferível ao contrato de concessão como forma de incentivar a participação cooperativa do particular no empreendimento sempre que a estrutura societária interna for mais apta que o contrato a reunir as partes em torno de objetivos comuns".[982] De acordo com esse autor, a forma societária poderia trazer mais estímulos à cooperação do que o contrato de concessão.

Tratar-se-ia, além disso, de uma maneira eficiente de exploração de atividades que envolvam grandes riscos e demandem vultosos recursos, já que permite o compartilhamento dos ônus com terceiros. No caso das parcerias público-privadas disciplinadas pela Lei federal nº 11.079/2004,

---

[981] Idem. *Ibidem*, p. 212.

[982] SALOMÃO FILHO, Calixto. *Regulação da Atividade Econômica (Princípios e fundamentos jurídicos)*. 2ª ed. São Paulo: Malheiros, 2008, p. 189.

a vantagem decorre também da segurança da parceria proporcionada pela consolidação dos instrumentos societários brasileiros.

Nuno Cunha Rodrigues[983] cita alguns exemplos de participações estatais minoritárias que seriam, a princípio, legitimadas frente ao princípio da proporcionalidade:

(i) a participação minoritária como instrumento de fiscalização interna de empresas às quais foram concedidos serviços públicos. Nessas empresas, de acordo com o autor, a participação pública teria a função de "testemunha" da sua gestão;[984]

(ii) a participação minoritária que objetive o financiamento parcial de determinada atividade econômica que apresente relevância pública, incluindo-se aí o apoio a pequenas e médias empresas e o apoio à internacionalização de empresas;[985]

(iii) a participação minoritária como instrumento de regulação do mercado. O autor cita o exemplo da participação estatal em uma instituição de crédito, visando a regular o setor financeiro;

(iv) a participação minoritária que vise a impedir a tomada de determinadas decisões pela sociedade, que sejam consideradas contrárias ao interesse público;

(iv) a participação acionária que permita ao Estado, notadamente às empresas estatais, adquirir o *know how* das empresas participadas; e

(v) a participação acionária decorrente da transformação de um crédito detido pelo Estado contra a empresa.

Diante do exposto, um dos principais condicionamentos à participação minoritária é a necessidade de demonstração da sua proporcionalidade e eficiência, havendo, nos casos em que a lei atribuir ao Estado o

---

[983] RODRIGUES, Nuno Cunha. *"Golden-shares"*..., pp. 150/152.

[984] Nesse mesmo sentido, OTERO, Paulo. *Vinculação e liberdade de conformação jurídica do Sector Empresarial do Estado*. Coimbra: Coimbra Editora, 1998, pp. 208/209.

[985] Paulo Otero cita o exemplo de projetos privados de reduzida rentabilidade imediata, como o desenvolvimento de determinada atividade industrial em certa região do país. OTERO, Paulo. *Vinculação e liberdade de conformação jurídica do Sector Empresarial do Estado*. Coimbra: Coimbra Editora, 1998, p. 209.

O ESTADO COMO ACIONISTA MINORITÁRIO EM SOCIEDADES PRIVADAS

dever de explorar diretamente alguma atividade econômica, uma presunção em favor da sociedade de economia mista.

O Tribunal de Contas da União já se manifestou acerca de participações acionárias de empresas estatais em empresas privadas em algumas oportunidades, sendo de se destacar, no presente tópico, o processo administrativo TC 017.114/1996-9, que versava sobre auditoria operacional realizada no BB Banco de Investimento S.A. – BB-BI, subsidiária integral do Banco do Brasil S.A – BB.

Desse julgado, é possível extrair pelo menos dois critérios considerados por aquele Tribunal para aferir a legitimidade da participação acionária: (i) realização de exames técnicos e econômico-financeiros acerca da viabilidade e oportunidade das operações, bem como da segurança e da adequada remuneração dos capitais envolvidos; e (ii) compatibilidade entre o objeto das empresas participadas e o objeto da empresa estatal que adquire as suas ações. O TCU entendeu naquele caso que "os supostos investimentos constituíam, na verdade, a solução de que o Banco do Brasil valera-se para garantir o acesso a novos segmentos de mercado considerados estratégicos e, ao mesmo tempo, evitar o cumprimento da exigência de autorização do Poder Legislativo estampada na Carta Magna para a ampliação do espectro da intervenção estatal na economia".

Nesse caso, foi determinado ao Banco do Brasil e ao BB Banco de Investimento que (i) "adotem providências imediatas no sentido de proceder à adequada documentação das operações de participação acionária, no intuito de comprovar a observância das exigências estatutárias"; (ii) "instituam controle efetivo do retorno dos investimentos realizados, com o objetivo de comprovar a adequada remuneração dos capitais envolvidos"; (iii) "mantenham em arquivo ou microfilme, pelo prazo de cinco anos do julgamento das respectivas contas pelo TCU, os documentos relativos às participações acionárias, em consonância com o que estabelece o art. 139, § 5º, do Decreto 93.872/86"; (iv) "abstenham-se de indicar para cargos nos órgãos estatutários das empresas participadas dirigentes ou empregados do conglomerado financeiro Banco do Brasil envolvidos na análise e aprovação das operações de participação acionária, em atenção ao princípio constitucional da moralidade administrativa (art. 37, caput, da Constituição Federal)".

## 4.6.4. Sobre a (in)viabilidade de realização de procedimento licitatório com vista à escolha do parceiro privado

Um ponto discutido na doutrina diz respeito à necessidade ou não de realização de procedimento licitatório com vista à escolha do parceiro ou parceiros privados para a constituição da sociedade com capital público--privado, ou, ainda, para a participação estatal no capital social de uma sociedade privada já constituída.

Antes da edição da Lei nº 13.303/2016, havia autores que defendiam que a celebração de parceria com a iniciativa privada para a constituição de uma sociedade constitui uma hipótese de inexigibilidade de licitação (art. 25 da Lei federal nº 8.666/93), [986] já que a seleção do parceiro tratar-se-ia de uma escolha estratégica[987], que envolve a análise da *expertise* daquele e dos recursos econômicos por ele disponibilizados para ajudar na estruturação e gestão do empreendimento comum.

Não se trataria, assim, de um parceiro selecionado anonimamente pela Administração, "mas alguém que estabelece com a Administração

---

[986] Vide também, nesse sentido, o item 2.3 do Decreto 2.745/99, que aprova o Regulamento do Procedimento Licitatório Simplificado da Petróleo Brasileiro S.A. – PETROBRÁS: "2.3. É inexigível a licitação, quando houver inviabilidade fática ou jurídica de competição, em especial: (...) h) para a formação de parcerias, consórcios e outras formas associativas de natureza contratual, objetivando o desempenho de atividades compreendidas no objeto social da PETROBRÁS; i) para a celebração de "contratos de aliança", assim considerados aqueles que objetivem a soma de esforços entre empresas, para gerenciamento conjunto de empreendimentos, compreendendo o planejamento, a administração, os serviços de procura, construção civil, montagem, pré-operação, comissionamento e partida de unidades, mediante o estabelecimento de preços "meta" e "teto", para efeito de bônus e penalidades, em função desses preços, dos prazos e do desempenho verificado;".

Vale ressaltar que esse raciocínio não necessariamente será aplicável aos demais tipos de participação estatal em empresas privadas. No caso de participações minoritárias que visem ao fomento de determinadas atividades consideradas relevantes para o interesse público, parece-nos, à primeira vista, que haveria a necessidade de realização de concurso público, já que, nesse caso, o Estado não visa à gestão do investimento em conjunto com terceiros, mas ao apoio a determinada atividade. O procedimento decisório de aquisição de participações sociais minoritárias e a escolha de sócios privados nos contratos de sociedades dependerá, assim, do caso concreto e das finalidades buscadas.

[987] SUNDFELD, Carlos Ari. *Direito Administrativo Econômico*. São Paulo: Malheiros, 2002, p. 273.

Pública as condições da relação que irá se travar entre ambos",[988] razão pela qual a constituição de uma sociedade pressuporia a presença da *affectio societatis.*

Em vista disso, parte da doutrina defende que não haveria como submeter esse tipo de vínculo à prévia licitação, tendo em vista a impossibilidade de indicação de elementos objetivos para a escolha a ser procedida[989-990].

---

[988] *Direito Administrativo e Políticas Públicas.* São Paulo: Saraiva, 2002, p. 27.

[989] De acordo com MARÇAL JUSTEN FILHO, quando "existem diferentes alternativas, mas a natureza personalíssima da atuação do particular impede o julgamento objetivo. É impossível definir com precisão uma relação custo-benefício. Ainda que seja possível determinar o custo, os benefícios que serão usufruídos pela Administração são relativamente imponderáveis. Essa incerteza deriva basicamente da natureza subjetiva da avaliação, eis que a natureza da prestação envolve fatores intelectuais, artísticos, criativos e assim por diante. Não há critério de julgamento para escolher o melhor. Quando não houver critério objetivo de julgamento, a competição perde o sentido (*Comentários à Lei de Licitações e Contratos Administrativos.* 11ª ed. São Paulo: Dialética, 2005, p. 273).

[990] Nesse sentido, conclui Luís Roberto Barroso que, "sem desprezo ao princípio da moralidade e com ênfase no dever de eficiência imposto ao administrador público, hipóteses existem em que, precisamente para cumprir a Constituição, não se deverá proceder à licitação, sob pena de tolher-se a Administração e frustrar seus fins. Admite-se, assim, na própria cláusula inicial do inciso XXI do art. 37, situações de contratação direta, desde que especificadas na legislação. A Lei 8.666, de 21.06.93, integra o comando constitucional enunciando as hipóteses em que é possível a dispensa de licitação – figura legal que permite ao administrador, nos casos preestabelecidos, deixar de lado a realização do certame público, por conveniência e oportunidade (art. 24) – e as de inexigibilidade de licitação, por inviabilidade de competição (art. 25). (...) a afinidade que se pretende com a associação é que vai definir a melhor parceria, e não a licitação, que, frise-se, não é o único meio de se atingir a moralidade e a eficiência na contratação. No caso, ocorreria uma espécie de inexigibilidade de licitação, já que há inviabilidade de se aferir, com os critérios objetivos inerentes à licitação, a proposta que melhor se adequará, ou terá maior afinidade com o que se pretende em face das diretrizes traçadas. Afinal, só existe viabilidade no certame se a competição envolve homogeneidade de bens e parâmetros objetivos de aferição" (BARROSO, Luís Roberto, *Temas de Direito Constitucional.* Rio de Janeiro: Renovar, 2002, p. 413 e 417).

Também Marcos Juruena Villela Souto defendia a inexigibilidade de licitação para a escolha de parceiros com vista à constituição de sociedade, afirmando que "deve ser considerada a 'affectio societatis', inafastável das reuniões de esforços para a obtenção de resultados que, isoladamente, ou sem a afinidade indispensável, seriam de impossível alcance. (...) É a afinidade na associação que definirá a escolha do melhor parceiro, e não a licitação, que

O ESTADO EMPRESÁRIO

Não haveria, enfim, como estabelecer um padrão objetivo para a escolha de um sócio, opção que envolve a afinidade existente entre as partes, questões políticas, estratégia comercial, *know how* do parceiro estratégico, dentre outras coisas. Seria normal, ainda, que as partes celebrassem muitos instrumentos pré-contratuais, com vista à discussão dos termos do negócio, ajuste dos objetivos, acerto das obrigações. A discussão desses pontos deveria ser pautada pela flexibilidade e pela agilidade,[991] sendo, portanto, incompatível com o procedimento licitatório.[992] Conforme afirmado por Luís Roberto Barroso, "a união de esforços e objetivos idênticos, a confiança e a lealdade recíprocas não são licitáveis".[993]

Não obstante os argumentos enumerados pela doutrina para justificar a inexigibilidade de licitação para os casos de participação estatal em outras sociedades ou para o caso de criação de uma sociedade de capital público-privado sem controle estatal, parece-nos que o tratamento jurídico a ser conferido a esses casos não é tão simples assim.

Como se sabe, a Constituição Federal prevê a regra geral da licitação em seus artigos 22, XXVII, 37, XXI, e 173, § 1º, III, regra esta que espelha uma pré-ponderação do Constituinte entre os princípios da isonomia, moralidade e eficiência envolvidos em cada contratação pública. O Constituinte, de antemão, decidiu que a licitação seria o meio que, em

---

não representa o único meio de se atingir a moralidade e a eficiência nas contratações. Por falta de homogeneidade de bens e parâmetros objetivos de aferição, trata-se de típica hipótese de inexigibilidade de licitação, diante da inviabilidade de auferir, com critérios objetivos inerentes à licitação, a adequação da proposta ou a maior afinidade em face dos objetivos almejados" (SOUTO, Marcos Juruena Villela. *Licitações – Contratos Administrativos.* Rio de Janeiro: Adcoas Esplanada, 1999, p. 369).

[991] O que não impede a necessária fundamentação da escolha, pelo ente estatal, através da realização de estudos, contratação de especialistas independentes, etc. O empreendimento estatal deve se demonstrar eficiente.

[992] "A licitação é um procedimento orientado pelo julgamento objetivo de propostas; a Administração deve saber, antecipadamente, o que deseja colocar em competição. Isso é incompatível com a celeridade e a flexibilidade que as negociações comerciais exigem para escolha de um parceiro comercial" (SOUTO, Marcos Juruena Villela. *Direito Administrativo em debate.* Rio de Janeiro: Lumen Juris, 2004, p. 156).

[993] BARROSO, Luís Roberto. *Temas de Direito Constitucional.* Rio de Janeiro: Renovar, 2002, p. 418.

regra, melhor concretizaria os princípios constitucionais envolvidos nas contratações públicas.

A inexigibilidade de que trata o art. 25 da Lei nº 8.666/93 foi prevista para casos de inviabilidade de competição, isto é, casos em que (i) não é possível indicar critérios objetivos para a escolha do particular; (ii) apenas um particular está em condições de satisfazer o interesse estatal (não há pluralidade de alternativas); ou, ainda, (iii) quando se trata de prestação de serviços de natureza personalíssima (profissionais altamente qualificados, por exemplo).[994]

Argumenta-se, nesse sentido, que a constituição de uma sociedade pressupõe, inclusive quando o Estado é sócio, a presença da *affectio societatis*. E, em sendo a *affectio* uma relação de cunho inteiramente subjetivo, não sendo passível de aferição via critérios objetivos, seria inviável a escolha de um parceiro para a constituição de uma sociedade empresarial através de licitação.

A noção de *affectio societatis*, contudo, vem sendo discutida pela doutrina juscomercialista, tanto no que tange à sua conceituação, quanto no que diz respeito à sua utilidade e, ainda, no que toca à sua aplicabilidade às sociedades anônimas. Questiona-se se a *affectio societatis* realmente é um aspecto inerente à constituição de sociedades empresariais e qual seria sua verdadeira delimitação.

Como afirma Álvaro Rodrigues Junior, a *affectio societatis* não se resume ao seu sentido clássico de "desejo de permanecer em sociedade".[995] De acordo com esse autor, "essa identificação da *affectio societatis* com a intenção de formar a sociedade (...) conduz a uma tautologia, já que seria o mesmo que identificá-la como requisito de consentimento dos contratos".[996]

A *affectio societatis* estaria presente naquelas relações societárias delineadas por elementos como os seguintes: "a repartição de lucros na proporção de metade, a exigência de acordo comum das partes para a

---

[994] JUSTEN FILHO, Marçal. *Comentários à Lei de Licitações e Contratos Administrativos*. São Paulo: Dialética, 2005, p. 272.

[995] RODRIGUES JUNIOR, Álvaro. Análise dos conceitos de "affectio societatis" e de "ligabilidad" como elementos de caracterização das sociedades comerciais . *Revista de Direito Privado*, nº 14, 2003, p. 93/94.

[996] Idem. *Ibidem*, p. 93/94.

O ESTADO EMPRESÁRIO

realização de operações a efetuar, os poderes de intervenção das partes na marcha dos negócios, bem como a situação de igualdade entre sócios e não de subordinação do empregado em relação aos patrões, são alguns elementos que podem determinar a existência de *affectio societatis*".[997]

Fábio Konder Comparato traça outros elementos que podem caracterizar a *affectio* no caso concreto: "o que se procura na pessoa jurídica sócia, ou o que dela se espera, não é apenas uma contribuição de capital, absolutamente anônima e fungível, mas, antes de tudo, uma experiência tecnológica acumulada, a tradição comercial, a capacidade gerencial, o fato de o controlador ter a nacionalidade do país em que se vai atuar, e assim por diante".[998]

Como se vê, não é só a vontade de permanecer em sociedade e de auferir lucros com a respectiva participação societária que caracterizariam a *affectio societatis*. Para tanto, parece ser essencial a participação concreta na gestão dos negócios da sociedade, ainda que sem a detenção do seu controle.

É certo, por outro lado, que essa intenção de colaboração ativa e consciente não se encontra presente em todas as relações societárias, como, por exemplo, alguns acionistas de grandes sociedades anônimas e aqueles "que compram ações para obter renda" ou "que compram os títulos com a finalidade de especular na Bolsa de Valores".[999]

Nem todo sócio possui *affectio* com relação aos outros sócios: "quando uma pessoa entra para uma dessas sociedades [anônimas] pode ignorar quais sejam os outros sócios, não havendo, assim, nenhum elo pessoal".[1000] Com efeito, nem todo acionista possui uma relação de *affectio* com a sociedade; a existência dessa relação restringe-se aos grupos de acionis-

---

[997] Idem. *Ibidem*, p. 96.

[998] COMPARATO, Fabio Konder. Restrições à circulação de ações em companhia fechada: 'nova et vetera'. *Revista de Direito Mercantil, Industrial, Econômico e Financeiro*, nº 36, p. 65.

[999] RODRIGUES JUNIOR, Álvaro. Análise dos conceitos de *affectio societatis* e de *ligabilidad* como elementos de caracterização das sociedades comerciais. *Revista de Direito Privado*, nº 14, 2003.

[1000] MARTINS, Fran. *Curso de Direito Comercial*. Rio de Janeiro: Forense, 1990, p. 212.

tas empreendedores e investidores, excluindo-se aqueles que adquirem ações apenas com intuito especulativo.[1001]

A *affectio* parece ser exigida, por exemplo, nas *joint ventures* societárias, sociedades que se distinguem das demais sociedades anônimas (caso constituídas sob essa forma) por possuírem um "personalismo próprio".[1002] Seriam um tipo de sociedade anônima de pessoas.[1003]

A característica peculiar dessa parceria societária é a cooperação entre as sociedades participantes.[1004] Por isso, as *joint ventures* também são conhecidas como "sociedade comum", em que além da posição acio-

---

[1001] Nas palavras de Maurício Menezes, "(...) o reconhecimento da affectio societatis em companhia aberta restringe-se a certos grupos de acionistas, formados por acionistas--empreendedores (aqueles que efetivamente participam da direção social) e por acionistas-investidores (aqueles que, embora não tenham assento na administração ou não participem das decisões tomadas pelo grupo de controle, mantêm sua participação com vistas ao exercício de direitos de sócio e, em certos casos, podem se organizar para que elejam um representante na administração, nos termos do art. 141, § 4º, Lei nº 6.404/76, com a redação dada pela Lei nº 10.303/2001). Nessa hipótese, estariam excluídos da affectio societatis os chamados acionistas especuladores (aqueles que compram e vendem ações no mercado como exclusivo escopo de auferir ganho na atividade especulativa), os quais, a rigor, sequer podem ser considerados sócios, porquanto não adquirem um título de participação ou de legitimação, mas sim um papel a ser vendido tão logo as condições mercadológicas assim aconselhem" (MENEZES, Maurício Moreira Mendonça. Resolução de Acordo de Acionistas com base na quebra da affectio societatis. *Revista Trimestral de Direito Civil*, v. 23, jul./set. 2005, p. 160).

[1002] COMPARATO, Fabio Konder. Restrições à circulação de ações em companhia fechada: 'nova et vetera'. *Revista de Direito Mercantil, Industrial, Econômico e Financeiro*, nº 36, p. 66.

[1003] De acordo com Fabio Konder Comparato, "a 'sociedade anônima de pessoas' apresenta, assim, algumas características peculiares, que a distinguem das demais companhias, tanto abertas quanto fechadas. São elas, comumente: 1) a limitação à circulação das ações, seja no estatuto, seja em acordo de acionistas; 2) quorum deliberativo mais elevado do que o legal, para certas e determinadas questões, tanto na assembléia geral, quanto no conselho de administração, o que equivale à atribuição de um poder de veto á minoria; 3) a distribuição equitativa dos cargos administrativos entre os grupos associados; 4) a solução arbitral dos litígios societários" (COMPARATO, Fabio Konder. Restrições à circulação de ações em companhia fechada: 'nova et vetera'. *Revista de Direito Mercantil, Industrial, Econômico e Financeiro*, nº 36, p. 66).

[1004] LAMY FILHO, Alfredo; PEDREIRA, José Luiz Bulhões. *Sociedades Anônimas*. Pareceres. Vol. II. Rio de Janeiro: Renovar, 1996, p. 183.

O ESTADO EMPRESÁRIO

nária, as partes possuem posição de empreendedoras (e não tão-somente de investidoras ou financiadoras).

Dos comentários compilados acima é possível extrair que, além de controversa, a *affectio societatis* também comprovadamente não se encontra presente em todos os laços societários.[1005]

Por isso, o afastamento da regra da licitação não pode ser, a nosso ver, fundamentado em argumentos genéricos relacionados à existência da *affectio societatis*. Como visto, nem toda participação acionária estatal será necessariamente caracterizada pela afeição para com os demais sócios, tampouco há consenso na doutrina com relação à própria configuração e utilidade desse critério. E também é certo que a *affectio* pode se apresentar em diversos graus em uma determinada sociedade.[1006]

Por isso, o afastamento da licitação deverá ser, no mínimo, fundamentado em elementos concretos que demonstrem a inviabilidade de eleição de elementos objetivos no caso concreto,[1007] e não em argumentos genéricos.

Mas isso não é tudo. Mesmo a suposta exigência da *affectio* não é, para alguns autores, um impedimento para a realização da licitação, até porque ela só poderia justificar a inexigibilidade *se* e *na medida em que* consistisse em "um dado essencial para a contratação e para a satisfação do interesse

---

[1005] Como colocado por Fabriccio Quixadá Steindorfer Proença, a principal característica das sociedades anônimas é a sua natureza institucional: "ao contrário das sociedades contratuais, em que a pessoa do sócio é de fundamental importância para a vida da pessoa jurídica, a sociedade anônima é *intuitus pecuniae*, ou seja, o importante em verdade é o capital" (PROENÇA, Fabriccio Quixadá Steindorfer. *A Licitação na Sociedade de Economia Mista*. Rio de Janeiro: Ed. Lumen Juris, 2003, p. 2).

[1006] "Há casos em que a *affectio societatis* será mais abrangente e intensa que em outros, dependendo, repita-se, de uma questão de fato e não da forma contratual (...) A *affectio societatis* – como se verá – pode variar em uma mesma sociedade" (MENEZES, Maurício Moreira Mendonça. Resolução de Acordo de Acionistas com base na quebra da affectio societatis. *Revista Trimestral de Direito Civil*, v. 23, jul./set. 2005, p. 153).

[1007] Aliás, com relação às contratações diretas em geral, o TCU já criou a seguinte resenha (resumos elaborados pela Diretoria Técnica de Normas e Jurisprudência a partir de conjuntos de julgados das Câmaras e do Plenário do TCU): "As justificativas para a inexigibilidade e dispensa de licitação devem estar circunstancialmente motivadas, com a clara demonstração de ser a opção escolhida, em termos técnicos e econômicos, a mais vantajosa para a administração, consoante determina o art. 26, parágrafo único da Lei 8.666/93".

O ESTADO COMO ACIONISTA MINORITÁRIO EM SOCIEDADES PRIVADAS

público a ser atendido".[1008] Assim, nas palavras de Lúcia Valle Figueiredo e Sérgio Ferraz, "se o serviço é daqueles em que a notória especialização é absolutamente acidental, apenas uma moldura que enfeita o prestador de serviços, mas não integra a essência da realização do objeto contratual, nesse caso sua invocação será viciosa e viciada, e, portanto, atacável através de todas as figuras de vicio do ato administrativo".[1009]

Além disso, há quem defenda que não há uma incompatibilidade inerente entre o eventual caráter *intuito personae* da sociedade e um procedimento licitatório.[1010] Seria possível, de acordo com João Pacheco de Amorim, realizar um concurso para a escolha do parceiro com fundamento em critérios como as propostas de investimentos das sociedades interessadas, o montante de recursos aportados, etc.

Há, de fato, alguns casos em que se demonstra possível a realização de licitação ou de um concurso prévio à escolha do parceiro privado para a constituição de uma 3ª sociedade ou para a escolha de uma sociedade privada em que o Estado participará. Fabio Konder Comparato, como visto, identifica a *affectio societatis* com características que, a princípio, poderiam muito bem constituir critérios de uma licitação: experiência tecnológica acumulada; nacionalidade do controlador, etc.

No Brasil, já houve caso semelhante, em que Administração Pública optou por contratar um sócio estratégico através de licitação. Em 1997, o Estado de Minas Gerais decidiu alienar parte do capital votante da CEMIG, uma sociedade de economia mista, escolhendo o procedimento de leilão para tanto, com o objetivo de atrair um sócio estratégico para permitir a sua modernização.[1011] Esse leilão foi precedido de pré-qualifi-

---

[1008] FERRAZ, Sérgio; FIGUEIREDO, Lúcia Valle. *Dispensa e Inexigibilidade de Licitação.* 2ª Ed. São Paulo: Revista dos Tribunais, 1992, pp. 68/69.

[1009] Idem. *Ibidem,* p. 69.

[1010] AMORIM, João Pacheco de. *As Empresas Públicas no Direito Português, em especial, as Empresas Municipais.* Coimbra: Almedina, 2000, p. 78. Vale fazer a ressalva de que o autor, ao defender essa possibilidade, está a se referir à constituição de empresas de capital majoritariamente público.

[1011] DALLARI, Adilson Abreu. Acordo de Acionistas. Empresa Estadual Concessionária de Serviço Público Federal. Manutenção da Qualidade de Acionista Controlador. *Interesse Público*, nº 7, 2000, p. 92.

O ESTADO EMPRESÁRIO

cação, com o estabelecimento de qualificações técnicas e financeiras para a participação no certame.[1012]

A licitação será, ainda, exigível, conforme prevê a Lei federal nº 11.079/2004 –, nos casos de criação de sociedades de propósito específico – SPEs para a execução de contratos de parcerias público-privadas. A constituição dessas sociedades, como se sabe, é precedida de licitação, na qual é escolhido o parceiro privado. Isso se dá, a toda evidência, porque o Estado pode, em regra, se utilizar de aspectos objetivos para escolher o seu parceiro.

Outro exemplo seria o da participação societária estatal como forma de incentivo a determinada atividade econômica. Parece-nos que, nesses casos, nem sempre será inexigível a licitação para a escolha da sociedade privada a ser fomentada. Os princípios da moralidade, da eficiência e da economicidade impõem que, sempre que possível, a escolha do agente a ser fomentado se esteie em critérios objetivos, como, por exemplo, o tempo de atuação da empresa no mercado, experiência comprovada, projetos já desenvolvidos, público-alvo, qualificação técnica de seus empregados, sobretudo porque, nesses casos, o objetivo da intervenção não é a exploração do empreendimento pelo Estado, mas tão-somente o incentivo da sua exploração pela iniciativa privada, o que deve observar sempre o princípio da igualdade.[1013] Para esse fim, poderão ser realizados procedimentos de concursos ou outro que vier a ser previsto em lei para assegurar a transparência, a eficiência e a isonomia na escolha da sociedade em que o Estado investirá.

Vale ressaltar que esse cenário não foi alterado com a edição da Lei nº 13.303/2016, que, como já mencionado neste livro, dispensa as empresas estatais de realizarem licitação "nos casos em que a escolha do parceiro esteja associada a suas características particulares, vinculada a oportunidades de negócio definidas e específicas", mas desde que "justificada a

---

[1012] Idem. *Ibidem*, p. 92.

[1013] Como expõe Lucas Rocha Furtado, "a concessão de benefícios, incentivos ou de quaisquer outros instrumentos de fomento, em razão de evidentes limitações orçamentárias, normalmente não alcança todos os possíveis interessados. É necessário, então, definir critérios objetivos que permitam identificar aqueles que irão receber o benefício e os que serão preteridos" (FURTADO, Lucas Rocha. *Curso de Direito Administrativo*. Belo Horizonte: Fórum, 2007, p. 736).

O ESTADO COMO ACIONISTA MINORITÁRIO EM SOCIEDADES PRIVADAS

inviabilidade de procedimento competitivo" (art. 28, § 3º, II). Dito de outra forma, essa lei reconhece que oportunidades de negócio como "a formação e a extinção de parcerias e outras formas associativas, societárias ou contratuais, a aquisição e a alienação de participação em sociedades e outras formas associativas, societárias ou contratuais e as operações realizadas no âmbito do mercado de capitais" podem justificar o afastamento da regra da licitação, mas esse afastamento deve ser justificado na "inviabilidade de procedimento competitivo".

Parece-nos, portanto, que nem sempre a suposta exigência de *affectio* para a constituição de uma sociedade será suficiente para fundamentar a inexigibilidade da licitação (ou a dispensa, nos termos do art. 28, § 3º, II, da Lei nº 13.303/2016). Em primeiro lugar, porque há determinadas relações societárias, como visto, em que ela não existe. Assim, quando o Estado participar da sociedade como mero investidor, sem qualquer pretensão de participação na gestão, parece-nos que, em princípio, a licitação será exigível.

Além disso, mesmo elementos como a confiança e a lealdade recíprocas não justificam, por si sós, pelo menos não para a totalidade dos casos, a inexigibilidade de licitação. A existência prévia desses elementos não nos parece, com efeito, ser necessária em todos os casos (como, por exemplo, a participação do Estado em sociedades com o objetivo de fomento) e, de qualquer forma, ela poderia ser aferida através de critérios objetivos de avaliação. É possível cogitar a existência de quesitos como (i) contratos anteriores entre a Administração e determinada empresa; (ii) qualidade da execução de contratos anteriormente celebrados; (iii) quantidade e natureza de penalidades já cominadas em outros contratos administrativos celebrados; (iv) exigência de capacidade financeira mínima; etc. A *affectio* só poderia ser fundamento da inexigibilidade quando consistir, no caso concreto, um requisito para o atendimento do interesse público.

Paulo Otero, nessa esteira, entende ser inexigível o procedimento licitatório para a aquisição ou alienação de participação social apenas em hipóteses de urgência e excepcionalidade. Nas suas palavras, "a urgência ou a utilidade eficaz da medida referente à aquisição ou alienação de participações sociais, num sistema concorrencial de mercado, pode ser seriamente prejudicada por um prévio e demorado procedimento administrativo". Mas adverte o autor: a "(...) urgência da situação poderá justificar uma solução extraordinária de dispensa de um acto administrativo

O ESTADO EMPRESÁRIO

de expressa permissão prévia, sem prejuízo da necessidade de uma posterior ratificação jurídico-pública da medida e de uma fundamentação da excepcionalidade".[1014]

Há, ainda, aqueles que sustentavam a inexigibilidade de licitação com base no argumento de que os contratos de sociedade não seriam contratos administrativos, subsumíveis à Lei nº 8.666/93. A lógica dessa argumentação é a de que os contratos administrativos típicos são aqueles tratados na Lei nº 8.666/93. Em não se enquadrando o contrato celebrado naquelas hipóteses, não seria exigível, a princípio, a licitação.[1015]

Utilizando-se dessa linha de argumentação, Arnoldo Wald defende que, no caso de associação ou parceria, por não se tratar de contrato de obras, serviços, compras, ou alienações, "não incide a norma constitucional [art. 37, XXI], que, aliás, prevê a exclusão da sua incidência nos casos especificados na legislação".[1016]

---

[1014] OTERO, Paulo. *Vinculação...*, p. 261. No mesmo sentido, Nuno Cunha Rodrigues afirma que "a aquisição, por parte de ente público, de participações sociais em empresas que actuem num mercado concorrencial dificilmente se compadece com prolongados procedimentos administrativos, existindo razões para, sem pôr em causa os princípios gerais da actividade administrativa, permitir à entidade pública concretizar essa aquisição, independentemente da realização de concurso público" (RODRIGUES, Nuno Cunha. "*Golden-shares*"..., p. 194).

[1015] AMARAL, Antônio Carlos Cintra do. Formação de Consórcio – Escolha de Empresa Estatal – Desnecessidade de Licitação, *Revista Diálogo Jurídico*, nº 12, mar. 2002. Disponível em http://www.direitopublico.com.br. Acesso em 20 abr. 2008.

[1016] Antônio Carlos Cintra do Amaral, nessa mesma linha, explica que "no Direito brasileiro, a licitação precede a realização de contratos administrativos, que são os contratos de obras, serviços, compras, alienações e concessões e permissões de serviços públicos, celebrados pelo Poder Público (União, Estados, Municípios e Distrito Federal). A Lei nº 8.666/93, ao regular expressamente o art. 37, XXI, da Constituição, estabeleceu (art. 1º): normas gerais sobre licitações e contratos administrativos pertinentes a obras, serviços, inclusive de publicidade, compras, alienações e locações no âmbito dos Poderes da União, dos Estados, do Distrito Federal e dos Municípios. Ao elenco constitucional acrescentou, apenas, 'locações', por ela incluídas, a exemplo do que faz a legislação tributária, na categoria de 'serviço' (art. 6º, II). Quanto às concessões e permissões, foram elas previstas nos arts. 2º e 124. Os demais contratos celebrados pelo Poder Público não são considerados, pelo Direito brasileiro, contratos administrativos. Não se exige, para sua celebração, a realização de prévia licitação".WALD, Arnoldo. Do Regime Legal do Contrato de Parceria entre a OPP Petroquímica e a PETROBRAS – Parecer – 1ª parte, *Cadernos de Direito Tributário e Finanças Públicas*, nº 24, 1998, p. 167.

O ESTADO COMO ACIONISTA MINORITÁRIO EM SOCIEDADES PRIVADAS

É por isso que também Luís Roberto Barroso entende não ser aplicável a Lei nº 8.666/93 a contratos de associação entre sociedades de economia mista e a iniciativa privada, tendo em vista que "não se enquadra ele na tipificação constitucional, uma vez que não tem por objeto obra, serviço, compra ou alienação".[1017]

A Lei nº 8.666/93, com efeito, aplica-se, de acordo com o seu art. 1º, aos "contratos administrativos pertinentes a obras, serviços, inclusive de publicidade, compras, alienações e locações no âmbito dos Poderes da União, dos Estados, do Distrito Federal e dos Municípios", nada dispondo sobre contratos de sociedade. Mas será que isso significa não ser exigível a licitação para esses casos?

Nuno Cunha Rodrigues adverte que o fato de se tratar de um contrato de natureza privada "não significa que o procedimento pré-contratual da Administração Pública seja, também ele, um procedimento de natureza privada".[1018] Em vista disso, defende o autor que os critérios adotados para a decisão deverão observar os princípios que regem a atividade da Administração Pública:

> há uma exigência de salvaguarda do interesse público que impõe um procedimento pré-contratual de natureza administrativa destinado a assegurar a funcionalidade do contrato privado perante o interesse público. (...) Estas razões conformam a tese sufragada pela maioria da doutrina jus-administrativista, segundo a qual 'a formação dos contratos de direito privado da administração é em todos os pontos semelhante a dos contratos administrativos.[1019]

Ainda que a Lei nº 8.666/93 não se aplicasse à constituição de parcerias societárias entre o Estado e particulares, fato é que a Administração Pública está adstrita aos princípios constitucionais da isonomia, moralidade, eficiência e economicidade que impõem que a parceria com parti-

---

[1017] BARROSO, Luís Roberto. *Temas de Direito Constitucional*. Rio de Janeiro, Renovar, 2002, p. 413.
[1018] RODRIGUES, Nuno Cunha. *"Golden-shares"*..., p. 189.
[1019] Idem. *Ibidem*, pp. 191/192.

O ESTADO EMPRESÁRIO

culares seja precedida por algum tipo de procedimento transparente que os concretize da melhor forma possível.[1020]

Argumentos de inaplicabilidade da Lei nº 8.666/93, não obstante razoáveis em tese e em linhas gerais, trazem consigo grandes riscos de corrupção e fraudes nos processos de parceria entre o setor público e o privado (em violação, portanto, a princípios constitucionais), conforme já teve a oportunidade de apontar a Comissão Europeia:

> Antes de mais nada é necessário lembrar que o processo das PPPs pretende atrair o financiamento e know-how do setor privado e, para maximizar os benefícios decorrentes das PPPs, incluí-los no projeto desde o estágio mais inicial possível. A esse respeito, as normas tradicionais de busca do parceiro privado apresentam um conflito, uma vez que o setor privado, como compensação para o seu envolvimento em um estágio ainda inicial do projeto, reivindicará garantias ou uma posição privilegiada na etapa de implementação. Isso cria para o setor público preocupações baseadas nas alegações de que (i) quaisquer procedimentos alternativos de procura (do parceiro privado) tornarão o setor público suscetível a denúncias de corrupção, ausência de transparência ou de competição; (ii) o ambiente regulatório não permite outras soluções que não estejam baseadas em procedimentos licitatórios; (iii) o poder público não deseja ser forçado a ingressar muito cedo em uma relação, quando os parâmetros técnicos e financeiros não são conhecidos; (iv) existe risco de a iniciativa privada terminar obtendo lucros extraordinários.[1021]

---

[1020] Nesse sentido, Alexandre Santos de Aragão, ao analisar o argumento de inaplicabilidade da Lei nº 8.666/93 aos contratos societários, afirma que "mesmo em contratos de direito privado, a Administração Pública, se houver critérios objetivos de seleção, deve sem dúvida licitá-los. Os aspectos das lições transcritas neste tópico que nos afiguram relevantes são somente aqueles que reforçam a inexigibilidade de licitação com base no *caput* do art. 25 da Lei nº 8.666/93, *in casu*, acrescendo a natureza eminentemente privada-comercial do contrato de constituição de sociedade comercial e a discricionariedade por ventura existente na sua celebração." (*Empresa Público-Privada*, mimeo, p. 40).

[1021] Comissão Européia. *Guidelines for successful public-private partnerships*. Bruxelas: Comissão Européia, 2003, p. 42, tradução livre.

O ESTADO COMO ACIONISTA MINORITÁRIO EM SOCIEDADES PRIVADAS

A preocupação da Comissão Europeia também diz respeito ao possível efeito anti-competitivo de contratações de parcerias público-privadas sem licitação:

(...) as PPPs não devem ter impactos negativos sobre o funcionamento de mercados abertos nem sobre as regras claras e transparentes desses mercados. Essa questão é particularmente relevante no que concerne às licitações e procedimentos de seleção do parceiro privado. (...) Ao mesmo tempo em que se deve ter preocupação em assegurar que os parceiros privados consigam obter retorno financeiro, mediante a garantia de oportunidade suficiente para que possam gerar receita, essa segurança deve ser conjugada com a preocupação de se evitar a criação de mercados não competitivos ou fechados.[1022]

O afastamento da licitação não é, portanto, uma solução universal, tampouco presumivelmente adequada para todo e qualquer caso.

Por outro lado, em algumas hipóteses, a celebração de parcerias societárias entre Estado e particulares dependerá de intensas negociações, de natureza extremamente sigilosa, e que demandam celeridade, o que inviabilizaria a realização de prévia licitação. Assim, o que torna a licitação inviável para a celebração de uma parceria societária, via de regra, não é necessariamente a *affectio societatis*, mas (i) exigências de flexibilidade, sigilo e celeridade presentes em determinados casos concretos; e/ou (ii) exigências da exploração de atividade econômica por empresa estatal em regime de concorrência. Floriano de Azevedo Marques Neto cita, ainda, a hipótese de impossibilidade de definição adequada do objeto a ser licitado, em virtude da sua complexidade e da realidade comercial subjacente.[1023]

A Comissão Europeia também reconheceu essa necessidade, tendo se manifestado no sentido de que nem sempre a licitação é a melhor opção,

---

[1022] Idem. *Ibidem*, p. 8, tradução livre.
[1023] MARQUES NETO, Floriano de Azevedo. As contratações estratégicas das estatais que competem no mercado. In: OSÓRIO, Fabio Medina; SOUTO, Marcos Juruena Villela. *Direito Administrativo: estudos em homenagem a Diogo de Figueiredo Moreira Neto*. Rio de Janeiro: Lúmen Júris, 2006, pp. 593/594.

sobretudo em parcerias que envolvam empreendimentos complexos, já que

(i) esses procedimentos [licitatórios] são normalmente designados para operar sob condições de certeza; (ii) eles proíbem consultas e comunicações informais entre as partes (o que é essencial para o desenvolvimento das parcerias); (iii) eles estão focados no menor preço, enquanto PPPs podem também visar outros fatores; (iv) eles obrigam as especificações da licitação a serem completas e, portanto, deixam pouco espaço para variações[1024].

Ainda de acordo com essa Comissão, "riscos inerentes à parceria são associados à sua formação com parceiros desconhecidos. Isso é acentuado através de um procedimento público de licitação que não facilita as negociações a fim de permitir um grau de conhecimento e confidência a ser estabelecido. Os principais riscos são que o parceiro privado se prove insuficientemente competente e/ou não seja apto a prestar o serviço nas especificações iniciais."[1025]

Assim, se, por um lado, quer-se garantir a moralidade, eficiência e isonomia das contratações públicas, por outro, não se pode fadá-las, sobretudo nas hipóteses em que o Estado explora atividades em regime de concorrência com a iniciativa privada, a celebrar parcerias tendo como base tão-somente o procedimento licitatório, sem possibilidade de negociação prévia e flexível dos termos da parceria, tampouco de manutenção de sigilo sobre estas.

Vale ressaltar que, em se tratando de exploração de atividades-fim das sociedades estatais que atuam em regime de concorrência, há entendimento doutrinário e jurisprudencial no sentido de que a licitação, nesses casos, é inexigível, em decorrência da aplicação a essas sociedades do regime jurídico próprio das sociedades privadas, inclusive no que diz respeito às suas contratações, conforme preveem os incisos II e III, §1º, do art. 173 da Constituição Federal (vide item 3.7.1.4).

---

[1024] Idem. *Ibidem*, p. 42.
[1025] Idem. *Ibidem*, p. 52.

### 4.6.3.1. O caso específico das sociedades estatais e a inexigibilidade para contratações relativas às suas atividades-fim

Como visto, o art. 173, § 1º, II, da Constituição Federal estabelece o princípio da igualdade entre empresas estatais e as sociedades privadas, notadamente para conferir às primeiras possibilidades práticas de atuação em mercados competitivos e explorar da forma mais eficiente possível a atividade econômica e, ao mesmo tempo, impedir que recebam benefícios não extensíveis ao setor privado, em violação à livre concorrência.

Dessa forma, em se tratando de exploração de atividades-fim das empresas estatais que atuam em regime de concorrência,[1026] há entendimento doutrinário[1027] e jurisprudencial no sentido de que a licitação, nesses casos, é inexigível, em decorrência da aplicação a essas empresas do regime jurídico próprio das sociedades privadas, inclusive no que diz respeito às suas contratações, conforme preveem os incisos II e III, §1º,

---

[1026] Há entendimento no sentido de que a aplicabilidade do § 1º do art. 173 da Constituição Federal não é condicionada pelo tipo de atividade prestada pela empresa estatal (atividade econômica em sentido estrito ou serviço público), mas pelo fato de ser ou não tal atividade prestada em regime de concorrência. Nesse sentido, Simone de Almeida Carrasqueira afirma que "o Supremo Tribunal Federal já decidiu que o 'art. 173, § 1º aplica-se às entidades públicas que exercem atividade econômica em regime de concorrência, não tendo aplicação às sociedades de economia mista ou empresas públicas que, embora exercendo atividade econômica, gozam de exclusividade. O dispositivo não alcança com maior razão, sociedade de economia mista federal que explora serviço público reservado à União. Deve-se compreender, portanto, que o fator fundamental para a aplicação do referido dispositivo constitucional é a existência de um regime concorrencial e não, simplesmente, o objeto da empresa da administração indireta que, por definição, estará vinculado a um interesse público. Se a sociedade de economia mista ou empresa pública exercer atividade econômica em regime de monopólio, não há que se falar em incidência do art. 173, § 1º, da CF" (CARRASQUEIRA, Simone de Almeida. Revisitando o Regime Jurídico das Empresas Estatais Prestadoras de Serviço Público. In *Direito Administrativo Empresarial*. Rio de Janeiro: Lumen Juris, 2006, p. 263).

[1027] Nesse sentido, podemos citar: MELLO, Celso Antonio Bandeira de. *Curso de Direito Administrativo*. 17ª ed. São Paulo: Malheiros, p. 496. CARVALHO FILHO, José dos Santos. *Manual de Direito Administrativo*. Rio de Janeiro: Lumen Juris, 2007. JUSTEN FILHO, Marçal. *Comentários a Lei de Licitações e Contratos Administrativos*. Dialética: São Paulo, 9º ed., p. 25. DI PIETRO, Maria Sylvia. *Direito Administrativo*. São Paulo: Atlas, 1998, p. 305. GASPARINI, Diógenes. *Direito Administrativo*. 9ª ed. São Paulo: Saraiva, 2004, p. 393.

O ESTADO EMPRESÁRIO

do art. 173[1028] da Constituição Federal. Esse ponto já foi analisado no item 3.7.1.4 deste livro.

O entendimento aplicável às vendas de produtos e contratação de serviços que constituem atividade-fim da empresa estatal também pode ser utilizado no que toca à escolha de parceiros para a constituição de subsidiárias e *joint ventures*, já que a constituição de tais parcerias também se trata de um procedimento inerente à execução da atividade-fim da empresa estatal. Nesse sentido, Carlos Ari Sundfeld explica que:

> (...) ao decidir-se pela admissão de um sócio estratégico e ao conceber um acordo de acionistas para viabilizá-lo, o Executivo utiliza competências suas, que fazem parte do campo de discrição resultante tanto da autorização legal responsável pela própria existência da sociedade de economia mista como da autorização legal para alienação das ações que excedam ao necessário para manter a maioria votante. Ambas as autorizações conferem à Administração competências para operar dentro das molduras jurídico-privadas, pois se trata de organizar ente privado (a sociedade mista) e de, pela alienação das ações, admitir-lhe novos sócios. A decisão de conjugar a alienação das ações a um acordo de acionistas é tomada, portanto, dentro da 'liberdade de escolha de formas' que deriva da autorização legal, buscando-se viabilizar a operação financeira – de difícil implementação caso o Estado não se disponha a oferecer garantias ao novo sócio – e, ao mesmo tempo, 'oxigenar' a empresa, no interesse de sua boa administração e de sua sobrevivência em um mercado competitivo.[1029]

---

[1028] Art. 173. Ressalvados os casos previstos nesta Constituição, a exploração direta de atividade econômica pelo Estado só será permitida quando necessária aos imperativos da segurança nacional ou a relevante interesse coletivo, conforme definidos em lei. § 1º A lei estabelecerá o estatuto jurídico da empresa pública, da sociedade de economia mista e de suas subsidiárias que explorem atividade econômica de produção ou comercialização de bens ou de prestação de serviços, dispondo sobre: (Redação dada pela Emenda Constitucional nº 19, de 1998) (...) II – a sujeição ao regime jurídico próprio das empresas privadas, inclusive quanto aos direitos e obrigações civis, comerciais, trabalhistas e tributários; (Incluído pela Emenda Constitucional nº 19, de 1998); III – licitação e contratação de obras, serviços, compras e alienações, observados os princípios da administração pública; (Incluído pela Emenda Constitucional nº 19, de 1998).

[1029] SUNDFELD, Carlos Ari. Participação Privada nas Empresas Estatais, in *Direito Administrativo Econômico*, Malheiros, São Paulo, 2000, pp. 282/283.

O ESTADO COMO ACIONISTA MINORITÁRIO EM SOCIEDADES PRIVADAS

Também com relação a essa questão específica, já decidiu o Tribunal de Contas da União:

a) não existir irregularidade ou impedimento para que a Petrobras celebre ou venha a celebrar contratos de parceria ou associação com outras empresas; b) que tais contratos representam legítima ação estratégica da Companhia Estatal na ramificação e, paralelamente, verticalização de suas atividades, de modo a obter maior sinergia para seus investimentos e maior valor agregado para seus produtos, permitindo ganho de escala e maximização do resultado, além do preço final competitivo.[1030]

Assim é que, com relação à constituição de parcerias societárias voltadas à execução de atividades-fim de empresas estatais parece não haver dúvidas quanto à inexigibilidade de licitação, já que nesses casos a celebração de tais parcerias é uma imposição da própria exploração da atividade econômica em regime de concorrência. A licitação é inexigível, dessa forma, porque inviabilizaria a atuação eficiente da estatal na consecução da sua atividade-fim. Mas, em todo caso, deve ser fundamentada e sofrerá o controle dos Tribunais de Contas.

### 4.6.4. O Controle do Tribunal de Contas da União

A competência do Tribunal de Contas da União[1031] encontra-se delineada nos arts. 70 e 71 da Constituição Federal. Esse Tribunal auxilia o Congresso Nacional na "fiscalização contábil, financeira, orçamentária, operacional e patrimonial da União e das entidades da administração direta e indireta, quanto à legalidade, legitimidade, economicidade, aplicação das subvenções e renúncia de receitas" (art. 70, *caput*).

De acordo com o parágrafo único do art. 70, "prestará contas qualquer pessoa física ou jurídica, pública ou privada, que utilize, arrecade, guarde, gerencie ou administre dinheiros, bens e valores públicos ou pelos quais a União responda, ou que, em nome desta, assuma obrigações de natureza pecuniária". No âmbito do presente trabalho, faz-se necessário perquirir

---

[1030] Decisão 803/1998, Plenário, rel. Min. Bento Bugarin, DOU 27.11.1998.

[1031] Esse dispositivo aplica-se também aos demais entes da federação em virtude do princípio da simetria.

se, em virtude do disposto nesse dispositivo constitucional, as sociedades participadas poderiam ser objeto de controle do TCU.

A redação atual desse parágrafo único foi atribuída pela Emenda Constitucional nº 19/1998. Em sua redação original,[1032] não havia referência a pessoas privadas. Daí é possível inferir que quis o Constituinte reformador propositadamente incluir sob a fiscalização do TCU também aquelas entidades que, muito embora privadas, utilizem, arrecadem, guardem, gerenciem ou administrem dinheiros, bens e valores públicos.

Não obstante isso, não se deve perder de vista que, como dispõe o art. 70 da Constituição Federal, o foco do controle externo realizado pelo Tribunal de Contas da União é a Administração Pública. O seu controle só incide sobre entidades privadas apenas quando e na medida em que estas atuarem como administradores ou utilizarem em suas atividades bens ou verbas públicas. Com exceção dessas hipóteses, não faz sentido que esse Tribunal fiscalize também o desempenho das sociedades privadas. A Corte de Contas aprecia e julga contas públicas, sendo este o objeto do seu controle. [1033]

As competências desse Tribunal são delineadas no art. 71 da Constituição Federal, incluindo, em especial, o julgamento das contas dos administradores e demais responsáveis por dinheiros, bens e valores públicos da administração direta e indireta, bem como as contas daqueles que derem causa a perda, extravio ou outra irregularidade de que resulte prejuízo ao erário público (inc. II) e a realização, por iniciativa própria, de inquérito, inspeções e auditorias de natureza contábil, financeira, orçamentária, operacional e patrimonial, nas unidades administrativas dos Poderes Legislativo, Executivo e Judiciário, e demais entidades referidas no inciso II (inciso IV).

Como se vê, também o art. 71 submete ao controle do Tribunal de Contas da União os administradores e responsáveis por bens ou recursos públicos. Faz-se necessário questionar, portanto, se as sociedades mera-

---

[1032] Art. 70. (...) Parágrafo único. Prestará contas qualquer pessoa física ou entidade pública que utilize, arrecade, guarde, gerencie ou administre dinheiros, bens e valores públicos ou pelos quais a União responda, ou que, em nome desta, assuma obrigações de natureza pecuniária.

[1033] MOREIRA, Egon Bockmann. Notas sobre os Sistemas de Controle dos Atos e Contratos Administrativos, *Fórum Administrativo – Direito Público*, ano 5, n. 55, set. 2005, p. 6080.

mente participadas utilizariam, arrecadariam, guardariam, gerenciariam ou administrariam bens ou valores públicos. E para responder a essa pergunta, faz-se necessário tratar do conceito de bem público.

De acordo com o art. 98 do Código Civil, são bens públicos "os bens do domínio nacional pertencentes às pessoas jurídicas de direito público interno; todos os outros são particulares, seja qual for a pessoa a que pertencerem".

A definição constante no Código Civil parte de um critério subjetivo de bem público, que considera a natureza jurídica do proprietário do bem. Não pertencendo à pessoa jurídica de direito público, de acordo com esse dispositivo, o bem possuirá natureza privada.[1034]

De acordo com a jurisprudência, também é possível classificar um bem como público a partir da sua afetação. De acordo com esse último critério, poderão ser classificados como públicos os bens afetados à prestação de serviços públicos.[1035]

As sociedades de cujo capital o Estado participa, como se viu, não são integrantes da Administração Pública. Os seus bens, como de toda sociedade privada, possuem natureza privada. Muito embora seja a sociedade constituída, em parte, por recursos oriundos da Administração Pública, integralizados pelo ente estatal como condição para participação na sociedade, tem-se que na medida em que esses recursos são integralizados, eles passam à titularidade da sociedade privada, ocorrendo a transformação da sua natureza, de pública para privada. O dinheiro ou eventuais bens integralizados no capital social consubstanciam uma forma de pagamento pela aquisição da participação social.[1036]

---

[1034] Vale chamar a atenção para o fato de que, contrariamente ao que dispõe esse dispositivo do Código Civil, o Superior Tribunal de Justiça, em famoso julgado envolvendo a natureza jurídica de imóveis administrados pela empresa pública Terracap, já decidiu que o "fato de que é esta uma empresa pública, sujeita aos princípios da administração pública, razão pela qual seu patrimônio é, originariamente, considerado bem público" (Voto Ministro José Delgado nos embargos de divergência em Recurso Especial nº 695.928-DF).

[1035] De acordo com o Enunciado nº 287 das Jornadas de Direito Civil, "o critério da classificação de bens indicado no art. 98 do Código Civil não exaure a enumeração dos bens públicos, podendo ainda ser classificado como tal o bem pertencente a pessoa jurídica de direito privado que esteja afetado à prestação de serviços públicos."

[1036] Como expõe José Edwaldo Tavares Borba, "as cotas são para o sócio a contrapartida dos bens transmitidos à sociedade" (*Direito Societário*. Rio de Janeiro: Renovar, 1999, p. 19).

O ESTADO EMPRESÁRIO

Não há que se falar, portanto, sob o ponto de vista do critério da titularidade, que as sociedades participadas, em decorrência da participação minoritária estatal, administrariam ou utilizariam bens ou valores públicos. Os recursos por ela administrados, ainda que oriundos da sua sócia estatal, são privados, uma vez que integralizados em seu capital social, em contrapartida à participação do Estado na sociedade.

Não faz sentido, com efeito, submeter ao controle de contas do TCU toda e qualquer sociedade privada que receba valores públicos, sob o fundamento de que estas utilizariam recursos públicos. Imagine-se, por exemplo, o caso das sociedades contratadas pela Administração para a prestação de serviços ou fornecimento de materiais, que recebem recursos públicos a título de contraprestação.

Não nos parece ser esta a intenção do Constituinte. A "utilização" de que trata a Constituição Federal, a nosso ver, se refere àquelas hipóteses em que a transferência de recursos públicos para a iniciativa privada não implica a desafetação da sua finalidade, ainda que, eventualmente, ocorra a mudança de propriedade. Ou seja, o controle de contas se aplica aos casos em que os recursos continuam sendo públicos, pois são utilizados por entes privados para uma finalidade pública.[1037]

É o caso, por exemplo, da utilização de recursos públicos através da celebração de convênios ou contratos de gestão com associações privadas com vista à realização de determinado programa/projeto público. Nessa hipótese, a entidade privada não recebe os recursos públicos a título de contraprestação, mas os utiliza – administra – para uma finalidade pública, previamente estabelecida em instrumento contratual, sendo legítima a tomada de contas.[1038-1038]

---

[1037] Nessa linha, ARAGÃO, Alexandre Santos de. Empresas estatais e o controle pelos Tribunais de Contas. *Revista de Direito Público da Economia*, v. 23, 2008.

[1038] De acordo com José dos Santos Carvalho Filho, o que caracteriza essas parcerias é "o objetivo de fazer chegar aos mais diversos segmentos da população os serviços de que esta necessita e que, por várias razões, não lhe são prestados. O ponto característico nuclear desses regimes consiste em que a parceria do Estado é formalizada junto com *pessoas de direito privado e da iniciativa privada*, ou seja, aquelas que, reguladas pelo direito privado, não sofrem ingerência estatal em sua estrutura orgânica. A eles incumbirá a execução de serviços e atividades que beneficiem a coletividade, de modo que tal atuação se revestirá da qualificação de *função delegada* do Poder Público. Referidas entidades que, sem dúvida, se apresentam com certo hibridismo, na medida em que, sendo privadas, desempenham

Não obstante a sua natureza privada, as entidades do terceiro setor caracterizam-se por "prestar atividade de interesse público,"[1040] em parte com recursos oriundos do Poder Público. Trata-se, como define Emerson Gabardo, de gestão privada de uma atividade de interesse público.[1041]

Desta forma, tanto entidades privadas que recebem recursos oriundos de contribuições parafiscais[1042], quanto organizações do terceiro setor

---

função pública, têm sido denominadas de *entidades do terceiro setor*, a indicar que não se trata nem dos entes federativos nem das pessoas que executam a administração indireta e descentralizada daqueles, mas simplesmente compõem um *tertium genus*, ou seja, um agrupamento de entidades responsáveis pelo desenvolvimento de novas formas de prestação dos serviços públicos" (CARVALHO FILHO, José dos Santos. *Manual de Direito Administrativo*. Rio de Janeiro: Lumen Juris, 2007, pp. 312/313).

[1039] Maria Sylvia Di Pietro faz a necessária distinção quando trata da necessidade de controle sobre os convênios celebrados entre a Administração Pública e particulares: "Essa necessidade de controle se justifica em relação aos convênios precisamente por não existir neles a reciprocidade de obrigações presente nos contratos: as verbas repassadas não têm natureza de preço ou remuneração que uma das partes paga à outra em troca de benefício recebido. Dessa distinção resulta uma conseqüência: no contrato, a Administração paga uma remuneração em troca de uma obra, um serviço, um projeto, um bem, de que necessita; essa obra, serviço, projeto ou bem entra para o patrimônio público e o valor pago pela Administração entra para o patrimônio do contratado; a forma como este vai utilizar esse valor deixa de interessar ao Poder Público; aquele valor deixou de ser dinheiro público no momento em que entrou para o patrimônio privado; (...). Já no caso do convênio, se o conveniado recebe determinado valor, este fica vinculado ao objeto do convênio durante toda sua execução, razão pela qual o executor deverá demonstrar que referido valor está sendo utilizado em consonância com os objetivos estipulados. (...) Vale dizer que o dinheiro assim repassado não muda sua natureza por força do convênio; ele é transferido e utilizado pelo executor do convênio, mantida a sua natureza de dinheiro público (...). por essa razão, o executor do convênio é visto como alguém que administra dinheiro público; como tal, está obrigado a prestar contas não só ao ente repassados da verba, como também ao Tribunal de Contas" (DI PIETRO, Maria Sylvia Zanella. *Parcerias na Administração Pública*. São Paulo: Atlas, 2002, p. 194).

[1040] DI PIETRO, Maria Sylvia Zanella. *Parcerias na Administração Pública*. 4ª ed. revista e ampliada. São Paulo: Ed. Atlas, p. 209.

[1041] GABARDO, Emerson. *Princípio Constitucional da Administração Pública*. São Paulo: Dialética, 2000, p. 114.

[1042] É o caso dos "Serviços Sociais Autônomos", entidades de direito privado que recebem recursos oriundos de contribuições pagas compulsoriamente, no intuito de produzir algum benefício para grupos sociais ou categorias profissionais. Nesse sentido, a Lei n.º 8.443/92 é clara ao dispor que a jurisdição do TCU abrange "os responsáveis por entidades dotadas

que recebem recursos públicos para a realização de atividades de interesse coletivo são submetidas ao controle dos Tribunais de Contas, justamente em virtude de os recursos a ela repassados continuarem sendo públicos, não havendo transferência de domínio ou perda de finalidade pública, sendo por elas apenas administrados[1043].

Assim é que a participação do Estado em uma sociedade privada, por si só, parece não determinar o controle do TCU sobre a atividade dessa empresa, já que o ato de integralização de capital importa em transferência de titularidade e alteração da afetação,[1044] a não ser nos casos em que, de acordo com previsão do inc. II do art. 71 da Constituição Federal, dêem "causa a perda, extravio ou outra irregularidade de que resulte prejuízo ao erário público".

---

de personalidade jurídica de direito privado que recebam contribuições parafiscais e prestem serviço de interesse público ou social" (art. 5º, inciso V).

[1043] De acordo com Paulo Modesto, "quando as entidades qualificadas recebem prédios ou bens públicos como forma de apoio ou fomento por parte do Estado não há transferência de domínio, mas simples permissão de uso, continuando os bens a integrar o patrimônio da União. (...) os contratos ou acordos de gestão que o Estado firmar com as entidades qualificadas não terão nem poderão ter finalidade ou natureza econômica, convergindo para uma finalidade de natureza social e de interesse público, cuja realização obrigatoriamente não pode objetivar o lucro ou qualquer outro proveito de natureza empresarial" (Reforma administrativa e marco legal das organizações sociais no Brasil, *Revista de Direito Administrativo* – RDA, n. 210, out./dez., 1997). Como explica Maria Sylvia Zanella Di Pietro, "embora haja diferenças entre umas e outras entidades de apoio, elas obedecem, em regra, a determinado padrão. Com efeito, a cooperação com a Administração se dá, em regra, por meio de convênios, pelos quais se verifica que praticamente se confundem em uma só as atividades que as partes conveniadas exercem; o ente de apoio exerce atividades próprias da entidade com a qual celebra o convênio, tendo inseridas tais atividades no respectivo estatuto, entre os seus objetivos institucionais. A própria sede das duas partes também, por vezes, se confunde, pois o ente de apoio nem sempre tem sede própria. Esse ente de apoio assume a gestão de recursos públicos próprios da entidade pública. Grande parte dos empregados do ente de apoio são servidores dos quadros da entidade pública com que cooperam. O local de prestação de serviços também é, em regra, o mesmo em que a entidade pública atua" (DI PIETRO, Maria Sylvia Zanella. *Parcerias na Administração Pública*. São Paulo: Atlas, 2002, p. 230).

[1044] "A transferência de bens do subscritor – pessoa física ou jurídica – para a sociedade é um ato de alienação" (STF, RE 85.100, Rel. Min. Cunha Peixoto, j. 21.02.1978, DJ 19.05.1978).

Com exceção desses casos excepcionais, o controle do Tribunal de Contas da União sobre as sociedades privadas em que haja participação estatal é apenas indireto. É o Estado ou a empresa estatal acionista o foco do seu controle e não a empresa participada. Seria possível falar, no máximo, em um dever de coadjuvação dessas sociedades privadas, através da prestação de informações requeridas pelo TCU em processos de auditoria ou, ainda, na sua oitiva para, querendo, prestar informações, em observância do princípio do devido processo legal.

O controle sobre a participação social estatal, por sua vez, poderá ser de natureza contábil, financeira, orçamentária, operacional e patrimonial. O Tribunal de Contas terá o papel de avaliar a legitimidade, legalidade e economicidade (art. 70, *caput*) da participação estatal sem controle em uma empresa privada. É o Estado que deverá prestar contas sobre as suas participações em empresas privadas.

Caberá, portanto, ao Tribunal de Contas analisar se as participações estatais em sociedades privadas atendem às finalidades previstas na lei autorizadora de tal participação, , bem como as determinações presentes no art. 1º, § 7º, da Lei nº 13.303/2016.

A INTOSAI possui um manual chamado Melhores Práticas para a Auditoria do Risco em Parcerias Público-Privadas (consideradas estas em seu sentido amplo, abrangendo, inclusive, a criação de empresas), que trata justamente da fiscalização dessas parcerias. De acordo com esse documento, o principal objetivo do controle dos Tribunais de Contas é verificar se os riscos envolvidos nas parcerias estão sendo bem administrados. A assunção de riscos pelo Poder Público é considerada uma atividade natural e necessária, desde que devidamente fundamentada, estudada e administrada.

Para controlar a boa administração dessas parcerias, esse documento sugere que a fiscalização deve se focar nos seguintes pontos: (i) na transparência dos objetivos da parceria; (ii) na negociação da parceria; (iii) na proteção dos interesses estatais como sócio minoritário; (iv) na monitoração do interesse estatal na parceria; e (v) na exposição do parceiro estatal em caso de dificuldades.

Com relação ao primeiro ponto, esse documento trata da importância da identificação apropriada dos objetivos do Estado nessa parceria: "se ele falhar em identificar e priorizar objetivos (...), não poderá identificar todas as alternativas realistas antes de decidir por celebrar a parceria, e é

O ESTADO EMPRESÁRIO

possível que fique em desvantagem quando da negociação com os possíveis parceiros". Ainda com relação a esse ponto, o documento ressalta a importância da avaliação prévia da possível atratividade do projeto para vários tipos de parceiros privados, de forma a tornar possível a escolha daquele interesse que seja mais compatível com o do Estado:

> Processos de decisão pobres podem resultar na escolha do parceiro errado, ou na utilização de um veículo de parceria inadequado para o projeto. PPP pode vir a ser usada para que o projeto não seja contabilizado no balanço, e não por ser a melhor forma de atingir aos objetivos estatais.

Para evitar isso, é necessário que o ente estatal tenha considerado todos os veículos de parceria possíveis, de forma a escolher a opção que melhor atenda aos objetivos do Estado e ainda ser atrativa para o setor privado:

> O veículo deve ser selecionado apenas depois que todas as opções tenham sido cotejadas com rigorosos critérios de avaliação, que incluam a verificação do atual fluxo de caixa assim como os lucros projetados.

Como se vê, esse documento ressalta a necessidade de adequada fundamentação da escolha estatal da forma de parceria e do parceiro, o que, como visto acima, é um primeiro passo para o atendimento do princípio da proporcionalidade.

No que diz respeito, por sua vez, à negociação de uma parceria apropriada, aquele documento sugere que o ente estatal contrate consultores para assessoramento financeiro e legal na negociação da parceria.[1045] Também nessa fase, é necessário calcular os possíveis custos e benefícios da parceria, para que seja possível estabelecer se os custos suportados

---

[1045] O Departamento Nacional de Auditoria do Reino Unido já decidiu, nesse sentido, que riscos bem administrados são aqueles que foram negociados por servidores públicos que possuem o conhecimento técnico necessário ou que são assessorados por quem o possua (NAO report: Supporting Innovation: Managing Risks in Government Departments. *Apud* INTOSAI. Guidelines on Best Practice for the Audit f Risk in Public/Private Partnership (PPP)..., p. 30).

O ESTADO COMO ACIONISTA MINORITÁRIO EM SOCIEDADES PRIVADAS

pelo ente estatal são sustentáveis, bem como estabelecer com transparência as obrigações do setor privado e os objetivos desejados com a parceria.

Para proteger os interesses do Estado como acionista minoritário, o documento sugere que o valor da detenção do controle pelo setor privado seja devidamente avaliado, para que o Estado não saia em desvantagem. O parceiro estatal também deverá avaliar os direitos e vantagens inerentes a cada grau de participação minoritária na sociedade.

Outro fator importante é o constante acompanhamento do desempenho da empresa participada para que o ente estatal possa verificar se ela envolve riscos para o interesse público. Após a edição da Lei nº. 13.303/2016, essa fiscalização promovida pelo tribunal de contas deverá se basear no disposto no seu art. 1º, § 7º, de acordo com o qual "na participação em sociedade empresarial em que a empresa pública, a sociedade de economia mista e suas subsidiárias não detenham o controle acionário, essas deverão adotar, no dever de fiscalizar, práticas de governança e controle proporcionais à relevância, à materialidade e aos riscos do negócio do qual são partícipes (...)". Assim é que as Entidades Superiores de Fiscalização (entidades como os Tribunais de Contas no Brasil, criadas para a fiscalização das contas governamentais) deverão considerar a realização de auditorias periódicas para analisar (i) se os objetivos do Estado ainda estão sendo atendidos; (ii) se todos os parceiros estão recebendo um retorno justo pelos riscos a que eles estão se submetendo. Devem também ser previstos mecanismos adequados para a resolução de conflitos.

Não obstante todo o exposto, a INTOSAI adota uma posição de deferência com relação aos riscos tomados pelo Estado nessas parcerias, desde que devidamente identificados e bem administrados. Cumpre às Entidades Superiores de Fiscalização nesse ponto "focar o seu exame na identificação de boas práticas e contribuição para o desenvolvimento de um guia construtivo para tomada de decisões desse tipo". [1046]

O documento adverte, nesse sentido, que as Entidades Superiores de Fiscalização não devem focar seu exame apenas nos erros cometidos na parceria, especialmente porque as repercussões negativas do controle podem contribuir em muito para o seu fracasso: "EFS devem tomar cui-

---

[1046] NAO report: Supporting Innovation: Managing Risks in Government Departments. *Apud* INTOSAI. Guidelines on Best Practice for the Audit of Risk in Public/Private Partnership (PPP).

dado em colocar quaisquer falhas ou defeitos em contexto, reconhecendo em particular que, não obstante identificados e bem administrados, o risco em novas formas de parcerias pode se materializar" e, acrescemos, sem que haja culpa de quaisquer das partes.

Assim, em suma, como não há modelos pré-estabelecidos de parcerias público-privadas (em seu sentido amplo), a INTOSAI entende que nenhuma delas é proibida, mas a celebração de toda e qualquer parceria deve ser bem fundamentada, estudada, sendo os riscos identificados e bem manejados.[1047] E, nos casos em que essas cautelas sejam observadas, adotará a Entidade Superiora de Fiscalização uma postura de deferência.

Em outras palavras, o controle é cabível, mas, em sendo o ato controlado razoável, ainda que haja alternativas mais eficazes, deve o Tribunal respeitá-lo, podendo, no máximo, sugerir recomendações a serem facultativamente e, de acordo com as possibilidades fáticas, seguidas no futuro.

Só haverá, portanto, sindicabilidade diante de opções ou interpretações irrazoáveis. Entre várias opções ou interpretações razoáveis, deverá ser respeitada a adotada pela entidade controlada.

Jorge Ulisses Jacoby Fernandes[1048] também compartilha desse entendimento, com fundamento na necessidade de separar as funções de administrar e a de controlar. Adverte o autor que o órgão de controle deve tolerar "um conjunto de interpretações consideradas, juridicamente, razoáveis e ações que não tiverem seu rendimento ótimo, por terem sofrido os efeitos de fatores razoavelmente imprevistos". A liberdade de gestão, de acordo com o autor, deve guiar-se pelo princípio da razoabilidade. E cita, nesse sentido, alguns precedentes do TCU[1049].

---

1047 Em sentido semelhante ao documento analisado, no Reino Unido foram estabelecidas algumas pautas para a avaliação das ações regulatórias em documento chamado *"Modernising Government: how the NAO [National Audit Offices] are responding. A progress report"*. No campo da assunção de riscos pelas ações regulatórias, tal documento estabelece três pautas de análise da razoabilidade da ação: (1) há um grande potencial de realização dos benefícios buscados com essa ação? (2) há planos de contingência para as hipóteses de os riscos se materializarem? (3) os riscos foram devidamente identificados e administrados? (Modernising Government: how the NAO are responding. A progress report, 2000, p. 3).

1048 FERNANDES, Jorge Ulisses Jacoby. *Tribunais de Contas do Brasil: jurisdição e competência*, Fórum, Belo Horizonte, 2005, pp. 45/46.

1049 "a) tese inaugurada com brilhante voto do Ministro Ivan Luz sustenta que quando o Administrador age com base em parecer jurídico bem fundamentado, que adota tese

Assim, quanto melhor a fundamentação da escolha por determinada alternativa de participação, quando restar comprovado que o ente estatal considerou diversas alternativas antes da tomada da sua decisão, se esse tiver se esmerado em demonstrar as vantagens da opção pretendida, face às suas desvantagens – ou seja, tiver realizado previamente um exame da proporcionalidade – maior será o ônus argumentativo imposto ao TCU para anular a decisão ou determinar a sua reforma.

Essas são algumas pautas que poderiam, a nosso ver, ser desde já adotadas pelo TCU em suas auditorias.

Como adiantado, a participação acionária do Estado, direta ou indiretamente, em sociedades privadas vem sendo objeto de diversos julgados do TCU nos últimos anos (vide, por exemplo, os acórdãos 894/2015 e 1344/2015).

Em 18.05.2016, o Plenário do Tribunal de Contas da União voltou a se debruçar sobre o assunto, ao proferir o acórdão nº 1220/2016, tendo por objeto a aquisição de 22% das participações acionárias da CPMBraxis Capgemini S.A. (CPMBraxis) pela Caixa Participações S.A. (CaixaPar) e a posterior contratação da primeira pela segunda com dispensa de licitação fundamentada no art. 24, XXIII, da Lei nº 8.666/93.

O TCU faz referência, nesse julgado, à nossa obra sobre o tema, para afirmar que a Constituição Federal admite tal forma de intervenção do Estado na economia, impondo-lhe, contudo, limites, em especial, a

---

juridicamente razoável, em princípio, não pode ser condenado (TC 25.7017/82-5); b) a liberdade de gestão está fora da ação do controle, que deve guiar-se também pelo princípio da razoabilidade. Em relação, por exemplo, a acordo judicial, submetido a exame do TCU, concluiu este que ficou demonstrada a pouca possibilidade de êxito, ensejando, pois, o julgamento pela regularidade. Asseverou, no caso, o relator que a avaliação jurídica, realizada à época, apontava reduzidas possibilidades de sucesso dos recursos interpostos pela Companhia, em virtude de decisões pretéritas similares, prolatadas pelo Judiciário (TC nº 279.300/93-0); c) mesmo quando se trata de parecer encomendado pela Administração Pública, os órgãos de controle procedem ao exame da tese sustentada, em respeito à possibilidade de interpretações divergentes. Por outro lado, os órgãos de controle não estão obrigados a acolher a tese, mesmo que subscrita por nomes de expressão (TC nº 625.127/95-1); d) o Tribunal de Contas da União tem por regra não penalizar o agente quando adota, em questão ainda não definida em sua jurisprudência, tese juridicamente razoável (Decisão 326/95)". (FERNANDES, Jorge Ulisses Jacoby. *Tribunais de Contas do Brasil: jurisdição e competência*, Fórum, Belo Horizonte, 2005, pp. 45/46).

O ESTADO EMPRESÁRIO

necessidade de observância ao princípio da legalidade e consequente exigência de autorização legal para tal forma de intervenção, e a necessidade de fundamentação da escolha dessa forma de intervenção, considerando os seus riscos e possíveis alternativas.

Corrobora o que já expusemos no item 4.4 deste livro, ao afirmar que, "apesar de ter como sócio um ente integrante da Administração Pública e de existirem recursos de origem pública no seu capital, a empresa público-privada não se subordina ao regime de direito público. Nem sequer integra a Administração Indireta, sendo que o sócio estatal não tem preponderância no seu controle. O simples fato de haver participação estatal na empresa público-privada não conferirá à sociedade qualquer vantagem perante o poder público. Na qualidade de pessoa jurídica de direito privado que não integra a Administração Pública, a empresa privada com participação estatal deve atuar em pé de igualdade com toda a iniciativa privada".

No caso concreto, embora entenda que tal forma de intervenção é possível, o TCU considerou que a participação da CaixaPar na CPMBraxis não atendia ao previsto na Lei nº 11.908/2009, uma vez que a CPMBraxis não se enquadraria no conceito de instituição financeira, conforme exigido pela mencionada lei. Não teria sido atendido, portanto, o princípio da legalidade.

O acórdão, contudo, vai além, para explorar o tema da celebração de acordos de acionistas entre o Estado e os demais acionistas da sociedade privada, chegando à importante conclusão de que, se, por um lado, nem todo acordo de acionistas será suficiente para conferir a preponderância do Estado na gestão da sociedade e, consequentemente, para permitir que se configure exercício de poder de controle pelo Estado, por outro, caso isso ocorra, estaremos diante de uma sociedade de economia mista de fato, o que pode caracterizar burla das regras constitucionais aplicáveis à Administração Pública.

O TCU analisa, ainda, a possibilidade de aplicação da dispensa de licitação prevista no art. 24, XXIII, da Lei nº 8.666/93 ao caso concreto ("na contratação realizada por empresa pública ou sociedade de economia mista com suas subsidiárias e controladas, para a aquisição ou alienação de bens, prestação ou obtenção de serviços, desde que o preço contratado seja compatível com o praticado no mercado"), concluindo que "a mera participação acionária numa empresa público-privada, por si só, não autoriza sua contratação direta pela Administração". Isso porque, para o Tribunal, a simples participação acionária não se enquadra nos conceitos de "subsidiárias e controladas" referidos pelo dispositivo legal, sendo exigível o controle.

Por outro lado, o Tribunal reconhece, em tese, que uma empresa público-privada poderia ser contratada de forma direta por uma sociedade estatal que dela participe, caso configurado algum caso de inexigibilidade de licitação previsto no art. 25 da Lei nº 8.666/93. Aqui, o Tribunal mais uma vez encampa o nosso entendimento no sentido de que a simples alegação de "affectio societatis" não seria suficiente para preencher os requisitos legais de inexigibilidade. A inexigibilidade apenas pode fundamentar o afastamento da licitação nas hipóteses de efetiva inviabilidade de competição, decorrente de (i) ausência de alternativa; (ii) ausência de mercado concorrencial; (iii) impossibilidade de definição objetiva da prestação a ser executada; e (iv) impossibilidade de seleção objetiva da prestação a ser executada.

Fica claro, portanto, que o TCU vem criando, cada vez de forma mais objetiva, parâmetros para a análise de tais parcerias societárias, sendo certo que nos futuros casos se debruçará não só sobre as razões que levaram à aquisição de tais participações societárias pelo Estado em sociedade privadas, mas também sobre as cadeias contratuais estabelecidas a partir delas.

## CONCLUSÃO

No início do presente trabalho, nos propusemos a estudar o papel do Estado como acionista, seja sob a tradicional forma de criação de sociedades empresariais (sociedades de economia mista e empresas públicas), seja sob a forma de simples participação acionária em sociedades privadas. O objetivo foi o de verificar, sob o espectro jurídico-normativo, à luz da Constituição Federal, quais os limites para a intervenção do Estado na economia sob a forma empresarial e os controles a ela aplicáveis.

Iniciamos o estudo pela análise dos motivos gerais (ideológicos, econômicos e políticos) que levam o Estado a intervir na ordem econômica. Nenhum estudo de cunho jurídico deve desconsiderar a realidade, em especial o fato de que as pessoas são movidas por interesses e que a intervenção é intensamente influenciada por grupos econômicos e políticos. Um dos papéis do Direito, em nossa opinião, é o de construir instrumentos que possam evitar a utilização de recursos e estruturas públicas para finalidades privadas.

Se não é possível enumerar de antemão e de forma exaustiva por que e como o Estado deve intervir na economia, cabe ao Direito impedir que os (reais) motivos da intervenção sejam inconstitucionais (e, por isso, as teorias do interesse privado são importantes), impor que a escolha da forma de intervenção seja fundamentada e considere os seus riscos e possíveis alternativas (como que em uma análise de impactos da intervenção), bem como determinar uma avaliação, pelo Estado, da eficiência dos meios por ele escolhidos para o atendimento dos fins almejados, a fim de evitar o desperdício de recursos públicos.

Do exposto, parece-nos que ambas as teorias – a do interesse público e a do interesse privado, consideradas isoladamente, são incompletas,

O ESTADO EMPRESÁRIO

isto é, nenhuma delas é capaz de explicar sozinha a dinâmica da intervenção do Estado na economia. A compreensão do universo da intervenção estatal parece depender da consideração conjunta de ambas as teorias: uma explica o que a intervenção deve buscar (é uma teoria normativa); e a outra, quais são os motivos que normalmente subjazem à intervenção estatal ou a influenciam, na realidade (sendo, portanto, uma teoria descritiva). Mas há casos em que os objetivos da teoria normativa conseguem ser atingidos, já que são devidamente considerados os riscos apontados pela teoria descritiva.

Os fundamentos e os condicionamentos constitucionais à intervenção do Estado na economia foram objeto de análise genérica no item 2 deste livro. Toda medida de intervenção deverá se enquadrar em algum dos fundamentos lá previstos (regulação, prestação de serviços públicos ou exploração direta de atividades econômicas), bem como atender aos princípios constitucionais elencados (reserva legal, livre iniciativa, proporcionalidade, eficiência e livre concorrência).

Tais limites, como visto, são muito fluidos para permitir uma enumeração completa dos casos em que o Estado poderá intervir na economia e quais instrumentos deverá utilizar para cada hipótese. A análise da constitucionalidade da medida interventiva se dará, inevitavelmente, de forma casuística.

A liberdade de iniciativa, como toda liberdade, é a regra em nosso ordenamento jurídico (*in dubio pro libertate*), de forma que qualquer medida restritiva dessa liberdade deve ser necessariamente autorizada por lei (art. 5º, II, da Constituição federal) e fundamentada na necessidade de proteção de outro direito de estatura constitucional.

O princípio da liberdade de iniciativa não se aplica ao Estado, ainda que no âmbito das atividades submetidas ao regime de serviços públicos ou de monopólios. Enquanto o particular, em regra, é livre para empreender ou não no setor que tiver interesse, associando-se a quem desejar e cobrando o preço que entender suficiente, com vista ao lucro, o Estado possui o poder-dever de atender ao interesse público na forma que lhe for consignada pela Constituição e pelo legislador.

Assim, é possível afirmar que: (i) restrições à livre iniciativa devem ser previstas por lei e ser fundamentadas na necessidade de proteção de outros direitos constitucionais; (ii) as restrições à livre iniciativa devem atender ao princípio da proporcionalidade; (iii) o Estado não tem direito

CONCLUSÃO

à livre iniciativa – as medidas de intervenção do Estado na economia devem atender ao princípio da legalidade e, sempre que importarem restrições à liberdade privada, ao princípio da proporcionalidade.

Não concordamos com a assertiva de que a simples criação de uma sociedade estatal em determinado setor necessariamente o torna menos atrativo e seguro, o que violaria a livre iniciativa. Mas reconhecemos que essa é uma preocupação a ser considerada, sobretudo porque muito ainda se discute sobre qual o regime jurídico aplicável às empresas estatais e sobre a sua submissão ou não ao regime jurídico próprio das empresas privadas, como exige o art. 173, § 1º, II, da Constituição Federal. Assim, na verdade, eventual restrição à livre iniciativa diz respeito não à criação em si da empresa estatal, mas sim ao regime jurídico ao qual ela será submetida.

O mesmo se diga com relação à participação minoritária. Ela muitas vezes é utilizada como forma de fomento de determinada atividade econômica, o que também não afetará, em princípio, a livre iniciativa, mas a promoverá. Caso o Estado não detenha qualquer privilégio em comparação com os demais acionistas, não nos parece haver qualquer interferência no direito à livre iniciativa. O mesmo não se aplica às *golden shares,* cuja instituição pelo Estado gera até hoje enorme controvérsia com relação à sua compatibilidade com o princípio da liberdade de empresa e da liberdade de movimentação de capitais.

Outro princípio que merece destaque é o princípio da eficiência. Vimos que a análise da eficiência da intervenção estatal não pode se restringir ao conceito econômico de eficiência. Admite-se amplamente uma certa perda de "eficiência" – em seu sentido estritamente econômico – na medida em que ela seja necessária para o atendimento de determinada finalidade de interesse público, assim considerada pela Constituição Federal ou pelo processo democrático, e desde que o instrumento escolhido pelo Estado para tanto (regulação, criação de empresa estatal, etc) resista a uma análise de custo-benefício e economicidade. A medida interventiva deve ser apta a atender satisfatoriamente a finalidade almejada com o menor custo possível. Não se pode limitar a noção de eficiência aplicável à Administração à ideia de eficiência econômica.

É possível afirmar, portanto, que o princípio da eficiência impõe uma análise dos impactos da intervenção, obrigando o administrador, previamente à opção por determinado modelo interventivo, a justificá-lo ante aos objetivos visados e outros possíveis instrumentos de consecução. Há dois momentos de avaliação da eficiência da medida de intervenção do Estado na economia (i) o momento da escolha sobre intervir ou não na economia e, em caso positivo, sobre a forma de intervenção a ser utilizada – fase em que a análise se dará sob o prisma da eficiência alocativa; e (ii) o momento da avaliação dos resultados práticos da medida, isto é, se a medida escolhida se demonstra eficiente, considerando os objetivos que ela foi capaz de atingir e os recursos que foram despendidos para tanto, ocasião em que será analisada a eficiência produtiva da medida.

Em nossa opinião, o conceito de eficiência aplicável à escolha da medida interventiva é o de custo-benefício, já que se trata da escolha dos meios para a concretização das finalidades que o ordenamento jurídico coloca para o Estado. Cumpre ao Estado atender aos fins previstos democraticamente pela sociedade, o que pode demandar mais do que a correção das falhas do mercado.

Já, no segundo momento, referente à avaliação dos resultados práticos da medida interventiva escolhida, parece-nos ser possível e necessário avaliar a eficiência produtiva da ação estatal, em seu sentido econômico, sobretudo se essa se der sob a forma de criação de empresas estatais.

Da análise da literatura sobre eficiência das empresas estatais foi possível identificar algumas questões que a influenciam diretamente: (i) introdução da concorrência; (ii) diminuição da influência política; (iii) introdução de instrumentos de governança corporativa; (iv) criação de incentivos para os seus dirigentes; (v) submissão a algum tipo de procedimento de falência. Competitividade, governança e estabelecimento de metas, além da eliminação ou redução de alguns entraves ao desenvolvimento das suas tarefas (licitação, por exemplo) são medidas que podem promover uma maior eficiência.

No capítulo 3, focamo-nos no estudo das empresas estatais (sociedades de economia mista e empresas públicas), no Direito comparado e no Brasil.

No direito comparado, constatamos uma interessante tendência de divisão do regime aplicável às empresas estatais em dois: uma referente à sua relação com terceiros (externa), que é regida pelo Direito Privado, e outra atinente à sua relação com o seu controlador (interna), de Direito Público.

CONCLUSÃO

Esse é o caso das *public corporations* inglesas, entidades que combinam a liberdade gerencial sobre as operações do dia-a-dia com o controle público das macropolíticas que devem observar. A mesma solução parece ser utilizada na Espanha, com as entidades públicas empresariais.

Além disso, verificamos também que, pelo menos na França e em Portugal, existe uma tendência ao paulatino abandono das formas jurídicas de Direito Público para a prestação de serviços públicos, em virtude das pressões exercidas pela União Europeia e pela economia de mercado.

No Brasil, a principal discussão com relação às empresas públicas e sociedades de economia mista diz respeito ao seu regime jurídico. As empresas públicas e as sociedades de economia mista, como visto, são constituídas sob a forma de pessoas jurídicas de Direito Privado. Isso significa que essas entidades são, ainda que com algumas derrogações e particularidades, submetidas ao regime comum de contratações, de pessoal, tributação, de bens, etc.

Nessa linha, prevê o art. 173, § 2º, da Constituição Federal que tais entidades "não poderão gozar de privilégios fiscais não extensivos às do setor privado". Além disso, o seu parágrafo primeiro previu que deverá ser editada uma lei para estabelecer o estatuto jurídico dessas entidades, dispondo sobre a sua "sujeição ao regime jurídico próprio das empresas privadas, inclusive quanto aos direitos e obrigações civis, comerciais, trabalhistas e tributários".

Por outro lado, na medida em que integram a Administração Pública e são criadas para finalidades específicas previstas em lei, há também consenso doutrinário sobre o fato de que esses regimes jurídicos não podem ser idênticos. As empresas estatais sofrem uma série de limitações no exercício de suas atividades.

O primeiro desses limites é a necessidade de autorização legal para a criação de sociedades de economia mista e empresas públicas (art. 37, XIX), suas subsidiárias e para a participação em sociedades privadas (art. 37, XX). Exigência dessa mesma natureza, como se sabe, não é requerida da iniciativa privada.

Além disso, essas sociedades são submetidas a todos os princípios previstos no *caput* do art. 37 (legalidade, impessoalidade, moralidade, publicidade e eficiência), ainda que eventualmente mitigados, bem como ao princípio do concurso público para a contratação de seus empregados (art. 37, II), à regra da licitação (art. 22, XXVII), à vedação de acumulação de cargos públicos (art. 37, XVII); aos limites e condições fixados pelo Senado Federal para a realização de operações de créditos internas ou externas (art. 52, VII); à vedação de celebração de contratos com deputados ou senadores (art. 54); às diretrizes, objetivos e metas fixados pela lei orçamentária anual (art. 165, § 5º); bem como, no que diz respeito às estatais dependentes, à exigência de prévia e suficiente dotação orçamentária para a concessão de qualquer vantagem, aumento de remuneração, criação de cargos, alteração da estrutura de carreiras ou admissão de pessoal a qualquer título (art. 169, § 1º).

Ainda de acordo com a Carta Maior, incidem sobre essas entidades os controles do Legislativo (art. 49, X) e dos Tribunais de Contas (art. 70 e 71), bem como do Poder Executivo (art. 84, II).

Além disso, prevê o art. 5º, LXXIII, a possibilidade de impugnação de atos lesivos ao patrimônio dessas sociedades via ação popular, havendo também consenso sobre a possibilidade de impetração de mandado de segurança em face de atos praticados no curso de licitações.

Essas são, em breve síntese, as derrogações constitucionais ao regime jurídico das empresas estatais que, na sua essência, é o de Direito privado. Vimos, contudo, que existe ampla discussão doutrinária e jurisprudencial sobre a real extensão dessas derrogações e, em especial, sobre a possibilidade de diferenciar o regime jurídico aplicável a essas entidades em função da natureza das atividades por elas exploradas (*i.e.* serviços públicos ou atividades econômicas em sentido estrito).

A jurisprudência brasileira e grande parte da doutrina pátria afirmam haver uma diferenciação constitucional entre os regimes jurídicos aplicáveis às empresas estatais exploradoras de atividades econômicas em sentido estrito e às empresas estatais prestadoras de serviços públicos, não sendo o art. 173 aplicável a essas últimas. As principais consequências desse entendimento residem na impenhorabilidade dos bens das empresas estatais prestadoras de serviços públicos e na aplicação da imunidade tributária instituída pelo art. 150, VI, a, da Constituição Federal (imunidade tributária recíproca) a essas entidades.

Esse entendimento doutrinário e jurisprudencial vem, no entanto, e cada vez mais, sofrendo uma série de críticas, fundadas nas transformações que vem sendo verificadas na exploração de serviços públicos pelo Estado.

CONCLUSÃO

A antiga dicotomia entre a prestação de serviços públicos e a exploração de atividades econômicas está se tornando cada vez menos nítida, tendo em vista as evoluções sofridas pela economia e pelos próprios instrumentos de intervenção do Estado na economia. Além disso, inúmeros serviços públicos passaram a ser prestados pelo Estado em regime de concorrência com a iniciativa privada, o que também impõe uma releitura desse tema.

Diante desse novo cenário, para parte da doutrina, o que é realmente relevante para a definição do regime jurídico aplicável às empresas estatais não é a natureza da atividade que elas exploram, mas sim a circunstância de atuarem ou não em regime de concorrência.

Essa alteração de entendimentos, como visto, já vem apresentando reflexos na jurisprudência do Supremo Tribunal Federal. Em maio de 2011, no julgamento do Recurso Extraordinário nº 599.628, aquele Tribunal afastou o privilégio de pagamento por precatório em caso que envolvia sociedade de economia mista que presta serviços públicos em regime de concorrência e apresenta como objetivo distribuir lucros aos seus acionistas.

Mas isso não nos parece resolver a questão. As críticas não se reduzem a apenas esse aspecto. É verdade que a introdução da concorrência em atividades dantes prestadas em regime de exclusividade importou em necessária revisão do tema. Mas fato é que, independentemente disso, não se pode ignorar a crítica de que a opção pela forma jurídica de direito privado para a prestação de determinado serviço é vinculada ao regime que a Constituição atribui a essas entidades, além de decorrer, muitas vezes, do princípio da eficiência.

Embora plausível, a interpretação de que a prestação de serviços públicos constitui hipótese ressalvada na primeira parte do artigo 173 não é inequívoca nem a única possível. É também razoável a interpretação de que o art. 173 disciplina o regime jurídico aplicável a todas as empresas estatais exploradoras de atividades econômicas em sentido lato, e, o art. 175, o regime básico aplicável à prestação de serviços públicos.

Não nos parece ser legítimo simplesmente desconsiderar que, nos termos do art. 173, §§ 1º e 2º, da Constituição, as empresas estatais possuem um regime jurídico específico. Ao optar por explorar tais serviços através de uma pessoa jurídica de Direito Privado, muito embora pudesse, de acordo com o entendimento doutrinário prevalecente, explorá-lo através de órgãos da Administração Direta, fundações públicas ou autarquias, o Estado assume tanto os bônus dessa estrutura (celeridade, desburocratização), quanto os seus ônus – submissão ao regime jurídico de direito privado.

Defender que tão-somente o fato de explorar um serviço público impõe derrogações tão extremas sobre o regime aplicável a essas entidades é desconsiderar o regime que lhe é intrínseco. É transformar uma empresa em uma autarquia (aliás, é isso exatamente o que alguns autores advogam). É afrontar a vontade do legislador que optou por utilizá-lo, quando podia optar por instrumentos de direito público.

Independentemente da natureza do serviço prestado pela estatal ou do fato de ser prestado ou não em regime de concorrência, não se pode, enfim, simplesmente igualar o regime jurídico aplicável às empresas estatais prestadoras de serviços públicos ao regime da Administração Pública Direta, a não ser na medida em que se demonstre em que ponto e grau a submissão ao regime de direito privado prejudicaria a prestação do serviço público. Eventuais derrogações devem se demonstrar essenciais para a exploração do serviço público, não podendo ser pautadas em argumentações genéricas sobre o tema.

Por isso, em nossa opinião, um bom ponto de partida seria comparar as prerrogativas normalmente enumeradas pela doutrina e jurisprudência em favor das empresas estatais prestadoras de serviços públicos com o regime jurídico especial aplicável às concessionárias privadas de serviços públicos. Assim, ficaria mais fácil perceber o que é ou não essencial à exploração desse tipo de atividade. Foi o que fizemos nos itens 3.7.1.1 a 3.7.1.7 deste livro.

A partir dessa análise, duas questões ficaram claras. A primeira delas é que o regime da impenhorabilidade pode ser necessário naqueles casos em que o bem seja essencial para a prestação do serviço. Não seria, assim, possível penhorar um trem em uso de uma empresa prestadora do serviço de transporte ferroviário ou parte expressiva da renda dessa empresa, que impossibilitasse a continuidade do serviço. Mas seria possível penhorar um imóvel sem destinação ou eventuais obras de arte exibidas em suas sedes, ou, ainda, parte da renda que não comprometa a prestação do serviço.

Não se pode desconsiderar, com efeito, que a natureza dos serviços públicos pode impor, em determinadas hipóteses, derrogações ao regime

CONCLUSÃO

privado, a título excepcional e tão-somente na medida do necessário. A aplicação do regime de impenhorabilidade ou pagamento por precatórios deve ser analisada sob o prisma do princípio da proporcionalidade, justificando a diferenciação caso se trate de medida adequada e necessária à prestação qualificada e eficiente do serviço público e passe pelo teste do custo-benefício para os direitos envolvidos.

Também nos parece não ser possível a aplicação da atual Lei de Recuperação e Falências às empresas estatais. Não porque exista um óbice de *per se* à submissão das empresas estatais a processos destinados ao pagamento das dívidas dessas empresas, mas sim porque o processo de recuperação judicial e falência previsto na Lei federal nº 11.101/2005 não é compatível com as peculiaridades dessas entidades.

Esse processo, como visto, não foi formulado levando em consideração tais peculiaridades. Os pontos principais que, a nosso ver, deveriam ser equacionados em uma lei especial sobre essas entidades seriam: (i) quem administrará a empresa durante o processo de falência: há necessidade de transferir o seu controle, em se considerando que o seu controlador é o próprio Estado? Seria possível, por exemplo, pensar no exercício temporário do controle não por um dos credores, mas por outro órgão público, independente, como o Tribunal de Contas competente, ou por esse em conjunto com os credores; (ii) como se dará o processo de negociação do plano de recuperação judicial: nosso receio é que, diante das peculiaridades dessas entidades, não haja incentivos para que os seus credores aceitem reduzir os seus créditos ou recebê-los em prestações, etc; (iii) como esse processo de recuperação poderia utilizar ferramentas como a transformação dessas entidades em empresas dependentes (listando, por exemplo, as hipóteses em que isso seria obrigatório com vista ao pagamento das dívidas), o regime de precatórios ou a responsabilidade subsidiária do Estado (em caso de submissão da empresa a políticas claramente ineficientes, por exemplo) para viabilizar o pagamento de suas dívidas.

Utilizar o procedimento previsto na atual Lei de Falências para as estatais traria mais prejuízos do que benefícios, face às infindáveis dúvidas que levantaria e a possibilidade de aplicações diferentes em cada caso.

Todas as demais diferenciações sustentadas pela doutrina e jurisprudência (regime de bens, regime tributário, regime de licitações, regime contratual) com fundamento na atividade explorada pela empresa estatal são, contudo, em princípios, injustificadas, já que não são essenciais à exploração de serviços públicos.

Vimos, ainda, que os controles incidentes sobre as empresas estatais devem ser permeados pela lógica da proporcionalidade: eles devem ser adequados para garantir que os objetivos buscados pela criação dessas entidades sejam atingidos e para evitar e coibir desvios de finalidade, desperdício de recursos públicos, uso da coisa pública para fins privados, dentre outras práticas ímprobas e ilegítimas, mas deve ser exercido de forma a influenciar minimamente a operação cotidiana dessas empresas, apenas no grau estritamente necessário à consecução de suas finalidades.

No que tange ao controle exercido pelos Tribunais de Contas, por exemplo, vimos que deverá ser assegurada a necessária autonomia das empresas estatais, sob pena de desvirtuação desse modelo de intervenção da economia. Vale ressaltar, nesse particular, que as entidades internacionais de fiscalização governamental vêm reconhecendo a legitimidade da assunção de riscos pelo Estado, em suas atividades empresariais, desde que de forma fundamentada, estudada e transparente, sendo defendida a adoção de uma postura de deferência com relação aos riscos assumidos pelo Estado, desde que devidamente identificados e bem administrados.

No âmbito do Poder Executivo, parece-nos que deverá ser reforçado o papel do Estado como acionista, sendo utilizados, para esse fim, mecanismos de governança corporativa, os quais se demonstram importantes para limitar a influência política indevida sofrida por essas entidades.

No quarto capítulo, estudamos as participações societárias do Estado em sociedades privadas. São inúmeros os motivos e os exemplos práticos de participação estatal sem controle em sociedades privadas, podendo ser agrupados pela natureza das finalidades a ela subjacentes: (i) possibilitar uma maior fiscalização e determinado grau de controle sobre uma sociedade privada na qual o Estado possui especial interesse (seja concessionária de serviços públicos, sociedade estatal recém privatizada ou uma sociedade financiada pelo Estado); (ii) financiar uma atividade econômica explorada por determinada sociedade privada; (iii) explorar determinada atividade diretamente, em parceria com a iniciativa privada, com vista a dividir ônus e obter *know how*.

Parece-nos que esse tipo de intervenção guarda um pouco de intervenção direta e um pouco de regulação, e cada um desses aspectos será

CONCLUSÃO

mais ou menos acentuado a depender do caso concreto e do grau de influência do Estado na gestão das atividades da companhia participada.

Essa discussão, de toda forma, talvez não tenha um efeito prático no Brasil, já que os fundamentos constitucionais para a regulação e para a intervenção direta sob a forma de empresas estatais são muito semelhantes: ambos, em última análise, visam a atender a um interesse público relevante e devem atender ao princípio da proporcionalidade.

Diante desse contexto, talvez mais importante do que tentar classificar a participação minoritária estatal como regulação ou intervenção direta, seja analisar como e em que medida os controles e limites incidentes sobre as formas clássicas de intervenção também se aplicam e se são suficientes para endereçar os novos problemas trazidos por essa forma de intervenção do Estado na Economia, em especial o desvio de finalidade.

Um novo ciclo interventivo se inicia, com a apuração dos métodos anteriores (empresas públicas e sociedades de economia mista) e adoção de novos instrumentos, dentre eles a participação do Estado em sociedades privadas.

Mas esses novos instrumentos também sofrem uma série de críticas, em especial aquelas relacionadas à violação ao princípio da livre iniciativa, à falta de transparência e possível utilização com desvio de finalidade, bem como à sua inadequação e ineficiência para o atendimento do interesse público.

Neste livro, buscamos delimitar essa forma de intervenção direta do Estado na economia, analisar os seus possíveis motivos e traçar eventuais limites e instrumentos de controle, sem esquecer, por outro lado, que as sociedades de que estamos tratando não fazem parte da Administração Pública.

Preocupa-nos, em especial, a possibilidade de que tais participações societárias sejam usadas não como uma forma de atender o interesse público, mas sim de burlar o sistema constitucional aplicável à Administração Pública.

A criação de uma sociedade privada com participação estatal poderia ser um instrumento para liberar os negócios das estatais das amarras do Direito Administrativo. Em vez de contratar novos empregados por concurso público e realizar licitações para a contratação de bens e serviços relacionados às suas atividades-meio, a empresa estatal poderia simplesmente constituir uma parceria com uma sociedade privada para a

O ESTADO EMPRESÁRIO

constituição de uma terceira sociedade, a qual, tão-somente pelo fato de não ser controlada por uma entidade da Administração Pública, não seria submetida a quaisquer desses condicionamentos, muito menos seria obrigada a atender a determinado interesse público, e, além de tudo, não seria submetida ao controle dos Tribunais de Contas.

Em vista disso, além dos parâmetros genéricos aplicáveis a todo tipo de intervenção do Estado na economia (autorização legal, proporcionalidade, eficiência, etc.), buscamos também apontar alguns parâmetros específicos para esse tipo de medida.

O primeiro deles é a preferência por sociedades de economia mista ou subsidiárias nas hipóteses em que a lei tenha atribuído à Administração Pública a competência para a exploração direta de atividade econômica, sendo possível defender a existência de uma presunção relativa de que o controle sobre a sociedade é o meio mais adequado para a consecução do interesse público.

Assim, por exemplo, na exploração de suas atividades-fim, as sociedades estatais deverão dar preferência à criação de subsidiárias no lugar das participações minoritárias, só sendo admissível a utilização desse último instrumento nos casos em que for demonstrado que a finalidade pública pode ser melhor atendida dessa forma. Se o objetivo buscado pode ser atendido de forma satisfatória com a criação de uma subsidiária ou pela criação *ex novo* de uma nova sociedade estatal, esses instrumentos deverão ser utilizados.

Além disso, parece-nos não ser legítimo o exercício, pelo Estado, do controle sobre sociedades "privadas", isto é, que não foram criadas pela lei sob a forma de sociedades de economia mista.

A participação do Estado ou das entidades de sua Administração Indireta em sociedades privadas só pode ser aquela destituída de direitos inerentes ao poder de controle, sob pena de desvirtuação do regime constitucional aplicável às sociedades estatais. O controle intencional e permanente do Estado em uma sociedade privada é uma situação irregular. Se o Legislador não pode, à luz da Constituição Federal, eximir as empresas estatais dos condicionamentos previstos em seus arts. 37 e 173, parece-nos que também não poderia o Legislador ou o Executivo chegar à mesma consequência fática através da participação societária.

A participação, portanto, não deverá atribuir ao Estado os direitos de acionista controlador e, em regra, quando o objetivo for a intervenção direta para a exploração de atividade econômica, haverá uma presunção em favor da constituição de uma sociedade de economia mista ou de uma subsidiária.

Nem sempre, contudo, o interesse público pode ser melhor assegurado pela criação de uma sociedade de economia mista no lugar da simples participação estatal em sociedades privadas. Ele só pode ser estabelecido caso a caso e, justamente, a partir da aplicação do princípio da proporcionalidade. Mas, optando-se pela participação minoritária, o ente da Administração deverá fundamentar tal opção, demonstrando a adequação para a concretização do fim visado, bem como a sua eficiência comparativamente à opção com exercício de controle.

Outra questão que se coloca diz respeito à necessidade de realização de procedimento licitatório para a escolha do parceiro privado.

Há autores que defendem que a celebração de parceria com a iniciativa privada para a constituição de uma sociedade constitui uma hipótese de inexigibilidade de licitação (art. 25 da lei nº 8.666 e, mais recentemente, com fundamento na Lei nº 13.303/2016), já que pressuporia a presença da *affectio societatis*. Em sendo a *affectio* uma relação de cunho inteiramente subjetivo, não sendo passível de aferição via critérios objetivos, seria inviável a escolha de um parceiro para a constituição de uma sociedade empresarial através de licitação.

A noção de *affectio societatis,* contudo, vem sendo discutida pela doutrina juscomercialista, tanto no que tange à sua conceituação, quanto no que diz respeito à sua utilidade e, ainda, no que toca à sua aplicabilidade às sociedades anônimas. Além de controversa, a *affectio* também comprovadamente não se encontra presente em todos os laços societários. Por isso, o afastamento da regra da licitação não pode ser, a nosso ver, fundamentado em argumentos genéricos relacionados à existência dessa afeição societária.

Além disso, mesmo elementos como a confiança e a lealdade recíprocas não justificam, por si sós, pelo menos não para a totalidade dos casos, a inexigibilidade de licitação. A existência prévia desses elementos não nos parece, com efeito, ser necessária em todos os casos e, de qualquer forma, ela poderia ser aferida através de critérios objetivos de avaliação. É possível cogitar a existência de quesitos como (i) contratos anteriores entre a Administração e determinada empresa; (ii) qualidade da execução de contratos anteriormente celebrados; (iii) quantidade e natureza de penalidades já cominadas; (iv) exigência de capacidade financeira mínima; etc. Apenas quando a escolha tiver que ser necessariamente pautada por critérios subjetivos, em virtude da ausência de critérios objetivos para tanto, é que a licitação se tornaria inexigível.

Dessa forma, parece-nos que a *affectio* só poderia ser fundamento da inexigibilidade quando consistir, no caso concreto, um requisito para o atendimento do interesse público, a única forma de obter uma parceria satisfatória.

Na verdade, a nosso ver, o que torna a licitação inviável para a celebração de uma parceria societária, via de regra, não é a *affectio societatis* em si, mas (i) exigências de flexibilidade, sigilosidade e celeridade presentes em determinados casos concretos; (ii) exigências da exploração de atividade econômica por empresa estatal em regime de concorrência; e (iii) impossibilidade de definição do objeto da contratação.

Assim, andou bem o legislador ao condicionar, quando da edição da Lei nº. 13.303/2016, a dispensa de licitação nos casos de aquisição de participação em sociedades à justificação da "inviabilidade de procedimento competitivo (art. 28, § 3º, II, e § 4º).

Há, ainda, aqueles que sustentam a inexigibilidade de licitação com fundamento no argumento de que os contratos de sociedade não seriam contratos administrativos, subsumíveis à Lei nº 8.666/93. O afastamento da licitação não parece ser, no entanto, uma solução universal, tampouco presumivelmente adequada para todo e qualquer caso. Ainda que a Lei nº 8.666/93 não se aplique à constituição de parcerias societárias entre o Estado e particulares, fato é que a Administração Pública está adstrita aos princípios constitucionais da isonomia, moralidade, eficiência e economicidade que impõem que a parceria com particulares seja precedida por algum tipo de procedimento transparente que os concretize da melhor forma possível.

Por outro lado, em algumas hipóteses, a celebração de parcerias societárias entre Estado e particulares dependerá de intensas tratativas, de natureza extremamente sigilosa, e demandará também celeridade nas negociações, o que inviabilizaria a realização de prévia licitação. Com relação à constituição de parcerias societárias voltadas à execução de atividades-fim de empresas estatais, por exemplo, parece não haver dúvidas quanto à inexigibilidade de licitação, já que nesses casos a celebração de tais parcerias é uma imposição da própria exploração da atividade eco-

CONCLUSÃO

nômica em regime de concorrência. A licitação é inexigível, dessa forma, porque inviabilizaria a atuação eficiente da estatal na consecução da sua atividade-fim.

Neste livro, tratamos também do controle dessas parcerias pelos Tribunais de Contas. Vimos que, não obstante o disposto no art. 70 da Constituição, o seu objeto precípuo é a Administração Pública. O seu controle só incide sobre entidades privadas apenas quando e na medida em que estas atuarem como administradores ou utilizarem em suas atividades bens ou verbas públicas. Com exceção dessas hipóteses, não faz sentido que esse Tribunal fiscalize também o desempenho das empresas privadas.

Na verdade, o controle do Tribunal de Contas sobre as empresas meramente participadas é apenas indireto. É a empresa estatal acionista o foco do seu controle e não a empresa participada. Esse Tribunal terá o papel de avaliar a legitimidade, legalidade e economicidade (art. 70, *caput*) da participação da empresa estatal minoritariamente em uma empresa privada. Caberá ao Tribunal de Contas analisar se as participações estatais em empresas privadas atendem às finalidades previstas na lei autorizadora dessa participação, de forma eficiente e econômica.

E, em todo caso, deve o Tribunal de Contas prestar deferência as decisões tomadas pelo Administrador. O controle é cabível, mas, em sendo o ato controlado razoável, ainda que havendo alternativas mais eficazes, deve o Tribunal respeitá-lo, podendo, no máximo, sugerir recomendações a serem facultativamente e, de acordo com as possibilidades fáticas, seguidas no futuro. Só haverá, portanto, sindicabilidade diante de opções ou interpretações irrazoáveis.

Como se vê, frente às pautas fluidas que condicionam a participação estatal em empresas privadas, como a necessidade de atendimento a interesse público, ao princípio da proporcionalidade, economicidade e eficiência, a fundamentação e motivação dessa participação assumem grande importância. É a exigência de motivação que evita que o Poder Público utilize essa forma de intervenção como uma forma de "fugir" aos condicionamentos do Direito Público e permite a verificação de que a intervenção estatal escolhida era adequada e necessária para o caso concreto, frente às outras possíveis parcerias.

# REFERÊNCIAS

ABBUD, André de Albuquerque Cavalcanti. *Execução específica dos acordos de acionistas.* São Paulo: Quartier Latin, 2006.

AGUILLAR, Fernando Herren. *Controle social de serviços públicos.* São Paulo: Max Limonad, 1999.

AHARONI, Yair. The Performance of State-Owned Enterprises. In: TONINELLI, Píer Ângelo (Org.). *The Rise and Fall of State-Owned Enterprise in the Western World.* Cambridge: Cambridge University Press, 2000.

ALBUQUERQUE, Pedro de; PEREIRA, Maria de Lurdes. *As 'Golden Shares' do Estado Português em Empresas Privatizadas: Limites à sua admissibilidade e exercício.* Coimbra: Coimbra Editora, 2006.

ALMEIDA, Aline Paola C. B. Camara de. O Regime Licitatório das Empresas Estatais. In: SOUTO, Marcos Juruena Villela (coord.). *Direito Administrativo Empresarial.* Rio de Janeiro: Lumen Juris, 2006.

ALVES, Clarissa Brandão de Carvalho Cardoso. Direito da concorrência e joint ventures: limites legais. In: RIBEIRO, Marilda Rosado de Sá (org.). *Estudos e pareceres – direito do petróleo e gás.* Rio de Janeiro: Renovar, 2005.

AMARAL, Antônio Carlos Cintra do. Formação de Consórcio – Escolha de Empresa Estatal – Desnecessidade de Licitação. *Revista Diálogo Jurídico*, nº 12, mar. 2002. Disponível em http://www.direitopublico.com.br. Acesso em 20 abr. 2008.

AMORIM, João Pacheco de. *As Empresas Públicas no Direito Português.* Coimbra: Almedina, 2000.

AMUCHÁSTEGUI, Jesús González. El análisis económico del derecho: algunas cuestiones sobre su justificación. In: *Doxa, Cuadernos de Filosofia del Derecho*, vol. 15-16, 1994.

ANUATTI-NETO, Francisco; BAROSSI-FILHO, Milton; CARVALHO, Antonio Gledson de; MACEDO, Roberto. *Costs and Benefits of Privatization: Evidence from Brazil*. Inter-American Development Bank, Research Network Working Paper #R-455, jun. 2003.

ARAGÃO, Alexandre Santos de. *Agências Reguladoras e a evolução do direito administrativo econômico*. Rio de Janeiro: Ed. Forense, 2002.

\_\_\_. Princípio da Eficiência. *Revista dos Tribunais*, vol. 830, dez. 2004.

\_\_\_. As Parcerias Público-Privadas – PPPs no Direito Positivo Brasileiro. In: AMARAL, Flávio (coord.) *Revista de Direito da Associação dos Procuradores do Novo Estado do Rio de Janeiro*, Vol. XVII Parcerias Público-Privadas. Rio de Janeiro: Lumen Juris, 2006.

\_\_\_. *Direito dos Serviços Públicos*. Rio de Janeiro: Ed. Forense, 2007.

\_\_\_. Empresas estatais e o controle pelos Tribunais de Contas. *Revista de Direito Público da Economia*, v. 23, 2008.

\_\_\_. Empresa público-privada. *Revista dos Tribunais*, v. 890, 2009.

\_\_\_. *Curso de Direito Administrativo*. Rio de Janeiro: Ed. Forense, 2012.

ARAÚJO, Edmir Netto de. *Curso de Direito Administrativo*. São Paulo: Editora Saraiva, 2010.

ARGIMÓN, Isabel; ARTOLA, Concha; GONZÁLEZ-PÁRAMO, Jose Manuel. Empresa Pública y Empresa Privada: Titularidad y Eficiencia Relativa. Disponível em http://dialnet.unirioja.es/servlet/fichero_articulo?codigo=3087128&orden=0. Acesso em 01 set. 2011.

ATALIBA, Geraldo. SABESP: Serviço Público – Delegação a empresa estatal – Imunidade a impostos – Regime de taxas. *Revista de Direito Público* – RDP, vol. 92, 1989.

\_\_\_. Patrimônio Administrativo – Empresas Estatais Delegadas de Serviço Público – Regime de seus Bens – Execução de suas Dívidas. *Revista Trimestral de Direito Público* – RTDP, vol. 7, 1994.

ÁVILA, Humberto. Moralidade, Razoabilidade e Eficiência na Atividade Administrativa. *Revista Eletrônica de Direito do Estado*, nº 4, out./dez. 2005.

\_\_\_. *Teoria dos Princípios: da definição à aplicação dos princípios jurídicos*. São Paulo: Ed. Malheiros, 2006.

BACKER, Larry Catá. The Private Law of Public Law: Public Authorities as Shareholders, Golden Shares, Sovereign Wealth Funds, and the Public Law Element in Private Choice of Law. Disponível em http://ssrn.com/abstract=1135798. Acesso em 20 jun. 2012.

REFERÊNCIAS

BAEV, Andrei A. Is there a Niche for the State in Corporate Governance? Securitization of State-Owned Enterprises and New Forms of State Ownership. *Houston Journal of International Law*, vol. 18, outono 1995, nº 1.

BANDEIRA DE MELLO, Celso Antônio. *Natureza e regime jurídico das autarquias*. São Paulo: Ed. Revista dos Tribunais, 1968.

___. Inconstitucionalidade da efetivação de servidores públicos sem concurso público a título de incluí-los no Regime Jurídico Único. *Revista de Informação Legislativa*, n. 129, jan./mar. 1996.

___. Serviço Público e Poder de Polícia: Concessão e Delegação. *Revista Trimestral de Direito Público – RTDP*, n. 20, 1997.

___. Impenhorabilidade dos Bens das Empresas Estatais Prestadoras de Atividades Públicas. *Revista Trimestral de Direito Público* – RTDP, vol. 31, 2000.

___. Licitações nas estatais em face da ED n. 19. *Revista Diálogo Jurídico*, nº 12, 2002. Disponível em: <http://www.direitopublico.com.br/pdf_12/DIALOGO-JURIDICO-12-MAR%C3%87O-%202002-CELSO-ANTONIO-BANDEIRA-MELLO.pdf>. Acesso em 11 fev. de 2012.

___. *Curso de Direito Administrativo*. 26ª ed. rev. e atual. São Paulo: Malheiros, 2009.

BARBI FILHO, Celso. Acordo de Acionistas: Panorama Atual do Instituto no Direito Brasileiro e Propostas para a Reforma de sua Disciplina Legal. *Revista de Direito Mercantil, Industrial, Econômico e Financeiro*, vol. 121, jan./mar. 2001.

BARCELLOS, Ana Paula de. *A eficácia jurídica dos princípios constitucionais*. Rio de Janeiro: Renovar, 2002.

BARROSO, Luís Roberto. Modalidades de Intervenção do Estado na Ordem Econômica. Regime Jurídico das Sociedades de Economia Mista. Inocorrência de Abuso do Poder Econômico. *Revista Trimestral de Direito Público* – RTDP, vol. 18, 1998.

___. Regime constitucional do serviço postal. Legitimidade da atuação da iniciativa privada. *Revista dos Tribunais*, nº 786, 2001.

___. A Ordem Econômica Constitucional e os Limites à Intervenção Estatal no Controle de Preços. *Revista Diálogo Jurídico*, n. 14, jun./ago. 2002.

___. Agências Reguladoras: Constituição, transformações do Estado e legitimidade democrática. *Temas de Direito Constitucional*. Tomo II. Rio de Janeiro: Ed. Renovar, 2003.

___. Sociedade de Economia Mista Exploradora de Atividade Econômica. Instituição Financeira em Regime de Liquidação. Alienação do Controle Acionário. Contratação Direta. Admissibilidade. *Boletim de Direito Administrativo – BDA*, nº 10, out. 2004.

\_\_\_. Regime Jurídico das Empresas Estatais. *Revista de Direito Administrativo*, nº 242, out./dez. 2005.

\_\_\_. *Curso de Direito Constitucional Contemporâneo: os conceitos fundamentais e a construção do novo modelo*. São Paulo: Saraiva, 2009.

\_\_\_. Sociedade de Economia Mista Prestadora de Serviço Público. Cláusula Arbitral inserida em Contrato Administrativo sem prévia autorização legal. Invalidade. *Revista de Direito Bancário, do Mercado de Capitais e da Arbitragem*, nº 19, jan. 2003.

BARTEL, Ann P.; HARRISON, Ann E. Ownership versus Environment. Disentangling the Sources of Public Sector Inefficiency. *Policy Research Working Paper nº 2272*. The World Bank Development Research Group Poverty and Human Resources. Janeiro, 2000.

BAZILLI, Roberto Ribeiro. Serviços Públicos e Atividades Econômicas na Constituição de 1988. *Revista de Direito Administrativo* – RDA, vol. 197, 1994.

BELLINI, Nicola. The Decline of State-Owned Enterprise and the New Foundations of the State-Industry Relationship. In: TONINELLI, Píer Ângelo (Org.). *The Rise and Fall of State-Owned Enterprise in the Western World*. Cambridge: Cambridge University Press, 2000.

BERTOLDI, Marcelo M. O poder de controle na sociedade anônima – alguns aspectos. *Revista de Direito Mercantil, Industrial, Econômico e Financeiro*, vol. 118, abr./jun. 2000.

BESSONE, Darcy. Acordo de acionistas. Poderes do acionista controlador de sociedade anônima. Artigos 116, 238 e 273 da Lei 6.404/76. *Revista dos Tribunais*, vol. 672, out. 1991.

BILAC PINTO, Olavo. O declínio das Sociedades de Economia Mista e o Advento das Modernas Empresas Públicas. *Revista de Direito Administrativo* (Seleção Histórica), 1991.

BINENBOJM, Gustavo. Da Supremacia do Interesse Público ao Dever de Proporcionalidade: Um Novo Paradigma para o Direito Administrativo. In: SARMENTO, Daniel (org.) *Interesses Públicos versus Interesses Privados: Desconstruindo o Princípio de Supremacia do Interesse Público*. Rio de Janeiro: Lumen Juris, 2007.

\_\_\_. *Uma Teoria de Direito Administrativo*. 2ª Ed. Rio de Janeiro: Renovar, 2008.

REFERÊNCIAS

___. Regulamentos simplificados de Licitações das Empresas Estatais: O Caso da Petrobrás. *Temas de Direito Administrativo e Constitucional*. Rio de Janeiro: Renovar, 2008.

BORGES, Alice Gonzalez. Impenhorabilidade de Bens. Sociedade de Economia Mista Concessionária de Serviços Portuários. Bens afetados à Prestação de Serviço Público, *Revista Eletrônica de Direito Administrativo* – REDAE, nº 11, 2007. Disponível em <http://www.direitodoestado.com/revista/REDAE-11-AGOSTO-2007-ALICE%20GONZALEZ.pdf>. Acesso em: 13 fev. 2012.

BORGES, Luiz Ferreira Xavier Borges. O Acordo de Acionistas como Instrumento da Política de Fomento do BNDES: O Pólo de Camaçari. *Revista do BNDES*, v. 14, nº 28, dez. 2007.

BORTOLOTTI, Bernardo; SINISCALCO, Domenico. *The Challenges of Privatization. An International Analysis*. Oxford: Oxford University Press, 2003.

___; FACCIO, Mara. *Reluctant Privatization*. Disponível em http://www.feem.it/Feem/Pub/Publications/WPapers/WP2004-130.htm. Acesso em 23 nov. 2008.

BRASIL. Presidência da República. Secretaria do Planejamento. Secretaria de Controle de Empresas Estatais – SEST. *Empresas estatais no Brasil e o controle da SEST: antecedentes e experiência de 1980*. Brasília: SEPLAN/SEST, 1981.

BREMMER, Ian. State Capitalism comes of Age. The End of Free Market? *Foreign Affairs*, vol. 88, mai./jun. 2009.

BRITTO, Carlos Ayres. A Privatização das Empresas Estatais à Luz da Constituição. *Revista Trimestral de Direito Público*, nº 12, 1995.

BRUNA, Sérgio Varella. *Agências Reguladoras: poder normativo, consulta pública e revisão judicial*. São Paulo: RT, 2003.

BUCCI, Maria Paula Dallari. *Direito Administrativo e Políticas Públicas*. São Paulo: Saraiva, 2002.

CALAZANS JUNIOR, José. A Licitação nas empresas estatais. *Revista de Direito Administrativo*, vol. 214, 1998.

CALSAMIGLIA, Albert. Eficiencia y Derecho. *Doxa, Cuadernos de Filosofia del Derecho*, 1987, vol. 4.

CÂMARA, Paulo. The End of the "Golden" Age of Privatisations? – The Recent ECJ Decisions on *Golden Shares*. *European Business Organization Law Review*, nº 3, 2002.

CAMARGO, Sérgio Alexandre. Tipos de Estatais. In: VILLELA SOUTO, Marcos Juruena (coord.). *Direito Administrativo Empresarial*. Rio de Janeiro: Ed. Lumen Juris, 2006.

CAMPOS, Marcos Vinicius de. *Concorrência, cooperação e desenvolvimento*. São Paulo: Singular, 2008.

CARDOZO, José Eduardo Martins. O Dever de Licitar e os Contratos das Empresas que exercem Atividade Econômica. In: CARDOZO, José Eduardo Martins; QUEIROZ, João Eduardo Lopes; SANTOS, Márcia Walquíria Batista dos (org.). *Curso de Direito Administrativo Econômico*. Vol. III. São Paulo: Ed. Malheiros, 2006.

CARNEIRO, Athos Gusmão. Sociedade de economia mista, prestadora de serviço público. Penhorabilidade de seus bens. *Revista de Processo*, nº 92, 1998.

CARNEIRO, Cristiane Dias. Adoção de cláusulas de arbitragem nos contratos da Administração Pública e, em especial, pelas estatais. In: SOUTO, Marcos Juruena Villela (coord.). *Direito Administrativo Empresarial*. Rio de Janeiro: Lumen Juris, 2006.

CAROZZA, Paolo G. Subsidiarity as a structural principal of international human rights law. *The American Journal of International Law*, vol. 97, 2003. Disponível em: http://www.ssrn.com. Acesso em 19 out. 2010.

CARRASQUEIRA, Simone de Almeida. Revisitando o Regime Jurídico das Empresas Estatais Prestadoras de Serviço Público. In: SOUTO, Marcos Juruena Villela (coord.). *Direito Administrativo Empresarial*. Rio de Janeiro: Lumen Juris, 2006.

____. O Controle Financeiro do Tribunal de Contas e as Empresas Estatais. In: SOUTO, Marcos Juruena Villela (coord.). *Direito Administrativo Empresarial*. Rio de Janeiro: Lumen Juris, 2006.

____. *Investimentos das Empresas Estatais e Endividamento Público*. Rio de Janeiro: Lumen Juris, 2006.

CARRAZA, Roque Antônio. *Curso de Direito Constitucional Tributário*. 19ª Ed. São Paulo: Malheiros, 2003.

CARRERAS, Albert; TAFUNELL, Xavier; TORRES, Eugenio. The Rise and Decline of Spanish State-Owned Firms. In: TONINELLI, Pier Angelo (ed.). *The Rise and Fall of State-Owned Enterprise in the Western World*. Cambridge: Cambridge University Press, 2000.

CARTIER-BRESSON, Anémone. *L'État actionnaire*. Paris: L.G.D.J, 2010.

CARVALHO FILHO, José dos Santos. *O futuro estatuto das empresas públicas e sociedades de economia mista*. Disponível em: http://www.estacio.br/graduacao/direito/revista/revista4/artigo20.htm. Acesso em 07.05.2011.

____. *Manual de Direito Administrativo*. 18ª Ed. Rio de Janeiro: Lumen Juris, 2007.

## REFERÊNCIAS

CARVALHOSA, Modesto. Acordo de Acionistas. *Revista de Direito Mercantil, Industrial, Econômico e Financeiro*, vol. 106, abr./jun. 1997.

___. *Comentários à Lei das Sociedades Anônimas*. São Paulo: Saraiva, 2008.

CAVALCANTI, Themístocles Brandão. Concessão de Serviço Público. Encampação. Juízo Arbitral. *Revista de Direito Administrativo*, nº 45, jul./set. 1956.

CAVES, D., CHRISTENSEN, L.. The Relative Efficiency of Public and Private Firms in a Competitive Environment: The Case of Canadian Railroads. *Journal of Political Economy*, nº 88, 1980.

CEREIJIDO, Juliano Henrique da Cruz. O princípio constitucional da eficiência na Administração Pública. *Revista de Direito Administrativo*, nº 226, out./dez. 2001.

CHIAVENATO, Idalberto. *Introdução à teoria geral da administração*. Rio de Janeiro: Campus, 2000.

CHIRILLO, Eduardo J Rodriguez. *Privatization de la empresa publica y post privatizacion*. Buenos Aires: Abeledo-Perrot, 1995.

COMISSÃO EUROPÉIA. *Guidelines for successful public-private partnerships*. Bruxelas: Comissão Européia, 2003.

COTRIM NETO, A. B. Teoria da Empresa Pública de Sentido Estrito. *Revista de Direito Administrativo – RDA*, vol. 122, 1975.

COUTINHO, Pedro de Oliveira. *As dimensões da eficiência no Estado contemporâneo: organização, atividade, controle e legitimidade da Administração Pública*. Dissertação de mestrado apresentada ao Programa de Pós-Graduação em Direito da Universidade do Estado do Rio de Janeiro como requisito parcial para a obtenção do título de Mestre em Direito. Rio de Janeiro, 2009.

CRETELLA JÚNIOR, J. *Comentários à Constituição Brasileira de 1988*. 2ª Ed. Rio de Janeiro: Forense Universitária.

CASSAGNE, Juan Carlos. *Estudios de Derecho Publico*. Bueno Aires: Depalma, 1995.

COMPARATO, Fabio Konder. Restrições à circulação de ações em companhia fechada: 'nova et vetera'. *Revista de Direito Mercantil, Industrial, Econômico e Financeiro*, nº 36, 1979.

COMPARATO, Fábio Konder; SALOMÃO FILHO, Calixto. *O Poder de Controle na Sociedade Anônima*. Rio de Janeiro: Ed. Forense, 2008.

CORONATO, Marcos; FUCS, José. Estado Ltda. *Revista Época*, nº 682, 13 jun. 2011.

COSTA, Judith Martins. As cláusulas gerais como fatores de mobilidade do sistema jurídico. *Revista dos Tribunais*, nº 680, jun. 1992.

COSTA, Regina Helena. *Imunidades Tributárias: teoria e análise da jurisprudência do STF*. São Paulo: Ed. Malheiros, 2001.

O ESTADO EMPRESÁRIO

Couto e Silva, Almiro do. Privatização no Brasil e o Novo Exercício de Funções Públicas por Particulares. Serviço Público "a brasileira"?. *Revista de Direito Administrativo* – RDA, vol. 230, 2002.

Dallari, Adilson Abreu. O Controle Político das Empresas Públicas. In: *A Empresa Pública no Brasil: uma abordagem multidisciplinar.* Brasília: IPEA, 1980.

___. Controle das empresas estatais. *Revista de Direito Público*, nº 68, 1983.

___. Empresa Estatal Prestadora de Serviços Públicos – Natureza Jurídica – Repercussões Tributárias. *Revista de Direito Público* – RDP, vol. 94, 1990.

___. Arbitragem na concessão de serviços públicos. *Revista Trimestral de Direito Público – RTDP*, nº 13, 1996.

___. Acordo de Acionistas. Empresa Estadual Concessionária de Serviço Público Federal. Manutenção da Qualidade de Acionista Controlador. *Interesse Público*, nº 7, 2000.

___. Licitações nas empresas estatais. *Revista de Direito Administrativo*, vol. 229, 2002.

D'Alte, Sofia Tomé. *A Nova Configuração do Sector Empresarial do Estado e a Empresarialização dos Serviços Públicos.* Coimbra: Almedina, 2007.

Davis, M. T. de Carvalho Britto. *Tratado das Sociedades de Economia Mista. A Empresa Estatal Brasileira perante o cenário jurídico económico.* Rio de Janeiro: José Konfino Editor, 1969.

Derani, Cristiane. *Privatizações e Serviços Públicos.* As Ações do Estado na Produção Econômica. São Paulo: Max Limonad, 2002.

Di Pietro, Maria Sylvia Zanella. *Parcerias na Administração Pública.* São Paulo: Atlas, 2002.

___. *Parcerias na Administração Pública. Concessão. Permissão. Franquia. Terceirização e outras Formas.* 5ª ed. São Paulo: Ed. Atlas, 2006.

___. *Direito Administrativo.* 22ª ed. São Paulo: Atlas, 2009.

Duarte, António Pinto. Notas sobre o conceito e regime jurídico das empresas públicas estaduais. In: Ferreira, Eduardo Paz (Org.) Estudos sobre o novo regime do sector empresarial do Estado. Coimbra: Almedina, 2000.

Dutra, Pedro Paulo de Almeida. *Controle de Empresas Estatais: uma proposta de mudança.* São Paulo: Saraiva, 1991.

Dutra, Pedro. Atividade Econômica, Empresa sob Controle Estatal e Livre Concorrência. *Revista do IBRAC – Direito da Concorrência, Consumo e Comércio Internacional,* vol. 10, jan. 2003.

Dworkin, Ronald. Is wealthy a value? *The Journal of Legal Studies*, vol. 9, n. 2, mar. 1980.

REFERÊNCIAS

EIZIRIK, Nelson. As sociedades anônimas com participação estatal e o Tribunal de Contas. In: *Questões de direito societário e mercado de capitais*. Rio de Janeiro: Forense, 1987.

ENTERRÍA, Eduardo García; FERNÁNDEZ, Tomás-Ramón. *Curso de Derecho Administrativo*. Vol. I. Madri: Thomson Civitas, 2006.

___. Monopólio estatal da atividade econômica. *Revista de Direito Administrativo*, vol. 194, 1993.

ESTORNINHO, Maria João. *A Fuga para o Direito Privado. Contributo para o estudo da actividade de direito privado da Administração Pública*. Coimbra: Almedina, 2009.

FÉRES, Marcelo Andrade. O Estado empresário: reflexões sobre a eficiência do regime jurídico das sociedades de economia mista na atualidade. *Revista de Direito do Estado*, ano 2, nº 6, 2007.

FERNANDES, Nádia Soraggi. Novos aspectos do Instituto da Sucessão Trabalhista. *LTR: Legislação do Trabalho*, vol. 72, mai. 2008.

FERNANDES, Jorge Ulisses Jacoby. *Tribunais de Contas do Brasil: jurisdição e competência*. Fórum, Belo Horizonte, 2005.

FERRAZ, Luciano. Função Regulatória da Licitação. *Revista Eletrônica de Direito Administrativo Econômico – REDAE*, nº 19, ago/out. 2009. Disponível em: http://www.direitodoestado.com/revista/REDAE-19-AGOSTO-2009-LU-CIANO-FERRAZ.pdf. Acesso em 11 fev. 2012.

FERRAZ, Sérgio; FIGUEIREDO, Lúcia Valle. *Dispensa e Inexigibilidade de Licitação*. 2ª Ed. São Paulo: Revista dos Tribunais, 1992.

FERRAZ JUNIOR, Tércio Sampaio. Fundamentos e Limites Constitucionais da Intervenção do Estado no Domínio Econômico. *Revista de Direito Público*, nº 47-48, jul./dez. 1978.

FERREIRA, Waldemar Martins. *A Sociedade de Economia Mista em seu aspecto contemporâneo*. São Paulo: Ed. Max Limonad, 1956.

FERREIRA JUNIOR, Celso Rodrigues. Do Regime de Bens das Empresas Estatais: Alienação, Usucapião, Penhora e Falência. In: VILLELA SOUTO, Marcos Juruena (coord.). *Direito Administrativo Empresarial*. Rio de Janeiro: Ed. Lumen Juris, 2006.

FIGUEIREDO, Lucia Valle. Privatização Parcial da CEMIG – Acordo de Acionistas – Impossibilidade de o Controle Societário ser Compartilhado entre o Estado de Minas Gerais e o Acionista Estrangeiro Minoritário. *Revista de Direito Mercantil, industrial, econômico e financeiro*, vol. 118, abr./jun. 2000.

___. *Curso de Direito Administrativo*. 5ª ed. São Paulo: Malheiros, 2001.

FORGIONI, Paula A. *Os Fundamentos do Antitruste*. 2ª ed. São Paulo: Revista dos Tribunais, 2005.

FREIRE, André Luiz. A crise financeira e o papel do Estado: uma análise jurídica do princípio da supremacia do interesse público sobre o privado e do serviço público. *A&C Revista de Direito Administrativo & Constitucional*, ano 10, n. 39, jan./mar. 2010.

FRANCO SOBRINHO, Manoel de Oliveira. *Fundações e Emprêsas Públicas*. São Paulo: Revista dos Tribunais, 1972.

FREITAS, Juarez. O regime constitucional dos bens das sociedades de economia mista e das empresas públicas. *Interesse Público*, ano 12, nº 64, nov./dez. 2010.

FRIEDMANN, W. A Theory of Public Industrial Enterprise. In: HANSON, A. H. (ed.) *Public Enterprise – A Study of its Organisation and Management in various Countries*. Brussels: International Institute of Administrative Sciences, 1954.

FUERTES, Mercedes. *Grupos públicos de sociedades*. Madri: Marcial Pons, 2007.

FURTADO, Lucas Rocha. *Curso de Direito Administrativo*. Belo Horizonte: Ed. Fórum, 2007.

GABARDO, Emerson. *Princípio Constitucional da Administração Pública*. São Paulo: Dialética, 2000.

GAJL, Natalia. As empresas estatais na França, Itália e Polônia. *Revista de Direito Administrativo*, n. 70, out./dez. 1962.

GALDINO, Flávio. *Introdução à Teoria dos Custos do Direito – Direitos não nascem em árvores*. Rio de Janeiro: Ed. Lumen Juris, 2005.

GAMA, Eduardo Pereira Nogueira da. *O princípio da eficiência e sua aplicabilidade prática no controle da Administração Pública*. Dissertação apresentada ao Programa de Pós-Graduação em Direito da UERJ como requisito parcial para obtenção do título de Mestre em Direito, 2005.

GARCIA, Flávio Amaral. *Licitações e Contratos Administrativos: casos e polêmicas*. Rio de Janeiro: Lumem Juris, 2007.

GARCIA, Letícia Simonetti. O Acordo de Acionistas e seus Efeitos Concorrenciais. In: SANTOS, Theophilo de Azeredo. *Novos Estudos de Direito Comercial em Homenagem a Celso Barbi Filho*. Rio de Janeiro: Forense, 2003.

GASPARINI, Diógenes. *Direito Administrativo*. 11ª Ed. São Paulo: Ed. Saraiva, 2006.

GOMES-REINO Y CARNOTA, Enrique; VILELA, Fernando Adolfo de Abel. Privatización, Eficiencia y Responsabilidad Patrimonial del Estado. In: MOREIRA NETO, Diogo de Figueiredo (coord.). *Uma avaliação das tendências contemporâneas do Direito Administrativo*. Rio de Janeiro: Renovar, 2003.

REFERÊNCIAS

GRAU, Eros Roberto. O Controle Político sobre as Empresas Públicas. In: *A Empresa Pública no Brasil: uma abordagem multidisciplinar*. Brasília: IPEA, 1980.

___. Lucratividade e função social nas empresas sob controle do Estado. *Revista de Direito Mercantil, Industrial, Econômico e Financeiro*, vol. 55, jul./set. 1984.

___. Execução contra estatais prestadoras de serviço público. *Revista de Direito Público* – RDP, vol. 7, 1994.

___. Da arbitrabilidade de litígios envolvendo sociedade de economia mista e da interpretação da cláusula compromissória. *Revista de Direito Bancário, do Mercado de Capitais e da Arbitragem*, nº 18, out./dez. 2002.

___. *O Direito Posto e o Direito Pressuposto*. São Paulo: Malheiros Editores, 2005.

___. *A Ordem Econômica na Constituição de 1988*. 13. ed. São Paulo: Malheiros, 2008.

___; FORGIONI, Paula. *O Estado, a empresa, o contrato*. São Paulo: Malheiros, 2005.

GROSSMAN, Sanford; HART, Oliver. The Costs and Benefits of Ownership: A Theory of Vertical and Lateral Integration. *The Journal of Political Economy*, Vol. 94, ago. 1986.

GROTTI, Dinorá Adelaide Musetti. Intervenção do Estado na Economia. *Revista de Direito Constitucional*, vol. 15, abr./jun. 1996.

___. Licitações nas Estatais em face da Emenda Constitucional 19, de 1998, *Revista de Direito Constitucional e Internacional*, vol. 30, jan. 2000.

___. *O Serviço Público e a Constituição Brasileira de 1988*. São Paulo: Malheiros, 2003.

GUIMARÃES, Marcello. *Uso Político de Estatais pelo Acionista Controlador em prejuízo dos direitos dos acionistas minoritários*. Belo Horizonte: Ed. Fórum, 2011.

HIERRO, Liborio L. *Justicia, igualdad y eficiencia*. Madri: Centro de Estúdios Políticos y Constitucionales, 2002.

HOUAISS, Antônio. *Dicionário Houaiss da língua portuguesa*. Rio de Janeiro: Objetiva, 2001.

INTOSAI. Implementation Guidelines For Performance Auditing. Standards and guidelines for performance auditing based on INTOSAI's Auditing Standards and practical experience. Disponível em http://intosai.connexcc-hosting.net/blueline/upload/1implgperfaude.pdf. Acesso em 12 set. 2011.

JONES, Leroy P. Public Enterprise For Whom? Perverse Distributional Consequences of Public Operational Decisions. *Economic Development and Cultural Change*, nº 33, 1985. Disponível em www.jstor.org/stable/1153231. Acesso em 26 jun. 2011.

\_\_\_; MASON, Edward S. Role of economic factors in determining the size and structure of the public-enterprise sector in less-developed countries with mixed economies. In: JONES, Leroy P. (Ed.) *Public Enterprise in less-developed countries*. Nova York: Cambrigde University Press, 2009.

JORDANA DE POZAS, Luis. Ensayo de una teoria del fomento en lo derecho administrativo, *REP*, 1949, nº 48.

JORGE NETO, Francisco Ferreira; CAVALCANTE, Jouberto de Quadros Pessoa. *Manual de Direito do Trabalho*. Rio de Janeiro: Lumen Juris, 2004.

JORNAL O GLOBO. O Estado é o sócio: de hotéis a fábrica de lingerie, fatia da União em empresas cresce 50%. *Jornal O Globo*. Publicado em 30 mai 2010.

\_\_\_. Um poderoso anabolizante de empresas. *Jornal O Globo*, 17 jul. 2011.

JUSTEN FILHO, Marçal. O Regime Jurídico das Empresas Estatais e a Distinção entre "Serviço Público" e "Atividade Econômica". *Revista de Direito do Estado – RDE*, vol. 1, 2006.

\_\_\_. *Curso de Direito Administrativo*. 7ª ed. rev. e atual. Belo Horizonte: Fórum, 2011.

JUSTEN FILHO, Marçal. *Comentários a Lei de Licitações e Contratos Administrativos*, São Paulo: Dialética, 2005.

KRONENBERGER, Vincent. The rise of the 'golden' age of free movement of capital: a comment on the *golden shares* judgments of the Court of Justice of the European Communities. *European Business Organization Law Review*, nº 4, 2003.

LAMY, Marcelo. Conceitos Indeterminados: limites jurídicos de densificação e controle. *Revista Internacional d'Humanitats*, nº 11, CEMOrOCFeusp/ Núcleo Humanidades ESDC/ Univ. Autónoma de Barcelona, Março 2007.

LAMY FILHO, Alfredo. O Estado Empresário. In: LAMY FILHO, Alfredo. *Temas de S.A. Exposições e Pareceres*. Rio de Janeiro: Renovar, 2007.

LAMY FILHO, Alfredo; PEDREIRA, José Luiz Bulhões. *Sociedades Anônimas*. Pareceres. Vol. II. Rio de Janeiro: Renovar, 1996.

LAZZARINI, Sergio G.; MUSACCHIO, Aldo. Leviathan as a Minority Shareholder: A Study of Equity Purchases by the Brazilian National Development Bank (BNDES), 1995-2003. *Insper Working Paper*, WPE: 227/2010.

LEAL, Fernando. Propostas para uma abordagem teórico-metodológica do dever constitucional de eficiência. *Revista Eletrônica de Direito Administrativo Econômico*, nº 15, ago./out. 2008.

LEITÃO, Miriam. O tom do recado. *Jornal O Globo*, 29 set. 2010.

# REFERÊNCIAS

LEITE, Marcelo Lauar. Função regulatória da licitação de blocos exploratórios de petróleo e gás natural. In: SEAE, *Prêmio SEAE de monografias em defesa da concorrência e regulação econômica: 2008.* Brasília: SEAE, 2009.

LEMES, Selma M. Ferreira. Arbitragem na Concessão de Serviços Públicos – Arbitrabilidade Objetiva. Confidencialidade ou Publicidade Processual? *Revista de Direito Bancário, de Mercado de Capital e de Arbitragem,* nº 21, jul./set. 2003.

LEAMON, Ann; LERNER, Josh. Creating a Venture Ecosystem in Brazil: FINEP's INOVAR Project. Working Paper 12-099. *Harvard Business School.* Disponível em: http://www.hbs.edu/research/pdf/12-099.pdf. Acesso em 01 mai. 2012.

LIEBERMAN, Marc; HALL. Robert Ernest. *Microeconomia – Princípios e aplicações.* Pioneira Thompson Learning Ltda., 2003.

LOOIJESTIJN-CLEARIE, Anne. All that Glitters is not Gold: European Court of Justice Strikes Down Golden Shares in Two Dutch Companies. *European Business Organization Law Review,* n. 8, 2007.

LOURENÇO, Álvaro Braga. Regime Jurídico dos Empregados das Empresas Estatais. In: SOUTO, Marcos Juruena Villela (coord.). *Direito Administrativo Empresarial.* Rio de Janeiro: Lumen Juris, 2006.

MADEIRA, Jansen Amadeu do Carmo; MADEIRA, José Maria Pinheiro. Empresas estatais – situações polêmicas e atuais (primeira parte). *Fórum Administrativo,* ano 7, nº 77, jul. 2007.

___. Empresas estatais – situações polêmicas e atuais (segunda e última parte). *Fórum Administrativo,* ano 7, nº 78, ago. 2007.

MAJONE, Giandomenico. Do Estado Positivo ao Estado Regulador: causas e conseqüências da mudança no modo de governança. In: MATTOS, Paulo Todescan L. (coord.) *Regulação Econômica e Democracia: o debate europeu.* São Paulo: Singular, 2006.

MARANHÃO, Délio; SUSSEKIND, Arnaldo; VIANNA, Segadas. *Instituições de Direito do Trabalho,* vol. 1, 12ª ed., LTr, São Paulo.

MARCON, Giuseppe. *Le Imprese a Partecipazione Pubblica: Finalitá Pubbliche ed Economicità,* Padova: CEDAM, 1984.

MARIENHOFF, Miguel S. *Tratado de Derecho Administrativo.* Buenos Aires: Abeledo-Perrot, 1965.

MARINS, Vinicius. Contratação de serviços de segurança privada pela administração pública: uma análise à luz moderna da privatização de poderes administrativos. *Revista do Tribunal de Contas do Estado de Minas Gerais,* v. 74, jan/fev/mar 2010.

MARQUES NETO, Floriano de Azevedo. A Contratação de Empresas para Suporte de Função Reguladora e a "Indelegabilidade do Poder de Polícia". *Revista Trimestral de Direito Público – RTDP*, n. 32, 2000.

____. Limites à abrangência e intensidade da regulação estatal. *Revista de Direito Público da Economia* – RDPE, 2003, v. 1.

____. A Nova Regulação Estatal e as Agências Independentes. In: SUNDFELD, Carlos Ari (Org.). *Direito Administrativo Econômico*. Rio de Janeiro: Ed. Renovar, 2006.

____. As contratações estratégicas das estatais que competem no mercado. In: OSÓRIO, Fabio Medina; SOUTO, Marcos Juruena Villela (coord.). *Direito Administrativo: estudos em homenagem a Diogo de Figueiredo Moreira Neto*. Rio de Janeiro: Lumen Juris, 2006.

____. O fomento como instrumento de intervenção estatal na ordem econômica. *Revista de Direito Público da Economia – RDPE*, ano 8, n. 32, out./dez. 2010.

MARTÍN, Encarnación Montoya; MORENO, Alfonso Pérez. Formas Organizativas del Sector Empresarial del Estado. *Stvdia Ivridica*, nº 60, Colloquia 7. Coimbra: Coimbra Editora, 2001.

MARTINS, Fran. *Curso de Direito Comercial*. Rio de Janeiro: Forense, 1990.

MARTINS, Ives Gandra da Silva. Empresas públicas e sociedades de economia mista – Inconstitucionalidade do art. 67 da Lei nº 9.478/97. Ilegalidade do Decreto nº 2.745/98 em face da Lei nº 8.666/93. *Revista Forense*, v. 99, nº 369, set./out. 2003.

MATTOS, Mauro Roberto Gomes de. Contratos Administrativos e a Lei de Arbitragem. *Revista de Direito Administrativo*, nº 223, jan./mar. 2001.

MATTOS, Paulo Todescan Lessa. O sistema jurídico-institucional de investimentos público-privados e inovação no Brasil. *Revista de Direito Público da Economia – RDPE*, ano 7, nº 28, out./dez. 2009.

MAXIMILIANO, Carlos. *Hermenêutica e Aplicação do Direito*. Rio de Janeiro: Ed. Forense, 2006.

MEDAUAR, Odete. *Controle da Administração Pública*. São Paulo: Revista dos Tribunais, 1993.

____. *Direito Administrativo Moderno*. São Paulo: Ed. Revista dos Tribunais, 2002.

MEIRELLES, Hely Lopes. *Direito Administrativo Brasileiro*. 32ª ed. São Paulo: Malheiros Editores, 2006.

MELLO, Célia Cunha. *O Fomento da Administração Pública*. Belo Horizonte: Del Rey, 2003.

REFERÊNCIAS

MENDONÇA, José Marcio; PETROS, Francisco. *Migalhas: Política & Economia NA REAL*, nº 35, 13 de novembro de 2008.

MENDONÇA, José Vicente Santos de. *A Captura Democrática da Constituição Econômica: Uma proposta de releitura das atividades públicas de fomento, disciplina e intervenção direta na Economia à luz do pragmatismo e da razão pública*. Tese de doutorado apresentada ao Programa de Pós-Graduação da Faculdade de Direito da Universidade do Estado do Rio de Janeiro como requisito parcial para a obtenção do título de Doutor em Direito, 2010.

MENEZES, Maurício Moreira Mendonça. Resolução de Acordo de Acionistas com base na quebra da affectio societatis. *Revista Trimestral de Direito Civil*,v. 23, jul./set. 2005.

MILLWARD, Robert. State Enterprise in Britain. In: TONINELLI, Pier Angelo (ed.). *The Rise and Fall of State-Owned Enterprise in the Western World*. Cambridge: Cambridge University Press, 2000.

MISSIAGIA, Flávia Gonçalves; PICININ, Juliana de Almeida. A Constituição de subsidiária integral nas sociedades de economia mista. *Fórum Administrativo*, ano 1, nº 1, mar. 2001.

MODESTO, Paulo (coord.). *Nova Organização Administrativa Brasileira*. Belo Horizonte: Editora Fórum, 2009.

MODERNE, Franck. *Principios Generales del Derecho Público*. Santiago: Editorial Juridica de Chile, 2005.

MODESTO, Paulo. Reforma administrativa e marco legal das organizações sociais no Brasil. *Revista de Direito Administrativo* – RDA, n. 210, out./dez., 1997.

___. Notas para um debate sobre o princípio da eficiência. *Revista Eletrônica de Direito Administrativo Econômico*, nº 10, mai./jul. 2007.

MONTEIRO, Jorge Vianna. *Lições de Economia Constitucional Brasileira*. Rio de Janeiro: Editora FGV, 2004.

MORAES, Alexandre de. *Direito Constitucional Administrativo*. São Paulo: Ed. Atlas, 2002.

MORAES FILHO, Evaristo de. *Sucessões nas obrigações e teoria da empresa*. Vol. II. Rio de Janeiro: Forense, 1960.

MORAND-DEVILLER, Jacqueline. Poder Público, Serviço Público: crise e conciliação. Trad. Patrícia Baptista. *Revista de Direito do Estado*, Ano 1, nº 4, out/dez 2006.

MOREIRA, Egon Bockmann. Notas sobre os Sistemas de Controle dos Atos e Contratos Administrativos, *Fórum Administrativo – Direito Público*, ano 5, n. 55, set. 2005.

MOREIRA, Vital. A metamorfose da "Constituição Econômica". *Revista de Direito do Estado- RDE*, nº 2, 2006.

MOREIRA NETO, Diogo de Figueiredo. Reinstitucionalização da Ordem Econômica no Processo de Globalização. *Revista de Direito Administrativo*, nº 204, abr./jun. 1996

___. *Apontamentos sobre a Reforma Administrativa*. Rio de Janeiro: Renovar, 1999.

___. A arbitragem nos contratos administrativos. *Revista de Direito Administrativo*, nº 223, jan./mar. 2001.

___. *Mutações do direito administrativo*. Rio de Janeiro: Renovar, 2007.

___. *Quatro Paradigmas do Direito Administrativo Pós-Moderno*. Belo Horizonte: Ed. Fórum, 2008.

MORENO, Alfonso. Perez. *La forma jurídica de las empresas publicas*. Sevilla: Instituto García Oviedo, 1969.

MÜLLER, Sérgio José Dulac; MÜLLER, Thomas. Empresa e Estabelecimento – A avaliação do Goodwill. *Revista Jurídica*, nº 318, abr. 2004.

MUKAI, Toshio. *O Direito Administrativo e os Regimes Jurídicos das Empresas Estatais*. 2ª ed. Belo Horizonte: Editora Fórum, 2004.

NICINSKI, Sophie. *Droit public des affaires*. Paris: Montchrestien, 2009.

NOBRE JUNIOR, Edilson Pereira. Administração Pública e o Princípio da eficiência. *Revista de Direito Administrativo*, nº 241, jul./set. 2005.

OCDE – Organização para a Cooperação e Desenvolvimento Econômico. Corporate Governance of State-owned Enterprises. a Survey of OECD Countries. Disponível em http://www.keepeek.com/Digital-Asset-Management/ oecd/governance/corporate-governance-of-state-owned-enterprises_ 9789264009431-en. Acesso em 15 abr. 2012.

OGUS, Anthony I. *Regulation: Legal Form and Economic Theory*. Oxford: Hart Publishing, 2004.

OLEA, Manuel Alonso. The Organisation and Administration of Public Enterprises in Spain. In: HANSON, A. H. (ed.) *Public Enterprise – A Study of its Organisation and Management in various Countries*. Brussels: International institute of administrative sciences, 1954.

OLIVEIRA, António Cândido de. Empresas Municipais e Intermunicipais: entre o público e o privado. *Stvdia Ivridica*, nº 60, Colloquia 7. Coimbra: Coimbra Editora, 2001.

ORTIZ, Gaspar Ariño. *Principios de derecho público económico*. Colômbia: Universidad Externado de Colômbia, 2003.

## REFERÊNCIAS

ORTIZ, Patrícia Manica. *Sucessão trabalhista: conseqüências nas relações de emprego.* São Paulo: IOB Thompson, 2005.

OTERO, Paulo. *Vinculação e liberdade de conformação jurídica do sector empresarial do Estado.* Coimbra: Coimbra Editora, 1998.

____. Coordenadas Jurídicas da Privatização da Administração Pública. *Stvdia Ivridica, nº 60, Colloquia 7.* Coimbra: Coimbra Editora, 2001.

PAIVA, Alfredo de Almeida. As sociedades de economia mista e as emprêsas públicas como instrumentos jurídicos a serviço do Estado. *Revista de Direito Administrativo* (Seleção Histórica), v. 1, 1991.

PELA, Juliana Krueger. *As Golden Shares no Direito Societário Brasileiro.* São Paulo: Quartier Latin, 2012.

PELTZMAN, S. A Teoria Econômica da Regulação depois de uma década de desregulação. In: MATTOS, Paulo Todescan Lessa (coord.) *Regulação Econômica e Democracia. O Debate Norte-Americano.* São Paulo: Editora 34, 2004.

PENTEADO, Mauro Rodrigues. As sociedades de economia mista e as empresas estatais perante a Constituição de 1988. *Revista de Direito Administrativo,* v. 177, jul/set 1989.

PEREIRA, Luiz Carlos Bresser. O caráter cíclico da intervenção estatal. *Revista de Economia Política,* vol. 9, nº 3, jul./set. 1989.

PEREIRA JUNIOR, Jesse Torres. *Da reforma administrativa constitucional.* Rio de Janeiro: Renovar, 1999.

PICININ, Juliana de Almeida. Possibilidade de alteração de autarquia a sociedade de economia mista ou empresa pública, prestadora dos serviços públicos de saneamento básico, e suas consequências jurídicas. *Fórum Administrativo,* ano 10, nº 107, jan. 2010.

PINHEIRO, Armando Castelar. A experiência brasileira de privatização: o que vem a seguir?. Textos para discussão nº 87, p. 11. Disponível em http://www.bndes.gov.br/SiteBNDES/export/sites/default/bndes_pt/Galerias/Arquivos/conhecimento/td/Td-87.pdf. Acesso em 15 fev. 2011.

____. *Direito, Economia e Mercados.* Rio de Janeiro: Elsevier, 2005.

____. Reforma regulatória na infra-estrutura Brasileira: em que pé estamos? In: SALGADO, Lucia Helena; MOTTA, Ronaldo Seroa da (Ed.). *Marcos regulatórios no Brasil: o que foi feito e o que falta fazer.* Rio de Janeiro: IPEA, 2005.

PINTO, Henrique Motta; SOUZA, Rodrigo Pagani de; SUNDFELD, Carlos Ari. Empresas semiestatais. *Revista de Direito Público da Economia – RDPE,* ano 9, n. 36, out./dez. 2011.

PINTO, Luciane F. Gorgulho. Capital de Risco: Uma Alternativa de Financiamento às Pequenas e Médias Empresas de Base Tecnológica – O Caso do Contec. *Revista do BNDES*, nº 7, jun. 1997.

PINTO JUNIOR, Mario Engler. A estrutura da administração pública indireta e o relacionamento do Estado com a companhia controlada. *Revista de Direito Público da Economia- RDPE*, nº 28, 2009.

___. *Empresa Estatal: função econômica e dilemas societários*. São Paulo: Ed. Atlas, 2010.

POMPEU, Cid Tomanik. O exercício do poder de polícia pelas empresas públicas. *Revista Forense*, ano 73, vol. 258, abr./jun. 1977.

POSSAS, Mario Luiz; PONDE, João Luiz; FAGUNDES, Jorge. *Regulação da Concorrência nos Setores de Infraestrutura no Brasil*: elementos para um quadro conceitual. Disponível em http://ww2.ie.ufrj.br/grc/pdfs/regulacao_da_concorrencia_nos_setores_de_infraestrutura_no_brasil.pdf. Acesso em 12 mai. 2011.

POSNER, Richard A.. Teorias da Regulação Econômica. In: MATTOS, Paulo Todescan Lessa (coord.). *Regulação Econômica e Democracia: O Debate Norte--Americano*. São Paulo: Editora 34, 2004.

PRIETO, Luis Maris Cazorla. *Crisis Económica y Transformación Del Estado*. Pamplona: Thompson Reuters, 2009.

PROENÇA. Fabriccio Quixadá Steindorfer. *A Licitação na Sociedade de Economia Mista*. Rio de Janeiro: Ed. Lumen Juris, 2003.

PUTEK, Christine O'Grady. Limited but not lost: a comment on the ECJ's golden share decisions. *Fordham Law Review*, vol. 72, 2003/2004.

RAMOS, J. Saulo. Empresa Estatal e Abuso de Poder Econômico. *Revista de Direito Público – RDP*, vol. 93, jan./mar. 1990, ano 23.

RAWLS, John. *Uma Teoria da Justiça*. São Paulo: Martins Fontes, 2008.

REALE, Miguel. *Temas de direito positivo*. São Paulo: Revista dos Tribunais, 1992.

REICH, Norbert. A crise regulatória: ela existe e pode ser resolvida? In: MATTOS, Paulo Todescan Lessa (coord.). *Regulação econômica e Democracia: O Debate Europeu*. São Paulo: Ed. Singular, 2006.

REQUIAO, Rubens. *Curso de Direito Comercial*. 1º v. 25ª ed. São Paulo: Saraiva, 2003.

RIBEIRO, Marilda Rosado de Sá. *Direito do Petróleo: as joint ventures na indústria do petróleo*. 2ª Ed. atual. e ampl. Rio de Janeiro: Renovar, 2003.

RIVA, Ignácio M. de La. *Ayudas públicas. Incidencia de la intervención estatal en el funcionamiento del mercado*. Buenos Aires: Hammurabi, 2004.

REFERÊNCIAS

RIVERO, Jean. *Direito Administrativo*. Trad. Rogério Ehrhardt Soares. Coimbra: Almedina, 1981.

RIVOIR, Ignacio Aragone. Participación Accionaria del Estado en Sociedades Concesionarias: tendencias, problemas y desafíos. Palestra proferida no III Congresso Iberoamericano de Regulação Econômica, no dia 27 Jun. 2008. Apresentação disponível em: <http://www.direitodoestado.com/palestras/ PROTEGIDO%20-%20NO%20ALTERA%20-%20SOCIEDADES%20 CONCESIONARIAS.pdf>. Acesso em 29 Jul. 2008.

ROBSON, William. The Public Corporation in Britain today. *Harvard Law Review*, vol. 63, 1950.

ROCHA, Henrique Bastos. A Sociedade de Propósito Específico nas Parcerias Público-Privadas. In: AMARAL, Flávio (coord.) *Revista de Direito da Associação dos Procuradores do Novo Estado do Rio de Janeiro*, Vol. XVII Parcerias Público--Privadas. Rio de Janeiro: Lumen Juris, 2006.

RODRIGUES, Bruno Leal. Formas de Associação de Empresas Estatais. Acordo de Acionistas, Formação de Consórcios e Participação em Outras Empresas. In: SOUTO, Marcos Juruena Villela (coord.). *Direito Administrativo Empresarial*. Rio de Janeiro: Lumen Juris, 2006.

RODRIGUES, Carlos Alexandre. Sobre a falência das empresas públicas e sociedades de economia mista, em face da nova Lei de Falências (Lei 11.101, de 09.02.2005). *Revista dos Tribunais*, vol. 835, mai. 2005.

RODRIGUES, Nuno Cunha. *"Golden Shares". As empresas participadas e os privilégios do Estado enquanto acionista minoritário*. Coimbra: Coimbra Editora, 2004.

RODRIGUES JUNIOR, Álvaro. Análise dos conceitos de "affectio societatis" e de "ligabilidad" como elementos de caracterização das sociedades comerciais. *Revista de Direito Privado*, nº 14, 2003.

RODRIK, Dani. Industrial Policy for the Twenty-First Century, November 2004, Faculty *Research Working Papers Series*, Harvard University. Disponível em http://papers.ssrn.com/sol3/papers.cfm?abstract_id=617544. Acesso em 19 jun. 2011.

ROLIM, Luis Antonio. *A Administração Indireta, as Concessionárias e Permissionárias em Juízo. Características das autarquias, empresas públicas, sociedades de economia mista, fundações públicas e dos particulares em colaboração com o Estado*. São Paulo: Revista dos Tribunais, 2004.

ROS, Agustín J. Does Ownership or Competition Matter? The Effects of Tele-communications Reform on Network Expansion and Efficiency. *Journal of Regulatory Economics*, vol. 15, 1992.

RUIZ, Manuel Olivencia. Prólogo ao livro de PRIETO, Luis Maris Cazorla. *Crisis Económica y Transformación Del Estado*. Pamplona: Thompson Reuters, 2009.

SALOMÃO FILHO, Calixto. *Direito Concorrencial – as estruturas*. São Paulo: Malheiros, 2002.

___. *Direito concorrencial – as condutas*. São Paulo: Malheiros, 2003.

___. *Regulação da Atividade Econômica (Princípios e fundamentos jurídicos)*. 2ª ed. São Paulo: Malheiros, 2008.

SAMPAIO, Patrícia Regina Pinheiro. *Direito da concorrência: obrigação de contratar*. Rio de Janeiro: Elsevier, 2009.

___. A Constituição de 1988 e a disciplina da participação direta do Estado na Ordem Econômica. In: LANDAU, Elena (coord.). *Regulação Jurídica do Setor Elétrico*. Tomo II. Rio de Janeiro: Lumen Juris, 2011.

SANTA MARIA, José Serpa de. *Sociedades de Economia Mista e Empresas Públicas*. Rio de Janeiro: Ed. Líber Júris, 1979.

SAPPINGTON, David; STIGLITZ, Joseph. Privatization, information and incentives. *Journal of Policy Analysis and Management*, 1987, p. 568.

SCHAPIRO, Mario Gomes. *Novos Parâmetros para a Intervenção do Estado na Economia*. São Paulo: Ed. Saraiva, 2010.

SCHIRATO, Vitor Rhein. Novas anotações sobre as empresas estatais. *Revista de Direito Administrativo*, vol. 239, 2005.

SHIRLEY, Mary M.; WALSH, Patrick. *Public versus Private Ownership: The Current State of the Debate*, Working paper, 2000. Disponível em http://elibrary. worldbank.org/content/workingpaper/10.1596/1813-9450-2420. Acesso em 25 jun. 2011.

SHLEIFER, Andrei; VISHNY, Robert. "Politicians and Firms". *Quarterly Journal of Economics*, 1994, 109(4) Disponível em http://www.economics.harvard. edu/faculty/shleifer/files/Politicians_Firms.pdf. Acesso em 26 jun. 2011.

SILVA, José Afonso da. *Curso de Direito Constitucional Positivo*. 22ª Ed. São Paulo: Ed. Malheiros, 2003.

SILVA, Luiz de Pinho Pedreira da. *Principiologia do Direito do Trabalho*. São Paulo: LTr, 1997.

SOUTO, Marcos Juruena Villela. *Licitações – Contratos Administrativos*. Rio de Janeiro: Adcoas Esplanada, 1999.

___. *Direito Administrativo da Economia*. 3ª Ed. Rio de Janeiro: Lumen Juris, 2003.

___. *Direito Administrativo em Debate*. Rio de Janeiro: Lumen Juris, 2004.

___. *Direito Administrativo Regulatório*. Rio de Janeiro: Ed. Lumen Júris, 2005.

REFERÊNCIAS

____. Parceria do Mercado com o Estado. In: Osório, Fabio Medina; Souto, Marcos Juruena Villela (coord.). *Direito Administrativo: estudos em homenagem a Diogo de Figueiredo Moreira Neto*. Rio de Janeiro: Lumen Juris, 2006.

____. Criação e Função Social da Empresa Estatal. A Proposta de um Novo Regime Jurídico para as Empresas sob Controle Acionário Estatal. In: Vilella Souto, Marcos Juruena (coord.). *Direito Administrativo Empresarial*. Rio de Janeiro: Lumen Juris, 2006.

____. Sucessão Trabalhista na Formação de Grupos Econômicos Estatais. In: *Direito Administrativo em Debate*. 2ª série. Rio de Janeiro: Lumen Juris, 2007.

____. Propostas legislativas de novo marco regulatório do pré-sal. *Revista de Direito Público da Economia – RDPE*, ano 8, nº 29, jan./mar. 2010.

Souza, Rodrigo Pagani de; Sundfeld, Carlos Ari. A Superação da Condição de Empresa Estatal Dependente. In: Osório, Fabio Medina; Souto, Marcos Juruena Villela (coord.). *Direito Administrativo: estudos em homenagem a Diogo de Figueiredo Moreira Neto*. Rio de Janeiro: Ed. Lumen Juris, 2006.

____. Licitações nas estatais: levando a natureza empresarial a sério. *Revista de Direito Administrativo*, vol. 245, 2007.

Souza Junior, Lauro da Gama; Velloso, João Manoel de Almeida. Parecer conjunto nº 01/2001. *Revista de Direito da Procuradoria Geral – PGE/RJ*, nº 54, 2001.

Souza Júnior, Suriman Nogueira de. *Regulação Portuária: A Regulação Jurídica dos Serviços Públicos de Infra-estrutura Portuária no Brasil*. São Paulo: Editora Saraiva, 2008.

Souza Neto, Claudio Pereira. *Teoria Constitucional e Democracia Deliberativa*. Rio de janeiro: Renovar, 2006.

____; Mendonça, José Vicente Santos de. Fundamentalização e Fundamentalismo na Interpretação do Princípio Constitucional da Livre Iniciativa. In: Souza Neto, Claudio Pereira de; Sarmento, Daniel (coord.). *A Constitucionalização do Direito: Fundamentos Teóricos e Aplicações Específicas*. Rio de Janeiro: Editora Lumen Juris, 2007.

Stigler, George. The Theory of Economic Regulation, *Bell Journal of Economics and Management Science*, vol. 2, n. 1, primavera de 1971. Disponível em http://www.jstor.org/stable/3003160. Acesso em 21 jun. 2011.

Stiglitz, Joseph E. *Economics of the Public Sector*. 3ª ed. Nova York: W.W. Norton & Company, 1999

____. A crise ideológica do capitalismo ocidental. *O Globo*, 12 jul. 2011.

O ESTADO EMPRESÁRIO

___; WALSH, Carl. *Introdução à Microeconomia*. Trad. 3ª ed. americana. Rio de Janeiro: Campus, 2003.

SUNDFELD, Carlos Ari. Empresa estatal pode exercer poder de polícia. *Revista da Procuradoria Geral do Estado de São Paulo*, n. 38, dez. 1992.

___. A Submissão das empresas estatais ao direito privado: uma definição histórica do STF. *BDA – Boletim de Direito Administrativo*, mai. 1995.

___. Participação Privada nas Empresas Estatais. In: *Direito Administrativo Econômico*. São Paulo: Malheiros, 2000.

SUNSTEIN, Cass. Paradoxes of the Regulatory State. *The University of Chicago Law Review*, Vol. 57, No. 2, Administering the Administrative State (Spring, 1990).

___. As Funções das Normas Reguladoras. *Revista de Direito Público da Economia – RDPE*, n. 3, jul./set. 2003.

___. *Nudge: improving decisions about health, wealth and happiness*. Londres: Penguin Books, 2009.

TÁCITO, Caio. As Emprêsas Públicas no Brasil. *Revista de Direito Administrativo – RDA*, vol. 84, 1966.

___. Competição entre empresa pública e privada. *Revista de Direito Público*, vol. 62, 1981.

___. Os Tribunais de Contas e o controle das empresas estatais. *Revista de Direito Administrativo*, nº 148, abr./jun. 1982.

___. Loterias estaduais (criação e regime jurídico). *Revista dos Tribunais*, nº 838, ago. 2005.

___. Arbitragem nos Litígios Administrativos. *Revista de Direito Administrativo*, nº 210, 1997.

___. *Temas de Direito Público: Estudos e Pareceres*. 2º V. Rio de Janeiro: Renovar, 1997.

TAVARES BORBA, José Edwaldo. *Direito Societário*. 12ª ed. Rio de Janeiro: Renovar, 2010.

TONINELLI, Píer Ângelo. Prefácio ao livro *The Rise and Fall of State-Owned Enterprise in the Western World*. Cambridge: Cambridge University Press, 2000.

TORRES, Jessé. Repercussões da Emenda Constitucional nº 19 sobre o Regime Jurídico das Licitações. *Revista de Direito Administrativo – RDA*, vol. 213, 1998.

TORRES, Ricardo Lobo. *Tratado de Direito Constitucional, Financeiro e Tributário*. Vol. III. Rio de Janeiro: Renovar, 2005.

___. *O Direito ao Mínimo Existencial*. Rio de Janeiro: Renovar, 2009.

REFERÊNCIAS

Torres, Silvia Faber. *O Princípio da Subsidiariedade no Direito Público Contemporâneo*. Rio de Janeiro: Renovar, 2001.

Travassos, Fernando C. As vantagens de uma empresa público-privada. *Jornal Valor Econômico*, publicado em 21.08.2007.

Trebat, Thomas J. *Brazil's state owned enterprises*. Cambridge: Cambridge University Press, 2006.

Ureba, Alberto Alonso. *La Sociedad Mercantil de Capital como forma de La Empresa Pública Local*. Madri: Universidad Complutense, Faculdade de Direito, Seccion de Publicaciones, 1988.

Valverde, Trajano de Miranda. Sociedades anônimas ou companhias de economia mista. *Revista de Direito Administrativo* (Seleção Histórica), v. 1, 1991.

Vaz, Manuel Afonso. Formas Organizativas do Sector Empresarial do Estado (A experiência portuguesa). *Stvdia Ivridica*, nº 60, Colloquia 7. Coimbra: Coimbra Editora, 2001.

Vedel, Georges; Delvolvé, Pierre. *Droit Administratif*. Paris: Presses Universitaires de France, 1992.

Venancio Filho, Alberto. *A intervenção do Estado no Domínio Econômico – O Direito Público Econômico no Brasil*. Rio de Janeiro: Renovar, 1998.

Vergés, Joaquim. *Empresas públicas: como funcionam, comparativamente a las privadas. Eficiência, Eficácia y control*. Madri: Ministerio de Economía y Hacienda. Instituto de Estúdios Fiscales, 2008.

Vickers, John; Yarrow, George. *Privatization: An Economic Analysis*. Massachusetts: MIT Press, 1988.

_____. Economics Perspective on Privatization. *The Journal of Economic Perspectives*, vol. 5, issue 2, 1991.

Vihn, Nguyen Quoc. *Les Entreprises Publiques face au Droit des Societes Commerciales*. Paris: Libraire Générale de Droit et de Jurisprudence, 1979.

Vitta, Heraldo Garcia. Empresas Públicas e Sociedades de Economia Mista em face do art. 173 da Constituição. *Revista Trimestral de Direito Público* – RTDP, vol. 10, 1995.

Vives, Francesc Vallès. *El control externo del gasto público. Configuración y garantía constitucional*. Madri: Centro de Estudios Políticos y Constitucionales, 2003.

Wade, H.W.R. *Diritto amministrativo inglese*. Milano: Giuffrè Editore, 1969.

Wald, Arnold. As sociedades de economia mista e as emprêsas públicas no direito comparado. *Revista Forense*, vol. 152, mar./abr. 1954.

O ESTADO EMPRESÁRIO

___. Do Regime Legal do Contrato de Parceria entre a OPP Petroquímica e a PETROBRAS – Parecer – 1ª parte, *Cadernos de Direito Tributário e Finanças Públicas*, nº 24, 1998.

___. Do Regime Jurídico de Empresa Criada Conjuntamente por Sociedade de Economia Mista e Entidade Privada sem Prévia Autorização Legislativa. *Boletim de Direito Administrativo – BDA*, nº 8, ago. 2000.

WAMBIER, Teresa Arruda Alvim. *Recurso especial, recurso extraordinário e ação rescisória*. São Paulo: Ed. Revista dos Tribunais, 2008.

WERNECK, Rogério L. Furquim. Chegou a hora de acionar os freios no BNDES. *Jornal O Globo*, 8 jul. 2011.

WORLD BANK. *Bureaucrats in business: The economics and politics of government ownership*. Nova York: World Bank Policy Research Report, 1995.

# ÍNDICE

Agradecimentos . . . . . . . . . . . . . . . . . . . . . . . . . . . . . . . . . . . . . . . . . . . . . . . 7

Apresentação . . . . . . . . . . . . . . . . . . . . . . . . . . . . . . . . . . . . . . . . . . . . . . . . 9

Prefácio . . . . . . . . . . . . . . . . . . . . . . . . . . . . . . . . . . . . . . . . . . . . . . . . . . . . 13

Sumário . . . . . . . . . . . . . . . . . . . . . . . . . . . . . . . . . . . . . . . . . . . . . . . . . . . . 17

INTRODUÇÃO . . . . . . . . . . . . . . . . . . . . . . . . . . . . . . . . . . . . . . . . . . . . . . 21

1. FUNDAMENTOS ECONÔMICOS E POLÍTICOS PARA A
   INTERVENÇÃO DO ESTADO NA ECONOMIA . . . . . . . . . . . . . . . . . . . . . 37

2. FUNDAMENTOS CONSTITUCIONAIS PARA A INTERVENÇÃO
   DO ESTADO BRASILEIRO NA ECONOMIA . . . . . . . . . . . . . . . . . . . . . 65

3. O ESTADO COMO ACIONISTA CONTROLADOR . . . . . . . . . . . . . . . . . . . 149

4. O ESTADO COMO ACIONISTA MINORITÁRIO EM SOCIEDADES
   PRIVADAS . . . . . . . . . . . . . . . . . . . . . . . . . . . . . . . . . . . . . . . . . . . . . . 359

Conclusão . . . . . . . . . . . . . . . . . . . . . . . . . . . . . . . . . . . . . . . . . . . . . . . . . . 469

Referências . . . . . . . . . . . . . . . . . . . . . . . . . . . . . . . . . . . . . . . . . . . . . . . . . 485